CB069289

Memórias

Visconde de Taunay

MEMÓRIAS

Edição preparada por
Sérgio Medeiros

ILUMI/URAS

Coleção Vera Cruz
dirigida por Maria Lúcia Dal Farra e Samuel Leon

Copyright © 2004:
Sérgio Medeiros

Copyright © desta edição:
Editora Iluminuras Ltda.

Capa:
Fê
Estúdio A Garatuja Amarela
sobre detalhe de *A batalha do Avaí* (1872-77), óleo sobre tela, Pedro Américo.

Revisão:
Ariadne Escobar Branco

Filmes de capa:
Fast Film - Editora e Fotolito

Composição e filmes de miolo:
Iluminuras

CIP-BRASIL. CATALOGAÇÃO NA FONTE
SINDICATO NACIONAL DOS EDITORES DE LIVROS, RJ

T223m

Taunay, Alfredo D'Escragnolle Taunay, Visconde de, 1843-1899
    Memórias
 / Visconde de Taunay ; edição de Sérgio Medeiros. - São Paulo : Iluminuras, 2004

    Apêndices
    ISBN 85-7321-220-9

    1. Taunay, Alfredo D'Escragnolle Taunay, Visconde de, 1843-1899
I. Medeiros, Sérgio. II. Título.

04-3165.   CDD 869.98
                      CDU 821.134.3 (B1)-94

12.11.04   18.11.04   006347

2005
EDITORA ILUMINURAS LTDA.
Rua Oscar Freire, 1233 - 01426-001 - São Paulo - SP - Brasil
Tel.: (0xx11)3068-9433 / Fax: (0xx11)3082-5317
iluminur@iluminuras.com.br
www.iluminuras.com.br

ÍNDICE

Agradecimentos 9

Prefácio para esta edição 11

MEMÓRIAS

À guisa de intróito 21

Primeira parte (1843-1858) 27

Segunda parte (1858-1865) 97

Terceira parte (1865-1869) 133

Quarta parte (1869-1970) 419

Quinta parte (notas esparsas) 521

Glossário 579

Cronologia da vida e da obra 587

AGRADECIMENTOS

Esta edição das Memórias *do Visconde de Taunay reproduz o texto da edição* princeps, *de 1948, publicada 50 anos após a morte do autor, conforme sua vontade expressa.*

O trabalho de preparação do texto foi feito com o auxílio inestimável de Dirce Waltrick do Amarante e Anderson da Costa, a quem agradeço a colaboração.

Também deixo aqui registrado o decisivo incentivo do casal de amigos da fronteira do Brasil com o Paraguai, Bernarda Acosta e Douglas Diegues, ambos tão convencidos quanto eu do valor literário e histórico desta importante obra do Visconde de Taunay, que agora volta às mãos do leitor brasileiro, depois de anos ausente das livrarias por falta de reedição.

Sérgio Medeiros

PREFÁCIO PARA ESTA EDIÇÃO

Estas *Memórias* (obra póstuma, 1948), embora falem de uma grande guerra — de seus preparativos, seu desenrolar e suas conseqüências na vida de quem a redigiu[1] —, contêm as páginas mais joviais e humoradas ("assuntos risonhos e comentários galhofeiros") do autor do romance romântico *Inocência* (1872), do relato histórico *A retirada da Laguna* (1879, versão definitiva) e do conto indigenista "Ierecê a guaná" (1874), obras com as quais, aliás, o memorialista dialoga, ao retrabalhar, de outra perspectiva, o assunto desses textos célebres do século XIX.

A heroína que dá nome ao seu melhor romance, por exemplo, foi decalcado, conforme revela o memorialista, sobre um modelo real, que residia na vila de Sant'Ana do Paranaíba e que ele conheceu ao final de sua estada na Província de Mato Grosso, durante a Guerra do Paraguai ou da Tríplice Aliança (1864-1870): Jacinta, "na primeira flor dos anos, e tão formosa, tão resplandecente de beleza, que fiquei pasmado, enleado positivamente de boca aberta", porém, a "excepcional sertaneja" estava "com o mal", como finalmente esclarece Taunay, em páginas belas e terríveis das *Memórias*.

É um traço típico da literatura de Taunay a reelaboração da experiência e da memória. Por isso não surpreende, nestas *Memórias*, vê-lo afirmar a respeito dos personagens de *Inocência*: "Aliás, nesse sertão, próximo já da vila de Sant'Ana do Paranaíba, colhi os tipos mais salientes daquele livro, escrito uns bons cinco anos depois de lá ter transitado".

Nascido no Rio de Janeiro em 1843, Taunay possuía pouco mais de 20 anos quando eclodiu a Guerra do Paraguai, na qual ele tomaria parte e que se

---

1) O texto está dividido em cinco partes: a primeira, relativamente breve, se considerarmos as *Memórias* no seu conjunto, fala da família e dos primeiros amigos, indo da infância à adolescência; a segunda, terceira e quarta partes, que cobrem os anos que vão de 1858 a 1870, tratam da opção pela carreira militar e a posterior atuação na Guerra do Paraguai. A quinta parte, composta de notas esparsas, é um breve relato da atuação do autor no Sul do Brasil, como presidente das Províncias do Paraná e Santa Catarina e também como seu representante na Câmara e no Senado.

transformaria no acontecimento mais marcante da sua juventude. Sua mãe lhe disse: "(...) irás à guerra e serás, do mesmo modo que os teus avós, feliz nela, voltando honrado e glorioso. Não podes desmerecer do que foram todos os teus antepassados".

Logo depois, o Segundo-Tenente Taunay, membro da Comissão de Engenheiros, efetivamente partiria para a guerra, como integrante da coluna que marchou para o Rio Apa, divisa do Império do Brasil com a República do Paraguai, enquanto o resto do Exército brasileiro atacava o país vizinho pelo Sul, pois, de acordo com o plano original do Império, o inimigo deveria ser enfrentado em duas fronteiras, meridional e setentrional, "entrando as colunas de um lado por Corrientes e do outro pelo distrito de Miranda, em Mato Grosso, e zona do Apa".

A execução deficiente desse plano, entre 1865 e 1867, culminou numa tragédia (por falta de comunicação com a Corte, não chegavam víveres, munições e sequer informações básicas sobre o andamento do conflito), conforme narra *A retirada da Laguna*[2], obra que destaca a desastrada (mas heróica[3], acrescentaria Taunay) invasão do território paraguaio, empreendida por soldados esfomeados que almejavam particularmente o gado da fazenda Laguna, de propriedade do Presidente Solano López. "Todos os planos que partiram do Rio de Janeiro", opina o memorialista, "eram errados e só patenteavam a incompetência e o absoluto desconhecimento das vastíssimas regiões em que havia sido abandonada aos azares da sorte a nossa triste e resumida coluna".

Relato enxuto e objetivo, *A retirada da Laguna* deixa de fora de suas páginas pretensiosamente épicas informações que, por seu caráter pouco elevado ou até bastante cômico, pareceriam deslocadas nesse livro ("a respeito daquelas forças de Mato Grosso que tanto e tão inutilmente sofreram e de cujas aventuras

---

2) Escrito originalmente em francês, esse livro foi traduzido pela primeira vez para a língua portuguesa em 1874, por Salvador Mendonça; existem outras duas traduções: uma, de 1901, do Barão de Ramiz Galvão (talvez a melhor), e outra, um pouco posterior, de autoria de Affonso de E. Taunay, filho do escritor, que adotou um vocabulário pomposo ("porfia" em vez de "guerra") e uma sintaxe às vezes tortuosa; insatisfeito com esse texto, bastante divulgado, aliás, no Brasil, graças a sucessivas reedições da obra, decidi eu mesmo fazer uma quarta versão de *A retirada da Laguna*, a qual foi publicada em 1997 pela Editora Companhia das Letras de São Paulo, na Coleção "Retratos do Brasil".
Nas *Memórias*, Taunay cita passagens da tradução de Salvador Mendonça, aparentemente aprovando seu trabalho. Por essa razão, elas foram mantidas nesta reedição das *Memórias*.
3) Como observou Jean Soublin no prefácio da mais recente edição francesa de *A retirada da Laguna* (Phébus, Paris, 1995), a temerária expedição não foi tão desastrada como pode parecer à primeira vista: "A tropa penetrou no território inimigo tal como lhe havia sido ordenado e ali conseguiu vencer o inimigo; só empreendeu a retirada porque lhe faltaram víveres e munição. As doenças a derrotaram mais do que os combates, pois, mesmo nos piores momentos do regresso, sua artilharia soube fazer-se respeitar".
Nas *Memórias*, Taunay afirma a mesma coisa: "Estávamos salvos! Estávamos livres! E por cima, com boas e incontestáveis razões, podíamos nos considerar vencedores, depois de termos resistido a um conjunto de calamidades, como difícil é sequer imaginar!"

dramáticas e até trágicas não restaria hoje o mais leve sinal, a mais apagada lembrança, se eu as não tivesse — talvez para sempre! — livrado do esquecimento") — mas essas mesmas informações rejeitadas aclimataram-se maravilhosamente bem às *Memórias*, que falam da Guerra do Paraguai (ela foi, como se sabe, particularmente sangrenta) de outra perspectiva e com outra concepção do narrar, que recorre freqüentemente a anedotas e histórias saborosas, no estilo das "gaiatices de militares", com as quais Taunay estava familiarizado.

Nunca o seduziu a guerra em si, mas a perspectiva de realizar uma longa viagem e conhecer o interior do país, como conta nas *Memórias*: "Todo o interior do Brasil se abria ante os nossos passos, nada mais, nada menos, e, certamente, a vastidão tem em si inúmeros atrativos e grandioso prestígio, a que se uniam pretensões científicas de certo alcance, fazer coleções de minerais preciosos, ou então descobrir, senão um gênero novo de planta, pelo menos uma espécie ainda não estudada e classificá-la — sonho, enfim, de mocidade em que havia bastante de pedantismo".

Taunay não chegou a realizar nenhuma descoberta do gênero, mas deixou precisas descrições da flora e fauna, chegando, às vezes, como na descrição ágil, acurada e detalhista da "máquina de guerra" de um inseto, a redigir *avant la lettre* uma página antológica à moda de Francis Ponge. "Com a educação artística que recebera de meu pai, acostumado desde pequeno a vê-lo extasiar-se diante dos esplendores da natureza brasileira", revela nas *Memórias*, "era eu o único dentre os companheiros, e, portanto, de toda a força expedicionária, que ia olhando para os encantos dos grandes quadros naturais e lhes dando o devido apreço".

A avaliação negativa que os próprios membros da expedição faziam da projetada marcha para Mato Grosso, através de desconhecidos "sertões", parecia estimular ainda mais os projetos antibelicistas e ecológicos de Taunay. (A palavra "sertão", na sua obra, é usada invariavelmente para nomear a região quase despovoada que ele iria percorrer desde Uberaba até a fronteira com o Paraguai, abrangendo, portanto, o Sul das províncias de Goiás e Mato Grosso. Essa região, segundo o escritor, exibe duas características contrastantes: é, às vezes, "esplendorosa", outras, "inóspita".) O amigo Catão Roxo, por exemplo, lhe assegurara, com toda a pachorra, expressando o estado de espírito dos oficiais: "Vamos viajar por todo o interior do Brasil e, com todas as demoras obrigadas, quando chegarmos à zona do Apa, a guerra com certeza estará mais que acabada". "É impossível chegarmos", afirmava também um dos médicos da expedição.

O seu comandante era o Coronel Manoel Pedro Drago, escolhido pelo próprio Imperador. Ele não parecia à altura do cargo que ocupava, segundo opina Taunay, e gastava suas energias com futilidades que não estavam sequer relacionadas com os preparativos da viagem para Mato Grosso, sempre adiada: "Chegava a gabar-se de ter, em Campinas, cortado vestidos para senhoras se apresentarem em bailes".

Do comandante ao soldado, comportavam-se todos, no início da Campanha de Mato Grosso, como simples "calouros" e não soldados experimentados: "Aí então nos preparávamos para sair da cidade de São Paulo e o nosso calorismo, em assuntos de viagens terrestres, e no modo de transportar cargas e de prover os meios de subsistência por sertões brutos, que presumíamos já bem próximos, era agravado pela imperícia e ignorância radical dos soldados que nos haviam mandado dar como camaradas e bagageiros".

Aos trancos e barrancos, e com muita lentidão, a coluna afinal avançou e, após terríveis sofrimentos, chegou a seu destino, percorrendo mais de 2.000 quilômetros. Taunay narra minuciosamente essa dolorosa viagem, porém, a experiência inesquecível que viveu nos fundos sertões do Centro-Oeste, a julgar pelo que deixou registrado nas *Memórias*, não foi o contato com os soldados paraguaios que haviam invadido a província de Mato Grosso, mas o encontro com uma índia chamada Antônia, de 15 anos, que lhe cruzou casualmente o caminho, nos Morros, um "planalto umbroso da Serra de Maracaju", onde o escritor travou contato com "populações selvagens, mas de trato simpático e meigo".

Antônia era "uma bela rapariga da tribo *chooronó* (guaná propriamente dita) e da nação chané". A encantadora índia seduziu imediatamente o militar, que decidiu "raptá-la", ou melhor, "comprá-la", entregando a seu pai um saco de feijão, outro de milho, dois alqueires de arroz, uma vaca para o corte e um boi de montaria... "A bela Antônia apegou-se logo a mim e ainda eu mais a ela me apeguei", confessou o memorialista, concluindo: "Pensando por vezes e sempre com sinceras saudades daquela época, quer parecer-me que essa ingênua índia foi das mulheres a quem mais amei".

Como Antonio Candido mostrou na *Formação da literatura brasileira*, a bela Antônia, descrita nas *Memórias*, reaparece na personagem Inocência, do romance homônimo, pois o escritor parece criar tipos "compostos com elementos tomados a mais de um modelo", segundo a conclusão do crítico. A bela Antônia também reaparece na infeliz heroína do melhor conto de Taunay, "Ierecê a guaná"[4], outra obra em que, como acontece nas duas já citadas — *Inocência* e *A retirada da Laguna* —, ele reelabora suas recordações de fatos que lhe aconteceram e de pessoas que conheceu nos sertões de Mato Grosso, por ocasião de sua estada lá, durante a Guerra do Paraguai.

---

4) Esse conto, junto com estudos críticos de Antonio Candido, Haroldo de Campos e Lúcia Sá, foi por mim reeditado sob o título *Ierecê a Guaná* (Iluminuras, 2000).

Taunay, um esteta de sangue francês, como lembra Antonio Candido, não obstante seu envolvimento com a vida da Corte, mostra também um "certo desprezo latente em relação à 'boa sociedade', para ele não suficientemente polida". O fato é que Taunay se entregou sem reservas a experiências "exóticas", o que acabou por levá-lo a descobrir, numa índia guaná, a beleza e a elegância que sempre buscara, talvez sem encontrar de todo, nas mulheres da civilização, que no entanto dispõem, diferentemente da índia, de arte e de luxo. Ele mesmo o dirá: "Pobrezinha da Antônia! Em mim deixou indestrutível lembrança de frescor, graça e elegância, sentimento que jamais as filhas da civilização, com todo o realce do luxo e da arte, poderão destruir nem desprestigiar!..."

Ao contrário de José de Alencar, que descrevia seus índios "do fundo do gabinete, lembrando-se muito mais do que lera do que daquilo que vira com os próprios olhos", Taunay se considerava um antropólogo experiente: "Conheci-os bem de perto, com ele convivi seis meses a fio e pude observá-los detidamente", declara nas *Memórias*. No entanto, certos aspectos da vida indígena Taunay jamais conseguiu compreender, fazendo, por exemplo, um juízo negativo e injusto de suas práticas religiosas: "Nenhuma idéia de Deus (digam o que quiserem), nenhum vislumbre de religião a não ser uns longes de grosseiras superstições, inteira despreocupação do futuro, a vida *au jour le jour*". Essa opinião já havia sido, aliás, expressa por ele anos antes, em breves anotações de cunho etnográfico, reunidas sob o título "Os Índios do Distrito de Miranda"[5], em que, a propósito da atuação do padre, ou xamã indígena, Taunay declarou: "O padre, como médico, é da mais crassa ignorância; não usa das plantas medicinais que o rodeiam e cujas propriedades medicamentosas parece desconhecer completamente".

Tinha Taunay 25 incompletos quando, finda a retirada da Laguna, retornou ao Rio de Janeiro, em 1867, deixando definitivamente para trás os "fundos sertões" de Mato Grosso, com as duas mulheres que tanto o fascinaram, as sertanejas Antônia e Jacinta. Mas a Guerra do Paraguai ainda não havia chegado a seu termo. Assim, em 1868, intensificaram-se as batalhas ao Sul do Paraguai, todas favoráveis às forças brasileiras, então comandadas pelo Duque de Caxias.

Contudo, contrariando as expectativas, Solano López não se rendeu e refugiou-se na região setentrional do país, disposto a lutar até o fim. Isso fez o Duque de Caxias voltar para o Rio de Janeiro: "Dera aquele general, quando em Assunção, a guerra por acabada definitivamente, sem mais combates a ferir e glórias a colher nas *guerrilhas* que porventura restassem".

---

5) Texto incluído em *Ierecê a Guaná*, que traz também o "Vocabulário de Língua Guaná ou Chané", uma demonstração eloqüente do interesse de Taunay por línguas indígenas e de seu empenho sério em estudá-las.

A guerra, porém, prosseguiu: todos pareciam agora convencidos de que, para atingir López, seria preciso esmagar o Paraguai inteiro e ocupar todo o seu território. "Identificado o povo paraguaio tão completamente com seu chefe", afirma Taunay nas *Memórias*, reproduzindo a opinião dos oficiais brasileiros, "seria necessário dar cabo do último homem para alcançar a pessoa do seu ditador, *El Supremo*".

Em abril de 1869, o genro do Imperador D. Pedro II, Príncipe Gastão de Orléans, o Conde D'Eu, então com 27 anos, foi nomeado comandante-em-chefe das forças brasileiras em operação na República do Paraguai. Taunay o acompanhou até Assunção, incumbido de redigir o *Diário do Exército* (1870).

Diferentemente d' *A retirada da Laguna*, que narra um episódio menor da Guerra da Tríplice Aliança, o *Diário* descreve a ocupação do Paraguai e a morte do seu presidente, documentando, portanto, um momento crucial do conflito. Ao dialogar com o *Diário*, como já fizera com outras obras do autor, conforme vimos, as *Memórias* incorporam daquela obra (de escasso valor literário, diga-se *en passant*) a precisão minuciosa, ao indicar, por exemplo, a hora e o dia em que ocorreu cada evento registrado. A diferença entre as duas obras reside no tom, optando o memorialista pelo humor, em diversas partes, como critério para selecionar o que narrar. Daí as seqüências impagáveis de anedotas exemplares e análises curiosas... Quando o "velho e simpático" General Osório dirige a palavra a Taunay, recém-chegado ao Paraguai, este não compreende nada, "tal a mescla de português e espanhol agauchado". Os pequenos incidentes que cercam esse famoso militar, aliás, são sempre interessantes e hilários, sem, porém, jamais ridicularizá-lo.

Há também, é claro, descrições de batalhas, feitas com rara mestria: "Parece-me ainda estar vendo como as lanças se abaixavam, fulgurantes, vertiginosas, atirando alto para o ar, como que simples novelos de algodão, os corpos que iam ferindo e que, no geral, caíam agachados, acocorados e, mais que isto, enrolados sobre si mesmos".

Mas o retrato mais ambicioso, e também o mais complexo e contraditório de todos, é o que Taunay nos deixou do Conde d'Eu, no seu papel de comandante-em-chefe. Ora criticando-o ora elogiando-o ("Estou, porém, chegando a um ponto bem difícil destas *Memórias*, tendo que falar de um príncipe..."), Taunay elenca exaustivamente e com franqueza as suas melhores qualidades e os seus piores defeitos, sem deixar de opinar também sobre o seu modo de vestir-se e comportar-se em público.

Taunay foi homem muito vaidoso (descreve-se como "mocinho bonito e interessante e, nesta qualidade, olhado pelas senhoras com particular atenção e elogiado"), vestia-se sempre com esmero e, por conta disso, colhia também elogios masculinos, o que muito o envaidecia. Estava acostumado a ouvir de senhoras desconhecidas frases como: "É o mais bonito de todos!", "Que guapo oficial! Que rapagão!"

Preocupava-se particularmente com os cabelos, tema recorrente nas *Memórias*. Instado por um capitão a cortar os cabelos à escovinha, quando assentou praça no Exército em 1861, Taunay se negou a obedecer e continuou a trazê-los longos e encaracolados, com o beneplácito de um brigadeiro, que não viu nisso desrespeito à disciplina: "Deixem em paz os cabelos do rapaz. Não vê que são bonitos?"

Feios eram os cabelos do Príncipe Conde d'Eu, segundo o olhar crítico de Taunay, que voltou da guerra sem cicatrizes, que são sempre honrosas, decerto, como ele mesmo reconheceu, mas contrárias "às regras da plástica". Além disso, tinha o genro do Imperador "modos muito desajeitados, da maior inelegância"; contudo, ele desenvolveu "grande atividade e demonstrou belas qualidades de administrador e organizador".

Quando Taunay partiu para a guerra pela segunda vez, ele e seus familiares previam "todos o mais brilhante futuro na minha carreira militar". Porém, ao desembarcar no Paraguai, Taunay logo se decepcionou, pois, quando "pensava vir como amigo e conselheiro íntimo" do Conde d'Eu, "achava-me simples subordinado militar". Sua posição se tornou, como revelou nas *Memórias*, "bastante singular e penosa". Data dessa época o seu desencanto com a carreira militar, pois sentia-se profundamente injustiçado, não esquecendo promessas que o Conde d'Eu fez e não cumpriu: "Nem sequer soube ele dar-me o posto de major em comissão, o que muito me teria adiantado na carreira militar".

A Guerra do Paraguai terminou quando Solano López foi morto em 1870. O Paraguai era uma terra desolada. Viajando ao lado do Conde d'Eu pelo Norte do país, nos últimos meses da guerra, Taunay presenciou cenas parecidas com as que descrevera em *A retirada da Laguna*, mas os protagonistas já não eram soldados e sim a população civil, sobretudo velhos, mulheres e crianças, "verdadeiros cadáveres ambulantes", segundo deixou escrito nas *Memórias*.

Em 1885, Taunay pedirá demissão do serviço do Exército e, a partir de então, iniciará a sua bem-sucedida carreira política, atuando na Câmara ("nesse tempo, a posição de deputado era sobremaneira brilhante e invejada") e depois no Senado ("que dizer então a de senador, quase *lords* ingleses?"), como representante de Santa Catarina (na última parte das *Memórias*, ele descreve o ambiente político dessa província e conta as viagens que fez, por terra e mar, em busca de votos de eleitores espalhados por vilas, praias e ilhas).

Distanciou-se, nesse período, da literatura, mas já havia escrito e publicado as melhores páginas da sua obra. Proclamada a República em 1889, manteve-se fiel ao Imperador e deu por encerrada sua carreira política, sobrando-lhe, a partir de então, o ócio necessário para dedicar-se a novos projetos literários. Em 1880, iniciou a redação das *Memórias*, obra que não concluiu. Não pôde escrever nela toda a história da sua vida, conforme planejara, pois faltou-lhe "tempo, disposição de corpo e espírito, a lutar com bem penosas nevralgias de fundo diabético".

Taunay não era homem amargurado, embora visse a República recém-instalada como um "holocausto sangrento", um "regime disparatado": "E hoje, após seis anos de República, que sentimento em nós impera, ao enxergarmos de todos os lados tantas causas de desalento e vexame, sobretudo nessas contínuas e temerosas lutas civis, que nos tiram tanto prestígio e tanto nos enfraquecem?!"

Há nas *Memórias* uma passagem bastante reveladora, pois oferece uma possível explicação para o fato de existirem nelas tantos parágrafos leves e hilários, embora escritos por um homem muito doente e que havia perdido, após a revolução de 1889, sua situação de pessoa abastada: "Seja-me, porém, lícito contar aqui ligeiros episódios, que não desagradarão ao leitor, repondo-o em épocas de animação e alegria, bem, bem diversas do atual trecho da existência nacional, sorumbático, melancólico, cheio para todos de tristeza e apreensões".

Nem sorumbático nem melancólico — assim é o narrador das *Memórias do Visconde de Taunay*, livro escrito contra a sua época (havia talvez mais esperança e menos tristeza nos anos da Guerra do Paraguai), como um protesto saboroso e divertido de um homem que soube viver bem a vida: "Fiquei sendo o que era e sempre fui, profundo admirador da Monarquia que o sr. D. Pedro II fundara no Brasil e por cinqüenta anos sustentara, fazendo deste país um Império único no mundo".

Sérgio Medeiros

MEMÓRIAS

do Visconde de Taunay

À GUISA DE INTRÓITO

Em 1889, com a queda das instituições monárquicas e a perda da extraordinária e privilegiada situação política e social, que era a dos Senadores do Império, sentiu-se o Visconde de Taunay sobremodo acabrunhado.

Homem de prodigiosa e multifária atividade, repartia o labor, tão intenso quanto contínuo, no campo da política, da imprensa e das letras.

Levava de frente uma série de agitadas campanhas sociais que lhe prendiam diariamente a atenção, na tribuna parlamentar, no terreno jornalístico e ainda nas assembléias de clubes e associações diversas. Doutrinava e polemicava incessante e ardorosamente.

Multiplicava-se em apregoar as vantagens da adoção imediata do Casamento Civil e da Grande Naturalização. Batia-se pela Secularização dos Cemitérios e a criação do Imposto Territorial.

Isto sem contar o imenso que despendia em esforços em prol da incentivação da imigração européia e ao mesmo tempo em mover tremenda oposição à entrada de asiáticos no Brasil. Pouco antes, a 13 de maio de 1888, encerrara-se-lhe a atuação em favor do aceleramento da solução do problema servil nacional.

Não se passava dia em que não enviasse às colunas dos jornais fluminenses, sobretudo às da Gazeta de Notícias e do Jornal do Comércio, comunicados sobre comunicados, relativos a estas diversas campanhas de propaganda, contribuições a que ainda intercalava opiniões relativas a debates, questões e problemas do dia, sob o ponto de vista político, literário e artístico.

A sua contribuição jornalística coordenada está em condições de encher numerosíssimos e alentados tomos da sua opera omnia.

Impusera-lhe a revolução de 15 de novembro de 1889, como imperativo da coerência, pundonor e dignidade de homem público, o afastamento completo do regime derribador do trono, trazendo-lhe a maior alteração do ritmo de trabalho que, havia quase dez anos, vinha mantendo, em afã a que poucos homens poderiam atender e suportar.

Forçado foi que tão transbordante atividade procurasse conter-se em ambiente muito mais restrito.

Arroubado admirador de Dom Pedro II, em quem enxergava um dos mais nobres exemplares humanos, de todas as épocas, não podia, de forma alguma, aderir à nova ordem de coisas implantada no Brasil.

Nos dois primeiros anos do período republicano continuou na ativa faina jornalística, criticando os atos do novo regime, por vezes com grande veemência até, muito embora também por vezes fizesse justiça e aplaudisse os propósitos dos governos como quando ao promulgarem as leis realizadoras das reformas pelas quais tanto se batera.

Assim merecera de Campos Sales, então Ministro da Justiça, especial convite para testemunhar o ato do primeiro casamento civil realizado no Brasil.

Com o falecimento do segundo Imperador, de vez convenceu-se de que a República se achava definitivamente implantada no Brasil.

Deixando as questões meramente políticas voltou-se para o exame de novos aspectos de utilidade geral. Assim ainda muito combateu em favor da criação do imposto territorial e adoção da Lei Torrens, da incrementação da corrente imigratória européia e da proibição do afluxo de amarelos ao país.

Debateu, contemporaneamente, numerosos problemas de higiene e urbanismo e recomeçou com afinco as lides literárias de que o haviam afastado, bastante, as campanhas políticas e sociais.

Ainda não atingira meio século de existência e vivera intensamente como militar, administrador, parlamentar, lente de escola superior, homem de gabinete e de ação. Alcançara na sociedade brasileira as mais altas posições, pois, como Senador do Império, era como que um colateral da dinastia reinante, conforme a pitoresca, conhecida e exata observação de publicista de antanho.

Privara com os Soberanos e a maioria dos homens eminentes do Brasil, no cenário político, militar, intelectual. Contava quatro anos de guerra, em duas campanhas, o que o pusera em contato com diversos dos mais afamados cabos de guerra brasileiros e aliados.

Em mais de três lustres de carreira parlamentar, na Câmara dos Deputados e no Senado, disputara renhidos pleitos eleitorais, de perto conhecera muitos dos maiores vultos políticos do país, com vários dos quais debatera e contendera vivamente.

A duas Províncias administrara; por duas vezes a pique estivera de ser ministro de Estado e desfrutara a mais alta situação nas melhores rodas da capital do Império.

Assim, esta série de circunstâncias o habilitara a reunir notável cópia de observações sobre homens e coisas, proporcionando-lhe o ensejo de poder traçar o mais largo depoimento sobre um quarto de século de vida nacional, no que ela podia oferecer de mais representativo.

Nada pois mais natural do que a sugestão do aproveitamento dos forçados lazeres para a utilização, em tantos volumes de Memórias, do rico manancial recolhido, de documentação humana, impressões de personalidades e acontecimentos.

Assim se dispôs a esta tarefa, rapidamente enchendo laudas e laudas, à medida daquilo que a invulgar memória lhe vinha evocando e a extraordinária facilidade da composição lhe permitia redigir, com a rapidez fora do comum da agílima pena.

A estas páginas intitulou Trechos de minha vida. *Encetou-as em setembro de 1890. Avolumaram-se muito. Relatou longamente mil e um incidentes da infância e da adolescência, embevecido com a evocação e reconstituição de cenas caras à vivacíssima retentiva. Discorreu largamente sobre antecedentes da família e episódios caseiros, redigiu apreciações sobre parentes, amigos, companheiros e fâmulos e dentro em breve acumulara numerosas laudas.*

Foi então que entendeu dever restringir o assunto, passando a encurtar o que escrevera, dando-lhe mais sintético feitio.

E assim dos Trechos de minha vida, *condensados, passou a estas* Memórias *que agora se imprimem.*

Resumindo o que fizera, preparou vários cadernos de texto, deles entendendo comunicar excertos à Imprensa. Era-lhe o intento marcar largo lapso para a entrega destes manuscritos ao público.

Daí a declaração formal aposta a estes originais:

> Estas Memórias só podem, só devem ser entregues à publicidade depois de 22 de fevereiro de 1943, isto é, completos cem anos da época do meu nascimento, ou cinqüenta anos de 1893, data em que as hei de depor em lugar seguro. (a) Visconde de Taunay.
>
> Petrópolis, 26 de junho de 1892.

Ocorreu-lhe então a idéia de confiar os seus manuscritos à guarda da Arca do Sigilo do Instituto Histórico e Geográfico Brasileiro. E neste sentido, antecipando o prazo prefixado, e obtida a necessária aquiescência, delegou, a 26 de agosto de 1892, ao Conselheiro Manuel Francisco Correia, seu antigo colega de Senado, a incumbência da entrega daqueles primeiros tomos da extensa obra em andamento.

Explicou, então, desejar deixar resguardadas, por longo tempo, e em lugar seguro, aquela remessa a que se seguiria outra, ou outras, à medida que a fatura da composição avançasse.

Abrangia aquela entrega um lapso de vinte e três anos, de 1843, milésimo do nascimento do autor, a 1866.

Desejava que o Instituto conservasse, sob zelosa custódia, estes manuscritos cuja publicação só poderia realizar-se depois de 22 de fevereiro de 1943, "consultado que fosse o descendente direto mais próximo do autor, a quem ficaria o direito de alargar o prazo marcado e o encargo de rever todo o manuscrito e as provas tipográficas".

Terminando dizia o memorialista:

Grato, bem grato é-me desde já pensar que um dia possam meus compatriotas de futuro encontrar, no meio de muitas reminiscências pessoais, por vezes demasiado minuciosas, informações que não serão de todo inúteis ao conhecimento dos fatos gerais, em que me achei envolvido e do estudo dos homens com quem lidei.

A 26 de agosto de 1892, encerrou o Visconde de Taunay, na Arca de Sigilo, os quatro primeiros tomos das Memórias, *magnificamente encadernados pela afamada casa Leuzinger, que tomara todas as medidas de segurança para a sua preservação da umidade e, sobretudo, do possível ataque da sevandija papirófaga, tão de se temer em nosso clima.*

Foram os livros envoltos em papel impermeável, arsenicado e, novamente, em papel alcatroado, sendo o invólucro, em diferentes pontos, lacrado com o sinete do depositante, sobre uma rede de fios metálicos.

A 5 de setembro imediato recebeu o Visconde de Taunay ofício do Sr. Henrique Raffard, Primeiro Secretário do Instituto, participando-lhe haver a Associação aceito a incumbência do depósito nas condições por ele solicitadas.

Pouco antes da entrega dos originais deles destacara o autor assaz extensos excertos publicando-os na Gazeta de Notícias, *a 5 e 12 de junho de 1892. Mais tarde a outros fez imprimir no* Jornal do Comércio, *na* Gazeta de Petrópolis *e na* Tribuna de Petrópolis, *e num almanaque do Rio Grande do Sul, redigido pelo Dr. Ferreira Rodrigues.*

Prosseguiu na elaboração das Memórias *mas, em fins de 1893, sobreveio-lhe longa e gravíssima crise diabética, que quase o prostrou, obrigando-o a interromper o trabalho.*

Já enchera mais vários cadernos do porte dos primeiros, levando a narrativa a meados de dezembro de 1869.

Intentava colocar estes novos tomos ao lado dos primeiros, mas as precárias condições de saúde não lhe deixaram, por muito tempo, rever, emendar e copiar o texto em elaboração, mais avantajado do que o primeiro, e muito mais desordenado do que ele.

Faltava-lhe porém a necessária tranqüilidade de espírito para prosseguir na tarefa. E assim, infelizmente, perdurou longamente tal situação, embora ainda vivesse mais de um quadriênio, após o relativo restabelecimento da saúde, vencida a terrível crise de 1893-1894, graças ao tratamento hidroterápico da autoria do Monsenhor Sebastião Kneipp, de que auferira extraordinários resultados.

O ambiente criado pela longa guerra civil deprimira imenso o país, a braços, então, com a terrível crise financeira, cada vez mais grave, decorrente do primeiro Encilhamento, fruto do famoso e sinistro decreto inflatório, de 17 de janeiro de 1890.

Dela fora vítima o memorialista que, graças às conseqüências de tal período de insânia coletiva, perdera a situação em que se encontrava, em fins de 1889, de homem largamente abastado.

Vieram as preocupações de ordem material enxertar-se ao agravamento do estado de saúde, com a progressão do desgaste do organismo, provocado pela glicosúria, cada vez mais acentuada, e descambando para aguda nefrite.

Perturbações visuais e, por último, cataratas diabéticas incipientes vieram restringir notavelmente a atividade do escritor, que, durante tantos anos, jamais desamparara a pena, um único dia que fosse.

Procurou assim mesmo rever o que já redigira. Ainda a 14 de janeiro de 1898 publicou na Gazeta de Notícias *umas tantas páginas "como modelo de como deveriam ser impressas as* Memórias*".*

Reconhecia aliás que não tivera tempo de lhes dar condigno acabamento. Daí a recomendação inicial lançada em Advertência *e colocada como que à portada da obra:*

> Escritas ao correr da pena, e de um só jato, pecam estas *Memórias* por estilo pouco limado. Conviria recopiá-las de princípio a fim, apurando então a frase, obviando à repetição de palavras e completando o sentido dos períodos, alguns dos quais saíram obscuros, outros até incompletos.
>
> Fica este trabalho de zelosa revisão a quem couber dá-las à estampa e nesse intuito apelo para a consciência e a boa vontade do homem laborioso e probo que tome a si chamar, daqui a longos anos, a atenção do público, ainda uma vez, para o nome do
>
> Visconde de Taunay
>
> Petrópolis, 20 de julho de 1892.

Estava o escritor a subestimar os recursos do talento. Dispondo da mais vigorosa espontaneidade, pertencia à grei desses prosadores de escol cuja frase — consoante a conhecida imagem de Th. Gauthier — "quando lançada ao papel, seja em que condições for, faz como os gatos, cai sempre de pé".

A 25 de janeiro de 1899 falece o Visconde de Taunay aos 56 anos de idade, incompletos. Desde anos não adiantava uma única linha ao texto das Memórias*.*

Muito pouco houve a fazer para tornar mais escorreitas as páginas que agora se imprimem, escoimando-as apenas de uns tantos possessivos e outros tantos artigos indefinidos, destes que, insensível e invariavelmente, surgem na prosa portuguesa, escrita ao correr da pena.

Além das muitas centenas de páginas, dos diversos volumes, redigidos com larga e excelente letra, deixou o Visconde de Taunay assaz extensos esparsos complementares das Memórias *e não coordenados. Alguns inéditos e outros já divulgados pela imprensa em diversas ocasiões, quer por ele, quer em alguns volumes de sua póstuma.*

Destes esparsos vários foram agora aproveitados, como, por exemplo, um como que esquema historiando o final da Campanha da Cordilheira e o regresso do autor ao Rio de Janeiro, a 29 de abril de 1870.

Ia então encetar-se a segunda e a mais brilhante fase da existência do memorialista, em dezenove anos de vida pública, como oficial-de-gabinete, deputado geral, por Goiás e Santa Catarina, professor na Escola Militar do Rio de Janeiro, presidente de Santa Catarina e do Paraná, Senador do Império, por Santa Catarina, e mais uma vez Grande do Império, com o agraciamento do viscondado de seu patronímico, última demonstração do apreço de Dom Pedro II, a 6 de setembro de 1889.

Acerca destes quase quatro lustros nada escreveu Taunay concatenado, mas deixou algumas páginas de recordações que constituem perfeitos capítulos suplementares destas Memórias.

Entre estes citemos: "A minha escolha senatorial", publicado em 1897, e os abundantes estudos que se enfeixaram nos dois volumes póstumos, das Reminiscências *e dos* Homens e coisas do Império, *onde tanta coisa existe de elementos autobiográficos.*

Grande pena é que sobre sua carreira parlamentar não subsista narrativa seguida como a que enche os cadernos em que anotou as recordações dos vinte e seis primeiros anos de vida.

A 22 de fevereiro de 1943 expirou o período marcado para a permanência dos originais das Memórias *na Arca do Sigilo do Instituto Histórico Brasileiro. Motivos diversos levaram-nos a ultrapassar um pouco o prazo fixado pelo escritor. Assim só a 18 de dezembro de 1946 e com a aquiescência de todos os sucessores do memorialista procedemos ao levantamento do depósito confiado à custódia da prestigiosíssima associação centenária nacional.*

Presente o seu digno Secretário-Geral, o eminente e consagrado sabedor das coisas pátrias, Dr. Virgílio Correia Filho, e tanto autorizado pelo ilustre Presidente Perpétuo do Instituto, o prezadíssimo amigo, Embaixador José Carlos de Macedo Soares, procedemos à ruptura dos selos do invólucro, tudo encontrando no mais perfeito estado de conservação[1].

Affonso de E. Taunay
Raul de Taunay

Rio de Janeiro, 24 de dezembro de 1946.

---

1) Conclui este intróito um agradecimento, em dois parágrafos, ao Instituto Progresso Editorial (IPÊ), de São Paulo, que publicou estas *Memórias*, do Visconde de Taunay, em 1948. (Nota do Organizador.)

PRIMEIRA PARTE

(1843-1858)

I

NASCI NA cidade do Rio de Janeiro, então capital do Império do Brasil, à Rua do Resende, nº 87, às 3 horas do dia 22 de fevereiro de 1843.

Foram meus pais Félix Emílio Taunay, naquela época diretor da Academia das Belas-Artes, filho do célebre pintor da Escola Francesa, e membro do Instituto de França, Nicolau Antônio Taunay, e de D. Gabriela d'Escragnolle Taunay, filha do Conde e da Condessa d'Escragnolle Taunay, esta da família de Beaurepaire, Adelaide de Beaurepaire.

Impossível fora gozar e merecer mais dedicação e amor filial do que experimentei em toda a minha existência, cabendo-me a excepcional felicidade de conservar a minha estremecida e santa mãe até hoje em que começo a escrever estes apontamentos autobiográficos (6 de novembro de 1890) e meu pai até 10 de abril de 1881, tendo eu, portanto, naquela ocasião, 38 anos feitos.

A 25 de abril do ano acima mencionado de 1843 fui batizado na igreja católica de Sant'Ana[1], tendo como padrinho meu tio Gastão Henrique de Escragnolle, irmão de minha mãe, o qual faleceu Barão de Escragnolle a 20 de junho de 1888, na idade de 66 anos, e madrinha D. Maria Antônia Werna Magalhães da Fonseca, ainda viva.

A esse tio chamávamos, eu e minha irmã Adelaide, em criança, *tonton Bodó*, contração infantil de bigode, e desta denominação familiar usei sempre, pois ele se aborrecia quando, mais tarde, queríamos empregar outra mais respeitosa e adequada. (*Tonton* é o tratamento em francês de tio na intimidade do lar, e assim chamávamos todos os tios — *tonton* Charles e *tonton* Teodoro, irmãos de meu pai; *tontons Pepé* [Beaurepaire, o Vice-Almirante Teodoro, tio

---

1) Certifico, diz um documento assinado pelo vigário Pedro de Melo Alcoforado aos 5 de novembro de 1873, que revendo o livro 4º de batismos desta freguesia à f. 288 se acha o seguinte: "Aos vinte e cinco dias do mês de abril de mil oitocentos e quarenta e três nesta freguesia batizei e pus os Santos Óleos ao inocente Alfredo Maria Adriano Escragnolle Taunay, nascido aos vinte dois de fevereiro do corrente ano, filho legítimo de Félix Emílio Taunay e de sua mulher D. Gabriela de Escragnolle Taunay; foram padrinhos Gastão Luís Henrique d'Escragnolle e a Exma. D. Maria Antônia de Werna Magalhães, de que fiz este assento que assinei. O coadjutor Fernando Pinto de Almeida".

avô], *Lulu* e *Bodó*; irmãos de minha mãe, ou na fraseologia mais rica latina, *paterculi* e *avunculi*.)

Aquele tio Teodoro de Beaurepaire, irmão de minha avó, Condessa de Escragnolle, constitui uma das mais afastadas e prestigiosas recordações da primeira meninice.

Que festa para nós quando íamos à sua fazendinha do Engenho Novo, no Cabuçu, cuja casa com proporções vastas, escadaria de mármore italiano, cercada de jardins e repuxos, nos dava exagerada idéia de opulência! Outro grande atrativo era o límpido e volumoso córrego em que pescávamos peixinhos e tomávamos banho, fazendo represas com soqueiras e folhas de bananeiras.

Dessa vasta chácara do Engenho Novo, fronteira à propriedade, ainda mais extensa, da Condessa de Belmonte, mãe de minha madrinha, tenho reminiscências muito longínquas e apagadas, mas sempre rodeadas do maior encanto.

Freqüentes vezes lá íamos, e, por ocasião das festas de São João, 24 de junho, creio que aniversário natalício do velho marujo, nosso tio, a estada tomava proporções grandiosas, por causa, sobretudo, dos fogos de artifício que nos eram distribuídos e das enormes fogueiras então erguidas no pátio, iluminando esplendidamente todo o casario em derredor e a coma dos altos e velhos tamarineiros.

Em épocas mais próximas, 1852 e 1867, lá estivemos também e então muito me impressionava a elevada temperatura do meio do dia e o frescor das noites e das manhãs, estas, sobretudo, deliciosas pelo perfume que exalavam os capins e as ervas rasteiras da grande várzea em que era construída a casa de sobrado.

Como sempre fui amigo dos livros, ainda me recordo da atração, mesclada de respeito, que me inspirava comprida estante bem apercebida de obras de agricultura e principalmente de romances encadernados com certo luxo. Antes de os ler quase todos, o que depois aconteceu, passava muito tempo a lhes estudar os títulos.

Lembro-me bem da impressão que me causou, ainda muito criança, a leitura de duas novelas, *La recherche de l'inconnue* e *Angélica Kauffman*: são, com efeito, bastante interessantes.

Vagamente me lembro das feições de meu tio Teodoro. Entretanto, nas brumas da distância, ainda o vejo sair da Rua do Saco do Alferes, nº 85 (hoje América, para onde se haviam mudado meus pais depois da Rua do Resende) todo coberto de condecorações para ir ao Paço da Cidade aos beija-mão, nos dias de grande gala.

Dessas veneras, que me faziam esbugalhar os olhos como suprema prova de grandeza e poderio, havia duas ou três do Reino das Duas Sicílias, pois ele comandara a esquadrilha que fora a Nápoles em 1843 buscar a princesa, depois Imperatriz D. Teresa Cristina Maria.

Para aquelas cerimônias costumava vir fardar-se em casa de meus pais, trazido do Engenho Novo em grande e pesada sege, boleada pelo cocheiro Bruno, irmão da Narcisa e filhos, ambos, do Diogo e da Joaquina, todos escravos. Ah! essas recordações da escravidão! Como hoje me parecem singulares todos os episódios (e quantos!) da meninice em que a cada momento aparecem os infelizes cativos, infelizes e degradados por mais bem tratados que fossem! Uma vez, aquela enorme sege, em viagem, nós todos, para a cidade, atolou-se num tremedal e me lembro do desgosto que me produziram umas bofetadas distribuídas ao pobre do Bruno para lhe excitar o zelo em sair daquele difícil passo.

O velho Diogo, incumbido de ir vender laranjas no Rio, para o que tinha um carroção, não primava pela atividade, e meu tio atribuía essa contínua morosidade à paixão que dedicava à mulher Joaquina. "Conviria", dizia engraçadamente, "grudar o retrato da mulher na testeira da carroça". Contava este Diogo que, uma feita, no Rio de Janeiro, saíra num domingo todo taful, de branco, calças bem engomadas, rodaque ou niza, chapéu de palha novo trançado por negros minas, descalço bem-entendido.

Ia muito ufano, quando viu, na mesma calçada, D. Pedro I, que vinha em sentido contrário, acompanhado de grande e vistosa comitiva. A calçada era muito elevada e a rua fundo lamaçal. O preto equilibrou-se na aresta do fio das pedras para dar o maior espaço possível, mas o Imperador, parando, fê-lo pular para fora, gratificando-o talvez com umas chicotadinhas de rebenque. "Já para o meio da rua e de joelhos!", ordenou.

Imagine-se como todos riam, enquanto o pobre do Diogo se enterrava meio corpo no lodo, para dar exato cumprimento às ordens imperiais.

Não era, porém, sem algum desvanecimento que o velho contava aquela história, um tanto parecida com a de Henrique IV e um campônio de Fontainebleau.

As reminiscências mais bem-gravadas e fixas na minha memória referem-se à morte desse tio Teodoro de Beaurepaire, ocorrida a 2 de novembro de 1849, eu portanto já com 6 anos e dez meses. Mandara tirar um bicho-do-pé numa das plantas do pé e, apostemando, houve necessidade de operação que produziu ou gangrena ou tétano. Transportado em rede para a casa da Rua do Saco do Alferes, ali faleceu, sendo o enterro em extremo concorrido e motivo de grande movimento naquele sossegado recanto da cidade, ainda hoje bem pouco freqüentado. Nascera a 24 de junho de 1787 e tinha portanto 62 anos. Tomou parte importante nas guerras do Rio da Prata. Reformara-se em vice-almirante a 13 de maio de 1846.

A vivenda em que moramos de 1844 a 1868, durante, portanto, vinte e quatro anos, muito nos agradava, a mim e a minha irmã Adelaide (pois a outra irmã Zizi, Isabel, falecera muito criancinha), devido a enorme área de terreno que tinha jardim, todo plantado de árvores frutíferas, imenso cajueiro, um tamarineiro e uma palmeira de cocos de catarro, que representa grande papel nas minhas recordações da meninice.

Era a maior aspiração apanharmos os cocos que caíam durante a noite. E neste particular Tomás, escravo, nosso pajem, havia-se com rara felicidade tendo sempre os bolsos cheios daqueles frutos. Também de manhã procurava levantar-me antes de todos, correndo de pés no chão para ir fazer a apetecida colheita. Quantas vezes comigo não ralhou minha mãe por causa dessa travessura que poderia ter conseqüências sérias.

Naquela época, entretanto, o Rio de Janeiro era em extremo saudável e gozava de reputação bem-merecida, apesar do nenhum cuidado na higiene pública. Todos os despejos se faziam nas praias, e as ruas e praças não primavam pelo asseio.

O Campo de Sant'Ana, depois da Praça da Aclimação, tornara-se, então, local de todas as imundícies imagináveis. Entretanto, as trovoadas certas, infalíveis, da tarde, purificando a atmosfera, não consentiam no viciamento radical do ar e contrariavam a explosão de epidemias.

Como se mudaram todas aquelas condições com o desbastamento dos morros e montanhas e a destruição completa das grandes e saudáveis florestas que as cobriam, fertilizavam e embeleciam!

No sentido do respeito devido àquele benéfico revestimento e da conservação das matas dos arredores do Rio de Janeiro muito e muito escreveu, trabalhou e protestou meu pai, mas em vão, todos os seus esforços, tidos em pouca ou nenhuma conta, esbarraram de encontro à rotina e à ignorância...

No nosso jardim da Rua do Saco havia uma ondulaçãozinha de terreno que chamávamos a *Montanha*. Ali se faziam plantações de milho e de feijão, que nos davam excelentes espigas para assar e abundantes vagenzinhas bem tenras.

II

Quase nada me recordo da vasta e mortífera epidemia da febre amarela, em 1850, na primeira vez em que visitou o Rio de Janeiro, onde se achou por tal modo a gosto, que nunca mais o deixou, senão com pequenos intervalos.

Mais um pouco me lembro da nossa estada no ano seguinte de 1851, no Engenho Novo, quando meu pai ali foi convalescer de gravíssima enfermidade depois da jubilação como professor e diretor da Academia das Belas-Artes.

Dera-se em conseqüência da luta encabeçada, nos jornais, pelo Porto Alegre, que clamava contra o fato de ser ele estrangeiro não-naturalizado. Apesar das verdadeiras instâncias do Imperador não quis ele dar o braço a torcer, declarando que só deixaria de ser francês quando o Brasil decretasse a lei da *grande naturalização*.

"Pois eu lá vou pedir folha corrida ao inspetor do meu quarteirão para instruir o meu humilde requerimento?" E continuava com indignação: "Demais, para quê? Para não poder alcançar o que qualquer estúpido, nascido por acaso aqui, pode ser? Não! Ao estrangeiro os brasileiros têm verdadeira aversão. E por muito tempo assim há de ser!..."

Daquela estada no Engenho Novo conservo algumas lembranças mais fixas e certas. Admirava muito um grande relógio, metido em comprida caixa envernizada, o qual repetia as horas, com som claro e alegre, além de dar as meias horas. Pertence hoje à minha mãe. Muito me prendia também outro de mesa debaixo de redoma de vidro e representando a Fama montada em Pégaso, cavalo dourado e com asas prateadas, que se me afigurava riquíssima peça.

Bem presentes ainda me estão uns *Estudos* de Bertini, que minha irmã tocava, enquanto eu, na janela central do sobrado, que tinha grade não feia, via vir o tílburi de meu pai pela estrada do Cabuçu.

E enchia-se-me o peito do prazer da vida, ao contemplar aquela risonha e amena paisagem, toda de capinzais bem verdes, cortados por bonitas curvas de caminho areento. Durante os dias, em extremo cálidos, o meu entretenimento favorito consistia em pegar *coleiras* e *canários da terra*, com visgo, ou apanhar cigarras perto do poço, no caminho do portão, pousadas numas goiabeiras de frutos brancos, pequenos e muito gostosos. Junto à casa havia pés de *pitomba* e *corosol* numa espécie de *rond point*.

Daquela feita ficamos talvez cinco meses no Engenho Novo. No fim — se não me engano — tive grave moléstia, que em extremo me abateu. Anos antes — eu bem menino — nesse mesmo Engenho Novo sofri de uma invasão de grandes furúnculos, que me fez muito penar, sendo tudo motivo de contínuos choros e incessantes lágrimas, apesar do cuidado que minha mãe punha em transportar-me num carrinho de mão, todo cheio de almofadas e travesseiros.

Em meados de 1852, fomos passar boa temporada na Jurujuba, para lá da Baía de Rio de Janeiro, por detrás do maciço rochoso da fortaleza de Santa Cruz, um dos mais pitorescos locais da baía, que os tem tantos e tão variados. Habitávamos vasta casa abarracada e em parte ladrilhada, pertencente ao Governo e que meu pai ou alugou ou ocupou, gratuitamente, por algum tempo — não sei bem.

Esta estada representa, sem dúvida alguma, uma das mais risonhas quadras da minha meninice, período da vida sem nenhuma sombra sequer de desgosto. Creio que hoje assim se afigura à lembrança de toda a minha gente.

A preocupação única era às tardes dos dias em que meu pai vinha ao Rio de Janeiro. Receávamos sempre temporal na travessia da baía, que se cortava exatamente em frente à barra.

Ficávamos à janela sobressaltados e ansiosos até vermos o bote, em que costumava voltar, dobrar a ponta do morro fronteira à casa e que entrava muito pelo mar adentro. Dali em diante não havia mais perigo possível, quando para lá o risco, muitas vezes corrido, era real e não pequeno.

Que prazer ao recebê-lo, logo ao desembarque!

Dobrava a alegria quando conjuntamente vinha o *Zenzen*, nosso primo Luís de Beaurepaire Rohan, embora homem de índole um tanto enfarruscada, gênio singular cheio de pontas e ângulos, infeliz na carreira militar. Naquele tempo era simples tenente de infantaria.

Pobre Zenzen, quantas gargalhadas boas nos provocava com os modos, ditos, observações e opiniões! De quantos gracejos não foi vítima? Lembro-me que, em certa ocasião, preguei-lhe num chapéu, alto e novo, de pêlo, o rótulo de uma peça de morim!

Tenho bem vivas as amenas perspectivas que se desfrutavam de diversos pontos da casa da Jurujuba, edificada no alto de suave outeiro, já sobre o grosso da povoaçãozinha à esquerda, já sobre a praia da frente, no nosso porto de desembarque, já sobre a Praia da Igreja, por onde se ia à Praia de Fora, isto é, à orla do mar alto, fora da barra.

Ali costumávamos ir pescar com o Tomás e os filhos da Benedita, mulher do pescador Fortunato, que, aos sábados, habitualmente levava meu pai de manhã cedo à Praia das Flexas, em S. Domingos, tomando ele daí, a pé, rumo das barcas.

Ia a S. Cristóvão ter com o Imperador e juntos faziam leituras, quer de jornais da Europa, quer dos grandes clássicos.

Estas conferências, em outras épocas que não de férias, davam-se às terças-feiras e aos sábados, e o Monarca com elas imensamente lucrou na esfera literária, e na científica e artística, pois meu pai tudo levava preparado, os jornais anotados para dispensar pesquisas inúteis, páginas inteiras de leitura condensada e imediatamente proveitosa.

Isto durante anos e anos, na prática do maior desinteresse por parte de quem gastava, e não pouco, do bolsinho só em conduções para ser útil ao imperial amigo.

Em compensação, força é confessar, o Senhor D. Pedro II lhe deu provas de inexcedível estima e consideração, sempre e sempre, e não pouca paciência exercitou para com ele, quando, em avançada idade, meu pai se achou sob a obsessão de idéias fixas e teimosas.

Nessa reciprocidade, feito o balanço eqüitativo, um nada ficou a dever ao outro, tendo havido por ocasião dos apuros de meu tio Teodoro Taunay na liquidação das contas do Consulado francês, não pequena dádiva feita pelo Imperador, com a maior discrição e gentileza.

III

Voltemos, porém, à Jurujuba.

Aquelas pescarias, à Praia de Fora, constituíam importantes fatos nas minhas ocupações do dia, tanto mais quanto minha mãe, receosa sempre da agitação daquele mar, facilmente não nos dava licença de lá irmos.

Quando tal acontecia, subíamos o morro fronteiro à casa pertencente à chácara de um Sr. Borges, onde abundavam excelentes araçás de coroa e goiabas, descíamos do outro lado e nos achávamos naquela praia, mais enseada do que outra coisa, de branquíssimas areias.

Como o lado em que pescávamos, trepados em grossas rochas, era de sombra, as horas corriam rápidas e divertidas. Uma vez, onda não pequena, que de repente se levantou e veio sobre nós, ia-me levando, e o pobre do Tomás raspou grande susto. Não molhei senão os pés e as pernas e tivemos cuidado de só voltarmos à casa, eu bem enxutinho para não incorrermos em definitiva proibição de freqüentarmos tal local.

Outro divertimento era apanharmos conchas e por isto intituláramos *Praia das Conchas*, uma abrazinha dominada por cabana de esfarrapados pescadores e andrajosas mulheres, onde as havia comumente bem bonitas e não muito estragadas.

Para lá irmos, atravessávamos, à direita da casa de vivenda, um matozinho sujo e de espinheiros, no meio do qual havia também muitos pés de araçá, cujos frutos comíamos verdoengos senão de todo verdes. Certa vez, pessoas da minha família estenderam as pesquisas até Itaipu, para lá da Praia de Fora, e dali trouxeram bonitos búzios e conchas univalvas bem interessantes, com o que fiquei em extremo pesaroso de não ter participado de semelhante passeio.

Nesse tempo da Jurujuba, já estava eu às voltas com os estudos, começando o do latim na *História sagrada* de Lhomond. O tal *Epítome*, apesar de toda a simplicidade mais que elementar, dava-me trabalho enorme, provocando da parte de meu pai contínuas recriminações, no meio de exclamações de cólera e indignação — "*Tu n'es qu'un imbécile!*", era afirmação que voltava a cada instante.

Às vezes a lição interrompia-se com as minhas lágrimas, e minha mãe vinha, com toda a solicitude, procurar ajudar-me. Numa ocasião, esbarrei no trecho em que irmãos de José, no Egito, queriam declarar-se seus escravos. E eu traduzia: *"Nós seremos para ti que nos salvaste vossos escravos"*.

Meu pai batia o pé impacientado e rolava olhos furiosos, sem querer, contudo, emendar o erro.

Foi ao Rio de Janeiro e, quando voltou, achou-me ainda empacado ante a pavorosa dificuldade, que me pusera o dia inteiro inquieto e triste a olhar, trepado a cavalo numa janela da sala de visitas, melancolicamente para as rosas francesas do nosso singelo jardim. Pois bem, voltou meu pai da Corte e encontrou-me a gaguejar ainda o tal *vossos*, que propus com timidez mudar para *seus*.

Num grito de impaciência e desespero, bradou-me ele: *teus, teus, imbecil!* E de repente achada a solução, agora mesmo, ao escrever estas linhas, sinto a impressão de alívio, que então experimentei. Pois era só isto?

Aliás, meu pai nunca me bateu, ainda nos momentos de maior zanga, e minha mãe só me dava alguns beliscões, isto mesmo ao piano, quando me mostrava demasiado rebelde ao estudo daquele instrumento.

Quanta gratidão, entretanto, lhe devo pela amorosa insistência, de que resultaram horas de indizível consolação e prazer pelo conhecimento não muito superficial da música!

Ah! essa estada na Jurujuba, como foi grata e saudosa! Na minha absoluta despreocupação, como passavam os dias depressa! Como tudo me sorria e quanta alegria me cercava! De manhã cedo, o banho de mar, descendo todos nós a interminável sucessão de escadinhas de tijolos, ou então o bonito caminho lateral, que meu pai abrira para dispensar aquele incômodo meio de se chegar à praia.

Depois, o almoço, em que comíamos a valer, eu, sobretudo, mais comilão do que todos e grande bebedor d'água, não havendo, por vezes, modos de me saciar a sede, isto desde bem pequeno, acentuado mais tarde na longa viagem de Mato Grosso e afinal constituindo verdadeira polidipsia, desde que me reconheci diabético em fins de 1877, conforme mais tarde contarei.

Após a primeira refeição algum estudo, sendo o mais aborrecido o do piano que fazíamos, eu e minhas irmãs, num instrumento de mesa, do autor John Broadwood, que, anos depois, acabou na nossa casa da Cascatinha da Tijuca. Nos muitos intervalos de recreio, as pescarias.

Na praia de casa apanhávamos *mamareis* e *baiacus*, cujo ventre, com apendecezinhos à maneira de espinhos, incha, mal sai o peixe fora d'água, imprestáveis para se comer e até venenosos.

IV

O FINAL do ano de 1852 foi assinalado pelo falecimento de minha irmãzinha Isabel, creio que a 10 de dezembro. Contava seis anos de idade e era bastante gentil. Morreu de meningite. Estava eu muito aniquilado, metido numa espécie de vão de quarto, quando ouvi meu pai dizer com pungente desespero: — "Ah! Ela está perdida!", e nunca mais me esqueci do som daquela voz, que me apavorou, trazendo-me ao espírito a idéia de irremediável desastre e da morte!

Em meados de 1853 tivemos também em casa o falecimento de meu tio Luís Afonso d' Escragnolle, e o desespero de minha mãe foi imenso, insuperável, chegando-se a recear qualquer desgraça, pois estava esperando meu irmão Gofredo, nascido a 15 de outubro daquele ano.

Não me lembro de fato algum saliente, enquanto me preparava para fazer exame do 4º ano do Imperial Colégio de D. Pedro II, devendo matricular-me no 5º, o que era demasiado forte e violento para a minha idade, nas condições um tanto doentias em que vivia.

Para robustecer-me, levava-me, diariamente, meu pai, a tomar banhos de mar na Praia da Chichorra e, enquanto eu estava n'água, lia ele Homero num livrinho de edição estereotipada, em que assentou a data da primeira vez que comecei a nadar, acompanhado do indefectível Tomás, meu companheiro de meninice, depois excelente auxiliar da casa até o último dia de vida, a 6 de dezembro de 1886.

Meu tio Carlos encarregava-se, às vezes, de me levar ao banho de mar, quando vinha passar alguns dias na casa da Rua do Saco do Alferes. Quanto era engraçado e jovial este homem! E que contraste com o irmão Teodoro Maria, o cônsul, sempre grave, triste e sorumbático, acabrunhado ao peso de mil negócios desagradáveis, embrulhados e penosos, já próprios, já de outrem.

Fora Carlos militar do tempo de Napoleão I e, ferido no nariz por um cossaco na batalha de Leipzig, merecera ser condecorado com a *Legião de Honra* pela mão do grande guerreiro, por quem aliás não professava senão medíocre admiração.

Não gostava muito de nos contar incidentes das suas guerras, quando, entretanto, nelas se assinalara pela coragem e resolução.

Foi o segundo que penetrou nos muros de Sagunto por ocasião do assalto a esta cidade espanhola. Teve sempre vida agitada, escapou de ser fuzilado na Bahia por ordem do General Labatut, quando militar ao serviço do Brasil.

Vivia, entretanto, com muita ordem e economia da sua pensão de major reformado e de achegas que conseguira ajuntar, já de obrazinhas literárias e tentativas jornalísticas, já de operações comerciais, em escala mui limitada.

Em todo o caso, preparara para si existência regrada, cômoda e divertida, passando temporadas em casa de amigos, que todos o acolhiam com imensa alegria, e fazendo freqüentes viagens à Europa.

Que diferença com a vida do pobre Teodoro, no báratro insondável de mil negócios, a misturar os rasgos mais extraordinários, e até sublimes, de filantropia, levada ao extremo, com a desordem mais completa e prejudicialíssima a si e a quantos lhe confiavam os haveres!

O consulado francês, durante a sua longuíssima gerência, tornou-se um caos, aproveitando-se especuladores, e tratantes, da falta radical de qualquer escrituração ou simples apontamentos.

Em contraposição, porém, quanta abnegação naquele singular apóstolo do bem, cuja existência mereceria ser estudada com cuidado!... Daria lugar a muita análise curiosa e a anedotas verídicas e bem engraçadas.

Muito abusava a colônia francesa da indefectível bondade e fraqueza do seu cônsul; mas também este por seu lado não vacilava em assegurar com o punho, e debaixo das formas de completa legalidade, tudo quanto lhe vinha à cabeça em assunto de informações e atestados, tudo com a maior despreocupação e para obviar a carência de livros organizados com regularidade.

Passava os dias a fazer esmolas de roupas e dinheiro e não havia sicofanta no Rio de Janeiro que não lhe explorasse o espírito de caridade e o receio de ser importunado.

Apresentava-se, não raro, quase andrajoso, com casacas impossíveis, quase sempre trazendo aos pés sapatos de borracha.

Certa vez, por ocasião do *Te Deum* de 15 de agosto, na Ajuda, foi, como encarregado de negócios da França, àquela cerimônia com uma casaca imunda, por ter dado na véspera a nova, que mandara fazer de propósito, a um francês que lhe declarara não poder casar-se por falta daquele fato!... Inúmeras as histórias do teor desta, todas verídicas e que depois ele contava com um sorrisozinho entre sardônico e satisfeito. Tinha o nariz comprido e grosso na ponta, os olhos grandes, de azul puríssimo, olhos cheios de meiguice e bondade, olhos esplêndidos!

Voltando ao meu tio Carlos, lembro-me de episódio daquele ano de 1853, que me valeu enorme cansaço mas redundou em presente de valiosa obra que ainda hoje preciosamente conservo.

Foi um passeio à Cascatinha da Tijuca. Partimos meu pai, ele e eu da Rua do Saco do Alferes e tomamos a gôndola do Andaraí Pequeno, que passou pela esquina da Rua de S. Pedro às 6h30min da manhã.

Chegados à base da serra, subimos a pé até à Cascatinha, onde passamos o dia, dando conta do abundante farnel que havíamos levado, ao almoço e ao jantar.

Quando o sol começou a declinar, o tio Carlos avisou meu pai: "Vamos, Félix", disse duas ou três vezes, "precisamos andar depressa. Se acaso perdermos a última gôndola, a das seis horas, como nos arranjaremos?" Ao que meu pai respondia, a correr de um lado para outro: — "E eu que ainda tanto tenho que fazer!"

Afinal, partimos, mas, em caminho, com a exagerada amabilidade, ainda se demorou a falar com um tal Sr. Amaral e um Sr. José da venda.

Certo é que, ao chegarmos à estação das gôndolas, havia o último veículo partido uns dez minutos já!... Imagine-se o nosso desapontamento com a perspectiva de duas longas léguas a vencer, a pé, até o Saco do Alferes!...

O furor do Carlos era impagável. "A culpa é tua, Félix! Bem te avisei! E ainda paraste para falar com aquele Sr. Amaral, homem que tem filhas tão magras! E aquele canalha do senhor José! Ah! quanto a este vou subir de novo à Tijuca só para o fazer rolar do alto dos morros por meio de grandes pontapés. Que miserável! Fazer-nos perder a gôndola! Era plano seu, diabólico, sem dúvida alguma. Sempre te conheci assim, Félix! Não há mais gôndola. E este pobre menino. Estamos numa situação irremediável numa espécie de torre de Ugolino. Este pequeno vai morrer desta esfrega!"

Aí declarei que estava pronto para caminhar até de madrugada e, com efeito, não havia outro expediente a tomar-se. Pusemo-nos, pois, a caminho, devagar mas resolutamente e, a cada momento, meu tio exclamava. "Mas este Alfredo é um herói!"

Só descansamos um pouco em Mataporcos, hoje Estácio de Sá, e chegamos à casa perto das quatro horas da madrugada, achando todos em alarma por causa de tão extraordinária demora. Apesar da insólita ocasião, meu tio exaltou entusiasticamente o meu procedimento, calma e resignação.

No dia seguinte, dava-me uma edição de Molière em seis volumes — obras completas MDCCCXXII com a seguinte dedicatória: *"Ce livre m'a été donné par mon ami Denoix et m'est très précieux. Je le donne à mon neveu Alfred en souvenir de sa bonne humeur et de son énergie de fer. Novembre 1853 — C. A. Taunay."*

Conservo esta obra que me proporcionou, logo que a recebi, bem bons momentos, porquanto já então gostava bastante da leitura. Muito belas gargalhadas dei com o *Bourgeois gentilhomme*, *Mr. de Pourceaugnac* e *Les fourberies de Scapin*, que li e reli.

V

FALAVA eu, porém, da minha magreza e debilidade constitucional. Além dos banhos de mar, tomados com toda a constância, comecei a ter lições de ginástica no Arsenal de Guerra dadas pelo respectivo professor dos menores daquele estabelecimento militar, um tal Bidegorry, que ensinava também ao menino Tosta, posteriormente desembargador e Barão de Muritiba.

Havia igualmente lá, a seguir o curso particular de ginástica, uma mocinha, cujo nome não me ficou, mas cujo traje de blusa e calças não pouco me impressionava.

Igualmente nos ensinava a dança, e grandes passos de bailado, um Mr. Paul, primeiro dançarino do Teatro Lírico. Fazia-me assiduamente ensaiar uns célebres cumprimentos de minueto, à moda antiga de Versailles, destinados à minha apresentação no Colégio de Pedro II, por ocasião dos meus exames de admissão. Contarei depois o que sucedeu, valendo-me estrondoso triunfo hilariante.

Naquele tempo meus pais se ocupavam, com o máximo empenho, com a nossa educação, minha e de Adelaide.

Impossível maior dedicação, maior esforço, maiores sacrifícios de tempo, absorção e dinheiro. Tudo era pouco.

A atenção quase exclusiva de meu pai estava concentrada em mim, interrompida só com as idas bi-hebdomadárias a S. Cristóvão e alguns trabalhos de escrita de uma companhia de navegação, não me lembro qual. Do seu lado, minha mãe nos guiava no ensino do piano, atenta a todas as indicações do nosso mestre Isidoro Bevilacqua, que substituíra para minha irmã o Luís Vaccani, começando eu as lições com aquele professor, na verdade excelente.

É também dessa data o exagero de afeição que minha mãe começou a consagrar-me, de que depois tiveram justificado zelo meus dois irmãos.

— Tudo pelo Alfredo — é o sentimento que nunca se deu ao trabalho de disfarçar, preferência a cada momento acentuada, que minha irmã aceitou resignada, mas que o Gofredo custou sempre a suportar, tornando-se para comigo muito esquivo, já por si, já pela diferença de idade e índole.

Para me preparar, em regra, aos exames de admissão, tomaram-se professores de alemão, o Bertoldo Goldschmidt, e de latim, o Nuno Nunes, este todo magrinho, estrambótico nos modos, entusiasta do poeta Gonçalves de Magalhães e a lhe citar de contínuo trechos da *Ode de Waterloo*. Eu não descansava nos estudos, entretanto, sobremaneira inclinado à vadiação e a correr, quando tinha qualquer folgazinha.

O médico de casa e amigo de todo o tempo, Dr. Luís Vicente De Simoni continuamente prevenia que puxavam demais por mim e que a minha constituição física não consentia o gravame de tantos estudos.

Bom De Simoni! Quanto me lembro dele, não que fosse particularmente agradável, sobretudo com as crianças, mas o vi sempre, sempre em casa, a discutir clássicos com meu pai e a lhe mostrar poesias, quer da própria lavra, quer traduzidas em português e em italiano!...

Tinha verdadeira veia poética ou antes extensa facilidade de versejar, e era o tradutor de quanto libreto lírico há por aí.

Médico muito conceituado, homem excelente, tinha aspecto algo ridículo pelo tamanho, opulenta barriga, cara bexigosa e enorme nariz adunco.

— Coisas — confessava — que me prejudicaram em todo o correr da vida: a minha figura, exageradamente pequena, a falta de eloqüência (e, com efeito, sem ser gago era impossível gaguejar mais e falar no meio de tantos *huns, etc. etc.*, e certo relinchozinho característico).

Não sejam, porém, as minhas palavras prova de qualquer desprestígio ou intenção de ridículo à memória do Dr. Luís Vicente De Simoni. Este homem, que sobremaneira estimávamos pelo muito afeto que nos dedicava, merece ainda hoje toda a nossa veneração. Muito e muito trabalhou em casa, acudindo sempre, pronto e alegre, ao mínimo chamado, zelando a saúde de todos nós, com o maior empenho e recebendo, julgo eu, como médico de partido, bem parca retribuição durante dezenas e dezenas de anos.

Preparado como melhor se pôde, apresentei-me a exame do 4º ano do curso do Colégio de Pedro II, levado àquele estabelecimento, no fim da rua larga de S. Joaquim, pelo meu professor de latim Nuno Nunes.

Aí é que teve lugar o célebre cumprimento, adubado de passos de dança, tão ensaiado com o mestre Paul.

Apenas ouvi chamar o meu nome: Alfredo Maria Adriano d'Escragnolle Taunay, levantei-me e, sopitando o vexame, e mais que isto, o terror que sentia, frechei para o meio da sala em vez de me dirigir logo para o estrado dos examinandos.

Aquela manobra atraiu a atenção geral. Uma vez diante do tribunal dos lentes, dei largo passo à esquerda, uni os pés, segundo e terceiro passos, e então fiz profunda reverência com as pernas bem juntas e o corpo todo atirado para a frente, em respeitosa curva. As pausas, o aparato e consciência coreográficos foram tantos, que não houve na sala quem pudesse conter o riso.

E, debaixo da influência desse benévolo movimento, comecei o exame, causando a todos verdadeira simpatia a minha fisionomia de louro franzino com cabelos já naquela época um tanto crespos.

Ao professor de francês, que depois conheci mais de perto, e bastante fraco na matéria que lecionava, perguntei: *"Voulez-vous que je passe mon examen en français ou en portugais?"* "Em *português, português*", replicou-me à pressa o argüente e creio que, de assustado, bem poucas perguntas me dirigiu, declarando-se logo plenamente satisfeito.

Ignoro ainda hoje, e nada a tal respeito posso afirmar, se todas as minhas provas foram brilhantes ou se meu pai preparara o espírito dos meus examinadores, mas o certo é que daí a pouco era aprovado com distinção em todas as matérias — e, decerto, não eram poucas, figurando nelas latim, inglês, alemão, grego, princípios de história natural, geografia e não sei mais o quê.

Direi agora que meu pai, embora sem posição oficial, além da de professor e diretor jubilado da Academia das Belas-Artes, gozava, nos vários círculos da sociedade brasileira, de tal ou qual influência e algum prestígio.

De um lado por causa da seriedade que sempre o distinguira em todos os negócios e da pontualidade e ordem dos pagamentos, de outro pela extrema polidez e amabilidade até exagerada, de outro ainda e principalmente pela circunstância de ter entradas constantes e privadas em São Cristóvão e ser tido em conta de amigo particular do Imperador. E o era com efeito, ainda que dessas relações jamais tivesse provindo o mais leve abuso, pelo escrúpulo com que meu pai nelas se aveio e pelo incessante cuidado do Monarca brasileiro em não ter validos, nem consenti-los junto de sua pessoa como canais extralegais para pretensões e favores.

Bem me recordo do quanto custava a meu pai conseguir um ou outro Hábito da Rosa para literatos que recorriam à sua intervenção e que de fato se tornavam dignos de qualquer manifestação de apreço por parte do governo imperial.

Talvez para diante faça dessas relações de amizade entre o Imperador e meu pai motivo de capítulo especial; mas, por enquanto, prossigamos, pois agora as minhas reminiscências cobram mais segurança e se afirmam com muito mais lucidez.

VI

EM MEADOS de janeiro de 1855, pelos dias 16 ou 18, fora o meu exame de admissão. A 3 de fevereiro, conforme de costume declararam-se abertas as aulas, eu matriculado no 5º ano do curso, isto é, na segunda série dos estudos do Colégio de Pedro II. Não tinha ainda 12 anos.

O primeiro dia foi de enorme atarantamento — coisa estupenda! Primeiro que tudo julguei de necessidade e até obrigação levar comigo todos os livros já de freqüência das aulas, já de consultas.

Assim meti o grande *Magnum lexicon* e o grosso *Alexander* no cesto de pão, que o Gregório, o boleeiro de casa, vinha gravemente carregando, atrás de mim.

— Não é possível — observava com toda a sensatez minha mãe — que seja preciso levar toda essa história.

— É, mamãe, é — afirmava eu todo choroso.

A minha entrada na portaria do Colégio não deixou, pois, de ser notada; houve até um aluno que gritou: "Ó padeiro!", e por uns dias assim me chamaram, mas como jamais pegaram as diversas alcunhas que na carreira colegial quiseram dar-me, cedo se esqueceram os rapazes dessa que, aliás, não tinha nenhuma razão de ser.

Na aula de zoologia, o professor foi causa de desastre, que tenho certo vexame de contar, mas não deixa de ser engraçado. Como ele falava mal português e tinha o cacoete de meter a ponta da língua no canto da boca indistintamente se ouvia o que dizia, embrulhando tudo quanto queria explicar e pondo, como vulgarmente se diz, os pés pelas mãos.

Anunciou-nos que o compêndio adotado na aula era certa obra de Salacroux. Ouvi mal o nome deste autor e timidamente recorri ao companheiro que se assentara ao meu lado.

— Como se chama o tal homem? — perguntei. O outro: — Creio que o Luz ou o Suckow —, talvez o Miguel Tavares, enfim um dos endiabrados colegas de que adiante me ocuparei mais de espaço, respondeu-me ligeiramente, o que logo escrevi a lápis com toda a ingenuidade.

Ao sair pouco depois do colégio, aturdido com os gritos e as vaias dos mais velhos e com os berros dos inspetores, sobretudo um tal Carvalho, dirigi-me a um vendedor de livros velhos, caga-sebo (ou caca-ceno) como se os chamam entre os rapazes, da Rua da Imperatriz, o tipo, o primeiro daquela classe que, depois, tanto se generalizou.

Pedi-lhe para ver o tal autor de nome tão arrevesado que pronunciei bem alto e claro.

— Que é, menino? —, bradou o anãozinho chegando-se a mim, aceso em ira. Repeti o nome, e a resposta foi tremenda descompostura e um empurrão que me levou ao meio da rua.

Quando contei, todo alarmado, o caso a meu pai, mostrando-lhe a nota que tomara, não pôde ele deixar de exclamar:

— Com efeito é um nome bem esquisito!

E, como tinha que sair, trouxe-me à noite os dois volumes do Salacroux, que ainda hoje conservo.

O segundo desastre daquele dia aziago foi a impressão que me causou o professor de latim, declarando que não admitiria na aula aluno que não trouxesse, diariamente, consigo e escritos em caderno especial, todos os *significados* da lição.

Significados?, perguntava eu aterrado a mim mesmo, que será isto? E a ignorância do que exprimia a terrífica palavra me levou a casa, debulhado em pranto, que terminou em horrível dor de cabeça, mal a que era muito sujeito, sentindo só algum alívio até adormecer, quando minha mãe pacientemente me passava, pelo crânio e cabelos, um compasso aberto.

A propósito dos enigmáticos *significados*, cheguei a pensar que devia copiar todo o *Magnum lexicon*, mas como de uma noite para o dia?

— É impossível — consolava minha mãe — que te expulsem do colégio por causa disso!

— Não — berrava eu —, o professor ameaçou — é coisa certa!

Afinal, meu pai resolveu ir, ato contínuo, à casa do lente e de lá trouxe a noção exata do que exigia.

Achou-me já placidamente dormindo, mas, no dia seguinte, quando acordei, estavam todos os significados da lição tirados em ordem e alinhados, e o meu trabalho único foi fielmente copiá-los.

Que excelentes pais! Quanto me ajudaram, quanto esforço fizeram sempre para tudo me facilitarem na vida! E quão longe, por quantos anos, se exerceu sobre mim este influxo de inexcedível afeição!

O 5º ano do Colégio de Pedro II, embora com muito acúmulo de matérias, não me foi demasiado difícil, porquanto a parte mais pesada das lições era satisfeita por meu pai, traduções do grego, do latim, do alemão, sobretudo as versões do português para aquelas línguas.

O professor ficava admirado do que eu lhe levava. Verdade é que aquele mestre só era forte em nugas e minúcias gramaticais, muito lido em sutilezas filológicas, mas sensivelmente fraco na posse geral do idioma que ensinava.

Que singular pedagogo!

Entremeava as preleções com palavras e anedotas inconvenientes.

E não ficava só nisso, mas... di-lo-ei? Não imprimirá a minha falta de reserva feição pornográfica ou, melhor, pouco asseada, a estas páginas?

Vacilo, embora o valor de memórias, escritas na absoluta sinceridade de recordações, esteja exatamente na lealdade com que são redigidas e na confissão minuciosa de todos os fatos que compõem uma existência, de todas as observações e pensamentos que os sucessos provocaram.

Não é Jean-Jacques Rousseau, que queria apresentar a Deus as suas *Memórias* para lhe ser dispensado qualquer interrogatório, tão verdadeiro e individuado havia sido em contar tudo quanto lhe sucedera em vida?

À medida que os alunos subiam de classe, crescia-lhe a intemperança de boca, de maneira que no 7º ano era extravagante e de pasmar o churrilho de palavras descabeladas, de sentenças de Marcial, Apuleio e Petrônio, capazes de fazer corar um tambor de artilharia, e só próprias de quartéis e *repúblicas* de estudantes.

Tão esdrúxulo e original sistema de ensino era conhecido mais ou menos exatamente das autoridades e sabíamos que por vezes se falava, nas altas esferas, de coibi-lo com energia.

Mas tal nunca se deu, e o lente levou, até à data da aposentadoria, a maneira mais que livre e incongruente de lecionar. Apesar dos defeitos e culpas (e, decerto não eram poucos, nem pequenos) nós lhe dedicávamos muita simpatia, achando-lhe graça e espírito em tudo quanto dizia mais de crespo.

VII

Nesse 5º ano travei conhecimento com um professor que devia constituir-se causa de meu constante terror durante três anos de freqüência escolar. Muito vermelho sempre, com o rosto inflamado puxando para o roxo, cheio de espinhas e até furúnculos, olhos pequenos, suínos e piscos debaixo de sobrancelhas muito bastas e em matagal, tinha cabelos ralos e compridas falripas, com que buscava disfarçar a calva, delas fazendo como que rodilha no alto da cabeça.

Rangia freqüentemente os dentes, provindo desse hábito sensível tortura de boca, que lhe incutia ares de ferocidade. Tal era o meu pesadelo, o motivo de imensos arrepios e medos.

A cada instante dizia, dirigindo-se aos alunos: — *Meu caro senhor!*, que pronunciava *miô caro siô*, e tão longe levava esse hábito que, nos exames finais, chegava a aplicá-lo ao próprio Monarca, apelidando-o *Meu caro Senhor Imperador!*

Ah! quanto me fez sofrer! Aí é que conheci como é longo um minuto, quando se tem os olhos pregados no ponteiro dos segundos.

E a hora então?! Quando batia a sineta do portão, anunciando a terminação da aula, ficava outro, respirava livremente, renascia à vida, pois não tinha caído em graça daquele ente caprichoso, mau e pequenino, tirano para os pequenos e quantos lhe fossem subordinados e tímido e baixo para com os potentados e filhos dos que tinham posição saliente.

Não havia, por exemplo, torpeza que não fizesse para agradar ao nosso colega Maneco Matoso, filho do célebre Eusébio de Queirós Coutinho Matoso Câmara, então Inspetor Geral da Instrução Pública, além de Conselheiro de Estado e Senador do Império.

E aqui intercalo uma reminiscência de passagem, referindo-me àquele notável político e estadista, cujos serviços ao Brasil tão valiosos foram.

Que impressão agradável me causou a presença daquele homem, numa visita que fez ao Colégio de Pedro II! Que aspecto simpático! Que belos olhos azuis, francos, serenos! Que maneiras tão afáveis! Entrou durante a inspeção das aulas, na de matemáticas, e vimos o lente desfazer-se todo em muitos *miô caro siô* e nas práticas da mais torpe bajulação.

Quase à força arrancou das mãos de Eusébio o chapéu alto e foi religiosamente colocá-lo na mesa, pondo, porém, por baixo o lenço desdobrado! Basta isto para pintar o que valia o caráter desse furibundo republicano, ufanando-se das idéias que praticava, aliás, bem tímida e platonicamente.

Assegurava que se havia batido em Paris, onde se formara na Escola *des Ponts et Chaussées* e ficara 30 ou 40 anos, nas barricadas de 1830 ou de 1848, pouco importa saber quando. Falava, contudo, pessimamente francês.

Quero acabar de vez com a ordem de recordações ligadas a esse displicentíssimo tipo, que no meu passado significa inúmeros momentos de desgosto e até pesada angústia. Ao passo que os outros professores todos simpatizavam com o meu aspecto de débil criança, sobrecarregada de estudos, não ocultava a má vontade, quase antipatia, avigorada pelas poucas disposições que eu, do meu lado, mostrava pela sua cadeira.

Talvez proviesse esta ojeriza do papel que meu pai representava junto do Imperador, a quem o feroz republicano consagrava verdadeiro ódio, exprimindo-o numa frase que bem patenteava a tacanhice e baixeza do rancor. Parece incrível, mas é autêntica: "Se eu visse", disse-nos uma feita, "o Imperador morto no meio da rua, iria dar-lhe uma facada mais!".

Razão de completo desamor e desapego tinha ao que ensinava aquele pretenso discípulo de Augusto Comte (também uma das suas ufanias). "Ouvi, meu caro senhor, as lições do grande mestre e por ele fui distinguido", o que ainda hoje, passados já 36 longos anos, ponho em dúvida.

Uma vez, voltara eu bem cabisbaixo ao lugar em que me assentava, espichado em regra como acabava de sê-lo. Ao meu lado, em outro compartimento do comprido banco a todos comum, ficava o B..., muito gago, espinhento, vermelho.

— Você assim — disse-me gaguejando, soprando e parando em cada palavra — fica atrás de nós todos. A sua reprovação é certa. Por que não vai para o comércio? É a carreira que lhe convém.

Por que razão o pobre B..., habitualmente tão manso, meigo e retraído, me magoou tanto? Como me senti pequeno, infeliz, aniquilado, condenado para todo o sempre, perdido sem remissão!

Infeliz B..., ele sim é que foi esmagado pela sorte! Reprovado em 1856, saiu do colégio, andou de um lado para outro, caiu em negra melancolia, anos depois perdeu aos poucos a razão e ainda hoje (1892) vive no Hospício dos Alienados completamente brutificado, sem conhecer mais ninguém, não consentindo roupa alguma sobre si, verão e inverno, e reduzido à simples existência vegetativa! O irmão sempre dele cuidou e cuida, com tocante solicitude fraternal.

Apesar de tudo, deixou-me o feroz professor passar nesse ano, dando-me nota de *simpliciter*; mas no seguinte, em 1856, desapiedadamente me reprovou, quando só faltava uma prova, com a de física, em que obtivera boas notas, para que fosse habilitado à classificação no 7º ano.

Que dia este, mas também que ano endiabrado aquele 6º de 1856! Daqui a pouco, narrarei alguns episódios, buscando indicar-lhes a feição geral.

Depois da tal reprovação, que tornarei a contar com certos pormenores, viram meus pais que se tornava imprescindível abrandar, por qualquer meio, o furibundo *magister*. Conseguiram, então, que se constituísse meu explicador, de modo que, três vezes por semana, lhe ia à casa, Rua do Conde, próxima ao Campo de Sant'Ana, ouvir as explicações, que sempre achei confusas, incompreensíveis quase, mistura de francês, português e rangidos de dentes, como alguns dos possessos de Dante.

Aliás, nessas lições particulares, ignoro se pagas generosamente ou gratuitas, fazia, como que garbo, diante de uma criança, de brincar, quase lascivamente, com uma amásia que tinha portas adentro, francesa já de certa idade, mas não de todo feia e que vinha à sala, trazendo ao ombro enorme e, sem dúvida, pesada arara.

E era de ver-se as pieguices e caídos dos dois velhos com aquela implicantíssima ave, cujos estrídulos gritos me fuzilavam os ouvidos, ao passo que o meu susto do adunco bico parecia divertir em extremo *Monsieur* e sua *maîtresse*.

Fui assim até ao fim de 1857, protegido aí às claras pela fera domada. Fiz exame muito pior que o de 1856, o que foi confirmado pelo Imperador a meu pai, mas em suma achei-me aprovado e passei para o 7º ano.

Felizmente o tal personagem jubilou-se em 1858, logo nos começos e partiu para a Europa, sendo substituído na aula de trigonometria retilínea pelo excelente Ventura Bôscoli, bom e velho português, com quem me dei otimamente, alcançando logo um dos primeiros lugares no banco de honra, por ocasião das provas trimestrais.

Ainda uma vez, naquela luta, afirmaram-se o empenho e a solicitude de meus ótimos pais, conseguindo que se atenuassem os furores e a malquerença do cerebrino professor. Em certa ocasião, enviaram-lhe bela bandeja de escolhidas frutas, recambiada com *este delicado* bilhetinho: "A única fruta que aprecio é a romã".

E sem tardança recebia o brutamonte, no dia seguinte, uma cesta cheia de esplêndidas romãs, o que se encontrara no mercado de mais seleto na especialidade.

Noutro ensejo, lhe ofereceram lindíssimo tapete e aí o presenteado se mostrou mais manso, menos selvagem: *"C'est de la fabriqué* (sic) *des Gobélins* (sic)*"*, atestava no detestável francês, inçado de *ee mouillés* em vez dos *ee* mudos.

Que sistema tinha de perguntar ou melhor de auxiliar ou atrapalhar, conforme queria proteger, ou não, o examinando! E ria-se como um perdido e com grandes e feíssimas caretas, quando o desgraçado rapaz caía na esparrela.

Mas que trote, que formidável vaia levou no dia em que, pela primeira vez, se apresentou na aula trazendo o *occiput* ornamentado de peruca!... Foi o riso irresistível, enquanto explicava que assim se livrava de defluxos e constipações.

Isto em 1856, no citado 6º ano, que, durante longo tempo, fez época e ficou célebre nos anais do Colégio de Pedro II.

Também a desmoralização tocou os últimos limites, em grande parte devida às violentas lutas que logo se originaram entre o reitor, de pouco nomeado, o Dr. Manuel Pacheco da Silva, e todo o corpo de professores. Entrando em meados de 1855, aquele reitor, imbuído da sua importância e capacidade, decerto com qualidades de bom administrador, encetou uma série de reformas e exigências, que magoaram fundamente o pessoal docente e o estimularam a verdadeira resistência.

Com isso lucraram não pouco os alunos dos dois anos superiores, gozando de grandes regalias que contribuíram para exaltar a audácia natural de rapazes já bem taludos como Suckow, Miguel Tavares, Francisco Tavares, Monteiro da Luz, a que se associavam outros, embora menos ousados, Amaral, França Júnior, Tomás Alves e muitos outros. Quanto a mim, caturrazinho e retido pela educação de família, fazia entretanto o que podia em travessuras, concorrendo com o meu contingente de gritos e gargalhadas no barulho infernal de assuadas e manifestações ruidosas.

VIII

TANTAS e tão várias, por tal forma atropeladas, mas sempre bem claras, são as reminiscências daquela época, assinalada por um sem-número de diabruras, algumas de grave alcance até, que não sei como comece, admirado ainda hoje do que fazíamos, aproveitando período de radical e curiosa desorganização disciplinar.

Debalde se queixavam os professores; o Pacheco não lhes dava ouvidos, ocupado em mandar representações ao Governo contra o modo por que aqueles desempenhavam os deveres, atento às menores faltas de freqüência para o ponto, adiantando o relógio, enfim praticando um sistema de guerra todo cheio de pequenas insídias e repentinos ataques, que punha tontos os adversários.

Afinal venceu e pôde realizar todas as represálias que engendrara, sobretudo em relação ao professor de alemão, Bertoldo Goldschmidt, que obrigou a concurso suscitando contra ele o Schieffler e cuja aula conseguiu afinal fosse de simples freqüência facultativa e não obrigatória, como as demais.

Muito baixo, barrigudinho, teimoso e tenaz, com alguma prática de administração, laborioso e vigilante, conseguira Pacheco a confiança quase absoluta do Imperador, que mais tarde lhe confiou a direção da educação dos dois netos, D. Pedro Augusto e D. Augusto, filhos da Princesa D. Leopoldina. Morreu em começos de 1889, muito velho.

Nas aulas era contínuo o barulho, incessante o zunzum e o arrastar de pés, que tomava proporções ensurdecedoras quando punham areia fresca. Nesse 6º ano, obrigara-nos o Pacheco a assistir às aulas de inglês, embora disto não cogitasse o programa de estudos.

Quem dirigia esta cadeira era Mr. Cumberworth, chegado de fresco de Londres e que muito pouco sabia de português. Naquela hora de suplício para o pobre professor, a braços com mais de 40 alunos, que tantos éramos, os do nosso ano reunidos aos do 3º, subia o vozear a estupendo diapasão, buscando o Cumberworth fingir que nada ouvia, ocupado com o aluno que chamara para junto de si.

De repente, a um aceno do Maneco Matoso, cessava por encanto o barulho, e então o mesmo denunciava com voz grave e séria: "É o Sr. Tomás Alves Nogueira quem está fazendo todo este barulho!"

Ao que gritava logo o Cumberworth, de súbito aceso em ira: "Sr. Tomás Alves Nogueira, *aproveitação* má; *comportamento* péssimo!" E, molhando precipitadamente o lápis na boca, marcava aquelas notas, enquanto o acusado debalde gemia com tom choroso: "Ó senhor, eu não fiz nada!" E, com efeito, era um dos mais sossegados daquela aula endiabrada.

Uma vez, já ao escurecer, cansado o infeliz inglês de tanta desmoralização, pôs de joelhos dois alunos, um pardo a quem gratificou com um bom soco e o apelido de *nigrô* — e um rapaz esguio, de nariz adunco, olhos gázeos e cabelos caídos sobre a cara, sempre em desalinho, mau estudante, tipo que ainda encontro às vezes pela Rua do Ouvidor.

Ficara este de *jiolhos*, conforme recebera ordem, para lá da mesinha do Cumberworth e, aproveitando a escuridão, pusera-se de quatro pés e viera se arrastando até a porta da saída.

Eis, porém, que esta inopinadamente se abre e o meu M... se acha entre as pernas do Reitor, à entrada, atraído como fora pelo descomunal vozerio. "Então que é isto?", perguntou-lhe. "Sou eu que vou beber água", respondeu o aluno sempre de quatro patas.

Imagine-se a cena!

Também nesse final de aula, quase todos foram postos de joelhos, ficando as paredes guarnecidas de rapazes de pé, pois raros eram aqueles que haviam trazido os seus compêndios.

Depois desse Cumberworth, a cadeira que merecia menos respeito era a do Dr. Maia, de quem contarei coisas que ainda hoje se me afiguram bem engraçadas. Não sei se dessa opinião serão aqueles que me lerem um dia. Cumpre ter sempre presentes todo o encanto, toda a magia que rodeia os fatos da nossa meninice, naquele período de transição em que tudo na vida nos parece risonho e motivo de galhofa mais ou menos inocente, pretexto para alegres expansões, sem deitar a mal, nem medir alcances. E, de momento, davam-se cenas incríveis.

Uma vez, por exemplo, esperávamos o Goldschmidt na sala do 6º ano, defronte da do 7º, e o Pereira Tavares estava fazendo de onça, isto é, oculto atrás de um dos batentes da porta, precipitava-se de chofre sobre quem vinha entrando desprevenido e o atirava ao chão, gritando: — *Lá vai onça!*

Assim acontecera com França Júnior e Amaral. Este, para se vingar em regra, avisou: — Olhe, aí vem o Suckow!

De pronto emboscou-se o outro e caiu com todas as forças sobre quem ia penetrando na sala... nada mais, nada menos o professor em pessoa, o Goldschmidt. O equívoco deu lugar à cena mais cômica possível, rolando ambos por terra.

— *Má que é isso?*, bradava o mestre de alemão, a arrumar valentes tabefes ao espavorido assaltante, que foi incontinente expulso da aula, ao passo que o professor se sentava atônito na cadeira, sem saber o que fazer e aturdido de tão estranha agressão.

O silêncio era profundo. De repente ergueu o Luz a voz: "O Sr. Dr. quer que eu vá buscar um copo d'água?" "Já para fora você também, Sr. tratante! É tão bom assassino quanto o outro!", foi a resposta, e com tal entono e gesto, que o obsequioso aluno disparou pela porta.

A aula em que se guardava mais compostura era a de filosofia, regida por um beneditino, Frei Francisco de Santa Maria Amaral, homem grave, credor de respeito e bom conhecedor da matéria que lecionava. Apesar disto, a indisciplina, o estouvamento e a má educação (sejamos francos) não lhe poupavam dissabores, de que dava mostras coçando com a ponta de um lápis o pescoço.

Chamava-me Sr. *Taúnay*, decompondo o ditongo francês, isto com voz de baixo profundo, e mostrava-me não pouca simpatia. Repreendeu-me, talvez mesmo por isto, severamente, porque, dizendo ele, durante uma preleção: "Malebranche morreu em 1715", exclamei alto e ousadamente: "A terra lhe seja leve!" — "Não seja como os outros, menino", observou-me, "não queira ser como os outros!"

Por grandes tormentos passou o meu perseguidor naquele memorável 6º ano. O seu consolo único era cobrir de elogios, por contraposição a todos os companheiros, o Pedro de Melo, narigudo, magriço e espigado, que lhe caíra em graça. Este pobre rapaz suicidou-se, depois, por causa de complicações comerciais.

No dia em que o tal homem arvorou, como já referi, a peruca, sentando-se mais rubro ou antes mais violáceo do que nunca, foi acolhido com uma gargalhada, que tomou visos de pateada.

Acalmado o barulho, eis que entra o França Júnior com um colarinho de papelão fino e pontudo a lhe subir até aos olhos. "Miô caro Siô", declarou logo o homem da peruca, "o Siô não fica na aula com estes colarinhos."

Sem demora saiu o França, mas voltou logo com outro de feitio diverso, este, então, a Carlos I, que lhe caía largo e majestoso sobre os ombros. A gargalhada foi enorme. O professor, como um possesso, passou-nos formidável descalçadeira coletiva, citando, pelo menos assim declarou, um provérbio inglês que ficou célebre entre nós, mas sem lhe percebermos o sentido: *"I schip my heard"*.

IX

No MEIO de toda aquela balbúrdia, quem gozava, entre nós, de certa força moral era o bacharel Gonçalves, João Antônio Gonçalves da Silva, o qual desde o meu 5º ano substituíra em 1855 na cadeira de história o ilustre, mas também muito ludibriado pelos alunos, Frei Camilo de Montserrate, monge beneditino, nomeado naquele ano diretor da Biblioteca Nacional.

Esta nomeação se fizera por influência direta do Imperador, já para aproveitar a profundeza de conhecimentos daquele sábio, já para libertá-lo de formidáveis intrigas de convento, já, enfim, por ser ele filho natural do Duque de Berry, filho de Carlos X.

Aquele Gonçalves, simples bacharel em belas-letras, dispondo de muita petulância e audácia e todo cheio de exageradas pretensões, tinha, contudo, reais aptidões para o professorado.

Conhecia de pronto os bons estudantes, sabia distingui-los, estimulá-los, dirigi-los, aproveitando, segundo o processo dos espartanos em relação aos ilotas, os vadios e madraços para exemplo e contraste.

Fazia-nos à vontade rir às gargalhadas ou tremer de medo, chegando a contar-nos histórias mais que familiares, embora nunca no gênero e no gosto das do colega.

De súbito, sem transição, parava, franzia o sobrolho e assumia papel de lente feroz e intransigente. Neste caráter não media epítetos e tratava os discípulos nem mais, nem menos, de desbriados e até miseráveis e canalhas.

Chegou, uma feita, a dar bem assentado pontapé no Amaral e ia usar do mesmo argumento de convicção para com o Luz, quando este fugiu como o mais ligeiro gamo. Usava nestes momentos de explosão de linguagem estudadamente enfática, que se prestaria ao ridículo, se não nos infundisse legítimo pavor.

O seu paciente habitual era o A..., barrigudo e lambão, sempre a sacudir a corrente de um relógio de prata eternamente parado.

— Senhor A. — bradou em certo dia de particular mau humor e por causa de um erro de data —, o Sr. é um pobre infeliz, espécie de verme que rasteja na base da montanha, de cujo cimo eu o contemplo triste e compassivo! Suma-se, suma-se já da minha vista! Uma nuvem negra me separa do Sr.

E fez gesto largo e solene para que, sem detença, saísse a causa de tanto desgosto e tão profundo desprezo.

Este dia foi de juízo.

Tirando os óculos e depois deles usando com os aros de ouro para fora, seguros na mão, pôs-se a fitar insistentemente cada um de nós, aluno por aluno. "Sr. Diogo", exclamou de repente, "dê a lição". Tratava-se das depredações dos ingleses depois da batalha de Poitiers (1356).

Começou o pobre do gago a dar conta, como podia, do recado que trazia decorado, palavra por palavra: "De Pa... parís... se... se... vi... i... iam as... as flam... mé... mé chass..."

— Flaméchas, Sr. Diogo?

— Sim, se... enhor! E... e de... de... to... to... dos os laa... dos só... só... (uma penca interminável de só... só...) vi... viu... vas e... e... or... phe... phelins!

— Pare — ordenou o Gonçalves, e voltando-se para outro aluno também chamado Gonçalves exclamou: — Sr. Gonçalves, vá buscar um jogo de dicionários português-francês e francês-português para uso desta azêmola!

Todos em sepulcral silêncio.

De repente formidável berro: "Sr. Keller, retire-se da aula!" Só porque este timidamente puxara do bolso um cantinho do relógio, para ter idéia do quanto teria ainda que durar todo aquele suplício. Aí começou um tiroteio de datas que nos pôs tontos.

Ocupava eu o segundo lugar do banco de honra e o Freitas, com quem tinha muita rivalidade, sobretudo em história, o primeiro.

— Em que ano — perguntou o terrível Gonçalves ao Suckow, que nada respondeu — invadiram os árabes a Espanha? Sr. Miguel Tavares, Sr. Carlos José Moreira, Sr. fulano, Sr. beltrano.

— Eu sabia — disse o Luz impudentemente —, mas já me esqueci.

— Fora da aula — foi a ordem —, fora, malandro, cínico, maluco!

E o interrogatório continuou aterrador. Faltavam já só os seis alunos do banco de honra. Vermelho como lacre, denunciava a fisionomia do Freitas que estava também em apuros.

Tornava-se o momento melindroso; aproximava-se o perigo. O aluno do sexto lugar abanara negativamente a cabeça, talvez o Burnier. Acotovelou-me levemente o Freitas, e baixinho me perguntou, dominando a custo o orgulho: "Você sabe?", ao que respondi hipocritamente: "Não me recordo". Já aí dera o Gonçalves prolongado *sio*! e interrogara:

— Sr. Freitas, em que ano?
— Não tenho presente — confessou o pobre do rapaz, descorando muito.
— Adiante, Sr. Taunay.
— Em 711, respondi sem vacilar.

Aí achou o espetaculoso *magister* ocasião para uma das suas cenas aparatosas.

— Levante-se, Sr. Freitas; Sr. Taunay levante-se — ordenou. Depois de obedecido, continuou com muita pausa e voz propositalmente sibilante:

— Sr. Taunay, passe-se para o primeiro lugar do banco de honra, Sr. Freitas ocupe o segundo.

Enrubesci de triunfante alegria, ao passo que o mal-aventurado colega, pálido de raiva concentrada, a custo retinha as lágrimas.

Também, mal terminada a aula, chamou-me de parte e intimou-me: "Se você tem vergonha, nunca mais, nunca mais, ouviu? me dirija a palavra". E, com efeito, fomos ainda companheiros dois anos, sentamo-nos juntos em bancos de honra de muitas aulas, ora eu no primeiro lugar, ora ele, e jamais trocamos um aceno sequer. Éramos absolutamente alheios um ao outro, como se não existíssemos. Embora os colegas, no jantar de bacharelado oferecido pelo Pereira Tavares, procurassem reconciliar-nos, continuou a antipatia que sempre nos separou.

Foi também neste 6º ano que concorremos para a grande vaia pública dada por quase todos os rapazes do Colégio ao meu perseguidor e encabeçada pelo Lima e Silva, aluno do 7º ano.

Resolveu a congregação de lentes a expulsão do chefe de tão estrondosa manifestação, mas a ela se opôs Pacheco da Silva, fazendo o delinquente pedir desculpas diante de todos os colegiais formados.

Quer o reitor, quer o professor ofendido pronunciaram alocuções muito gaguejadas, durante as quais o M., de uma janela lateral, nos fazia os gestos mais grotescos e indecorosos e as caretas mais extraordinárias e engraçadas. Não sei como não estourei, a conter a custo enormes gargalhadas.

Era nosso professor de grego o Barão de Tautphoeus, homem da mais alta competência literária e científica, mas em tudo bonachão e demasiado condescendente. Nem sequer a este verdadeiro sábio, tão bondoso para com todos, poupavam os endiabrados rapazes desgostos e picardias.

Uma vez, a jogarem peteca na aula, foi ela cair em cima do livro *Diálogos de Luciano*, em que justamente eu dava lição, aberto sobre a mesa. "Orra, Deus, menino", exclamou o barão, "também isto é demais; nem um santo *aturra*". E levou-nos a todos à presença do reitor, que afinal, depois de ligeira repreensão, nos mandou embora.

Meticuloso em extremo, teve Pacheco da Silva o mérito de, logo em começos do reitorado, fazer melhorar, e muito, a alimentação que o Colégio dava aos alunos internos e meios pensionistas, e nesta classe estava eu compreendido, jantando lá diariamente.

Com fumaças de filólogo e bibliófilo, não havia livro que não conhecesse e até deixasse de possuir.

No meio de infindas cenas jocosas e sem maior inconveniente e significação do que travessuras dignas de alguma repreensão, outras havia de caráter brutal e muito menos toleráveis. E a balbúrdia era agravada pela desunião que lavrava no corpo docente, pronunciando-se alguns professores pelas reformas propostas pelo reitor e que visavam mais a pessoas do que aos estudos. Entretanto, todos, Pacheco e lentes, concordavam que os alunos do 6º ano precisavam de lição exemplar e que ela lhes seria dada amplamente por ocasião das provas finais, em que se exercitaria, sem peias, o mais justo, mais bem-entendido e severo rigor.

X

Nesse tempo, meados de 1856, foi que se estreitaram as minhas relações com José Antônio de Azevedo Castro, tendo o nosso coleguismo provindo de encontrá-lo eu, quando passei do 5º para o 6º ano, a repetir esse ano, em que foi na repetição aprovado, ao passo que me sucedia o naufrágio por ele já suportado anteriormente.

Tais relações foram a princípio alimentadas pela troca simpática de romances, de que éramos insaciáveis devoradores.

Para mim começara este furor de leitura desde fins de 1852, causando-me a primeira novela por que me interessei verdadeiro deslumbramento — *Ivanhoé*, de Walter Scott.

Aquilo se me afigurou estupendo, sublime e, como tinha a possibilidade, quando ia com meu pai ao Engenho Novo, de trazer de lá livros, não havia como fartar-me. Assim da biblioteca do tio Beaurepaire tirei o *Judeu errante*, oito grossos volumezinhos, edição de Bruxelas, que devorei sem parar. Também em extremo apreciei uma *contrafação* de Walter Scott — *Aymé Verd* —, estes três romances foram os primeiros de que tomei conhecimento naqueles anos de 1852 e 1853.

Também tão impressionado fiquei que pretendi então distinguir-me nas letras e compus uns contozinhos e fábulas, que não desagradaram de todo a meu pai e à minha mãe pareceram, nem mais, nem menos, sintomas de gênio. Desta época é igualmente a minha inicial e ingênua composição ao piano, intitulada *Thomas m'endort, Thomas m'éveille*, que ficou largos anos guardada como legítima preciosidade nas gavetas maternas.

Quando pois comecei a dar-me e a conversar com o Azevedo Castro tinha bons elementos de identificação intelectual. Não nos cansávamos de ler romances, a fazermos contínuas trocas e a caturrarmos extensamente sobre as melhores impressões. Nas aulas, principalmente na do Cumberworth, estávamos sempre juntos, muitas vezes lendo no mesmo livro, como se acompanhássemos a lição do mestre.

Depois tornou-se essa convivência com Azevedo Castro e Tomás Alves (Manuel Tomás Alves Nogueira) um dos meus maiores encantos na adolescência.

Do primeiro fiquei sempre amigo íntimo até hoje, embora de vez em quando tenham as nossas relações sofrido certas soluções de continuidade pelo gênio suscetível, bastante áspero e sorumbático que chega a empanar, até para mim, grandes qualidades de lealdade, profundo melindre e exagerado pundonor.

Aquela simpatia, já existente entre eles dois, esboçara-se comigo em 1855, mas nos uniu por laços, que muito perduraram, no ano seguinte de 1856, quando cursávamos juntos o 6º ano.

A reprovação que sofri, enquanto os dois seguiam para o 7º ano, distanciando-me um tanto, modificou bastante a vivacidade da nossa comunhão, tanto mais quanto um, Castro, partiu para S. Paulo, ao passo que o outro, depois de querer seguir medicina, se atirara a estudos sérios de história e alemão, propondo-se ao concurso daquela cadeira, vaga em 1858 pela morte do bacharel Gonçalves. Anos depois nos juntamos outra vez e então tornei-me inseparável do Azevedo Castro e Tomás Alves Nogueira.

Tinha este pai grotescamente pequeno, com o rosto todo verrugoso, português dos antigos moldes e afeiçoado à mais ridícula casaca; mãe de origem espanhola, falando sempre alto, modo pelo qual nos recebia de cada vez que íamos procurar o filho numa casinha da Rua do Senado, próxima à Barreira. Naquele tempo era aquele morro tão alto e íngreme que não dava passagem para o outro lado, chamado, se não me engano, Beco da Caçoada.

Ficavam os cômodos do Tomás Alves situados num sobradinho independente e ali se amontoavam inúmeros livros, algumas obras bem boas e raras, que o pai tinha a mania de comprar em quanto leilão havia, o que, decerto, denunciava o afeto sincero àquele filho mais velho.

Sempre que lá nos reuníamos, voavam as horas cheias e alegres, pois, além do muito que nos entendíamos, cavaqueando sobre mil assuntos, não poucos sérios e de ordem científica, apreciávamos o regalo, ou de belas peixadas, ou de grandes fritadas de camarões e ostras, excelentemente preparadas pelo escravo da casa, um tal João, crioulo muito torto das pernas, a quem puséramos a alcunha mitológica de Vulcano.

O pai de Azevedo Castro, português da antiga têmpera, desses de *antes quebrar que torcer*, pecava pelo excesso de rispidez, usando de domínio exagerado sobre os seus. Homem de aspecto severo e belas feições, parecia-se muito com um irmão a quem meu pai chamava "o romano", pela correção dos traços fisionômicos.

Tínhamos todos nós mais que respeito, medo, do pai do Castro, e não era sem vacilar que eu, raramente até, ia procurar o meu amigo à sua casa, a princípio à

Rua da Ajuda e depois à do Saco do Alferes, em prédio velho e, por cima, motivo de diuturno processo. A mãe, excelente e meiga senhora, tinha o ar resignado de quem passava a existência a obedecer, e várias irmãs e um irmão, muito mais moço, completavam a família, cujos meios eram escassos.

Voltemos agora aos vaivéns e travessuras daquele 6º ano, que ocupa tão grande espaço nas minhas recordações da meninice.

Não contentes com as diabruras no interior do Colégio em breve foram os alunos para fora, buscando mais amplos tablados para as suas façanhas... A principal vítima tornou-se um pobre caga-sebo, morador numa casinha, ou antes covanca, de porta única, no cotovelo que faz a Rua da Imperatriz, no trecho compreendido entre as ruas Larga de S. Joaquim e de S. Pedro.

Era o nosso habitual fornecedor de livros e compêndios usados e, como eu já disse, o primeiro e mais antigo tipo dessa classe de livreiros, hoje tão abundante no Rio de Janeiro.

Do mesmo modo que um tal Belchior[2] deu o nome a todas as lojas de trastes servidos e velhos, assim também o apelido daquele pobre homem, português de nascimento, baixinho e todo contrafeito, estendeu-se a toda a corporação. Diziam que havia ficado amalucado, por lhe haverem raptado uma filha única, moça e bonita, espécie portanto de mal-aventurado Triboulet.

Usava de monóculo quadrado, grosseiro e sempre embaciado, e conhecia pelos títulos todos os livros possíveis com as respectivas datas de edição.

Desde a minha desasada história do Salacroux, esse Alves (assim se chamava) sempre me olhava com desconfiança e torvos esgares e, uma tarde, passado eu, mui tranqüila e inocentemente, pela porta, atirou-me às pernas um paralelepípedo de granito, que se me apanhasse, ter-me-ia causado grande dano.

As travessuras, de que se tornara alvo o infeliz livreiro, tomaram em 1856 proporções medonhas. Costumava o Pereira Tavares vir ao Colégio do Engenho Velho, onde moravam os pais, montado numa bonita bestinha.

Pois bem, o Suckow fê-la entrar de recuo na loja do Alves no meio dos gritos deste e de tantas pauladas, que o animal se pôs a dar grandes coices nas estantes esboroadas. Acabou a farsa ou antes o drama com o estouro de duas grossas bombas que os rapazes atiraram para dentro, sem cuidarem dos riscos de pavoroso incêndio.

As desgraçadas mulheres das ruas da Conceição, de S. Jorge e do Senhor dos

---

2) Diz o *Dicionário de vocábulos brasileiros* do meu primo Henrique de Beaurepaire Rohan à página 16: "Comerciante de toda a sorte de objetos velhos. Etim. — Este nome provém de um indivíduo chamado Belchior, que primeiro estabeleceu na cidade do Rio de Janeiro uma casa com destino a essa espécie de comércio".

Passos eram unânimes nas reclamações contra o procedimento dos colegiais, sobretudo uma galega muito pernóstica, mais que quarentona, vermelhaça e armada de óculos, que apelidávamos a *Doutora*.

Um dia, convidaram-me, Luz e Suckow, a irmos comer doces numa confeitaria que ainda hoje existe, Rua do General Câmara (antiga Sabão da Cidade Velha), esquina da travessa que vai ter à Rua da Alfândega.

Caímos nas gulodices e o Suckow me excitava a nenhum constrangimento: "O Luz", disse-me ele, "é quem paga: recebeu hoje do pai cinco mil réis". Também não esperei por mais convite e fartei-me de *bons-bocados* e *manauês*. De repente, achei-me só.

Os dois companheiros de regabofe, num momento em que lhes dei as costas, a examinar mais de perto uns confeitos, haviam-se ligeiramente muscado pela porta da travessa. Fiquei estatelado.

— Então é o Sr. quem paga? — perguntou-me o caixeiro desconfiado do que vira.

— Eu não — respondi-lhe confuso —, não tenho comigo um só vintém.

— Então como há de ser? O menino não sai mais daqui.

Lembrei-me do recurso do choro, mas, fazendo sobre mim grande esforço, propus:

— Pois bem, pagarei; mas deixem-me ir buscar o dinheiro em casa.

O caixeiro consultou o patrão que se adiantou: "Consinto, mas o seu chapéu-de-sol ficará como garantia". Corri a casa todo medroso e de lá trouxe sem dificuldade alguma 1$400 réis, que a tanto montou aquela orgia de doces e guloseimas. Escusado é dizer que recuperei o chapéu-de-sol.

Felizmente havia uma circunstância que me impedia de tomar parte nas verdadeiras correrias que os meus companheiros, às tardes, operavam nas ruas adjacentes ao edifício do Colégio — era ser acompanhado pelo Gregório. Na Rua da Imperatriz, onde há casas muito altas, e de grandes ecos, entrando nos corredores, ladrilhados de mármore, fechavam a porta e rompiam em berreiro infernal:

— Socorro, socorro! Estão me matando! Aqui del-Rei!

E quando os moradores assombrados de tal vozerio acudiam de tropel, fugiam soltando enormes surriadas.

O que se fazia nos armazéns e farmácias a pedir gêneros e medicamentos de nomes impossíveis, mescla de radicais científicos *sulfatos, cloridratos, nitratos* com terminações jocosas e obscenas, é positivamente inacreditável.

Também diárias as rusgas com os inspetores Carvalho e Aguiar, aquele malcriadaço, barbudo e sombrio, capaz de dar tabefes e socos, quando fora de si, este todo franzino e metido a pessoa bem-educada e fina. Tinha vozinha de castrado e só falava nas boas maneiras por ser filho de família; mas o Suckow, sem respeito algum, o suspendia no ar e o deixava cair com toda a força no chão, apesar da resistência e do brado de furor que soltava.

O único inspetor — este exclusivo dos externos — que continha os rapazes era o Viegas, cujo aspecto marcial, bigodes bastos e cavanhaque, não pouco nos impunha.

Era amigo e camarada do bacharel Gonçalves e a ambos cercava certa auréola de homens conquistadores, dados à boa vida e metidos com atrizes, pois tinham entrada franca nos bastidores da Ópera Nacional, então muito em voga e onde representavam e cantavam as tão faladas Carlota Milliet, Amat e outras.

Dessa Ópera chegou Gonçalves a ser diretor e o prestígio que daí emergia era aumentado pelas histórias cheias de reticências com que aguçava a nossa curiosidade de principiantes da vida, abrindo ante os olhos deslumbrados horizontes cheios de sedutoras perspectivas.

Conforme já deixei dito era eu meio pensionista. Vinha ao Colégio, da Rua do Saco do Alferes à Larga de S. Joaquim a pé, almoçado já e acudindo ao chamado do sino da torre, cujo primeiro toque começava impreterivelmente às 9 menos um quarto, tangido por um preto, liberto da Nação e chamado Xavier.

Ficava no Colégio todo o dia, tendo aulas das 9 horas ao meio-dia, recreio e jantar, além da sala de estudo do meio-dia às 4. Dessa hora até as 6 novas aulas.

Voltava então para a casa, pajeado sempre pelo Gregório, que me levava gravemente os livros e de vez em quando me repreendia. Este preto, no fundo bem estimável, fora cocheiro, remendava sapatos e servia de copeiro. Em 1874, por ocasião do meu casamento, o alforriei e pouco tempo depois faleceu pelo abuso de bebidas alcoólicas.

XI

O ANO DE 1856, entretanto, no meio de todas aquelas tropelias corria para o final. Próxima se mostrava a hora da desforra. Com ela nos ameaçavam os lentes, também a lutarem sempre com Pacheco. A cada momento bradava o Sousa: "Meus amiguinhos, breve chegará o *dies illa, dia irae, calamitatis et amara valde*. Esperem pela pancada".

Com efeito, o anunciado castigo foi tremendo.

Os exames começaram a 6 de novembro e aos atos veio assistir o Imperador, pelo que nos apresentamos quase todos de casaca, contritos e humildes, como arrependidos criminosos perante justiceiro tribunal, disposto à maior severidade.

A primeira matéria argüida era latim, e a congregação havia decidido que a cada prova se seguisse imediata votação para simplificar o processo de reprovação.

Começou então horrível poda.

O primeiro "bombeado", unanimemente, foi o Suckow, seguindo-se depois Luz, os dois Tavares (Miguel e Pereira) Rodrigo, França Júnior, Gaspar Olavo Pinto Rodrigues, Maia, Soares de Melo e todos quantos se apresentaram à terrível matéria.

Eu, ao lado do Azevedo Castro, rezava baixinho: "Minha Nossa Senhora, ajudai-me nos apuros em que me vejo" e recitava todo perturbado o Pai-Nosso e a Ave-Maria. Antes, porém, por maldade, que não cálculo perverso, contara ao amigo que o nosso perseguidor prometera reprová-lo.

Afinal chamaram-me pelo nome. Levantei-me e ao caminhar para o estrado, afigurava-se-me que o chão se erguia como que cheio de ondulações cada vez mais altas que me impediam o passo.

Eis-me, porém, respondendo ao Sousa e aprovado em latim, vencido o obstáculo até então insuperável.

O caso causou espécie na sala e infundiu-me coragem para pleitear em algumas matérias mais aprovações até plenas. E assim fui indo, até geometria, tendo merecido, em retórica e história, elogios do Paula Meneses e do Gonçalves. Só me faltava aquela matéria e física, devendo nesta ser examinado pelo bondoso Dr. Saturnino Meireles, o *besouro* como lhe chamávamos pelo modo uniforme e monótono no seu zumbido ao expor-nos a lição. Eu já me fazia no 7º ano!

Cortou-me as varas implacável magister. O meu exame, decerto, não foi brilhante, mas também não depôs demais contra mim. Quando chegou o momento da votação, as provas anteriores, o meu aspecto infantil e débil, o meu ar simpático de louro, tanto falaram em meu favor que houve sensível hesitação, e produziu-se certo *zunzum* antes de se recolherem as bolas.

— Reprovado, não — protestava o bom Paula Meneses —; deixem o menino ir em paz. — Não posso, não posso — objetava o professor e, fazendo o Imperador uma observação, replicou todo arrepiado: "*Miô caro Siô Imperadô*, o aluno foi mau todo o ano; por aí não se salva!"

Correu a votação e tive 3 bolas pretas contra duas brancas... Estava reprovado!

Saí do estrado como uma seta, corri ao meu lugar e tomando só o chapéu-de-sol e não o de cabeça, que ali ficou para atestar o meu atordoamento e desespero, fui indo pela Rua Larga de S. Joaquim por uma chuva miúda, sem abrir o abrigo que levava apertado na mão esquerda, e impossibilitado de reter as lágrimas, ainda que visse olhos a me seguirem curiosos e meio zombeteiros. "Aquele mocinho saiu bombeado", disse alguém — e não se enganava! Nunca o caminho até à Rua do Saco me pareceu a um tempo tão longo e tão curto!

Afinal entrei em casa, quatro a quatro, subi as escadas e, sem falar com ninguém, fui esconder-me no quarto de minha irmã Adelaide, abrindo em copioso pranto.

Vieram logo ter comigo meus pais e puseram-se a consolar-me. Isto não quer dizer nada, consolava-me meu pai. Recomeçarás. Eu só balbuciava: "Foi o D.! Foi o D.!"

Vestiu-se meu pai e, quando voltou de fora, trazia notícias em meu abono. O exame do Maneco Matoso fora bem pior que o meu, e entretanto o rigoroso examinador opinara pela aprovação, já se sabe, por ser de filho do grande Eusébio.

O mesmo Imperador deste deu inequívoco testemunho: "A reprovar-se um, devia ter-se reprovado o outro".

Depois, passados tempos, soube que o pai do Azevedo Castro[3], presente aos nossos exames, se pronunciara com toda a energia contra a parcialidade manifesta que se havia dado.

---

3) Este homem reto e probo quanto possível morreu em 1879.

Enfim, daquele 6º ano só passaram para o 7º cinco alunos: Antônio Gervásio Mancebo[4], Manuel de Queirós Coutinho Matoso Câmara, Manuel Tomás Alves Nogueira, José Antônio de Azevedo Castro e Antônio Rodrigues Monteiro de Azevedo[5].

Azevedo Castro tirou o 1º prêmio, único aprovado com distinção em todas as matérias, o que eu soube só pelos jornais, porquanto, de envergonhado, não tive mais ânimo de sair à rua por muitas semanas.

---

4) Também há muito falecido.
5) Faleceu em começos de 1891, juiz de direito de uma das varas do Rio de Janeiro.

XII

PASSADOS alguns dias de penoso retraimento, em que era particularmente consolado por meu pai, começou este a exigir que recomeçassem desde logo os estudos.

Objetei-lhe: "Mas agora entramos em férias!" "Só há férias", respondia-me, "para os aprovados!" Ameaçava-me então com a perspectiva de ir concluir o curso de humanidades em Coimbra, a menos de não preferir seguir a carreira do comércio e entrar de caixeiro em alguma casa de negócio.

— Irás para Coimbra! — bradava incessantemente.

O meu gosto único eram os romances, que lia com sofreguidão, e como não abundassem em casa, por ter meu tio Gastão levado, em partilha, quase todos os do Engenho Novo, atirava-me a livros, alguns até bem maçantes, revendo, contudo, em horas determinadas, com meu pai, as matérias do desastrado 6º ano.

Por esse tempo, fins de 1856 ou começos de 1857, tive um alegrão.

Íamos novamente passar umas semanas na Jurujuba e daquela estada me ficaram ainda indeléveis e suaves recordações, que plenamente confirmaram quantas ali colhêramos, todos nós, em anos anteriores.

Com que alegre alvoroço d'alma, com que júbilo tornei a ver a casa, já então muito deteriorada pelas intempéries, hoje de todo caída, de todo desaparecida até! Com que ânsia percorri os menores lugares, vendo reproduzidos os mesmos sentimentos de outrora, substituída a saudade de todos eles pela doce quietude da renovada posse!

Bem vivas e presentes as reminiscências daquela época, embora me anuviasse a mente, isto mesmo de longe em longe, não só a idéia do meu desastre colegial, como o desgosto de recomeçar os mesmos estudos, em que fora tão infeliz!

Ah! mas então ia eu chegando aos meus 13 anos... Não é, pois, de estranhar que tanto me impressionassem as belíssimas paisagens daquela localidade, tão próxima do Rio de Janeiro e, contudo, tão pouco apreciada e até conhecida.

Estende-se bem defronte da Praia de Icaraí, metida nuns recessos de praias, a sopé das montanhas que, do outro lado da baía, findam na Fortaleza de Santa Cruz. Tem, pois, vista sobre a Guanabara de um lado e, de outro, transposta uma fita de terra ou restinga, sobre o oceano desabrigado, o que lá se chama a Praia de Fora.

O passeio ao *Alto do Pico*, isto é, a parte do cabeço a cavaleiro sobre Santa Cruz, é penoso pela íngreme subida por entre mato ralo, mas uma vez chegado lá em cima, tem o espectador a mais ampla compensação de todas as canseiras.

A paisagem que dali desfrutam os olhos, embelezados na grandeza e variedade de tudo quanto abrangem, constitui, talvez, a mais formosa e estupenda perspectiva de todo o Rio de Janeiro, sem exceção da tão falada do Corcovado. A razão é simples. De lá se descortinam mais trechos da parte de fora da barra e não se fica tão alto, acentuando-se melhor todas as particularidades, todas as minúcias encerradas naquele mágico horizonte.

De qualquer lado, porém, que se volte, quem for amante das belezas naturais, encontrará na Jurujuba motivos de sobra para quedar-se todo embevecido. Nem precisávamos sair de casa para desfrutarmos, em longa e doce contemplação, os mais risonhos e gratos aspectos, já das janelas da frente, olhando para a direção do Rio de Janeiro, já da dos lados, para a Praia da Igrejinha, à direita, ou para o maior agrupamento de casinhas na Praia da Matriz, à esquerda. *Hélas*, o jardinzinho, todo cheio de roseiras francesas nas anteriores vezes, já não existia mais em 1856!

Tudo é tão sedutor, tão sereno em dias de calma! Ainda quando o temporal desfeito ronque de longe, e estrondeie, tangendo apressados os pescadores, se, daquelas bandas o céu se ensombra e promete rigores, parece mais ameaça, vaga inquietação não bem definida, do que teatro de desgraças e desolação.

O que se ouve como longínquos e pavorosos bramidos são as ondas da Praia de Fora a baterem, duras e sonoras, o chão de areias revoltas. E tal é a pancada, que as casas, embora distantes, tremem nos alicerces de cada vez que se desfaz uma montanha d'água, vinda do mar alto em fúria.

Quantas vezes não íamos assistir ao grandioso espetáculo do oceano revolto, levantando e trazendo à terra temerosas vagas da altura de dois e mais andares! Que curva terrífica em seu verde sombrio, ao mesmo tempo elegante, quase graciosa, quando a água se ergue, intumesce, cresce, arqueia sobre si mesma e afinal arrebenta, estoura, desfazendo-se em abismos de entontecedora espuma!

E outra e mais outra, que vem logo atrás, como que todas raivosas, furibundas, empenhadas numa tarefa de destruição, de assalto ou avassalamento, de que jamais conseguem dar conta.

Desde criança notei que as grandes, as maiores ondas procedem por grupos de três arrancadas. Passadas elas, há como que relativa acalmia, recomeçando, após esse lapso de descanso, as vagas ternárias mais terríveis e violentas.

É esta observação útil para os banhistas, em tempos de ressaca, e muito me tem servido quando entro no mar em dias de maior ou menor agitação.

Que noites de luar na saudosa Jurujuba! "Não se me desbotaram da memória", na bela frase de Camilo Castelo Branco, em *Cenas da Foz*, "com o envelhecer de mais de trinta anos, as cores vivíssimas desses quadros!"

Quantas vezes nos deleitava uma banda de música instrumental, que ensaiava numa casa da Praia da Igrejinha! Embora bastante desafinada e rebelde, a solidão, a distância, a meiguice do ar, a pureza dos céus davam especial encanto àquelas ingênuas tentativas harmônicas.

E nós, sentados num como que terraço, ali ficávamos horas esquecidas, sem preocupação alguma, ao passo que nossos pais repentinamente confrangidos, se recordavam da pranteada e gentil Zizinha e do sempre lembrado Luís de Escragnolle, meu tio, falecido, como já disse, em 1853, antes de completos os trinta anos.

Ambos esses entes queridos haviam estado conosco da primeira vez em Jurujuba, por sinal que a Zizinha ali adoecera gravemente, vindo de propósito do Rio de Janeiro o bom do Dr. De Simoni medicá-la.

Naquela estada, em 1857, visitava-nos, de vez em quando, o Dr. Bento José da Costa, diretor do hospital dos doentes de febre amarela no Saco da Jurujuba, isto entre o Morro do Cavalão e o lugar chamado *Charita*, corruptela da palavra *Cháritas*. Era homem inteligente, de feições simpáticas e solteiro, estado em que se conservou. Nesse tempo muito me impressionava o delicioso perfume dos charutos que fumava e me davam, só por isto, idéia de opulência, nada verdadeira.

Também, por causa deste Dr. Bento, sentia eu aspiração bem forte, contrariada desde logo por meus pais, do modo mais positivo.

— Que idéia — dizia meu pai — ser médico, a carreira mais dependente e servil que há! É o escravo da sineta; está dia e noite às ordens de quem o venha chamar. Só há, aliás, uma carreira — a militar.

— E as guerras? — objetava eu timidamente.

— E que tem a guerra? — respondia, como legítima espartana, minha mãe; — irás à guerra e serás, do mesmo modo que os teus avós, feliz nela, voltando honrado e glorioso. Não podes desmerecer do que foram todos os teus antepassados.

E, de repente, meu pai exclamava: — Não se trata ainda disto. Tu te esqueces da reprovação? O teu destino é Coimbra, *Conimbre, Conibrium*! Toca a estudar e por enquanto nada de planos. Agora é preciso vencer a barreira.

Comecei, com efeito, a aplicar-me mais, lendo, aí com verdadeira sofreguidão, os livros de distração e recreio, que o Zenzen costumava trazer-nos do Rio. Com que impaciência devorei os seis volumes das *Mil e uma noites*?! E o *Robinson Crusoé*, que meu pai nos trouxe de prêmio certo sábado?!

Também sobremaneira me deleitava bela edição do *Dom Quixote*, com que, em 1854, o célebre matemático, colega de meu tio Luís de Escragnolle, Dr. Gomes de Sousa, o Sousinha, me presenteara, dando ao mesmo tempo à minha irmã Adelaide *Les femmes de la Bible*, outro formoso volume, *doré sur tranche* e cheio de lindas gravuras.

Naquele tempo já estava casada a filha mais velha do pescador Fortunato, vindo ela habitar a vendinha do marido, no caminho da Praia da Igrejinha.

A Delfina, a *babá* como lhe chamávamos, tornou-se desde princípios muito amiga de toda essa gente e a freqüentava com assiduidade. Minha mãe chamara aquela rapariga para casa, creio que aos oito anos, quando nasci, e, desde então, nunca mais a deixou, muito embora o gênio difícil e caprichoso.

Do mesmo modo que da primeira vez, vinha meu pai, todos os sábados, ao Rio de Janeiro, para cuidar dos seus negócios e ir ter em São Cristóvão com o Imperador.

Voltava à tarde, correndo novamente o perigo das travessias por diante da barra em horas de vento muito fresco. Arriscou assim não poucos temporais, deles escapando por muita felicidade. Era principalmente este risco que levava minha mãe a contrariar com energia o seu projeto de comprar por seis contos de réis o sítio do Borges, aquele que nos dava passagem para a Praia de Fora.

— Daqui a vinte anos — dizia meu pai — valerá pelo menos trinta contos.

Trinta e cinco anos são passados e aquela situação não vale dois!

XIII

AFINAL soou a hora da partida, pois eu tinha de voltar a freqüentar as aulas do 6º ano do Colégio, que se abria para todos os cursos a 3 de fevereiro.

Estávamos então em começos de 1857.

Saímos da Jurujuba em extremo chorosos, embarcando às duas da tarde, em grande falua que, ainda com noite já feita, navegava longe do Porto do Rio e com algum perigo.

Não foi, pois, sem satisfação que desembarcamos no cais Pharoux, sacudindo o sono em que vínhamos quase todos mergulhados. Não me lembro de que modo nos transportamos à Rua do Saco do Alferes. E era longe; oh! se era!

Naqueles tempos, porém, todos andavam a pé, que era um gosto. O que mais custava era atravessar o Campo de Sant'Ana, sem iluminação, em profundas trevas, sujo, imundo, coberto de lixo e detritos de toda a qualidade, todo cortado de trilhazinhas em todos os sentidos, vasta área que separava de modo radical a Cidade velha da nova.

Nos versos que abaixo transcrevo, resumiu meu pai as impressões repartidas por todos nós, a respeito da Jurujuba. Foram posteriormente postos em música pelo secretário da legação das Duas Sicílias, Merolla, de quem me ocuparei adiante, não tanto por causa dele próprio, como do pai.

E a razão é que este se achou diretamente envolvido no casamento do Imperador com a Princesa de Nápoles D. Teresa Cristina Maria, sabendo eu de particularidades que merecem ser arquivadas.

Eis a poesia sobre a Jurujuba:

> *Faut-il bien de la ville affronter le servage,*
> *Quitter les champs, les fleurs, l'air pur, les bois ombreux?*
> *Le regret va nous suivre, amer et doux veuvage,*
> *Que laisse au coeur un temps heureux.*
>   *Adieu, notre verte colline,*
>   *Assise dans l'azur des flots!*

Adieu le port qui la domine
Adieu, ses rochers droits et hauts
Adieu la campagne voisine,
Adieu la Jurujuba, adieu son doux repos!

Tant de sentiers couverts, tant de plages unies
Sollicitent les pas, invitent le désir,
Qu'on souffre quelque gêne, entre mille harmonies,
Du pouvoir même de choisir.
    Adieu, notre verte colline, etc.

Tout près de notre golphe, où l'eau soummeille enclose
Un coin de haute mer roule et pleure à grand bruit;
Mais le flot opaisé, dès qu'un rayon s'y pose,
C'est une émeraude qui luit.
    Adieu, notre verte colline, etc.

Une gemme éclatante au front de la nature
Jamais n'étincela joyau plus glorieux!
Nous ne jouirons plus, nous, de cette parure.
Qui semblait faite pour nos yeux.
    Adieu, etc.

Adieu, braves pêcheurs, peuple d' humeur discrète,
Dont un goût de musique amusa les loisirs;
Nous laissons dans ces murs, comme un bien qu'on regrette
L'écho lointain de vos plaisirs!
    Adieu, etc.

Reintegrados na casa da Rua do Saco do Alferes, recomeçaram três vezes por semana as nossas lições de piano com o Isidoro Bevilacqua, distinguindo-se em breve, pela valentia da execução e limpidez do dedilhado, minha irmã Adelaide.

Depois tornou-se por tal forma notável naquele instrumento pelo supremo gosto, extrema destreza, segurança de compasso e facilidade de ler música, que raros pianistas ouvi iguais, sem exceção sequer dos grandes e afamados executantes que encheram o mundo com a fama dos talentos e o prestígio do nome.

Difícil, dificílimo, sobretudo entre senhoras, atingir o grau de perfeição, vigor e sentimento que alcançou minha irmã. Nascera deveras para aquilo. Ainda bem modestos, nós dois, ao piano, executamos, em 1854, num baile dado pelos marqueses de Itanhaém, no palacete da Rua de S. Cristóvão, uma peça a quatro mãos, que mereceu grandes aplausos.

Nesta festa, comemorativa da formatura do filho em matemáticas, pela primeira vez provei sorvetes e os achei excelentes. Que sonho meu, desde então, poder tomar um fartão daquela refrigerante gulosina!

Trabalho enorme dei a minha mãe para aprender a tocar piano, assim mesmo de modo bastante falho. E, entretanto, quanto me tem servido este instrumento para íntimas satisfações da maior intensidade, quer nos momentos de tristeza e obsessão, quer nos de alegria, quer enfim para realce em sociedade!

Era da minha parte repugnância a manifestar-se de todos os modos e que ela vencia a poder de enorme paciência e inesgotável serenidade, ora dando-me valentes beliscões, ora me levando pela promessa de bolinhas, rodinhas e fogos de artifício, para os dias de Santo Antônio, S. João e S. Pedro.

Certa ocasião, cheguei a ganhar um caixote inteiro de bichas da China. O barulho também foi tal, que meu tio Teodoro perguntou com a sua voz meiga e aflautada: — Acaso o Sr. Alfredo não se chamará Pedro? Creio que o que me valeu tão extraordinário prêmio foi um estudo a quatro mãos de variações sobre um Tema de Cramer.

Desde o começo, porém, mostrei muito jeito e inclinação para composições musicais, e o nosso professor Bevilacqua chegou a falar no quanto lucraria indo eu para Milão estudar harmonia e contraponto.

Mais tarde cheguei até a imaginar a possibilidade de escrever uma ópera e tomei por assunto a *Andrômaca* de Racine. Certo é que o coro dos padres, inicial, e o dueto seguinte revelavam talento e originalidade. Ainda hoje toco com prazer aqueles dois prometedores ensaios, que escrevi com enorme dificuldade por nada conhecer, absolutamente, de ortografia musical.

XIV

REPETIA eu o 6º ano, e, domados todos nós pela desforra dos lentes, prosseguiam os trabalhos escolares com muito mais calma e regularidade. Produziam os naturais e salutares efeitos as imensas *raposas* que haviam solto.

Creio bem que para Suckow, Miguel Tavares e Luz, que tinham pais violentos, aquele alemão e os outros dois portugueses, as explicações sobre a reprovação sofrida haviam sido bastante tempestuosas e acompanhadas de pancadaria. Pelo menos assim se rosnava, e eu me sentia ufano de ter escapado a semelhantes transes e agruras, ameaçado tão-somente com a perspectiva da ida a *Conibrium*.

Nesse ano, vindos do 5º ano, tornaram-se meus colegas Agostinho José de Sousa Lima, José Viriato de Freitas, Carlos José Moreira, Antônio Ildefonso Nascentes Burnier, João de Miranda da Silva Keller e outros, e repetindo comigo o Gaspar Olavo Pinto Rodrigues[6] e todos os mais endiabrados da turma, inclusos no castigo exemplar.

Tinha Burnier grande veia poética, aliás, também, enorme estouvamento. Neto do primeiro hidropata brasileiro, Dr. Antônio Ildefonso Gomes, botânico de nota, homem conscencioso e filantrópico, era um tanto falho de juízo.

Tornou-se, portanto, o Pipelet de muitos Cabrions que, sem cessar, o atormentavam, daí cenas em que por vezes ele tentava usar da força a citar sempre o princípio *vis vi repellitur*!

Como as nossas famílias haviam morado próximas uma da outra no Andaraí Pequeno, no lugar chamado *Moinho Guillard* e se tinham mais ou menos visitado, dizia-se o Burnier apaixonado de minha irmã e dedicava-lhe versos e sonetos. Apesar da muita inocência e simpleza de tudo isto, eu muito me aborrecia.

As chalaças com o pobre Burnier eram diárias, desde o gracejo aceitável — já por causa do caráter de letra, que tinha péssimo, indecifrável, já pelo trajar esdrúxulo — até as mais penosas gaiatadas.

---

6) Faleceu no Rio de Janeiro a 19 de setembro de 1891.

Conseguiu bacharelar-se, mas de tão doente não pôde assistir à cerimônia do grau. No ano de 1859 faleceu de tísica.

Deixou bonitas poesias, ainda hoje não de todo esquecidas e, de vez em quando, seu nome reaparece como o de esperança cortada em botão. O irmão, então bem pequeno, tornou-se hábil engenheiro e chegou a diretor da Estrada de Ferro D. Pedro II. É também morto, há anos. Como os cemitérios se enchem depressa!

Brandos relativamente foram os exames de 1857, passei para o último ano, o 7º, abandonando irremediavelmente perdidos, para o grau de bacharel em belas-letras, boa porção de colegas.

Já não nos examinava mais em retórica e poética o popular e simpático professor Dr. Francisco de Paula Meneses. Havia morrido no correr do ano. Pardo escuro, falador a valer, tinha reputação de eloqüente orador e tornara-se um dos esteios do Instituto Histórico e Geográfico Brasileiro.

Para nós, alunos mais considerados, que de vez em quando íamos à sua casa, no Largo do Capim (depois General Osório), aumentava-lhe o prestígio o fato de ser casado com belíssima mulata clara, de olhos esplêndidos e corpo admiravelmente torneado. Conservou-se elegante larguíssimos anos depois da viuvez e só há pouco faleceu.

Era Paula Meneses cheio de recursos, extraordinária viveza e petulância nunca desarvorada, sempre pronta para retorquir.

Uma prova engraçada.

Publicara um compêndio de retórica, que sem dúvida tinha em conta de obra-prima, embora não passasse de resumo malfeito do Leclerc, pois nos fazia decorar páginas inteiras, palavra por palavra — maçada horrorosa e que muitas horas de desespero me deu.

Certa ocasião, lendo no tal livro o conhecido trecho da ode de Malherbe a Duperrier:

> *Le pauvre en sa cabane où le chaume le couvre*
> *Est sujet à ses lois;*
> *Et la garde qui veille aux barrières du Louvre*
> *N'en défend pas nos rois!*

começou a fazer grandes gabos a estes versos.

Como, porém, por deplorável erro ou do copista ou do compositor tipográfico, estava no compêndio escrito *chameau* em lugar de *chaume*, exclamava: "Vejam que beleza esta referência à pele de camelo!"

Eis senão quando o Azevedo Castro, vencendo o natural acanhamento, observou: "Mas, Sr. Doutor, não será aqui engano? *Chaume* em vez de *chameau*?"

— Não senhor — replicou Paula Meneses, crescendo de entusiasmo. — O poeta quis mostrar que o infeliz só tinha uma pele de camelo para cobrir a choupana. Aí é que está a beleza, esse contraste com os Paços régios imensos, suntuosos, guardados por inúmeras sentinelas. *Chaume* rebaixava a idéia; não ficava à altura do pensamento.

Insistia com razão o aluno: "Mas colmo, palha também traz esse antagonismo. E demais camelos em França? pois adiante se fala no Louvre?... Se fosse no Oriente vá".

Embatucou um tanto o desembaraçado retórico, mas não cedeu e, para cortar a discussão, concluiu com imposição: "Muito bem, basta; já lhe disse que está certo. Aliás, amanhã consultarei o pai do Sr. Taunay, que é autoridade na matéria".

Está subentendido que jamais propôs semelhante dúvida, cuja insubsistência logo reconhecera.

Outro caso.

Citava o tão conhecido verso de Racine, em *Phedra,* quando Theramenes desfia a clássica narrativa da morte de Hipólito. O monstro marinho enviado por Netuno para atender às preces imprudentes do Teseu e dar cabo da existência do desgraçado mancebo, é trazido por uma onda, que recua espavorida, formosa apropriação do movimento natural de avanço e recuo da vaga.

L'onde qui l'apporta, recule épouvantée.

No compêndio do Paula Meneses a citação vinha estropeada de modo horroroso.

L'onde qui l' apporta recula toute épouvantée.

Burnier — único de nós todos que tinha intuição poética — observou que o verso estava errado. Nada menos dois pés demais!

Foi de ver-se a tenacidade com que o homem sustentou a cincada.

— Nada, nada! — bradava pequeno e rechonchudinho —, exatamente nesse *toute* é que está a beleza! Quer dizer que não houve partícula da onda que deixasse de recuar!

E, neste gosto, mil baboseiras. "Depois, vejam bem", continuava teimosamente, "o tempo do primeiro verbo *apporta* obriga o do segundo, *recula*." Enfim, um cúmulo!

Mas — não há dúvida — gostávamos muito desse professor e deveras merecia toda a nossa estima e, mais que isto, afeição, tão meigo e bondoso sempre para conosco.

Causou-nos, pois, a notícia do seu falecimento enorme pesar e abalo. Reuniram-se logo os alunos dos anos que ele lecionara e tratou-se, numa sessão sumária e melancólica, de melhor manifestarmos o nosso sincero sentimento.

Não passou a coisa sem discursos.

O Correia, taludão desdentado, falou a valer, acostumado às lides de uma associação literária chamada *Sociedade Recreativa Colegial*. Ficou-me gravada esta frase, que repetiu várias vezes com a boca muito aberta: "Para maior compunção do ato, todos devem levar tochas!"

Naquela Sociedade Recreativa, presidida pelo Magalhães Castro, a quem esplêndida e negra barba ornamentava o queixo, eternamente se discutiam as teses pueris e estafadas, tão do gosto dessas associações: — Luís XI foi ou não útil à França? — Qual o reinado mais glorioso, o de Luís XIV ou de Napoleão? Paralelo entre Napoleão e Washington, etc.

Usava e abusava de tal ou qual loqüela este Correia, procurando guindar-se nas asas do gongorismo e fazendo praça de vasta ilustração, a citar opiniões de autoridades.

Certa vez, por causa da monótona insistência com que se referia a conhecido escritor, circulou a seguinte quadrinha, então muito apreciada e — hoje, confesso-o, da minha lavra, malgrado a minha rebeldia a tudo quanto se parecesse com poesia:

> *Voz rouquenha e enferrujada*
> *Só nos faz citar Guizot;*
> *E, depois de o ter citado,*
> *Não sabe mais se o citou.*

Entre esse Correia e o Nogueira deu-se um incidente que muito nos fez rir. Estávamos na aula de grego, regida então pelo Teodoro Schieffler, antagonista que a malevolência do Pacheco da Silva opusera, já ao Goldschmidt, já ao Tautphoeus.

Aquele o batera estrondosamente no concurso de alemão a que fora obrigado, mas este vira-se transferido para aulas de anos anteriores, a fim de abrir vaga ao protegido do reitor. Aliás, o homem sabia bem grego e, apesar do sotaque carregado, tinha bom método pedagógico, tornando-se depois excelente professor.

— Sr. Correia — perguntou ele —, como *dirrá* o *Senhorrr* em *grega* — das *coisas impossíveis*?

Isto a propósito não sei de que frase.

O aluno, todo atarantado, acotovelou o Nogueira que lhe ficava ao lado: "Assopra-me, amigo!" e levantou-se com solenidade para dar tempo ao Espírito Santo de orelha, colocando-se diante do colega, cuja benevolência estimulava por meio de sinais com o pé a bater-lhe nas canelas.

O outro, já industriado também de outiva, com a mão diante da boca ministrou-lhe a resposta *ton ergon adunaton*.

— Hem? Hem? — indagava aflito o Correia, aproveitando certa distração do Schieffler. De repente, supondo ter pilhado a palavra, soltou, como prova da absoluta ignorância na matéria, asneira que provocou gargalhada geral, por não ter relação alguma com o que lhe fora perguntado: *Paralambamo*. Simples verbo na primeira pessoa do singular do modo indicativo, tempo presente! "Já pra *fórra* da aula", bradou o lente supondo que o aluno queria simplesmente debicá-lo.

Finda a hora, chegou-se ao Nogueira o Correia que, no meio de nós, crianças, tinha ou queria ter foros de homem sério e lhe disse: "Olhe, colega, se você não fosse mulato, como eu, enchia-lhe esta cara de bofetadas". O outro estomagou-se e, sem tir-te nem guar-te, deu-lhe uma série de taponas e cascudos que o provocador foi recebendo do modo mais engraçado e humilde que imaginar se pode. Rimo-nos a valer.

Eis-me porém, afinal, com os companheiros do desventurado período de repetição, no último ano!

Livre, livre do diabólico perseguidor, libertos todos nós, por jubilação ou não me recordo mais por quê, sobre sua odienta pessoa terei o prazer de nunca mais escrever!

XV

Nas férias de 1857 a 1858 morrera o bacharel Gonçalves de tísica intitulada galopante, mas que não foi mais do que resultado da diabetes, moléstia então muito pouco estudada e conhecida. Estupenda a transmutação daquele homem corpulento, robusto, gordo, num entezinho todo mirrado e encarquilhado. "Parecia", disse-nos o Viegas, "uma criança no caixão!"

Tal a admiração que nos inspirava esse Gonçalves, tal o entusiasmo que em nós suscitavam os seus menores gestos e ditos, tal a idéia que formávamos das suas habilitações, talentos, elevada posição, do futuro e da influência que já merecia ou poderia vir a exercer na sociedade brasileira, que o seu falecimento a muitos de nós pareceu verdadeira calamidade pública, desastre irremediável.

E ainda hoje comigo mesmo chego a indagar que valor real tinha aquela personalidade e qual a razão do seu prestígio. Diziam que sabia grego a fundo; mas a realidade é que nada aprofundava e substituía o conhecimento exato e consciencioso das coisas por exterioridades aparatosas.

Era cômico por natureza e mostrava enorme inclinação para o tablado. Numa representação dada no Ginásio desempenhou, com bastante talento, o papel de protagonista no *Antônio José* ou o *Poeta e a inquisição* de Gonçalves Magalhães e conseguiu enormes aplausos. Em todo o caso, se o bacharel Gonçalves pouco valia, soube granjear dos alunos memória bem perdurável — e, certamente, já não é pouco.

Vaga a cadeira de história, foi a concurso e concorreram a pleiteá-la o Jaci Monteiro, o meu amigo Manuel Tomás Alves Nogueira, bacharel de fresco, e o Mendes Malheiros. Aquele que a ocupara interinamente algum tempo foi espichado em cronologia pelo segundo, quase nomeado, mas afinal suplantado pelo terceiro.

No 7º ano, os endiabrados Luz, Suckow, os dois Tavares e os mais da troça passada, já mais esquecidos da punição sofrida, a pouco e pouco iam recomeçando as pesadas graçolas, verdade é que não as generalizavam tanto, reservando-se para as aulas em que a falta de força moral era de há muito notória.

Uma dessas, e num grau extraordinário, a de mineralogia, tornava-se motivo de bem curiosas cenas. Mas também, que lente! Ou o coitado estava em deplorável decadência ou a condescendência dos contemporâneos ia longe demais.

Basta dizer que nos obrigava a escrever como apostilas trechos traduzidos em voz alta do Beudant... e que tradução!...

— Os minerais — dizia a passar sempre a mão direita nos cabelos, da nuca para cima e de contínuo com a ponta da língua metida teimosa no canto da boca — tomam nas concreções as formas as mais variadas, denominando-se algumas delas por se parecerem com órgãos do corpo humano *ronhões* (em francês e no Beudant, *rognons*) e *mamelões* (*mammellons*!), que poderemos também chamar *mamões*.

Nisto o interrompeu o Luz com hipócrita inocência: "Esses *mamões* são os que dão nas árvores?"

— Cale-se — bradou o lente —, o Sr. é um ignorantão!

Indignos da ciência, burros, eram os epítetos com que mimoseava os discípulos aquele mestre, que se ufanava de ter dado o nome a uma espécie de macaco, de que havia no Museu um exemplar empalhado.

E que santa ingenuidade, que grotesca satisfação, quando o apelidávamos ilustre, respeitado mestre e lhe lembrávamos a classificação do tal símio! No fundo excelente homem, coração de ouro esse inculcado sábio de óculos sempre à banda e gaforina arrepiada.

Uma vez sentou-se na cadeira magistral com ar todo prazenteiro: "Meus senhores", anunciou bonachão, "de ora em diante o aluno que não compreender bem o que eu estiver explicando poderá propor-me as dúvidas e fazer objeções. Tratarei de elucidá-las."

E começou a lição, ocupando-se com o ouro, sempre na linguagem arrevesada e a tropicar em contínuos solecismos.

— No Peru (pronunciava *Pru*) havia tanto ouro, que se calçavam as ruas com grandes lajes que continham enorme abundância desse precioso metal.

Levantou-se incontinente o Suckow: "Peço licença para uma objeção". Olhou-o o lente por cima dos óculos: "Com certeza lá vem asneira. Do Sr. não pode sair coisa boa. Sente-se pois e deixe-se de objeções".

— Preciso esclarecer o espírito — replicou o aluno.

Levantou-se um pedido geral:

— Deixe-o falar, ilustre mestre, tenha paciência.

— Pois bem — concordou o Doutor —, vá lá com essa tolice, pois a bobagem há de ser grande.

— Não há tal — declarou o Suckow —, o caso é muito sério. Acho de todo o ponto impossível que se calçassem as ruas do Peru com grandes lajes de ouro.

— Então por quê?

— Porque lá devia haver, como em todos os tempos houve sempre ladrões, e tornava-se então trabalho enorme calçar de dia as ruas para que de noite ficassem descalças.

— Eu não adivinhei — exclamou o mestre no auge do furor —, eu não disse? Vejam só que burro! Indigno da ciência, sim, indigno! Diga a seu pai que o ponha de cocheiro (alusão bem clara, pois o pai, Major Suckow, tinha empresa de alugar carros). Ouviu? Dê-lhe esse recado.

— Responda Dr. à objeção — dizia o Suckow com ar ganjento. — Havia ou não havia ladrões no Peru? Eis a questão!

Tornou-se o barulho enorme.

— Silêncio, silêncio! — berrava o homem —, corja de malcriados, sem educação!

Afinal mais brando, condescendeu: "Pois bem, vou responder a esta estupidíssima objeção. Diga-me, Sr. Suckow" — e o seu tom era compassivamente persuasivo — "com o que é que se calçam as ruas do Rio de Janeiro?"

— Com lixo — interveio o Luz —, o que lhe valeu grossa saraivada de apodos.

— Não é com granito, não é? E por que os ladrões não se importam com o granito? Não é por ser muito comum?

— Pois bem — continuou o professor afirmando mais o ar de comiseração —, o mesmo acontecia no Peru com o ouro. Ninguém fazia o mínimo caso desse metal... Há de concordar que o Sr. disse furiosa tolice. É preciso refletir mais um pouco.

E todos nós à uma: "Com efeito, que burrice! Só de um asno!"

— Objeção boa — prosseguiu o lente — foi uma que propus, em Coimbra, ao meu professor de ciências naturais, o ilustre Dr. Barjona, quando nos contava que quase assistira à queda de um aerólito, cujo calor extraordinário pôde verificar, pondo-lhe a mão em cima.

E lá veio a tal objeção, mais ou menos no gosto da do Suckow e que acolhemos com muitos gabos e cumprimentos engraçadamente bajulatórios: "Sim, senhor, esta sim; o Dr. Barjona havia de ficar bem atrapalhado, coitado do homem!"

Assim íamos, pondo de novo as manguinhas de fora.

Uma vez, que o X... estava mais desbocado que nunca, o Luz atirou-lhe um tinteiro, pondo-lhe as calças brancas em mísero estado.

Também a coisa acabou mal, todos nós retidos à saída, depois de recebermos notas más e a repreensão formal do reitor, que, aliás, e aí com toda a razão, falava abertamente dos modos desmoralizadores do professor.

A cada momento e quando menos se esperava, entrava com o propósito de pilhar o outro em flagrante, muito teso, endireitando o colete sobre a barriguinha, puxando-o, por cacoete, sobre as calças, por mais irrepreensível que fosse o vestuário, obrigado sempre a casaca, ou então acariciando o queixo bem escanhoado e as suíças à inglesa.

— Olhem — avisava o vigiado que o bispava jeitosamente —, aí vem o espião, o safado!

E todos tomavam compostura de exemplar aplicação, com os olhos grudados no livro e ar de inexcedível gravidade.

XVI

Apesar de tudo, estudávamos seriamente nesse 7º ano e não faltavam provas de bastante aproveitamento e do estímulo, que entre nós reinava.

Na aula de história e corografia do Brasil, regida pelo Dr. Joaquim Manuel de Macedo (o Macedinho, como era de costume chamá-lo), havia verdadeira emulação, caprichando os alunos em obterem boas classificações e honrosos lugares.

Também com que atenção ouvíamos aquele homem rodeado da auréola, então muito brilhante, de primeiro romancista brasileiro.

"O autor da *Moreninha* e do *Moço loiro*!", dizíamos com orgulho e cheios de respeito.

Neste ano de 1858 foi que apareceu a *Nebulosa*, e o Miguel José Tavares lia-nos trechos com indizível entusiasmo. Por causa desse poemeto, prodigiosamente medíocre, recebeu o Macedinho o oficialato da Ordem da Rosa e isto nos pareceu a consagração de um talento *hors ligne*, credor da admiração de toda a culta Europa.

Pobre Macedo! Vi-o, depois, tão ludibriado pelos novos que iam chegando, depreciado em todos os seus livros, repelido pelos editores.

Tinha contudo legítima veia literária, e os seus discursos do Instituto Histórico e Geográfico Brasileiro, proferidos com voz clara, pausada e um tanto plangente, produziam impressão compatível com aquele sonolento local, cuja influência tive, depois, de experimentar no caráter também de orador.

Representa, porém, o ano de 1858 o ponto culminante da carreira literária de Joaquim Manuel de Macedo, o qual superior aos outros romancistas de então, Joaquim Norberto, Teixeira de Sousa, Constantino Gomes, declinou rapidamente no conceito das boas rodas, quando José de Alencar subiu, quase que de repente, na opinião geral, e afirmou-se com o *Guarani* chefe da nascente literatura brasileira.

Nosso professor de poética e eloqüência era o cônego Dr. Joaquim Caetano Fernandes Pinheiro, nomeado para a vaga deixada pelo Paula Meneses ou havendo em concurso alcançado a cadeira.

Com metal de voz fino, desagradabilíssimo, sujeito a contínuas mudanças, sempre nas escalas agudas, usava e abusava de certo riso, que por vezes imitava, com exatidão, o relincho do cavalo.

Tinha, contudo, algum jeito para levar os alunos e por fim lhes conseguiu a estima.

Quanto a mim, sempre me distinguiu, aplaudindo com exagerados encômios os ensaios literários que apresentava na aula e em competência com os meus colegas, notadamente um *Paralelo entre Washington e Napoleão* — em que, agora confesso, não pouco me inspirei em Chateaubriand, sem contudo apropriar-me do que pertencia ao grande escritor, pois desde criança tive horror ao plágio.

Por esse tempo apareceu no Colégio um jornaleco, publicado pelo aluno do 5º ano, José Carlos Rodrigues e, não sei por quê, intitulado *O tamoio*. Nele se estampou, pela primeira vez, impressa em letra de forma, uma composição minha!

Grande desvanecimento experimentei; mas tive o cuidado particular de ocultá-la das vistas de meu pai, que incessantemente me recomendava nada publicar sem muito meditar, copiar, três e mais vezes, e sobretudo consultar amigos e entendidos de quem devia aceitar todos os conselhos e reparos. Quantas vezes não me citou então os versos clássicos do *Misantropo*?

> *Dérobez au public ces préoccupations*
> *Et n'allez point quitter, de quoi que l'on vous nomme,*
> *Le nom que dans la cour vous avez d'honnête homme,*
> *Pour prendre de la main d'un avide imprimeur*
> *Celui de ridicule et misérable auteur.*

Jogava meu pai com todos os clássicos do grande século de Luís XIV, recitando com estupendo poder de memória, e muito adequadamente, trechos inteiros de Boileau, Molière, Racine e Corneille.

Fábulas de La Fontaine, então, as sabia às dezenas e lhes dava incomparável graça e vida, modulando a voz do modo mais justo e expressivo para indicar os diálogos.

Com que talento, aliás, lia! Em Paris, quando numa conferência pública ouvi Legouvé ler páginas de um livro que ia publicar, lembrei-me muito de que, desde a infância, estava acostumado a essa dicção correta, clara, a dar importância a todos os sinais da pontuação e a fazer valer qualquer vírgula e a menor frase incidente.

Estou certo, de que se tivesse voltado à França, em 1821, quando seu pai deixou para sempre o Brasil, houvera conseguido renome na pintura, sua profissão, e nas belas-letras.

Os seis quadros, alguns de grandes dimensões, que do seu pincel existem na Academia e que foram cedidos ao Estado por minha mãe pela quantia de seis contos de réis, paga em três prestações, são bem notáveis, sobretudo a tela *Morte de Turenne,* que parece obra de Wouwerman ou de bom pintor da escola holandesa.

Em extremo gostava meu pai de andar a pé, e raros o venciam no ardor andarilho. Fazia excursões intermináveis e já bem idoso, com mais de oitenta anos, foi, uma feita, da Rua Larga de S. Joaquim ao alto da Tijuca, à Cascatinha e de lá regressou pela Vista Chinesa e Jardim Botânico, vindo tomar o bonde em Botafogo. Partira de madrugada e voltara à casa às 11 horas da noite, mas em tal estado de prostração que ficou doente, de cama!...

Falava eu, porém, do *Tamoio.* Aí foram estampados com grande brilho, pelo menos aos nossos olhos, uns ensaios descritivos de colega que supúnhamos destinado a grande futuro literário. Como são enganadoras as previsões sobre o porvir! Publicou em São Paulo uns livros indigestos, deu aos prelos, homem já feito, romancetes sem valor e depois afundou de vez. Quando estive no Paraná, em 1885, soube que morava num lugarejozinho do litoral, tendo se casado com uma viúva velha e feia, mas que possuía alguns bens de fortuna, aliás de pronto esbanjados. Era, em 1892, presidente da intendência daquela *tapera!*

Singular sorte dos estudantes que se alteavam acima da média intelectual dos colegas! Lembro-me bem de um tal Lima que passava entre nós por legítimo portento, parecendo que o esperava, às portas da sociedade, a mais esplêndida carreira. Que fim levou? Não sei bem.

Do mesmo modo outro que supúnhamos dever galgar serena e rapidamente os mais elevados degraus da grandeza humana!... Onde pára? Que é feito de tanta inteligência e tamanha aplicação? Assim de outros e outros, não só do Colégio de Pedro II como das escolas superiores que freqüentei — a Central (hoje Politécnica) e Militar da Praia Vermelha...

Chegaram, porém, os exames finais do 7º ano, prestados então por processo diferente do que fora anteriormente adotado. A cada matéria do curso era consagrado um dia inteiro, sendo as provas de duas espécies — escritas e orais — e ficando a votação geral para o fim de todas elas.

Não perdia o Imperador um só exame, desde às 11 horas da manhã até às 5 da tarde, sem se levantar, nem tomar repouso, acompanhando de livro na mão, e com o maior cuidado, todas as provas. Por isto, íamos cerimoniosamente de casaca, alguns com a do Colégio, verde escuro e botões dourados com o clássico P. II e coroa.

Por ocasião destes exames, que duraram muitas semanas, comecei a me sentir mais seguro de mim e a desfrutar o gozo dos elogios e do aplauso. Possuindo-me de súbita confiança, em mim mesmo e desenvolvendo os muitos elementos que a convivência do meu pai, os seus conselhos e admoestações me haviam a pouco e pouco incutido, prestei em geral bons exames, alguns até brilhantes, suscitando nos companheiros admiração e estranheza, pois de mim formavam juízo abaixo do que eu merecia.

Dessas provas recebia excelente impressão o Imperador, que logo a transmitia, simpática e amavelmente, a meu pai.

— Sua Majestade — dizia este todo ufano em casa —, mostra-se sobretudo surpreso com o aprumo de Alfredo. Parece que realmente chega a ser inaudito.

— Ora esta — exclamava meu tio Carlos —, acaso são os heróis feitos para serem tímidos?

Também quando eu fazia qualquer travessura maior este tio dizia logo: "Zela, Alfredo, pelas tuas qualidades de herói. Ah! como é verdade! Convém ver os heróis de longe, de bem longe!..."

Preencheu um dia inteiro a votação que se fez em relação aos bacharelandos, aluno por aluno e nela obtive aprovação distinta em todas as matérias, isto é, unanimidade de bolas brancas nos dois escrutínios, que corriam. Qualquer preta no segundo dava só aprovação plena e inutilizava o aluno para os prêmios. Com que ansiedade acompanhei aquela votação, esperando a decepção de qualquer sombra no meu triunfo!

Felizmente assim não sucedeu.

Fora a minha vitória indiscutível. Falou-se até que alcançaria o 1º prêmio, isto é, coroa de folhas de carvalho (papel pintado) e rico livro dourado; mas este foi conferido ao José Viriato de Freitas em vista dos antecedentes. A mim coube o segundo — e tudo foi de justiça.

XVII

Constitui o recebimento daquele prêmio e a cerimônia do grau de bacharel em belas-letras a 24 de dezembro de 1858 data importantíssima na minha vida de adolescente. Difícil me é, até em toda a carreira, encontrar outra mais cheia de intensa alegria e legítimo orgulho. Bacharel em belas-letras aos 15 anos! Creio que os anais do Colégio de Pedro II não encerram muitos destes casos!

Para este dia tão notável nos havíamos preparado com solenidade especial, combinando irmos todos em ricos *coupés* puxados por parelhas de cavalos brancos.

A este respeito dizia meu tio Gastão, com a graça que lhe era peculiar: "O Alfredo faz mal! Em seu lugar timbraria em ir no tílburi mais velho e feio da praça. Assim me distinguiria logo dos colegas e não faria despesas ruinosas".

Custara o aluguel do meu ostentoso veículo nada menos de cem mil réis; mas também o cocheiro e o lacaio estavam agaloados de ouro em todas as costuras e traziam inúmeros e vistosos alamares!

Grandes desejos mostrou minha boa mãe de ir assistir ao ato, levando consigo a Adelaide. E ainda hoje me punge o remorso de haver contrariado, de frente, projeto tão natural e simples, pretextando que não era costume assistirem senhoras àquela cerimônia, o que era em parte exato.

Depois foi que se generalizou a presença do belo sexo em festas acadêmicas.

Quanto houvera ela apreciado ver-me triunfar, não mais como bom estudante e bacharel laureado, porém, sim, como mocinho bonito e interessante e nesta qualidade olhado pelas senhoras com particular atenção e elogiado.

Ainda me revejo hoje, todo esbelto na minha casaca preta feita pelo célebre alfaiate Raunier, cuja fama naquela época já era grande, com o meu chapéu de pasta, comprado no Torres, meus cabelos bem repartidos ao meio, ondulados nas pontas, um fiozinho de barba a apontar num sinal do queixo, à esquerda.

A antiga sala de prêmios, muito comprida e toda desataviada, com uns desgraciosos varões de ferro a descoberto, servindo não sei para o quê; num quartinho escuro, encafuada a música; muitas cadeiras; bastante mocinhas com as respectivas mamães; no Trono o Imperador e a Imperatriz; ao longo de grande mesa coberta de pano verde, o ministro do Império, reitores do Externato e Internato, e todos os professores dos dois estabelecimentos, separados em 1857; dois meninozinhos com bonitas salvas de prata para levarem, ou juntos, ou separados, a coroa e o livro e acolitarem o premiando, enfim tudo absolutamente como hoje, como sempre.

Se há cerimônia para assim dizer cristalizada, em todas as partes do programa, é esta da colação de grau de bacharel em belas-letras, não falando nas modificações introduzidas por este intitulado regime republicano e que aliás não conheço, nem quero conhecer, pois elas destroem uma das minhas mais saudosas recordações.

Quantos anos se tocou a mesma música, o mesmo trecho do *Stabat mater* de Rossini?! Os mesmos músicos, exceto algumas caras novas que substituíam os vácuos abertos pela morte no grupo das cordas ou dos metais.

Silêncio, porém! Então se apregoando os nomes dos laureados. É o José Manuel Garcia, o secretário do Externato e depois estimável professor de português, quem lê a relação, encostando, apertadamente, o papel aos olhos, muito míopes, orlados de cílios brancos, cuja alvura ainda mais sobressai da blefarite crônica que lhe avermelha as pálpebras.

— 7º ano, Externato — proclamou —, 1º prêmio, José Viriato de Freitas.

E o Freitas, todo vermelhinho, empertigado, percorre rapidamente a sala e, seguido dos dois pequenos, de salvas em punho, vai receber das mãos do Imperador o livro dourado e a coroa de papel pintado que lhe cai, de larga, em cima das orelhas e o torna rubro como lacre — o *encalistra*, na terminologia de estudante.

2º prêmio, Alfredo d'Escragnolle Taunay. É a minha vez. E, com passo pausado, como quem vai gozando as honras de bem-merecido triunfo, adiantei-me para o trono.

Ao passar por diante das senhoras ouvi uma que disse bem alto: "É o mais bonito de todos!", e tal elogio ainda mais me intumesceu o peito.

Ao chegar defronte do Imperador e da Imperatriz deles recebi olhar tão bom, tão suave, tão enternecedor, tão de família a partilhar a alegria de um filho, que nesse dia medi a verdadeira afeição que ambos dedicavam ao bom, leal e discreto amigo Félix Emílio Taunay.

— Por mais longe — disse-me uma vez o Imperador — que eu olhe no passado, sempre encontro seu pai a meu lado, solícito e nunca importuno!

E a boa, a santa da Imperatriz, quanto era meiga conosco!

Em 1853, quando estivemos habitando por alguns meses o Andaraí (nem sei se nas páginas passadas me referi a isso) e íamos — eu e minha irmã

Adelaide — brincar com as princesas D. Isabel e D. Leopoldina, então com toda a família Imperial no velho casarão do Figueiredo (depois Hotel Aurora), quanto nos mimava aquela ilustre Senhora! Foi ela quem me deu a coleção do *Conseiller des enfants*, que incessantemente li e reli, até bem grande, e um belo volume das *Fábulas de Florian*, ainda hoje um dos livros queridos das minhas estantes.

XVIII

Como poderia eu (entre parênteses) conciliar toda essa série de gratas reminiscências, tão suaves ao meu espírito e que rodeiam a idéia da monarquia de tamanho prestígio, como sagradas tradições, com a atual ordem de coisas? Não, não; é de todo impossível! Fora o abandono vil e miserável dos melhores e mais puros sentimentos, que se aninham no peito humano. A outros, que não experimentaram, desde criança, o influxo de tantas impressões, a volubilidade de opiniões.

E assim mesmo quanta verdade nas seguintes palavras da valente *Tribuna* de 12 de novembro de 1890: "Se toda a luz elétrica que se vai empregar no dia 15 de novembro iluminasse o coração dos brasileiros, só havia de desvendar dor e tristeza".

Acrescento sem hesitação "e vergonha".

Sim, vergonha intensa, candente, pela revoltante iniqüidade praticada para com o mais ilustre e bem-intencionado soberano que jamais houve.

Dissipou-se a límpida atmosfera de honestidade que cercava os primeiros funcionários do Império, a exemplo dos incessantes rasgos de desinteresse do Senhor D. Pedro II. E multiplicaram-se os exemplos de concussão e desbarato dos dinheiros públicos que em poucos meses enriqueceram uma nuvem de agiotas e especuladores, que, a todo o transe, queria pôr em leilão este pobre Brasil!

Acusavam por último o Imperador de não governar mais e deixar tudo ao cuidado dos ministros do Estado. Queixume de quem a cada instante precisava sentir o domínio do potentado, do senhor! Então para quê essa discussão perene sobre *poder pessoal*, essa censura incessante, essa batalha diária ferida pela *soi-disante* dignidade dos políticos?

Quando exatamente alcançáramos o ideal por que tanto parecia almejar o Brasil — o monarca constitucional a reinar só sem governar — apontou-se a D. Pedro II o caminho do exílio! A apática indiferença do povo e o adesismo dos políticos (alguns senadores e conselheiros do Estado até, que vergonha!) só tem símile condigno na baixeza e ingratidão com que muitos filhos de numerosa família vêm, sem protesto nem o menor reparo até, enxotar para a rua venerando e ilustre pai como ente inútil, demasiado velho e cansado do muito que fizera pela prosperidade, realce e glória de toda a sua gente...

Que tristíssimo e deprimente fato da nossa história e quão dura há de ser para o Brasil inteiro a expiação!...

Julgá-los-á a História sem dúvida de sobrecenho carregado a imparcialidade dos pósteros, descarnando os horrores morais desta dolorosa época...

XIX

Voltemos, porém, à distribuição dos prêmios, isto é, retrocedamos uns 32 anos!...

Quando tomei o meu lugar no banco dos bacharelandos, abri o meu livro e vi que era o Heródoto, da coleção Nisard, em grego e latim e com a seguinte inscrição: "Segundo prêmio do Externato do Imperial Colégio de Pedro II conferido ao aluno Alfredo d'Escragnolle Taunay no dia 24 de dezembro de 1858 — Dr. Manuel Pacheco da Silva".

Finda a entrega dos prêmios dos outros anos e executada nova peça de música, talvez a protofonia do *Nabucodonosor*, de Verdi, foram chamados um a um os alunos que deviam receber o grau de bacharel em letras, cujos símbolos ficavam sobre a mesa defronte do ministro do Império — borla e capelo brancos, depois de prestarem juramento de fidelidade à Constituição e ao Imperador. Alguns colegas já traziam no dedo um anel de opala, distintivo também daquele grau científico e literário.

Éramos ao todo 12 — 10 do Externato e 2 do Internato. Os daquele estabelecimento:

1 — João Monteiro da Luz; 2 — Gustavo Adolfo de Suckow; 3 — Francisco de Paula Pereira Tavares; 4 — Miguel José Tavares; 5 — João Gonçalves de Miranda Keller; 6 — Antônio Ildefonso Nascentes Burnier; 7 — Carlos José Moreira; 8 — José Viriato de Freitas; 9 — Agostinho José de Sousa Lima; 10 — Alfredo d'Escragnolle Taunay.

Os do Internato: 1 — João José de Moura Magalhães; 2 — Cândido José Rodrigues Torres.

Conforme já disse atrás, o pobre do Burnier de tão doente já não pôde assistir à cerimônia, e foi representado pelo Costa Ferraz, o qual, sempre rusguento, provocou, a princípio, certo escândalo, pretendendo conservar à cabeça na presença do Imperador o gorro que alcançara no ano anterior.

Depois de desfilarmos diante do trono, e creio que ninguém relutou em beijar a mão dos soberanos, seguiu-se o discurso do professor de retórica e poética, o cônego Fernandes Pinheiro, que à grande esgotou todas as chapas habituais em semelhantes festas escolares.

Levantou-se afinal o Imperador, ao som do Hino Nacional, e cada qual de nós, bacharéis, tomou o seu bonito *coupé* e desfilou pelas ruas até a casa, depois de alguma pausa ou pose à portaria do Colégio para mostrar-se ao povo e receber felicitações dos parentes e conhecidos.

Que dia, que dia aquele! Parecia que eu havia conquistado o futuro e entrava no mundo como um Napoleãozinho, derrubando todos os obstáculos que porventura tentassem opor-se à minha justíssima e já realizada ascensão... *Quò non ascendam?!* Ah! bacharelzinho de uma figa, tu verás, sonsinho, tudo quanto te reserva a vida; sentirás o mundo de decepções que te aguardam os passos, como outras tantas bocas-de-lobo, a semearem de perfídias o solo em que terás de caminhar e que pretendes vencer às carreiras, em vertiginosa desfilada!...

Nada de precipitações; deixa de olhar tanto para os céus a procurares nele os esplendores de uma glória que não alcançarás e repara mais para o chão que te prenderá os pés e te há de afinal tragar para sempre na irremediável assimilação do teu organismo com a Natureza... Entretanto, honra e orgulho! nunca nele rastejei... E decerto já não é pouco.

No meu brilhante carro segui, pois, todo vaidoso, para a Rua do Saco do Alferes, nº 85, e como aquela rua estava toda esburacada e com uma muralha de suporte à calçada, cuja escada ficava um tanto longe de casa, tive que me apear com meu pai e passar, entre triunfante e vexado, debaixo das janelas dos vizinhos, repletas de gente, D. Virgínia Torelli de Sousa, a irmã D. Emilia, a família, muito apatacada então e depois arruinada, dos Gonçalves da Silva, do outro lado a gente do José Auto, depois General e Barão de Jaguarão, os Marrocos e outros, de que me lembro vagamente.

Naquele dia, 24 de dezembro de 1858, foi que usei pela primeira vez e oficialmente do nome de Alfredo d'Escragnolle Taunay, suprimindo os dois apelidos complementares Maria e Adriano, que davam sempre motivo a reparos.

Para tanto pedi licença a meu pai, procurando também convencê-lo da conveniência de aportuguesarmos os nomes franceses escrevendo *Escranhóle* (com um *h* em vez do *gn* e um *l* só) e Toné (T...o, to; n...é, né).

Aleguei a adaptação idêntica que se dera com os nomes Sodré e Luné, derivados de Saudray e Launay, este então absolutamente como o meu, apenas com a diferença da letra inicial.

— Mas estás louco — respondia-me —, absolutamente louco! Ousar estragar um belo nome!

Propus-lhe então escrever o nome com um *n* só ou dois *nn*, Tonay ou Tonnay, para evitar a dificuldade dos dois ditongos *au* e *ay* que não têm correspondentes em português.

Tanto mais aceitável era a transação, quanto primitivamente o nome da família se escrevia daquele modo, e disto temos prova nas duas cidades do Saintonge: Tonnay — Charente e Tonnay — Boutonne.

— Não, não de todo — replicou-me ele —, trata de impor o teu nome ao país tal qual é!

Ignoro se cheguei ao objetivo que me foi apontado; o que afirmo é que se tornou bem longa, penosa e difícil a iniciação do jornalismo e do público às agruras do meu nome, áspero às primeiras audições, mas depois agradável aos ouvidos que a ele se tenham habituado.

Quando, em 1871, o Visconde do Rio Branco quis que eu fosse eleito deputado pela província de Goiás, naquele tempo simples burgo podre — como aliás são todos os Estados, hoje, pretendidos autônomos — , dizia o Joaquim Serra com muita graça, na *Reforma*, o espirituoso jornal de oposição liberal: "Estão os povos de Goiás muito satisfeitos com o candidato que lhes indica o Governo; pedem tão-somente que o nome seja traduzido em português para o poderem escrever nas cédulas eleitorais".

Dias depois do meu grau, apareceu por casa uma comissão composta de três dos meus colegas bacharéis, e mais o Dr. Sousa, a convidar-me para o jantar que o Pereira Tavares nos dava de despedida. O primeiro movimento de meu pai foi de recusa formal: "Será", afirmava, "orgia formidável! Alfredo vai perder-se".

Vendo o desejo louco que me dominava, minha mãe objetava: "É bem preciso, entretanto, dar-lhe um pouco de liberdade, já não é mais um menino!"

Usaram então os dois de um ardilzinho que prometi confirmar pela minha atitude durante todo o banquete. Deram-me por bastante adoentado e a seguir um regime dietético que o Dr. Sousa prometeu fazer respeitar, vigiando-me cautelosamente. E com tal promessa partimos de carro para o local da festa.

Tinha meu pai razão, o jantar tomou visos de verdadeira bacanal, mas mantive boa a palavra dada e bem cedo voltei para casa, abstendo-me de vinhos e comidas indigestas. Parece que para o fim ficaram as coisas feias.

XX

CHEGADO ao final desta primeira parte da minha existência, tão bela até aqui, tão cheia de risos e de alegre despreocupação, vejamos que fim mais ou menos tiveram aqueles doze companheiros com quem transpus o limiar da sociedade e de alguns dos quais ali me separei para todo o sempre.

Um logo se despediu da vida — Antônio Ildefonso Nascentes Burnier, pois faleceu no ano seguinte de 1859, se não me engano, em Pernambuco.

Outro, também pouco durou — João Gonçalves de Miranda Keller. Foi para a Europa e lá morreu.

Carlos José Moreira, filho único e esperança única de pobre e adoentado mestre-escola, ele igualmente franzino e malpreparado para a luta da vida, cursou dois ou três anos a Escola de Medicina e afinal desapareceu do mundo.

Por último, Miguel José Tavares, cognominado pelo Sousa o *Sardanapalo* pela feição orgulhosa, gordura e certos hábitos de luxo. Formado em direito, teve seus dias de glória como delegado de policia no Rio de Janeiro. Retirou-se afinal para umas cidades do interior e, em Barra Mansa, veio a morrer por burrice do médico, que chamara para tratá-lo de uma congestão hepática. O tal galeno lhe aplicou por cima das cesuras de ventosas sarjadas larga cataplasma de timbó. O pobre Miguel Tavares caiu em profundo sono, de que não despertou mais.

João Monteiro da Luz, de quem muito se esperava pelo grande talento que demonstrara e verbosidade, de que dispõe, depois de criar nome em São Paulo por mil façanhas estrambóticas, digno seguimento das aventuras do Colégio de Pedro II, formou-se em direito, foi eleito deputado provincial do Rio de Janeiro e naquela Assembléia proferiu alguns discursos aplaudidos; contentou-se depois com ser advogado mais ou menos procurado e bom chefe de família. De vez em quando surge o seu nome na imprensa *"nos a pedido"* do *Jornal do Comércio* ou então em sessões, de bancos e companhias.

Gustavo Adolfo de Suckow fez também maravilhas em São Paulo. Tornou-se fazendeiro para os lados da Leopoldina, casado e hoje até com netas casadas. Ainda tem às vezes graça nas pachouchadas e o encontro por vezes.

Francisco de Paula Pereira Tavares seguiu a profissão médica. Depois de formado pela Faculdade do Rio de Janeiro clinicou largos anos em São José do Além Paraíba, na divisa do Rio de Janeiro e Minas Gerais e aí conseguiu influência no partido liberal, exercendo cargos de política local. Foi depois diretor do Hospital de S. Sebastião, no Rio de Janeiro.

José Viriato de Freitas confirmou na Escola de São Paulo os foros de estudante em extremo aplicado. Foi muito tempo deputado provincial do Rio de Janeiro em cuja assembléia proferiu discursos sobre assuntos financeiros. De um casamento rico lhe proveio algum dinheiro, que aumentou com a advocacia e assim devia ser porquanto foi sempre exato cumpridor dos deveres e escrupuloso em tudo quanto chamava a si e dependia do seu esforço.

Agostinho José de Sousa Lima, formado em medicina, apareceu e tem aparecido mais do que estes. Lente catedrático da Faculdade e presidente da Academia de Medicina é tido em conta de clínico hábil. Republicanizou-se todo não desperdiçando ocasiões de fazer até desfeitas ao Imperador; mas, depois da cruel experiência dos anos do novo regime, modificou muito as idéias radicais. Casou-se com infeliz senhora, bastante bela, depois vítima de cruel enfermidade, tendo por consolo a inexcedível dedicação do marido.

Passou por grande decepção, com a nomeação do Domingos José Freire para a cadeira de clínica, após concurso muito disputado.

Este, nosso calouro no Colégio de Pedro II, e aí muito tímido e esquivo, tomou-se de feroz republicanismo. Pretende ter descoberto o micróbio da febre amarela que cognominou *protococcus xanthogenus*; mas as suas asseverações têm sido postas em quarentena e combatidas por vezes, com vantagem, aqui e na Europa.

De João José de Moura Magalhães, alcunhado pelo Dr. Sousa o *Penca*, por causa do enorme nariz — nada sei.

Cândido José Rodrigues Torres, hoje Visconde de Torres, título dado por Portugal. Começou bem, fazendo boa figura, com a subida dos conservadores ao poder em 1868, na Câmara dos Deputados, apesar da dificuldade com que se exprimia — um tanto gago até.

Bateu com vantagem o pé ao tio, Visconde de Itaboraí, então presidente do Conselho de Ministros, exigindo a terminação da guerra do Paraguai e lembrando-lhe as conversas em Paris nesse sentido, o que tornou bem evidente o empenho do Imperador, único entre todos os políticos, em desafrontar de modo completo a honra nacional tão malferida pelas barbaridades do tirano López, por ocasião da invasão do território brasileiro.

Depois de curta estada no Rio de Janeiro, Cândido José Rodrigues Torres foi para Paris, obteve nomeação de ministro em Haia e, dominado cegamente pela mulher (Ana Teixeira Leite), entregou-se de corpo e alma ao culto da moda e do *chic*. Durou anos essa vertigem até que terrível gota atacou a senhora e a prendeu no leito das mais cruéis dores.

Da nossa turma foi Cândido Torres quem mais cedo mostrou alguma disposição para as letras, fazendo-se imprimir em São Paulo. Extraiu um drama do imortal *Dom Quixote*, aproveitando o bonito e movimentado episódio de Cardênio. Parece, porém, que tal peça era formidavelmente *cacete*, abundando em monólogos intermináveis. Estas veleidades literárias foram de todo abandonadas.

SEGUNDA PARTE

(1858-1865)

I

Passaram-se as minhas férias de 1858 a 1859 a discutirmos em casa a carreira que eu devia seguir.

Na dificuldade pecuniária em que talvez se vissem meus bons pais de me mandarem estudar direito em São Paulo, como era ardente desejo meu, propendia para me matricular na Escola de Medicina. Em tempos passados falara minha mãe nas vantagens da diplomacia ou então nos sacrifícios, retribuídos até neste mundo, da carreira eclesiástica. "Ah! ser bispo, príncipe da Igreja, compensa muita coisa!"

Era, porém, idéia posta já de todo à margem.

— Ser médico garante a independência — ponderava eu.

— Independência? — exclamava meu pai com engraçada exageração. — Não há profissão mais dependente; o médico está à mercê dos clientes, nem sequer tem direito ao sono. Pertence a todo o mundo, sobretudo a quem paga largamente. Na Áustria faz parte da criadagem, nem mais, nem menos. Ainda fui do tempo em que os cirurgiões militares arrancavam os dentes e cortavam o cabelo dos soldados! Uma indignidade!

E por aí ia com um fogo, uma exaltação incríveis.

— Então que carreira devo abraçar? — perguntava eu indeciso.

— Das armas — respondiam à uma pai e mãe. — Teus antepassados foram militares; isto obriga; nem há outro destino para o homem superior. "E o estudo das matemáticas? Não tenho jeito algum." "Qual! Deixe-se disso; há de fazer brilhante figura. Foi o Machado quem te incutiu injustificado terror."

Ficou afinal resolvido que me matricularia na Escola chamada então Militar, externato em que se preparavam para a engenharia civil e militar promiscuamente paisanos e militares, no grande edifício do Largo de S. Francisco de Paula, devendo estes completar o curso especial de dois últimos anos na Fortaleza da Praia Vermelha.

Antes, porém, de entrar para aquele estabelecimento, comecei a dar explicações particulares de várias matérias e a ganhar algum dinheiro. Como é grato e dignificador receber a primeira paga do esforço próprio! Como se tingem de rosicler os horizontes!

Parece que todas as dificuldades da vida estão vencidas e não devem nunca mais voltar na puerilidade das grandes esperanças e calcular logo e logo proventos à maneira do campônio do bom La Fontaine.

Compreendo bem as lágrimas de Fulton a contemplar, na palma da mão aberta, os primeiros dólares que lhe dera o passageiro audaz, ou fatalista, ao pôr o pé no primeiro vaporzinho do Rio Hudson.

Tem também uma história aquele meu primeiro dinheiro. O Dr. Pacheco da Silva, que sempre simpatizara comigo, foi quem me arranjou um explicando — morador à Rua da Misericórdia.

Devia ser preparado em latim para exames não sei de quê e com a melhor boa vontade atirei-me à empresa de lhe incutir o gosto e o conhecimento da língua de Horácio, Virgílio e Tácito, dando diariamente explicações ao tal menino, que, além de feio, era bastante tapado.

Assíduo fui, disso tenho consciência, infeliz também pois o meu discípulo não conseguiu transpor o difícil passo da prova pública, voltando para a casa novamente reprovado, o que, aliás, achei de toda a justiça.

Perguntou-me o pai o preço das lições. "Cinco mil réis por dia", respondi-lhe com ousadia, eu mesmo admirado do alto preço que pedi.

Gemeu o velho surdamente: "Ainda se o rapaz tivesse sido aprovado!"

— Fiz tudo para isto; mas, em todo o caso, não exijo senão o que o Sr. entender razoável".

— Não senhor — respondeu-me ele —, posso pagar, graças a Deus, as minhas contas. Onde deixarei o dinheiro?

Indiquei-lhe a portaria do Colégio Pedro II e desde esse dia lá fui saber da resposta, imaginando, em verdadeiros desvarios de fértil fantasia, tudo quanto poderia fazer com aqueles problemáticos 150$000. Cheguei a pensar na compra de um cavalinho para passeios à tarde!...

Afinal, passada uma semana, entregaram-me uma carta aberta do pai e dentro 75$000, violação explicada por um *post-scriptum* de última hora, escrito à porta do Colégio.

"Desculpe-me entregar-lhe tão-somente 100$000; é do que posso dispor no momento presente etc., etc." e, depois da assinatura, o fatal *addendum*: "Vejo agora que só lhe posso dar 75$000". Assim mesmo foi com indizível alegria que meti no bolsinho aquele dinheiro tão regateado.

Desde esse tempo me habituei ao trabalho, a dar explicações e a ganhar com que me calçar e vestir, o que fazia com alguma faceirice e certo esmero.

Houve até meses em que pude recolher umas centenas de mil réis, sobretudo quando o Colégio de S. Sebastião, dirigido pelo simpático Eduardo Pereira de Sá me pagou 50$000 mensais por lições tri-hebdomadárias de geografia e história.

Tive também depois o colégio do cônego Pereira e que me pagou 30$000, quando eu esperava 90$000, indo diariamente à Rua do Resende dar aula às 8 horas da manhã; tive o do Leal, esquina das Ruas do Núncio e Sabão, que acabou por me calotear redondamente uns três meses inteiros, depois de engraçadas histórias de ativa perseguição minha e hábeis manobras de impenitente devedor; também o curso do excelente João Pedro de Aquino, onde ganhei bem bom dinheiro e ainda o do Guimarães todo cheio de esperanças que nunca se realizaram, deixando a nós, professores, só decepções e trabalho não-remunerado.

Enfim, fiz o que pude até ser promovido alferes aluno e ganhar o soldo de 60$000. Se bem recordo nesses três anos de 1859 a 1862 cheguei a economizar e a pôr de lado algumas centenas de mil réis, que minha mãe zelosamente guardava. Em todo o caso, o que me davam as explicações servia para que andasse sempre bem-vestido e desse tempo me lembro de umas calças de casimira de seda, que me fez o Marcelino, alfaiate dos militares, e de umas botinas pespontadas que chamavam a atenção.

II

Em começos de 1859 fui matricular-me na Escola Militar que, na reforma havida, passou a chamar-se Central e foi aceita a minha carta de bacharel em belas-letras para todos os preparatórios, menos matemáticas elementares, que tive de estudar novamente na aula anexa ao curso geral, regida por um Major Ávila, homem muito sério, seco e maçante.

Mereci, porém, prova de especial deferência; foi me colocarem número um de cento e muitos alunos, pelo que desde logo me possuí da idéia de ser pessoa mais ou menos credora de importância. Não prestara juramento, pondo a mão aos Santos Evangelhos?

Nem se creia que disso não resultasse vantagem para mim. Nesse período de iniciação e de natural dubiedade em que o adolescente se vê sujeito a tantas instigações no bom e no mau sentido, à maneira de Hércules na bifurcação dos dois caminhos, não pouco me conteve a lembrança de que se constituíra para mim rigoroso dever honrar a posição literária e social já conquistada.

E daí proveio, no meu caráter, pronunciada disposição ao orgulho que depois me tirou não poucas simpatias, dando-me feição meramente vaidosa e de simples aparato.

Não há dúvida, porém, grandes benefícios decorreram daquela minha atitude de reserva um tanto desdenhosa, desviando-me de companhias perniciosas e da intimidade de rapazes desenvoltos e, mais que isto, dissolutos, pois não havia muita escolha naquela aglomeração escolar de paisanos e oficiais, cadetes e praças do exército.

Daquele ano de 1859 guardo singular recordação. Nunca o Major Ávila me fez uma só pergunta; nunca me chamou à pedra. Creio mesmo que numa prova escrita não me saí lá muito bem; nunca tive do professor prova alguma de apreço ou até simples atenção, no exame não me distingui de modo sensível; e, entretanto, na classificação final vi-me colocado no lugar de honra à frente de todos os meus colegas, um cento e poucos que conseguiram aprovação, ao passo que muitos eram reprovados.

Passei assim, depois de tão fácil vitória, para o primeiro ano do curso geral em que estudei muito mais, tendo, aliás, por mim, as manifestas simpatias dos lentes Miguel Eugênio de Lossio e Seiblitz e Inácio da Cunha Galvão, que haviam sido companheiros inseparáveis de meu tio materno Luís d'Escragnolle.

Tomei, entretanto, lugar mais saliente na aula de física do Dr. Epifânio de Sousa Pitanga do que nas de matemáticas, em que me deixei distanciar por outros colegas, como João Batista Marques da Cruz, José Clarindo de Queiroz, Mariano Alves de Vasconcelos, Antônio de Paula Freitas e mais três ou quatro.

Em fins desse ano de 1860 passou por nova reforma o estabelecimento, procurando o governo dar-lhe cunho mais militar e rigorista, havendo para tudo formaturas, chamadas e marchas, além de aulas de esgrima e ginástica e, sobretudo, enorme e ameaçador portão de ferro, sempre fechado.

Os diversos anos, formados em pelotão, eram comandados pelo aluno que tivesse merecido, pelo conjunto das notas de aprovação, classificação em primeiro lugar, tocando a este não poucas regalias e daí responsabilidades, por exemplo, trazê-los sempre em ordem e silêncio, podendo repreendê-los e até dar-lhes voz de prisão.

Também qualquer falta ou transgressão nas ordens caía inteira e imediata sobre o comandante do ano, que tinha de responder por todos os atos dos comandados.

Esta posição excepcional e invejada ocupei-a em 1861, devido à soma dos meus graus de aprovação nas três matérias do primeiro ano — álgebra superior e geometria analítica — física — e desenho linear e de paisagem —, adicionando-se a elas os exercícios práticos de topografia. Na primeira tive grau nove, em todas as outras dez, o que me deu o total de trinta e nove pontos, que nenhum mais dos companheiros alcançou.

Deixei de tirar esse grau dez na cadeira de matemática pela retirada do Dr. Inácio Galvão, que passou a reger outra, substituído pelo Dr. Antônio Augusto Monteiro de Barros, com quem não me entendi tão bem.

Muito mocinho ainda, veio este a falecer, poucos meses depois, tísico; sensível e sentidíssima perda para o magistério público, pois era espírito muito culto e bom caráter. E sem dúvida alguma superior ao irmão Américo Monteiro de Barros, até hoje lente daquela Escola, a quem chamávamos *pato tonto* pelo modo de andar.

III

Quem pôs em prática a ferrenha reforma da Escola Central foi o brigadeiro Manuel Felizardo de Sousa e Melo, caráter enérgico, político conceituado e administrador emérito[1], que nos levou à valentona, trancando o portão e mandando pôr uns ralos às portas das aulas para vigilância severa durante as lições e salas de estudos — uma das inovações daquele estapafúrdio regulamento.

O arrocho era grande; e cheguei, como comandante do ano, a ir passar uma noite no estado maior do 1º batalhão da infantaria, preso, por não querer denunciar não me lembra quem, conforme exigia o primeiro ajudante da escola, Capitão José Ricardo, que alcunháramos *Zé Cabêo*, por causa de cincada na conjugação do verbo caber, quando estudante.

Não andavam, pois, boas as coisas e quem pagava as conseqüências do meu mau humor em certos dias de mais aperto, quem me merecia de entre os companheiros maiores rigores era um cabrochinha magro, teso, nervoso, antipático, feio e com o qual todos nós implicávamos.

Com um nariz adunco, que não era de sua raça, muito pálido sempre, cabelos aparados muito rentes ao casco da cabeça, boca sem lábios como que partida por um golpe de navalha, barbicas no queixo, gestos, às vezes de coréia, tinha invencível energia em provocar os companheiros pelo ar de desprezo com que acolhia os

---

1) Foi quem organizou o Ministério da Agricultura, quando criado. Gozava de muito boa fama na roda dos amigos políticos (conservadores), merecendo dos adversários as maiores acusações. Sendo Ministro da Guerra, passou a pasta por dias a um colega do gabinete para ser promovido major de engenheiros e incluído no quadro do Exército, porquanto até então só fizera parte do professorado da Escola Militar, tendo simples honra de oficial superior.
Sua administração no Arsenal de Guerra da Corte serviu de tema aos mais violentos discursos da oposição liberal na Câmara dos Deputados. O que diziam ter sonegado ao Estado, tão-somente em linha de carretel, era pavoroso. Verificou-se afinal a inanidade absoluta de semelhantes acusações.
O que fez mais dano a Manoel Felizardo do que todo o furor dos políticos foi a inimizade do poeta Laurinho Rebello da Silva, o conhecido poeta de *Lagartixa*, que por muitos anos o trouxe de canto chorado, na frase popular, ridicularizando-o de todos os modos em cantigas chulas cantadas pelo populacho do Rio de Janeiro. É bem conhecida a espécie de *complainte*: "Marciana diz que tem / Sete varas de cordão; / É mentira, não tem não, / Nem dez réis para sabão."

gracejos e as chufas e até pancadas, retribuindo estas do melhor modo, apesar da constituição doentia, encarangada já de reumatismos e franzina.

No meio de contínuos temporais, afrontados com altaneria, que hoje me parece credora de tal ou qual admiração, foi nos acompanhando desde o curso preparatório em 1859 até 1863, em que juntos nos formamos. E, deveras, não foi sem custo que o pobre conseguiu chegar ao fim dos estudos.

E para quê? De que lhe serviu tamanha tenacidade em alcançar objetivo que de nada lhe serviu? A que o levou toda essa energia em vencer a má vontade dos lentes e a ojeriza dos companheiros?

Anos depois de tê-lo perdido de vista, por acaso o encontrei numa esquina de rua.

Interpelei-o, aí com verdadeira simpatia: "Que fim levou você?" "Deixe-me", respondeu com engraçadíssima careta e torcidela de corpo, "não posso mais de reumatismos. É um inferno! A felicidade é para você e outros. Não chega para um pobre diabo como eu!" Que destino teve? Vive ainda ou já se foi desta? Ignoro[2].

Em 1862 e mais anos subseqüentes o coitado estava em plena luta pela aprovação. Se deixava de comparecer logo dos primeiros à formatura, não faltava quem logo o denunciasse, para que lhe marcasse o fatal ponto. Alguns chegavam a dizer-me: "Você, Taunay, tem a faca e o queijo na mão; arrume pontos neste diabo, de modo que perca o ano e nos liberte da implicantíssima pessoa".

E para tanto bastavam 45 faltas não-justificadas. Sinto hoje bem natural satisfação em não ter prestado ouvidos a tais conselhos, mas também por dever de lealdade para comigo, e para com o meu possível leitor de 1943, não encubro que experimentava particular alegria quando podia, com justiça, atochar-lhe uma falta, ao passo que sempre me achava disposto a atenuar as de todos os outros colegas.

Cheguei uma vez a prendê-lo e a mandá-lo para o estado maior do quartel do Campo, e lá se foi o pobre, sempre de cabeça ereta, pernas nervosamente encurvadas para trás e pés muito abertos. E, no dia seguinte, não se me apresentou, conforme o estilo militar, de maneira que estive a prendê-lo novamente, se não tomasse a questão visos de perseguição e vingança.

Apesar, porém, dos arremedos de disciplina a que o Manuel Felizardo sujeitava a Escola, não marchavam as coisas lá muito bem, sendo contínuos os conflitos com o *Zé Cabêo* e com o fracalhão do segundo comandante, que chamávamos *Siri*, por andar sempre de banda, à maneira daqueles crustáceos.

---

2) Soube que faleceu no Rio de Janeiro a 31 de março de 1891. (Nota posterior.)

Em algumas aulas, então, a miúdo se repetiam cenas que me lembravam o célebre 6º ano do Colégio D. Pedro II. Uma das mais desorganizadas era a de química inorgânica, dirigida pelo Dr. Azeredo Coutinho, de longa data alcunhado *Berzelius* pelos estudantes. Parecia não um químico, mas legítimo alquimista, com os cabelos grisalhos sempre arrepiados, o rosto comprido e comprimido, nariz muito longo caído abruptamente sobre o lábio inferior todo puxado para fora, beiço belfo e que ele, por singular cacoete, a cada momento esticava ainda mais.

Certo gaiato, Paulo Barbosa da Silva, sobrinho, ou parente, daquele que por tanto tempo foi mordomo do Paço Imperial, fazia-nos rir a valer. Quando o Azeredo Coutinho espirrava, costumávamos fazer menção de respeitoso cumprimento, arrastando os pés, e como o anfiteatro químico tinha sempre areia, produzia-se não pequeno ruído.

Aquietado o barulho, levantava-se o Paulo Barbosa e, com um gesto de amável saudação, dizia: "*Dominus tecum*, Sr. doutor", ao que o lente respondia meio enfiado: "Obrigado, Sr. aluno!"

Era impagável.

Em certa ocasião, tossira ele tão-somente; mas o rapaz julgou de razão ter ouvido um espirro e por isto o gratificou com o habitual e reverente latinório; mas aí o Berzelius perdeu a paciência e exclamou furioso: "Não espirrei, Sr. aluno, tossi apenas. Siga para fora da aula. Sr. Taunay, marque-lhe já e já um ponto".

Com tudo isto entre risadas e preocupações que nos davam estudos bastante complicados, passou-se o segundo ano do curso, durante o qual, à puridade confesso, não pouco vadiei. Também a canseira material não era pequena, ir e vir, quatro vezes por dia, da nossa casa da Rua do Saco do Alferes ao Largo de S. Francisco de Paula, de manhã às 9, voltando às 2 da tarde, para tornar a ir às 4 e regressar às 8, tendo de cada vez de atravessar o comprido e imundo Campo de Sant'Ana.

Fazia eu essa caminhada quase sempre com o Manuel Correia da Silva ou com um companheiro que não pôde formar-se, José Ernesto de Faria Veiga, cujo destino ignoro.

Os exames finais foram bem rigorosos. Em química, embora perguntado pelo Capanema que bastante me apertou, facilmente tirei aprovação plena; não assim na primeira cadeira de cálculo diferencial e integral, onde estive arranhando um *simpliciter*, salvo deste vexame pela benevolência do Lossio e do Cunha *Pepé*, assim chamado por ser coxo. Velho e ronceiro matemático, tinha contudo muito espírito. Ao interrogar o Caminhoá batia na mesa a compasso, cantarolando: "Não caminha para o á". Dele se citavam inúmeros ditos felizes.

Nas provas de química havia sério aperto. Encontrei o Paula Barbosa animado, apesar disso. "Não sei nada do ponto", anunciou-me ele, "mas atochei o Berzelius de tais empenhos, que acho impossível uma reprovação. Sou candidato ao último *simpliciter*".

— Mas por que você não estudou o ponto?

— Como estudá-lo, se nunca abri livro? Só sei que no meu ponto há óxidos.

Fui assistir à prova e não perdi o tempo, apreciando os esforços do Azeredo Coutinho a ver se salvava o aluno que lhe fora à última hora tão recomendado.

— De que trata o seu ponto? — perguntou-lhe.

— Óxidos, óxidos — foi a resposta.

— Muito bem, muito bem, mas que óxidos?

— Óxidos — e ninguém o tirava daí.

— Olhe, não se perturbe; o Sr. foi bom estudante, lembre-se dos compostos do enxofre, súlfur.

— Óxidos, óxidos, sub-óxidos, protóxidos — murmurava o Paula Barbosa, obrigado a fingir incoercível perturbação. Foi reprovado.

— Que injustiça — exclamou ele —, eu que pretendia estudar para o ano!

IV

Nesse ano de 1861 assentei praça no Exército, como soldado do 4º batalhão da artilharia a pé, e sem inclinação abracei a carreira das armas, já por não ter meios de me reconhecer logo cadete, como acontecia com outros companheiros, já por não me sentir com propensão para essa penosa profissão.

Abrandava-me o descontentamento a certeza de que pouco tempo me faltava para ser alferes aluno e portanto usar dos galões de oficial, embora a banda fosse toda de seda e sem a borla de ouro, indicativa de patente confirmada pela promoção.

Caminhava naquele tempo o Exército para a desconsideração que, um tanto suspensa durante a Guerra Qüinqüenal do Paraguai, grandemente se agravou depois dela, até que os despeitos e desgostos, acumulados de 1870 a 1888, fizessem explosão no fatal 15 de novembro de 1889, em que o militarismo suplantou a *bacharelocracia*, derrubando ao mesmo tempo a monarquia e todas as instituições constitucionais, para erigir o Brasil em pretensa república federativa.

Bem presente tenho à memória o dia 17 de janeiro de 1861 em que fui jurar bandeiras na fortaleza de S. João, indo num escaler com o meu colega João Batista Marques da Cruz e mais dois voluntários.

Era um dia límpido, esplêndido, de céu puríssimo, luz ofuscadora, sombras negras e mar esmeraldino e no meio das belezas excepcionais daquele formoso recanto da baía do Rio de Janeiro, confrangeu-se-me a alma de artista com a idéia da servidão a que me ia sujeitar.

Ouvi, um tanto assustado, a leitura dos terríveis artigos de guerra do Conde de Lippe, aquele tétrico desfilar de arcabuzamentos e carrinho perpétuo, mas depressa se desvaneceu aquela impressão com a convicção que me sobreveio de que todo esse tenebroso travamento de disposições draconianas havia de servir, não para mim, mas necessariamente para aqueles que tinham de me ficar inferiores, senão nos galões, pelo menos na inteligência e na instrução.

Quando voltei para casa, com a consciência de não ser mais o mesmo que de lá partira de manhã, muito se afligiu minha mãe por ter ido só e desacompanhado assentar praça. A tal respeito fez ao Luis Beaurepaire uma cena e, muitos anos depois, ela ainda lhe exprobrava: "Você deixou meu filho sozinho no dia em que foi jurar bandeiras".

Em 1862, promovido, conforme esperava, alferes aluno, continuei os estudos no terceiro ano, muito chegado a um grupo de companheiros, Catão Augusto dos Santos Roxo, sobretudo, e mais Napoleão Augusto Muniz Freire, José Eduardo de Moura, José Clarindo de Queirós, o já citado João Batista Marques da Cruz, Marcos de Azevedo Sousa, Vicente Polidoro Ferreira...

Ah! mas este precisa de menção especial.

Filho da cidade de Curitiba, capital da província do Paraná, de pronto atraía as vistas pela beleza, regularidade e simpática expressão da fisionomia. Os olhos, principalmente, franjados de espessos e recurvados cílios eram magníficos de meiguice extraordinária, a testa um tanto estreita, o nariz muito bem feito, embora pequeno demais, a cútis delicadíssima, o corpo em extremo elegante, mas ao mesmo tempo vigoroso na musculatura. Quanto ao moral, preparado por começos de cuidada educação, no seio de família bem-constituída e respeitada na província, distinguia-se por muita amenidade realçada por nobre franqueza e certa altaneria.

Inteligência bem notável, força de vontade, nobre ambição de aparecer, de ser alguma coisa, de não se confundir com todos, de sair pelo menos da mediania, tudo fazia crer em futuro brilhante a ente tão bem-dotado pelo favor da fortuna.

Pelo Polidoro senti, desde que o vi, arrastamento muito vivo, repassado já de inveja dos triunfos escolares e até do seu piano, em que, contudo, não podia ombrear comigo, pois mal sabia rudimentos de música.

Pobre Polidoro, no que deram tantas esperanças próprias e tanta confiança de nós seus companheiros de todos os dias num porvir todo de alegrias e glória? Como aquele herói de Homero, que tinha por si todo o prestígio da beleza e da mocidade, não fizeste senão aparecer e desaparecer do cenário da vida, ceifado pela morte no momento em que parecias, no ímpeto das mais nobres ambições, marchar à conquista do Mundo!

Nesse terceiro ano, 1862, atravessava Vicente Polidoro Ferreira período bastante crítico pela singular antipatia que lhe votara, não sei por quê, o nosso lente de mecânica, teórica e aplicada, Dr. Carneiro, homem de natural violento, sobremaneira caprichoso, escravo das primeiras impressões.

Felizmente lhe caí em graça, devido à lembrança do meu tio Luís d'Escragnolle, que me ia nos estudos matemáticos amparando mais do que a aplicação sincera e o gosto por aquelas matérias. Quanto às ciências físicas e naturais tinha prazer em acompanhar com toda a assiduidade e atenção as lições dos lentes e dos mais ilustres, Pitanga, Capanema, Freire Alemão, Saldanha da Gama, de quem recebi, sempre, as maiores provas de apreço e os mais inequívocos aplausos.

Os furores que o Carneiro poderia mais eqüitativamente ter espalhado por todos os alunos, concentrou-os ele sobre o belo e simpático Polidoro e o feio Elias Venceslau Cabral de Melo. E era de ver-se o abuso que contra os dois míseros alunos fazia da posição e autoridade.

Houve cenas de irresistível burlesco.

— Para a pedra, Sr. Elias — bradava —, para a pedra! Venha espichar-se. Temos muito que conversar, ah! muito, muito!

E assoprava furioso, abrindo com gesto violento a farda e abanando-se com os lados dianteiros dela, como quem ia a sufocar.

E lá começava o mais extravagante interrogatório de perguntas precipitadas, a que o aluno procurava responder com acerto e altaneria, ao passo que fazia gestos com a mão por trás das costas. À menor claudicação perdia o homem a tramontana, girava olhos medonhos, todo congesto e na mais estupenda fúria. Parecia deveras que, se tivesse a alcance os raios de Júpiter, fulminaria sem hesitar o malogrado discípulo.

Com o nosso amado Polidoro não chegavam as coisas a este ponto, mas bastante sofria ele no seu melindre de cada vez que era argüido.

Também consagrava quase ódio a esse violento pedagogo, prometia ir à imprensa para denunciar-lhe erros e falta de método. Para isso tinha muitas tiras escritas e consultava a cada momento tratados de mecânica. Aliás, o Dr. Carneiro não pôde fechar a aula e ir ao fim do ano. Vendo agravar-se o mal de que sofria (quilúria complicada de albuminúria) teve que retirar-se e pouco depois faleceu no meio de atrozes sofrimentos.

Na vacância que se deu, tivemos uma lição única, e por sinal não brilhante, contra toda a nossa expectação, do grande José Maria da Silva Paranhos, depois glorioso Visconde do Rio Branco.

V

VOLTEMOS, porém, ao Polidoro, cujas aptidões se foram afirmando no curso militar da Praia Vermelha, merecendo a atenção de todos nós os ensaios literários e filosóficos que apareciam em jornaizinhos manuscritos.

Declarada a Guerra do Paraguai, marchou para o Estado Oriental com grande entusiasmo e sonhos de gigantesco futuro.

— Voltarei pelo menos major — disse-me como se falasse do generalato, ao entregar uma fotografiazinha em que se fizera retratar, todo preparado para entrar em ação. Meses depois morria de gangrena nos pés por querer caminhar sem sapatos sobre chão de neve, no desprezo completo de qualquer cuidado e conforto, a que se encontrara sempre avesso desde os tempos da escola.

Em outubro de 1865, quando marchávamos para Mato Grosso, recebi a notícia dessa morte. Tive imensa conturbação. Alta noite, na minha barraca de campanha, rememorei os mil incidentes da nossa vida de companheiros de estudos e chorei com amargura largas horas... Pobre mancebo, tão rijamente preparado para a luta pela vida!... Quantas paixões ardentes se apagaram ou deixaram de nascer com o cerrar eterno daqueles belos olhos? Quantas?!

Vicente Polidoro Ferreira! Não caia de todo o teu nome em olvido, caso consigam no futuro estas páginas sinceras e despretensiosas alguns leitores... Bem melhor do que eu alcançarias a glória e o romance que de mim se afastaram, se se tivessem trocado os nossos destinos, e fosses hoje o vivo a falares do Taunay já entregue à terra uns 25 anos atrás!...

Ao começar aquele ano de 1862 fora eu, a 14 de março, promovido alferes aluno por ter, em dois anos sucessivos, conseguido aprovação plena em todas as matérias. Com grande desvanecimento arvorei os galões de oficial e, com a minha farda bem elegante e apertada pela banda de seda, passei a receber continência das guardas e dos soldados. Não podia deixar de enrubescer como uma mocinha faceira entre as homenagens e ditos lisonjeiros dos admiradores.

Também nesse mesmo mês de março, creio que a 29 ou 30, sucedeu-me não pequeno fracasso. Estava toda a minha família na Tijuca, habitando a casa da

Cascatinha por causa dos trabalhos que, por contrato com o Governo, meu pai empreendera conjuntamente com o seu grande amigo da Academia das Belas-Artes, Job Justino de Alcântara.

Este se encarregara da construção da bela ponte sobre o Rio Maracanã, bem defronte da formosa queda d'água, e meu pai a do caminho entre o Alto da Boa Vista e o portão do banqueiro Souto.

Entre parênteses, que lutas daqueles dois proprietários confiantes; o argentário com todo o luxo de milionário e nós na modéstia de nossa econômica existência!

Não pequenas desfeitas sofreu meu pai, aliás por pouco tempo, pois em 1864 arrebentava a Casa Bancária Souto, produzindo o maior abalo no Rio de Janeiro, quase uma revolução, e precipitando o ricaço, que alimentava numerosa *ménagérie* de bichos raros, animais e pássaros, das alturas da ostentação ao nível das vidas mais retraídas e obscuras.

Saíra eu, porém, da casa da Cascatinha, metido na minha fardinha nova de alferes aluno, para vir assistir à festa da inauguração da estátua de D. Pedro I no Largo do Rocio Grande, depois da Constituição e hoje Tiradentes.

Montava um cavalinho fraco das mãos e, ao começar a chuviscar forte, distraindo-me em olhar para a baixada iluminada por uns raios de sol frouxo, achei-me, numa descida, de repente no chão, atirado pela cabeça do animal. Era um pouco para lá da casa dos Amarais, que domina tão belamente parte da planície e o fundo da baía, para os lados de São Cristóvão, Inhaúma e Penha.

Nada senti a princípio; mas, ao levantar-me, reconheci que estava com as duas cânulas do antebraço esquerdo quebradas. Tive, pois, que regressar à casa, debaixo da chuva bastante franca, então, agüentando com a mão direita o pobre membro fraturado. Cheguei à Cascatinha mais morto do que vivo, pálido como um defunto, e a desolação dos meus foi inexprimível.

Sem possibilidade de qualquer condução, meu pai, rompendo o temporal, àquela hora completamente desfeito, partiu, sem demora, a pé, para a Cachoeira, do outro lado da Boa Vista, e às 11 horas da noite voltou com um médico italiano de certa nomeada, mas bastante áspero, o Dr. Bompani, que me aplicou um aparelho amidonado e retirou-se sempre debaixo de forte aguaceiro. Sobreveio-me ligeira febre; mas, em geral, passei bem, muito animado pelos meus, que inventavam, engenhosamente, mil meios de distração.

Oito dias depois do acidente, veio o Bompani ver-me e com violência dobrou-me o braço para poder pô-lo na tipóia, deixando-me quase desmaiado. Felizmente um amigo velho da casa, Ricardo Leão Sabino, que ali se achava de visita, lembrou-se a tempo de rasgar o aparelho, impedindo talvez alguma complicação séria, pelo menos assim afiança ele, ainda hoje, de cada vez que me encontra.

Por aquelas duas visitas pagou meu pai ao Bompani duzentos mil réis, metendo-os em envelope, acompanhados de uma poesia em latim, em que exaltava a perícia do médico. "Creio", dizia depois, "que teria preferido à minha poesia mais cem mil réis". Acredito que sim.

VI

Estudei em 1863 ainda na Escola Central, cursando o quarto ano de matemáticas e preferindo bacharelar-me a tirar o curso de artilharia, como fizeram os meus companheiros militares, e dessa resolução me proveio não pequeno atraso na carreira das armas.

Já de dois anos atrás fazíamos os exercícios práticos, durante as férias, na Escola da Praia Vermelha, sujeitos aos terrores disciplinares que nos inspirava o primeiro comandante, Brigadeiro Polidoro da Fonseca Quintanilha Jordão, bem-conhecido pela louvável energia e critério com que dirigia aquele estabelecimento de instrução militar.

Muito embora o aperto que para todos os alunos provinha do sistema, aliás perfeitamente justificado no futuro, aplicado pelo chefe sempre vigilante e facilmente irritável, essas férias correram sempre para mim rápidas e divertidas.

Espreitávamos de longe, quando Polidoro vinha por mar em seu escaler, se trazia calças brancas ou azuis. No primeiro caso, todos se punham alerta e tratavam de dar azo a qualquer estouro de cólera e, digamos a verdade, de suprema má-criação, pois ninguém tinha habilidade e abundância de idéias originais na descompostura como ele.

— O homem está de hemorróidas, cuidado! — era senha que, depressa, circulava em toda a Escola, redundando em atividade e zelo por parte de empregados e alunos. Como amostra do que acima dissemos quanto à originalidade daquele homem nas suas repreensões, o seguinte caso, que presenciei.

Foi levado à sua presença um aluno, acusado de ter quebrado os dentes de um garfo, batendo-os furiosamente de encontro a uma pedra.

— Então por que fez isso? — perguntou o Polidoro com o olhar amortecido de *jacaré*, como costumavam dizer os rapazes. (Tinha entretanto olhos azuis de muita bondade, quando de bom humor.)

— Por nada — respondeu com maus modos o delinqüente.

— Deixem-no ir em paz — decidiu o chefe —; ele não tem culpa. Educado pelo papai e pela mamãe a comer no cocho, não pode ainda compreender para que serve um garfo.

O menino ficou pálido como cera e grossas lágrimas lhe jorraram das pálpebras!

Exercia o lugar de segundo comandante um coronel fracalhão, obeso e hipoêmico, a quem chamávamos *pixe* pela verdadeira monomania que tinha de mandar, a cada momento, dar mãos dessa substância às barras das paredes em tudo quanto pudesse levar cor preta. Era interessante o terror que lhe incutia o superior e o cuidado que punha em impedir ou atenuar as descomponendas que a ninguém poupavam em suas explosões.

Polidoro era homem sem preparo literário ou científico; entretanto possuía muitas qualidades de administrador. Com um fundo de justiça, intransigente e rude, conhecia o pessoal que o cercava, impedindo intrigas e mexericos e sabendo castigar ou recompensar a tempo e hora.

Debaixo da exterioridade rebarbativas e abusando por vezes do terror que inspiravam os seus repentes e o natural áspero, tinha excelente coração, acessível às mais delicadas impressões.

Uma feita, queria um capitão obrigar-me a cortar os cabelos à escovinha. Recorri ao primeiro comandante e fiz-lhe ver que razoavelmente já mandara aparar o que podia parecer estranhável à severidade disciplinar. O Capitão *Lambança* (assim lhe chamávamos pelos hábitos de espalhafato e gritaria) me acompanhara perante o Polidoro. "Deixem em paz", decidiu este, "os cabelos do rapaz. Não vê que são bonitos?"

Aos poucos fora-lhe a idade abrandando a violência do gênio e dando-lhe feição de condescendência, que não prejudicava, entretanto, o prestígio do mando.

Quando faleceu, a 13 de janeiro de 1879, já reinava na Escola Militar muito menos aperto do que no meu tempo; assim mesmo o que lá havia, a ordem, o método, a seriedade dos estudos e exames, comparados com a desorganização e indisciplina que posteriormente se acentuaram naquele estabelecimento e o tornaram até típico, poderia ainda ser apelidado rigorismo excepcional.

Com todos os defeitos, fez Polidoro falta enorme e ainda hoje o seu nome significa uma das épocas de maior florescimento e brilho da Escola Militar da Praia Vermelha.

Estou, porém, me adiantando demais, pois ainda tenho de falar do meu quarto ano, em que ouvimos, em botânica, as belas, embora bem sinceras, lições do sábio (esse sim, verdadeira notabilidade científica) Freire Alemão, otimamente secundado — e o elogio não é demais — pelo Saldanha da Gama.

Em astronomia e mecânica celeste começou a lecionar-nos com a costumeira eloqüência e simpático aplauso o Dr. Lossio e Seilbtz, mas depois a cadeira foi ocupada pelo grande Sousinha, Dr. Gomes de Sousa[3], que deixou de si tão notável nome como matemático e orador parlamentar, apesar da falta de voz. Natural do Maranhão, de constituição franzina, feições pálidas, granjeara, logo no começo da carreira, estrondosa reputação por ter se apresentado a exames vagos de todas as matérias do curso, chegando em muitas delas a levar os lentes à parede.

Aquelas provas agitaram muito o espírito dos estudantes e constituíram época assinalada nos anais da Escola Militar de então. A Politécnica de hoje ainda conserva as tradições desse triunfo único, inexcedível do mais ousado e habilitado examinando que nunca houve.

Compôs-se, no fim desse ano de 1863, a nossa banca examinadora dele, Gomes de Sousa, Lossio, Paranhos e, na falta deste, Schüch Capanema, isto é, dos lentes de maior e mais merecido conceito.

Lossio sobretudo gozava de muita popularidade pelo gênio franco, bondoso, acessível a todos e incontestável competência em todos os ramos do curso matemático.

Inteligência de primeira ordem, falava com extraordinária facilidade e elegância e teria feito na sociedade e na administração para onde o arrastaram as decididas simpatias de Manuel Felizardo de Sousa Melo, se o não dominasse invencível preguiça.

Trabalhou muito como estudante, a par dos dois íntimos amigos Inácio da Cunha Galvão e Luís d'Escragnolle e depois viveu só do que armazenara.

Interrogado por Lossio, Sousinha e Paranhos, a mais ilustre trindade intelectual que jamais se reuniu num ponto do Brasil, mereci aprovação distinta com grau dez, e idêntica classificação alcancei em botânica, em desenho de máquinas e nos subseqüentes exercícios práticos.

Tomei, sem pompa especial, o grau de bacharel em matemáticas e ciências físicas com três únicos companheiros da aula de preparatórios em 1859. Eram:

Mariano Alves de Vasconcelos, Antônio de Paula Freitas e Elias Venceslau Cabral de Melo, que vencera todos os obstáculos e por entre uma multidão de obstáculos e *simpliciter*, penosamente atingira o principal alvo dos esforços. Os mais colegas, poucos, cinco ou seis, tinham vindo de outros anos e entre eles o Cunha Matos, de quem depois tanto se falou na Guerra do Paraguai e nas questões militares, predecessoras da queda da monarquia.

---

3) O Dr. Joaquim Gomes de Sousa faleceu em Londres de tuberculose pulmonar a 21 de junho de 1863. Deixou inédita uma obra que o Parlamento, por proposta de seu conterrâneo Joaquim Serra, mandou imprimir em Paris, prefaciada por distinto especialista.

Como já deixei dito, fez sem aparato algum a cerimônia, conferindo-nos o grau o bondoso Lossio, o qual, à medida que nos punha à cabeça o barrete azul e amarelo de bacharel em matemáticas, nos assoprava um dito malicioso e de espírito. O único presente era o Major Garriga, secretário da Escola, magriça, muito míope e todo formalista.

VII

PARA os nossos exercícios práticos de fim de ano foi-nos marcada a Fábrica de Pólvora da Estrela, na raiz da Serra de Petrópolis e ali passamos todo o mês de janeiro de 1864, suportando violentíssimo calor, próprio, aliás, daquela localidade insalubre e muito quente.

Já por causa do calor, já por abuso de comidas demasiado acondimentadas de abundantíssimo rancho, ali fiquei muito incomodado, quase de cama, não me podendo associar às gaiatices dos colegas que se exercitavam comumente sobre o Elias e um contínuo que havíamos levado, Basson.

E esta referência leva-me a confessar que, desde pequeno, fui ótimo garfo, como vulgarmente se diz — disposição muito boa para quem, como eu, estavam reservadas longas viagens pelos mais distantes sertões do Brasil.

Durante aquela estada, de que não tiramos o menor proveito, empregávamos o tempo em vadiagens, excelentes banhos no rio que por lá corre, em *flirtation* com umas mocinhas, queixas contra a temperatura e correrias atrás do Basson para lhe atirarmos em cima cobras verdadeiras ou não, de que tinha enorme medo. Eram contorções e pulos e gritos muito engraçados, mas uma vez o coitado do homem teve um ataque que muito nos assustou.

Um belo dia lembramo-nos, como diversão, de subir a Petrópolis e de manhã muito cedo empreendemos a viagem a pé pela estrada velha em extremo abrupta e quase de todo arruinada e impraticável. Muito penosa me foi aquela ascensão, pois cheguei a perder os sentidos, sendo socorrido pelo Mariano de Vasconcelos, Domingos de Oliveira e Gustavo Adolfo ten — Brink (*sic*), ao passo que os outros companheiros seguiam muito animados e já bem longe do grupo retardatário.

Afinal chegamos todos ao *Alto da Serra*, indo parar num hotelzinho da Rua de Paulo Barbosa, creio que União. Depois de uma hora de descanso, deram-nos o almoço e ainda me sabem os *rognons sautés* e uma *omelette* que serviram à mesa e me pareceram, talvez pela muita fome, saborosíssimos.

A pé passeamos todo Petrópolis e, voltando pela estrada nova que permitia o cômodo e diário movimento de carros e diligências, às 11 horas da noite estávamos recolhidos ao palacete da Fábrica de Pólvora, mas tão estrompados, com os pés por tal forma doridos e cheios de bolhas, que impossível nos foi conciliar tranqüilo sono.

Uma semana talvez após exagerada excursão, apareceu o Imperador, que, na nunca interrompida solicitude, vinha indagar quais os trabalhos geodésicos feitos por nós e examinar o resultado das nossas observações astronômicas. Ora, o nosso chefe de nada absolutamente cuidara.

Imaginem-se os apuros. Avisado de manhã da visita imperial, fez-nos à pressa medir, com uma trena, pretensa base geodésica até à casa da fazenda dos Fragosos, na Estrela, e esperou a visita imperial a beber copázios de cerveja, quando anunciaram a chegada do Monarca, acompanhado do Ministro da Guerra, Brigadeiro Melo.

Começou logo o interrogatório, o professor com os óculos encostados aos olhos esbugalhados. "Os seus alunos têm trabalhado muito?", perguntou o Imperador. "Muito, senhor!" "Feito observações astronômicas?" "Todas as noites, exceto, já se sabe, quando chove." "Com que instrumentos?" "Um excelente teodolito." "Deixe ver." Aí começou a entornar-se o caldo. Veio a caixa, mas estava sem chave! "Pois ainda ontem", asseverava com insistência o magister, "trabalhamos".

Afinal apareceu a tal chave; mas foi pior, pois a mais descuidada inspeção, um simples relancear de olhos, mostrava que o instrumento de há muito não saía dos caixilhos. Estava até enferrujado em muitos pontos!

Embora com um sulco de descontentamento na larga testa, observou o Imperador paciente: "Parece que pelo lado astronômico não fizeram coisa que preste. Mediram, pelo menos, uma boa base geodésica?"

— Excelente — respondeu o interpelado —, daqui até os Fragosos.

— E quantos metros acharam?

O Paula Freitas disse o número.

— Usaram do basímetro de Porro?

— Não, senhor, da trena.

— Mas essa medição não tem rigor algum; não vale nada. Admira que se fiem nela. (E o Monarca apontou com muita exatidão os inconvenientes.) Vejo — continuou fechando muito a cara — que os exercícios práticos ainda não começaram aqui.

— Vossa Majestade me desculpe — contestou o criticado querendo levar as coisas para o terreno do gracejo —, os meus alunos, há dias, foram, pela estrada velha até Petrópolis a pé e de lá voltaram no mesmo dia. É impossível maior exercício!

Imaginem-se a nossa perturbação e vexame. O Imperador voltou as costas com ar tão expressivo de enfado, que o gracejador caiu logo em si e não disse mais palavra até à estação dos carros da base da Serra. Das impressões dessa desastrada visita sofreu o pobre duras conseqüências. Lavrada já a sua nomeação a lente catedrático da Escola Central, por ocasião da nova reforma, foi cassado o decreto, continuando simples substituto, conforme era havia largos anos.

VIII

EM FEVEREIRO de 1864 apresentei-me à Escola Militar da Praia Vermelha para me matricular no segundo ano do curso com destino à engenharia militar, arma em que pretendia ser confirmado, embora já então se falasse que todos os alferes alunos deveriam passar pela artilharia, antes de promovidos por transferência ao Estado-Maior de primeira Classe e Engenharia, conforme as notas de aprovação. E tal perspectiva muito me aborrecia, embora sem razão, refletindo-se a minha inquietação em casa e sobressaltando-se com isso meus bons pais mais do que convinha.

Quando, na secretaria da Escola, fui apresentar-me ao General Polidoro, o secretário Dr. Amorim Bezerra fez notar a guia com que vinha da Central.

— Bravo — exclamou o comandante desfeito em amável riso e com olhar bonachão —, bacharel em belas-letras, bacharel em matemáticas... Então, bi-bacharel? E que esplêndidas aprovações! Desta gente é que precisamos por cá. Olhe, você, por enquanto vá morar no alojamento; mas depois lhe daremos um quartinho à parte... Um bi-bacharel, é preciso tratá-lo de certo modo!...

Com efeito, se fui ocupar um lugar no dormitório comum, entrei logo no gozo de certas regalias que não eram permitidas aos outros alunos, por exemplo, o uso de boa cadeira de braços no alojamento, cadeira que meu pai expressamente comprara, e uma colcha especial para a cama, além da licença dada ao Gregório, o preto de casa, a fim de que entrasse todas as semanas, levando-me roupa lavada e engomada, e gulodices enviadas por minha mãe.

Eram gostosas costeletas de porco ou carneiro cercadas de agrião fresco, caixas de confeitos, latas de goiabadas e doces que eu repartia com os companheiros mais chegados, Marques da Cruz, Jacinto Bittencourt, Holanda Cavalcanti, que chamávamos *Maxambomba* por causa da gordura, o mesmo que teve desastroso fim, prisioneiro do López a 3 de novembro de 1867, bem como o Abreu o *cabeçudo*, Eduardo José de Moura, filho da Bahia, muito simpático, com os imensos olhos esbugalhados, como os de um batráquio, falecido logo nos começos da Guerra do Paraguai, Polidoro de que já tanto falei, Cesário de Almeida Nobre de Gusmão, depois companheiro meu da expedição de Mato Grosso, bem como, até Campinas, o Júlio Teixeira de Macedo.

No alojamento, ficou a minha cama colocada entre a do Emídio Cavalcanti de Melo, homem arisco e de índole solitária, e a do Marques da Cruz (João Batista), com quem muito me dei. Filho de Cabo Frio, era em extremo meigo e conciliador, de estatura fina e alta e olhinhos muito apertados. Foi morrer em julho de 1868 diante de Humaitá de uma bala de artilharia calibre 68, que lhe tocou o ombro esquerdo e o arremessou longe umas braças, intato, porém, e sem sinal de ferimento. Que morte pranteada!...

Quantos já desapareceram deste mundo, quanta gente se afundou no abismo insondável da Eternidade, insondável e incompreensível até para aqueles que nele caíram!

Depois de muito pensar, tenho hoje para mim que no momento em que a máquina material, ou por desconcerto progressivo e natural, ou por qualquer causa violenta perturbadora, cessa de funcionar e para sempre pára, essa força essencial e singular que se chama *alma* desaparece à maneira do fluido elétrico que deixa de ser desferido de um aparelho eletrodinâmico.

Não sou, entretanto, materialista e firmemente creio na existência de Deus, inteligência suprema e onipotente. Por que é assim? Não sei. Quais os objetivos que visou, criando tudo quanto existe? Ignoro.

Será o mundo, conforme diz o filósofo Heráclito, "brinquedo com o qual Júpiter se entretém?"

Dividiu Ele a natureza em dois grupos — o físico e o moral — sujeitos ambos às mesmas leis, a idênticas regras, girando tudo entre a execução e a obediência dessas leis — e neste caso delas provém recompensa — e a transgressão e o desrespeito — do que resulta o castigo.

Se, na ordem física, seguimos as normas da natureza e das prescrições higiênicas, que todos os fatos da vida apontam, e implicitamente aconselham, teremos a felicidade e a saúde corpóreas. Qualquer desvio traz logo consigo a sanção penal. Jantares opíparos originam infalivelmente a dispepsia e na frase pupular *enchem os cemitérios*.

Da mesma maneira no mundo moral.

O único guia do homem para alcançar a paz e serenidade do espírito é a virtude, isto é, o justo equilíbrio de todos os fatos praticados sem ofensa de terceiro. E isto na medida da inteligência e da esfera da vontade de cada um, derivando-se destas duas circunstâncias o valor das ações feitas e da iniciativa no bom ou mau sentido.

Qualquer claudicação, falta, culpa, erro ou crime, em todas as gradações, tem de ser pago ou expiado aqui — confirmação plena da ação e reação — nesta terra e dentro do círculo de existência em que se deu o delito pequeno ou grave.

Muito exata a idéia católica do *purgatório*, mas a colocação sobrenatural e mística desse local de dolorosa depuração, a sua deslocação deste mundo para outro, de caráter teológico, verdadeira base da influência teocrática nos nossos tempos, foi obra dos cálculos e da ambição do homem.

Nada é perdoado; tudo expiado e daí não emana a idéia de inflexibilidade, nem rancor, porém, sim, a de exata justiça dentro dos mais restritos limites.

Expor-se a correntezas de ar traz simples defluxo, que incomoda, mas não põe a vida em perigo. Ir, porém, a um baile decotada, apertada e cometer mil imprudências é para o organismo de moça débil e sensível abrir a porta à tísica e à morte.

Assim também na ordem moral nada fica impune, seguindo-se as mesmas gradações que se observam no âmbito físico. Quantos desgostos não nos dá simples dito imprudente, de que nos arrependemos logo depois de o proferirmos?

Conforme seja essa palavra, essa apreciação mais ou menos justa em relação a quem a aplicamos, assim terá maiores ou menores conseqüências.

Observem-se os fatos com olhar meditativo e ver-se-á sempre a confirmação dessa teoria, que André Rebouças e eu, no desenvolver de conversas intermináveis, em que cada qual entrava com toda a lealdade dos sentimentos e da maneira de pensar, denominamos *Cosmos moral*.

O seu ponto culminante é a convicção inabalável na *existência de Deus*, seja ele o que for. A *alma é mortal*, mas tem missão enorme, pesadíssima, sublime, de acordo com a responsabilidade que lhe foi dada de dominar e gerir bem as duas naturezas, física e moral.

É, com efeito, partícula de sopro divino, *est Deus in nobis*, mas de substância finita por adstrita ao mecanismo corporal. Compreende-se bem esta modificação, influindo de modo poderoso e radical o invólucro imposto à centelha infundida, que sofre alterações profundas e até aniquilamento completo por simples acidente, queda, pancada.

Conheci um homem notável pelo bom senso, inteligência bem equilibrada, excelentes qualidades da alma e do espírito, chegado a elevada posição social, o Coronel Piragibe, e que, entretanto, por efeito da cegueira e da profunda melancolia em que caiu, ficou reduzido à mais completa e selvática brutificação.

Perdeu o uso da palavra, não conhecia mais ninguém, grunhia e urrava como um animal feroz, não tinha mais consciência de nada e andava de quatro pés!

Que dor para quantos o haviam conhecido sempre tão sisudo, tão honesto, tão homem de bem, cumpridor de árduos deveres e auxiliar precioso do Duque de Caxias!

Quase sempre — e não dizemos sempre, porque em tudo há exceções — o delito, a falta, o erro, o crime tem de ser castigado pela ação dos homens e da sociedade, sobretudo o assassinato.

Parece, a este respeito, que a Força inicial, a Providência, Deus, pode desculpar todos os desvarios, menos esse de entrar na sua seara especial e destruir aquilo que foi criado pelo efeito de sua misteriosa vontade.

O assassino, por melhor que combine os passos, o assalto mortífero, por mais sangue-frio de que disponha para encobrir o atentado, deixa sempre indícios que a polícia, isto é, a perspicácia acumulada e desenvolvida pela prática, chega a reconhecer, bastando-lhe o menor fio para a posse e reconstrução da verdade inteira. Quantos exemplos extraordinários!

Ainda há dias li, no *Figaro*, notícia que me deu que pensar. Num dos bairros de Paris, foi uma infeliz atrozmente assassinada e violada na Rua de la Mare.

Dias depois, um agente de polícia, em ponto muito distante, vendo um velhote tomar, com modos assustadiços, um quarto do quinto andar de modesto hotel e assinar no livro dos inquilinos *Delamare*, precipitou-se-lhe em cima e lhe deu voz de prisão.

— Sois o assassino da pequena Le Neuf — exclamou saltando-lhe às goelas. O outro protestou frouxamente e, no último grau de prostração, confessou que aquele nome não lhe saía mais da cabeça e quase sem saber o que fazia o escrevera.

Singular fator o remorso!... Simples produto das convenções, das idéias predominantes no círculo em que se foi criado? Assim pretendem os materialistas, que devem, contudo, ficar bem atrapalhados com a ação de elemento tão poderoso e metafísico nas naturezas mais brutas e primitivas. Não nos conta a *Bíblia* os remorsos de Caim, o autor do primeiro crime na terra, em seus começos de civilização? A máquina humana afinal não está regulada com a exatidão de um cronômetro.

Essa força, esse elemento psicológico é muitas vezes indispensável no justo travamento das coisas morais. Que esplêndido e meticuloso estudo de Dostoiévski, *Crime e castigo*! Que admirável desvendar do estado patológico de uma alma ansiosa por algum sossego, por minutos que fossem de real despreocupação!...

Perto de Uberaba, no Triângulo Mineiro, deu-se o assassinato de um juiz municipal, Dr. Elói Otoni. Foram logo acusados uns tais Índios Afonsos, facínoras de profissão naqueles fundos sertões e célebres por hediondas façanhas.

A força policial deu nesse grupo de bandidos e matou não poucos deles, escapando outros a custo. Declarou-se vingada e satisfeita a sociedade e não mais se falou no crime.

Passados anos e os jornais trouxeram a notícia do suicídio de um tenente-coronel da Guarda Nacional, certo David, fazendeiro estimável, pai de numerosa família, homem prudente e retraído, que ninguém pudera suspeitar de qualquer ação má e condenável.

Em carta aberta, deixou declarado que fora em pessoa o assassino do juiz municipal e o esperara, emboscado com um camarada, numa mata à beira do caminho por onde devia passar a vítima.

Saciada a vingança, não pudera *nunca* mais dormir, conciliar o sono e afinal recorria ao revólver para pôr fim à angústia interminável, à agonia sem tréguas.

Quanto não deveria ter sofrido este desgraçado até ao momento em que o bater do cão no fulminato o libertou da vida? Que tremendo castigo! Pois há possibilidade de mais expiação em outro mundo qualquer, quando neste o pensamento, a alma, o coração, o corpo todo, haviam, hora por hora, minuto por minuto, pago o crime? Parece ilógico. É princípio de justiça eterna que ninguém seja duas vezes castigado por uma só culpa.

Não, no momento em que David armou o revólver salvador, e sentiu-se com coragem de buscar na morte o único descanso possível à enorme desgraça e miséria, nesse momento o seu crime tinha tocado ao ponto último de expiação e fechado o ciclo completo moral que se abria no dia do atentado. Nada lhe fora perdoado; justiça inteira se fizera, esvaindo-se sua alma culposa, mas depurada já, como qualquer dos fluidos inconscientes que giram no megacosmo.

Em outra ordem de fatos, quantas confirmações curiosas! Como é cruel a situação de Bismarck no seu forçado retiro de *Frederichsrühe*! Até o nome do infeliz monarca que ele tanto amofinou! O sonho dourado do chanceler de ferro era ver no trono o jovem que lhe representava toda a energia e ferocidade dos Hohenzollern e para tanto não trepidou em amargurar os últimos e cruéis dias do infeliz Frederico, aplaudindo o açodamento do impaciente herdeiro e incitando-o contra a própria mãe! Das mãos do legítimo pupilo contava receber o domínio absoluto, sem fiscalização nem peias, coroamento do imenso edifício do orgulho alemão. Pois bem, desse imperador, ardentemente desejado, foi que lhe veio a lição tremenda, tanto mais pungente quanto a queda daquele colosso pareceu tão fácil, tão simples e natural como de qualquer ministrinho levantado por capricho e derrubado em momentos de mau humor.

E lá se foi para o seu castelo, ou antes para o exílio quem se supunha único, indispensável, insubstituível, e lá consome o tempo em estéreis queixumes, ameaças de vingança e revelações e nas explosões de impotente cólera.

Tangencia por vezes o ridículo com as tentativas de industrialismo ou então nas inconvenientes expansões que lhe merecem os *reporters* e jornalistas mais ou menos fiéis na exposição dos *interviews*. Falta-lhe, ao velho conselheiro de Guilherme I, força de vontade bastante para isolar-se, mergulhar em cheio na sua Tebaida, assim como fez o Marquês de Pombal, grande, sim, bem grande ministro do pequeno Portugal. Apeado do poder que exerceu com tamanha energia, retirou-se longe de Lisboa e nunca mais se ouviu falar no seu nome, o terror de muitos durante tantos anos!

Quantas páginas, porém, gastas com essa teoria do *Cosmos moral*, consoladora até certo ponto, mas capaz de entorpecer a iniciativa do homem. Subordinada a ela, deveria o espírito a cada momento vacilar ao empreender qualquer cometimento, ao tomar a menor resolução.

Estarei no bom ou no mau caminho? Quantas vezes de um passo indeciso, incerto, precipitado, mal refletido, não decorrem gravíssimas injustiças, que não estavam nas nossas intenções?

Tinha Deodoro, quando marchou a 15 de novembro de 1889 para o Campo da Aclamação, consciência exata do que ia suceder, e que ele seria a causa primordial e determinante da expulsão do Imperador do Brasil e da subversão de todas as instituições? E como conseqüência daquele movimento militar, que não se prendia de modo algum ao pensar e às aspirações do povo, não emergiu dolorosíssima injustiça para com um soberano que gastou toda a existência em contínuos sacrifícios à Pátria?

Não era Ele, por acaso, um monarca excepcional, *sui generis*, perfeitamente americano e de coração empenhado em bem preencher os deveres do Chefe de Estado e brasileiro? Qual a necessidade de expiação para uma vida tão cheia de abnegação e virtudes? Resgataria, com isto, o Imperador o hediondo crime da escravidão, que pesou por mais de três séculos nesta parte da América? Entretanto, a sua admirável serenidade no exílio e na desgraça dá que pensar. Que veremos ainda? Morrerá ele longe deste Brasil que tanto estremece e serviu com tamanha abnegação, ou verá o dia da gloriosa reparação? Como é obscuro o futuro! Quanto eu quisera alongar por essas densas trevas olhar seguro e perspicaz? Mas também quem sabe as angústias que recolheria dessa excepcional clarividência? A dúvida, quantas vezes, não nos é amiga e consoladora, consentindo, ainda nos últimos limites da certeza, todas as ilusões da verde e risonha esperança?!

IX

Que encravação, porém, de anos posteriores, tão para diante, no de 1864, quando este apenas começava! A 29 de julho, aniversário natalício da Princesa Imperial, veio a minha confirmação de segundo-tenente de Artilharia, sendo classificado no 4º batalhão, então na província do Pará. Era Ministro da Guerra meu primo Henrique de Beaurepaire Rohan e todos nós, eu e minha família, tivemos não pequena decepção, pois contávamos com a minha confirmação no quadro especial de engenheiros.

Comigo eram três os alferes alunos. Esperávamos essa distinção por termos alcançado aprovações plenas em todas as matérias dos anos do curso. Alfredo d'Escragnolle Taunay, Adriano Xavier de Oliveira Pimentel e João Batista Marques da Cruz. Minha mãe fez sentir ao Henrique de Beaurepaire, com azedume, o seu desgosto, mas ele se desculpou com a lei que pouco depois referendou e da qual já se falava — força é reconhecer — antes da sua entrada no ministério. Causou-me, entretanto, essa inclusão em arma arregimentada grande inquietação, poucos meses depois.

Nesse segundo ano da Escola Militar da Praia Vermelha foram meus lentes de Tática e Fortificação 1ª cadeira, o Dr. José Carlos de Carvalho, ajudado pelo repetidor adjunto Fausto Augusto de Sousa, e de Direito Militar o Dr. Tomás Alves Júnior, e de ambos mereci muita consideração, alcançando, no fim dos exames, distinção, isto é, grau 10 na classificação geral.

Gozava Carvalho de bastante prestígio entre os alunos que o estimavam e o tinham em elevada conta, já como engenheiro, já como homem de coragem e pronto a apoiar com argumentos decisivos os seus arrebatamentos.

Ainda me lembro com que satisfação soubemos da luta corporal travada perto da Escola, nos areais do caminho, com outro lente do Curso Superior. Esperando-o por trás de um maciço de pitangueiras, caíra sobre o seu contendor a taponas e chapeladas.

Este se defendera a princípio, mas depois suspendera pernas ao pescoço, deixando como sinais da derrota *bonet*, óculos e bengala.

Que caráter leviano, pérfido, perigoso, intrigante o desse indivíduo, um dos homens de quem tive na minha vida mais ojeriza, causa do rompimento de relações e depois nunca mais reatadas, como outrora, com Catão Roxo.

Foi uma das causas, embora indireta e remota, da revolução de 15 de novembro. Engendrada na Escola Militar ali cresceu e tomou vulto e expansão com a ardente propaganda e sob o influxo exaltado de Benjamim Constant Botelho de Magalhães, o qual supunha, na sinceridade do caráter, fazer obra de bom patriota.

Quanto deve ter se arrependido o infeliz comtista! Morreu com a convicção de que errara totalmente nas combinações.

Foi uma das causas o tal castigado por Carvalho pela indisciplina que implantou naquele estabelecimento de instrução, destruindo todas as tradições deixadas por Polidoro, buscando a todo o transe agradar aos alunos, ganhar popularidade e ter manifestações ruidosas, presentes e retratos a óleo e opondo-se, de frente ou por meios tortuosos, às tentativas que se fizeram para pôr paradeiro à desorganização do ensino e da disciplina.

Não pensava senão nos modos de bajular as tendências subversivas e desmoralizadas do rapazio, cada vez mais levantado e altaneiro, com as regalias excepcionais que ia alcançando de fraqueza e imprudência dos chefes. Junte-se a isso a moleza do General Severiano da Fonseca, por muitos anos comandante daquela escola — e ter-se-á idéia muito longínqua do quanto marchou depressa a indisciplina e o desrespeito a tudo.

Estava eu, porém, a terminar o segundo ano do curso militar em 1864 e em todo o Brasil não se falava senão em guerra. Iniciava-se, com as operações do General Mena Barreto, no Estado Oriental, a espaçada campanha que se travou com a República do Paraguai e os alunos iam já recebendo ordem de se aprontarem a reunir-se aos corpos e batalhões a que pertenciam.

Assim começou 1865.

Aí principiaram os meus transes! Seguir para a guerra em corpo arregimentado e no primeiro posto, como simples segundo-tenente de artilharia! Não me lembra mais quem era o seu comandante, Manuel Deodoro da Fonseca, depois tão célebre, comandava como capitão a bateria de que eu fazia parte.

Em casa toda a família estava abatida e acabrunhada no meio das contínuas e terríveis notícias da invasão paraguaia das províncias argentinas de Corrientes e nossa de Mato Grosso, ao passo que o Rio de Janeiro em peso estremecia de entusiasmo e ardor bélico, concorrendo para a formação dos batalhões de Voluntários da Pátria e assistindo à chegada dos contingentes do Norte, muito bisonhos e matutos. Mal aportavam seguiam logo para as bandas do Sul, empilhados em péssimos transportes.

O Imperador fazia prodígios de atividade e multiplicava-se. Era visto em toda a parte, apressando todos os preparativos, examinando miudamente tudo quanto podia ver e incutindo no movimento geral constância, método e ordem. Via-se que era homem disposto a executar programa certo e inflexível: reivindicar, do modo mais completo, a honra e a dignidade do Brasil malferidas pela mais insólita e brutal agressão.

Estava a Escola Militar da Praia Vermelha ficando já deserta e muitos dos meus companheiros mais chegados tinham já partido com mil cálculos de brilhante futuro.

— É caso de se voltar major, por pouco que a história dure — disse-me Polidoro ofertando-me a sua fotografia todo armado em guerra, conjuntamente com a do João Dias Cardoso de Melo, valente oficial assassinado depois por um argentino.

Só o Eduardo de Moura despediu-se de mim melancolicamente: "Não nos veremos mais nunca, meu Taunay!" E, com efeito, assim foi!...

Quanto a mim, consultava os jornais e sem cessar indagava no Quartel-General se o meu batalhão de artilharia saíra já do Pará ou tivera ordem para embarcar com destino ao Rio de Janeiro.

Naquela ocasião, fins de fevereiro (acabava eu de fazer 22 anos) e princípios de março estava se organizando uma expedição que devia seguir por terra a dar execução ao plano de atacar-se a República do Paraguai pelas suas duas fronteiras meridional e setentrional, entrando as colunas de um lado por Corrientes e do outro pelo distrito de Miranda, em Mato Grosso, e zona do Apa, plano muito razoável no gabinete e à vista de mapas que simplificam tudo, enormes distâncias, fornecimento de víveres e o mais, mas cuja realização era quase impraticável.

Indo o Imperador, naqueles dias, assistir a exercícios militares do numeroso e bem-disciplinado Corpo de Polícia da Corte, tão satisfeito ficou com a firmeza e as manobras da tropa comandada pelo Coronel Manuel Pedro Drago, que apontou este nome para comandante e chefe da projetada expedição, cujo êxito devia depender de quem unisse muita energia, espírito de disciplina e hábitos de administrador.

Sem demora se deram as providências e ordens no sentido de reunir em São Paulo e em Uberaba as forças disponíveis nas províncias do Paraná, São Paulo e Minas Gerais, criando-se também diversas repartições que deveriam servir anexas. Entre estas constituiu-se uma Comissão de Engenheiros, na qual, por indicação do Capitão do Estado-Maior de 1ª classe Antônio Florêncio Pereira do Lago fora incluído Catão Roxo.

— Veja — disse-me este — se você se encarta, embora de arma arregimentada. Vamos viajar por todo o interior do Brasil e, com todas as demoras obrigadas, quando chegarmos à zona do Apa, a guerra com certeza estará mais que acabada.

Como se enganava!

Voltei naquele dia muito animado para a casa e imediatamente falei nesta combinação a meu pai que, ato contínuo, foi a S. Cristóvão pedir a intervenção do Imperador.

Era então Ministro da Guerra o Visconde de Camamu, que pouco depois faleceu (creio que em 1866).

Nem de propósito. Estava o Imperador despachando uns papéis com o Camamu, quando meu pai apareceu. Aproveitando a vaza, contou a que ia ao imperial amigo e, depois de verificado com o habitual escrúpulo que tal ato não ia de encontro a lei nenhuma positiva, foi ali mesmo assentada a minha nomeação de ajudante da Comissão de Engenheiros junta às forças destinadas a Mato Grosso.

Fiquei contentíssimo e saí a anunciar a boa nova a Catão, que foi apresentar-me ao Lago e em seguida ao nosso Chefe Tenente-Coronel José de Miranda da Silva Reis.

Portava-se minha mãe com muita coragem, aparentando toda a serenidade, embora claramente se visse o esforço que fazia sobre si mesma. Ocupava-se, porém, muito com os preparos da iminente e longa viagem e com a roupa destinada às duas malinhas de cangalha, a que se adaptava uma cama de campanha, que, entre parênteses, prestou-me sempre ótimos serviços durante mais de dois anos.

De inexcedível préstimo me foram em toda a viagem e expedição de Mato Grosso três coisas: 1ª) essas malas com a competente cama; 2ª) esplêndida barraca forrada que me foi dada pelo Arsenal de Guerra da Corte; 3ª) um par de botas altas, de couro da Rússia, que comprei na loja do Queirós por sessenta mil réis. Pelos serviços prestados valia bem o triplo ou o quádruplo.

Escoou-se rápido o mês de março de 1865 nos desencontros das impressões que nos dominavam a todos em casa, ora a animação dos preparativos, ora a angústia da partida próxima, cada vez mais próxima. No dia 30, ouvindo minha irmã soluçar com desespero, acompanhando minha mãe que chorava baixinho, como que acordei de um sonho. "Meu Deus", exclamei de mim para mim, "faltam só um dia e poucas horas para as terríveis despedidas! E se não me for dado tornar mais a ver minha gente? E se a morte estiver me esperando nos fundos sertões de Mato Grosso?"

O dia 31 foi cruel. Mal podíamos olhar uns para os outros sem que as lágrimas nos desfiassem pelas faces. E quando abracei, na manhã de 1º de abril, minha mãe!... Que momentos! Todo fardado e de espada e revólver à cinta, chorava como um menino que segue para o colégio.

Meu pai, disfarçando quanto podia a emoção, dizia-me com voz cortada, que buscava ser de ralhos: "Vamos, Alfredo! Vais perder o navio de Santos. Vamos, filho, é preciso apressar-te. Já o Imperador deve estar a bordo."

Afinal saí às carreiras da minha querida casa e fora tomei a compostura que pude para que não fosse demasiado flagrante o contraste entre o meu porte militar e a desolação que me ia n'alma e se me refletia na fisionomia.

Subimos a rua e dobramos em direção à Gamboa, onde tomamos — meu pai, eu, o Tomás e o Gregório — um bote para nos levar ao vapor de Santos, o *Santa Maria*.

A bordo já estavam, com efeito, o Imperador com os seus genros recentes, o Conde d'Eu, casado a 15 de outubro de 1864 com a Princesa Imperial D. Isabel, e o Duque de Saxe, casado, em dezembro daquele ano, com a Princesa D. Leopoldina.

Todos três nos acolheram com muita amabilidade e gentileza, e do mesmo modo Drago e Miranda Reis, muito graves e cheios de si, sobretudo este último, que sempre apreciou os espalhafatos da representação oficial.

Lá estava também grande número de oficiais do exército e todos os do Corpo Policial, cuja excelente banda de música pôs-se a tocar os trechos mais ternos e plangentes da *Traviata*, o que provocou em mim nova explosão de lágrimas no lugar mais retirado do vapor que me foi dado encontrar. Eu não podia encarar meu pai, que, do seu lado usava a valer do lenço de seda vermelha para ocultar o rosto, alegando ao Imperador, por tocante ardil, enorme defluxo.

Por cima, Catão e Lago me causticavam, o que aliás me fazia algum bem e me obrigava a ter império sobre a minha dor, tão insistente e aguda. Afinal pedi a meu pai que me deixasse só e embarcasse para que recuperasse algum sangue-frio, e ele acedeu. Ao ver longe, já bem longe, o lenço de seda vermelha a dizer-me adeus, adeus! e os acenos da saudação do Gregório e do Tomás, com os chapéus de palha, corri ao camarote e chorei até pegar no sono.

TERCEIRA PARTE

(1865-1869)

I

COMEÇAVA a expedição de Mato Grosso. Dia por dia contei, oficialmente, a espaçada e morosa viagem que fez pelas províncias de São Paulo, Minas Gerais, Goiás e Mato Grosso no *Relatório Geral da Comissão de Engenheiros*, por mim redigido, de Santos até a vila de Miranda, viagem completada por operações de guerra narradas no meu livro, hoje bem conhecido, *A retirada da Laguna*.

Foi aquele *Relatório* impresso a princípio como anexo ao Relatório do Ministério da Guerra, em 1867, e reimpresso, com algumas retificações, numerosas notas e muito mais cuidadosa revisão, na *Revista Trimensal do Instituto Histórico e Geográfico Brasileiro*, tomo XXXVII (parte segunda), ano de 1874.

Nestes dois documentos, e em diversas partes, das *Histórias brasileiras* e *Narrativas militares*, encontram-se todas as informações, já sistematizadas, já escritas ao correr da pena e do capricho, a respeito daquelas forças de Mato Grosso que tanto e tão inutilmente sofreram e de cujas aventuras dramáticas e até trágicas não restaria hoje o mais leve sinal, a mais apagada lembrança, se eu as não tivesse — talvez para sempre! — livrado do esquecimento.

Talvez para sempre, pode parecer imodéstia de minha parte; mas não sei, nutro a ambição de que hão de chegar à posteridade duas obras minhas: *A retirada da Laguna* e *Inocência*... Quem me dera a segurança de Horácio, a convicção do grande cinzelador de versos imperecíveis — *Non omnis moriar!*

A este respeito, tomei um dia a liberdade de dizer ao Imperador — isto na festa do Instituto Histórico oferecida aos oficiais do encouraçado chileno *Cochrane*, em fins de outubro de 1889 — mostrando-lhe aqueles dois livros bem encadernados, que ia oferecer ao Comandante Constantino Bannen: "Eis as duas asas que me levarão à imortalidade". Sorriu-se Sua Majestade e observou: "Uma é mais comprida que a outra". "Assim não chegarei", repliquei, "porque com essa diferença o vôo é impossível. Antes asas curtas e iguais".

Era, aliás, também esta a opinião do meu bom e inseparável amigo José Antônio de Azevedo Castro, de quem, há tanto tempo não me ocupo. Isto me leva a interromper o que ia dizendo e voltar atrás subindo de encontro à correnteza dos acontecimentos já contados. Toda a nossa vida é tão complexa, tão cheia de minúcias e incidentes, que se torna impossível narrá-la com o seguimento que tiveram os fatos. Terei, assim, não poucas vezes, de retroceder sobre os meus passos e, abrindo longos parênteses, referir-me a fatos atrasados e que, por singular fenômeno mnemônico, de súbito, quando menos se espera, se apresentam à memória, ao tratarmos de assuntos totalmente diversos e muito posteriores.

Não é tão freqüente, ao ouvirmos ou escrevermos um nome, recordarmo-nos, repentinamente, de outro quanto possível diferente, que nos fugira, com rebeldia, da lembrança?

Vamos, porém, ao bom amigo de infância.

Formara-se Azevedo Castro em direito, em 1863, e viera de São Paulo com fama de grande austeridade de costumes e firmeza de princípios políticos, filiado, desde os primeiros anos do curso acadêmico, ao partido conservador. Redigira até jornais e distinguira-se pela energia. O conceituado advogado Dr. Perdigão Malheiro o admitira como praticante em seu escritório e então se apertaram muito as nossas relações, tendo nesse tempo definitivamente regressado da Alemanha o Tomás Alves Nogueira com o título, um tanto vago, de doutor em filosofia, não sei por que Universidade.

Trazia também consigo entusiasmos enormes pela velha Germânia, o que contrariávamos em contínuas e calorosas discussões, procurando estabelecer a superioridade latina e a supremacia da França. E, naquele tempo, os gloriosos anos do reinado de Napoleão III facilmente nos proporcionavam valiosos argumentos.

Já então assentara eu praça, e, aí, era de ver-se aquela nossa quase inseparável trindade, em que a minha farda de aluno da Escola Militar se destacava no meio dos paletozinhos dos meus indefectíveis companheiros. Aliás, a alegria que reinava entre nós só tinha bem passageiras nuvens. O tempo era pouco para nos rirmos a cada momento e por qualquer pretexto.

Quanto nos divertíamos... e sempre bem inocentemente! Um dos maiores prazeres era irmos, aos domingos, ou melhor, em dias da semana, ao Passeio Público — nessas ocasiões quase de todo deserto — e conversarmos, sem parar um momento, debaixo das frondosas árvores e abrigados pela sombra dos maciços, acabando por comermos a matalotagenzinha que havíamos comprado, empadinhas, camarões recheados e doces, sobretudo uns célebres *gorenflots* do confeiteiro Arthou, que muito apreciávamos.

Uma vez levei até meia garrafa de *champanhe*, que me fervilhou no bolso todo o tempo da caminhada de modo inquietante e esteve a estourar.

— Você me mata o pobre estômago! — exclamava dolorosamente o Castro. Tudo era assunto de intermináveis palestras e motivo de engraçados comentários e gostosas gargalhadas. Voltávamos para a Rua do Saco do Alferes cansados de tanta risada.

Outro local que apreciávamos em extremo era o Alcázar Lírico, que, começando modestamente, atingia então ao ápice e tornara-se para muita gente o maior centro de corrupção da sociedade fluminense.

Não se falava noutra coisa nos salões e nos centros de família senão naquele teatrinho que chegou, no gênero, a ser verdadeira maravilha, no tempo da inimitável, embora já madurona, Risette e da sedutora Aimée, além de muitas outras mulheres notáveis pela beleza e talento cênico.

Para as senhoras da boa roda aquilo só era foco de imoralidade e das maiores torpezas; mas quando se anunciaram espetáculos extraordinários, destinados a famílias, foi a concorrência enorme e a salazinha da Rua da Vala (depois Uruguaiana) ficou cheia a transbordar do que havia de melhor e de mais embiocado no Rio de Janeiro, deixando bem patente a curiosidade — e mais que isto — a ansiedade de conhecer o que havia de tão encantador e delirante naquelas representações. O que não padece dúvida é que o Alcázar exerceu enorme influência nos costumes daquela época e pôs em risco a tranqüilidade de muitos lares. Sei de fonte bem limpa que um marido despojou a esposa dos brilhantes para levá-los em homenagem à Aimée e alcançar-lhe os sorrisos feiticeiros.

Quanto a nós três, tangenciávamos aqueles perigos todos com a maior serenidade e singeleza. Íamos tão-somente pelo que se desenrolava em cena, abstraindo da formosura provocadora e capitosa das intérpretes e sem nos importarmos de todo com as inúmeras e excitantes *lorettes* (assim se chamavam então as *cocottes e horizontais*) que fervilhavam em torno de nós.

Éramos só olhos e atenção para as deliciosas comediazinhas de Labiche e tantos outros espirituosos autores do inesgotável *Palais Royal*, modestamente assentados à nossa mesa de três pés, tomando qualquer refrescozinho barato, eu de farda e com um *bonet* vermelho da arma de artilharia, que dava notável realce à minha tez, alva e fina, e aos cabelos louros muito frisados. Uma vez, certa mulher do tom disse bem alto, apontando para mim: "Olhem, que bonito cardealzinho!", o que me fez corar como uma brasa e pôs o Castro carrancudo como um frade de pedra.

Que belíssimas noites essas do Alcázar! Freqüentamo-lo desde os começos, bem despretensiosos, com os Valotte, marido e mulher, depois a crescer, crescer, até pôr em cena artistas de muito mérito na especialidade, como a Risette, Aimée, astro de primeira grandeza durante muitos anos, a Chatenay, que morreu queimada em cena e foi pranteada pelo Rio de Janeiro em peso, a Lovato, gentilíssima, Richard, Henry e outras, figurando entre os homens o Marchand, excelente tenorino, o irresistível Urbain e muitos mais.

Houve representações de irrepreensível execução como canto e parte cômica, conjunto admirável, nas proporções, de riqueza de cenografia e consciência de interpretação.

Citarei *L' homme n'est pas parfait*, S.P., *La Commode de Victorine*, *L'affaire de la rue de Lourcine*, *Le misanthrope et l'auvergnat*, *Le cas de la rue de la Lune* e sobretudo as operetas de Offenbach que fizeram verdadeiro furor, *Les Bovarois*, *Orphée aux Enfers*, *Le pont des Soupirs*, *Barbe Bleue*, *La belle Hélène*, *La grande duchesse de Gérolstein*, *La joli Parfumeuse*, *Les brigands* e outros tantos primores no gênero que puseram o Rio de Janeiro todo, principalmente do lado masculino, tonto e disposto a todas as loucuras.

Capitalistas arruinaram-se com as principais e ambicionadas intérpretes das pachouchadas offenbáquicas, e não se falava senão nas ceias delicadas e nos presentes riquíssimos que lhes eram ofertados.

A Aimée, de todas a mais célebre, tornou-se artista notável e saiu do Brasil coberta de brilhantes e louros cênicos. Representou, depois, com aplauso em Paris e foi morrer em Marselha de um câncer. Triste final de tão festejada vida cheia de carinhos e bajulações!...

Dos esplendores do Alcázar colhíamos nós três, Castro, Tomás Alves e Taunay, só a parte mais aproveitável e sã, o gozo sincero do que se passava no palco. Dávamos de barato os deslumbramentos plásticos, as pernadas, o seminu, o *cancan* e os trechos do realismo erótico visando a negócio lucrativo. O pouco dinheiro que tínhamos — do Castro, proveniente de magras aparas da iniciação na advocacia; do Tomás Alves de explicações de história, geografia, grego e alemão, meu do soldozinho de simples soldado e depois de alferes aluno — aquele dinheirinho gastávamos em ceias que, depois dos espetáculos, fazíamos no Mangini, ou no Hotel de Bragança, peixadas e gulodices que depois custávamos bem a digerir, apesar de desbastadas por intermináveis passeios alta noite.

No geral, o Tomás Alves, que ganhava mais, encarregava-se da despesa; nunca, porém, abusamos da sua inata generosidade, procurando estabelecer eqüitativo rodízio no sempre aborrecido quarto de hora de Rabelais.

Em 1863, o Azevedo Castro foi posto à testa do órgão do partido conservador na imprensa diária do Rio de Janeiro — o *Constitucional*. Entretanto, o verdadeiro redator-chefe era o Senador Firmino Rodrigues Silva e dessa dupla direção, uma ostensiva, outra oculta, esta todo-poderosa e aquela fraca, resultaram não poucos choques e conflitos.

Destes, o mais escandaloso e significativo foi o "incidente Jacobina", cuja repercussão na Corte tornou-se imensa. No *Constitucional* costumavam, na seção ineditorial, aparecer violentos artigos contra o Paula Barbosa, mordomo do Paço, sua mulher e aquele Jacobina, ajudante da mordomia, artigos que, muitos anos depois, eu soube terem sido escritos por outrem que não o Senador Firmino, completamente alheio àqueles escritos. Foi ele em certo dia assaltado na Rua da Alfândega pelo Jacobina, que o chicoteou a ponto de deixá-lo muito maltratado e até ferido.

Com muita hombridade portou-se então Azevedo de Castro e com duplicada violência atacou o governo do Marquês de Olinda, que estava preparando a evolução política para o lado liberal.

Tive aí veleidades de atirar-me também à arena jornalística — eu que bem criança ainda escrevera um jornalzinho manuscrito cuja leitura custara aos meus pais e tios quarenta réis. E para isto escrevi pelo correio, e com endereço a Azevedo Castro, uns artigos com letra cuidadosamente disfarçada.

Esperei ansioso pelo resultado e tive grande decepção, pois só vi uns gracejos meus impressos na seção das *Frutas do tempo*, onde muitos escreviam pondo aí o Firmino em circulação os anexins, depois tão repetidos: *de cobra não nasce passarinho, pitangueira não dá mangas*, etc.

À cesta dos papéis inúteis, conforme verifiquei, foram atirados longos artigos meus, em que revestia os acontecimentos políticos e as personalidades que neles figuravam de nomes chineses, fazendo do Rio de Janeiro um Pequim *sui generis* e pitoresco.

II

Foi no escritório do *Constitucional* que conheci o Joaquim Torquato Fernandes Leão, irmão do Senador Antão. E, naquele tempo, quem dizia senador do Império era o mesmo que falar de *lord* na Inglaterra, espécie de ente excepcional, credor de todas as honras e de todos os respeitos.

Exercia este Torquato funções de tesoureiro ou caixa — e, de certo, não tinha muito que fazer pelos constantes apuros financeiros da folha.

Realizava, do modo mais completo, o tipo físico de Dom Quixote, muito magro, ossudo, em extremo moreno, com enorme nariz de cavalete, olhos pequenos, chamejantes, queixo pontudo, gestos desencontrados e facilmente ameaçadores.

No fundo homem inofensivo, que tomava ares de inspirado e da mais cômica convicção, quando falava nas suas descobertas e invenções de cunho perfeitamente prático, asseverava — café em pó ou em massa, já adoçado para viagens, e chamado, à imitação de chocolate, *cafélate*.

— Vejam só — exclamava entusiasmado —, só no nome há um achado; dá idéia do que é a coisa, *café em lata*.

Ou então o *Igiby*, máquina a vapor, destinada a andar n'água e em terra, trabalhando sobre rodas como navio nos rios e lagos e entrando nos trilhos como locomotiva, donde o apelido *ig* (água) e *iby* (terra), o que tudo nos fazia dar estrondosas gargalhadas, que o aspecto hirsuto e um tanto escandalizado do pobre inventor tornava intermináveis. "Riam-se, riam-se", condescendia, "isto é próprio da mocidade, que não reflete e só trata de pachouchadas".

Não sei que destino teve este originalão. Naturalmente há muito desapareceu do mundo. Uma vez deu-me um pouco do tal *Cafélate*. Achei-o insosso e detestável e lho disse, o que sobremaneira o incomodou.

O irmão morreu em 1886, se não me engano, em idade superior a 80 anos. Ministro da Agricultura por ocasião da organização ministerial de 1868, à subida do partido conservador, foi a ele que o Barão de Cotegipe, companheiro de gabinete, disse a célebre frase: "Tome tento, Sr. Antão!"

Parece, entretanto, que entendia um tanto de finanças, merecendo um seu aparte, numa questão de cambiais para a Europa, este conceito do mordaz Zacarias de Góis e Vasconcelos, muito parco de elogios e sempre insolente com os colegas do Senado: "Estas simples palavras do nobre senador por Minas valem por longo e substancioso discurso".

Foi também no *Constitucional* que, primeira vez, vi o Manuel Eufrásio Correia, anos depois tão meu amigo e cuja morte, a 4 de fevereiro de 1888, tanto sentimento, tanta dor me causou.

A primeira impressão, entretanto, recíproca foi má e de desconfiança. "Quem é este soldado?", perguntou quase em voz alta ao Azevedo Castro com a rudeza habitual.

Naquela ocasião, tinha qualquer suspeita algum fundamento, porque viera fugido do Paranaguá por motivos de perseguição política, encabeçada pelos chefes liberais daquela localidade e do Paraná. E estava como foragido no Rio de Janeiro e meio escondido.

Aliás, tudo isso, nos bons tempos do reinado do Sr. D. Pedro II, não passava de incidentes de opereta cômica. As tais perseguições cifravam-se em processos judiciários, cuja solução era sempre o despronunciamento dos acusados; entretanto nas províncias havia o seu incômodo em certas épocas, sobretudo eleitorais e de mudança de situações políticas. E o Manuel Eufrásio dava não pequena importância ao processo a que o tinha sujeitado o juiz de direito, Silva Marra, não sei firmado em que pretexto.

Maior prestígio lhe incutia, aos nossos olhos, uma aventura no último ano de estudante em São Paulo, que lhe valera punhalada quase mortal. Quando aludíamos a isso, era impagável o ar sério, misterioso e sombrio que logo tomava quem figurara de protagonista.

Aquela tentativa de assassinato lançou por largos meses o terror na Academia e deu lugar a engraçado episódio em que o Monteiro da Luz cobriu de ridículo o medroso e enfático Vega, fazendo-o entrar às carreiras num sarau donde saíra pouco antes. Caiu sem fôlego numa cadeira e desmaiou em pleno salão no meio da berraria enorme de senhoras e crianças, assombradas com o que viam.

Muitos unidos o Azevedo Castro e Manuel Eufrásio, desde os primeiros anos em São Paulo, desaviveram-se afinal, já homens feitos, por motivos futilíssimos. E assim morreu o segundo, inspirando ao outro pouco abalo este repentino e prematuro falecimento.

É singular como relações de amizade que, em certos trechos de existência, pareciam dever resistir a todos os embates e choques, às vezes facilmente se interrompem, cessam e nunca mais se reatam.

Do mesmo modo findou a ligação muito apertada, por longos decênios, do Castro com o Miguel Tavares e com o Tomás Alves.

Voltemos, porém, ao que eu ia contando.

Na minha convivência com Castro e Tomás Alves havia um elemento — esse intermitente —, rapaz bastante agreste de modos, mas simpático e um tanto lido.

Chamava-se Paula Rodrigues e, obrigado pela falta de meios, assentara praça de soldado. Desconfiado sempre, não pouco tarimbeiro no fraseado, possuía bem algumas humanidades, sendo incessante devorador de livros de literatura e história, embora mostrasse negação por estudos sérios e seguidos.

Imbuído das idéias filosóficas de Diderot e Holbach, conversava às vezes agradavelmente, quando não se dava por ofendido com as nossas gargalhadas e maneiras, que capitulava de pedantescas e aristocráticas.

De quando em quando, desaparecia da nossa roda, cercando de mistério essas soluções de continuidade e parecendo vexado de ter de dar qualquer explicação.

Encontrei, depois, este Paula Rodrigues na Escola Central, sem que a freqüência comum naquela academia apertasse mais o grau da nossa intimidade. Perdi-o em seguida totalmente de vista, quando, na Campanha da Cordilheira, em 1860, de repente o avistei.

Mostrei-lhe a minha sincera alegria e com verdadeira pressurosidade perguntei-lhe por particularidade da vida.

— Ora, de que vale? — respondeu-me cético e desalentado sempre —, tenho quase cinco anos de campanha, cumpri lealmente o meu dever, arrisco a cada momento a pele e só por acaso é que, de longe em longe, aparece o meu nome, de envolta com centenas dos de desconhecidos. E assim irei indo, até que uma bala paraguaia me pegue deveras e me atire na Eternidade. Não levo saudades deste mundo, sem contudo ter muito que me queixar dele. Nasci na obscuridade e hei de sumir-me nas trevas, sem compreender o que foi tudo isto em que me achei metido.

Era isto à véspera do assalto do Peribebuí, a 11 de agosto de 1869. No dia seguinte, ao marchar à frente da sua companhia de infantaria, para as trincheiras daquela praça, uma bala, a tal que esperava, o prostrou para sempre, realizando o seu desanimado prognóstico, em todos os pontos, pois nem sequer veio mencionada em Ordens do Dia esta morte, o que verifiquei tempos depois, inquirindo que destino tivera o pobre do Paula Rodrigues. "Parece que morreu em Peribebuí", responderam-me, e esse *parece* foi um epitáfio de dúvida conferida àquela enigmática criatura, que poderia entretanto ter merecido da complacência da sorte um bocadinho mais de atenção e de amparo.

— Dá-me aí um cigarro, menino? — era frase que tinha de contínuo nos lábios — e fumava constantemente. Passou por esta terra como sombra indecisa; e desta passagem só restará um sinal — este mesmo bem esbatido e sem significação —, a referência que dele faço nestas linhas.

Tão estreitas e monopolizadoras foram durante não curtos lapsos as minhas relações de extremosa amizade ao Azevedo Castro que, não contente com estar em comum o dia inteiro, ao chegar a casa, escrevia-lhe longas cartas em que desenvolvia, com humorismo inesgotável, os incidentes e as observações mais salientes do dia.

Tudo servia de tema a assuntos risonhos e comentários galhofeiros, sem nunca descairmos, senão mui ligeiramente, para a indecência ou indecorosidade, fugindo instintivamente do erotismo ou da pornografia — assim a vista de um caixeirinho muito gordo numa loja de panelas, o encontro com fulano e beltrano, o Evaristo da Veiga, o Goldschmidt, o Pockett, que sempre nos fazia rir com a sua indefectível queixa das mudanças de *temperratura*, apoiadas num grande *han!* saído do fundo da garganta, e mil outras casualidades corriqueiras e inocentes a que dávamos realce com a nossa jovialidade cheia de recursos próprios.

Depois da morte do pai do Tomás Alves foi ele morar numa casa da Rua Detrás da Lapa num grande sobrado sombrio. Muito belas gargalhadas ali demos, apreciando as petisqueiras preparadas pelo torto e maltrapilho João, o nosso *Vulcano*, todo familiar e insolente nas tentativas de intrometido.

Lembro-me de uma noite em que nos contamos reciprocamente mil anedotas crespas. Era na Semana Santa e na véspera da confissão do Azevedo Castro que guardava, como guarda ainda, tradições de severa religiosidade.

— Santo Deus — bradava ele agoniado —, que preparo para o ato de amanhã, que exame de consciência! Quantos pecados acumulados aos que tenho de contar!

E ríamos como uns perdidos. Referi então engraçado caso em que estivera envolvido o bom sacerdote que primeiro nos ouviu de confissão, antes da minha primeira comunhão, o Padre Carneiro, do cabido da Igreja de São Pedro, excelente velho, muito amigo da família e doido por música, ele mesmo executante não de todo mau, pois tocava rabeca nas orquestras dos teatros e até do Lírico, na temporada das grandes companhias. E com isto ganhava algum dinheiro, que o ajudava a ir vivendo na sua modesta casinha da Rua das Violas.

Lá vai a historieta, que me reporta ao ano de 1854. Quando eu me preparava para os exames do 4º ano do Colégio de Pedro II, disseram a meu pai que era de necessidade mostrar-me habilitado em música, aula suplementar aos estudos e dirigida por um tal Luz, muito adiantado em anos e rabugento, contraste perfeito com o outro professor da matéria também suplementar, desenho, o Pardal[1], que sempre se mostrava disposto à galhofa e tinha verdadeira cara de Páscoa.

Ofereceu-se o Padre Carneiro para levar o tal Luz, de quem era amigo de infância, à nossa casa, a fim de ouvir-nos, a mim e à minha irmã Adelaide executar, a quatro mãos, sonatas de Mozart e de Beethoven.

No dia aprazado, apresentaram-se com efeito os dois, e começou o nosso concertozinho, seguido com beatitude pelo bom do padre, ao passo que o outro, desde o princípio, dava mostras de impaciência por se ir embora.

— Estão mais que aprovados — disse por vezes. E queria levantar-se, mas meu pai e também o Carneiro literalmente o grudavam à cadeira.

— Mais uma sonata — implorava este. — É delicioso. E como tocam! São dois artistas!

Zás, sem demora outra peça, mais outra sonata, gênero de música que decerto não se recomenda pela concisão.

— Estão aprovados! — repetia o Luz, fazendo várias tentativas de retirada, o que desesperava o companheiro de visita.

— Agora tomemos uma xicarazinha de chá — anunciou meu pai. "Sim, sim vamos ao chá", concordou alegremente o padre.

— Não — reclamou com desespero o Luz —, não posso; estou seriamente incomodado e preciso retirar-me quanto antes.

— Talvez lhe faça bem um pouco de chá — insistiu meu pai com a inexaurível obsequiosidade que o levou a acompanhar os dois até fora da porta, a propor sempre: "Um pouco de chá, Sr. Luz".

Este, porém, de repente, embarafustou pela nossa cocheira escura e comprida, ao passo que meu pai voltava, dizendo com engraçadíssima careta: "Com efeito, esse pobre Luz tinha grande necessidade de partir". O que nos fez rir a valer.

Deste velho professor Luz muito caçoavam os alunos da aula de música.

Um belo dia, ameaçava: "Reprovo todos, a torto e a direito. Nada como uma reprovação para dar capricho".

Até o tal dia de juízo, ia pacientemente, embora sempre entre ralhos, suportando muita travessura dos indisciplinados discípulos, que, a título de solfejo, berravam como possessos.

— Oh! Senhores — protestava —, isto é um inferno! Não exijo muito. Só peço que não desafinem, nada mais!

---

1) Esse Pardal foi, numa cançoneta muito em voga, incluído, ao lado da Chica Polka, uma *lorette* de todos os tempos, e o teatro Provisório, no número das coisas imortais: "Tudo passa, tudo morre / Neste mundo transitório / Só não morre a Chica Polka / O Pardal e o *Provisório*".

Quando se sentava ao piano — um velho piano de concerto e cauda muito comprida, que gritava a modo de cegarega, os rapazes empurravam de súbito o instrumento cujo amarelado teclado vinha bater na barriga do pobre executante e o fazia saltar da cadeira, como se recebesse formidável choque elétrico.

— Não se encostem ao piano — gritava logo —, os senhores não vêem que é de roldanas!

Inversa era, outras vezes, a manobra. Puxavam os rapazes devagar o Erhard, de maneira que o Luz se via obrigado a ir, pouco a pouco, estendendo os braços, até que por fim não podia mais alcançar as notas. Aí puxava por seu turno a cadeira murmurando:

— Diabo leve as tais roldanas. Também que lembrança!

E como estas, muitas outras *peças*, não de bons e leais autores, mas do endiabrado rapazio, fértil nestas gaiatices.

III

Ao APORTAR o vapor *Santa Maria*, às 11 horas do dia 2 de abril de 1865, ao cais da cidade de Santos, era eu já outro, todo cheio de idéia de ir viver bem sobre mim, entregue ao prazer de ver gentes e cidades novas, percorrer grandes extensões e varar até sertões imperfeitamente conhecidos e mal explorados.

Todo o interior do Brasil se abria ante os nossos passos, nada mais, nada menos, e, certamente, a vastidão tem em si inúmeros atrativos e grandioso prestígio, a que se uniam pretensões científicas de certo alcance, fazer coleções de minerais preciosos, ou então descobrir, senão um gênero novo de planta, pelo menos uma espécie ainda não estudada e classificá-la — sonhos enfim de mocidade em que havia bastante de pedantismo.

Em todo o caso, naquele dia de chegada a Santos, inteira alegria me inundava o peito, cercado, como me achava, de bons e honestos companheiros, um até meu amigo íntimo, Catão Roxo, e desempenhando as tão suspiradas funções de engenheiro militar, enquanto a ojerizada bateria de artilharia, a que eu pertencia, passava pelo Rio de Janeiro e seguia para o Sul, comandada (creio que já o disse) pelo então Capitão Manuel Deodoro da Fonseca, que devia tornar-se tão célebre, destinando-lhe a cega fortuna o lugar de chefe da Nação, como Presidente da República dos Estados Unidos do Brasil, vinte e quatro anos depois!

Fomos ao hotel *Millon*, conhecido pelas peixadas e com formidável apetite devoramos robalos em *escabeche*, que estavam com efeito suculentos.

Ainda me lembro — e é de notar a insistência e clareza de certas recordações — da impressão que me causou a aparição à mesa redonda, cercada de hóspedes de todas as qualidades, desde nós, oficiais, gárrulos e catitas, nos modos e no trajar, até aos mais sombrios e sujos caipiras, a aparição, dizia eu, de enorme frigideira em que vinham uns vinte ou trinta ovos estalados ainda a ferver na manteiga. Pareceu-me aquilo novidade bem curiosa.

Findo o almoço, embarcamos num vaporzinho chamado *Isaura*, que nos levou à base da Serra de Cubatão, cuja majestosa vertente domina toda a paisagem.

Quanto me agradou aquela viagem, por canal tortuoso e invadido pelos *mangues*, feita a poder de varapaus e obrigado a contínuas sondagens! Parecia, nem mais, nem menos, que já me achava em longínquas e ínvias paragens e que prestava não pequeno serviço à Ciência e à Pátria, dando motivo a uma exploração, cujos valiosos resultados práticos se produziriam em futuro próximo. Ó poder da juventude, ó encanto das primeiras épocas!...

Duas e meia horas depois, encontrávamos boas diligências destinadas à Comissão de Engenheiros, tendo já partido, antes de nós, Drago, Miranda Reis e estado-maior do comando em chefe, que haviam vindo pelo trecho da estrada de ferro inglesa então em construção e que já dava trânsito aos vagões de lastro.

Começou a ascensão da Serra e, desde as primeiras voltas da estrada, não muito má, que esplendor das paisagens fomos descortinando por tarde fresca, belíssima, em atmosfera da maior pureza...

Até certa altura, o espetáculo desdobrado aos meus olhos muito me lembrava a subida da Tijuca, pois também, por todas aquelas quebradas, os enormes ramalhetes das *flores de quaresma* (melastomáceas) e cássias, pontuavam de vivíssimo amarelo, ou então de roxo e branco, o esplendoroso verde da floresta imensa. Mas, depois, quando mais e mais nos elevamos, tais proporções tomou a perspectiva, que impossível se tornou qualquer comparação e sem razão mais de ser ficou a melancolia que me iam infundindo o paralelo e a saudosa rememoração.

É colossal o círculo que o olhar abrange, dominando mil incidentes nas múltiplas dobras da serra, a vastidão da planície que vai ao mar e, além, o oceano fechado pela linha última da sua curvatura.

Num cantinho da várzea, riscada pelos Rios Cubatão e Casqueiro, a cidade de Santos, como um pontozinho luminoso a chamar as vistas, e, por todos os lados, opulenta vegetação, que ora se alteia mesmo à beira do caminho debaixo da forma de árvores robustíssimas, ora rompe, com altaneiras comas, a quebrada terminal dos píncaros a ressaltar no azul dos céus.

E quanta água deliciosa e límpida por toda a parte, já murmurantes regatos, que se ouvem, mas não se vêem, já lacrimejantes mananciais, já copiosas cascatas que listram de argênteos fios certos planos verdes um tanto distantes!

Quanto motivo de longa contemplação; quanta particularidade interessante e formosa a observar e a admirar!

Os meus companheiros, porém, de temperamento pouco artístico, capitulavam de desfrutáveis os meus arroubos e passavam o tempo a queixar-se da dureza das molas das diligências, do mau estado do caminho e a consultar, impacientados e impacientantes, a cada instante o relógio.

Sobretudo Catão, que já começava a sentir o assalto do reumatismo que tanto o prostrou em São Paulo, estava insuportável.

Ao pardejar da tarde, ainda subíamos; e deveras eu, apesar do cansaço, não tinha olhos para abranger tudo quanto via, não sabendo que mais atrativos achava, nos esplendores da terra, ainda mais realçados em todos os planos que as sombras acentuavam, ou nas maravilhas do céu, cujas irradiações me deixavam atônito.

A noite já vinha cerrada e ainda não completáramos a penosa ascensão, embora por vezes descêssemos todos dos carros, puxados por três parelhas de valentes mulas, no meio dos contínuos *hum! hum!* com que as excitavam os cocheiros alemães, nada avaros de sibilantes e vigorosas chicotadas.

Todos esses incômodos e perda de tempo cessaram logo que começou a trabalhar a Estrada de Ferro Inglesa com os seus *Planos automotores*; mas, decerto, também lá se foi o pitoresco de uma das mais belas viagens que se faziam no Brasil, tão opulento, aliás, em formosuras naturais.

Ramo da Serra de Paranapiacaba, que inspirou ao João Cardoso de Meneses e Sousa[2] poesia bastante notável — a do Cubatão é, em grandiosidade e no imprevisto das cenas, vencida pela de Murumbi, nome que toma, no Paraná, esta parte da Serra Geral ou do Mar, a qual vem desde a Bahia, mais ou menos chegada ao litoral do Brasil, dividindo-o em duas zonas muito desiguais, a marítima, onde se concentrou todo o esforço da Civilização durante séculos, e a interior, que tanto tem custado impulsionar e fazer progredir.

Com toda a razão, dizia-me, uma feita, o Imperador: "A Serra do Mar é uma espinha atravessada na garganta do Brasil. Muito o tem incomodado. Antes do mais, cumpre atacar este obstáculo no maior número possível de pontos, levando perpendicularmente à costa linhas de comunicação e de respiro ao pobre do Centro".

Nas histórias dos estudantes de São Paulo é célebre essa Serra de Cubatão, bem pitoresca quando mais não fosse pelas inúmeras tropas de animais de carga que, de contínuo, por ela desciam ou subiam a transportar o muito café, exportado já pela província de São Paulo. Também quando a empresa inglesa, que comprara ao Barão de Mauá o privilégio da estrada de ferro, a abriu ao tráfego, os lucros foram fabulosos. Naquele ano de 1865 iam os trabalhos na serra muito adiantados, dirigidos por engenheiros ingleses exclusivamente.

---

2) Bom poeta ou antes excelente versejador, pois lhe faltam originalidade e estro. Tem imensa facilidade e fluência em manejar o verso. Fez traduções excelentes de *Jocelyn* e das *Fábulas de La Fontaine*, algumas destas, então, primorosas, no geral superiores à pesada versão de Felinto Elisio. Muito chegado ao Imperador por laços literários, bafejava-lhe a mania versejadora, tomando para assunto de poesias, boas na forma, insignificantíssimas no fundo, bem maus versos do Soberano.

IV

Era noite, quando o rodar desassombrado dos carros nos indicou que terminara a subida. Às nove horas chegávamos a São Paulo, indo alojar-nos no Hotel de França, à Rua do Rosário. Dias depois, de lá mandei uma correspondência, não de todo desprovida de certo valor impressionista, publicada na *Semana Ilustrada*, então muito conceituada, centro de todo o movimento literário do Rio de Janeiro e dirigida pelos irmãos Fleiuss.

Já naquela época tinha eu minhas fumaças de literato, gozando de lisonjeiro conceito entre os colegas da Praia Vermelha.

Sem falar nos ensaios da minha meninice, porquanto, conforme deixei dito, desde muito criança rabiscava fabulazinhas e buscava escrevinhar comédias, o meu primeiro trabalho impresso, depois dos artigos literários do *Tamoio*, foi um juízo crítico sobre certo drama de uma senhora, a cuja vivenda fui levado pelo Bittencourt da Silva a fim de ouvir a leitura, entremeada de sorvetes e bolinhos, daquela peça, intitulada *Centros sociais*.

Influenciado pelo meu introdutor, que tinha razão de entusiasmo particular pela autora, além do amor desinteressado à arte, e bem disposto pelas gulosinas oferecidas nos entreatos, o meu laudo foi todo no sentido de arroubada exaltação, proclamando a minha *imparcialidade*, que a dramaturga, "ao vencer as dificuldades da cena, me lembrara Hércules no berço e estrangulando serpentes com os débeis pulsos".

Tudo isto ia assinado com o anagrama *Alfredo Nautay* e guardei para com meu pai o maior sigilo, embora desejoso de saber qual a sua impressão.

Foi péssima, quando lho dei para ler. "Mas como este rapaz se compromete!", exclamou furioso, "o Imperador vai reconhecer-lhe o nome e ter impressão bem desagradável. Que idéia levar às nuvens tal drama!" E tornou a citar-me os versos de *Misantropo* e outros de Boileau:

Faites vous des amis prompts à vous censurer.

Continuaram as minhas tentativas literárias, procurando tirar um drama de não me recordo mais que novela de Emile Souvestre e escrevendo os primeiros capítulos de um romance em francês, *Le masque d'or*, cujos erros gramaticais, especialmente em particípios passados, provocaram, não as censuras, mas a risota do Castro e do Tomás Alves.

Também esboçava novelas, e uma, intitulada *Noite horrível*, muito tempo me preocupou, pois o assunto me agradava. Escrevia cenas cômicas, em que entravam colegas meus, sobretudo o Polidoro Ferreira, a braços com a malevolência do Dr. Carneiro; mas nunca, nunca me atirei ao verso, à poesia, sendo rebelde à cadência, rima e metrificação e sentindo mais dificuldade em reter de cor simples quadrinhas do que trechos inteiros de prosa, negação que sempre conservei.

A única peça da minha lavra suportável foi feita por ocasião do terceiro centenário da morte de Camões, a 10 de junho de 1880, e assim mesmo, deu-me trabalho enorme, custou-me horas de insônia e teve de ser sujeita à análise cuidadosa e complacente do Cardoso de Meneses (Barão de Paranapiacaba). Verdade é que mereceu as honras de espontânea transcrição em jornais de Lisboa, no geral bem parcos de encômios a tudo quanto se fez no Rio de Janeiro por ocasião daquela comemoração.

Estávamos, porém, em São Paulo, gozando o bom tratamento culinário do *Hotel de Europa*, que até hoje tem mantido boa e não usurpada reputação de tratar bem os hóspedes sem os esfolar... demasiado...

Alegria, alegria intensa, de todos os minutos, eis a característica dos meus dias, nestes primeiros tempos da viagem para Mato Grosso, alegria que resistiu a muito sofrimento, a muitas contrariedades e até angústias bem cruéis!

Por enquanto achava graça em tudo; de tudo tirava motivo de brinquedos e risos, borbulhando a vida dentro de mim com mil seduções, forte, irresistível, cheia de projetos rosicler e ainda de expansões e afeto numa confiança cega, de que não devia, de modo algum, suspeitar da benevolência da sorte e da constância dos seus favores. Por que razão? Só pelo fato de ter vindo à vida? Talvez!...

Liguei-me logo, muito, com os companheiros da Comissão de Engenheiros, merecendo-me respeitosa estima o chefe José de Miranda da Silva Reis, que rodeávamos todos de grande prestígio e considerávamos homem do maior peso.

A este vinha eu muito recomendado, bem como ao Coronel Manuel Pedro Drago, o comandante da expedição, cujas boas graças meu devotado pai conseguira em meu favor, travando relações, antes da partida do Rio de Janeiro, por meio do Herculano Lima e outros amigos.

Que não fizeram sempre pai e mãe para me tornarem a existência mais fácil e suave e de mim arredaram todos os obstáculos e contratempos na medida das suas forças? Impossível fora mais empenho, maior dedicação e constante solicitude!...

V

Seis eram os membros da Comissão de Engenheiros:

1 - *Antônio Florêncio Pereira do Lago,* capitão do Corpo de Estado-Maior da 1ª Classe.
2 - *Catão Augusto dos Santos Roxo,* primeiro-tenente daquele Corpo.
3 - *José Eduardo Barbosa,* idem.
4 - *João da Rocha Fragoso,* segundo-tenente do mesmo Corpo.
5 - *Joaquim José Pinto Chichorro da Gama,* primeiro-tenente do Corpo de Engenheiros.
6 - *Alfredo d'Escragnolle Taunay,* segundo-tenente de artilharia.

Estudemos, de leve embora, os seus tipos e caracteres.

O primeiro, Lago, tinha índole por excelência varonil e grandes qualidades de militar e de homem, confirmadas em todas as circunstâncias da atribulada e laboriosa existência.

Desde pequeno, delas dera provas, assentando praça de soldado raso no Rio Grande do Norte, donde era filho.

Vindo de lá analfabeto, aprendera a ler e escrever pelo próprio esforço, estudando como simples anspeçada, e cabo de esquadra, gramática e as quatro operações e, como furriel e sargento, os primeiros preparatórios.

Tudo isto levou-lhe tempo enorme, de modo que já tinha não pouca idade quando conseguiu, pela aplicação de incansável pertinácia, matricular-se na Escola Militar.

Vencidos os maiores tropeços, dela não saiu senão com o curso completo de engenharia militar e civil e já em posição social que jamais supusera alcançar.

Lutara de contínuo com a deficiência de humanidades, em que sempre se mostrou bastante fraco.

À sua invencível teimosia, deveu a expedição de Mato Grosso sem dúvida alguma as maiores desgraças, mas também, com inalterável sangue-frio e constante força de ânimo e coragem, soube resgatar as imprudências de que fora o principal causador, caindo sobre ele quase exclusivamente o maior peso da retirada da Laguna, como contei, por miúdo, na história daquele belo feito de armas.

Quando Lago foi nomeado membro da Comissão de Engenheiros, era havia muito engenheiro da Província do Rio de Janeiro, mas granjeara muitas simpatias, distinguindo-se nas obras de canalização do Rio da Vicência e abastecimento de água de Niterói.

Depois da campanha de Mato Grosso, desempenhou não poucas e penosas comissões, com a maior consciência e distinção, sobressaindo as da exploração dos Rios Araguaia e Tocantins, em Goiás, e a fundação da Colônia do Alto Uruguai.

Nomeado eu presidente de Santa Catarina, em 1876, levei-o como delegado da Repartição de Terras e Imigração e fez-me excelente companhia.

Prestou bom serviço à Província, dando rápido cumprimento à minha incumbência de levantar a Planta da Cidade do Desterro. Tomando por ajudante o ativo e modesto engenheiro Schlappal, turco de nascimento e pai de filhas bem interessantes, apresentaram os dois excelente trabalho que foi nitidamente litografado na Repartição Militar anexa às Obras Militares.

Comandou Lago também, no movimentado ministério Cotegipe, o Corpo de Polícia da Corte, mas aí não foi feliz, merecendo a sua administração, um tanto descuidada, guerra diária da folha *O País,* que simultaneamente batia, com grande energia, o Chefe de Polícia de então, Desembargador Coelho Bastos, no período mais agudo da campanha abolicionista.

Comandante interino das armas em Pernambuco, depois no Amazonas, lá se achava por ocasião da revolução de 15 de novembro e, durante algum tempo, fez parte da junta governamental daquele Estado. De volta ao Rio de Janeiro viu-se compreendido na reforma compulsória e no posto de coronel foi descansar dos muitos serviços já com 65 anos e sobremaneira alquebrado de forças pelas muitas moléstias que o saltearam, principalmente *beribéri.*

Afinal no dia 1º de janeiro de 1892 faleceu com 66 anos e meses de idade, porquanto nascera a 10 de maio de 1825. Sobreviveu-lhe a mulher, sempre doente, ou melhor, sempre à morte de um sem-número de enfermidades, cada qual mais grave a lhe atacarem os órgãos essenciais da vida. Nunca o prolóquio *mulher doente, mulher para sempre,* teve mais exata e completa aplicação.

Catão Augusto dos Santos Roxo — Filho do Rio Grande do Sul, moreno, de olhos apertados, nariz grosso, testa toda enrugada pelo hábito de franzi-la, muito simpático na feição e nos modos a que de contínuo procurava imprimir o cunho *guasca,* conforme denominava, mas com um *quid* um tanto grotesco, sem ser contudo ridículo, antes engraçado naturalmente e mau grado seu, bambo das pernas e sempre a se queixar desta fraqueza.

Dei-lhe na escola o apelido de *gato gordo,* que pegou pela semelhança com algum roliço bichano. Foi dos rapazes e companheiros a quem na minha vida consagrei mais viva e real afeição. Tudo quanto fazia e dizia o Catão tinha para mim irresistível graça.

Quando, depois de mais de dez anos de íntima e constante convivência, rompemos relações por causa do canalhíssimo Coronel A. (e deveras não valia a pena), experimentei um dos mais fortes e penosos sentimentos de toda a minha existência, espécie de espinho que pungiu muitos anos, até a nossa reconciliação em 1881. Estava, porém, quebrado o encanto. Bom caráter, egoísta, mas capaz de rasgos de dedicação, sabe bem o que estudou e conhece administração, tendo sido ótimo e leal auxiliar de vários ministros da guerra; é, porém, pouco lido em literatura. Padecendo de surdez, que se vai acentuando, gosta em extremo de música.

Gênio bastante melancólico, concentrou-se cada vez mais no sistema de vida, da qual excluiu, desde o princípio da carreira, qualquer estímulo de ambição.

Já na subida da Serra do Cubatão, a braços com um reumatismo que o atacara violentamente, exclamava com uns *ais* e *uffs* que me faziam torcer de riso: "Vou me reformar! Não nasci para façanhas! Leve a breca a farda, a fama, a glória! Não sou disto; prefiro o meu cômodo a todas essas bobagens! Ai, meu reumatismo, ai!"

Quanto me ri com Catão Roxo e por causa dele! Quanto!... Uma vez atirei-me ao chão, na relva para poder rolar-me a gosto e desfazer-me em gargalhadas — quase estourei!

Estávamos em caminho para a vila das Dores do Rio Verde, vulgarmente chamada *Abóboras,* na província de Goiás e levantamos pouso sem o Catão, que ficara a procurar uma bestinha de montaria *rosilha,* desaparecida de madrugada.

À tarde, nós, há muito acampados na barranca de grosso e límpido córrego, quase ribeirão, eis que apareceu o nosso retardatário, na estrada do lado de lá, na atitude ambos do maior cansaço e abatimento, o animal, sujo até às orelhas caídas, o cavaleiro todo derreado e com as abas do chapéu do Chile pensas e viradas.

Enorme vaia os acolheu. Parado algum tempo na borda oposta a procurar melhor descida, de repente fraqueou a rosilha das mãos e o Catão, saindo pela cabeça do animal, rolou o barranco todo e foi cair sentado no meio do córrego com a figura mais extraordinária que dar-se pode, entre resignação e furor.

Nós não podíamos mais de tanto rir, enquanto ele nos descompunha: "Miseráveis, canalhas, infames, zombarem da desgraça de um companheiro!" E todo pingando, a custo subiu a margem de cá com as botas cheias d'água e a espada, por cima, a se lhe meter pelas pernas, o que o ameaçava a cada tropicão de focinhar novamente. Desses episódios, um mundo.

José Eduardo Barbosa — Louro, de olhos azuis, amigo de mistérios e retraimentos, primava pelo egoísmo, sem contudo ter qualidades que impedissem certa intimidade de relações. Tinha o cacoete de torcer a cabeça, ora para o lado direito ora esquerdo, sestro nervoso que lhe valera a engraçada alcunha de *engole sardinhas*. Às vezes, parecia que a tal imaginária presa recalcitrava ao entrar na garganta, de maneira que os esforços se amiudavam, até que voltava a serenidade. Então um de nós gritava: "Passou!", o que era acolhido com grandes brados: "*Passou, passou, mais uma!*" E o Barbosa ria-se com os mais.

João da Rocha Fragoso — Muito alto, magro, dispéptico. Quase sempre ingênuo, às vezes arrogante, aturava, segundo a disposição do dia, com paciência, ou não, os nossos contínuos gracejos, em que o fazíamos figurar com uma ladainha de cognomes: *João Prosa, João Macieza, João Beleza, João Bússola*, conforme a ocasião e a gabolice que apregoara mais particularmente. Os índios de Mato Grosso lhe aplicavam a alcunha muito característica de *cabeça de nuvem* por causa da cabeleira toda solta e arrepiada. Foi-lhe desastroso o fim, depois de grande dúvida com o Ministro Afonso Celso, em 1880, morrendo no Hospício de D. Pedro II. Casara com uma artista de Ópera, a contralto Leopoldina Iweskowska, mãe dedicadíssima e exemplar de três filhinhos órfãos, com quem ficou após a desgraça do marido.

Joaquim José Pinto Chichorro da Gama era de todos nós o mais velho. Esguio, muito chupado, quase esquelético com barbas esquálidas, de um louro sujo, já passando para branco, testa larga que abria em funda calva, maneiras esquipáticas de alquimista ou descuidado sábio, nos lhe chamávamos o *vovô*.

Possuía instrução variada e sólida, sobretudo em matemática; conhecia botânica e geologia e vivia agarrado aos livros. Inspirava-nos, senão respeito, pelo menos tal ou qual acatamento, não só pela erudição sincera, modesta e nunca encarecida, como também por ter na vida certos lados misteriosos que não penetrávamos e que ele zelosamente encobria.

Era homem já afeito ao sofrimento e aos reveses. Um deles conhecíamos desde a Escola.

Apaixonara-se loucamente por uma filha de um coronel de artilharia e vira-se preterido por um colega de ano, não só na pretensão à mão da disputada moça, como na candidatura a uma das cadeiras da Praia Vermelha.

Parece que por tudo isto ficara algum tempo transtornado do juízo. Entre parênteses, valeria a pena? Em relação ao Chichorro falavam também em desavenças e desgostos muito sérios com os pais na Bahia, berço de toda aquela família, conceituada pelos princípios intransigentes de honra e dignidade, de que o nosso colega era, decerto, digno e nobre tipo.

De constituição muito débil, sempre adoentado, pilhou fortíssima bronquite ao chegar a São Paulo naqueles frigidíssimos dias de um abril excepcionalmente áspero.

Tão mau nos pareceu o seu estado, que o nosso chefe, Miranda Reis, propôs-lhe a volta ao Rio, o que recusou com a máxima energia. "O primeiro dever do militar é saber morrer. Ou de bala ou de moléstia, a distinção pouco importa."

Entretanto, apesar da debilidade, eu o pirraçava quanto podia. "Culpa não tem você", exclamava furioso, "culpa tem o governo que nomeia para Comissões de Engenheiros *beldroegas* (expressão que lhe era favorita) da sua idade, meninozinhos, segundos-tenentes de artilharia!"

E tais palavras mereciam os aplausos do Barbosa e do Fragoso, muito ciosos ambos das funções de engenheiros militares e da gola de veludo que lhes ornava a farda. Pobre Chichorro! Para diante muito me hei de referir a este bom e infeliz companheiro, cuja morte foi horrível.

VI

COMO dissemos, porém, chegamos a São Paulo às nove horas da noite e fomos aboletar-nos no *Hotel de França*, que gozava de reputação.

Não tivemos, com efeito, senão motivos de satisfação e aplauso nos dias que lá ficamos hospedados. As refeições positivamente esplêndidas, excelente serviço, muita limpeza faziam daquela casa agradabilíssimo centro, freqüentado por tudo quanto São Paulo tinha de melhor no pessoal masculino, porquanto ainda nesse tempo mal apareciam pelas ruas raras mulheres, estas mesmas embrulhadas nos clássicos e desgraciosos mantos ou metidas em capotões de forma antiquada e ridícula, que justificavam o apelido de *baratinhas*.

Abundavam também as rótulas gradeadas que se iam fechando, sucessivamente, com um bater tão característico, à medida que os transeuntes vinham-se chegando, para mais perto, e prestes se entreabriam depois da passagem, esguichando-se atrás delas as cabeças da curiosidade e do mexerico.

Quem dirigia o tal hotel era um francês chamado Planel, antigo soldado zuavo e dono do estabelecimento, cuja ordem e disciplina se ressentiam de bons hábitos militares. Serviam-no escravos, muito asseadamente trajados e marchando que nem fusozinhos sob o olhar penetrante do senhor, diante do qual todos tremiam, embora os castigos corporais fossem excepcionais.

Uma mulatinha que fazia os quartos, em extremo elegante, viva e simpática, Luísa, não punha pé em ramo verde. Debalde o Catão esquecia as dores reumáticas e o Chichorro a opressão bronquítica para lhe contarem *fleurette*.

Não havia tempo senão para acudir às indicações contínuas e ríspidas do Planel: "Luísa! Estão chamando no número tal e tal! Anda depressa!"

E a rapariguinha, desde muito cedo toda bem-vestida e de colete, corria de um lado para outro, como azougue, sempre a rir, mostrando esplêndidos dentes.

Anos depois, a esta Luísa sucedeu coisa interessante. Apesar de toda a sua agilidade, bastante forçada cumpre confessar, um engenheiro, hóspede da casa, dela teve uma filhinha, alva como a neve e formosa como um prodígio.

O Planel assistiu a toda aquela evolução sem dizer palavra e fingindo que nada via e sabia, o que mais aumentava o terror da pobre rapariga.

Num belo dia, mandou formar toda a escravatura, vinte ou trinta belos exemplares, e fez sair da fileira a Luísa, que já trazia ao colo a criancinha e tremia de medo.

— Esta menina — declarou ele —, eu adoto como filha e dou-lhe a Luísa para escrava e ama de leite. Todos os dias de manhã ninguém deixará de lhe tomar a bênção, inclusive a ama, que a tratará com todo o carinho e respeito como sua senhora moça.

E assim se fez, vendo a coitada da mãe nulificada a sua qualidade de protetora nata e passando a ser protegida e bem semovente da tenra e inconsciente progênie!

Dois anos depois, o Planel traspassou o Hotel, liquidou todos os haveres em São Paulo e retirou-se de vez para a França, levando fortuna superior a quatrocentos contos de réis, de que instituíra herdeira exclusiva aquela menina, cada vez mais gentil e feiticeira.

Ao sair da cidade e do país em que ganhara sólido e avultado capital, praticou este homem, de exterioridades tão secas e displicentes, ação da maior nobreza e generosidade, tanto mais digna de admiração quanto estava naquela época fora dos hábitos gerais e da disposição moral dos mais opulentos capitalistas. Também por isto causou esta iniciativa grande estranheza e de não poucos mereceu acres censuras.

Solvidos todos os seus negócios, na véspera de partida de São Paulo para Santos, a tomar vapor da Europa, deu Planel opíparo banquete a tudo quanto havia de melhor na capital.

Ao começarem os brindes, mandou chamar todos os escravos (peças de valor, pois não havia nenhum maior de quarenta anos) e dirigiu-lhes as seguintes palavras: "Vocês, meus bons companheiros de trabalho, que tanto me ajudaram a ganhar o que possuo, eu os declaro, a todos, livres para sempre, podendo cada qual seguir o destino que quiser, quebrados, como estão, os ferros da escravidão".

E, no meio do pasmo geral, pôs-se a distribuir as cartas de alforria. Romperam então palmas e soluços. "De joelhos", gritou um dos libertos, "de joelhos, parceiros! Deus nos deu a vida; o Sr. Planel nos dá a liberdade!"

Foi a cena sobremaneira comovedora; raros deixaram de derramar copiosas lágrimas. No dia seguinte, os jornais de São Paulo consagraram longos e encomiásticos artigos àquele inesperado rasgo de magnanimidade. Não poucos, porém, repito, o capitularam de desfrutável e sobretudo péssimo precedente.

— Que toleirão — ouvi certa vez de um desses intransigentes escravocratas a quem se referia o fato —, sempre é francês, amigo de espalhafato e patacoadas! Deixou de apurar mais uns trinta ou quarenta contos de réis, que talvez hoje lhe fazem bem falta!

VII

VOLTEMOS, porém, aos primeiro dias de abril de 1865, em que passávamos vida regalada no tal *Hotel de França*, a cinco mil réis por dia. Nos intervalos dos passeios, que me pareciam já exploração de lugares quase nada conhecidos, e das visitas, li aí um romance de André Leo (pseudônimo de uma senhora, Mme. de Champseux), *Un mariage scandaleux*, que muito me interessou e, com efeito, tenho sempre visto referências lisonjeiras a este livro.

No dia 9 de abril, os estudantes da Faculdade de São Paulo ofereceram à oficialidade da expedição uma espécie de *copo-d'água*, à noitinha, porém, o que nos fez supor arremedo de grande banquete e foi causa para muitos de legítima decepção.

Felizmente nós, engenheiros, havíamos copiosamente jantado no hotel; mas, não poucos oficiais que lá tinham ido com o apetite aguçado tiveram de se contentar com cocadas e mães-bentas e encharcar-se de cerveja e vinhos doces.

Discursos não faltaram. O orador oficial da comissão organizadora daquela manifestação fez longo e gongórico discurso, a que respondeu o Coronel Drago com voz muito fanhosa, desenrolando meia dúzia de lugares-comuns e cediças *chapas*.

Depois, outro estudante proferiu palavras entusiásticas e menos estudadas e também por isto credoras do aplauso que as acolheu.

Deploravelmente lhe respondeu o Major Palha, magra figura, espécie de Dom Quixote. Animei-me então e tirei do bolso umas palavrinhas que à pressa rabiscara de dia, sem levar contudo intenção firmada de as pronunciar. O que li causou impressão.

Invertendo a sentença de Cícero *cedant arma togae*, fiz algumas referências à guerra que se iniciava e causava tão profundo abalo a toda a sociedade brasileira, dando assim indicação da importância daquele fato e das suas conseqüências para o Brasil e toda a América do Sul.

Terminei de modo a eletrizar todo *o* auditório, que me cobriu de palmas e vivas. "Senhores", exclamei arroubadamente, "com os copos de *champanhe* em mão, prometemos, nós, vossos convivas, defender, com os copos da espada em punho, e a todo o transe, a dignidade e a honra da Nação brasileira!"

Foi o efeito imenso, quer pelo tom, quer pelas circunstâncias; e, largos anos depois, ainda nesse rapto me falaram várias pessoas presentes.

Muitos cumprimentos recebi do Drago, do Miranda Reis e do chefe do Corpo de Saúde, Dr. Jesus, que andavam sempre unidos e constituíram os diretores da expedição, embora já entre os dois conselheiros do comandante chefe reinassem divergência de vistas e não pequenos ciúmes.

Aí então nos preparávamos para sair da cidade de São Paulo e o nosso calourismo, em assunto de viagens terrestres, e no modo de transportar cargas e de prover os meios de subsistência por sertões brutos, que presumíamos já bem próximos, era agravado pela imperícia e ignorância radical dos soldados que nos haviam mandado dar como camaradas e bagageiros.

Em todo o caso partimos no dia 11 de abril por manhã frigidíssima e de intenso nevoeiro. Tão impacientado fiquei com a estupidez do meu soldado, a pôr virada a cangalha no pobre burro de carga comprado na véspera, que o deixei desvencilhar-se das dificuldades em que se via metido e parti montado na excelente besta tordilho-queimada que obtivera por duzentos e quarenta mil réis de um tal vendedor de animais, Naquet, recomendado por meu tio Teodoro Taunay — cara, mas boa e bonita fazenda.

Dei-lhe o nome de D. Branca e todo ancho nela saí do hotel pelo nevoeiro afora, com a ponta do nariz muito vermelha, a tiritar de frio, apesar do excelente poncho mineiro forrado de baeta vermelha, que adquirira poucos dias antes.

A preguiça e o desajeito dos tais camaradas, tropeiros improvisados, muito nos fizeram sofrer, até que se ajustassem um tanto àquele serviço especial o que, de fato, necessita de aptidões e conhecimentos particulares.

Chichorro da Gama, que conseguira fazer partir o seu cargueiro e camarada com bastante antecedência, encontrou-os logo nas imediações de São Paulo, quando deveriam estar uns bons quilômetros distantes. Sentara-se o soldado fleumaticamente à beira do caminho a fumar e a conversar com uma dulcinéia, cachimbando ambos diante de malas estripadas, roupas esparsas e livros pela estrada.

— Que é isto? — bradou Chichorro. — Que novidades houve?

— Nenhuma — respondeu o soldado. — O burro corcoveou e atirou com tudo ao chão; mas vou *campeá-lo* e daqui a nada o boto no caminho.

— Então vai tudo bem?

— Tudo, nhôr sim.

— Pois continuemos assim.

E com toda a filosofia prosseguiu viagem.

— É preciso — explicava-me ele — deixar a responsabilidade inteira dos fatos a quem a deve ter. O homem, pelo modo por que me falou, há de dar conta da sua obrigação. Parece praça séria.

O certo é que perdeu quase tudo que levava.

Tão relaxado não era, decerto, o meu camarada; deu melhor cópia de si; mas, depois, em Campinas, pregou-me terrível peça, como adiante contarei.

VIII

DIA por dia está referida a viagem de São Paulo a Campinas no *Relatório da Comissão de Engenheiros*, impresso, conforme já citei no tomo *XXXV II* (2ª parte) da *Revista Trimensal do Instituto Histórico e Geográfico Brasileiro*.

Durou dias tão-somente, mas foi, para todos nós, oficiais e soldados, totalmente bisonhos na prática dessas viagens cheias de incidentes, sobremaneira penosas.

Parecia interminável, tantas as dificuldades, em lidar com animais de montaria e de carga, em formar acampamento, levantar barracas, ver lenha para o fogo, achar alimentação já preparada ou mandar prepará-la, enfim as mil exigências da vida diária, que a prática depois e o conhecimento dos fatos simplificam de modo pasmoso, tornando-se até ridículas todas as preocupações e receios exagerados que a ignorância das coisas e o desaso haviam suscitado.

Entre as duas cidades, o pouso que mais me agradou foi o da *Ponte de Jundiaí*, onde mantinha estalagem, um tanto vasta, certo português, velho, gordo e gaiato, que se fazia intitular Barão da Ponte.

— Os outros titulares — costumava dizer, descalçando os tamancos e a coçar os pés — são feitos pelo Imperador; eu cá sou barão por unânime aclamação do povo.

Correu-me o dia todo cheio de facécias e risonhas impressões, sendo motivo de não poucas gargalhadas a perturbação do presidente da Câmara Municipal da então vila de Jundiaí, que nunca pôde acertar com os vivas que tinha de levantar e foi obrigado a lê-los num papel, a tremer como varas verdes. Adicione-se a isso casaca extraordinariamente grotesca e chapéu alto, canudo interminável, afinando para a copa, e ter-se-á idéia de nossa jovialidade, difícil de reprimir em seus ímpetos de expansão.

Na hospedaria da Ponte de Jundiaí havia péssimo e muito estragado pianinho de mesa, em que o Drago, amante, *sui generis*, da música e muito ancho da índole e educação artísticas, me fez tocar, extasiando-se da minha execução e da memória com que retinha muitos trechos de óperas.

Mostrava-se insaciável de ouvir mais este e mais aquele pedaço do repertório italiano, sobretudo dos velhos *spartitos* e das primeiras obras de Verdi, *Átila*,

Nabuco, *Ernani* e outras, cujas árias indicava com vozinha muito desafinada e fanhosa.

Não há dúvida, porém, que naquele dia eu me sentia todo ufano de tanto merecer a atenção e os gabos do comandante-chefe das forças em marcha para a província de Mato Grosso. Pobre Drago! Tanto me apreciou! Tanto me aplaudiu!

O tal Barão da Ponte tinha duas filhas, espécie de *maritorores* que faziam o serviço da casa, varriam a sala e arrumavam os quartos, Nhá Cula (diminutivo muito usado de Clotilde, no interior) a mais velha, magra e bastante feia, Nhá Bé (Isabel) gorduchona, alourada e mais apetitosa. Vinda a música de pancadaria, delicada atenção dos moradores da vila, armou-se um como que sarau, em que os oficiais apertavam deveras as duas beldades do local.

— Divirtam-se — avisava de vez em quando o barão, sentado em larga cama de palhinha, sempre a coçar os pés —, mas não me desrespeitem as meninas.

Num dos intervalos das danças, o major, comandante do contingente do batalhão vinte e um, velho desfrutável, toucado de peruca ruça, dirigiu-se com solenidade ao Coronel Drago e pediu-lhe licença para recitar um improviso.

Data venia, voltou-se para o mestre da música, detestável charanga, em que dominavam estrepitosos tiranos! os pratos e o bumbo, e disse-lhe: "Quando eu fizer sinal com este lenço — e desenrolou verdadeira bandeira vermelha toda maculada de rapé — rompa o Hino Nacional".

E lá foi para o meio da sala, levando ares de quem esperava dos céus condigna inspiração. Por vezes impôs silêncio por meio de *chios!* e gestos imperiosos, até que bradou com a voz forte:

> *Se estamos aqui reunidos*
> *Em solene ocasião*
> *É pra vingarmos, valentes,*
> *Pedro e a Constituição!*

E deu com o lenço, estourando o Hino aos aplausos estrondosos, de todos e sobretudo do Barão da Ponte. "O homem é *pueta*", berrava, "não há *dúbida!*"

Tocados alguns compassos, novo sinal do poeta pedindo atenção para mais quadrinhas, cada qual delas mais desconchavada e besta. Era de irresistível cômico.

A festinha, aliás, pouco durou. Às dez horas estávamos já deitados.

IX

NA MANHÃ seguinte o Drago deixou-nos e, seguido dos seus dois inseparáveis e dos ajudantes de ordens Nobre de Gusmão e Júlio Teixeira de Macedo, tocou rapidamente para Campinas, onde foi hospedar-se em casa de um fazendeiro, Duarte, chamado familiarmente Tico, e irmão do major fiscal do corpo de permanentes da Corte, que servira com o nosso chefe de então e tomara a peito fazer essa fineza ao seu comandante.

A força, ao chegar àquela cidade às onze horas de 15 de abril, foi acampar no pitoresco bairro de Santa Cruz, ao passo que nós, da Comissão de Engenheiros, dois capelães e outros oficiais de classes anexas nos hospedávamos em vários hotéis e casas de pensão.

Os nossos cômodos foram no hotel do francês Case, sito ao Largo da Matriz Nova; quatro de nós no corpo do estabelecimento, eu e o Chichorro numa dependência que, menos indulgentes, não teríamos, decerto, aceito. Quanto a mim, estava em idade de achar sal e atrativos em tudo, até em aposentos úmidos e inçados de grandes ratos; mas ainda hoje admiro a condescendência com que o meu velho companheiro aturava semelhantes acomodações, embora se queixasse a grande.

Comíamos à mesa redonda e, decerto, a alimentação, sobretudo após o tratamento do *Hotel de França* em São Paulo, deixava bastante a desejar. Entretanto, a Mme. Case fazia o que podia para nos agradar e servir bem.

Ah! aquele tempo de Campinas, aqueles dois meses de estada, de 15 de abril a 20 de junho, aqueles sessenta e seis dias constituem um dos mais alegres e divertidos períodos da minha existência e de todos que tomaram parte na sucessão de jantares, partidas, piqueniques, festas, bailes e regabofes a se prenderem, uns aos outros, e sem nos deixar um momento de folga.

Parecia que a sorte tomara a peito nos fartar de quanto divertimento pudesse haver, no vestíbulo daquelas grandes cenas de penúria, misérias, desgraças e horrores destinadas, em seu conjunto, àquela infeliz expedição. A tal ponto chegaram as coisas, que os jornais do Rio de Janeiro e a opinião pública, agitada pelos desafetos do Drago, começaram a falar abertamente nas novas delícias de Cápua.

Houve, decerto, exagero; mas não há dúvida, gastou-se inutilmente tempo bastante precioso, começando a mostrar-se o nosso chefe de todo impróprio para as coisas grandes e sérias.

Em vez de marchar, com o seu estado-maior, diretamente para Cuiabá a levantar o moral da mísera província de Mato Grosso, então em grandes áreas ocupada por forças paraguaias, conforme lealmente lhe aconselhava o Miranda Reis, aproveitava qualquer pretexto a esperar esta e mais aquela repartição, para ir-se deixar ficando no círculo de senhoras de boa sociedade, ricas, bonitas e moças, que constituíra em torno de si.

Nós da Comissão de Engenheiros desfrutávamos em regra as vantagens daquela demora, envolvidos como estávamos em todas as festas e bailes, tornando-se saliente o apreço que merecíamos do *high life* campineiro pela nossa educação e comedimento.

Até o Chichorro, apesar de toda a gravidade e até rispidez de princípios, acompanhava-nos nas escapadas que fazíamos, quase todas, aliás, inocentes, e metia-se nas intrigas de namoro e *flirt* com as mais belas moças de Campinas.

Duas, principalmente, sobrelevavam a todas as mais, e por esta razão lhes chamávamos, simbolicamente, *o Sol* e a *Lua*. Esta, muito meiga de fisionomia, merecia do Chichorro simpatias tão especiais que sorriu ao espírito do pobrezinho idéia de casamento.

— É moça de muito juízo — dizia-me certo dia —, quer-me muito bem e não se importa com os *beldroegas*.

No próximo baile, tirei a prova. "Você com quem dança agora?", perguntei-lhe. "Com a Lua." "Não é possível", repliquei, "com ela danço eu." "Pois, não sei, arranja-se; esta é matemática."

Por pirraça e malícia, preguei-lhe formidável hipótese, por sinal que durante a quadrilha recebi duas folhazinhas de camélia, desenhando depois no meu álbum de campanha e ainda hoje em meu poder, secas, quebradiças, quase sem mais forma, passados já quase vinte e sete anos!

Como o coitado do velhote lhe pedisse, todo enfarruscado, explicações, respondeu-lhe a *Lua* com espírito: "Não, Sr. Chichorro, a quadrilha matemática não era esta, e sim a última". Dançaram, com efeito, juntos; mas, ao passar por perto, disse-me a moça com inefável sorriso: "Assim, não levo tantas saudades desta noite. A tal *matemática* pôs muita água na fervura".

Era o *Sol* tipo totalmente diferente: cabelos negros, olhos pretos cintilantes, boca pequena, dentes esplêndidos, muita vivacidade na conversação, desejo incessante de aparecer, impor-se, mostrar leitura e até erudição. Daí certa maldade e malcontido furor, logo que suspeitava competência de qualquer outra mulher.

Como entre as duas *mon coeur balançait*, não raro suportei os contrachoques de mau humor que, aliás, durava pouco e facilmente se dissipava, mal lhe murmurava eu alguns elogios e protestos. Pouco depois da nossa partida de Campinas tive contudo ocasião de verificar quanto era sincera na afeição e no arrastamento, ao passo que a *Lua*, contra todas as tradições de Diana, estava a duas amarras e *flirtava* com todo o jeito e hipocrisia como emérita *coquette*.

Quem diria? Feição tão cândida e inocente, tanta modéstia, ares tão esquivos e pudicos!...

X

Nesse tempo, tinha eu muita vaidade do meu físico, dos meus cabelos encaracolados, do meu porte, muita satisfação, enfim, do meu todo e para tanto concorriam, muito, os elogios que recebia à queima-roupa. Um fotógrafo de Campinas, o sueco Henrique Rosen, homem todo fogo e explosão sob os seus gelos setentrionais, tinha por mim verdadeiro entusiasmo:

— Tal qual Carlos XII — exclamava a cada momento. — Este Taunay há de fazer grandes coisas!

E admirava tudo, os meus brindes, o meu piano, os triunfos de salão, o modo de olhar, de andar.

Curiosa figura a deste filho do Norte! Saíra da pátria por diabruras da mocidade; mas, estabelecido em Campinas, trabalhara com perseverança, merecendo durante longos anos a estima e a confiança de todos. Pôde, afinal, voltar com alguma fortuna para a Suécia, onde foi feito cônsul geral do Brasil em Estocolmo (e onde faleceu a 5 de janeiro de 1892). Acredito que, com relação ao Taunay, ficou bem convencido que errara no vaticínio.

Verdade é que a sorte, depois de me ter ajudado alguns anos, transformou tanto as coisas desta nossa terra, que nela não há mais carreira possível.

Outro grande entusiasta meu era um fazendeiro: Prudente Pires Monteiro, espécie de caipira engraçado, que morava nos arredores de Campinas e mantinha uma propriedadezinha de umas 1000 a 1500 arrobas de café por ano — mais sitiante do que fazendeiro.

Estava eu, um dia, tocando piano, quando alguém entrou e, em voz estentórica, perguntou:

— Quem é um tal engenheiro, de quem tanto se fala, muito bonito, muito isto, muito aquilo? Vim de *perpósito* para conhecer essa jóia.

E como eu voltasse surpreso a cabeça, atirou-se a mim. "Já achei, é o Senhor. Ora venha cá para a luz. Quero vê-lo bem, pois tenho de contar à *muié*, a minha Márcia, como é feito."

E no meio das risadas de todos os presentes, levou-me um tanto à força para defronte de uma janela:

— Ué — exclamou piscando os olhos —, tem menos bigodeira que a *muié*! Pois, meus Senhores, o rapaz é bonito, não há dúvida, mas isto não é razão para que as moças não queiram mais o velho caipira. Estão já acostumadas comigo.

Depois de semelhante *intróito*, claro está que Prudente Pires Monteiro tornou-se nosso comensal. De contínuo vinham, ele e o Rosen, jantar e passear com os moços engenheiros. Quantas boas gargalhadas, no dia em que fomos, todos a cavalo, passar umas horas na fazendola do alegre conviva!

O jantar distinguiu-se por enorme e gostoso cozido e um peru que Lago, o eterno apreciador daquela ave, comeu com unção e enternecimento.

Aí vimos a D. Márcia, verificando *de visu* a importância dos bigodes que lhe revestiam o lábio superior.

— Vocês não brinquem com a *muié* — avisava todo ufano o Prudente —, é mais valente que a padeira de Aljubarrota e não precisa de pá. Tem a mão!

Excelente era esta senhora que educava, com maternal carinho, três ou quatro pretinhas horrendas, cloranêmicas, e que tinham professores de francês e de piano.

Por esse tempo tiramos a fotografia da nossa Comissão, grupo que tenho agora mesmo diante dos olhos, pela fixidez da cor honra os trabalhos de Henrique Rosen. Tantos anos já passaram!

Em torno de uma mesa em que estão estendidos mapas, nós todos como que ocupados no estudo das regiões que a expedição devia percorrer.

Miranda Reis, ao centro com as divisas de tenente-coronel, bem à mostra — na frente, à esquerda, Lago; à direita o calvo Chichorro, ambos bem concentrados no seu papel, Fragoso, ao lado deste, pelo contrário, a fitar para o ar, como que meditando graves problemas de transcendente matemática; por trás, de pé, eu, um tanto penso sobre a mesa, Barbosa, meio apagado, e Catão, completamente alheio a tudo, o que deu causa a inúmeras *caçoadas*.

Quando esta fotografia circulou pelas boas rodas de Campinas, uma senhora exclamou: "O Taunay parece o Menino Jesus no meio dos doutores!"

E o dito teve muita aceitação e a ele abertamente se aludia nos jogos de prenda, que brincávamos todas as noites, aguçando o espírito nosso e de bonitas moças, que se iam desembaraçando, naquela convivência viva e animada, mas sempre dentro das normas do respeito que caracteriza a boa sociedade.

Se houve incidentes mais significativos e de conseqüências práticas, tal sigilo os rodeou, que nenhuma desconfiança ou escândalo suscitaram e a discrição dos que neles puderam ter figurado nada deixou transpirar, tanto mais quanto a vigilância se exercia aguçada e contínua, não raro bastante inconveniente.

Na nossa dependência do estabelecimento, eu e o Chichorro, rusgávamos a valer um com o outro, ele quase sempre zangado seriamente com a minha contínua alacridade e disposição para rir e brincar, a armar grandes ratoeiras para as ratazanas que nos infestavam os quartos e até subiam nas nossas camas.

À noite, o barulho era infernal. Em certa ocasião, acordei aterrado com os gritos horríveis que soltava o meu companheiro. Atirei-me a ele e acordei-o.

— Que pesadelo medonho — gemeu quando pôde falar.

— Mas que foi? — perguntei.

— Um sonho atroz! Estava lendo um livro riquíssimo, todo adornado de finíssimas gravuras, quando, vindo não sei de onde, nele caiu uma gota de café!

E isto, alta noite, fez dar boas gargalhadas. Noutro pesadelo, que também provocou urros de acordar um surdo, a causa era não ter sido possível encontrar o barrete de dormir, que lhe estava, contudo, enfiado à cabeça.

Ia, entretanto, o tempo correndo, os dias juntando-se aos dias, haviam chegado as repartições tão esperadas, da pagadoria e fiscal, e cessado os motivos reais ou os pretextos de nossa interminável parada em Campinas. Marcou, pois, o Coronel Drago o dia da partida, sucedendo-se com verdadeira vertigem os bailes e saraus, uns após outros.

Por ocasião do último, oferecido, se bem que me lembro, pela Câmara Municipal, e que esteve brilhantíssimo, ocorreu entre mim e o Chichorro um episodiozinho que ainda agora me faz sorrir. Debalde procurara eu nas lojas da cidade um par de botinas Méliés, menos previdente que o outro de posse já de umas compradas com antecedência.

— Só sinto — disse-me mostrando-as com orgulho e para meter-me figas — não sejam de verniz.

Acudiu-me mistificadora lembrança. "Pois tudo pode conciliar-se", repliquei; "tenho um par, novozinho envernizado, mas que me aperta muito os pés. Troquemos".

E mostrei-lhe o tal par, comprado no Rio de Janeiro, mas de um preparado de borracha e que não saíra ainda da mala. Nem de propósito, caíram no goto do Chichorro e assentaram-lhe às mil maravilhas.

— É singular — resmungava com desconfiança —, que verniz particular. Mas não há dúvida, são novinhas!

E lá fomos para o baile, eu nos legítimos e macios Méliés, o Chichorro no tal preparado de borracha.

Tudo corria otimamente, embora de vez em quando o homem me observasse: "Que diabo de botinas você me deu! Estou sentindo um calor nos pés!..."

Não pude então conter-me e fui avisar uma das moças mais sacudidas da nossa roda. "Parece-me que o Chichorro veio ao baile com sapatos de borracha."

A interpelação foi imediata. "Ó sr. Chichorro", perguntou-lhe ela, "o sr. quando anda não faz barulho; isto só de fantasma ou de quem pôs sapatos de borracha".

O pobre enfiou e começou a examinar a um canto da sala o calçado, batendo com o pé no chão, a ver se produzia algum ruído. Impagável!

Também, incontinenti, retirou-se do baile e — coisa curiosa — quando, de volta ao quarto, supus encontrá-lo fulo de raiva, achei-o a rir silenciosamente da engazopadela.

— Passe para cá os meus Méliés.

E repetia a célebre sentença: "Culpa não tem você; culpa tem o governo que manda crianças para Comissões de gente séria!"

Saímos afinal de Campinas no dia aprazado, às 10, ½ horas do dia 20 de junho de 1865. Toda a população se pôs às janelas para ver o desfilar do estado-maior, do Drago e seus oficiais, e em muitos e bonitos rostos femininos havia sinais de lágrimas bem sentidas, bem sinceras!...

Quanto a mim, ficara no hotel, furioso, desesperado, sem saber que resolução tomar. Mas por quê? É o que referirei no próximo capítulo, o qual, por cima, levará especial rubrica.

XI

CAMPANHA DE UM BURRO

Já CONTEI que, em São Paulo, entrara na posse de bonita besta tordilho-queimada, a que dera o nome de D. Branca. Na estada de Campinas era um dos meus desvanecimentos montar naquele vistoso animal e passar todo ufano, nas tardes propícias, pelas ruas da cidade e sob os olhares das belas.

Tratava-a o meu camarada com cuidados enternecedores, de modo que andava sempre lavada, escovadinha e de pêlo macio como cavalgadura de estimação. Também eu a pusera numa estrebaria da cidade e permitira o zeloso soldado vir tomar suas refeições no hotel do Case. O homem conquistara-me o apreço e a confiança completa.

Na véspera da partida, dei-lhe minuciosas instruções, a hora em que devia vir acordar-me, arrumar as bagagens e trazer-me a D. Branca, arreada e prestes para a viagem. Acordado bem cedo, e de malas prontas e fechadas, pus-me a esperar, esperar; a princípio paciente, depois inquieto e assustado.

Vi partir os colegas todos e, às 11 horas, tive a dolorosa certeza que o miserável camarada desertara de madrugada, apropriando-se da formosa e tão cuidada D. Branca!

Um viajante, chegado ao hotel, encontrara um soldado cavalgando uma besta alta, esbelta, cujos sinais, em seu conjunto, não deixavam mais dúvida possível. Alcançara já Indaiatuba, a meio caminho de Campinas a Itu, e, nesse mesmo dia, deveria chegar àquela cidade, distante nove léguas!

Que providências tomar? Que expediente abraçar? Como sair daquela repentina dificuldade? Na lufa-lufa da partida, quando todos só tratavam de si, que ordens dar ou fazer dar para punição do culpado, para a sua captura e reconquista da minha propriedade?

Estava a contar o meu desastre a um sujeito vestido à mineira, quando este de súbito me propôs: "Quer o sr. um animal que o leve a Mato Grosso e de lá o traga? É feio, mas excelente. Eis o que o pode tirar desta *entrosga*". E mostrou-me o burro em que viera montado. "E quanto pede, encilhado como está?", perguntei-lhe. "Último preço, prontinho, cento e quarenta mil réis."

Fiquei perplexo; mas meu primo Alexandre de Escragnolle, chegado havia dias do Rio de Janeiro, empernou logo o bicho e, depois de algumas voltas, aconselhou-me vivamente que fechasse o negócio.

Dito e feito.

E eis-me afinal, depois de horas de verdadeira angústia, a caminho, encontrando por toda a estrada vestígios da desordem que presidia a esta primeira marcha, soldados atrasados, cargueiros em disparada ou a pastarem ao lado de bagagens arrombadas, e fardos estripados, um mundo de mulheres e crianças por toda a parte, encetando às tontas penosa e longínqua viagem, carros e animais atolados, enfim todas as mostras da falta de um complexo de providências bem-combinadas e ativamente fiscalizadas até completa e boa execução.

Ia eu pensando em tudo isto e na diversidade dos dias, tão diferentes uns dos outros. Na véspera, com efeito, tanta alegria, tanta animação!... O nosso hospedeiro, José Case, oferecera-nos grande banquete de despedida, no qual reinara a maior cordialidade, presentes todos os nossos conhecidos, o Rosen, Prudente e outros.

O brinde do nosso anfitrião fora esplêndido, num português impossível e inçado dos mais extravagantes cacófatos.

Salvava tudo a intenção — homenagem à sisudez e boa educação do que havíamos dado sempre as mais completas provas. E, com efeito, difícil era encontrar no modo de proceder de todos nós, da Comissão de Engenheiros, qualquer motivo de censura ou simples reparo na exatidão das contas, condescendência e igualdade de gênio.

Findo o banquete, às 11 horas da noite, déramos um passeio pelas ruas de Campinas, e os ditos de espírito mais ou menos felizes não cessavam, sobrelevando a todos o velho Prudente Pires Monteiro, cuja *verve* era inesgotável.

Nisso cruzou os céus brilhantíssimo bólide, que iluminou de repente todos os espaços. Houve um instante de estupefação. "Lá vai a expedição de Mato Grosso!", gritou o Rosen com o seu entusiasmo escandinavo. Palavras não eram ditas, e o bólide arrebentou como um jacto de luz enorme, a que sucederam intensíssimas trevas, deixando a todos nós conturbados e apreensivos. Não nos parecera o presságio favorável.

E logo depois, apenas decorridas poucas horas, aquela deserção do camarada, as mais inesperadas complicações, meu bom animal perdido, quando muita coisa, nessas longas jornadas pelo interior, depende da posse de montaria de confiança.

Que seria esse Paissandu? E por que esse apelido? "Chame-o Paissandu", dissera o mineiro guardando os cento e quarenta mil réis na carteira. "Ele já conhece o nome. É bicho esperto como poucos. Vá sem susto. O sr. nunca se arrependerá desta compra".

Jamais me arrependi, com efeito.

Desde o princípio dei-me por satisfeito com a sua andadura e vivacidade, mas desde logo também fiquei a par dos seus sestros de reparador e *passarinheiro*.

Girava, nesses casos com tal rapidez e tão de abrupto sobre as patas traseiras, que não havia como me agüentar em sela. Verdade é que, por delicada e louvável cautela, sempre me atirava ao chão em lugares mais ou menos macios, de areia ou relva.

Numa feita, esse gracejo *burrático* tomou mais desairoso vulto. Numa parada geral das forças em Uberaba, vendo toda a soldadesca formada, eu no estado-maior do Drago, zás! fez repentina meia volta e jogou-me redondamente em terra, ao passo que a minha espada, voando da bainha, foi fincar-se distante, a oscilar como se fora flecha vibrada de vigoroso e atlético arco. Eu mesmo não pude deixar de rir-me, embora lívido de furor e vexame.

Por castigo, o meu camarada, Floriano Alves dos Santos, que substituíra o desertor e sempre me serviu com extraordinária fidelidade e inexcedível dedicação, deu, nos dias subseqüentes, formidáveis tundas ao caprichoso Paissandu, para ensinar-lhe a não "se meter a sebo", em momentos aparatosos.

Sem maior novidade foi ele prestando serviços até o Coxim, mostrando mais qualidades do que defeitos, ainda que sempre disposto a me dar a pouco agradável novidade de ir subitamente ao chão, quando menos cuidava. Confesso, porém, que não se afastava nunca, esperando com toda a longanimidade que eu cavalgasse de novo.

No Coxim começou a lavrar a terrível epizootia — *peste de cadeiras* — nada mais, nada menos que o beribéri dos muares — e quando todos os cavalos, bestas e burros morriam logo do primeiro assalto da enfermidade e aos centos, Paissandu mostrava-se gordo e bem disposto, amável com todos e intrometido a ponto de causar incômodo.

Costumava arrebentar as alças da minha barraca e introduzir a feia, mas simpática carantonha e o inteligente focinho, quase até à minha cama.

— Que bicho sem-vergonha — bradava a cada instante o Floriano, enxotando-o depois de algum furto mais sensível, alguma espiga de milho, panos de cozinha e até grandes pedaços de jornal roto. Tudo comia, tudo lhe sabia bem! Não rejeitava coisa alguma!

Na travessia do Coxim aos Morros, passando por pantanais quase intransitáveis, foi o seu procedimento admirável, acima de todo o elogio. Impossível era ter-se cavalgadura mais firme, mais dócil e valente ao vencer terríveis tremedais, corixas, lameiros, espinhais entrançados de taquaríssima, subidas e descidas de morros pedregosos e semeados de estrepes e raízes.

Nestas ocasiões difíceis e de séria responsabilidade, não o faria um cadáver de elefante desviar-se uma linha do caminho praticável ou mostrar qualquer sombra de receio.

Não *passarinhava* senão por distração nos lugares em que, sem maiores inconvenientes, podia derrubar o dono e contemplá-lo de papo para o ar.

Boa temporada a dos Morros! De esplêndidos pastos e espaçado descanso fartou-se o meu bicharoco; do mesmo modo em Nioaque, na colônia de Miranda e invasão do Paraguai até a Laguna. Na tomada da Machorra meti-o num canavial enorme e em Bela Vista empanturrei-o de abóboras. Estava com uma barriga indecente e satisfeitíssimo da vida, um dos raríssimos que haviam atravessado, incólumes, a devastadora e impiedosa *peste das cadeiras*.

Desde os começos da nossa retirada em 1867, notei que Paissandu tinha muito pouca predileção pelo tiroteio e achava bem desarmoniosa a música que tanto agradava aos ouvidos de Carlos XII.

De cada vez que o queria levar ao fogo, mostrava-se rebelde, empacador e em extremo duro de queixo, o que era bem natural com a sua índole *Sanchopânsica*. Como no dia 8 de maio tomáramos ao inimigo alguns cavalos, escolhi um dos melhores, e cavalgando-o entreguei Paissandu ao camarada do Catão Roxo, Carneiro Leão, para levá-lo a coberto, pela soga.

No dia 9, dando-se forte canhoneio, assustou-se o burro mais do que convinha, esticou quanto pôde a corda, conseguiu desembaraçar-se do cabresto e disparou, todo assombrado, pelo campo afora. Dali a nada, eu mesmo vi um cavalheiro paraguaio atirar-lhe o laço, fazê-lo estacar e, apesar das balas, levá-lo como boa e legítima presa.

Foi a última vez que pus os olhos em Paissandu. Acredito, contudo, que os seus trabalhos de guerra ainda continuaram, modificado de modo bem sensível o tratamento que merecera até o dia fatal do seu aprisionamento em combate. Pelo menos lhe resta esta glória.

Não tardou o cavalo, que eu tomara, a cansar e, dias depois, tive de comprar por trezentos mil réis um besta baia a um alferes Silva, que cognomináramos *Estigarribia*, por ter sido o portador da notícia da rendição de Uruguaiana.

Foi também ótima aquisição, pois neste animal fiz toda a retirada e parte da viagem de regresso. Só afrouxou perto da freguesia de São Francisco de Sales, onde o deixei ao entrar na província de Minas Gerais, quando voltava ao Rio de Janeiro com as comunicações oficiais da invasão do

Paraguai e da retirada, a que fôramos obrigados pelo império das circunstâncias.

Pobre e bom Paissandu! Parece-me, ao escrever estas linhas, vê-lo na última travessura que o tirou do meu poder, a correr vertiginosamente pela campina, até que o laço do peão paraguaio súbito lhe cortou a desesperada carreira.

Que valentes espáduas, que pá de pescoço fornida e grossa, que bela musculatura, que anca roliça e luzidia! Bonito, não era; nada tinha de bonito, com o pêlo de rato, muito escuro, puxando para o preto, do lado da cabeça e nos pés e pernas, pêlo disposto sempre a crescer demais e sempre rebelde à escova, com o focinho malfeito, narinas demasiado abertas e compridas orelhas que batiam compasso na andadura de marcha.

Era, como cavalgadura, inexcedível quando tinha de transpor lamaçais, caldeirões, rios e vaus e outros tropeços dos longos e nunca, nunca, tratados caminhos do interior. Punha-lhe as rédeas ao pescoço e atracava-me, como um macaco, ao selim.

Eram, então, de ver-se e admirar-se a prudência com que sondava o terreno e, uma vez enterrado no lodaçal, ou metido dentro d'água, a energia com que neles se portava e os arrancos que dava a fim de se safar depressa e sem avarias para si e para o cavaleiro. Nunca, nestes passos arriscados, desmereceu da confiança com que se sentia honrado.

Em suma, muito ao acaso consegui ter comigo naquela imensa viagem toda, de Campinas ao fundo de Mato Grosso e à fronteira do Apa com o Paraguai, dois elementos de grande simplificação, excelente camarada, o Floriano, e ótimo animal de sela, o Paissandu.

XII

Saídas as forças expedicionárias de Campinas, a 20 de junho e regularizadas as condições de marcha que nos obrigavam a viagens demasiado curtas cada dia, às vezes pouco mais de légua, fomos indo, deixando desertores em quase todos os pousos.

A idéia predominante era que jamais poderíamos alcançar Mato Grosso, tantas dificuldades se haviam de opor ao cometimento. Incessantes e acaloradas eram as discussões no círculo dos oficiais, médicos e engenheiros. Também da repartição de saúde haviam ficado em Campinas dois primeiros cirurgiões, ou desanimados dos trabalhos que teriam de suportar ou, na realidade, por doença, conforme alegavam.

— É impossível chegarmos — dizia de contínuo o Dr..., ardente nesta propaganda —, conheço a geografia do meu país.

— Mas como faziam os portugueses no século passado e mesmo neste? — objetava eu. — Os empecilhos deviam ainda ser mais poderosos do que agora. E as *bandeiras* dos paulistas? Valeremos menos do que essa gente?

Desde os começos do comando, infelizmente mostrou, à evidência, o Coronel Drago que não estava à altura da Comissão, decerto espinhosa mas também cheia de glórias, que tinha de desempenhar. Tudo era pretexto para demoras e adiamentos.

Parecia dos primeiros a acreditar na impraticabilidade ou na inconveniência daquela expedição militar, embora não costumasse pronunciar-se e tivesse natural discrição.

A pouco e pouco, fora descendo no conceito geral, em lugar de ter sabido aproveitar o incontrastável prestígio com que viera da Corte e tomara a direção suprema das tropas expedicionárias.

Viam-no demasiado ocupado com futilidades, como que arredando, propositalmente, as vistas do único objetivo que devera ter sempre presente: — levar à desgraçada província de Mato Grosso pronto socorro moral e material, desalojando de lá, com os recursos que reunisse, o audaz invasor.

Em extremo censurador, pretendia constituir-se autoridade e árbitro, em coisas bem somenos e impróprias, sobretudo naquele crítico período da vida brasileira, como fossem questões de modas e assuntos mulherengos.

Chegava a gabar-se de ter, em Campinas, cortado vestidos para as senhoras se apresentarem aos bailes. Quando discutia música, ou antes falava de música, tomava tom todo dogmático, apoiando os dizeres em trechos cantados com vozinha fina, de nariz e desafinada.

De fundo infantil, o seu caráter mostrava falhas sensíveis, ainda que o dominasse dignidade instintiva e certo orgulho capaz de fazer frente a muitas contrariedades e vicissitudes, do que deu provas depois, quando, de todo, a fortuna lhe virou as costas, para todo o sempre, e o entregou aos próprios e parcos recursos.

Sinto certo acanhamento ao emitir estes conceitos em relação à pessoa que sempre me mostrou estima e a quem, por isto, meus pais e minha família tanto se afeiçoaram, mas, que fazer? esta é a verdade! E os fatos posteriores, a ida ao Paraguai com o Marquês de Caxias, o forçaram a pedir reforma, com a graduação de brigadeiro.

Era o Coronel Manuel Pedro Drago com extremo alto e magro. Encanecera bastante moço, de modo que causava simpática estranheza o contraste da pele fina, dos olhos negros e vivos e do frescor da cútis, com os cabelos, a barba e os bigodes muito alvos e sempre tratados com apurado esmero.

Faleceu, no Rio de Janeiro, a 12 de abril de 1882, do desgosto de perder adorada filha, operada pelo médico francês Dr. Fort, o que motivou a mais dolorosa polêmica entre o malferido e inconsolável pai e o talentoso, embora charlatanesco cirurgião.

Continuemos, porém.

No dia 24 de junho atravessamos a cidade do Mojimirim, naquele tempo bem atrasada, e fomos acampar meia légua além, no lugar chamado Tucura.

E assinalo a data porque ali ocorreram dois episódios que não deixaram de ter o seu sal. O primeiro produzido pela visita de dois sujeitos que vieram cumprimentar o comandante-chefe e o seu estado-maior, tipos únicos no mundo pelos modos, trajar, solenidade de que se revestiam e bestidade de que deram exuberantes provas.

Um, conforme a profissão de fé que fez, era o sr. subdelegado; outro simples sapateiro, este mais modestamente vestido, mas aquele com umas calças de ganga, botas, casaca fusiforme, de estupendo talho, e um chapéu... que chapéu! verdadeira torre, de pêlo ruço e abas muito estreitas.

Tão singular e estrambótica figura, que os soldados não puderam conter-se e atiraram-lhe engraçadas chufas. "Ó amigo, quando esta casaca parir, mande-nos o filhote." "Olhe a cartola!... Está caindo!... Bravos, a chaminé." E outros ditérios, que em nada alteraram a satisfeita serenidade dos dois exóticos visitantes.

À tarde, quando íamos comer o nosso singelo *rancho*, eis que apareceu uma comissão dos moradores da cidade, convidando os oficiais a um chá ajantarado — foi essa a denominação que empregaram.

Em geral, tratamos de honrar o que tínhamos diante de nós; mas o Chichorro, grande comilão, ainda que magro e todo chupado, guardou o apetite inteirinho para a anunciada refeição. "Vocês perdem bela ocasião", dizia-nos; "haverá pelo menos peru e presunto — pelo menos, observem bem!"

Às sete horas da noite estávamos no ponto de reunião. Ofereceram-nos cerveja. "Excelente aperitivo", exclamou o Chichorro, "mas de que não preciso, porque estou com o estômago a rugir de fome!" E toca a esperar!

Só às nove horas nos fizeram entrar numa sala interna, de telha-vã, e aí a decepção do faminto colega tomou proporções enormes e manifestou-se de modo violento diante de uma mesa com meia dúzia de pratos de biscoitos secos e dois alentados bules, um de chá, outro de mate. "Infames!", resmungava alto o Chichorro atirando-se possesso aos pratos, "fazerem-me jantar sequilhos!"

E engolia à pressa aqueles incongruentes alimentos, tão diversos do suculento peru e do presunto com que havia sonhado.

Em certo ponto da tal merenda, o major-poeta da Ponte de Jundiaí, alçando um copo de cerveja nacional, reclamou silêncio. Esperávamos o improviso já ouvido, mas dessa vez a inspiração contentou-se modestamente com simples prosa.

— Estavam — começou, usando estilo bucólico — dois passarinhos trinando alegres e descuidosos, pousados num mesmo ramo; aí veio um caçador, apontou sem piedade a arma e *pum!* feriu-os de morte. Assim também, senhores, era o Brasil, quando o tirano López à falsa fé o atacou.

— Que burro, que asno! — murmurava o Chichorro atulhando-se de biscoitos e já na terceira xícara de chá, enquanto o major prosseguia nas suas asneiras. Quem o aplaudia com estrepitoso entusiasmo era um tenente de voluntários, sujeito desbriado, que depois andou envolvido em bandalheiras de dinheiro, embora apregoasse sempre que, certo dia, achara num *cerrado* um animal extraviado com muitos contos de réis da pagadoria e o fora levar a bom recato.

Esse sujeito, já tomado pela muita cerveja que engolira, mal o major terminou o bestialógico, pediu estentoricamente a palavra. "Meus Senhores", berrou todo fora de si, "o discurso do meu ilustre chefe e amigo muito me abalou. Inspirado por ele acabo de improvisar versos, que não me parecem maus. Aí vão eles:

Os anjos lá no céu
Cantam glórias a Deus.
Cos meus botões eu digo:
López há de ser meu."

E por obrigação da rima escancarou a boca mais sem-vergonha do universo no *méu*.

Escusado é dizer-se que o Chichorro da Gama saiu da festa furioso, arquifurioso. "Devia-se", dizia-me à volta para o acampamento, a pé e por noite escuríssima, "contar na Imprensa o que foi a tal recepção de Mojimirim. Uma vergonha! Miseráveis, quase me mataram à fome".

XIII

E ASSIM seguíamos caminho de Uberaba e marchando, portanto, sempre ao Norte; eu muito enlevado de tudo quanto via, das paisagens, das correntes d'água, dos pousos dos tropeiros, dos bandos de pombas ou de papagaios e periquitos, da gente que íamos encontrando, das boiadas que vinham de Goiás, tomando muita nota, tirando algumas vistas e todo entregue ao prazer de viajar e de sentir-me cheio de seiva, alegria e mocidade.

Que belas perspectivas apreciei no serrote de Mato Grosso, perto da cidade de Franca! Que ar puríssimo no planalto em que se estava, naquele ano, fundando uma povoaçãozinha!

Com a educação artística que recebera de meu pai, acostumado desde pequeno a vê-lo extasiar-se diante dos esplendores da natureza brasileira, era eu o único dentre os companheiros, e portanto de toda a força expedicionária, que ia olhando para os encantos dos grandes quadros naturais e lhes dando o devido apreço. Como achei majestoso o Rio Grande, divisa de São Paulo e Minas, o copioso contingente do Paraná!

Quanto me impressionou aquela solene massa d'água a demandar, no incessante movimento, os longínquos espaços que tinha de percorrer, ao estuário do Prata e ao oceano, engrossado por milhares de afluentes, ele mesmo devorado, absorvido por outro rio ainda maior, muito maior!...

Que agradável emoção me causou a vista do primeiro *buriti*, um dos mais belos e ricos ornamentos do sertão! E para cá da margem esquerda do Rio Grande umas cinco léguas. Marquei o dia e a hora em que meus olhos pela primeira vez pousaram naquela elegantíssima *Mauritia vinifera*. Entretanto, há ainda palmeira mais ostentosa, mais soberba, o *suaçu*, incomparável por um sem-número de razões, sem falar na folhagem prateada, por baixo, de maneira que, agitados os folíolos, por qualquer brisa, ao sol, o espetáculo é estupendo.

Quantos encantos para o artista, o naturalista, o amante da Natureza virgem nessas viagens bem longe, bem longe!

Procurei, conscienciosamente, no meu romance *Inocência*, dar alguma idéia daqueles maravilhosos atrativos, daquela íntima e irresistível sedução; mas fiquei muito aquém das mais sinceras intenções e dos mais leais esforços.

Aliás, é tão difícil! Nem os maiores e mais hábeis paisagistas poderiam reproduzir as grandiosas cenas do interior do Brasil: a majestade da solidão, a solene e acabrunhadora serenidade do deserto, não árido e desolado, mas cheio de bulício íntimo, cortado de inúmeros regatos, córregos, ribeirões e possantes rios, semeado de flores, animado por um sem-número de pássaros, aves e animais de pequeno e grande viso, estes no geral esquivos e que mal se enxergam escondidos nas matas e capões, deserto inçado de cobras, perigosas e de veneno virulentíssimo, cascavéis, jararacuçus, urutus, e outras, mas todas ariscas, fugitivas e que só causam dano, então gravíssimo, quando se tenha a infelicidade de pisá-las e magoá-las.

Até Uberaba, mesmo naquele ano de 1865, não havia sertão; todo o caminho tinha ao longo, à direita e à esquerda, mais ou menos próximas, casas, habitações e rancharias. Nelas tomávamos refeições às vezes bem abundantes e até de saboroso condimento, galinhas, ovos, lombo de porco, ervas à mineira, feijão-cavalo, arroz e farinha de milho.

À sobremesa, broas, bolos ou simplesmente rapadura, o que tudo pagávamos barato, mil, mil e quinhentos ou dois mil réis por pessoa. Freqüentemente também comprávamos a umas mulheres velhas, gordas e barrigudas, umas espécies de *pães-de-ló* ou então sequilhos e um biscoito feito com ovos e conhecido por *brevidade*, de fato gostosos, e que deglutíamos com rapidez.

No dia 18 de julho chegamos à cidade de Uberaba. Quase quatro meses para vencermos noventa e três léguas, que tantas há entre Santos e aquele ponto!... Nesse andar, quanto tempo levaríamos para atingir Mato Grosso?

Ainda em Uberaba outra longa parada de quarenta e sete dias, não sei mais por que razão. Como havia por ali péssimo e desconjuntado piano, ia eu tocar o que podia, aproveitando as notas que dessem algum som.

Deveras, era preciso muito amor à arte para tentar em Uberaba galantear com damas acanhadíssimas, mal-amanhadas e, por cima, rigorosamente espionadas e guardadas à vista.

Labor improbus omnia vincit, e, por isto, chegou-se a murmurejar acerca de aventuras galantes e janelas puladas alta noite.

XIV

Em Uberaba comecei a redigir o *Relatório Geral da Comissão de Engenheiros*, reunindo as notas que os colegas me entregavam e afinal deixaram de ministrar-me, o que se tornou mais cômodo para mim e para eles. Aos meus cuidados ficou tudo entregue.

Sofrera nossa Comissão não pequenas alterações. Primeiro que tudo perdera o chefe José de Miranda da Silva Reis ou antes, conforme não dispensava na assinatura, Tenente-Coronel *Bacharel* José de Miranda da Silva Reis, transferido como fora, por determinação do Governo Imperial, para o cargo de assistente do ajudante-general e substituído pelo Tenente-Coronel Juvêncio Manuel Cabral de Meneses.

Muito sentimos essa deslocação; e o nosso pesar concorreu para que fizéssemos acolhimento sobremaneira frio ao nosso novo chefe.

Viera acompanhado de mais dois oficiais destinados a reforçarem a Comissão de Engenheiros; os Tenentes de Artilharia João Tomás de Cantuária, bom companheiro, embora de gênio sombrio, um tanto fantástico, sobretudo desigual, e de Estado-Maior de Primeira Classe Capitolino Peregrino Severiano da Cunha.

Deviam as forças expedicionárias receber em Uberaba importante contingente da Guarda Nacional, convocada pelo presidente de Minas Gerais, naquele ponto central.

Parece que chegaram a reunir-se cento e vinte, senão mais, cidadãos, dispostos, na aparência, a arrostar todas as peripécias da guerra e só pelo fato da apresentação considerados outros tantos heróis, já imortais, pelo jornalismo mineiro.

À medida, porém, que nos íamos aproximando do núcleo de convocação, as deserções se acentuavam do modo mais significativo, pondo cada qual em prática o rifão muito em voga, naqueles tempos da Campanha do Paraguai: "*Deus é grande, mas o mato ainda maior!*"

No dia da nossa entrada e da passagem da artilharia pela cidade, umas doze peças de calibre quatro La Hitte, escafederam-se nada menos de vinte guardas nacionais aquartelados havia mais de mês, pelo que as autoridades policiais impressionadas com a manifestação de tão inequívoco entusiasmo, ordenaram ficassem presos no quartel incomunicáveis os restantes, umas vinte e duas ou vinte e cinco praças.

Baldada providência! Escusado zelo! Todas as noites, um ou outro soldado se esgueirava quando não eram as sentinelas que fugiam todas, deixando as saídas perfeitamente francas a quem também desejasse safar-se.

O cirurgião da Guarda Nacional aquartelada andava furioso e debalde gastava eloqüência, tentando comprimir e atalhar os contínuos acessos de terror da sua brava gente. Nada conseguiu e no fim de pouco tempo tudo quanto enchera o quartel havia-se evaporado, levando, por cima, o fardamento distribuído, utensílios de campanha, cantinas, cinturões e o armamento! A debandada fora completa, diremos até consciênciosa. Nem os oficiais se davam por achados, ou buscavam ocultar a alegria que lhes ia no íntimo.

Os dois únicos que se mostravam indignados e falavam a bandeiras despregadas, eram um tal cabo reformado, valentão que seguiu conosco e confirmou a fama que granjeara, e aquele cirurgião, francês de nascimento e chamado Raimundo Desgenettes, parente, segundo pretendia, do célebre cirurgião dos tempos de Napoleão I.

O apelido do cabo de esquadra era *Três contra quatorze* por ter, com mais dois companheiros, nas guerras do Rio Grande do Sul, desbaratado uma partida de orientais daquele número; e, como já me ocupei com alguma insistência deste grotesco e curioso tipo no romancete *Juca o tropeiro* (Vd. *Histórias brasileiras*), reporte-se o leitor ao livro indicado, caso julgue que mereça a pena.

Entre parênteses, a historieta agradou imensamente a José de Alencar, que a citava de contínuo com elogios, de que, decerto, com o gênio retraído, desconfiado e displicente, não era nada pródigo.

Outra figura puxando para o ridículo essa do Dr. Desgenettes, metido a revolucionário desde que chegara ao Brasil. Envolvera-se ardentemente na Revolução Mineira de 1842 e, na batalha de Santa Luzia, era quem comandava a artilharia.

Médico de alguma clínica naquelas paragens, embora muito mal pago, tinha casa própria, de sobrado, em Uberaba e ligou-se bastante comigo, chegando até a levar-me a tomar chá com a família, composta de mulher e filha e, conforme o uso da terra, em extremo acanhada. Nessa noite meteu-se a cantar ao violão uma modinha em dueto com a esposa e era de ver-se a expressão comicamente amorosa que os dois buscavam incutir ao trecho musical, tudo acondicionado com chá de São Paulo, torradas e uns biscoitos secos e duros como calhaus.

Conhecia Desgenettes, um tanto a fundo, mineralogia e geologia e mostrou-se muitos cadernos de estudos no terreno e valiosas observações. Tinha também um trabalho sobre os fenômenos meteorológicos de Uberaba, principalmente trovoadas e quedas de raio, muito freqüentes aí, pelo que as casas são quase todas armadas de pára-raios.

Posteriormente, Frei Germano d'Annecy, um dos bons capuchinhos que, nesse tempo, levantavam importante hospital de Uberaba, continuou essas observações e, depois deste, o português Borges Sampaio, homem laborioso, largos anos correspondente gratuito, e por devoção, do *Jornal do Comércio*.

Desgenettes, anos depois da nossa passagem por Uberaba, perdeu a mulher e, casando a filha, fez-se padre e foi ser vigário de não sei que freguesia da província de Goiás, continuando nos jornais a dar sinal de si, publicando escritos filosóficos ou científicos — em ambos os campos bastante fracos. Há dois ou três anos li a notícia do seu falecimento, em idade, talvez, de 75 ou 80 anos.

Pobre Desgenettes! Parece-me ainda vê-lo, no dia da nossa partida de Uberaba, a cavalo, pequeno, magro, já grisalho, com os olhos esbugalhados, burlesca fardinha de capitão da Guarda Nacional e um *bonet* notabilizado por enorme pala. Ao pronunciar o seu *speech* de adeus às forças, em nome dos habitantes da cidade, embora sem delegação alguma, tremiam-lhe tanto as pernas que se ouvia o tinir dos estribos, que eram caçambas de cobre, de encontro a um argolão da cilha do animal!

XV

ACAMPARA a coluna expedicionária à meia légua da cidade num lugar espaçoso chamado Caximbo, juntando-se aí os batalhões em casco, que tinham vindo conosco, à bela e bem organizada brigada trazida de Ouro Preto pelo Coronel José Antônio da Fonseca Galvão.

Foi aí que pela primeira vez vi este velho chefe militar, o qual tinha, não sei por quê, o apelido de *Pastorinha*.

Era pai de um companheiro nosso da Escola Militar, Antônio Enéias Gustavo Galvão, tenente de infantaria, mas tenente-coronel em comissão e comandante do batalhão nº 17 de Voluntários de Minas Gerais, cuja disciplina e garbo, graças aos esforços de quem o dirigia, eram notáveis. Tinha, demais, oficialidade muito briosa e bem composta, a qual sempre buscou honrar a terra nata!

Quanto aos dois Galvões, pretendiam o comando das forças e não pouco concorreu para a inopinada demissão do Coronel Drago a correspondência ativa que entretinham com gente da Corte. Era, entretanto, desculpável que o filho trabalhasse por ver o pai, já idoso e simples comandante de batalhões, até então, ocupar posição mais saliente, estando ele ali para ajudá-lo e melhor orientá-lo.

Nesse acampamento do Caximbo assisti, num domingo, a uma missa campal, que me produziu grande emoção. Não pude reter as lágrimas quando, formadas as forças em semicírculo em redor de uma barraquinha ornada de folhas de palmeira, romperam, ao levantar-se a hóstia, símbolo de suprema humildade, romperam todas as músicas o Hino Nacional, e cornetas, clarins e tambores tocaram marcha batida em continência ao general-chefe, ao passo que a artilharia salvava!...

Mil pensamentos de ordens mui diversas tumultuaram-me na mente, sem exceção da lembrança pungente, lancinante da casa, de meu pai, de mamãe e da nossa vivenda, tão calma, da Rua do Saco do Alferes... Exatamente, por esse tempo, recebi carta, anunciando-me que tal nome havia sido pela Câmara Municipal trocado para outro bem mais pomposo de Rua da América.

É incrível a tal respeito — como incidentes tão pequenos, tão insignificantes, se gravaram fundo na minha memória; mas bem me recordo do prazer especial com que escrevi o novo endereço, em lugar do feio Saco do Alferes, que me era antipático desde criança.

De Uberaba em diante começamos a lutar com graves dificuldades, em matéria de fornecimento de víveres. O Tico Duarte tomara em Campinas o encargo de fornecedor, mas tivera contínuas desavenças e questões com a Repartição Fiscal e, rescindindo o contrato, teria sofrido graves prejuízos, caso não o amparasse a proteção do Drago.

Aí em Uberaba começou a vigorar o contrato celebrado com o Alcântara Fonseca Guimarães, que viera fornecendo à gente de Ouro Preto e comprometia-se a abastecer as forças expedicionárias até ao primeiro ponto de parada definitiva em Mato Grosso.

Todos, porém, nutriam as mais sérias apreensões sobre as dificuldades de municiamento de boca em largas regiões quase despovoadas e portanto sem nenhum cultivo, e as inquietações gerais realizavam-se em grau até nunca esperado. Por enquanto, eram mais ou menos regularmente distribuídas as rações no meio de muitas lutas, muitas discussões e dúvidas entre o fornecedor e o comissariado, a cargo do chefe da repartição fiscal[3] cuja severidade não se estendia a todas as esferas, pois com grande escândalo ostensivamente levava consigo uma rapariga, chamada por antonomásia *Cuiabana* e que fora a grande *cocotte* de Uberaba.

Já trintona, acaboclada, magra, quase descarnada, mas com feições regulares e nariz fino, inspirara esta mulher não pequenas paixões no tempo do seu maior viço. Ali mesmo, na expedição, ia quem, por ela, teria dado, em Cuiabá, bons motivos de reparo. Violento *rabicho* sentira por essa *Cuiabana*.

Aludindo a isto, proferiu um dito de espírito. Numa das marchas, avisado: "Olhe! o seu *rabicho* está partido!", respondeu de pronto: "Deixe! felizmente há rabichos que se partem!" E tocou o cavalo.

---

3) Essas pendências agravaram-se por ocasião do ajuste fiscal de contas de Alcântara, no Coxim. Levando longe demais o rigorismo, as autoridades oficiais fizeram contas e cálculos que deixaram o fornecedor sem um real, e obrigado ainda a repor grossas somas.

Não perdeu porém a coragem e desde essa época (começos de 1866) iniciou uma série de reclamações e protestos ante as Câmaras Legislativas com tal persistência, que estas lhe reconheceram afinal o direito à reconsideração das contas.

Feitas de novo, pagou-lhe o Estado cento e tantos contos de réis. Alcântara interpôs novos agravos, até certo ponto justos, e tanto batalhou, tanto se mexeu que o Congresso em 1892 mandou liquidar essa dívida, hoje no valor de 400 e muitos contos de réis em novo acordo em que lhe foram reconhecidos direitos de reclamação, prejuízos, etc.

Foi no que deu o exagerado aperto da Repartição Fiscal.

Quanto a mim, nunca tive motivos de queixa contra Alcântara no cumprimento do trato que fizera comigo — deu-me almoço e jantar bem fartos, até ao Coxim, por 120$000 mensais. Recordo-me de boas feijoadas e até excelente carneiro, comidos pouco antes de chegarmos àquele ponto.

Como esta mulher, não poucas farpelas seguiam a coluna, vindas de São Paulo e Ouro Preto, ou saídas de Uberaba, em geral muito feias, quase repulsivas, com exceção apenas de três ou quatro, que tinham pitorescos apelidos: *Francesa* (ruiva, sardenta e bochechuda), *Sol da China*, *Buscapé*, a mais viva e espirituosa de todas, e outras. Mais de duzentas dessas pobres coitadas lá iam aos trambolhões pela imensa estrada afora, algumas carregadas de crianças, desgraçadas amásias ou legítimas esposas de soldados.

Duas senhoras, casadas com oficiais, acompanhavam os maridos. E a do alferes Melchíades não era de todo desengraçada. Esta engravidou em marcha, montou a cavalo até os últimos dias de gravidez e teve o filhinho com toda a felicidade.

Além do comissariado, outro campo havia de contínuas e até violentas rusgas — a comissão médica dirigida pelo Dr. Antônio José de Jesus, muito chegado ao Drago. Não há dúvida, porém, que este chefe valia, na profissão, muito mais do que todos os companheiros juntos e deles exigia cumprimento um tanto exato dos deveres que lhes incumbiam, sendo, por sua vez, perfeitamente comodista.

Passava aos subordinados formidáveis descalçadeiras, o que fez com que desde Campinas se fosse reduzindo o pessoal. O Dr. Jesus retirou-se com o Coronel Drago, partindo para o Rio de Janeiro do Rio dos Bois.

Foi, depois, mandado ao Paraguai e aí morreu, creio que de cólera, em 1866. Baixote, cheio de corpo, meio calvo, tinha tez morena um tanto esverdeada e oleosa, falar macio, quando não obedecia a acessos de verdadeiro furor. Então esbravejava como um possesso. "Cubram a figura de Cristo", bradou certo dia numa das salas do hospital de Uberaba, "quero descompor a gosto!" Com as suas palestras dulçorosas, contribuiu poderosamente para acoroçoar a índole pueril do Drago, com prejuízo dos maiores interesses da expedição e da província de Mato Grosso.

Que comissão médica tocou em partilha àquela desventurada força! Com exceção do Dr. Serafim de Abreu, moço, ativo, o melhor de todos eles, Gesteira, inteligente, mas descuidado, Quintana, um tanto estudioso e pesquisador lá a seu modo, ainda que não muito inteligente, os mais primavam pela ignorância e a indiferença em assuntos da especialidade. Quanto não fosse tratar de sezões e maleitas, receitar um sudorífico, um purgante e depois duas ou três gramas de sulfato de quinino, tudo os desnorteava logo. Ao acharem-se as forças, na travessia, e depois da travessia, dos tremendos pantanais entre Coxim e Miranda, a braços com terríveis e mortíferas enfermidades e epidemias, foi que se verificou quanta inépcia, quanto descuido dominavam a comissão médica, dirigida, desde a partida do Dr. Jesus, por chefe tão malpreparado quanto inerte e indolente, que só aspirava poder obter a reforma para viver sossegado com a mulher e os filhos.

Enfim, depois falaremos.

XVI

Com um ou outro incidente de viagem, mais ou menos curioso e interessante, fomos indo lentamente, sempre, até chegarmos à margem esquerda do majestoso Paranaíba, que a coluna transpôs em oito longos dias, de 22 a 29 de setembro.

Mais alguma celeridade nas marchas diárias se tornava, entretanto, possível, porquanto todos nós íamos ganhando prática e experiências e obedecendo, com mais regularidade, aos toques de corneta do quartel-general, quer para estabelecimento, quer para levantamento dos acampamentos.

Os soldados e camaradas já se mostravam peritos no carregar e descarregar os animais, em tratar dos cargueiros e cavalgaduras, em lidar e aventar cangalhas, armar ou desarmar barracas, enfim todos os misteres daquela vida ambulante em que se repetem sempre os mesmos episódios — caminhar e acampar, decampar e continuar viagem.

Já então marchavam os batalhões e corpos sem grande desordem e um tanto unidos, guarda da frente, adiante, e à retaguarda bagagem, mulheres, cargueiros — o que os romanos chamavam *impedimenta*.

Não era mais aquela barafunda dos primeiros dias, em que pela estrada se estirava comprido e enovelado cordão de gente, cada qual a seu gosto, mas assim mesmo com ares do mais profundo desalento ou então de corpo de Exército em completa debandada, após estrondosa derrota.

A pouco e pouco se iam regularizando as coisas e, apesar do susto das populações, ainda que bem escassas, a boa índole do soldado brasileiro não dava ensejo a queixas e reclamações de vulto. De vez em quando, alguma rapinazinha sem maior importância.

Lembra-me isto uma travessura, que tem sua graça, feita pelo meu primo, alferes em comissão, Alexandre de Escragnolle, que então contava 19 anos de idade.

Vinha a cavalo comandando o piquete da guarda da frente. Distanciando-se demais, deu voz de alto. Justamente vinha vindo uma tropa carregada de jacás de queijos de Minas.

Mandou chamar o capataz. "Você", disse-lhe, "tem que pagar o imposto de guerra". "Que imposto é este?", perguntou o caipira, todo assustado. "A guarda da frente é para isto. Passe para cá quatro queijos e dos bons; um para mim, três para os soldados. Agora leve este documento para impedir, caso exijam, novas cobranças."

E, recebendo a pedida contribuição, entregou ao pobre do mineiro um bilhetinho em que escrevera a lápis estas palavras: "Deixem passar o portador em paz; já satisfez o tributo".

Este Alexandre, um tanto extravagante e rapaz que não quebrara ainda bem a cabeça, era, naturalmente, e sem o menor esforço, pilhérico, sempre disposto a gaiatadas, algumas fortes, espírito vivo e animado.

Desgraçado Alexandre! Quando suspeitaria eu que o tinha de ver morto, estirado num catre, com ambas as coxas e pernas enfrangalhadas, trituradas, feitas molambos, em 1869, três anos depois?! O trem de lastro que, à noite, transportava fardos de alfafa do Taquaral para Piraju, na última fase da Guerra do Paraguai, o pilhara num corte da ferrovia, matara-lhe instantaneamente o cavalo e o deixara preso aos trilhos por uma massa informe de ossos, músculos e sangue!

Assim ficou o mísero das sete horas à uma da madrugada, debaixo de contínuos e pesados aguaceiros, até que os lancinantes gritos de socorro no silêncio sinistro das trevas, quando acalmavam as enxurradas, fossem ouvidos do acampamento argentino.

— Cortem-me as pernas — implorava —, cortem-me tudo, contanto que eu viva! É tão bom viver!

A morte veio de pronto apaziguar toda aquela imensa agitação e pungente ansiedade!

Do povoadozinho de Santa Rita do Paranaíba, sito à margem direita daquele grande e belo rio e, portanto, já do lado de Goiás, lembro-me, com certas saudades, por causa de bonita casinhola, metida em florido laranjal, que eu, Fragoso e Cantuária fomos ocupar, a um lado do melancólico lugarejo, naquela época (1865) em termos de formação.

Ali me incomodou bastante uma espinha bifurcada de peixe que engoli e ficou encravada não sei bem onde, parecendo-me no fundo da garganta. Passei dias de verdadeiro suplício e muitas vezes acordava, alta noite, como que sufocado e a imaginar mil desgraças e horrores.

Afinal, dias depois, o Dr. Jesus observou no céu da boca um abcessozinho e dele extraiu com uma pinça aquela espinha, que era bem grande e farpada e me causara tanto incômodo.

Transposto o Paranaíba com a habitual morosidade, seguimos viagem, indeciso ainda o Comandante Drago sobre a direção que devia tomar, se marchar diretamente para Cuiabá, capital da província invadida, se para o distrito de Miranda, ocupado ainda todo pelos paraguaios. Esta era a indicação expressa do Governo; mas, decerto, não agradava à índole timorata do nosso chefe seguir para aqueles pontos onde podia achar-se a braços com as mais sérias dificuldades, não dispondo, conforme ponderava em todos os seus ofícios, de nenhuma cavalaria.

De um lado tinha, sem dúvida, razão; mas, nós mesmos, apesar de todas as desculpas e atenuantes da simpatia, começávamos a achar demasiada prudência, quando tantas léguas, centenas e centenas, nos separavam ainda do temido inimigo.

Enfim, no dia 5 de outubro, no ponto de bifurcação dos caminhos para Cuiabá e para o Coxim, no pouso chamado Santa Bárbara, mandou Drago obliquar à esquerda, deixando de todo a idéia de continuar a seguir para o Norte. De ora em diante as marchas se faziam para O.NO ou francamente para O. e assim fomos até à margem esquerda do Rio dos Bois, ainda hoje imperfeitamente conhecido. Ali, de 9 a 22 de outubro, esteve a Comissão de Engenheiros preparando meios de fazê-lo transpor às forças, que afinal o passaram a vau, seguindo para isto longa diagonal.

Observarei aqui, entre parênteses e levado pelo arrastamento da verdade, que os serviços da nossa Comissão nunca foram lá muito valiosos à expedição. Todos nós, comodistas e saídos de fresco da Escola Militar, primávamos por muita pretensão, que não se afirmava de modo algum nos resultados práticos, e qualquer trabalho nos custava não pouco por querermos em tudo aplicar as regras de rigorosa teoria. Enfim para diante tudo tão caro pagamos e tanto sofremos da sorte, que muita coisa nos deve ser desculpada.

XVII

Junto ao Rio dos Bois tivemos o nosso primeiro desgosto sério ao sabermos que Drago recebera, afinal, ordem de regressar sem demora ao Rio de Janeiro, passando o comando ao velho Coronel José Antônio da Fonseca Galvão. Esse dia, 18 de outubro, para nós foi todo de concentração, mágoa e completo abatimento.

A 20 partiu, com efeito, o nosso bom e caipora Drago, levando consigo o Dr. Jesus e deixando-nos, a nós da Comissão de Engenheiros, em positiva consternação porquanto já bem manifestas eram a má vontade e as prevenções que, a nosso respeito, nutria o novo Quartel-General.

Considerávamos a demissão de Drago injustíssima e efeito de intrigas e delações, que haviam produzido frutos no Rio de Janeiro; mas o fato é que a opinião pública se manifestara contra aquele comandante, cuja prolongada estada em Campinas, preenchida por bailes e divertimentos, lhe tinham angariado numerosas antipatias. O momento era, na realidade, grave demais para que tanta gente armada estivesse entregue a distrações em vez de seguir, de qualquer modo, o seu destino.

Parte daquelas indisposições suportava a Comissão de Engenheiros, pois figurara com certo brilho na nossa aliás bem modesta Cápua. Como, porém, gozávamos por lei de não pequenas regalias e melhores vencimentos do que o geral dos oficiais, havia mesmo no seio da força expedicionária não pouca ojeriza contra nós — os *dotorecos,* como nos chamavam. Contínuos e esperados foram também os embates desagradáveis com o Coronel Fonseca Galvão, bom velho no fundo, mas sobremaneira obstinado. Todo miúdo na figura, com os olhos pequeninos, mas vivíssimos, ativo e desconfiado, trajava sempre com muita limpeza, gostando de estar a cavalo o dia inteiro.

Claudicava no português. Uma vez, passando por nós, sem mais nem menos nos interpelou: "Que é que os senhores fazem?" E como nos conservássemos calados, acrescentou, levantando muito a voz: "Não quero pasmaceiras! *Falicitem-me* as operações; não me *posterguem* os acontecimentos".

Deu-nos no goto aquele *falicitem* e tanto o repetíamos, que ainda hoje sou sujeito a dizer a palavra invertida. Estas baboseiras para nós constituíam gravíssimos pontos de acusação e escureciam as qualidades que o bom velho poderia ter e com efeito tinha. Era soldado na extensão da palavra, muito amigo dos comandados e muito mais dos soldados do que dos oficiais, o que não significa pouco.

Não tinha, aliás, pretensão alguma em saber mais do que aprendera na prática dos batalhões, e ufanava-se de ser simplesmente *tarimbeiro* e cumpridor exato dos deveres de oficial de fileira. Disto tive imediata prova.

Dias depois de tomar conta do comando das forças, quis ouvir ler o *Relatório da Comissão de Engenheiros*, que eu redigira em Uberaba, durante a nossa estada naquela cidade. Cometido esse cuidado, a princípio, a Rocha Fragoso e depois a Cantuária, reconhecera o nosso chefe, ainda nesse tempo Miranda Reis, que era eu o mais próprio para semelhante trabalho.

Fui, pois, despachado junto ao velho Galvão. Este, porém, logo às primeiras palavras, ouvindo inúmeros nomes botânicos, interrompeu-me: "Basta, doutor, basta; não entendo patavina do que você me está lendo. O governo é quem deve saber se a Comissão anda bem ou mal". E despediu-me incontinenti, o que sobremaneira me agradou, dando-me não pequeno desvanecimento.

Cortando os belíssimos campos da zona sul de Goiás que tentei descrever em livros meus, especialmente *Inocência*, *Histórias brasileiras* e *Céus e terras do Brasil*, fomos indo devagar, sempre na direção média O., e já a lutar com falta sensível de mantimentos e com escassa distribuição de carne de vaca. Aqueles lugares centrais não estavam em condições de ministrar amplo fornecimento à coluna, de mais de três mil pessoas, que os estava atravessando.

A 1º de novembro de 1865 entrávamos na paupérrima aldeola de Nossa Senhora das Dores do Rio Verde, pomposamente adornada com o qualificativo de vila, a que acrescentavam, no sertão, o prosaico apelido de Abóboras.

Ali se deu o assassinato de um capitão do corpo policial de Minas, Alexandre Magno de Jesus, por um furriel do seu batalhão, creio que por questões de mulher. O assassino condenado a ser passado pelas armas apelou para o Poder Moderador e algemado acompanhou, desde aí, as forças na guarda da frente, conseguindo afinal, na debandada de Nioaque — em junho de 1867, fugir e subtrair-se à ação da justiça.

Aquele atentado causou-nos grande impressão, tão rebelde é a mocidade à idéia da morte. Entretanto, um mês antes, em outubro, já nos enchera de tristeza e luto a notícia do passamento do nosso sempre lembrado Vicente Polidoro Ferreira, que sucumbira à gangrena, por querer arrostar os grandes frios, andando de pés no chão.

Pouco depois, chegou-nos a certeza da desaparição de outro belo camarada da escola, Francisco Amaro de Moura, o *Galo*, conforme o apelidáramos por causa de um topete rebelde de cabelos louros puxando para o ruivo, em forma de crista. Ainda parece-me o estar vendo, ao Moura, com os grandes olhos azuis claros, esbugalhados, muito míope, avermelhado, franzino, alegre de gênio e às vezes bem engraçado.

Com ele se dera caso que muito nos fez rir. Pediu uma mocinha em casamento, preparou tudo e numa sexta-feira foi, todo lampeiro, ao terrível comandante da Escola, General Polidoro, participar-lhe que, no dia seguinte, devia unir-se pelos indissolúveis laços do matrimônio à escolhida do coração. O velho ouviu a comunicação sem pestanejar. Depois estourou: "Qual", exclamou ele, "deixe-se disso. O Sr. não casa, pelo menos amanhã. Pelos regulamentos militares eu sou quem dá licença, e essa licença não a concedo. Retire-se, portanto, e fica impedido de sair até segunda ordem!"

Imagine-se o desespero do rapaz e, na casa dos parentes, o pasmo da noiva e dos convidados. Afinal o futuro sogro veio ter com o severo chefe e depois de muitas rogativas conseguiu a certeza de que, no sábado seguinte, teria noivo para a filha.

Polidoro fora o primeiro a rir-se dos apuros em que pusera toda aquela gente. "Foi uma lição de disciplina, que quis dar. O tal cadetinho veio comunicar-me a coisa e até convidar-me para as bodas, como se eu fora algum patusco à cata de pagodes ou amigo da casa, quando devera ter me pedido licença!"

O pobre Moura, em vésperas de partir para a banda oriental onde o colheria a morte, dissera-me um dia: "Tenho, Taunay, pressentimento, quase certeza, de que não volto ao Brasil. Ficarei por lá."

Realizou-se, dentro em pouco, o triste presságio, há hoje vinte e sete anos!

XVIII

Já o disse: fora a princípio o objetivo da nossa marcha Cuiabá e por isto marcháramos para o Norte. Desviados deste rumo, desde Santa Bárbara, seguíamos para Oeste, em direção ao distrito militar de Miranda. Buscávamos o Coxim, ponto de confluência dos Rios Taquari e Coxim e que diziam mais próprio para impedir, pela ocupação, qualquer tentativa de ataque à capital da província. Os paraguaios, em 1865, tinham chegado até ali, passando mesmo além e só parando junto ao Rio Piquiri, perto do qual ainda praticaram tropelias e incendiaram casas e paióis de víveres.

Todos os planos que partiam do Rio de Janeiro eram errados e só patenteavam a incompetência dos que os formularam e o absoluto desconhecimento das vastíssimas regiões em que havia sido abandonada aos azares da sorte a nossa triste e resumida coluna.

Antes de chegarmos ao Coxim, o Comandante Galvão, por conselho não sei de quem, talvez de Augusto Leverger, nesta ocasião presidente da província, dividiu a Comissão de Engenheiros em dois grupos, um dos quais acelerou a marcha para ir determinar a posição do futuro acampamento, indo outro explorar o caminho do Piquiri e examinar as localidades por aquele lado.

Desse grupo fiz parte. Segui, pois, com Juvêncio, Cantuária e Barbosa em direção ao Norte. Cifrou-se, aliás, o nosso exame a muito pouco, ficando quase todo o tempo de pousada na casa de um Carvalho, onde passamos belos dias a tomar *cornimboques*[4] de excelente leite e a comermos pratázios de picadinho de carne seca ao sol sem sal, excelente petisco, muito apreciado na vida do sertão.

Com verdadeiro pesar saímos daquela hospitaleira vivenda, cujo proprietário era um espírito livre e só me citava *As ruínas* de Volney e as obras do Barão de Holbach. Conversávamos, uma feita, com animação e pus-me a rebater-lhe as opiniões materialistas e irreligiosas. De repente, por trás da parede interna que ia

---

4) Vasos feitos de chifre de boi, preparados em forma de copo, maiores e menores, desde o copioso e largo recipiente de vinho ou aguardente até o simples copo e a tabaqueira.

até ao teto, ergueu-se uma voz de mulher: "Deus abençoe a quem fala assim. Sem dúvida é algum padre. Convença, meu rico senhor, este homem de que deve acabar com as suas heresias!"

O Carvalho abaixou a cabeça e disse com ar risonho: "É a minha companheira, pobrezinha, tem um medo que se pela das minhas idéias, e é devota dos quatro costados para ver se salva a si e a mim!"

Foi lembrando-me da casa do Piquiri e de várias cenas daquela fazenda, disposição das dependências, gênio franco do dono e outras circunstâncias, que imaginei em meu romance *Inocência* a morada de Pereira, pai daquela meiga e modesta heroína dos sertões de Sant'Ana do Paranaíba.

Muitos anos depois, este Carvalho apareceu por Vassouras e esteve em casa de meu sogro, Francisco José Teixeira Leite (Barão de Vassouras), de quem era, ou dizia-se ainda parente; mas eu não o vi por estar então no Rio de Janeiro, o que deveras senti, por experimentar bem vivo prazer ao rever pessoas que comigo estiveram em perigos comuns ou em lugares distantes, como esses do fundo de Mato Grosso, que percorri na mocidade.

Em todo o caso, naqueles dias de dezembro de 1865, passamos bem agradavelmente a gozar, aliás, de parcas e primitivas regalias possíveis naquela fazendola. Decorrida uma semana, despedimo-nos do amável Antônio Teodoro de Carvalho (agora me acudiu o nome por inteiro do nosso anfitrião) e tomamos direção Sul a descermos para o Coxim, onde já haviam chegado as forças e o nosso companheiro Catão Roxo nos esperava.

Acampou a coluna expedicionária ao longo do belo Rio Taquari, desde a confluência deste com o Coxim, ficando o nosso barracão, o barracão dos engenheiros, muito malfeito e mal-acabado, quase defronte da confluência das águas, última corredeira daquelas paragens, chamada *Beliagô* (nome de origem guaicuru).

Ali nos acomodamos nós sete, o chefe Juvêncio Manuel Cabral de Meneses, Antônio Florêncio Pereira do Lago, José Eduardo Barbosa, Joaquim José Pinto Chichorro da Gama, Catão Augusto dos Santos Roxo, Capitolino Peregrino Severiano da Cunha, João Tomás de Cantuária e eu. Os camaradas moravam em esburacadas barracas ou pequeninos ranchos, cobertos de couro e folhas de palmeiras, tudo muito malpreparado e aberto aos ventos e às chuvas, freqüentes naquela estação de pesados aguaceiros. Era, de fato, rara a tarde em que deixasse de desabar violenta trovoada após os ardores estivais do dia abafado e de rigorosa soalheira.

Dentro do nosso galpão nos arranjáramos como pudéramos; o Juvêncio, num quartinho mais abrigado e separado por uma espécie de biombo de sapé, os outros, na sala comum em que cada cama representava a área de exclusiva posse e liberdade.

Quanto a mim tinha um *jirau* um tanto elevado, para dormir, e por cima desse leito incômodo, feito pelo meu camarada Floriano e em que eu sentia, por baixo de tênue camada de samambaia seca, os duros paus do forro, estendera uma rede de tucum, onde passava encafuado todo o santo dia. Ao lado, no chão, as minhas duas canastrinhas, em que guardava a mais que modesta rouparia, meias furadas, ceroulas muito estragadas e camisas, estas em maior quantidade e em melhores condições.

Dois objetos possuía excelentes e me prestaram ótimos serviços: o poncho mineiro comprado em São Paulo, de ótimo pano azul forrado de baeta vermelha, e um par de grandes botas de couro da Rússia, Méliés, adquirido por sessenta mil réis no Queirós, à Rua da Quitanda, por ocasião da minha partida do Rio de Janeiro. "Leve isto", dissera-me o caixeiro apresentando-me o Méliés; "afianço-lhe que durará toda a campanha". "Entretanto, o verniz aquenta tanto ao sol!", objetara-lhe. "Não há dúvida, incomoda até a gente se acostumar. Depois não se sente mais. Estas botas são impermeáveis, resistirão a tudo."

Dizia o homem a pura verdade. Metido no meu poncho vasto e solene e puxados os canos das botas acima dos joelhos, arrostei inúmeros aguaceiros e viajei nos pantanais com os pés e pernas dentro d'água. Ao chegar ao pouso, tinha, decerto, as extremidades resfriadas, mas não molhadas, e com um pouco de exposição a qualquer fogozinho, restabelecia logo o necessário calor.

E isto durante quase todos os dois anos e meio de campanha, porquanto só no fim da retirada da Laguna abandonei as botas pela perda da sola! Que dinheiro bem empregado! Quantos incômodos não me pouparam certos objetos que comprei sem reparar o preço? Foi boa lição prática.

XIX

Por enquanto, porém, estávamos no Coxim, São José de Herculânea hoje, nome acertadamente dado em honra ao Senador Herculano Ferreira Pena, presidente de Mato Grosso de fevereiro de 1862 a março de 1863, que ali determinara a fundação de uma colônia.

Para chegarem as forças a esse ponto, haviam caminhado, desde Santos, 264 léguas brasileiras de 3.000 braças ou 1.742 quilômetros e meio. Dessas léguas, 87½ haviam sido na província de São Paulo, de Santos à margem esquerda do Rio Grande; 43½, na de Minas Gerais, da margem direita do Rio Grande à esquerda do Rio Paranaíba, 72½ na província de Goiás de Santa Rita de Cássia ao Rio Verde e 60½ na de Mato Grosso, daquele rio ao Coxim.

Formaram acampamento em 91 pousos; 28 na zona paulista; 16 na mineira; 24 na goiana e 23 na mato-grossense.

Tenho à vista dois mapas da força total, um de 1º de outubro de 1865, outro de 1º de dezembro de 1866. Aquele se referia, portanto, à gente que acampou no Coxim.

Compunha-se do seguinte pessoal:

Coronel Comandante	1
Empregados no Quartel do Comando	4
Na Repartição do Deputado do Ajudante-General	4
Na do Deputado do Quartel Mestre General	3
Na Comissão de Engenheiros	7
Na Repartição de Saúde	9
Enfermeiros	28
Corpo Provisório de Artilharia	157
1ª Brigada de Infantaria	1.098
2ª Brigada de Infantaria	892
Total	2.203

Somando a este pessoal combatente os agregados necessários, bagageiros, carreteiros, mulheres, crianças, pode se afirmar que no Coxim, em começos do ano de 1866, estavam acampados para cima de três mil e quinhentos brasileiros, gente insuficientíssima para qualquer operação de guerra proveitosa em tão distantes e abandonadas paragens, mas exageradamente numerosa em vista dos meios de subsistência que elas lhe poderiam fornecer.

Como posição era o Coxim pitoresca do ponto de vista da paisagem e da perspectiva, saudável, até certo ponto, por estar ainda em região isenta de grandes inundações e em terreno um tanto elevado; mas como sítio militar e que preenchesse condições estratégicas não valia absolutamente nada, podendo ser contornado por qualquer lado.

Qual, aliás, o ponto nas vastas campinas do Brasil abertas em todas as direções que possa merecer as honras de tático, e estratégico? Isto é bem para a Europa onde as estradas e caminhos se tornam obrigatórios, sendo todo o terreno em derredor ocupado por casas, muros, cercas, plantações e obstáculos de toda a sorte à livre passagem da tropa armada.

Bem cruel trecho de vida essa estada no Coxim! Decididamente haviam para nós cessado os belas dias.

Desde os primeiros tempos escassearam de modo sensível os víveres, tornando-se as distribuições de carne bem poucas e tendendo tudo a piorar.

O fornecedor Alcântara não podia dar mais conta dos compromissos, atarantado ainda com as desarrazoadas exigências da Repartição Fiscal e do Coronel Lima Silva, muitas vezes absurdo no exagerado zelo.

Queria absolutamente o fornecimento completo conforme as tabelas feitas para lugares bem-abastecidos e de vida farta e acabrunhava de pesadas multas o desnorteado e infeliz Alcântara, que enchia os ecos do Coxim de queixas amargas e doridas lamentações.

— Este coronel — bradava em todas as barracas e ranchos — deseja o meu extermínio, sim, a minha morte e a minha ruína! Eu que sempre fiz o possível e faço o impossível para bem servir as forças! Maldita a hora em que saí de Ouro Preto, deixando o meu serviço de lavoura, a minha casa e os meus filhos!

Quanto a mim, tendo feito com ele ajuste de almoçar e jantar mediante mil e quinhentos ou dois mil réis (não me lembro mais ao certo), nunca tive razões de queixa, vendo-me sempre servido com relativa abundância muitos dias depois da chegada ao Coxim, e isto desde a partida de Uberaba, portanto quase seis meses completos. Por vezes vi de perto a angústia em que ficava o desgraçado ao voltar das conferências com o Lima e Silva, que o destratava, mostrando-lhe decidida má vontade.

Certo é que, a pouco e pouco, íamos ficando a braços com a fome e não sei o que teria sido de nós, e de toda a mal-aventurada coluna, se o presidente de Goiás, Dr. Augusto Ferreira França, não se tivesse mostrado tão solícito e enérgico em nos enviar pelo menos gado, cujas *pontas* chegavam ao acampamento com certa regularidade, atenuada, embora, pelas enormes distâncias que deviam atravessar para chegarem ao Coxim.

Foi Ferreira França quem salvou a coluna expedicionária de dissolução e completa debandada, naquela localidade arredada dos centros produtores e rodeada só de miseráveis sítios, cujos recursos haviam, meses antes, sido saqueados e destruídos pelos paraguaios.

A ninguém foi poupado largo quinhão de sofrimentos. O velho Fonseca Galvão, justiça lhe seja feita, curtia, como zeloso chefe que era, sinceras aflições vendo a tropa do seu comando coberta de verdadeiros farrapos e pessimamente municiada de boca.

As comunicações se haviam tornado cada vez mais difíceis, e o governo, fértil em ordens e avisos que determinavam marcha pronta para o sul do distrito de Miranda, tinha tido a miséria de suprimir o correio que ali então viera seguindo as forças!

Sabíamos que muitas e muitas malas de cartas das nossas famílias estavam-se acumulando na vila de Sant'Ana do Paranaíba, umas cento e sessenta a cento e oitenta léguas distante do Coxim! Que indigna economia, quando o ouro brasileiro rolava, em ondas sucessivas, no Rio da Prata! Que desespero sentíamos, privados, meses e meses, seguidos, de qualquer notícia do resto do mundo!

Marchar, quanto antes, pregavam as tais instruções ministeriais para Miranda, ocupar todo o distrito, desalojar o inimigo dos pontos que porventura ainda ocupasse e ir ter à fronteira do Apa, fazendo a bandeira nacional flutuar de novo na extrema divisa do Império!

Belo programa, na realidade; mas como executá-lo?

Com que socorros contar, ao sair-se daquela nesga enxuta do Coxim? Como atravessar imensos pantanais, formados por incessantes aguaceiros, que faziam transbordar córregos, riachos, ribeirões e grossos rios?

Onde achar alimentos, simples gado, quando todas as planícies ficavam debaixo d'água, podendo então ali navegarem naus? Que fazer contra a rudeza da região áspera, selvática, inóspita, inclemente?

Ah! bem fácil era, no comodismo de boa cadeira de braços, estar a determinar movimentos militares num mapa todo faceiro, colorido e mimoso, em que a escala de distâncias nem sequer dava idéia do que eram e *facilitavam* todas as *facilidades*.

Que valiam ali os temidos pantanais? Simples traços paralelos coloridos de rosa a representar convencionalmente água... e nada mais. Transpor tudo aquilo, dezenas e dezenas de léguas de pavoroso tremedal, oceano de lama em que podiam afundar-se montanhas, um pulozinho e estava tudo aplainado, vencidos os maiores óbices!...

XX

O MÊS de janeiro de 1866 foi um chover sem cessar; isto é, manhãs radiantes de sol esplêndido, meio do dia calor quase intolerável e, das três da tarde até às seis ou sete, violenta tempestade, que, por vezes, tomava visos de ciclone. Era coisa sabida, infalível, pois começava a encenação de grossas nuvens, desde pela manhã, acumulando-se, reunindo-se a pouco a pouco, tomando todo o céu e desabando vibrantes aos toques da eletricidade condensada.

Depois, noite estrelada, sem o menor floco de bruma e bastante fresca, com as estrelas a cintilar violentamente, dando até luz, tão fortes os seus cambiantes reflexos.

Ficava o ar puro e quase picante, tanto assim que eu não podia dormir na rede e ia para o meu triste e duro jirau, onde curti longas horas de insônia a pensar no futuro dessa expedição a que se achava tão intimamente ligado o meu porvir; e, decerto, não me sorriam fagueiras esperanças nem douradas ilusões.

Dias havia em que muito nos atormentavam os mosquitos, muriçocas e pernilongos, sobretudo quando falhava a trovoada; outros, não. Quase sempre, porém, durante as horas de sol em extremo nos perseguiam piuns e pólvoras, cuja picada é bastante dolorosa e impacientante.

A vida inativa que levava, as inquietações que me sobressaltavam, o mau e insuficiente passadio, as pequenas intrigas inerentes à existência em comum que tínhamos, acabaram afinal por me produzir, senão enfermidade grave, pelo menos arremedo disto. Cheguei então a supor que adquirira moléstia mortal do coração, tantas e tão insistentes eram as palpitações e pontadas que sofria, tal o mal-estar em que me achava, quando não podia dormir.

Consultei um dos melhores médicos da expedição, mocinho hábil e que saíra da Escola com certa reputação, o Dr. Serafim de Abreu, e ele viu naquelas perturbações e irregularidades uma *endocardite*, reumatismo no coração, notícia que ainda mais me abalou.

O certo é que no Coxim eu padecia no moral e no físico ferozmente, entregue à mais sombria melancolia, não querendo pensar na possibilidade de uma licença e na volta ao Rio de Janeiro, sitiado como me achava pelo deserto, mas crente e bem crente que ficaria sepultado naquele ermo, perdidas a carreira e o alento, longe dos meus, sem poder abraçar os bons e saudosos pais! E quanto me doía a falta de cartas, a ignorância e a incerteza do que se estava passando na minha casa, no Brasil e em todo o mundo!

Que horas tão longas! Que dias intermináveis! Que pensamentos tão sombrios e todos convergindo para uma solução única — a morte. Quão moço, porém, me sentia para desaparecer do mundo a ver findada a parte de regalias, a que me julgava com direito!

Afinal que gozo me dera até então a existência, depois de adolescência preenchida por estudos exagerados, inúmeros exames e provas públicas? E o pouco que desfrutara em Campinas, clareira cheia de sol e encantos, aberta na compacta floresta de reminiscências descoradas, inspirava-me tanta vontade de viver, ou melhor, de conhecer a vida!

Só me animava um pouco, ao ser auscultado pelo médico, e o bom do Serafim a isto se prestava com inesgotável paciência, ouvir da sua boca que o mal não progredia.

Quando me sentia mais aliviado das palpitações, ia pescar no Taquari, onde o pescado é abundantíssimo, e deveras, valeria a pena a distração se não me visse atormentado por nuvens de borrachudos e sobretudo pólvoras, cuja ferroada imita perfeitamente um grãozinho daquele explosivo que de repente se incendeia sobre a pele. Terríveis bichinhos!

Os peixes mais freqüentes naquela volumosa corrente são *surubis* (e os há enormes, maiores que um homem), *piabas, abotoados, traíras, pacus* (poucos), *piranhas* — o peixe diabo — em quantidade não pequena. Desenhei alguns destes tipos no meu *Álbum pitoresco* e não saíram pouco parecidos.

Outro passatempo meu no melancólico e penoso acampamento do Coxim, à margem direita do largo e límpido Taquari, consistia em seguir e observar de perto o curiosíssimo trabalho do *formica leo*, inseto sobremaneira freqüente naquelas paragens.

A larva é esbranquiçada, bastante parecida com o *cupim*, pesadona de corpo e com um abdome grosso e estufado, que lhe não permite translação rápida e até moderada locomoção. Nestas condições, difícil lhe fora prover os meios de subsistência, de modo que, pungida pelo aguilhão do voraz apetite, peculiar ao seu estado de transição, se vê obrigada a recorrer à mais engenhosa e bem-concebida das armadilhas, de feição para assim dizer científica.

Nesse intuito, traça no solo arenoso e fofo uma circunferência de quase meio palmo de diâmetro, curva fechada que descreve, com o maior rigorismo geométrico, de diante para trás, isto é, recuando sempre, desde o ponto de partida até voltar a ele.

Em seguida, põe-se a cavar de dentro da linha para o centro, atirando fora, por um movimento súbito e balístico da cabeça articulada, a terra sacada metódica e progressivamente no seguimento de linhas que, a princípio, parecem ao observador circulozinhos concêntricos, mas, melhor examinadas, são voltas de uma espiral cada vez mais apertada para o centro.

E assim aprofunda rapidamente um funilzinho, desde logo feito com tal arte e jeito, que qualquer objeto miúdo que caia nas bordas, rola prestes para o fundo.

Findo esse cone invertido e hiante, trata de alisar zelosamente as beiras, destruindo as mais ligeiras asperezas, e, com o entulho saído da abertura, forma vistoso e bem-socado terrapleno, como que a convidar despreocupados e amenos passeios; depois, agacha-se em baixo e, pacientemente, espera a presa que o acaso puser à sua disposição.

A máquina está montada; só faltam as vítimas!

Venham, então, formigas e outros insetozinhos caminhando despreocupados e alheios ao perigo que os espreita, e impreterivelmente se despenham pelos inopinados e pérfidos declives, sendo incontinenti apreendidos com verdadeira ferocidade e trucidados sem demora pelo astuto vencedor, que lhes suga a linfa vital.

Terminado o triunfal festim, o *formica leo*, segurando o mísero cadáver com as mandíbulas, o sacode fora, ou, quando pesado demais, o arrasta para longe, subindo e descendo a recuanços, e procedendo sem detença à reparação dos estragos produzidos pelas peripécias da queda e da luta.

Às vezes — e não raro assim sucede — a preiazinha não é de pronto precipitada ao fundo e consegue agarrar-se à parede, em situação mais ou menos distante do ávido algoz; este, então, com muita destreza e boa pontaria, lhe atira grãozinhos de areia, que apressam, para um, o desenlace da catástrofe e, para outro, a posse da apetecida caça.

Rápido e certo é, em geral, o triunfo do encapotado salteador, até com insetos de muito maior vulto, gafanhotozinhos e grilos, que ficam atarantados com o tombo e a violenta agressão; mas também acontece que coleópteros (*cascudos*), vindo abaixo, ao rastejarem por aí, dão a morte ao *formica leo*, o estrangulam e rapidamente se safam daquele abismozinho, que lhes ia sendo fatal.

Sem exageração posso afirmar que passei, acocorado ou sentado no chão, largos trechos do dia, acompanhando com viva atenção todas aquelas cenas de perfídia e morticínio, e esperando, com pachorra igual à do interessado, que alguma incauta criaturinha viesse figurar nesse incidente dramático, ainda que minúsculo, da natureza.

E aí me acudia à lembrança certo episódio, não sei se real, se de romance lido outrora, de perverso assassino que, privado das pernas desde o nascedouro, atraía, por meio de bem-engendrada cilada, ao alcance dos pujantes braços, transeuntes e viajantes, e lhes torcia o gasnete, sem que pudessem bradar por socorro ou tentar a menor resistência, tais o pasmo e o horror que lhes tolhiam a voz e os membros!

Também, dominado por aquela insistente recordação, jamais concorri para a obra desleal e destruidora dos *formica leo*, encaminhando, só pelo prazer do entretenimento, pobres bichinhos à perdição. Contemplava até um tanto emocionado os valentes esforços que faziam em tão dolorosas e terríveis contingências, e não raramente auxiliava inesperadas salvações.

Quase sempre de manhã cedo é que a colheita se torna mais copiosa, de maneira que as armadilhas se preparam de madrugada ou pouco depois, consumindo a execução quase quarenta minutos de aturado afã.

Reparei igualmente que, nas horas de maior calor, quando o terrível sol daquela região batia de chapa, os embiocados desertavam o posto de ataque e, com a celeridade que lhes era possível, iam abrigar-se à sombra das ervinhas em cima, já para não ficarem torrados, já para dispensar inútil *tocaia*.

Como tudo isso é curioso!

Às vezes eu me divertia em lhes agravar a canseira, fincando com alguma força um graveto ou uma pedrinha numa das rampas do funil; e então era de ver-se a diligência e atividade que os animalejos desenvolviam para safarem das suas máquinas de guerra esses obstáculos e elementos de perturbação, cavando ao pé deles, até fazê-los cair e tratando de puxá-los para fora e atulhar e aplainar as soluções de continuidade. Que dar de cabeça frenético e repetido ao experimentarem se sacudiam longe o importuno seixinho! Após muitas tentativas baldadas e que deveras me faziam sorrir como entrecho cômico, resolviam-se ao expediente supremo, carregá-lo às costas, mantendo-o, na marcha ascensional e sempre de recuo, em engraçado equilíbrio, por meio das patas dianteiras.

Não duvido nada que essas larvas untem as bordas e paredes do funil com algum líquido visguento, secretado de propósito para tornarem a superfície mais escorregadia e lisa, e assim impedirem paradas, que não só obrigam a contínuas e laboriosas reparações, como dão à presa tempo de voltar a si da cruel surpresa e preparar-se para heróica defesa.

XXI

Tudo está tão bem-combinado no vasto seio da natureza! Quanta coisa prevista e obviada na incessante e implacável *luta pela vida*! Quantos ardis para conseguir o pasto diário! Quanto estratagema para compensar a falta de certos recursos indispensáveis e atenuar inferioridade, demasiado sensíveis nos meios de ação e nas probabilidades da vitória e conquista!

E esses ardis, esse estratagema param, não se aperfeiçoam, não se afirmam mais completos e eficazes, uma vez alcançado mais ou menos o fim a que se destinam, embora com muitas eventualidades de pouco êxito nos resultados, tudo por justo equilíbrio a bem da vida de uns e outros.

O instinto animal é uma força impulsiva, sem dúvida admirável, pois age nos inconscientes, como partícula de razão e raciocínio seguro do rumo que tem de seguir e do objetivo que colima, mas força adstrita a determinados limites, que não transpõe, nem pode transpor.

Como é de prever, todos os *formica leo* traçam circunferências de igual diâmetro e procedem sempre de idêntico modo, operando com inflexibilidade mecânica sem alteração possível.

De que maneira, porém, chegou a alimariazinha àquele ponto nos seus astuciosos manejos? Urgida pela fome, um dos poderosos motores naturais, e atrapalhada com o peso do corpo que lhe impedia rápidos assaltos, começou emboscando-se simplesmente? Convencer-se-ia afinal que muito pouco arrecadava com essa manobra primordial? De onde lhe veio a idéia do báratro afunilado? E por que o não fez cilíndrico, com as paredes cortadas a pique? Como conseguiu executá-lo, como engendrou aqueles processozinhos tão engenhosos e conducentes ao fim desejado? Provieram da sua organização ou foi esta que se amoldou às necessidades criadas? De onde se originaram aquelas voltas de misteriosa espiral, tão racionalmente traçadas para simplificação do trabalho geral?

Eis o que o genial Darwin, extraordinário em alguns dos seus lances de vista e concretizações no estudo da criação, não nos explica satisfatoriamente, abrindo larga margem às hipóteses e possibilidades.

Quando é que do cruzamento dos tipos mais valentes e enérgicos do *formica leo* surdirão por seleção produtos superiores que ainda mais perfeição incutam às suas combinações geométricas?

Será isso possível?

Na raça humana, nesse microcosmo percebido pela admirável perspicácia dos antigos, não se verifica, a cotejar a história universal, contínua oscilação, quer no mundo físico quer no intelectual, entre limites de impossível transferência? Onde os filhos dos homens de ordem e categoria superiminentes? Quais os descendentes condignos dos grandes estadistas, literatos, poetas, músicos, pintores, guerreiros, com raríssimas exceções? Que decorreu da aristocracia e da separação das castas senão diferenças fisiológicas quase insignificantes?

Diz-se no Brasil que, em geral, os homens mais distintos pela relevância de serviços não deixaram descendentes que pudessem substituí-los na operosa e patriótica missão...

Tudo isto, porém, a propósito do humilde e rasteiro *formica leo*? Embora leão... das formigas, merecerá servir de tela a esse conjunto de meditações, a envolverem em suas malhas *o* universo inteiro?

É que tratávamos da teoria evolucionista... Deixando, agora, exemplos entomológicos, subamos um pouco mais, bastante até, já que o assunto vem de molde, na escala zoológica.

Afigura-se-me o cão argumento de bastante peso contra essa doutrina. Não há, com efeito, animal mais bem-dotado e mais chegado ao homem, ente que possua qualidades mais simpáticas e afetivas, e que se haja modificado mais extraordinariamente no tamanho, na forma, no molde, sempre dentro das linhas terminativas do gênero e da espécie, desde o cão de São Bernardo ou da Terra Nova até ao *King Charles* e o felpudinho, desde o dinamarquês e o galgo até ao *bull-dog* ou o cãozinho pelado da China.

Por que, porém, apesar da convivência íntima e ininterrompida de um sem-número de séculos com o homem, por que, muito embora essa coexistência tão unida e travada, não há, especulativamente, senão dissemelhança, pouco sensível, entre o mimoso e roliço totó que desfruta a vida no colo de aristocrática dama e o cachorro miserável e esgalgado, com a barriga no espinhaço, do tempo da pedra lascada? Os movimentos da cauda, o modo de latir, de significar dor ou alegria, a expressão dos olhos, a impossibilidade de bem apreender senão certos sinais ademanes tradicionais e muito restritos, conservaram-se absolutamente os mesmos.

Pelo tempo que o cão acompanha o seu senhor e mestre em todas as peripécias da existência sublunar, já deveria ter dilatado círculo de sua compreensão, se tudo estivesse sujeito ao influxo permanente da evolução em qualquer dos sentidos, positivo e negativo, progressiva no caso vertente, pois o exemplo foi sempre melhorando.

Questão de caixa craniana, objetarão. Por que, então, essa causa de uma conformação especial e invencível não serve de valioso argumento em favor da pluralidade das espécies e contra o sucessivo desabrochar e desdobramento de umas em outras, desde o protoplasma inicial até à criatura mais perfeita?

Como fazer nessa escala ascendente a transposição do antropóide para o primeiro homem?

Pela regra evolutiva, a instigação contínua, a necessidade perene de compreender cada vez mais e melhor, o esforço incessante, o empenho de se identificar continuamente com o seu protetor e companheiro, transmitido tudo isso de geração em geração, deveria a pouco e pouco atuar sobre as paredes do crânio de modo a permitir a expansão de mais algumas, talvez bem poucas, circunvoluções cerebrais, alargando por fim, depois de séculos e séculos, o âmbito de inteligência e portanto de relações entre o cão e o seu eterno modelo e educador.

XXII

Muitas dessas divagações me amenizavam as tristezas no obrigado retiro e na clausura do monótono Coxim da qual não víamos quase nada possível.

De ordinário remoía, sozinho, deitado na relva e a ouvir o bater das águas na corredeira de Beliago, as reflexões que me despertava o estudo da natureza, quer flora, quer fauna; mas também não raro as comunicava ao meu colega Chichorro da Gama, mais inclinado do que os outros companheiros da Comissão de Engenheiros a essa ordem de estudos e observações.

Entretanto, esse mesmo, propenso de preferência à matemática, não se dedicava, além de um pouco de botânica, às ciências naturais. Aliás, tinha o gênio seco, nada expansivo e muito orgulho de si e do seu saber, o que o fazia retraído e contemplativo lá a seu modo.

Herborizando por minha conta e risco, sem método nem programa, desenhando no meu álbum flores que me pareciam características da região, secando e imprensando algumas, mais como recordação do lugar do que para qualquer outro fim, achei como ocupar também de modo bastante agradável muitas horas bem lentas, bem pesadas para os inativos e queixosos.

Foi aí que compreendi quão felizes são aqueles que de corpo e alma e com entranhado e exclusivo amor se dedicam à natureza, a um tempo aproveitando a suave e benéfica influência física que dela sempre emana e podendo, nos mais elevados surtos da inteligência, penetrar os seus grandes mistérios e conhecer-lhe os majestosos intuitos.

Então imaginava o indizível enlevo de viajantes como Pohl, Spix, Martius, Saint-Hilaire, Agassiz, Burton e tantos outros nas dilatadas peregrinações pelo esplêndido Brasil, levando consigo enorme cabedal de conhecimentos — inestimável bagagem, mas bem leve, bem fácil de transportar! —, vendo ante os seus passos um mundo de riquezas ainda não exploradas e a cada instante colhendo impressões e notícias preciosas para si e para a ciência de que foram tão nobres e alevantados representantes!

Com sinceridade acredito que seja impossível na terra juntar mais elementos de felicidade, e reunir maior messe de gozos tão serenos e puros, livres, portanto, de qualquer eiva, da menor sombra, da mais ligeira névoa.

Que existência tão bem preenchida, tão plácida em suas honestas agitações, tão proveitosa e singela! Que benefícios prestados à humanidade pelo homem verdadeiramente casto e alheio a todas as misérias, maldades, intrigas e máculas sociais! Que hino vibrante ao Criador naquela minuciosa e indefinida investigação de todos os segredos, de todas as maravilhas da natureza, tudo com intemerata simplicidade, na maior cordialidade de intenções, sem ambages, sem pretensão alguma espetaculosa, na simples e ardente pesquisa da verdade! Que horizontes tão largos e desanuviados, já nas indagações analíticas, já na concretização bem ordenada de todos os fatos estudados e a descobrir os fenômenos múltiplos da vida animal e vegetal, harmonias tão belas e arrebatadoras como a música mais bem afinada, ideal e celeste!

E tudo isto nos legítimos sábios, com tanta modéstia, tamanho receio de si mesmo e tão sincero gosto do silêncio e do retraimento! Pode-se afiançar, o contato da natureza infunde às inteligências deveras cultas a naturalidade e com ela um cunho grandioso e metafísico.

Quantos arroubos a sondar os profundos abismos do céu estrelado nas estupendas noites intertropicais ou então a contemplar, absorto e extasiado, as inimagináveis cambiantes de todas as cores em suas infindas combinações, a casar e confundir os reflexos das mais brilhantes gemas do Oriente — a faísca coruscante do diamante com a flecha verde da esmeralda, a centelha rubra do rubim, a faúlha cerúlea da safira e o raio abraseado da opala —, fantásticos e deslumbrantes fogos de artifício que, à luz do microscópio, jorram dos pardacentos *sporidios* da samambaia, vibráteis e como que dotados de fluido animal!...

Quanto se exalça o ser pensante, olhando alternadamente, na eloqüente frase de Vítor Hugo, pelas duas janelas que ele soube abrir para dois mundos: o infinitamente grande e o infinitamente pequeno.

Abro o meu velho álbum de desenhos, encadernado de marroquim verde bastante desbotado, e nele encontro datas do Coxim que só por si, sem razão nenhuma especial, deveras me melancolizam — 15 de janeiro, 10 e 11 de fevereiro de 1866. Já lá foram, pois, 26 anos bem completos, boa parte da minha existência e, entre as épocas de então e a de hoje, os períodos mais alegres, mais cheios e mais belos da vida que vivi ou tenha ainda de viver!

E, a tal respeito, entro agora em dúvida se é de prudência filosófica juntar elementos de recordação, assinalar nos tempos idos pontos mnemônicos como que fincar marcos à beira do caminho andado, a suscitarem um mundo de reminiscências, cujos espinhos nos arranham ou melhor nos pungem, de cada vez que o espírito se demore por um pouco junto deles, reconstituindo, em súbita evocação, cenas inteiras do longínquo passado.

Não será, decerto, melhor deixar-se ir à mercê da corrente e da sorte, aceitando os dias como se apresentem, bons ou maus, sem buscar nunca ligar o momento presente aos sucessos do futuro? Não será preferível esquecer, ver cair o véu do olvido após cada momento?

De que me serve tanta nota tomada, de que valem essas flores e folhas murchas, esses esboços de lugares que jamais, jamais tornarei a ver, todas essas instigações à vivacidade da memória? Para desconsoladores confrontos basta o que ela por si pode avivar nas brumas do que já foi, quando a alma olha para trás, à maneira do viajante que galgou elevados cimos e quer ter idéia das distâncias que venceu.

E na vida real para os que se adiantaram em anos, tudo quanto fica para a frente parece tão árido, tão cansativo, tão despido de encantos e prestígio, tão diferente daquilo que já deixamos pelas costas! O organismo físico, minado por moléstias insistentes, embora lentas em sua evolução destrutiva, já não responde às agitações do intelecto por mais ativo e imperioso que este ainda se imponha e, combalido, fraco, reclama descanso e paz. Mas, Santo Deus, o descanso é a atonia, a tristeza, o desalento! Trabalhar, trabalhar de qualquer modo, eis o lenitivo único aos desgostos, às decepções, ao desconsolo supremo, à acabrunhadora e letal melancolia!...

Foi essa necessidade ingente que levou D. Pedro II, nos seus dois anos de cruel exílio, a inventar mil ocupações literárias e científicas; e aquele grande espírito que durante cinqüenta anos tanto se esforçara pelo Brasil, não possuindo um só dia, um só minuto de seu, tinha que concentrar-se até na penosa interpretação de abstrusos e pueris textos hebraicos, para conseguir a admirável serenidade que o tornou tão extraordinário, tão majestoso na desgraça, e lhe dará lugar proeminente na história da Humanidade.

XXIII

Os MEUS desenhos eram numerosos, mas a coleção deixada nos bauzinhos que constituíam a minha mais que modesta bagagem, quando marchamos para a fronteira do Apa, em abril de 1867, foi em parte destruída no saque daquela infeliz povoação, duas ou três vezes queimada pelos paraguaios. Perto das minhas canastras estripadas, ajuntei quantas folhas pude apanhar, umas totalmente estragadas pela chuva e pelo barro, outras mais preservadas, de envolta como se achavam com o manuscrito das *Cenas de viagem*, que dei à estampa no Rio de Janeiro em 1868.

Esses desenhos, em geral a lápis, alguns à pena e uma ou outra aquarela, foram feitos nas horas de largo lazer com bastante cuidado. Nos pousos diários eu os esboçava rapidamente, tomando as linhas gerais e melhor acentuando um ou outro pormenor que me parecia interessante; nas paradas, então, mais longas, em Uberaba, Santa Rita do Paranaíba e sobretudo Coxim, os aperfeiçoava, encontrando no meu colega de Comissão, João Tomás de Cantuária, naquela época, primeiro-tenente de artilharia e general-de-brigada hoje, sincero apreciador dos meus talentos de ingênuo paisagista. Aliás, sempre tive aprovação distinta nas aulas de desenho das escolas Central, agora Politécnica e Militar da Praia Vermelha.

Assim foi que reproduzi com bastante êxito e fidelidade perspectivas muito curiosas e dignas de atenção, por exemplo, o pouso do *Catingueiro*, a 4 de julho de 1865, tão característico como paisagem do interior do Brasil, com a sua larga faixa vermelha — a estrada geral que se desenrola indefinida até os pontos mais extremos da nossa imensa fronteira, estrada cercada ali de pastos de capim *melado* ou *gordura*, com casinhas e ranchos aqui e acolá; dos lados, uma mata virgem a meio devastada pelo fogo e na frente capoeirões e *cerrados*, onde todos os anos, em setembro e outubro, lavra o incêndio.

Assim também, a vista do Rio Grande, afluente do Paraná, divisa de São Paulo e Minas Gerais, ou então a do formoso Paranaíba, que separa o triângulo mineiro de Goiás.

Mais adiante, às páginas 14 e 15, a fantástica disposição dos píncaros de velho grés vermelho, tão singular, tão bela com as suas linhas horizontais e paralelas, durante léguas e léguas, a deixar bem claro o abaixamento sucessivo de enorme mediterrâneo geológico, que ocupou primitivamente todo aquele centro de terras. Impossível moldura mais pitoresca, mais original a todos os formosos campos de Goiás. À tarde, então, quando os raios do sol cadente iluminam e abraseiam algumas das pontas rubras da Serra da Cabeleira e das Torres, parece que de súbito arrebentam bocas de vulcão, aqui ali!

O empenho por mim posto em procurar reproduzir aquelas cenas todas, levando não pouco tempo, no aperfeiçoamento dos primeiros debuxos, teve recompensa superior ao que eu podia esperar, pois, quando de volta de Mato Grosso, os mostrei em casa, mereceram calorosos elogios de meu pai, artista arrebatado em sua sinceridade profissional e incapaz de enxergar valor naquilo que não tivesse algum mérito.

E isto me traz em lembrança o exagerado rigor com que ele julgava trabalhos artísticos, sem exclusão dos próprios, de que nunca se mostrava contente[5]. Também meu tio Carlos, o major, costumava queixar-se, com a habitual graça, de tamanha intransigência: "Ó! Félix é de uma severidade quando se trata de pintura! Já excede os limites, já não é mais crítica e sim crueldade!"

Eis nesse meu álbum uma *acanthacea* com belíssima corola, grande e muito alva, labéolo um tanto saliente, anteras didinamias, estigma bilobado, ovário sobre disco hipogíneo. Por menos que se saiba de botânica (e certamente os meus conhecimentos na matéria, agora sobretudo, são bem restritos), a imaginação reproduz logo a flor no seu conjunto; mas como incutir-lhe a impressão do branco puríssimo que a distingue, branco achamalotado, não mate e quase metálico da camélia, mas para assim dizer orvalhado e untuoso, que ainda hoje, tão longe, tão longe me encanta os olhos?

Que poder o da beleza! Essa flor durou menos que horas, minutos apenas, crestada como foi logo pelo ardor do sol nascente; e, entretanto, a sensação que me causou no virgíneo desabrochar persiste, depois de anos, anos e anos!...

Na página adiante, alguns tipos dos peixes que costumávamos pescar no Taquari e, com mais abundância, na corredeira de Beliago[6], confluência das águas daquele rio com as do Coxim.

---

5) Quão valiosos, entretanto, alguns dos quadros que a Academia de Belas-Artes dele possui: *A morte de Turenne, A mãe d'água, O Imperador Pedro II, menino*, etc.
6) Este nome é da etimologia guaicuru. Daí para baixo, no distrito de Miranda, começam a aparecer com freqüência vocábulos dessa origem.

Pelas dimensões, chama logo as vistas o *surubi*, também denominado *surubim* e em Mato Grosso mais comumente *pintado*, por causa das malhas esbranquiçadas em fundo escuro. Peixe de pele, às vezes com malhas irregulares pelo corpo, algumas formando como que losangos, tem cabeça chata, grande, barbas ou apendículos à maneira do bagre, olhos pequenos metidos em concavidades. A carne, pouco espinhenta, é em extremo saborosa, sobretudo nos exemplares pequenos ou de tamanho regular, nos maiores, oleosa e bastante forte. Aliás, o *surubim* é bem-conhecido, pois existe em muitos rios do Brasil e não raro se o pesca no Paraíba, Rio de Janeiro.

Cresce extraordinariamente, pelo menos a variedade ou espécie que se encontra em Mato Grosso, e chega, então, no dizer de muitos, a atacar o homem. Por isto, o confundem com o *jaú*, cuja boca enorme se escancara como a do jacaré.

E essas duas monstruosidades, o *jaú* e o *jacaré*, se associam sempre no meu espírito com horror, pois, na passagem do Rio Aquidauana, que eu e o Lago acabávamos de atravessar a nado, poucos minutos depois um camarada nosso, chamado Ciríaco, foi arrebatado à nossa vista por um desses dois medonhos entes. "É um jaú!", bradaram aterrados os tropeiros, enquanto as águas, no golfão que de súbito formaram, se tingiam do sangue do mísero.

Dali a instantes... só o deslizar sereno de tranqüilo rio. O pobre do Ciríaco havia desaparecido para todo sempre! Que angústia, que apertar de coração a todos nós em momento tão terrível e por muitos dias! À noite eu me via cercado dos mais extraordinários monstros naquelas ínvias e asselvajadas regiões, sujeito aos seus assaltos, dilacerado por eles, devorado!...

Diz o eminente Martius que o nome de *surubim* vem de *soryb*, ligeiro, rápido; mas em etimologias tupicas, o ilustre sábio, apesar de toda a sua boa vontade e das pesquisas comparativas a que se consagrou no fim dos seus dias em Munique, merece bem limitada confiança.

XXIV

No Rio Taquari, deu-se durante a nossa estada à sua margem direita curioso episódio em que figurou possante *surubim*, e que se tornou engraçado por não ter findado mal senão para ele.

Um soldado, depois de ter apanhado vários peixes de bom tamanho, pôs-se a escamá-los[7] e, para fazer duas coisas a um tempo, amarrou a ponta da corda do anzol com que estava pescando num dos tornozelos.

De repente sentiu violentíssimo empuxão e foi rapidamente arrastado pela areia da margem, mal tendo tempo de se atracar ao tronco de um salgueiro que se achou felizmente ao seu alcance. E aí, a soltar gritos horríveis, ficou esticado, transmitindo à árvore as tremendas sacudidelas que o peixe imprimia à corda, tentando arrebentá-la e pondo-a à prova bem singular. Acudiu gente; um camarada saltou numa canoinha ali abicada e foi tanger o monstro que espadanava furiosamente à tona d'água, outros tomaram conta da irrompível linha e, afinal, após muitos esforços, puxaram para terra monstruoso *surubim*, quase da altura de um homem! Parece que, ao sair do seu elemento, a dar pulos enormes, era de meter medo!...

Dourado — difícil é ver-se peixe mais lindo, mais bem-lançado, elegante, garboso nos movimentos e, como afeiçoa águas cristalinas, constitui espetáculo interessante segui-lo com os olhos, já isolado, já em cardumes numerosos e até compactos, ora parado, imóvel e a resistir à violenta corrente, ora frechando sobre a presa, ora pulando corredeiras e até cachoeiras e fazendo então luzir ao sol a esplêndida couraça cor de ouro, com reflexos verdes, formada de escamas pequenas e imbricadas.

Peixe de corso e muito voraz, atira-se como cego ao anzol e deixa-se pescar com a maior facilidade, principalmente em águas batidas, e se a isca for de carne de capivara ou de urubu, de que se mostra sobremaneira ávido. Chega a tamanho considerável, pesando muitas e muitas libras, e tem carne firme, bastante saborosa,

---

7) Em Mato Grosso diz-se *descascar* ou simplesmente *cascar*.

aproximada talvez à da garoupa dos nossos mares, mas cortada de espinhas bifurcadas um tanto perigosas como experimentei, eu mesmo, em Santa Rita de Cássia, por ocasião da nossa parada junto ao Rio Paranaíba e já deixei contado.

Em alguns dos afluentes do Paraguai é o *dourado* em extremo abundante, em outros menos, deixando totalmente de aparecer nos demasiado turvos e de costume barrentos. Creio que no Paraíba no Rio de Janeiro não existe, embora esta corrente tenha largos trechos encachoeirados e pedregosos. Entretanto no Tietê, habitualmente rubiginoso, pesca-se-o em quantidade, sobretudo nos grandes remansos junto a quedas e saltos.

O laborioso Luís de Alincourt, que escreveu copiosamente sobre coisas do interior e principalmente de Mato Grosso, para onde foi com o último Governador, e Capitão-General, Maggéssi, depois Barão de Vila Bela, e onde se demorou largos anos, percorrendo toda aquela região, de Norte a Sul e de Oeste a Leste, coloca o *dourado* entre os *salmos* de Lineu ou os *sydocyon* de Cuvier, mas às suas asseverações científicas falta certo grau de competência que nos inspire confiança.

Aliás, cita sempre as autoridades em que se apóia e recorre aos trabalhos de Langsdorff, Rubzoff e Riedel, membros da Comissão Russiana, que foi ter a Cuiabá em 1827 e da qual já me ocupei, por vezes, por ter a ela pertencido meu tio, Amado Adriano Taunay, afogado por imprudência no Rio Guaporé a 5 de janeiro de 1828[8].

A companhia de Francisco de Paula Maggéssi Tavares de Carvalho não era das mais moralizadoras. Contam em Mato Grosso horrores daquele governador que D. João VI nomeou com grande repugnância, honra seja feita ao bom e velho rei.

Tal a fama que precedia aquele casal, o Sr. capitão-general e sua companheira da mão esquerda, que o ilustre Oeynhausen, depois Marquês de Aracati, o popular e, pode-se qualificar, glorioso penúltimo governador da Capitania de Mato Grosso, apenas soube que o substituto chegara ao Coxipó, uma légua distante da capital, em vez de se dirigir ao seu encontro, tomou o caminho do porto e embarcou rio abaixo para não ver o indigno sucessor.

Verdadeiro fidalgo era este Oeynhausen, João Carlos Augusto de Oeynhausen Gravenburg, doutor formado em Coimbra, filho natural de uma dama da Corte de Lisboa e de um nobre alemão, afilhado da rainha D. Maria I, que sempre o protegeu afetuosamente. Amigo sincero de D. Pedro I, não quis abandoná-lo na

---

8) Vide a este respeito o trabalho que dei à estampa em 1890 e dediquei a D. Pedro II, escrito de propósito para mitigar os desgostos do Grande Exilado: *A cidade de Mato Grosso (antiga Vila Bela), o Rio Guaporé e sua mais ilustre vítima* (primeira parte).
Reeditado e aumentado de diversos capítulos inéditos, da segunda parte, sob o título de *A cidade do ouro e das minas*, pela Companhia Melhoramentos de São Paulo. (Affonso de E. Taunay, filho do escritor.)

desgraça e, perdendo a cadeira de Senador do Império, acompanhou para Portugal o cavalheiroso Monarca.

Bem tristes exemplos nos deu e vai dando este *fim de século!* A virtude está se tornando mais vasqueira, menos freqüente do que em outros períodos da história da Humanidade.

Creio que agora a soma dos gozos e dos meios de comodismo, o *confort*, tomaram tal expansão e se puseram tão ao alcance de todos, que as fibras mais dignas do caráter e do coração se afrouxaram, deprimiram-se, incapazes mais de vibrarem, chegado o momento do verdadeiro sacrifício, das dedicações extremas.

Dolorosa verificação de tudo isto fez D. Pedro II nos dois anos de cruel exílio. De quantos considerava ligados à sua pessoa pela gratidão pessoal quando não patriótica, só teve provas do desapego e esquecimento!

Filho de portugueses e descendente de família francesa, nasceu Alincourt em Oeiras (Portugal) no ano de 1787. Praça de 1799, promovido a oficial em 1809, veio para o Brasil na comitiva de D. João VI, visitou a Bahia e Pernambuco, cursou a Academia Militar do Rio de Janeiro e seguiu para Mato Grosso, acompanhando Maggéssi Tavares de Carvalho.

Deposto este, fez Alincourt parte da primeira junta governativa que se organizou em Cuiabá, a 20 de agosto de 1821, e dela foi secretário. Voltou ao Rio de Janeiro, em março de 1823, e teve ordem, já então major de engenheiros, de regressar a Mato Grosso em fins do mesmo ano de 1823, incumbido de trabalhos de estatística e planos de defesa da fronteira.

De lá só voltou em 1830, e o trabalho que apresentou merece elogios pela grande cópia de informações exatas, mas de caráter meramente local. Enviado em 1831 ao Espírito Santo, ali faleceu nove ou dez anos depois, não se sabe ao certo, ignorando-se igualmente em que lugar morreu e foi enterrado.

No Arquivo Militar e na Biblioteca Nacional existem não poucos inéditos sobre a exploração do Rio Doce e das costas daquela parte do Brasil, obra de Alincourt, cujos méritos foram apreciados, sem exageração e com a habitual imparcialidade, pelo ilustre Augusto Leverger (Barão de Melgaço):

"Com o general Maggéssi viera para a província o Capitão, depois Major, de engenheiros Luís D'Alincourt a quem se devem trabalhos de bastante interesse para a corografia, etc. Ao Major d'Alincourt não faltava zelo, nem instrução, e colhem-se dos seus escritos valiosas informações. Porém não fez observação astronômica alguma e cometeu erros na designação da posição geográfica de alguns pontos importantes."

Na vida dos sertões é tão difícil saber comedir-se! Fui do que tive sempre cuidado muito especial, jamais dar, pelo menos, escândalo.

Nunca quis experimentar distrações violentas e perigosas, recusando acostumar-me ao uso do fumo e das bebidas alcoólicas. Quando me molhava à chuva, o que fazia logo era tratar de mudar de roupas, dispensando *cognac* e sobretudo parati e aguardente, que vários companheiros consumiam a valer.

Uma única vez me excedi, por ocasião de lauta ceia dada por nós, oficiais de engenheiros, não me lembro mais a quem, antes de nossa saída de Uberaba (1865). E o mal-estar que senti depois, a vagar pela cidade às escuras, e com a cabeça do tamanho de imenso globo oco, foi tal, que nunca mais me arrisquei a nova experiência.

Vomitei à valer e dei-me por satisfeito pela lição.

Aliás, a ebriedade é vício bem pouco comum nas classes melhores da sociedade brasileira, o que não acontece nas inferiores. Na Comissão de Engenheiros nenhum dava na vista por este triste lado, embora todos ingerissem álcool a fim de aquecer o corpo após os aguaceiros que agüentávamos.

Voltemos, porém, à página do meu *Álbum* em que desenhei vários tipos de peixe. Creio que era do que tratava, antes de tantas incidências.

O *pacu* é dos peixes de Mato Grosso o mais falado, pois constitui a base da alimentação das populações ribeirinhas do Paraguai e da pobreza de Cuiabá. Faz vezes lá do *pirarucu* do Amazonas, de que entretanto difere muito.

É quase tão largo quanto comprido, azulado dentro d'água, escurecendo quando morto. A sua abundância é enorme: acompanha as inundações dos rios e vai pelos campos afora, ficando enormes cardumes retidos nas depressões de terrenos, onde com a retirada das águas, apodrecem aos montes, infeccionando os ares e atraindo bandos de urubus que se banqueteiam a gosto.

A carne do *pacu* é boa, quando não gorda demais, no qual caso se torna mais própria para dar azeite de iluminação do que pasto para a mesa. O velho Piso, colaborador de Marcgrave, em sua *Ictiologia brasileira*, declara o *pacu* melhor do que *sargo*: *"melioris saporis et nutrimenti habetur quam sargus europeus"*. De que *pacu*, entretanto, falará? O de Pernambuco será o mesmo que o de Mato Grosso? Creio que na matéria há motivos de muita dúvida e que é coisa a fazer-se metodicamente — uma classificação dos peixes das nossas zonas e dos rios das diversas regiões do Brasil.

Aliás, os naturais de Mato Grosso têm verdadeira ufania do seu *pacu*. Nele se encerra um dos três elementos de atração e agarramento para nunca mais sair daquela remota província aquele que a ela for ter. "Quem provou", assevera um dito popular, "cabeça de *pacu*, rabo de *pirapitanga* e beijo de cuiabana não sai mais de Mato Grosso."

De cabeça de *pacu* nunca fui entusiasta; do beijo das cuiabanas nada posso dizer, porquanto não conheço aquela cidade e suas gentis habitantes; mas confirmo, com todas as veras, tudo quanto se possa merecer de encomiástico a respeito do sabor, delicadeza, leveza, firmeza da *pirapitanga*. É excelente, e dificilmente se encontrará peixe mais gostoso, e sobretudo mais atraente à vista, servido à mesa com a carne alvíssima listrada de riscas longitudinais, largas, vermelhas do mais belo aspecto, carne consistente e quanto possível grata ao paladar.

Em extremo arisca e rapidíssima de movimentos, a *pirapitanga* ou *piraputanga* não se deixa facilmente pegar. Para agarrá-la ao anzol, convém, muito tempo antes, acostumá-la à ceva e assim mesmo colhem-se mais decepções do que proveito.

Entretanto, uma feita apanhei à mão umas duas esplêndidas, de quase dois palmos de comprido. Sim, senhores, à mão; nada menos complicado! Essas duas *pirapitangas* imprudentemente haviam subido um riacho de águas apoucadas e ficado detidas em apertado caldeirão, do qual com todo o jeito as tirei para me darem o gostinho de deliciosa refeição que fiz com o meu bom camarada Lago.

Foi isto pelo mês de abril de 1866 na nossa exploração do Rio Aquidauana, como adiante contarei.

Parece que naquela corrente se as encontravam com certa facilidade, pois tinha o nome de Ribeirão das Pirapitangas, engrossando bastante antes de se atirar naquele rio.

Também depois dessa minha pesca, eu não pedia aos meus camaradas e índios senão novos exemplares de tão delicado peixe. Mas bem custosamente me satisfaziam os desejos.

Do mesmo modo em relação ao mel. Reclamava eu debalde o da *manduri* e sobretudo o da *cacheta*, legítimos néctares comparados com os outros, e só me traziam os da *jati*, *nachupé*, *sanharão*, *mandaçaia*, *borá*, *uruçu* e vários mais de qualidade ainda inferior. Ah! que *menus* pode o sertão fundo fornecer aos gulosos! Infelizmente não abundam a caça e pesca excepcionalmente delicadas e saborosas.

XXV

E BASTA de pescado. Afinal o meu leitor de 1943 interessar-se-á por todas essas coisas?

Não achará que teria empregado melhor o tempo, adiantando-me nestas *Memórias*, contando fatos da minha vida mais palpitantes, tratando de dar dos homens, com quem vivi, idéia exata, proveitosa à apreciação dos sucessos em que todos nos achamos envolvidos? É, contudo, tão difícil falar exatamente dos outros!

A disposição dominante, avassaladora acentua-se logo, dizer mal, tanto mal quanto bem nos mereça o nosso próprio eu. Que condescendência então! Deveras, porém, não me sinto sempre contente comigo mesmo. Recapitulando a minha vida, olhando para o passado, acho que deixei escapar bem boas ocasiões de aparecer, de me distinguir, de prestar bons serviços a mim e ao meu país.

Por vezes, imaginei que me falta um *quid*, um bocadinho, quase nada para ser personalidade acima do vulgar e merecer a popularidade que jamais consegui em torno do meu nome, por pouco tempo que fosse. Decerto, na minha existência não fui um *raté*, isto é, quem se supondo muito e crendo-se destinado a grande porvir, ficou em caminho e nada pôde conseguir.

Mas também nunca afirmei, na carreira das armas, do professorado, das letras, da política, por atos incontestáveis e brilhantes provas, a culminância a que por vezes acreditei poder aspirar.

Faço, já o disse atrás, grande cabedal da *Retirada da Laguna* e de *Inocência*, mas chegarão, porventura, esses dois livros à posteridade? Serão lidos, emergirão do enorme acervo de obras, romances, tratados condenados a eterna escuridade? Quanto ambiciono para *Inocência* o destino de *Paulo e Virgínia!* É a minha aspiração póstuma.

Diz Mme. de Staël que a tradução de um livro, a sua versão em língua estrangeira é meia imortalidade ganha.

Lá por isso já conquistei esta metade. O engenheiro James Wells, que esteve entre nós largos anos e escreveu *Três mil milhas no Brasil* trasladou para o inglês aquele meu romance ou fez adaptação, que agradou muito ao público de Londres; pelo menos assim afirmaram os artigos dos jornais e gazetas. Em francês publicou-se tradução feita por meu pai. Apareceu com toda a regularidade como folhetim do *Courier Internacional*, periódico redigido por um intrigante de origem judaica e que se fazia chamar Gaston de Mez, quando era fuão Klein, simplesmente.

Colecionei aqueles folhetins num livro, corrigindo-os cuidadosamente e entreguei-os àquele Klein, pedindo que os remetesse a Sant'Ana Néri, em Paris, porquanto este me prometera fazer admitir o romance na coleção Hachette, de capa vermelha, a um franco o volume.

Desapareceu o tal Klein e desapareceu o livro. Disse-me Sant'Ana Néri, em 1892, que aquele infeliz morrera *quando já estava chegado ao porto*, isto é, começava a se tornar conhecido, emergindo da vida de boêmio e de *commis voyageur*, que não passava disso. Tinha, porém, talento, não há dúvida.

Agora aparece no horizonte novo tradutor de *Inocência*; aparecem até dois. É um o Sr. O. du Taiguy, que tomou *o* pseudônimo de Olivier du Chastel e publicou medíocre romance, *Regain d'amour*, tradutor já de livros portugueses, *As pupilas do Sr. Reitor*, de Júlio Diniz, e outros. Que versão terá feito? A que *traições* não ficou exposta a minha pobre heroína, infeliz sertaneja? Que conhecimentos terá da fraseologia especial, que dá encanto e ressaibo especiais ao meu livro? Prevejo e receio enormes balbúrdias, interpretações extravagantes, ridículas, impossíveis! E que fazer senão mostrar cara alegre àquele bárbaro que pretende apresentar-me ao público parisiense?[9]

Mais confiança deposito no outro tradutor em perspectiva, o Dr. C. Seybold, que me escreveu ultimamente de Weiblingen (Würtemberg), manifestando-me desejos de atirar-se a esse cometimento. É um sábio e esteve ao lado do Imperador cinco anos, se não mais, a ensinar ao nosso bom Monarca hebraico e línguas orientais, homem sério e consciencioso. Com o conhecimento que tem do Brasil e da língua portuguesa pode dar melhor conta da empresa.

Pobre e magnânimo Imperador, estudou tanto! Estudou demais! Por vezes incorreu na censura que um campônio fazia ao vigário da sua freguesia: "Para outra vez nós haveremos de querer um cura que haja acabado os estudos!" Mas, também, o estudo serviu para lhe amenizar situações tão dolorosas! Sem falar nos longos anos de exílio.

---

9) Depois de publicar a tradução em folhetins do *Le Temps* de Paris, o sr. Olivier du Taiguy, antigo secretário de legação da França em Lisboa, deu da sua versão um volume editado em 1896 pela livraria parisiense Léon Cahilley (238 pp. In 16). (Affonso de E. Taunay, filho do escritor.)

Quando esperava ansioso esposa formosa, sedutora, no arrebol dos anos e viu a Imperatriz tão desajeitada, tão falta de graça e adornos naturais! Mais tarde disto falarei.

Foi Seybold quem compôs o esplêndido epitáfio de D. Pedro II, que resume de modo tão eloqüente aquela belíssima existência. Vêm-me as lágrimas aos olhos, ao transcrever para estas páginas conceitos tão justos, tão comovedores e elevados.

É mais uma homenagem que presto à memória daquele ínclito soberano, cujo reinado teve tão inesperada e extraordinária contraprova.

Ficou bem verificado quanta sinceridade havia naquela grande Alma, nas opiniões, no modo de pensar político, social, particular, em tudo enfim... D. Pedro II honra a humanidade inteira!

Eis o notabilíssimo epitáfio que figurou nas exéquias em Paris e foi depositado sobre o caixão do corpo embalsamado, como repousa no *Pantheon* da Casa Real Portuguesa, em São Vicente de Fora, perto de Lisboa:

ETERNA MEMORIA PIE COLENDUS

Augustissimus Dominus

PETRUS SECUNDUS
PETRI, PRIMI, IMPERII BRASIL ENSIS FUNDATORIS,
ET LEOPOLDINAE FILIAE FRANCISCI, GERMANIAE
POSTEA AUSTRIAE IMPERATORIS, FILIUS

Justitiâ, clementiâ, liberalitate, humanitate, populi sui pater; servorum ad libertatem prudentissimus conductor; litteratum artiumque per vastissimum Imperium propagator: animi magnitudine, ingenii acumine, memoriae immensitate, scientiae varietate incomparabilis.

NATUS, ANTE DIEM IV NONAS DECEMBRES
A. D. MDCCCXXV In CIVITATE FLUMINENSI,
Regnum minor accessit A. D. MDCCCXXXI

Maior A. D. MDCCCXL

Optime semper per regnum plus quam semisaeculare de patria meritus rerum illius A. D. MDCCCLXXXIX,

conversionis turbini cessit; ut illustissimum serenissimae
benignitatis, constantiae, patientiae, sapientiae
exemplar, sincero amborum orbium planctu luctuque
deploratus,

Fortiter ac pie obiit Parisiis

NONIS DECEMBRIBUS A. D. MDCCCXCL.

Quanta justiça em todas essas palavras! *Optime semper per regnum plus quam semisaeculares de patria peritus...* Se a República, em menos de dois anos, estragou a obra paciente, constante, patriótica da monarquia e sobretudo de D. Pedro II, o que teria sido este Brasil, se os patriarcas da Independência tivessem tomado caminho diverso daquele que lhes era apontado pelo mais alto civismo, pela exata apreciação das coisas e pelos interesses do novo país a constituir?

Em que atraso estaríamos, se começássemos pelas tais instituições democráticas? Naturalmente, há muito imperaria o esfacelamento, puxando cada Estado a formar agitada e ridícula republiqueta. Se agora, apesar da resistência que a todas as violentas causas de separação opõe o sentimento da unidade e integridade implantado pela Monarquia, essa é a tendência, que não fora uns setenta anos atrás?

Ah! República, República! Bem a definiu não me lembra mais quem: "É o regime em que cada qual está pronto a sacrificar ao interesse geral o interesse... dos outros".

Esta é a grande verdade! Choque contínuo de ambições pessoais, todos se supõem aptos ao mando supremo, fazendo do cargo que ocupam ocasião de opressão e vexame, tudo no meio de vãs e insanas declamações, em que retumbam a todo o instante pomposos vocábulos, honra, dignidade, consciência, liberdade!

Esses republicanos da América do Sul, bolivianos, venezuelenses e outros, obcecados pelos farrapos de que se revestem à guisa de vistoso manto, acreditam piamente que têm muito mais dignidade e pundonor do que ingleses, alemães e outros povos monárquicos, só por se intitularem republicanos.

Mais livres hoje no Brasil do que éramos no tempo da Monarquia? Mas é legítima irrisão!

Outrora, tínhamos ufania que atualmente ninguém pode mais nutrir, de havermos nascido em país sul-americano, exceção de quantos nos rodeavam.

Pertencemos na hora presente à regra geral. Somos simplesmente tão boa república sul-americana como qualquer outra; temos *pronunciamentos*, contínuas deposições, mortandade a valer, bombardeios de navios, lutas fratricidas, enfim todo o cortejo próprio das nações felicitadas pelas constituições organizadas e interpretadas pelos democratas do nosso continente.

Constituições magníficas, pactos fundamentais cheios de rutilantes promessas, mas daí à prática vai um mundo; tudo é letra morta... Demais, *quid leges sine moribus*? Onde está já a mal-aventurada Constituição de 24 de fevereiro de 1891? Que prestígio jamais teve? que moralidade a cerca? Não vale dois caracóis aos olhos daqueles mesmos que a discutiram e até deram honras de festa nacional ao dia em que a promulgaram.

Ao povo pouco se lhe deu. Preferiu continuar *bestializado* conforme se mostrou na frase de Aristides Lobo, por ocasião do levante de 15 de novembro de 1889 (*conversiones turbini,* diz *o* epitáfio imperial) que derrubou as organizações monárquicas, interrompeu a marcha ascensional do Brasil e o fez retrogradar cem anos na senda do *progresso* e da *ordem,* apesar de todas as afirmações da bandeira pseudocientífica da faixa e bola, casando as disparatadas cores verde, amarela e azul.

O pavilhão imperial não era, decerto, harmonioso... Se ao menos tivessem os republicanos aproveitado o ensejo para nos dar bandeira mais bem organizada?! Qual! Agravaram o feio.

Frederico de S., nos seus belos *Fastos da ditadura militar,* analisou, com muito propósito e espírito, todos os disparates de semelhante bandeira.

XXVI

Do modo por que deixei contado escoavam-se os dias no Coxim, longos, morosos, pesados. Só tínhamos notícia do resto do mundo por algum boiadeiro chegado de Goiás, pois a correspondência oficial e particular se estava acumulando, malas e malas e malas, em Sant'Ana do Paranaíba, pela economia que o governo julgara dever fazer suprimindo o estafeta encarregado de servir as forças!

Parece incrível o fato; mas é real. Quanto sofremos por causa de uns quinhentos a seiscentos mil réis mensais! E entretanto, do lado do Prata, as libras esterlinas, o ouro e a prata rolavam à maneira de interrompido Pactolo. Para os pobres expedicionários de Mato Grosso tudo era demasiado, excessivo; infelizes vítimas de Planos malconcebidos, pessimamente executados e de ridículas e cruéis economias!

Dessa estada no Coxim dá idéia bem exata o meu livro *Narrativas militares*, onde há, decerto, não poucos descuidos de estilo, mas de cunho verdadeiramente profissional e há de, talvez, ser um dia, por causa disso, melhor apreciado do que há sido.

Na reimpressão que se faça, corrijam-se essas descaídas e a obra ficará bem curiosa, estudo exato e sincero em muitas páginas da vida militar no Brasil. O Conde d'Eu dispensava o maior apreço ao conto "Capitão Caipora" e, sem dúvida possível, aquele príncipe, quaisquer que sejam os defeitos de que o acusem ou censurem, conhecia, apesar de todos os seus retraimentos, tudo quanto se referia ao Exército, do modo mais completo e notável.

Aqui se abre margem bastante larga para que agora me ocupe com dois assuntos que me tocam de perto.

Primeiro, o pouco apreço que tenho merecido dos meus contemporâneos literariamente falando; segundo, a desconsideração da carreira militar na época em que eu a ela pertencia.

Não insistirei, porém, embora mais tarde deva estudar as célebres *questões militares*, tomando-as *ab ovo* e acompanhando-as em toda a sua evolução até o fatal 15 de novembro que transformou este pobre Brasil em república de espada, exatamente como as suas congêneres de toda a América espanhola.

Sempre porém me doeu a espécie de condescendência com que os homens de letras brasileiros me colocam entre os literatos de meu país.

A tendência é dar-me, quando muito, a feição de amador, e certamente não é este o lugar que deve ocupar o autor da *Retirada da Laguna* e de *Inocência*, a querer-se nulificar todos os mais livros que tenho escrito.

Permita a justiça da posteridade que eu consiga a posição de que me acho digno e para a qual trabalhei com todo o esforço, vencendo, não raras vezes, desalentos violentos.

Possuía Alencar, não há contestar, enorme talento e grande força de trabalho; tinha pena dúctil e elegante; mas não conhecia absolutamente a natureza brasileira que tanto pretendia reproduzir nem dela estava imbuído.

Não lhe sentia a possança e verdade. Descrevia-a do fundo do seu gabinete, lembrando-se muito mais do que lera do que daquilo que vira com os próprios olhos.

Parecendo muito nacional obedecia mais do que ninguém à influência dos romances franceses.

Nos seus índios deixou Alencar a trilha aberta por Fenimore Cooper para de perto seguir Chateaubriand e reeditar as pieguices de que se constituiu porta-voz este escritor, tornando-as toleráveis a poder da pompa e do brilhantismo da frase.

Tudo porém artificial e cansativo.

Dos índios fez Alencar heróis de verdadeiras fábulas, oriundas dos *Natchez*, *Atala* e *Réné*, a falar com linguagem poética e figurada de exuberância e feição oriental.

Conheci-os bem de perto, com eles convivi seis meses a fio e pude observá-los detidamente. E eram aborígenes de procedência e cunho mais elevados, *chanés* de Mato Grosso que se dividem em quatro numerosos grupos — *chooronós* ou *guanás*, *quiniquinaus*, *laianos* e *terenas*.

Decerto tinham fraseologia por vezes pitoresca, mas daí a conversações todas de tropos e elegantes imagens há um mundo.

Nenhuma idéia de Deus (digam o que quiserem), nenhum vislumbre de religião a não serem uns longes de grosseiras superstições, inteira despreocupação do futuro, a vida *au jour le jour*.

Apesar do que se lhe possa censurar, Alencar teve decisiva e justa influência no nosso círculo literário pela variedade dos talentos e a força de trabalho, e a sua morte marcou o começo de um período de decadência, que não parou, de 1877 até hoje. Embora não tivesse sabido constituir-se chefe de nós outros, dados às letras, pela secura de gênio e os modos altaneiros e orgulhosos, atuava no movimento geral de espíritos não só pela atividade constante, como pela resolução com que enfrentava o preconceito, muito forte nas camadas políticas e dirigentes então, de que o literato era, obrigatoriamente devia ser, homem fútil, sem grande valor mental, sem capacidade para se ocupar com os assuntos sociais, administrativos e econômicos. Por isto, o aplaudíamos com a máxima sinceridade, com verdadeiro entusiasmo, quando batia o pé, no Senado, como ministro da justiça, ao temido Zacarias de Góis e Vasconcelos.

Citara uma vez José de Alencar a gazeta de Londres *Pall Mall* (*pèle mèle*) e o pedagogo de todos o emendou: "A seguido de dois ll vale o. Diga *Poll Moll*".

O outro o esmagou, fazendo ver que o título da folha constituía exatamente uma exceção por se derivar das duas palavras francesas *pèle* e *mèle* (de mistura, de embrulhada). Dessa feita, o crítico-mor embatucou e não teve como replicar.

Noutra ocasião, certo deputado do Rio Grande do Norte, se não me engano, um desfrutável Raposo, fazia irônico alarde de nunca ter escrito romances.

— Decerto, Sr. Presidente — dizia mais ou menos —, nunca saíram da minha imaginação tipos como os que engendrou o Sr. José de Alencar, nenhum guarani à guisa do célebre...

E parou.

— Como é que se chama o tal índio — perguntou a dois colegas que lhe ficaram por perto e, como eles respondessem, um após outro, Peri, continuou muito alto: — como o célebre Periperi!...

Imagine-se a gargalhada! É, porém, bem natural que em toda aquela Câmara, de mais de cem representantes do que se contava de melhor com toda a mentalidade brasileira, só cinco ou seis houvessem lido o livro a que aludira aquele estapafúrdio deputado, rábula por cima, pois nem sequer era bacharel em ciências jurídicas, o grande diploma para tudo, para todas as posições e pretensões, naquele tempo em que imperava o *bacharelismo* com a máxima pujança.

Não era agradável a convivência com José de Alencar. Conversava com dificuldade, além de ter pouca amabilidade natural. Dos seus modos ressumbrava o orgulho. Gostava de queixar-se amargamente, dizendo-se vítima da *conspiração do silêncio* que em torno da sua personalidade se fazia.

Doeu-se em extremo da não escolha senatorial, vendo-se preterido pelo primo, Jaguaribe, que na verdade valia muitíssimo menos do que ele, sem comparação possível.

E, desta data em diante, tornou-se inimigo irreconciliável do Imperador, a quem dirigia, contudo, as tão faladas e encomiásticas *Cartas de Erasmo*. Por que razão, perguntarão sempre todos, deu-se aquela verdadeira preterição de direitos?

Que móvel atuou no ânimo de D. Pedro II para que deixasse de escolher o ilustre e incansável romancista, o jurisconsulto de nota, o cidadão honesto e probo, o pai de família exemplar e o político influente?

Com boas razões, estou habilitado a dar o motivo daquela não preferência que nada parecia desculpar e causou a maior estranheza, como injustiça revoltante.

No ministério Itaboraí, vira-se José de Alencar distinguido particularmente pelo Imperador, que o rodeava da maior consideração, espraiando-se em largas palestras, em que tudo se aventava, quer no campo literário, quer político e administrativo.

Uma feita, falava o Monarca nas grandes reformas que o partido conservador tinha que empreender e levar à conclusão para se manter, com o apoio da opinião pública, no poder.

— Os senhores — disse — devem promover a reforma indispensável, fazer passar nas Câmaras uma lei, impedindo aos membros do ministério a candidatura à eleição senatorial. A inclusão do nome de um ministro na lista tríplice, além de constituir verdadeiro escândalo eleitoral, tira ao Poder Moderador o direito de escolha, tolhe-o e inutiliza bem sábia disposição da Constituição.

Concordou Alencar plenamente, e aplaudiu as palavras do Soberano, tanto mais quanto, pouco antes, dera-se um fato que impressionara mal o espírito público. — Já que o Sr. está tão de acordo comigo, encarrego-o de encaminhar esta nossa idéia a bom termo.

O outro prometeu, mas de fato nada fez.

Pelo contrário; passados meses, em São Cristóvão apareceu, em dia que não de despacho, para anunciar ao Imperador a resolução de pleitear a eleição senatorial pelo Ceará, na vaga aberta pela morte não me recordo mais de quem.

D. Pedro II mostrou-se pasmado. — Então o Sr. — perguntou por fim — esqueceu-se da nossa combinação? Eu que confiava tanto nas suas promessas!

— Não me esqueci — replicou Alencar —, e para tirar Vossa Majestade de qualquer embaraço, venho hoje pedir a minha demissão.

— Mas, Sr. Alencar — objetou o Imperador —, permita que lhe diga uma verdade: isto é capcioso. Porventura, não ficam os seus companheiros e amigos do gabinete? Na minha opinião, o Sr., depois sobretudo do que conversamos, está moralmente inibido de se declarar candidato. Espere outra ocasião; não faltará ensejo mais conveniente em que nós dois fiquemos mais desafrontados.

Estas razões de tão elevada categoria moral não prevaleceram. Teimou Alencar em levar por diante o capricho, e o Imperador teimou, do seu lado, e preferiu escolher outro qualquer nome da lista tríplice. Foi o *tertius gaudens*.

Desde então José de Alencar fez quanto mal pôde, na tribuna e na imprensa, ao Soberano, embora guardando formas respeitosas e declarando-se adstrito ao regime monárquico.

Dotado, porém, de espírito cáustico, não perdia vaza de alfinetar o Monarca, que sentia bem vivamente os seus sarcasmos e doestos. Foi ele quem pôs em voga o *lapis fatidico* e o *ecce iterum Crispinus*, depois explorados à saciedade. Vi certa vez o Duque de Caxias levantar-se colérico, ao ouvir-lhe proposições proferidas em tom da maior inocência e naturalidade.

Falando baixo e descansadamente, com gesticulação absolutamente nula, impunha-se José de Alencar à atenção do auditório, que o acolhia sempre silencioso e cheio de respeito.

É que todos esperavam da figurinha, a quem Joaquim Nabuco, numa polêmica literária, chamou *fauno de terracota*, dito malicioso, farpado, ferino.

Naquela discussão, Alencar apelidara Nabuco de *Apolo de gesso* e a denominação caíra no goto de todos, incomodando muito quem a inspirara e a merecer pelos modos olímpicos. Era, contudo, bem bonito rapaz.

A propósito, porém, do que disse eu tudo quanto fica escrito? Ah! *Inocência...* No meu pensar bem leal, talvez ingênuo por isso mesmo, e de bastante imodéstia, este romance é a base da verdadeira "literatura brasileira".

O estilo suficientemente cuidado e de boa feição vernácula preenche bem o fim, revestindo do prestígio da frase descrições perfeitamente verdadeiras em que procurei reproduzir, com exatidão, impressões recolhidas em pleno sertão.

É livro honesto e sincero, e estou que as gerações futuras não hão de tê-lo em conta de somenos. Meu pai, D. Pedro II e o ministro francês em 1891 e 92, Augusto Gérard, muito entendidos em coisas literárias, espíritos imbuídos das grandes tradições clássicas do belo e do bem da verdade, sobremaneira o exaltaram, rememorando a cada instante os principais episódios.

Para a segunda edição, talvez a mais bela prova tipográfica que deu a Casa Leuzinger, não pouco me serviu o conhecimento da boa língua portuguesa de um homem que não fez figura correspondente aos méritos reais, o Dr. Heráclito de Alencastro Pereira da Graça, antigo presidente do Ceará e deputado pelo Maranhão[10].

---

10) Notável conhecedor do vernáculo, verdadeiro filólogo, deixou-nos *Fatos da linguagem*, cabal documento da valia do saber. Nasceu em Icó (Ceará) em 1836, e faleceu no Rio de Janeiro em 1914. Eleito em 1906 titular da trigésima cadeira da Academia Brasileira. (Affonso de E. Taunay, filho do escritor.)

XXVII

VOLTEMOS, porém, ao Coxim.

Num dos últimos barracões da ala esquerda do acampamento geral, morávamos todos juntos, nós da Comissão de Engenheiros, e em comum partilhávamos o sofrimento da falta quase absoluta de víveres. Que dia de festa quando nos era dado comprar um atilho de milho por mil réis, isto é, quatro espigas amarradas pela palha! Nem nos importava que o tal cereal tivesse desde muito excedido o tempo de ser comido assado ou cozido. Tudo servia, e engorgitávamos grãos que quando muito podiam ser triturados pelos molares de bois ou burros.

Pouco apreciávamos os frutos do *murici* ou as vagens do *jatobá*, que entretanto meses depois, no Rio Negro, se tornaram a alimentação quase exclusiva da nossa pobre força expedicionária.

Que tristes as tardes do Coxim! Quando acabado o aguaceiro habitual, ia o sol lentamente descambando, bem defronte da nossa palhoça! Por detrás de extensa cortina de mato desaparecia afinal, enfiando, pelos intervalos dos ramos e das folhas, compridos e frouxos raios de luz que punham manchas vivíssimas no rolo areento ou nas barrancas vermelhas e altas do Taquari.

E o rio deslizava sereno e majestoso, tomando com os toques do crepúsculo aspecto de larga lâmina de prata, que se fosse tornando cada vez mais fosca. Com o silêncio progressivo da Natureza crescia o ruído da corredeira do Beliago, ao passo que bandos de papagaios e pombos *torquazes* cruzavam os ares, silenciosos e com vôo precipitado de quem vai com medo de não achar em tempo pouso e agasalho. A atmosfera purificada pela trovoada dava impressão de frescura, suavidade e leveza deliciosa e que os pulmões hauriam com avidez e alegria. Durava pouco esse gozo, uma, duas horas no mais. Mas era de grande intensidade.

E que esplendores no céu purpurado pelos últimos lampejos do dia!

Como eu sentia confrangido o coração àquela hora melancólica, tão longe dos meus, tão segregado do mundo, só vendo desgraças no presente que se tornavam cada vez mais sombrias e desesperadoras nas previsões do futuro! E no meio de tantas tristezas experimentava doloroso vazio do coração, à falta de uma mulher a quem dedicar os meus pensamentos mais íntimos e saudosos.

Por isto, costumava dizer a Lago e Catão: "Não empreendo mais viagem, nem entro em outra campanha sem deixar alguma namorada, noiva até, para ter em quem pensar e entreter animada correspondência".

No Coxim esteve o Padre Andrade, um dos capelães das forças, gravissimamente doente. Creio que passou mais de dois dias anúrico, curtindo as mais cruéis dores.

Afinal, após um banho de muitas horas, a contração nervosa da uretra cedeu. Caiu, então, em profundo sono de quase um dia inteiro, e acordou bom. Não quis porém mais ficar na expedição e voltou ao Rio, viajando deitado em *bangüê*. Chegado à capital, foi à Europa e lá esteve com licença bastantes meses.

Em seu regresso, continuou a ser capelão do Exército, reformou-se, longos anos depois, e afinal foi morrer em Portugal. Era, em suma, homem que tinha algumas letras, notável agudeza de espírito e certas qualidades apreciáveis. Será esta a oração fúnebre do Padre Andrade e Silva, de quem certamente ninguém mais se lembra. Acompanhe-a o habitual *illo sit terra levis*!

Os lentos dias de janeiro de 1866 arrastaram-se penosamente, animado às vezes pelas pachouchadas de um dos nossos companheiros do Coxim. E não só gracejos e gaiatadas que nos dispensava à guisa do recreio, porém, também, intrigas e mexericos em que nos envolvia.

Singular caráter o deste homem! Talentoso, serviçal, cheio de lábia, eloqüente até, ativo, tinha particular queda para traiçõezinhas e enredadelas, comprazendo-se em tramar histórias e combinações que deviam comprometer algum camarada com que convivesse.

Exercitara já essa especialidade com o seu chefe na província do Rio de Janeiro e por isto nos inspirara sempre desconfiança, que aliás plenamente justificou, pilhado como foi pelo Lago e Catão em flagrante de denúncia ao velho Comandante Galvão e à sua roda.

Acharam nada menos que uma espécie de diário em que citava especificadamente os nomes daqueles a quem ia comprometer, apontando-os como autores de chalaças e gracejos contra o chefe da expedição.

Neste dia de ajuste de contas passou bem mau quarto de hora, acabrunhado pela provas irrecusáveis fornecidas pelo próprio punho e obrigado a confessar que nascera com índole perversa e desleal.

Depois daquelas explicações tempestuosas que terminaram em tão penosa confissão, chamando-me de parte, lamentou-se de provocar, na sua idade, cenas destas, ao passo que me via, tão moço ainda, portar-me com muito bom senso e sisudez. Creio que naquele momento, pelo menos, era sincero.

Parece também que um nosso superior não perdia ensejo de excitar contra nós, seus companheiros de trabalho, a má vontade se não a ira do Quartel-General; o que, entretanto, não foi tirado bem a limpo, senão no tempo do comando de José Joaquim Carvalho.

Por enquanto, no Coxim, empregava todo o seu tempo na cópia, tão laboriosa quanto lenta, do *Relatório Geral da Comissão de Engenheiros* que eu havia escrito, pondo em contribuição todos os meus conhecimentos e as notas próprias, além das fornecidas pelos colegas, principalmente Chichorro, Lago e Catão Roxo.

Curiosa aquela cópia! A cada momento parava e perguntava pelas mais simples denominações científicas.

As de zoologia e botânica punham-no literalmente tonto:

— Que diabo de nomes — exclamava surpreso e ingenuamente. — Nunca imaginei ter de lidar com eles e escrevê-los! Mas, no fim, esta peça ficará muito importante.

E observava todo ufano: "Vejam, se eu não me tivesse abalançado a trabalho tão penoso!" No fim, estava convencidíssimo de que o *Relatório* era, sem contestação possível, todo ele da lavra própria.

— Que canseira tive com esta obra! — costumava dizer, com a maior sem cerimônia!

Quando acabava a hora de fatigante cópia, quase letra por letra, cruzava as pernas à maneira dos orientais e dos alfaiates, e tomava grandes pitadas de rapé. A sua preocupação constante era a família. "Quando é que me acharei no meio dos meus?!", perguntava a cada momento. "Tenho certeza que hei de voltar desta maldita expedição e é esta convicção que me leva a aturar mais algum tempo a farda, a ver se melhoro assim as condições da minha gente. Se não, deixava tudo, reformava-me já e ia viver sossegado no Rio de Janeiro ou no Pará."

Singular convicção! Nunca mais deveria o mísero tornar a ver os entes por quem tanto suspirava.

No entretanto, a situação de toda a força expedicionária fora se tornando, no Coxim, quase intolerável.

Os aguaceiros do verão eram constantes, as trovoadas muito pesadas; os víveres minguavam cada vez mais, e só se faziam parcas distribuições de carne de má, ou antes, péssima qualidade e de punhados de sal grosso. Sofria-se realmente fome; e não era pouco freqüente o indecente comércio a que se atiravam vários oficiais até, especulando com a penúria dos companheiros e até soldados.

Perto do nosso barracão, havia um, cuja amásia vendia postas miúdas de dourado, fritas, a mil réis cada uma, e por preços despropositados, leite, ovos, farinha, rapadura etc.

O pernicioso exemplo grassava de todos os lados, apontando a voz pública fulano, beltrano, sicrano, que, nem por isso, mereciam censuras exageradas.

Além disto, sabíamos por Juvêncio e o Capitolino, freqüentadores do Quartel-General, que os Avisos do Ministério da Guerra se repetiam com insistência, ordenando fosse a coluna, e quanto antes, ocupar o distrito de Miranda, pois constava no Rio de Janeiro que os paraguaios estavam-se retirando, buscando a fronteira do Apa, chamados a reforçarem as forças do Sul.

Demais, tornava-se já sensível a deserção dos soldados que, a curtirem tantas necessidades, preferiam as aventuras da viagem, a sós ou em grupos, pelos sertões do Piquiri e Camapuã, procurando ou Cuiabá ou a vila de Sant'Ana de Paranaíba, na fronteira de Goiás, Minas Gerais e São Paulo.

XXVIII

Razões de sobra tinha, pois, de inquietação e sobressalto o pobre do nosso comandante-chefe, o velho Coronel José Antônio da Fonseca Galvão.

Não sabia o que fazer, o que decidir. No fundo era bom chefe, rabugento e na aparência bastante áspero, mas amigo da sua tropa, franco na ignorância e cheio de vontade de cumprir o dever.

Tinha a suprema ambição de chegar ao generalato e com efeito ficou em extremo ufano com a graduação de brigadeiro.

— *Sou general* de verdade — exclamava todo cheio de si —, e não de brincadeira e por favor!

Nutria porém grandes prevenções contra nós, engenheiros.

Receoso, afinal, de parecer continuar o programa de demasiada prudência que tanto prejudicara a reputação do antecessor, Coronel Manuel Pedro Drago, para cuja demissão concorrera, pelo que diziam, resolveu definitivamente sair, de qualquer modo que fosse, do Coxim, julgando, e com razão, que de muito lhe serviria formar ali abundante depósito de víveres e sobretudo sal, gênero em extremo escasso e, por isto, tanto mais precioso em Mato Grosso.

Uma vez assente em tal decisão, ordenou ao nosso chefe Juvêncio Cabral de Meneses nomeasse sem demora dois engenheiros que fossem proceder ao reconhecimento da região que se estende até o Rio Aquidauana, à entrada do distrito de Miranda, e providenciassem sobre os meios de transposição dos dois grandes rios, de maneira que a invasão da região ocupada ainda pelos paraguaios se fizesse com a maior celeridade e depois do estudo exato das localidades.

Ora, o maior perigo e mais sério obstáculo de todo aquele empreendimento era não a presença do inimigo, porém a inundação de toda essa larga paragem, recanto dos vastíssimos pantanais conhecidos por Lagoa Xaraiés e com essa denominação indicada, vaga e indeterminadamente, nos mapas da enorme província de Mato Grosso.

Por miúdo contei já os episódios, bem dramáticos em sua singeleza, que no Coxim precederam a minha partida de lá e a do Lago.

Quem estiver lendo estas páginas e nelas achar algum interesse, recorra às *Narrativas militares* (Edição Garnier, 1878), à primeira historieta "Dois irmãos", onde tudo descrevi com a maior individuação e verdade, pintando as dúvidas e o terror que nos saltearam, ao recebermos a temerosa incumbência.

Nessa ocasião, exatamente, estava em período agudo o tal reumatismo cordial, ou *endocardite*, que me fazia tanto sofrer. Os meus companheiros queriam, por isto, arredar-me o nome da designação da sorte a que todos se sujeitavam a fim de saber quais deveriam atirar-se à perigosa comissão, cujos resultados negativos bem previamos.

Não consenti de forma alguma naquela exclusão, acreditando aliás no íntimo, já que aqui falo sem rebuço, nem véus possíveis, que a viagem, por mais penosa e arriscada fosse, seria útil diversão a padecimentos em que havia muito de nervoso, arrancando-me da mortal monotonia imposta pela insuportável inação do Coxim.

E quão bem inspirado fui! Deveras com maiores riscos, tive que vencer mil dificuldades, estive a morrer de inanição. Mas depois gozei nos Morros um dos mais belos e originais trechos da minha vida, ao passo que os companheiros curtiam os horrores da estrada no Rio Negro e da travessia dos pantanais.

Deixo de lado as sombrias considerações que no nosso barracão suscitou, um sem-número de vezes, a ordem do Quartel-General, quanto à inexequibilidade de semelhante exploração, nas condições em que ia ser feita.

Margear a Serra de Maracaju, evitando, de um lado, a água demasiado profunda e, do outro, as asperezas da mata virgem, era fácil de ordenar e indicar, em sumárias instruções, mas, decerto, de quase impossível execução.

Tudo, com efeito, expus com a maior fidelidade, como já disse, no livro a que há pouco aludi. Também falei na justa desconfiança que nos inspiravam os soldados do antigo corpo de cavalaria debandado por ocasião da invasão paraguaia, em fins de 1864, e que deviam, então, servir-nos de únicos guias e auxiliares.

Deram-nos estes homens como indispensáveis elementos do bom êxito da tal comissão, mas, ao mesmo tempo, deixavam entrever que talvez nos assassinassem a meio caminho, em tão má conta eram tidos. Belo meio de nos incutirem coragem e boa vontade ao nos empurrarem a tão arriscada aventura!...

Foram o meu e o do Lago os nomes tirados à sorte, e exatamente com este companheiro andava arrufado e de ponta, não sei por que motivo, fútil, sem dúvida, pois neste mesmo momento logo nos reconciliamos com verdadeira e sincera efusão.

Foi a 12 de fevereiro de 1866 que partimos e, atravessando o Rio Taquari, demos para todo sempre costas ao Coxim, lugar onde sofri de funda nostalgia e cruel desalento.

Nenhuma lembrança, um bocadinho grata, me liga àquela agreste localidade, formosa contudo em seu conjunto, a não serem os momentos em que escrevi os meus primeiros ensaios literários de mais fôlego, lidos com ufania ao Tenente-Coronel Juvêncio.

Intitulavam-se *O casamento do Ferrugem* e *Dedicação de Zopyro*, comédia em quatro atos, de que escrevi só dois, rascunhando os outros. Teceu-me o ouvinte grandes e incondicionais elogios. "Você", disse-me, "tem jeito para a coisa. Quem sabe se não chegará a ser literato bem distinto e de que se honre o Brasil?"

Realizou-se porventura a benévola profecia? Nada me compete responder; mas tenho a consciência de que trabalhei sempre com o maior esforço e todo o desinteresse, movido só pelo estímulo do renome e da glória.

Se mais não fiz, foi porque não pude, tendo a intuição de que, na verdade, alguma coisa me faltou, apesar de todo o meu empenho, para me tornar saliente e para sempre notável. Fiquei um passo aquém do limite em que um autor se impõe aos contemporâneos e os força à admiração e ao respeito.

Verdade é que, vivendo num país apático e indiferente, como o Brasil, em todos os assuntos, máxime em literatura, faltaram-me o atrito, a crítica justa ou apaixonada, o interesse dos leitores e as lutas veementes, além do ganho material, que não pouco exprime e estimula, por muito que se queira negar mais esta causa de incitamento.

Não há dúvida entretanto — e sempre sustentei esta tese — que o sentimento da propriedade literária não é capaz de provocar obras-primas e que um escritor, se as produz, é impulsionado por íntima e misteriosa força que não vê na expansão do estro senão indeclinável necessidade a que irresistivelmente obedece.

Com razão disse o poeta: *"Est Deus in nobis; agitante calescimus illo!"*

Quão penosa, porém, essa primeira tarde, longe dos companheiros, do outro lado do Rio Taquari, mas a ouvirmos ainda os clarins do acampamento do Coxim!

A meio protegidos por esburacada barraca, em farrapos, que mais pungente tornava a nossa miséria, suportamos o temporal e a chuvarada habituais, que os camaradas e soldados apanharam, em cheio, no costado.

Parecia que os sons desferidos, da outra banda do rio, nos diziam os adeuses supremos à vida, ao mundo! Entretanto, era eu ainda tão moço! sentia tanta vontade de gozar a existência!

E nessa aspiração não quadrava, decerto, aplicável a *immensa vivendi cupido* de Plínio o velho, esse apego dos homens idosos, tão tenaz e violento, como o da ostra à rocha batida pelas ondas.

Assomaram-me as lágrimas aos olhos, enquanto as notas prolongadas da Trindade, às *Ave-Marias*, desferidas pela boca dos cometas e clarins, que me eram familiares, chegavam aos nossos ouvidos doces e lânguidas, amortecidas pela distância. Quanta saudade da minha gente, de minha mãe, do Rio de Janeiro! Quem não se achou no meio de fundos sertões, não pode imaginar momentos assim tão cruciantes e repassados de indizível angústia.

Destas impressões dolorosas, e que se reproduzem vivazes no instante em que escrevo estas linhas, distraiu-me curioso espetáculo: o de inúmeros cardumes de grandes peixes, *dourados* e vermelhas *piraputangas* que subiam as águas límpidas, cristalinas, do grosso ribeirão a cuja margem acampáramos. E a seguir os movimentos, elegantes e misteriosos, daqueles habitantes do Taquari, em busca de provisório pouso para a noite, fiquei todo enlevado, indiferente até aos esplendores de formosa tarde, em que o céu resplendia, de modo estupendo, após a violenta trovoada que, de todo, passara.

Relativamente agradável foi a nossa viagem até ao Rio Negro, em todo o caso fácil, porquanto o caminho se abria franco e seguido ante os nosso passos. Demais, algumas curiosidades naturais, como o *Portão de Roma*, os píncaros escalvados de serras, além de belíssimas perspectivas ou então soberbas e puríssimas correntes d'água, amenizavam-nos as vistas e serviam de compensação às incessantes cargas de chuva e às péssimas acomodações de que dispúnhamos naqueles ásperos e abandonados páramos.

Aliás, tudo isto contei já especificadamente no meu primeiro livro publicado, *Cenas de viagem*, impresso no Rio de Janeiro em 1868.

O manuscrito foi com a maior paciência integralmente lido pelo Imperador, que corrigiu a lápis várias passagens, atendo-se, como era costume seu, a minúcias filológicas e notando não poucas locuções viciosas, sobretudo galicismos. Confesso à puridade que o estilo daquela obrinha deixa bastante a desejar. (Não será a frase de cunho francês?)

XXIX

No dia 22 de fevereiro de 1866 (meu aniversário natalício — 23 anos!) alcançamos a fazenda do Rio Negro, metade da viagem que empreendêramos. Ali chegamos por tempo tristonho, enfarruscado e torvo.

Abrigamo-nos a desmantelado rancho quase de todo aberto às intempéries, depois de termos ido, enquanto os camaradas descarregavam, explorar a região até à margem daquele barrento e feio confluente do Aquidauna.

Mal voltáramos à deficiente proteção da nossa pousada, caiu tremendo temporal, copiosíssimo aguaceiro açoitado por desenfreado vento.

Que melancolia se apoderou de mim nesse significativo dia, tão longe! tão longe de todos, naquele sítio desconhecido, inóspito, perdido no meio de centenas de léguas, sem recurso algum, com a morte talvez a pairar por bem perto!

Pus-me a chorar silenciosamente, enquanto escrevia a lápis aquelas impressões de momento tão precário.

De que servira o trabalho insano dos meus extremosos pais, dedicando-se exclusivamente à minha educação?

Oh! por que me haviam impelido para essa carreira das armas, tão dura, tão feroz, tão cheia de pesadíssimos deveres? Morrer naquela lúgubre solidão!... Que espinho horroroso para o coração da amorosa mãe!...

E o meu próprio coração dava fisicamente ferretoadas terríveis que me cortavam a respiração, parecendo-me chegado, afinal, o *dies irae, dies illa calamitatis et amara valdè*, de que tanto nos ameaçara, no Colégio de Pedro II, o estrambótico Dr. Sousa, aludindo às provas de exame!

Reanimou-me o modo franco e desabrido com que de repente me falou o Lago, tal a influência de um caráter enérgico e decidido nos outros homens.

— Deixe-se de tolices, Taunay — censurou com acrimônia. — Seja digno dos seus galões de oficial, do seu nome e nada de criançadas. Há muito já passou o tempo. Que lhe pode acontecer de pior? Morrer, não é? E que tem que morra? Tanta gente não desaparece? Porventura terá você a pretensão de ficar para semente? Para que, aliás, o Estado o tem pago até hoje e o está pagando? Não é exatamente para ter o direito de dispor da sua vida? É dívida que contraímos e dívida de honra. Trate de saldá-la como homem de dignidade e deixe-se de lágrimas. Morrer com cara alegre e até risonha é, no nosso caso, obrigação restrita a que não há a fugir.

Senti-me logo outro, rindo-me até, pouco depois, da prostração em que caíra. E, dali em diante, sempre me ficaram na lembrança como consoladora tonificação moral aquelas estóicas interrogações: "E que tem morrer? Não é para isso que somos pagos?"

Bem precisava eu daquele confortativo incitamento, porquanto, no dia seguinte, muito tivemos que sofrer à margem do Rio Negro.

Encontramos aquela corrente quase a transbordar, rolando águas sujas, sombrias, terríficas, ao passo que as bordas, em distância considerável, empantanadas, lodacentas e revolvidas bem mostravam os efeitos ainda recentes de um desses temidos transvasamentos. Tivemos, pois, que passar a noite trepados nas árvores mais corpulentas e sujeitos às ferroadas de nuvens e nuvens de mosquitos e pernilongos.

Ah! que horas aquelas, a ouvirmos aterrados, como em pavoroso sonho, o rolar precipitado e ameaçador do rio intumescido e sujeitos às mil e mil picadas dos insaciáveis sugadores, encarniçados inimigos que nos faziam sofrer indizíveis torturas!

Havia uns, os pernilongos chamados de *cervo*, cujo feroz aguilhão atravessava as roupas mais compactas, chegando até a varar a baeta!

Que longo sofrer, amarrados aos galhos para não cairmos nos vaivéns de atribulado sono, e a curtirmos os horrores de situação já por si tremendo pesadelo!

Ah! minha vida quanto tem sido agitada e que momentos nela tive que curtir!... Julgo que poucos experimentaram o que padeci só naquela memorável expedição de Mato Grosso! E a pensar nisto e no que naturalmente teria ainda que padecer, dava formidáveis cochilos que entesavam as cordas e me magoavam pernas e braços.

Os nossos animais, exasperados com as ferroadas dos mosquitos, haviam rompido tudo, cabrestos e sogas, e disparado para trás até encontrarem local menos inóspito e doloroso.

Veio felizmente o clarear do dia trazer-nos algum consolo. Baixara o rio bastante e os camaradas se mostravam mais animados, partindo alguns sem demora em busca da mulada. Veio-me à idéia, confesso hoje à puridade, nestas páginas íntimas, propor a Lago voltarmos ao Coxim, dando por finda a nossa comissão, e procurar convencê-lo dessa necessidade, mas tal a filosofia, firmeza e serenidade daquele valente e inestimável companheiro, que tive mão em mim.

Nada lhe disse, receoso de repulsa demasiado violenta e que me ofendesse os brios.

Decidimos, desde logo, transpor o rio e alcançar a outra margem em que víamos o tope de relvosa colina a nos sorrir aos raios do alegre sol, como boa esperança.

Passei primeiro em *pelota*, nu em pêlo, já se sabe, e equilibrando-me, como melhor podia, na fragilíssima embarcação de couro.

E passei sem novidade alguma, além do natural sobressalto; mas o pobre Lago esteve a afogar-se, e não foi sem custo que escapou da morte, enquanto tudo quanto levávamos de víveres se submergia e, para sempre, desaparecia no fundo das águas.

Estávamos, pois, sem mantimentos. Que fazer? Retrogradar? Não pensariam no Coxim que aquilo tudo nada mais fora do que mero pretexto? Como nos acolheria sobretudo o Quartel-General sempre tão prevenido contra nós, membros da Comissão de Engenheiros?

Decidimos, depois de breve apreciação das circunstâncias e cotejo dos prós e contra, continuar viagem tanto mais quanto ao nosso lado esquerdo se alteava, como vistosa e segura atalaia, a Serra de Maracaju, em cujas fraldas deveríamos ir encontrando, segundo afiançavam os nossos soldados da cavalaria, gado em abundância. Avante pois e a mercê de Deus!

Decerto, a formosura do dia, o sol ridente e a animação de toda a natureza após muitas chuvaradas não pouco concorreram para semelhante resolução. Já nos proporcionou aventuras e padecimentos como a raros entes neste mundo é dado suportar com a vida salva.

Ficou logo bem certo que não podíamos mais caminhar sem consulta incessante da bússola para nos mantermos na direção de O. S. O.

Os nossos pretendidos guias nada sabiam, uma vez saídos da estrada batida e ininterrompida, e esta estava toda inundada, umas tantas léguas à nossa direita. Os lugares em que nos achávamos eram absolutamente ínvios, sem sinal da menor trilha, cobertos de mato sujo, bamburral inextricável, cuja transposição se tornava de todo o ponto impossível, mal procurávamos subir um pouco os contrafortes da serra.

XXX

Começou então período de enorme sofrimento, ameaçados na conservação da vida pela falta absoluta de víveres. Gado, com efeito, havia e mostrava-se a miúdo, mas em extremo arisco e tão veloz na carreira como os mais ágeis cervos, podendo por isto facilmente escapar dos nossos atiradores, cujas espingardas, de pederneira e caçoleta, pessimamente correspondiam aos nossos famintos projetos.

De mais a mais recomeçaram as chuvas, de maneira que aquelas imperfeitas armas andavam sempre molhadas e mais nenhum serviço podiam prestar-nos.

Em tão apertada conjuntura, os soldados se viam reduzidos a chupar o miolo da palmeira *mbocaiá*, conhecida em outras províncias por *macaiúba, macaiba, bocaiúva* e também *coco de catarro*, miolo que os índios do Sul de Mato Grosso denominam especialmente *namuculi* e de que fazem grande consumo em épocas de apuros.

Lago atirava-se ao tal *namuculi*, mas eu nem sequer podia ver aquela massa branca, gosmenta e glutinosa sem ter logo náuseas, quanto mais chupá-la! Também não tardou muito e caí na mais completa fraqueza, sentindo a cabeça oca e os membros lassos e inertes. Com esforço ainda me mantinha a cavalo. Nos pousos, ficava dominado por invencível sonolência, espécie de coma em que me imaginava sentado a opíparas mesas, carregadas dos mais apetitosos manjares e suculentas iguarias.

Quando me animava mais, tinha prazer especial em conversar com Lago a respeito de delicados pratos e guloseimas.

Por extravagância mórbida, afirmava-lhe mui seriamente que nada havia, no mundo da gulodice, superior ao arroz cozido n'água e singelamente temperado com açúcar.

— Você está doido de fraqueza — exclamava com indignação o Lago, aliás grande comilão sempre. — Onde ficam então uma *mayonnaise,* uma salada russa, um rosbife sangrento, à inglesa?

E entretanto, no meio de muitas contrariedades, a perdermos sempre o bom rumo, já por causa de águas demasiado fundas, já pelo fechado da mata, íamos, todos os dias, ganhando terreno do lado sul e afastando-nos do Coxim.

Uma feita, no pouso que denominamos da *Aflição*, cresceram por tal forma os nossos males que deveras nos supusemos de todo perdidos. Atormentados, noite e dia, por ondas e ondas de mosquitos, rodeados de pantanais, parados em lugar encharcado, vimo-nos impossibilitados de continuar a andar, já pela debilidade, já pela fuga dos animais e na contingência de morrermos dentro em pouco de inanição absoluta e irremediável.

Debaixo do meu *poncho* de baeta, apesar do intenso calor, por atermia própria, e por causa dos infernais pernilongos, lembrei-me, então, da belíssima descrição que Walter Scott dá na *Bela donzela de Perth*, ao pintar as torturas e os horrores da fome sofridos pelo infeliz Rothsay, príncipe da Escócia.

Eu também já tinha dificuldade em engolir a saliva, tão apertada sentia a garganta!... Não, a coisa se tornara muito, muito séria!...

De grande solicitude foi sempre para comigo o bom Lago, empregando, para me manter um pouco as forças, uns restos de tapioca e de chá verde que felizmente encontrara no fundo das suas canastrinhas. Sem este inesperado recurso, creio que teria morrido, porquanto do gado não víamos senão as contínuas disparadas.

Assim mesmo o que nos salvou a todos naquele desgraçado pouso foram os rebotalhos meio putrefatos de um garrote (touro novo, já acima do mamote ou novilho grande) morto por uma onça, sem dúvida para lhe chupar o sangue. Em todo o caso, abençoada onça! E desta laudatória e grata exclamação já fiz uso no meu livro *Narrativas militares*, narrando, mais por extenso, este trecho daquela desgraçada exploração.

Pudemos, no entretanto, graças à colaboração inconsciente do guloso felino e apesar da detestável carne que nos proporcionou, continuar a atribulada viagem, uma vez de posse dos animais de sela e cargueiros, o que não conseguimos senão depois de dois dias (quarenta e oito horas, e que horas!) de desesperadora demora e infernal espera!

Todas estas peripécias trouxeram, contudo, uma vantagem, modificar radicalmente o nosso modo de pensar a respeito dos soldados de cavalaria que nos haviam dado no Coxim e de quem nos tinham contado tamanhos horrores.

Poderiam, talvez, merecer todos os castigos, da terra e dos céus, por passados crimes; mas, força é confessar, para conosco foram verdadeiros modelos de obediência, dedicação, zelo e atividade, sempre prontos para todos os serviços e trabalhos, por mais árduos fossem, sempre alegres e de rosto prazenteiro, sempre vigilantes, em nos pouparem as fadigas excessivas, tão comuns em travessias daquela zona. Serviu um de tipo à fiel descrição que fiz do *Camarada* num dos meus livros (*Céus e terras do Brasil*).

Não descontinuavam, contudo, os nossos sofrimentos, a nossa penúria extrema e o abatimento progressivo da coragem para suportar tamanhas contrariedades e vencer tão grandes obstáculos. Era contínuo o dilema; se fugíamos da água demasiado profunda e de atoleiros inatravessáveis, logo que deixávamos a base da serra, caíamos em matagais tão cerrados e sujos, que não havia como transpô-los.

E, nesta incessante procura de caminho mais folgado, perdíamos muitas horas do dia, todas elas acabrunhadoras de calor e eletricidade, sobretudo quando se ia formando a trovoada. Depois, desabava o formidável aguaceiro, que nos deixava molhados até aos ossos. Some-se a tudo isto a falta absoluta de alimentação e ter-se-á ligeira idéia do que foram aquelas temerosas semanas.

Certa vez avistei um jabuti da mata, não pequeno e, descendo, a custo, do cavalo, levei-o comigo sobre o arção do selim, mantendo-o de barriga para cima até pousarmos, muito embora os incômodos que me deu. Prometia-me mil delícias, pois os soldados muito lhe gabavam a carne e principalmente o sabor do fígado.

Não tive, entretanto, senão decepções... Ah! Sim, tive outra coisa, formidável nojo e vômitos secos, só de ter provado daquele fígado gorduroso, detestável, incomível! Nunca mais olhei para jabuti se não com repugnância. Aí é que lhes conheci de *visu* a estupenda e tão falada vitalidade.

Tirando da minha presa o coração, simplesmente, sem mais víscera alguma, e suspendendo-o num galhinho de arbusto, verifiquei que bateu com a maior regularidade horas inteiras, dilatando-se e contraindo-se com toda pausa e energia.

No dia seguinte continuava a mexer-se. Os membros mutilados e aderentes à couraça do mesmo modo tinham movimentos violentos como que buscando no ar pontos de apoio necessários à desejada e ainda possível fuga!

Tentamos também comer carne de um tamanduá morto pelos soldados; mas tal o gosto de formiga que desistimos do intento, já se sabe pago o indispensável tributo de penosas náuseas e vomiturições, pois os nossos pobres estômagos nada mais continham para poder ser deitado fora em jactos francos e abundantes.

Afinal, afinal, ó dia abençoado, ó momento salvador! conseguiu um dos nossos camaradas, Alexandre de Campos Leite, matar à bala uma vaca, rês possante, gorda, esplêndida!

Estávamos, depois de inúmeras erradas e impacientantes voltas, a despontar cabeceiras, isto é, rodeando larguíssimos trechos lodacentos, capazes de engolir, na vasa, exércitos inteiros, perto então do Rio Taboco, na região chamada *boca do pantanal*, pois aí terminam as inundações mais temidas e violentas.

XXXI

Deu a morte desta vaca lugar a engraçado episódio, que me abre ensejo de falar no meu mais tarde compadre, e uma das figuras mais esquipáticas e originais que encontrei na vida.

Indiático, muito magro, sempre adoentado, com os olhos avermelhados, blefaríticos, maçãs do rosto salientes, boca larga, mas com bons dentes, cara toda engelhada, como de velho decrépito, apesar de pouca idade relativa, era segundo-sargento do corpo de cavalaria que debandara em Nioaque. Comandava ou fingia que comandava os soldados nossos companheiros e guias de viagem.

Sabia ler e escrever, um tanto corretamente, e, por isto, vira-se encarregado das funções de oficial inferior, embora para tanto lhe escasseassem as outras qualidades, diligência, energia e qualquer parcela de força moral.

De índole frouxa, bastante atoleimado quase sempre, saindo-se, porém, com inesperadas espertezas e pretensões que pareciam impossíveis, agarrou-se Salvador a mim e pôs-me no hábito de aturá-lo, vê-lo com favor e dispensar-lhe afinal a mais decidida proteção. Vive ainda hoje em Cuiabá, tendo sido, por empenho meu, feito ajudante de porteiro do Arsenal de Guerra e até pedagogo dos menores naquele estabelecimento militar, renovando, mais ou menos, o caso do Fritz, da *Grande Duquesa de Gerolstein*.

Obtive-lhe também o posto de alferes honorário, favor particular que me dispensou Tomás Coelho, ao deixar, em 1889, o Ministério da Guerra.

De vez em quando, escreve-me cartas cheias de entusiasmo e erros de gramática, repassadas porém de bem sincera gratidão pelo que fiz em seu benefício.

Nos primeiros dias daquela viagem em comum, pouca atenção prestei ao Salvador. Nutria até certa prevenção contra a sua feia pessoa por causa de infeliz rapariga, muito mocinha, e não de todo desajeitada, que o vinha acompanhando e não lhe merecia senão ralhos.

Uma vez, queixando-se-me ela deste tratamento, áspero demais, repreendi-o.

— Ah! Sr. tenente — respondeu-me com as mais engraçadas caretas, repuxando todas as pregas e rugas da cara —, a minha carga maior neste mundo são as mulheres! Não sei o que acham de mim; parece que tenho enguiço. Esta Isabel grudou-se a mim, que não me larga. É uma *mala*[11] bem pesada!

Não pude deixar de rir, mas deveras tinha dó daquela desgraçada, obrigada a andar dias inteiros dentro do pantanal com as saias levantadas até quase aos seios, não só para ter alguma roupa enxuta, como para se resguardar de sóis ardentíssimos, trazendo a cabeça coberta.

Estávamos, porém, como ia contando, ansiosos por auspicioso tiro que nos desse a posse de alguma rês. No dia a que atrás me referi, vimos numerosa ponta de gado que se apascentava junto a um capão de mato em distância relativamente pequena, aproveitando boa esteada.

Paramos e despachamos o mais moço dos irmãos Campos Leite, que passava pelo melhor atirador da nossa comitiva. E lá se foi, cosendo-se com os menores acidentes do terreno, aproveitando os mais ralos matagais, depois de ter tido a precaução de se despir, todo nu para não despertar suspeitas ao olfato daqueles desconfiados animais, reduzidos ao estado de completa selvajaria.

Com que olhos seguíamos, ou buscávamos seguir, os cautelosos movimentos e as bem-entendidas manobras do nosso atilado caçador! Das suas precauções e ardis dependia certamente a nossa salvação em tão crítico momento.

De repente... ah! que raiva, que desespero nos encheu o peito — de repente surgiu, vindo não sei de onde, em pleno campo, o estúrdio do sargento Salvador, com o seu grande chapéu de palha de carandá, espingardinha de caçar pintassilgos e tico-ticos ao ombro, a caminhar francamente, e sem rodeio algum, em direção ao gado, que deixou logo de pastar e se mostrou surpreso e assustado.

Nisto atroaram dois tiros; e as reses alçaram desapoderada carreira, sumindo-se num ápice. Dali a instantes perguntava eu sôfrego: "Então, Campos Leite, acertou?" "Não, senhor", respondeu-me o soldado, "apressei a pontaria por causa do sr. sargento e errei!" Tivemos vontade de moer de pancada o desastrado intruso e o cobrimos de violentos impropérios.

Caminhávamos furiosos, a despejarmos formidável descalçadeira no Salvador, quando, de repente, um camarada gritou: "Está aqui uma rês morta! O tiro pegou!" Santo Deus, que alegria, que alegria! Rodeamos a presa, nada mais, nada menos, possante e gorda vaca, cuja agonia devera ter sido bem rápida.

O sargento não cabia em si de ufano. "Foi a minha bala que derrubou este bichão!", exclamava no auge da exultação.

---

11) Em Mato Grosso, *mala* é mulher, legítima ou não.

O verdadeiro herói da festa reclamou com energia e mostrou, a toda evidência, que o tiro partido da sua espingarda alcançara o animal quase junto ao coração. Nem havia sinal de outro qualquer ferimento.

Não queria, contudo, o Salvador dar-se por vencido. "Concordo", disse afinal chamando-se à conciliação, "mas quando a vaca, já ferida, ouviu o segundo tiro, viu bem que era preciso morrer. Matei-lhe todo o *talento* (força física ou moral)".

Rimo-nos com gosto, porque então já nos era possível dar tréguas à tristeza e ao acabrunhamento; e, como um sorriso da sorte quase nunca vem só e desacompanhado, deste momento em diante as coisas foram se simplificando para nós, ainda que tivéssemos que passar por grandes incômodos e inquietações. Em todo caso, não eram mais os horrores da fome e as incertezas do misterioso pantanal.

Ninguém pode imaginar o que comemos daquela vaca, morta tão a tempo! Não me refiro aos soldados e camaradas, pois estes devoravam, com a voracidade de animais bravios e indomáveis depois de tremendo jejum, porém, sim, do que engolimos nós dois, eu e Lago.

A princípio, mal pude aceitar o alimento, rejeitado duas e três vezes pelo debilitado estômago; mas, depois, atirei-me, com segurança e entusiasmo, ao *lombinho de dentro* (o *filet* da cozinha francesa) e não queria mais fartar-me.

Era um bater de queixos, que ecoava longe e parecia interminável. E como para sobremesa tivemos delicioso cornimboque de mel de jati, caí logo em sono profundo e reparador, na beatitude, afinal conseguida, de suculenta e gostosa refeição.

As chuvas que não descontinuavam já nos encontraram outros; entretanto ainda nos perdemos mais de uma vez e, ao chegar à margem do Taboco, não pequeno susto curtimos, encontrando pegadas frescas de numerosa gente. Felizmente, reconhecemos de manhã, ao clarear do dia, que eram pisadas de índios, amigos nossos, e não de paraguaios em cujas mãos receávamos poder cair, pois nesta época rondavam ainda aqueles lugares todos.

Nesse pouso do Taboco, além da muita chuva que tivemos de aturar, fomos assaltados por enorme correição de grandes formigas que em poucos instantes nos causaram, apesar da contrariedade que lhes opusemos, sensível dano em tudo quanto leváramos em pano e couro. Quantas causas de padecimento naquelas inóspitas e brutas paragens! E todas elas se levantaram contra nós, castigando a audácia com que as íamos afrontando, bem a contragosto, não tenho dúvida em afirmar.

Também julguei de direito insistir um tanto no muito que sofremos. Nem era justo que se pagassem serviços tão extraordinários com o silêncio e o esquecimento. Agrada-me ao espírito de que, um dia, daqui a muitos anos, o olhar do leitor pouse com algum interesse nestas páginas, associando o meu nome ao do bondoso e enérgico Lago, que já me precedeu na Eternidade.

Foi o presente de festas de 1892 a notícia do falecimento daquele estremecido e ilustre companheiro. Nas primeiras horas da manhã de 1º de janeiro recebi o telegrama que me anunciava a sua morte e senti angustioso e longo abalo.

Nascido a 10 de maio de 1825, contava 66 anos e 7 meses e era mais velho do que eu 17 anos. No seu túmulo se poderiam gravar estas palavras bem justas e que lhe resumem toda a afanosa existência: — *Cumpriu sempre o Dever*[12].

---

12) Escreveu-lhe o autor destas *Memórias* a biografia publicada na *Revista do Instituto Histórico Brasileiro* (t. 56, p. 11) e reeditada no volume de sua *posthuma*: *Servidores ilustres do Brasil*. (Affonso de E. Taunay, filho do escritor.)

XXXII

TRANSPOSTO o Rio Taboco, felizmente de vau, e por dia esplêndido, prosseguimos viagem, aí em terreno conhecido dos nossos guias. Por isto frechamos rapidamente em direção a uma espécie de magnífico promontório formado, em espaçosa campina, por uma ponta da Serra de Maracaju. Dali, obliquando à esquerda, demos com o caminho de um aldeamento de índios terenas, abrigados nas dobras últimas daquela cordilheira, num lugar que haviam denominado *Piranhinha*.

Também já minuciosamente contei, em meu livro *Narrativas militares*, os incidentes da nossa chegada àquele local, o recebimento cordial e as coisas boas e más que lá nos sucederam. Entre as últimas figura uma das mais formidáveis perturbações de digestão que jamais tive por ter comido demais de duas grandes galinhas cozidas dentro do arroz, espécie de canja feita com sebo de boi, de que demos conta por modo positivamente assombroso.

Afinal, a 11 de março de 1866, após subida, em extremo pitoresca, da Serra de Maracaju, chegamos ao ponto terminal da nossa jornada, o acampamento em que estavam foragidos os habitantes da vila e do distrito de Miranda desde os começos de 1865, quando os paraguaios haviam invadido toda aquela região.

Que formosa a ascensão daquelas alcantiladas encostas por tarde de indizível serenidade e por trilhas impossíveis, bem próprias de medrosos fugitivos!

Como o olhar, à medida que mais e mais nos alçávamos, alcançava longe, abrangia, entre as abertas da possante e soberba vegetação, espaços enormes, campos e campos coloridos pelos mais singulares e mais suaves tons rosicler, roxo e avermelhado!

Lá embaixo surgiam colunazinhas de fumaça, máculas acinzentadas na coloração azulada uniforme do fundo do quadro: era o fogo que os paraguaios ateavam a certos pontos da planície. E encheu-me o coração um movimento de indignação e dor ao ver assinalada, ali, diante de mim, irrecusavelmente, a ocupação do solo da Pátria pelo feroz inimigo!

De súbito, porém, tudo desaparecia, tão fechada a cortina da folhagem de possantíssimas árvores escalvadas no dorso da montanha, algumas verdadeiros colossos na corpulência.

Então, eram as vistas atraídas pelas muitas cascatinhas, formadas por córregos, cuja linfa puríssima se entornava de todos os lados, saltando, em quedas mais ou menos elevadas, de grossos penhascos ou deslizando por entre eles.

No meu álbum de desenhos *Viagem pitoresca a Mato Grosso* conservo um dos aspectos dessa ascensão, que se tornou por vezes bastante penosa pela muita pedra solta e escorregadia que a dificultava, em trechos bem empinados, quando não eram largas e perigosas lajes, em que as nossas montarias escorregavam, ameaçando pranchear.

O meu animal Paissandu nos piores lugares portou-se admiravelmente, não lhe falhando as mãos uma só vez, ao passo que Lago se viu obrigado a subir a pé, quase de gatinhas, largos pedaços, pela pouca confiança que lhe inspirava a cavalgadura. Decerto, os paraguaios não podiam ter idéia de ir incomodar os fugitivos no bem-defendido refúgio a que se haviam abrigado.

Já com noite a meio cerrada atingimos o alto da serra; mas aí o caminho era de chão firme, areento, seguindo por entre verdadeiros renques de belas árvores, que nos pareciam então ornamentos de encantados jardins a nos prometerem palácios para o descanso e a quietude a que fizéramos pleno jus por tantos e tão árduos trabalhos.

Desde manhã já correra a estupenda novidade da nossa próxima chegada entre os refugiados, levada por índios da aldeia da *Piranhinha*, de maneira que não pouca gente acudiu ao nosso encontro, acolhendo-nos com gritos de alegria e enternecimento.

E a cada momento reuniam-se mais pessoas, por tal sorte que nos apeamos, no centro do mísero povoado que haviam formado, como legítimos triunfadores.

Todos se mostravam pasmados da travessia em que nos tínhamos empenhado, dos perigos vencidos e sobretudo de não termos caído nas mãos dos paraguaios, cada vez mais vigilantes por causa da aproximação da força brasileira, que diziam em marcha para o Sul.

E que algazarra ao pedirem notícias do resto do mundo, pois já haviam passado um ano e muitos meses isolados de tudo, metidos naquelas recônditas brenhas, após terríveis peripécias, a vagarem de mata em mata famílias inteiras, velhos, mulheres e crianças, sem acharem abrigo bastante seguro para escapar às atrocidades do selvático invasor.

Encheria eu volumes inteiros a querer reproduzir a história não só daqueles imensos sofrimentos, que depois nos foram minudentemente narrados, como de todos os atos de ridícula poltronice, em que figuravam até alguns oficiais.

Um, nessa ocasião tenente de cavalaria, apesar de ornamentado de basta e magnífica barba negra, sem se lembrar, no momento, daquele aparatoso e comprometedor apêndice capilar, disfarçou-se nada mais, nada menos, em mulher, vestindo numerosas saias e fingindo, por meio de panos, grossos e bojudos seios.

Parece que era simplesmente impagável vê-lo mui seriamente entrouxado naqueles trajes, assentado à proa de uma *igarité* (grande canoa) que transportava não poucas famílias pelo Rio Miranda abaixo até ao primeiro esconderijo escolhido à embocadura do afluente, o Salobro.

Outro agarrou num ananás, nunca soube por que motivo, e viajou, o dia inteiro, sem ter idéia do que ia levando à mão. À noite mal podia abrir os dedos, de apertados e contraídos que os sentia.

Contou-me Valério de Arruda Botelho, de quem adiante falarei, engraçado caso que se dera com ele próprio. Fugindo de casa, com a sua gente, buscara carregar tudo quanto pudesse minorar, um tanto, as agruras da vida que iam passar e foi ao galinheiro apanhar uma galinha que talvez lhes servisse para alimentação imediata ou para pôr ovos.

Só no pouso reconhecera que trouxera debaixo do braço, muitas e muitas horas, um galo velho!

Boas gargalhadas demos juntos quando nos referiu o desapontamento. Não foi, entretanto, inútil aquele idoso galináceo. Tempos depois trouxeram-lhe jovem companheira *e* deste primeiro casal saiu a numerosíssima família que povoava todos os acampamentos dos *Morros*, quando lá chegamos, e lhes proporcionava, à farta, excelentes frangos e, com extraordinária abundância, ovos de deitar fora, apesar da voracidade dos *guaxinins* e lagartos *teiús*, ávidos e desleais concorrentes nossos.

XXXIII

Os morros! Que época alegre e despreocupada da minha vida! Que período de existência original e divertido! Muitos meses lá passei naquele planalto umbroso da Serra de Maracaju, de março a julho, em situação só comparável com a dos primeiros exploradores de regiões desconhecidas no meio de populações selvagens, mas de trato simpático e meigo.

Também as recordações amáveis e sorridentes me salteiam numerosas e cheias de encanto, embora monótonas em sua repetição.

É que experimentei ali, na prática das idéias e teses de Jean-Jacques Rousseau, a doçura da vida não-civilizada e o contato do homem bom de índole, mas inculto e agreste.

Sentia-me deveras feliz no seio daquela esplêndida natureza, debaixo daquelas gigantescas árvores ou à beira de puríssimas águas correntes e na íntima convivência dos muitos índios *terenas*, *quiniquinaus*, *laianos* e *guanás* que nos cercavam.

Achava intenso prazer em com eles estar, em buscar aprender-lhes a língua doce, cheia de vogais, rudimentar nas combinações, a merecer-lhes elogios e estima.

Lembro-me da dor agudíssima que certo dia me deu a ferroada de grande mutuca, amarela, cor de ouro. Urrei, pulei, atirei-me ao chão, tendo, entretanto, a feroz alegria de esmagar nos dedos aquele terrível inseto que voa em rodopio e de que se temem em extremo os animais e o gado.

Abundam no Paraguai e vi burros e cavalos estremecerem e se debaterem agonizantes, literalmente cobertos desses odientos sugadores.

Ao recordar-me do que me sucedera nos Morros com uma única dessas moscas condoía-me dos atrozes sofrimentos que deviam estar suportando aqueles desgraçados entes, tão atribulados ainda antes de exalarem o último alento!

A natureza tem assim cruezas inexplicáveis! Para que, sem ir muito longe, o gracejo bárbaro, medonhamente atroz, do gato que apanhou um camundongo?

Qual a vantagem no instinto que leva certas aves rapineiras a só se nutrirem de carne viva e palpitante? Não é senão depois de dilacerarem os membros inferiores e arrancarem, uma a uma, as pernas e asas das pobres vítimas que atacam os órgãos indispensáveis à vida e lhes dão a morte.

Deixemo-nos porém de filosofar, alongando demasiado esta narrativa. Não devo abusar da paciência do meu leitor de 1943[13]. Quisera contar-lhe com especificação e método o que lá nos Morros me aconteceu de mais curioso; mas não posso — há de por força haver atropelo.

Vamos, primeiro que tudo, aos tipos que ali encontrei, credores, sem dúvida, de alguma atenção, todos residentes habituais da vila de Miranda, de que haviam sido tangidos com a notícia da entrada dos paraguaios em Nioaque.

Ninguém pensou em defesa, lutas e emboscadas nos muitos e excelentes pontos a isto tão adequados em muitos trechos do caminho por onde os inimigos deviam vir.

Todos só trataram de fugir; verdade é que o exemplo fora dado por quem corria a obrigação expressa de proceder de modo bem diverso.

Também foi muito diminuto o número de mortos e feridos causado pela inesperada invasão, com exceção do heróico Tenente Antônio João Ribeiro[14], que se portou admiravelmente na colônia de Dourados de que era comandante, derramando, com mais onze valorosos companheiros, o sangue para lavrar solene protesto contra o desrespeito ao solo da Pátria.

Do lado dos índios houve igualmente algumas tentativas de resistência, embora limitadas e parciais, mas que lhes custaram sempre certo número de vidas.

No geral, os foragidos de Miranda aturaram grandes inclemências, mas "salvaram o vulto", como se diz em Mato Grosso, e pareciam ufanos dos prodígios praticados naquele sentido numa como que fanfarronice de poltronaria.

Sem falar nos pequenos aldeamentos dos índios, todos da nação *chané*, dois grupos principais de choupanas e ranchos cobertos de folhas de palmeira *uaucuri* constituíam o refúgio dos Morros, separados estes agrupamentos por uma distância de quarto de légua, quando muito.

O primeiro a que nos agregamos, chamado do João Pacheco, nosso hóspede ou, melhor, quem nos ficou hospedando; outro do Chico Dias, nome de velho indiático, maior talvez de cem anos, mas muito forte, enérgico, habituado ao banho frio todas as madrugadas, caçador emérito e pai, naquela época, de um filhinho de cinco ou seis meses!

Só veio a falecer dez ou doze anos depois de concluída a Guerra do Paraguai em 1870, o que vim saber no Rio de Janeiro por correspondência de Mato Grosso

---

13) Nas *Memórias* de Henri Brûlard (Henri Beyle Stendhal) a cada momento o autobiógrafo reporta-se ao seu leitor de 1892. Achei curiosa esta referência e a adotei.
14) Vide a interessante descrição que deste belo feito de guerra dei no meu livro *Histórias brasileiras*. Ali batizei, por equívoco, ao herói com o nome patronímico de Silva.

publicada no *Jornal do Comércio*, em que se lhe assinalava a muita idade e a valentia com que carregara os anos até aos últimos dias de existência.

Como, porém, se haviam formado aqueles centros de refúgio na até então inexplorada chapada da Serra de Maracaju, também chamada de Amambaí?[15]

Nos últimos dias de 1864 dera-se a invasão paraguaia com a transposição do Rio Apa pelas forças do Coronel Resquin, em número superior a cinco mil homens. No dia 28 de dezembro fora o assalto da simples paliçada da colônia de Dourados, isto é, o morticínio do glorioso Antônio João Ribeiro e dos companheiros; a 1º de janeiro de 1865 o combate do Rio Feio, em que houve alguma resistência, ficando, a 2, ocupada a povoação de Nioaque.

Na vila de Miranda, vinte e poucas léguas distantes, a perturbação nesse dia havia tocado ao auge.

Pela madrugada chegaram os restos desordenados do primeiro corpo de caçadores e tudo quanto morava nos arredores para lá afluíra. A quantidade de índios de raça *chané* (*terenas, laianos, quiniquinaus* e *chooronós* ou *guanás*), *guaicurus* e até *cadiuéus* e *beaquiéus*, que são, contudo, pérfidos aliados, malvistos dos brancos, era considerável, todos a pedirem, em altos brados, armas e munições de que estava repleto o depósito de artigos bélicos, para correrem a preparar *tocaias*.

Propunham alguns habitantes que se tratasse quanto antes da defesa e aconselhavam duas esperas excelentes no Lalima e no Laranjal.

Declaravam outros qualquer tentativa de luta inútil e impossível e só esperavam pela voz de debandada. Outros, enfim, e entre os mais notáveis, e até então influentes, já não se importavam senão de abarrotar de trastes as canoas e igarités, com que pretendiam descer o Rio Miranda para demandarem a foz do afluente Aquidauana.

No meio da grita das mulheres, do chorar das crianças, das lamentações dos fracos, do vozear dos índios, dos conselhos encontrados, das discussões calorosas, de todo o ponto impertinentes, em tão grave emergência, aqueles que deveriam tomar providências para o bem geral e assumir a responsabilidade de imediata resolução, quer no sentido da resistência, quer no de pronta retirada, perderam a tramontana e deixaram-se, irresolutos e inertes, arrastar pelo movimento da população, que, a 6 de janeiro, em peso, abandonou Miranda, na mais extraordinária confusão.

---

15) Nos mapas de Mato Grosso esta denominação é reservada à parte da cordilheira que corre em território brasileiro, sendo a de Maracaju mais particularmente aplicada à paraguaia; mas nas localidades não achei essa distinção e indiferentemente se dizia Serra de Maracaju ou de Amambaí, até muito mais aquele nome do que este.

Nem sequer ficou indicado um ponto, em que todos se devessem reunir. Seguiram uns em canoas como que à mercê das águas; afundaram-se outros nas matas; o maior número a pé e em dolorosíssima procissão, tomou a direção da Serra de Maracaju, dali a vinte léguas, e em cujas brenhas tinha tenção de se ocultar.

Os paraguaios, porém, vinham marchando muito vagarosamente, tanto assim que só a 12 de janeiro entraram na vila entregue pelos índios a completo saque, principalmente no que dizia respeito ao armamento e cartuchame. E fizeram muito bem, não há contestar.

O depósito da Nação continha, entretanto, ainda tantas espingardas, tal o número de clavinas, tamanha quantidade de pólvora, balas, metralha, enfim tantos apetrechos bélicos que Resquin observou, com toda a razão e até espírito: "Parece que o governo brasileiro pretendia defender as suas fronteiras com simples cabides de armas."

Uma vez de posse de Miranda, aquele chefe publicou um bando que declarou haver, daquele dia em diante — *para todo sempre* proclamava com arreganho espanhol — passado o distrito a pertencer à República do Paraguai sob o título de distrito militar do Mboteteu. E convidou a população a recolher-se tranqüilamente às suas casas, sob pena de serem os recalcitrantes sem mais apelo passados pelas armas.

Como era de prever, ninguém se apresentou. Os fugitivos que tinham descido por água mantinham-se ocultos no lugar chamado Salobro, a duas léguas da vila, sujeitos a milhares de privações e, o que mais doloroso se tornava, dilacerados pela discórdia e divididos pelas mais pueris intrigas.

Tudo era motivo para acerbas e injuriosas recriminações.

Debalde o vigário de Miranda, Frei Mariano de Bagnaia, capuchinho virtuoso e tão querido dos brancos quanto dos índios, tentava restabelecer a paz, tão necessária naquelas tristes conjunturas. Não era ouvido e via-se desrespeitado.

Tornou-se, em breve tempo, o acampamento dos refugiados intolerável a muitos. Tocaram uns as suas canoas para mais longe, indo fazer rancho à parte; outros, em pequeno número, foram espontaneamente apresentar-se aos paraguaios.

Entre estes figurava Frei Mariano. O piedoso frade sentia-se fraco e acabrunhado ante tanta desgraça, e as lágrimas lhe corriam, noite e dia, ao lembrar-se de quanto os seus índios, — a quem chamava filhos — estariam sofrendo, esparsos pelos montes ou, sem dúvida, caídos em poder do inimigo.

Depois de haver penetrado no seu espírito a idéia de se entregar ao invasor e dele obter compaixão para todas aquelas vítimas — mulheres principalmente e débeis crianças — não descansou um só instante até ir, acompanhado do Tenente da Guarda Nacional João Faustino do Prado e do Alferes João Pacheco de Almeida, oferecer-se à prisão em Miranda, no dia 22 de fevereiro de 1865.

Havia na vila uma razão que o atraía com força irresistível; a igreja matriz que construíra, com grande trabalho, nela empregando os magros honorários e côngrua, além de quanto conseguia da caridade dos fregueses.

Correr, portanto, à igreja para afinal, após tantas semanas, poder celebrar uma missa, foi o que logo fez Frei Mariano, num estado de júbilo difícil de descrever. Quanto tempo havia passado longe daqueles altares, arredado de todos os objetos dos seus extremos, da sua adoração!

As ruínas que por toda a parte o cercavam, casas desabadas, a meio devoradas pelo fogo, ruas atravancadas, de todos os lados sinais da destruição, nada o impressionava, nada lhe detinha os passos!

Voava em busca da cara matriz.

Aí também o esperavam destroços que tomavam feição de negro sacrilégio. As torres sem os sinos, os altares despidos dos santos ornatos, o teto esburacado, o chão coberto de caibros e caliça, até imagens mutiladas, de pronto feriram os olhos pasmados de Frei Mariano.

Então varreram-se-lhe da mente todos os projetos de conciliação e, transfigurado pelo desespero e pela dor, em terríveis brados, no meio daquele templo esboroado, fulminou com a excomunhão todos os paraguaios[16], desde o chefe até ao último soldado.

A eloquência selvática e a voz atroadora do capuchinho aterraram os oficiais e soldados que o cercavam.

— Foram os Mbayás[17] — gritou assombrado um deles.

— Não, não foram — protestou o padre. — Meus filhos não fariam jamais isso. Sabiam que eram os símbolos da minha religião. Foram vocês, infames sicários, vocês paraguaios malditos, sobre cujas cabeças cairão todos os raios do céu, vocês cuja pátria será perdida, aniquilada, pisada de um extremo a outro pela planta vingadora dos pés brasileiros!

E por aí foi numa exaltação que não achou limites senão quando de todo lhe faltaram as forças.

Assim mesmo procedeu à celebração da missa, que os assistentes ouviram com profundo recolhimento e silêncio.

---

16) Contei este episódio nas primeiras páginas da *Retirada da Laguna*, cuja consulta talvez interesse o leitor de 1943, caso o livro não se tenha imposto à atenção da posteridade. Daí quem sabe?
17) Nome genérico que os paraguaios dão aos índios de Mato Grosso.

Na manhã seguinte teve Frei Mariano ordem de prisão e, poucos dias depois, foi transferido para Assunção[18]. João Faustino do Prado e Pacheco de Almeida escaparam de igual sorte por se terem ausentado da vila, no mesmo dia em que nela haviam entrado.

---

18) Esteve sempre em rigoroso cárcere e só foi salvo a 12 de agosto de 1869, depois da batalha de Campo Grande. Tinha já as faculdades mentais bastante perturbadas e assim viveu ainda muitos anos, tendo contudo voltado a Mato Grosso e ao distrito de Miranda. Faleceu em 1885.
Os terríveis sofrimentos do cativeiro vieram a provocar-lhe a demência. Faleceu em Campos Novos do Paranapanema a 20 de julho de 1888 (cf. Frei Fidélio Mota, de Primério, e Frei Modesto Rezende, de Taubaté: *Os missionários capuchinhos no Brasil*, p. 213). (Affonso de E. Taunay, filho do escritor.)

XXXIV

Curioso por certo parecerá ao leitor saber que fim teriam levado os índios de Miranda durante todos aqueles dolorosos e inesperados sucessos.

Mais de dez aldeamentos fixos e regulares contava o distrito por ocasião da invasão paraguaia.

Os *terenas*, em número talvez superior a três mil, estavam estabelecidos em Naxedaxe, a seis léguas da vila, no Ipeguê, a $7^{1/2}$, e na Aldeia Grande, a 3; os *quiniquinaus* no Agaxé[19], a 7 léguas N.E.; os *guanás* no Eponadigo[20] e no Lauiad[21]; os *laianos* a meia légua — todos estes da nação chané. Dos *guaicurus* havia mais acampamento do que aldeia no Lalima e perto de Nioaque[22]. Quanto aos *cadiuéus*, vagavam pelas regiões do Amagalabida e Nabilékê, também chamado Rio Branco, sempre prontos a atacar deslealmente brasileiros e paraguaios, que apelidavam portugueses e castelhanos.

Quando ecoou o primeiro tiro do invasor naquela vasta zona, cada tribo manifestou as tendências particulares. Nenhuma delas, porém, congraçou com o inimigo. O castelhano era por todas considerado, de séculos passados, credor de ódio figadal e irreconciliável. Umas, portanto, identificaram-se com as desgraças dos portugueses; outras, deles se separaram, outras, enfim, começaram a hostilizar a gente de um e outro lado.

Guanás, *quiniquinaus* e *laianos* intimamente se uniram com a população fugitiva; os *terenas* isolaram-se e os *cadiuéus* (guaicurus) assumiram atitude infensa a qualquer branco, ora atacando os paraguaios na linha do Apa, ora assassinando famílias inteiras, como aconteceu com a do infeliz Barbosa Bronzique, no Bonito.

---

19) Corrupção da palavra guaicuru *Enegareigo*, bando de capivaras.
20) Significa bando de traíras.
21) Quer dizer bonito, belo. Vide *A retirada da Laguna*.
22) Esta bela denominação de formoso local é corruptela do nome dado pelos guaicurus — aliás mencionado nos antigos mapas dos exploradores portugueses —, *anhuac*, quer dizer clavícula quebrada.

Foram os *quiniquinaus* os primeiros que subiram a Serra de Maracaju, pelo lado aliás mais íngreme e estabeleceram-se na belíssima chapada que coroa aquela serra de grés vermelha.

A este planalto, por caminhos diversos, foram chegando outros, fugidos; entretanto, como ele era coberto em quase toda a superfície de mata vigorosa, esplêndida floresta virgem, cortada aqui e ali de limitados descampados, vários núcleos se formaram sem que comunicassem, logo, uns com os outros.

Estava-se mais ou menos livre da perseguição paraguaia, mas quanto sofrimento, quanto desespero para aquela desgraçada gente sem outro alimento mais que palmitos, cocos da mata, mel de abelhas e uma ou outra caça, conseguida, a muito custo, ou comprada a peso de ouro ou, o que igualmente valia, por troca de colherzinhas de sal.

Entretanto, aqueles que tinham mais iniciativa trataram, sem demora, de derrubadas para entregarem à terra parcas sementes, cuidadosamente trazidas, e assim prepararem melhor futuro.

Fez o solo maravilhas e a primeira colheita, dois meses mais tarde, trouxe fartura de cereais. O grão que nele caiu achou-se em breve multiplicado de maneira extraordinária, providencial, e quantos se acoitaram na umbrosa e hospitaleira serra tiveram, em pouco tempo, mantimentos de sobra, além das mais exageradas esperanças.

Houve um branco de Miranda, genro do Chico Dias, que, plantando meio alqueire de milho, recolheu mais de duzentos alqueires, e de uma quarta de feijão tirou para cima de quarenta alqueires! Nem se fala do que produziam sementes de abóboras, melancias, pepinos, quiabos e muitas outras hortaliças.

Era a uberdade da terra inexcedível em todos aqueles pontos, virgem, desde séculos e séculos, de qualquer trabalho e aproveitamento humanos.

Tornava-se sítio em que parecia cair o maná do céu na mínima clareira na mata aberta, é verdade, com enorme canseira e a poder de péssimos machados, muitas vezes manejados por braços e mãos de mulheres e crianças.

Também não tardou que toda a colônia foragida e ali localizada, de mistura com os índios, gozasse de bastantes recursos para considerar de ânimo mais calmo as desgraças do presente e poder com paciência esperar dias melhores. Chegariam só com o final daquela guerra tão imprevista e deslealmente encetada, mas até ali, nos Morros, todos a supunham de brevíssima duração, tal o sentimento e o modo de pensar de todo o Brasil.

Entretanto devia prolongar-se por cinco dilatados anos e só terminar, no Aquidabaniqui, com a morte de Solano López, a 1 de março de 1870.

Foi, para assim dizer, necessário matar o último paraguaio para se chegar ao terrível e fatal ditador, pelo qual se fanatizara aquela infeliz nação, digna por certo de melhor sorte e outros ideais.

Nos múltiplos pontos da Serra de Maracaju, em que havia moradores, mais ou menos aglomerados, e que tomaram nome de acampamentos, construíram-se ranchos vastos e cômodos e pouco a pouco regularizou-se o modo de viver.

Para aumentar, até, aquela repentina prosperidade veio um casal de galináceos — e o galo já vimos como chegara até lá — dar produção extraordinária, e em tão grande escala, que, ano e meio depois, contavam-se alguns possuidores de centenas de cabeças de criação.

E que plumagem linda a destas aves, brancas de todo, mas com uma pena só, ou negra, ou amarela ou ruiva, caprichosamente metida num ponto do corpo, já cabeça, já asas, já dorso, já peito, já cauda! Como se chama esta raça? Agora não me lembra, talvez para diante me recorde. São galinhas muito comuns em Mato Grosso e nem por isto menos apreciadas.

Nos Morros a boa paz presidiu as relações de todos e, em honra ao espírito de cordura daquela população, pode-se afiançar que nenhuma cena violenta ou até desagradável, durante todo o período de exílio, fez suspeitar que totalmente haviam desaparecido o império da lei e a proteção da autoridade. Todos se conformavam com a dura sorte e tratavam de se ajudar reciprocamente, tornando-se mais úteis uns aos outros.

Os índios, em número décuplo do dos brancos e podendo — como muitos a princípio receavam — libertar-se, com estrondo e crueldade, da tutela ferrenha e abusiva em que sempre haviam sido conservados, se se mostraram um tanto mais altanados e independentes, nem por isto praticaram desmandos e crimes que teriam ficado impunes. Nem se aproveitaram de bem propícias ocasiões para reações não poucas vezes justificadas.

Entretanto, a nomeada da fartura alcançada nos Morros fora para lá atraindo todos os fugidos do distrito de Miranda, de maneira que, em fins de 1865, estavam, na quase totalidade, reunidos naquela fértil e salvadora chapada.

O território, desde os pantanais do Coxim até à fronteira do Apa de um lado, e de outro, isto é de O. a E., desde o Rio Paraguai até aos campos de Camapuã e Vacaria, ficara entregue aos paraguaios, que rondavam, sobretudo, a área compreendida entre o porto de Sousa, onde construíram forte estacada com elevado *mangrulho* ao lado, Espenídio, Forquilha, na confluência dos Rios Nioaque e Miranda, Nioaque, Ariranha e Desbarrancado, e nesses lugares todos mantiveram até agosto de 1866 importantes destacamentos de forças.

Por entre as rondas passavam, à noite, os índios quando desciam da serra para virem laçar reses na planície e ajoujá-las com bois mansos, tangendo-as assim para o alto dos acampamentos.

E com estas expedições repetidas sempre com êxito, apesar da vigilância dos inimigos, abasteciam-se de carne fresca, ou então seca ao sol e ao ar (o que se chama *carne de vento*), os moradores dos Morros. Só se podiam então queixar da falta de sal, esta mesma, até certo ponto, minorada pela exploração, embora imperfeitíssima, dos *barreiros* ou terrenos salitrosos, tão abundantes de matéria salina e numerosos nesse Sul de Mato Grosso.

Certos índios haviam conseguido verdadeira especialidade na pega de reses para o corte. Chegavam a levar oito, e mais, cabeças de gado bravio, tendo sempre a cautela de apagarem as pegadas.

Uma feita, porém, foram, em princípio de 1866, apertados, de perto, por uma ronda paraguaia.

Tocavam umas reses encambulhadas, quando reconheceram que iam ser atacados. O lugar, porém, prestava-se perfeitamente à resistência (era já na fralda da montanha) e a trilha, pejada de pedras, serpeava, subindo por denso matagal taquaríssimo. Esperaram, pois, os perseguidores num angusto e com boa descarga derrubaram o paraguaio que vinha, à frente dos companheiros, abrindo-lhes caminho.

Recuou precipitadamente a ronda, deixando como troféus não só o morto como o cavalo que montava.

Enorme agitação produziu, nos acampamentos dos Morros, a chegada destes índios vitoriosos que trouxeram amarrado à cauda do animal o corpo do inimigo.

Uns de tal pavor se possuíram, cuidando em próximo e formal ataque dos paraguaios que, abandonando ranchos e roças, atiraram-se pelas matas adentro em procura de mais seguro e longínquo refúgio. Só pararam em Camapuã e até além; outros, pelo contrário, e com mais razão, viram, nesse sucesso, maior garantia e cobriram os vencedores de elogios e aplausos.

No cadáver do paraguaio exercitou-se, à farta, a selvática alegria dos índios. Cada qual à porfia vinha embeber, nas carnes pisadas pelo arrastamento, facões e espadas. E o *corpo* mutilado, espicaçado e já sem forma, foi por fim atirado aos urubus.

Como conseqüência daquele encontro, tornaram-se as descidas dos Morros mais freqüentes e ousadas e os paraguaios mais prudentes e acautelados, receosos, em extremo, de emboscadas e estratagemas.

Também não só índios, mas também brancos, iam já pescar no Aquidauana, distante umas dezesseis léguas e ficavam, muitos dias, ocultos nas matas densas das margens, entretidos em preparar e secar o saboroso pescado que abunda naquela bela corrente, *dourados*, *pacus e piraraputangas*. A este rio davam os paraguaios o nome de Rio Branco, considerando-o divisa setentrional do novo distrito anexado de Mboteteu.

Uma ocasião, aumentando-se as imprudências e a confiança, em maio de 1866, as rondas do invasor cercaram, no porto de D. Maria Domingas, uma partida de *quiniquinaus*, que ali estavam um tanto descuidosamente ocupados, numa engenhoca, a fabricar rapaduras. Foi o assalto tão repentino, que os índios não tiveram tempo de fugir. Protegidos embora pela mata, perderam alguns dos seus, mas mataram uns cinco ou seis dos inimigos, que, decerto, não contavam com semelhante resistência. Também deram a lição por boa e nunca mais incomodaram os refugiados dos Morros.

XXXV

VAMOS, porém, agora aos principais tipos que ali encontrei e que mais atenção me mereceram. Por eles se pode ter idéia dos mais.
À tout seigneur tout honneur.

JOÃO PACHECO DE ALMEIDA — Bem moço ainda, pois não completara 30 anos. Muito magro, estatura meã, branco, ou antes, mestiço disfarçado, rosto sobre o comprido, com maçãs muito salientes e faces encovadas, olhos grandes e um tanto esbugalhados, pouca barba, cabelos agarrados ao casco, orelhas sobremaneira destacadas da cabeça, cabanas como dizem. Ativo, simpático, bastante inteligente, amável de natureza, alegre, até certo ponto generoso apesar de alguns hábitos interesseiros, em extremo atirado às mulheres, como aliás o geral dos mato-grossenses que conheci. Este, entretanto, era terrível, realizando o tipo do famoso cavalheiro de Brantôme nas *Damas Galantes*, apesar da amásia, em extremo ciumenta, por nome Augusta.

Era esta mulher quem nos fazia a cozinha, mas como vivia muito retraída nunca a vi bem, trocando com ela bem poucas palavras. Ouvi-a, entretanto, queixar-se várias vezes, e com amargura, das façanhas do amante. "Parece", dizia ela, "que valho menos do que quanta índia suja e sarnenta há por aí."

E, com efeito, grassava o *acarus scabiei* de modo pavoroso entre os índios, por vestirem quantas roupas conseguiam roubar aos paraguaios, muito afeitos a este mal. Nós mesmos não escapamos do terrível parasita e por causa dele não pouco sofremos, com grandes acúmulos nas articulações, sobretudo cotovelos.

Pacheco de Almeida portou-se sempre bem e simpaticamente conosco. Embora ganancioso, jamais quis receber coisa alguma, a menor retribuição, pela hospedagem que nos dava e que durou nada menos de meses.

Não pouca gratidão devemos à sua memória, pois era de rosto aberto e jovial que sempre nos falava e respondia quando queríamos discutir essa delicada questão de pagamento.

Tinha, entretanto, nos livros de notas e escrituração coisas impagáveis e que denotavam modos de proceder bem diverso em relação a outros.

Emprestava dinheiro e adiantava aos índios roupa e gêneros. O capital empregado não podia deixar de ser limitadíssimo, dois mil réis a um, cinco mil réis a outro e quando muito dez mil réis aos que lhe mereciam mais confiança; mas as cobranças, capital e juros se faziam rigorosamente, sendo tudo especificado nos cadernos do *Deve e Haver*.

Com semelhantes teorias e processos, mais de louvar se tornou o desapego de João Pacheco de Almeida para conosco. Depois de certo período de convivência consagrou-nos verdadeira amizade, achando graça em tudo quanto eu dizia e admirando no Lago a decisão e o bom senso.

— É a cabeça e o braço — costumava dizer.

Por nossa causa, tão identificados em breve tempo ficamos, inimizou-se com o tutu de Miranda, tenente-coronel da Guarda Nacional, estabelecido à base da Serra de Maracaju num ponto chamado *Buriti* a que pomposamente intitulara *Acampamento três léguas e meia em frente ao inimigo*, por se achar, com efeito, àquela distância do Rio Aquidauana. Nem por isso, porém, deixava de ser cauteloso e seguro esconderijo, encerrado em pedregosa brenha de bem difícil acesso.

Qual o destino de João Pacheco de Almeida? Acompanhou, descendo dos Morros, as forças expedicionárias quando a elas nós, eu e Lago, nos juntamos; fez a marcha de Nioaque para a colônia de Miranda e daí para a fronteira do Apa e forte de Bela Vista.

Tomou parte na retirada da Laguna e, nos elogios oficiais lavrados, todos, por minha pena exclusiva, pus todo o empenho em lhe fazer valer os serviços de guerra, já então tenente em comissão. Também mereceu o Hábito da Rosa.

O mísero, porém, nem sequer soube dessa distinção que o teria enchido de justo desvanecimento, arrebatado à vida, em junho ou julho de 1867, nesse mesmo lugar dos Morros, por um tiro homicida, mandado dar, dizem, por ordem de um inimigo de longa data.

O assassino achara-o dormindo encostado à parede de um rancho de palha; entreabrira simplesmente a delgada separação e encostando-lhe a boca da garrucha ao corpo, fê-lo instantaneamente passar do sono à morte, na bela frase da *Bíblia*. A cruenta e fácil proeza não ficou porém impune. Perseguido pelos amigos e companheiros de Pacheco, foi o miserável capanga morto neste mesmo dia.

Não é singular, tantos anos depois, estar eu a evocar a lembrança desse bom e obscuro camarada de passadas eras e para ele pedir, se possível for, um olhar de benevolência da posteridade? Muito não se podia exigir do mais que modesto filho de Mato Grosso na apertada esfera em que nascera, fora criado e finou-se.

Não me é lícito, entretanto, esquecer a boa e franca hospitalidade que me dispensou por tantos meses, sempre risonho, amável e a seu modo generoso e largo.

CAPITÃO COSTA PEREIRA — Oficial reformado de cavalaria, morador em Nioaque, passara pelas mais terríveis inclemências para salvar a família, composta de mulher, ainda moça e bonita, distinta nos modos, e de dois filhinhos. Falador, metido a valente e, aliás, exprimindo-se bem e não raro com calor e até eloqüência, tinha particular propensão à gabolice.

A ouvi-lo, fora ele só quem pusera todos os habitantes do distrito de Miranda fora do alcance da espada dos paraguaios. Verdade é que, depois, na retirada da Laguna, mostrou, não poucas vezes, singular valentia. Em todo o caso, nos Morros atirara-se com decidida coragem ao trabalho e abrira uma das maiores roças de milho e arroz.

A mulher... que pena me metia aquela senhora, visivelmente de origem, maneiras e aspirações muito superiores ao triste meio em que se vira coagida a viver! Vestida de farrapos, em estado de adiantada gravidez, numa barraca esburacada, de pés no chão, no último grau da anemia, era a imagem da desolação e do desânimo.

Costa Pereira casou-se novamente, no Rio de Janeiro, com uma professora pública e morreu, creio que em 1889, já então quase totalmente cego. Inteligente e com algumas qualidades até distintas, este homem muito se prejudicou pela índole vária e a imprudência da linguagem, o que afinal o forçou a pedir reforma e abandonar a carreira das armas, passo de que sempre se arrependeu. Era muito ruivo, com cabelos anelados, cílios quase brancos, rosto todo mosqueado de grandes manchas de sarda.

CARDOSO GUAPORÉ — Negro velho, muito feio, filho da cidade de Mato Grosso e de quem falo um tanto detidamente em meu livro *A cidade de Mato Grosso (antiga Vila Bela), o Rio Guaporé e a sua mais ilustre vítima* — Laemmert, 1890.

Era uma espécie de orangotango. Rábula, não pouco inteligente e sagaz, exercia na vila de Miranda o cargo de coletor das rendas gerais e provinciais e fugiu para os Morros com a velha mulher, ambos chegados a mais de oitenta anos. Dotado de não pequena papeira, ostentava Guaporé os sinais característicos dos grandes antropoformes, prognatismo pronunciadíssimo, dentes valentes e saídos para fora da boca, exageradamente enormes, nariz chato com enormes ventas em cujo topo mal podiam agüentar-se uns óculos de grossos aros de prata, olhinhos piscos, protegidos por sobrancelhas em matagal e fronte minúscula e fugidia.

Entretanto, contra tantos e tão claros prenúncios de absoluta estupidez, dispunha de bastante agudeza de espírito e passava até por capacidade na vila, em que chegou a gozar de não pouca influência, já pelos recursos intelectuais de que dispunha e empregava ativamente no mexerico e na intriga, já pela amizade que o ligava ao Tenente-Coronel Albuquerque.

Era um dos nossos vizinhos mais chegados nos Morros e não pouca graça e interesse achava eu em sua conversa, pois se referia, com um sem número de historietas e anedotas, à vida da antiga capital da Capitania do Cuiabá e Mato Grosso e à popularidade, ao prestígio e às façanhas do meu tio, Amado Adriano Taunay, que ali estivera em fins de 1827 e de lá nunca mais saiu, afogando-se no Rio Guaporé a 5 de janeiro de 1828[23].

Metia-se a falar corretamente e dava boas cincadas, de que nos ríamos a valer depois em conciliábulo íntimo, eu, Lago e Pacheco. Quando já saíramos dos Morros, morreu-lhe a velha e pitecóide esposa de modo bem singular. Em noite de forte ventania, possante árvore, ao cair, rachou a meio o rancho de palha e literalmente esborrachou a pobre que dormia ao lado do importante esposo.

Coisa curiosa e que aqui menciono como engraçado assinalamento histórico, nos anais do casamento civil, Cardoso Guaporé quis estabelecer naquele lugar de refúgio, em que não havia padres, essa útil instituição por cuja promulgação tanto trabalhei nas Câmaras e na Imprensa, incorrendo em muitos ódios e doestos, e que o Governo Provisório, nos primeiros dias da República, a 24 de janeiro de 1890, decretou, sem protesto nem relutância de ninguém, como lei do país.

A idéia de Cardoso Guaporé veio do seguinte modo: um médico, cirurgião do Exército e notável pelas excentricidades e reconhecida ignorância, que fora ter também aos Morros, enamorou-se, embora idoso, de certa moça, filha de pobre velho chamado Cadete, morador no acampamento do Chico Dias. A este propôs tomar por conta, e em casa, o objeto da paixão, até aparecer por ali sacerdote que regularizasse a sumária união.

Teve o pai escrúpulos e foi consultar o oráculo do lugar — o nosso Cardoso Guaporé, ainda que a mãe se mostrasse muito mais fácil e condescendente: "Ora, Sr. Cadete", dizia filosoficamente, "pois não comecei a vida amasiada e por muito favor? Quanto não rolei por aí, até me casar com o Sr.?"

O marido porém não concordava e a tudo resistia.

Achou o rábula o caso muito sério e pediu logo dois mil réis, ou então meio alqueire de feijão, para pensar na dificuldade e buscar resolvê-la. No dia seguinte

---

23) Vide o livro a que acima me reportei — *A cidade de Mato Grosso* etc. (primeira parte). Reimpresso sob o título de *A cidade do ouro e das minas*. (Affonso de E. Taunay, filho do escritor.)

apresentou o desenlace: era proceder-se a uma cerimônia civil, presidida por ele, de que se lavraria auto, dizia com muita gravidade, segundo as formas do Direito e assinado por três testemunhas, comprometendo-se o médico, em nome de Deus, do Filho e do Espírito Santo a casar-se perante os altares no primeiro ensejo possível.

A princípio concordou o esculápio, mas depois se desdisse, de modo flagrante e afinal rompeu qualquer acordo, tudo isto no meio de muita agitação das famílias e de toda a gente dos Morros.

Não se falava noutra coisa e não havia quem desse razão ao velho doutor. "Não passa de rufião", berrava o Cadete, enquanto a mãe da pretendida observava com o bom senso especial de uma *Mme. Cardinal* (o grotesco tipo literário criado por Ludovic Halevy):

— Vocês o que fazem é espantar a caça. O tal *méco* é muito burro, mas convinha bem à Antônia. A menina já está com os seus dezoito anos e precisa estabelecer-se.

Tive ocasião de ver o original do documento redigido pelo Cardoso Guaporé e apresentado à assinatura recalcitrante do pretendente e dei bem boas gargalhadas.

O mais desapontado de todos foi o autor do expediente, que viu fenecer ao nascedouro uma fonte de possíveis reditos. Também sabia vingar-se, "metendo as botas" no desconfiado médico. "Não", afirmava, enrugando de modo muito cerrado e compungido o feíssimo rosto de octogenário macacão, "não era homem sério!"

E acrescentava com lisonjeira gravidade: "Dos nossos!..."

Parece, aliás, que o Sr. Cardoso Guaporé não podia pretender foros de modelo, apontado como useiro e vezeiro em muitas e muitas irregularidades e até falcatruas no exercício do cargo de coletor.

Pacheco acusava-o, quase cara a cara, de ter trazido da coletoria, como seu, grande saco de moedas de cobre, o que parecia pouco provável pelo peso da incomodativa moeda. Certo é que pagava tudo quanto comprava — e tornara-se um dos melhores fregueses dos índios — com vinténs.

Pobre Cardoso Guaporé! Para que sermos rigorosos para com ele? Em extremo bajulador, freqüentemente descia ao acampamento dos *Buritis* para intrigar-nos com o comandante, levando-lhe um sem-número de bisbilhotices e mexericos. A cada momento estranhava que os dois engenheiros, um capitão e outro, simples alferes, não prestassem mais obediência a tão elevada patente da Guarda Nacional.

E tanto insistia nisto que o velho mandão da roça, ainda que astucioso e prático na vida, afinal se impressionara com a pretendida falta de disciplina e conosco armou aberto conflito.

Cardoso Guaporé faleceu uns dez ou doze anos depois da nossa estada nos Morros, em 1876 ou 1878. Voltara à vila de Miranda, onde fora reintegrado nas funções de coletor.

VALÉRIO DE ARRUDA BOTELHO — Já meio idoso, mas muito alegre e cheio de atividade e iniciativa, morava com a mulher e duas filhas, quase moças, longe do nosso acampamento, num sítio formosíssimo, junto ao ribeirão das Piraputangas.

Ali nos hospedamos, Lago e eu, quando fomos explorar a margem direita do Aquidauana, como complemento da comissão trazida do Coxim.

Que dia agradável e quanta anedota divertida, quanto episódio grotesco nos narrou da invasão paraguaia! Não se poupou a si mesmo, descrevendo os medos tremendos que curtira, apavorando-se de tudo, de um matagal, de uma vaca parada, de um tronco de árvore! Difícil era ter mais *verve*, mais espírito natural, do que este bom homem, extremoso e ciumento da sua, aliás, bem organizada família.

Na madrugada seguinte acompanhou-nos e por um raiar esplêndido de incomparável aurora, cantou em dueto com o João Pacheco, ambos bem afinados de voz, melodiosa modinha que sobremaneira me agradou e cuja música ainda hoje reproduzo ao piano.

Como vem linda surgindo
A serena madrugada!

Que saudades agora, neste momento, sinto, ao lembrar-me daquele estupendo cenário, do cantar incipiente de mil pássaros, do ruído longínquo do Aquidauana, encachoeirado naquele trecho, e do colorido purpúreo e áureo do céu em que víamos subir, leve e adelgaçadamente, novelos de fumaça, a mais e mais densa.

Eram os paraguaios que, na margem de lá do rio, começavam a lançar fogo à macega dos campos a fim de prepararem pastagens para o gado... E como nos agradava sentir uma pontinha de frio no calidíssimo Mato Grosso! É que também estávamos em não pequena altitude, naqueles contrafortes da serra.

Recordo-me bem, a este respeito, que no dia 24 de junho desse ano de 1866, dia de São João Batista, curti tanto, tanto frio no meu rancho de folhas de palmeira, que mandei fazer fogo no chão e peguei no sono meio asfixiado pelo fumo. Também essa temperatura baixa só dura uns seis a oito dias; depois volta o calor violento, sobretudo em Cuiabá.

Valério de Arruda Botelho sempre nos mostrou muita dedicação e amizade. Ainda vive, estabelecido em Nioaque, onde perdeu a mulher e casou as duas estremecidas filhas. Deve estar bem adiantado em anos, talvez para cima dos oitenta.

XXXVI

A EXPLORAÇÃO da margem direita do Aquidauana, que fizemos com muita cautela, por causa das rondas paraguaias, cujas vozes chegamos a ouvir, durou alguns dias, tendo nós partido dos Morros a 24 de março e para lá voltando a 30 ou 31.

E se houve alguns momentos penosos nesta exploração, devidos já aos mosquitos em pousos ao relento, já aos poucos meios de que dispúnhamos para nos garantir contra o frio, outros foram bem agradáveis e pitorescos, a comermos excelentes peixes e abundantíssima e gostosa caça alada, verdade é que tudo preparado com sebo de boi.

Como não podíamos usar de arma de fogo, os índios, que levávamos como escolta, armavam, com muita arte, engenhosos labirintos, cujas paredes altas de taquara levavam os pássaros e aves a grande praça central, da qual não sabiam mais como sair.

Era inacreditável a quantidade de suculentas *jaós* e *aracuãs* que se apanhavam à mão, sem falar nas metediças e insuportáveis *gralhas*, cuja carne dura e preta para nada serve.

Em pescado tínhamos, quanto queríamos, saborosos dourados e pacus, mas o que lhes excede em delicadeza é a piraputanga, que nos merecia particular predileção.

Infelizmente, deixavam-se pescar com muito menos freqüência que os outros, não por escassez, porém, sim, pela índole arisca e desconfiada. É preciso predispô-las ao anzol por meio de prévia e paciente ceva, sem o que difícil é tirá-las fora do seu elemento para lhes dar as honras de petisqueira.

Muito embora os encantos das margens do Aquidauana, quer como lugar de fartura piscatória e venatória, quer como beleza de perspectivas — e de fato raro é encontrar paisagens mais formosas e extraordinárias a casarem opulentíssima vegetação com águas mais puras e cristalinas —, foi com intensa alegria que, por tarde serena e cheia de suaves irradiações, atravessei a planície até às primeiras dobras da serra e galguei-lhe a áspera encosta.

Neste momento bem me recordo do mágico esplendor que os raios do sol cadente punham aos cortes, muralhas e panos daquela cordilheira, toda de grés, acendendo nos píncaros, de carregada cor vermelha, verdadeiros incêndios em bocas de vulcão. Já de si cheia de prestígio a paisagem ganhava tanto, vista pelos olhos da mocidade! Que pressa, porém, tinha eu de chegar aos Morros, onde me esperavam as queridas índias e me achava tão feliz, tão à solta, tão longe do mundo e de todas as convenções!...

JOÃO FAUSTINO DO PRADO — Tenente da Guarda Nacional, com um pai muito idoso, João Leme do Prado, descendente dos grandes e temerários sertanistas das bandeiras paulistas que, no século passado, haviam devassado todo esse Sul de Mato Grosso.

Era casado com uma mulher indiática e feia. Esse João Faustino tomou-se de grande amizade por mim e dele conservo a expressão angustiosa com que me interrogou, ao abraçar-me depois da retirada da Laguna. "Ah! meu Taunay", dizia em lágrimas, "como é que você, tão delicado, criado na Corte, pôde salvar-se? Saia quanto antes deste Mato Grosso; são terras demais brutas para sua educação e natureza. Deixe-as a mim e a outros que tais, nascidos aqui como gado bravio!"

Morava no Morro do Azeite, perto do Rio Miranda.

JOÃO MAMEDE CORDEIRO DE FARIA — Outro mirandense que me dedicou muita simpatia, senão amizade. Bastante calado, saía-se de repente com ditos agudos e engraçados. Para gracejar com ele compus uma quadrinha em língua chané, que ensinei aos companheiros, e até às índias, e com que acolhíamos o Mamede, quando ele, vindo das matas do Aquidauana, onde se acoitara, aparecia nos Morros. Também ecoavam estrondosos os aplausos e gargalhadas, provocadas por esta saudação, a que apliquei, ó profanação! um trecho do minueto (sonata 49, nº 2) do grande Beethoven.

O Mamede e o João Canuto eram filhos de uma D. Maria Domingas, que tinha fazenda de criação, não pouco importante, do lado esquerdo e direito do Aquidauana.

Nestas terras é que deveria efetuar-se, segundo opináramos, a passagem das nossas forças para entrarem no distrito de Miranda, ainda então ocupado pelos paraguaios. A evacuação do nosso território pelo inimigo, que se concentrou todo na linha do Apa, tornou desnecessária qualquer precaução, abrindo-nos bem franca a estrada geral que passa pelo Porto do Sousa, fazendeiro vizinho daquela D. Maria Domingas.

Já de volta ao Rio de Janeiro troquei com Mamede de Faria algumas saudosas cartas. Com pesar real recebi a notícia do seu falecimento.

XXXVII

Era Antonia uma bela rapariga da tribo *chooronó* (guaná propriamente dita) e da nação *chané*.

Muito bem-feita, com pés e mãos singularmente pequenos e mimosos, cintura naturalmente acentuada e fina, moça de 15 para 16 anos de idade, tinha rosto oval, cútis fina, tez mais morena desmaiada do que acaboclada, corada até levemente nas faces, olhos grandes, rasgados, negros, cintilantes, boca bonita ornada de dentes cortados em ponta, à maneira dos felinos, cabelos negros, bastos, muito compridos, mas um tanto ásperos.

Sobremaneira elegante de porte, costumava trajar, com certo donaire, vestidinhos de chita francesa, quando não se enrolava à moda dos seus numa *julata* que a cobria toda até aos seios.

Mandara o Tenente Lili, seu amante, buscá-la e aos parentes, de certo ponto de além Aquidauana.

Tendo essa gente, ao cumprir a ordem recebida, subido a Serra de Maracaju do lado do Morro Azul, perto do Porto do Canuto daquele rio, devia passar pelo acampamento do Chico Dias e depois pelo nosso, do João Pacheco, para descer o outro lado da cordilheira.

Era uma tarde e estava eu acocorado perto do corregozinho do nosso abarracamento, quando vi chegar a anunciada caravana. Na frente, como é de rigor entre índios, o chefe, atrás a mãe, dando a mão a um filhinho, depois uma rapariguinha, quase moça feita, e afinal a Antônia, montada, esta, ou melhor escanchada, num boi manso.

E tão sedutora me pareceu que fiquei tolhido de surpresa e admiração e de súbito inflamado, achando-a muito, mas muito acima de quanta descrição me havia sido feita, até pela própria boca do Lili, que se gabara, a mim, da formosura da amante.

Sabendo logo que essa gente pousaria perto, por causa da noite, chamei o Sargento Salvador, já então meu *factotum*, e despachei-o a indagar quais os meios que poderiam impedir Miguel Ângelo (assim se chamava o pai) e a família de continuarem viagem, mudando de intenções em relação ao Lili.

Verdadeiro rapto esbocei.

A primeira conferência entre o meu embaixador e o índio foi infrutífera, fazendo este grande alarde não só do cavalheirismo e bondade do tenente, como da amizade que lhe dedicava a rapariga.

Voltando o Salvador à carga, patentearam-se mais algumas disposições no sentido de qualquer acordo. Entretanto, as exigências por parte do chefe da família não eram pequenas — um saco de feijão, outro de milho, dois alqueires de arroz, uma vaca para corte e um boi de montaria —, o que tudo importava, naquelas alturas e pelos preços correntes, nuns cento e vinte mil réis.

Além disto, pleno consentimento da Antônia, que não se mostrava assim, sem mais nem menos, disposta a deixar o Lili que a esperava impaciente.

Já noite fechada, fui ter com Miguel Ângelo para lhe significar que tudo aceitava, embora o meu intermediário se mostrasse positivamente indignado com semelhantes exorbitâncias. "Todas as índias juntas", objetava, "e mais algumas brancas por cima, não valem todo esse *despotismo* de cobreira!"

A fim de vencer a relutância de Antônia, levara-lhe eu um colar de contas de ouro, que, em Uberaba, me havia custado quarenta ou cinqüenta mil réis. Foi argumento irresistível! Assim mesmo ela, ainda que toda embelezada do apetecido ornato, adiou para o dia seguinte o sim, mas pediu para ficar desde logo com o fascinador colar.

Acedi de bom grado; mas o Salvador se mostrou inflexível, tirando-lho das mãos: "Amanhã, amanhã," disse piscando um olho; "conheço bem estas senhoras e as lograções que sabem pregar".

Vinte e quatro horas depois, todos os compromissos estavam saldados a contento das partes interessadas menos, é inútil dizê-lo, do tenente e da sua gente, cujo furor foi imenso e aliás, bem justificado, cumpre convir, assoprado ainda por cima pela intriga e pelos mexericos.

— No meu tempo — observou o velho tio — essa história havia de acabar de modo muito sério.

E tanto insistiu nisso que dali a tempos escapei de uma tentativa de vingança, a poder de muito sangue-frio, tendo que conversar, uma hora inteira, e a fingir a maior serenidade, com o próprio Lili, acompanhado de um capanga, como se fôssemos, nós três, excelentes amigos.

XXXVIII

Não vale, porém, a pena insistir nesses pormenores, quando as coisas deixaram de tomar rumo decisivo e arriscado.

Em todo o caso, as hostilidades haviam ficado declaradas entre nossos dois acampamentos e para bem patenteá-las, ordenou o "tenente-coronel" da Guarda Nacional que o "alferes" João Pacheco de Almeida se apresentasse sem demora aos Buritis a serviço e para ali destacar.

O requisitado alegou moléstia e impossibilidade de descer, o que em ofício apoiamos, declarando, ainda mais, termos necessidade dos seus serviços. Do mesmo modo em relação a Valério de Arruda Botelho, este simples cabo de esquadra, designado por pirraça a ir exercer as importantes funções de ordenança do comandante superior.

Interviemos, sempre, em nome do General Fonseca Galvão, e essa nossa ação decidida impediu qualquer demonstração mais desagradável, anunciada, como fora, pelos intrigantes que iam e vinham de um acampamento a outro, a envenenar, cada vez mais, as nossas recíprocas relações, já de si bastante azedas.

Duas vezes pareceram triunfar os nossos desafetos.

A primeira, com a chegada do nosso próprio, de volta do Rio Negro, onde encontrara já a coluna expedicionária, tendo saído muitos dias antes, nos começos de maio, do acampamento do Coxim, com direção a Miranda.

Trazia-nos correspondência numerosa do Rio de Janeiro (e com que alvoroço li afinal, após três meses inteiros de absoluta falta de cartas de meu pai e da família!), trazia-nos elogios francos e bastante lisonjeiros do comandante-chefe pelo modo que déramos cumprimento à exploração dos pantanais e travessia pela base de Maracaju e as minuciosas informações e plantas que enviáramos; mas nada dizia relativo ao conflito levantado a respeito da Guarda Nacional.

E este silêncio foi logo interpretado como sinal da vitória do tenente-coronel; pois era sabido que oficiara também ao comando das forças, expondo-lhe os valiosíssimos serviços prestados pela sua milícia durante os angustiosos dias da invasão e o que havia a esperar dela na prossecução das operações de guerra.

E nós mesmos ficamos bastante impressionados com a falta de solução ao nosso pedido, tanto mais quanto as queixas dos infelizes destacados aumentavam de dia a dia, sendo eles forçados a trabalhar nas roças particulares do chefe, pessimamente alimentados e sujeitos até a castigos corporais.

Com impaciência, pois, e sobressalto, empenhados como estavam o nosso amor-próprio e dignidade, esperávamos decisão que restringisse senão castigasse a arrogância dos poderosos e protegesse os fracos e humildes.

Eis, porém, que não tardou a circular outra novidade e ainda esta vinha reforçar o prestígio e a importância do nosso adversário. O General Fonseca Galvão convidava-o a ir ao Rio Negro, à cuja margem esquerda estavam acampadas as forças sob suas ordens, a fim de tomar conta do comando de uma das duas brigadas em que se dividia a coluna expedicionária!...

Pareceu-nos tal notícia inverossímil, de todo ponto impossível; mas tivemos que nos render à evidência, porquanto recebemos, datado do acampamento dos Buritis, ofício do próprio tenente-coronel comunicando-nos, de certo modo peremptório, que, por aqueles dias, partiria com destino ao Rio Negro, a fim de assumir a direção de uma das brigadas, conforme lhe havia sido proposto.

Que se dera? Como se produzira semelhante sucesso? Ficamos, nós dois, pasmados e, força é dizer, não pouco inquietos.

Para termos a explicação, convém, por um pouco, voltar ao que se passara no Coxim e às ocorrências dadas em marcha até aquele pouso junto ao Rio Negro.

Conforme as nossas informações, o Coronel, já então, Brigadeiro Graduado, José Antônio da Fonseca Galvão, esperara os últimos dias de abril para sair daquele acampamento do Coxim, deixando que o sol, com efeito constante e radioso, em todo esse mês secasse o caminho dos pantanais, tornando-o praticável e seguro.

E não foi sem impaciência que dilatou a demora, porquanto os avisos do Ministério da Guerra eram, como já fiz sentir, incessantes, ordenando-lhe a marcha para a frente e a ocupação não só da vila de Miranda, como de toda a região até ao Rio Apa. No Rio de Janeiro já se sabia da quase total evacuação por parte dos paraguaios e havia pressa em retomar a linha limítrofe do Império.

As forças acampadas tinham, ainda mais, recebido reforço de um batalhão de voluntários goianos, aliás quase todos fracos e franzinos. Aumentavam contudo o pessoal numérico, dando isto lugar à divisão mais ou menos regular da coluna em duas brigadas de infantaria.

Consultara Galvão o Governo a respeito do comando destas brigadas, lembrando a possibilidade do filho, Tenente do Exército, mas Tenente-Coronel em Comissão, Antônio Enéias Gustavo Galvão, tomar a direção de uma delas.

Na Corte, porém, era corrente que os oficiais do exército, superiores a Enéias pelo posto efetivo, embora em comissão menos graduada, viam com muito maus olhos semelhante combinação. À consulta, pois, respondera o Ministro que, no caso de vaga, só se empossasse esse tenente-coronel em comissão depois de esgotados todos os meios de preenchimento, sendo até chamados os oficiais superiores da Guarda Nacional que por acaso se encontrassem e quisessem servir aquele cargo.

Saíram as primeiras forças do Coxim a 25 de abril de 1866, constituindo a brigada número um sob o comando imediato do próprio Brigadeiro Fonseca Galvão, composta dos Batalhões 17 de Voluntários da Pátria (mineiros), com 637 praças, e 21 de infantaria de linha, com 398, e corpo de artilharia do Amazonas, com 86; ao todo 1.121 homens.

Aquele batalhão, o melhor, mais bem-disciplinado e ativo de toda a coluna, fazia honra ao seu chefe, Enéias Galvão, e deixava bem patentes as qualidades que o distinguem de bom organizador militar.

O segundo tinha à frente o então Capitão, depois Major em Comissão, José Tomás Gonçalves, oficial bravo, bem-disposto e sempre jovial, que, posteriormente, tanto se salientou nos últimos dias da retirada da Laguna.

O corpinho de artilharia, vindo parar a Mato Grosso pelas mais singulares e extraordinárias peripécias e composto de pequeninos tapuios daquela longínqua província, tinha como comandante e oficiais os meus companheiros da Escola Militar João Batista Marques da Cruz, Napoleão Augusto Muniz Freire e Cesário de Almeida Nobre de Gusmão, além do simpático Segundo-Tenente Amaro Francisco de Moura e do também Segundo-Tenente Paulino Pompílio de Araújo Pinheiro.

A brigada número dois que devia marchar, com certo intervalo de tempo, a reunir-se no Rio Negro ao grosso da coluna, tinha por comandante o Tenente-Coronel Joaquim Mendes Guimarães, português de nascença, bom homem. Compunha-se do esquadrão de cavalaria de Goiás (já se sabe sem um só cavalo), forte de 135 praças, do batalhão de infantaria nº 20, com 362, e do de voluntários policiais de São Paulo e Minas, com 313; ao todo 810, a que se adicionara o novo batalhão goiano de Voluntários com mais de 400 homens, de maneira que o total dessa brigada era superior ao da outra.

Percorrera esta, com tempo excelente, a distância entre o Coxim e o Rio Negro. A temperatura relativamente resfriada e a fixidez da atmosfera pareciam pressagiar o final das trovoadas diárias e a entrada da estação seca, o que se chama, no interior, o inverno.

Notícias repetidas davam como certa a descida completa das águas nos pantanais e toda a confiança renascia de, sem grandes estorvos, poderem ser transpostos os terrenos alagados que medeiam até o Rio Taboco, o qual pode ser considerado limite da grande zona encharcada, pois ali se alteiam as terras e é por isto denominado *Boca do Pantanal*.

A 4 de maio se reunira a segunda brigada, fazendo também com toda a facilidade a viagem; mas aí recomeçaram, inesperadamente, as chuvas. Repetiram-se, tornaram-se diárias, torrenciais e cada vez mais terríveis e desesperadoras. Não tardou muito e charcos imensos cercavam o terreno firme em que acampavam as desgraçadas forças, transformando-se em medonhos pauis, de léguas e léguas de extensão, que não só cobriam os caminhos mas se elevavam até à altura de árvores e impediam a passagem, quer para o Norte, quer para baixo.

Acresça-se a isto a falta de gado. A situação tomou visos de irremediável catástrofe.

XXXIX

Nesta emergência e unidas as forças, deixou o Brigadeiro Galvão o comando da brigada, que aliás assumira só temporariamente, e querendo cumprir à risca as instruções do governo, julgou do seu dever mandar chamar dos Morros o tenente-coronel da Guarda Nacional que lá se achava à frente, diziam, de forte e aguerrido destacamento. Sempre supusera, porém, que o homem declinasse de semelhante incumbência, e sobremaneira aborrecido e desapontado ficou quando recebeu o inesperado e impertinente ofício de aceitação.

A partida do seu belicoso abarracamento dos Buritis foi lhe positivamente triunfal. O homem, embora já se sentindo bastante doente e com repetidas pontadas nos pulmões (do que freqüentemente a nós se queixava), e apesar da inclemência do tempo que não cessava de descarregar dos céus água a cântaros, disse adeus aos parentes e aduladores, radiante de alegria, e acompanhado do filho e alguns guarda-costas, meteu-se resolutamente pelo pantanal, de novo transbordado, em direção ao Rio Negro.

Ao chegar, colheu sem demora as mais cruéis decepções. O Brigadeiro Galvão o recebeu literalmente à ponta de espada, tanto mais quanto o seu estrambótico aspecto pequerrucho, com a farda antiquada e grotesca, *bonet* de interminável pala, grandes botas, todo salpicado de lama, o indicou logo à galhofa dos oficiais.

— Pois é o Sr. que vem comandar a brigada? — perguntou-lhe todo irado e desabridamente o velho Galvão. — Que é que sabe de manobras? Breve estaremos com o inimigo pela frente e não quero histórias. Pode quando quiser tomar conta da brigada; mas amanhã preciso ver de que modo desempenha as obrigações.

O pobre estava enfiado como um *jaburu* (assim, aliás, o alcunhavam) que, ao suspender o vôo, se sentisse de asa quebrada, atarantado e todo tonto do barulho do grande acampamento, do clangor das bandas de música, dos chamados das cornetas e clarins e do rufar dos tambores.

Via então bem quanto o arremedo que imaginara nos Buritis era infantil e ridículo e arrependia-se do arriscado passo que dera, buscando sair da esfera em que, ali sim, afigurava de trunfo.

No dia seguinte, formou a primeira brigada, conforme o prevenira o Galvão, que, a cavalo e cercado de todo o seu estado-maior, ordenou não sei que complicada manobra. O tenente-coronel da Guarda Nacional não esperou por mais nada e, com certa nobreza de gesto e gravidade, no rosto e no modo todo, declarou, em voz alta, que se reconhecia inabilitado para guiar batalhões tão luzidos e disciplinados, entregando o comando — e aí foi diplomata e finório — ao Tenente-Coronel, em Comissão, Enéias Galvão.

A solução agradou ao pai e ao filho e este, entrando sem mais vacilação no papel em que fora empossado, executou, com a maestria que ninguém lhe poderia contestar, brilhantes movimentos.

Quanto ao guarda nacional, sem querer saber de mais coisa alguma, apressou-se a sair do Rio Negro, voltando murcho à sua tenda dos Buritis, e não é por metáfora que uso da palavra, pois realmente ali habitou sempre simples barraca de campanha.

Outro grave desgosto em breve o alcançou naquele retiro de Aquiles, um ofício do general, com quem em tão má hora acabara de tratar, determinando-lhe a dissolução dos guardas nacionais destacados, a fim que fossem cuidar do plantio de roças conforme a justa ponderação dos oficiais engenheiros e preparar mantimentos para abastecimento das forças em marcha. Isto em fins de junho.

A tal golpe não resistiu. Mandou formar os índios e, depois de algumas palavras de despedida, concedeu-lhes licença para logo se retirarem. Também ninguém esperou por novo convite. Cumprido o penoso dever, sentiu-se muito afrontado, acusando fortes pontadas do lado direito e foi obrigado a deitar-se. De repente, após rápida agonia, soltou o último suspiro, quando nenhum dos que lhe rodeavam o leito imaginava tão pronto final.

XL

Voltando ao que me é mais particularmente atinente, salientarei quanto a vida correu para mim agradável e quieta nessa quadra de maio, junho e começos de julho.

A bela Antônia apegou-se logo a mim e ainda mais eu a ela me apeguei. Em tudo lhe achava graça, especialmente no modo ingênuo de dizer as coisas e na elegância inata dos gestos e movimentos. Embelezei-me de todo por esta amável rapariga e sem resistência me entreguei exclusivamente ao sentimento forte, demasiado forte, que em mim nasceu. Passei, pois, ao seu lado dias descuidosos e bem felizes, desejando de coração que muito tempo decorresse antes que me visse constrangido a voltar às agitações do mundo, de que me achava tão separado e alheio.

Pensando por vezes e sempre com sinceras saudades daquela época, quer parecer-me que essa ingênua índia foi das mulheres a quem mais amei.

Para maior alegria por esse tempo me chegou enorme maço de cartas do Rio de Janeiro que, embora atrasadas em data, algumas de quatro meses, me aquietaram bastante o espírito quanto à família, cuja lembrança tanto me ocupava.

Sempre copiosa, terna e em extremo instrutiva era a correspondência de meu bom pai, solícito em me dar contínuas notícias de tudo que se passava importante e de interesse no Rio e no teatro da guerra paraguaia.

Incessantemente me falava do Imperador, das conversas que tinha a meu respeito com o ilustre Monarca, do interesse que este mostrava por mim, lendo com atenção missivas inteiras minhas.

Como nos escrevíamos em francês, nunca deixava de apontar os erros em que eu incorria, elogiando também noutras ocasiões tudo quanto lhe parecia digno de nota. Não faltava também — e nisso ia a prova da constante solicitude e dos íntimos receios que o dominavam — de incluir um embrulhozinho fino, encerrado em papel-paquete, delicadamente feito, excelente sulfato de quinino.

De grama em grama, tão amiudadas foram as remessas, que enchi, até à boca, uma garrafinha, não de todo pequena. Aliás, só me servi do precioso febrífugo uma vez, cortando violenta febre, agravada por imprudência, como mais tarde relatarei, mas não poucas doses administrei a outros companheiros, índios e camaradas, sempre com eficácia em *maleitas*, *sezões* e febres palustres.

Enquanto eu, porém, desfrutava vida pacata e venturosa no meu doce retiro, as forças paradas no Rio Negro, desde começos de maio, à espera de gado e mantimentos, viam-se literalmente sitiadas pelas águas, e o acampamento, a princípio enxuto, nada mais era do que um charco. Semanas inteiras passavam-se em que não cessava um só momento de chover.

Tal a penúria de víveres, e a tão desesperado estado chegara, que a alimentação geral era quase exclusiva de frutos da mata, sobretudo *jatobás*, cuja abundância tomara visos de providencial. E as autoridades mandavam fazer pelos soldados colheitas de enormes sacos, depois distribuídas como rações determinadas pela lei!... O que sofreu a mísera coluna, embora acostumada à miséria pela estada no Coxim, ultrapassa quaisquer limites.

Começou então a aparecer um mal de origem e marcha até ali desconhecidas. Atacava de diversos modos, mas sempre grave senão mortal logo, ora pérfida e lentamente, ora de chofre e com os sintomas mais aterradores e cruéis, trazendo paralisias mais ou menos generalizadas.

Às vezes o doente acusava formigamentos nas plantas dos pés e dificuldade na locomoção, sentindo de dia agravarem-se esses sinais; a que se juntavam sem muita demora as opressões, dispnéias, sobrevindo afinal a agonia e morte; outras, tudo isso se tropelava e em breves horas falecia quem, bem pouco antes, se mostrara forte e são.

Os médicos, aliás bastante ignorantes, mostravam-se atônitos e nada ousavam decidir, receitando às tontas e com incoerência e falta de lógica dignas de lástima.

Que enfermidade era, afinal? Nada mais, nada menos do que o *beribéri*, de que ainda não se tinha então falado em todo o Brasil e que se tornou hoje tão conhecido, sem perder, contudo, por isso, o caráter de gravidade, que o distingue.

Os falecimentos iam, entretanto, cada vez a mais. Na chuva ininterrompida e no progredir da epidemia mostrava a sorte bem feia catadura.

O pobre do velho General Fonseca Galvão vivia ralado de desgostos e inquietação, sem enxergar diante de si nenhum caminho aberto. "É preciso", dizia a todo o instante, "sair daqui, custe o que custar!" "Mas como, como?..."

E à sua impaciência respondiam intermináveis aguaceiros que trancavam de um lado a estrada de Miranda às forças e de outro a do Coxim às boiadas e aos carros de provisões.

Ainda aí à Comissão de Engenheiros coube grande sacrifício. Cantuária e Catão Roxo haviam vindo do Coxim preparando o caminho até o Rio Negro, e, na observância do quanto tínhamos precedentemente, eu e Lago, apontado, buscaram remover os tropeços maiores, custando-lhes o trecho do *Portão de Roma*, na subida e ainda mais na descida, imenso trabalho, secundados como eram por soldados fracos e que se recusavam ao serviço; e, aliás, sujeitos a incessantes aguaceiros.

No Rio Negro tocou a Rocha Fragoso e Chichorro da Gama a exploração do pantanal cheio, transvasado, a procurarem os meios e modos de transpô-lo a todo o transe. Foi simplesmente horrível.

No dia 18 de maio saíram do acampamento e, por atoleiros medonhos e alagados em que viajavam com água até à cintura, só puderam chegar até um ponto chamado *Piúva* e que à nossa passagem havíamos marcado falquejando, a golpes de espada, uma árvore. Estavam de volta a 26 daquele mês, o malogrado Chichorro da Gama já com o germe do mal que, dois meses depois justos, lhe deu a morte, após crudelíssima agonia.

Debaixo de terríveis auspícios começou o mês de junho. Entre os falecimentos que mais comoção produziram ocorreu o do Major Manuel Batista Ribeiro de Faria, comandante do batalhão de voluntários goianos, há pouco reunido às forças. Isto a 9 de junho.

Neste dia enfermou o Comandante-Chefe Fonseca Galvão, e, após algumas alternativas, para melhor ou pior, veio a falecer a 13, deixando entre os soldados e oficiais grata lembrança, pois, apesar de defeitos, oriundos, muito, da deficiente educação literária e científica, tinha qualidades militares e de barato dava comodidade e o gozo próprios para bem dos comandados.

Já bastante idoso, debilitado pelo mau passadio, comum a todos, desde meses e meses, acabrunhado ao peso da responsabilidade que o esmagava, testemunha do sofrimento e da miséria da soldadesca, a que não podia dar remédio, não dispunha mais de forças para resistir à invasão do mal que o prostrou, com facilidade, no leito de morte.

A divisão expedicionária fez as honras, que pôde, ao chefe que a guiara desde o Rio dos Bois até àquele desastrado ponto, dando as salvas do estilo o parque de artilharia, que conseguira chegar a 8 daquele mês de junho ao Rio Negro, sob as ordens do Tenente Cesário de Almeida Nobre de Gusmão.

Só a travessia, desde o Coxim até ali, daquelas quatro peças La Hitte, havendo ficado as oito restantes, daria para muitas páginas; mas não quero alongar esta narrativa.

Por alguns anos tosca e elevada cruz, com breve inscrição, protegeu à margem esquerda do Rio Negro os restos do Brigadeiro Graduado José Antônio da Fonseca Galvão.

Depois a mão piedosa do filho, Enéias, que para isto fez viagem proposital, dali os tirou.

Para os que assistiram ao enterramento do mal-aventurado velho, a cerimônia foi de funda e inesquecível melancolia em tarde carregada, ao som da artilharia, músicas fúnebres e descargas, toldado o céu brumoso por pesadas nuvens prenhes de eletricidade e água, naquela desolada e mortífera paragem. Como, porém, às coisas mais solenes sempre se apega algum episódio ridículo, deu-se incidente que, pelo menos, fez sorrir a não poucos e um tanto desanuviou as frontes.

O major chefe da pagadoria das tropas, figura credora de certo estudo, e a que me referirei, meteu-se a querer fazer discurso necrológico e, rompendo o círculo de oficiais ao redor da cova, exclamou com voz retumbante: "Senhores... a morte..." E parou. Daí a segundo: outro esforço: "Senhores... a morte..." Terceira investida... Nada! a memória rebelde não se prestava a ministrar-lhe o discurso laboriosamente preparado, desde a véspera. Outra tentativa: mas aí desanimou de vez e ocultou-se no grupo donde havia saído.

Dali, porém, irrompeu outro orador, o amanuense da pagadoria.

Com gesto largo e a maior convicção do mundo bradou: "Senhores, abundo nas eloqüentes palavras que acaba de proferir o meu ilustre chefe e amigo!", e triunfante, como se acabasse de produzir obra-prima oratória, voltou ao seu lugar.

Confessou depois que procedera com a melhor boa-fé, acreditando que o pagador recitara longo discurso, até comprido demais.

— Pois se eu não cessava de repetir comigo mesmo as palavras que proferi, com medo de esquecê-las! — explicava. — Estava em brasa para as impingir!

Não é isto tão humano, tão próprio da vaidade pueril dos homens, da ambição tantas vezes inexplicável e vulgar de todos nós, pobres batalhadores desta vida, na luta pelo renome e pela glória?

XLI

MORTO o Brigadeiro Galvão, tomou a chefia geral das forças o Comandante da Segunda Brigada, Tenente-Coronel de Infantaria, e o mais antigo de toda a oficialidade, Joaquim Mendes Guimarães, brasileiro naturalizado, no fundo excelente homem, até certo ponto conhecedor do seu ofício de arregimentado, mas sem outra qualquer habilitação.

Era legítimo representante das velhas usanças militares portuguesas, emanadas do Conde de Lippe e de Beresford, muito ingenuamente orgulhoso do espírito de disciplina, que lhe fazia ver, em cada superior, um ente impecável e que não podia errar.

Ao se achar à frente da coluna expedicionária, possuiu-se de enfatuação e pôs-se a dizer, como prova do quanto era competente para o cargo:

— Debaixo destes princípios (e ninguém sabia quais) — declarava a todo o momento, batendo com solenidades os dedos da mão direita no côncavo dos da esquerda — é que pretendo fazer o jogo!

Felizmente deixou-se logo dominar pelo Tenente-Coronel Miranda Reis e determinou, debaixo desta criteriosa direção, algumas providências úteis, que reanimaram o espírito já bem abatido da tropa.

Cumpria, entretanto, sair, por força, daquele fatal acampamento, pelo que a 24 de junho empreendeu-se a marcha para a frente, desse no que desse.

Foi necessário verdadeiro arranco. A transposição dos pantanais em dez dias, até ao Rio Taboco, à chamada *Boca do Pantanal*, tornou-se coisa horrorosa. Caminharam os soldados, dias inteiros, com água pela cintura; e, começando o ardor do sol a secar os charcos, mais difícil se fez ainda romper através dos lameiros.

Nas *corixas*[24] da Madre e da Cangalha, em que o lodo não dava pé, muitos desventurados ficaram para sempre atolados. O frágil estivado, coberto de feixes de macega, que ia sendo feito para a passagem do estado-maior e da testa da

---

24) Depressões maiores do terreno, em que a água acumulada não consente vau.

coluna, não tardava a afundar com o peso do trânsito, de maneira que as mulheres e bagageiros tiveram de se meter numa lama visguenta, que serviu de túmulo a muita gente, centenas de pessoas!

Contaram-me cenas pavorosas — uma desgraçada mulher, por exemplo, a bradar por socorro com o filhinho nos braços e agarrada aos chifres de um boi, que ia sendo gradualmente sorvido pela voragem do lodo. E todo o grupo em breve desaparecera...

Difícil é explicar como as quatro peças de artilharia, com os seus armões e carros manchegos, puderam safar-se de intermináveis e medonhos caldeirões. Só mesmo graças à inaudita atividade, à ilimitada dedicação do Tenente Cesário de Almeida Nobre de Gusmão.

Possuía verdadeiro espírito militar, ainda mais apurado pela rija educação recebida na Alemanha e na Escola Politécnica de Carlsrühe, e devotava-se de corpo e alma, com inquebrantável entusiasmo, à sua carreira e ao cumprimento dos árduos deveres dela derivados. Legítimo tipo de soldado, a sua energia, o gosto por trabalhos violentos e a afronta às intempéries contrastavam com o comodismo e a indolência de alguns colegas.

Pobre Gusmão! Quantas singularidades tinha, entremeadas das mais sólidas e distintas qualidades! Com a maior seriedade e perfeitamente crente do que contava, pregava-nos formidáveis carapetões a respeito das suas inúmeras aventuras na velha Germânia, algumas que o punham até em situação ridícula. Mas que coração nobre, que maneiras delicadas e fidalgas!

Não são muito comuns, neste mundo de egoísmo e interesse material, caracteres como o dele, cheio de ingênuos arroubos à maneira do fantasioso e quase sublime, embora grotesco, Dom Quixote.

Fazia questão do apuro rigorosamente militar, da incômoda e dura gravata de couro preto e dos enormes bigodes, cujas pontas esguias trazia enceradas à guisa de Napoleão III. De tudo tirava motivos de gabolice, mas infantilmente e sem alcance apreciável.

Nas histórias, então, de duelos, nos tempos de estudante da Politécnica de Carlsrühe, contava maravilhas, servindo-lhe de tema inexaurível célebre gilvaz que tinha no rosto. Fora em Stutgard num encontro de dois grupos rivais de não me lembra que Universidade.

Duas bandas de música tinham ido tocar durante a batalha e a tal ponto subiu o entusiasmo de todos os presentes, que os sinfonistas de repente se atracaram, usando de instrumentos como se fossem espadas e floretes, flauta contra flauta, trombone contra trombone e assim por diante. O tocador de bumbo batia nas costas do competidor sem dó nem piedade com a enorme vaqueta de pau e camurça. No fim, depois de muita peripécia e colossal pancadaria, vencera o partido do Gusmão. Que boas gargalhadas!

Na Escola Militar da Praia Vermelha, onde fomos colegas, quantas vezes não o vi, passeando no meio do nosso alojamento a recitar, como um possesso, versos de Goethe e Schiller ou berrando canções de Béranger e particularmente esta:

Pan, pan! C'est la fortune!
Pan, pan! Je n'ouvre pas!

Na travessia, porém, do Coxim ao Rio Negro, e ainda mais, do Rio Negro ao Taboco, foi um herói, a conduzir e guiar todo o trem de artilharia por caminhos impossíveis, a desatolá-lo de contínuos e fundos tremedais, a consertar, arranjar e amarrar os tirantes e cordas de couro cru, a cada instante arrebentados; a lidar com os bois de tiro exaustos de fadiga; a animar os soldados exasperados, ele, sempre o primeiro nos passos difíceis, sem repousar um só minuto, metido na água suja, imunda, no lodo, nos atoleiros, atento a mil expedientes, severo quando preciso, mas sempre meigo e condescendente para com o soldado, de quem se fazia adorar e tudo obtinha.

Esforços tão valentes e desenvolvidos de tão boa vontade não podiam ser esquecidos e, por uma lei de misteriosa justiça, aqui, nestas concisas palavras, deixo-os concretizados como homenagem da Pátria à memória de Cesário de Almeida Nobre de Gusmão, tanto mais quanto depois, da ocasião da retirada da Laguna, vi-o reproduzi-los com a mesma abnegação, idêntico fervor e elevado sentimento do dever, buscando, ainda mais, com inexcedível amor filantrópico, e de chefe exemplar, salvar os comandados da cólera-morbo que os dizimava e aniquilou aquele já de si reduzido contingente de artilharia do Amazonas.

Afinal havia a desgraçada coluna expedicionária alcançado o Taboco, mas era coisa acima de qualquer fantástica descrição o seu aspecto. Homens quase nus, esquálidos, devorados de fome, no último estado de desalento e miséria, verdadeira tropa de bandidos maltrapilhos, como os sabia tão admiravelmente gravar o famigerado Callot.

É quase inacreditável como pudera aquela gente furar por alagados imensos, pantanais intermináveis, cuja vasa, anualmente depositada pelas inundações, jamais havia sido revolvida. Também quantos por lá ficaram? Sem exageração, entre soldados e mulheres, bagageiros, boiadeiros, isto é, tudo quanto constitui a *impedimenta* dos romanos, talvez houvessem morrido mais de 2.000 pessoas!

Uma vez no Taboco a coluna, estavam findos os meus belos dias dos Morros. Com efeito, não tardou em sermos de lá chamados. Aliás, a placidez e o retiro da escondida localidade tinham tocado a seu termo, visitada e invadida como fora logo por muitos oficiais. Todos lá queriam ir buscar alguma compensação aos gravíssimos sofrimentos aturados e, decerto, a encontravam com a facilidade de costumes das índias e o pouco escrúpulo dos pais e das *mêmês*, ávidos todos por dinheiro.

Era-nos preciso, indeclinável, deixar para todo sempre o ameno local em que fôramos tão felizes, aquelas ensombradas veredas, aquelas águas puras e murmurantes, aquela convivência agreste, mas repassada de encantos dos nossos queridos índios.

Era preciso, indeclinável, deixar tudo aquilo, todo esse conjunto de prazeres fáceis e de feição bem original e por cima a formosa e amada Antônia! Ah! quanto me custava; mas não havia remédio. O dever não tem contemplações. No íntimo soluçava a tristeza; mas, assim mesmo, fazia boa cara.

XLII

Reunimo-nos, pois, à Comissão de Engenheiros — bem me lembro o dia, 9 de julho de 1866 — e apresentamo-nos ao Comandante-em-Chefe interino, Mendes Guimarães.

— A minha responsabilidade é imensa, imensa! — repetia. — Suponham os senhores engenheiros que o inimigo me venha oferecer batalha...

— Os paraguaios — interrompeu Lago — estão para lá de Nioaque, daqui a umas quarenta léguas, perto da fronteira do Apa.

— Bem, bem — concordava —; mas imaginem que me atacam? Creio que faço bem encostando (e aí abria um mapa corográfico que havíamos esboçado da zona aquém e além Aquidauana) o meu flanco esquerdo a esta mata e o direito ao rio.

— Mas, Sr. comandante — observei-lhe —, atenda para a escala. O que parece perto, está muito distante, léguas até.

— Não importa — teimava (e lá vinha a sentença obrigatória) —, debaixo destes princípios é que farei o jogo!

Aliás, dias depois, entregava o comando das forças ao Coronel de Engenheiros José Joaquim de Carvalho, alcunhado *Poaia* em Mato Grosso e enviado expressamente de Cuiabá para desempenhar esta comissão, mal ali se soubera da morte do velho Brigadeiro Fonseca Galvão.

Ainda uma vez dera ele provas da especialidade em viagens rapidíssimas, devorando léguas e léguas, como fizera, em princípios de 1865, para levar ao Rio de Janeiro a notícia da invasão de Mato Grosso pelos paraguaios.

Contava então ser nomeado presidente da Província, mas esbarrara com as prevenções que o Imperador, justamente, nutria a seu respeito, conhecendo-o de longa data.

Ei-lo, porém, à testa de nossa coluna! Mendes Guimarães, ou por efeito da pestilencial estada no Rio Negro, ou pelo desgosto de perder a posição, caiu logo doente de *beribéri* e teve licença para se retirar, seguindo dias depois para o Rio de Janeiro. Reformou-se e ainda viveu alguns anos.

José Joaquim de Carvalho! Que homem! Quantas recordações vivas e penosas este nome em mim evoca! Muito esperto (*ladino*, como se diz em Mato Grosso), inteligente, bem-falante, sarcástico, espirituoso e insinuante quando precisava sê-lo, mostrava logo os estímulos a que sempre obedecera — ganância e erotismo. Freqüentara a Escola Militar, onde fora colega do meu primo Beaurepaire Rohan.

Naquele momento, nós no Taboco, só havia uma coisa razoável a fazer: ordenar a marcha para algum lugar alto e reconhecidamente sadio, onde a coluna pudesse descansar e recuperar forças e energia, reconstituir-se física e moralmente após a horrível transposição de pantanais acamados de séculos e séculos e revolvidos pelos pés e corpos dos nossos infelizes soldados. Como não apanhar *beribéri* em tais condições? Fora até fisiologicamente absurdo.

O ponto estava de si indicado: Nioaque, tido, com bem justos motivos, por salubérrimo e onde os malacafentos e anêmicos habitantes da vila de Miranda iam recobrar saúde, apetite e boas cores.

Vacilara, contudo, desde o princípio o comandante, embora se agravasse a epidemia da *perneira* (nome popular com que os soldados haviam batizado o beribéri pela dureza característica das barrigas de pernas, sem panturrilhas, logo em começo da enfermidade). Alegava que tinha necessidade da aproximação do Rio Miranda para dar seguimento aos seus projetos e vigiar a linha fluvial até Corumbá! Em todo o caso decidiria, como melhor fosse, e a resolução foi que afinal iria a coluna acampar nas ruínas da vila de Miranda.

Tenho, por enquanto, que me ocupar com bem triste e mais que melancólico, lúgubre ocorrência: a morte do pobre Chichorro da Gama, nosso colega da Comissão de Engenheiros.

De constituição débil, sempre adoentado, desde a estada em São Paulo onde estivera a falecer de pneumonia, conseqüente à violenta bronquite, ficara, antes de chegar ao Coxim, nova e gravemente enfermo, a ponto de instarmos com ele a que deixasse a expedição e voltasse ao Rio de Janeiro. Persistira em continuar viagem e mais ou menos se restabelecera. Parecia até mais forte, quando começou a terrível marcha até ao Rio Negro.

Aí tocara-lhe a tremenda exploração dos charcos que rodeavam o acampamento das forças naquele fatal lugar. Cumprira fielmente as ordens, mas quando voltara, sentira-se ferido de morte, nas garras do *beribéri*, que nele tomou feição galopante. E os médicos tudo ignoravam, não sabiam de que recurso lançar mão, totalmente desconheciam o mal!...

Ao descermos, eu e Lago, dos Morros, nós dois nédios, bem-dispostos de corpo e espírito, e fortes, ficamos dolorosamente impressionados com o estado de magreza e desconforto dos companheiros e ainda mais compungidos da desgraça do infeliz Chichorro. Mal podia ter-se nas pernas e poucos dias depois caiu para sempre na cama.

Estava perdido! Quanta dedicação do seu camarada, um soldado preto, chamado Manuel Maria! Era incansável, sempre ao lado e à cabeceira do seu desventurado oficial. Entretanto, ó raça negra capaz de todos os sacrifícios! esse homem muito tivera que sofrer por causa do próprio Chichorro da Gama!

No Coxim, estando já ao seu serviço, desaparecera ao patrão uma carteira de couro contendo nada menos de oitocentos mil réis.

Procuraram-na debalde por toda a parte e não sei por quê, recaíram as suspeitas sobre Manuel Maria.

O pobre defendia-se quanto podia, alegava seu passado, os serviços já prestados, a boa vontade com que desempenhava as obrigações do comando. Mas nada pôde salvá-lo de ser despachado. O que mais cruel foi: viu-se castigado ao se apresentar ao seu batalhão, como culpado de furto.

Passou-se mês e meio; e, um belo dia, achou-se a carteira intacta no ninho que a cadela perdigueira do Capitolino fizera para ter a cria debaixo da cama do próprio Chichorro da Gama! Lá estava! Absolutamente o caso da *Gazza ladra*!

Imagine-se o remorso do Chichorro! Mandou chamar o inocente Manuel Maria, pediu-lhe mil desculpas, procurou dar-lhe valiosa gratificação, a que não se prestou o brioso soldado, que afinal aceitou voltar a servir de camarada e preencheu admiravelmente as obrigações.

Certo é que encontramos o nosso colega já muito mal, quase tolhido de qualquer movimento pela paralisia. Tratavam-no às tontas, sem plano feito, nem medicamentação lógica. O médico, afinal, lembrou-se de lhe dar calomelanos, quando o grande Graves, no seu capítulo sobre beribéri, que ele, primeiro que ninguém, descreveu sob o título de *paraplegia* ou *paralisia periférica*, proíbe absolutamente o emprego de mercuriais.

Põe até em letras itálicas esse conselho primordial, declarando que o uso de tal remédio *apressa a agonia*. Foi o que aconteceu com o pobre do Chichorro.

E que agonia, Santo Deus!

O infeliz companheiro nos bradava: "Vocês não imaginam o que estou sofrendo. É a dor da agonia, nem há outra que lhe seja comparável. A morte está subindo! Vejam como os pés e pernas estão frios, imóveis". E, com efeito, à medida que ia falando, enrijavam-se-lhe os membros. "Agora são os braços!" E ficou com eles hirtos, como se fossem de pedra.

De repente exclamou: "Ah! D. Maria José, a senhora tem nove décimos de responsabilidade nesta dura morte, que digo? novecentos e noventa e nove milésimos!" Aludia, dando-lhe forma matemática, à paixão violentíssima que tivera pela filha do Coronel C... e das agras penas curtidas com a recusa desta moça, que aceitara casar-se com um seu companheiro de escola militar.

Depois, voltando-se para mim, disse-me: "Você, Taunay, há de ter bonito futuro; ouve o que lhe prediz um moribundo".

Se se calava, era por pouco tempo; recomeçavam os gemidos e brados. "Meus pais", exclamou, de súbito, com surpresa e comoção nossa, "perdoem-me! Quem tinha, porém, razão, eu ou vós! E entretanto, quantos anos de amarguras, quantos!"

Que mistérios de família o atormentavam ainda, tão duramente, naquele momento supremo? De todo ignorávamos.

Afinal calou-se, mas quando a paralisia lhe prendeu a língua e os lábios. E ficou todo esticado, rijo e imóvel, sobre o catre de morte, mísero jirau de paus, cobertos com macega, como uma estátua de mármore daquelas que dormem nos túmulos da idade-média. Só os olhos lhe giravam nas órbitas, indicando ainda vida e horríveis angústias pois deles corriam lágrimas, a fio, que molhavam o travesseiro.

Dia e meio assim permaneceu o desgraçado, até exalar o último suspiro à uma hora do dia 26 de julho de 1866.

Arrecadado o seu dinheiro, um dos nossos companheiros, Catão Roxo, deu por falta de duzentos mil réis.

Apenas Chichorro da Gama faleceu, o Camarada Manuel Maria, que carregava numa guaiaca o dinheiro do patrão, apressou-se em apresentá-lo. "São um conto e duzentos mil réis", declarou, "ou antes deviam ser; mas tive ordem, há poucos dias do senhor Dr., de dar emprestados duzentos mil réis ao Sr. tenente..., que ainda os não pagou."

E este nunca satisfez a dívida. Interpelado, quis negá-la; atrapalhou-se e afinal nada confessou de positivo. Ficamos, porém, convencidos que o soldado se portara muito melhor que o oficial.

Não haviam, porém, chegado a termo as tristíssimas aventuras do mal-aventurado Chichorro, embora a morte o tivesse amparado com o privilégio da eterna insensibilidade.

Fizemos-lhe uma capela ardente e, como era de capim seco e estava ventando, colocaram-se sentinelas para impedir qualquer sinistro.

Baldados cuidados!

Alta noite, ouviu-se o sinistro grito de "fogo!" E quando todos saltamos fora das barracas, vimos a tal choça em chamas, já quase reduzida a braseiro.

Que espetáculo! Nunca me sairá dos olhos! Vi o Manuel Maria precipitar-se para dentro da palhoça a arder e dela sair, arrastando por uma perna, o cadáver todo rodeado de fogo!

E, no restante da noite, ficou ali atirado ao campo, reluzindo a calva do mísero à luz da lua, que corria, céu em fora, por entre negras e doidejantes nuvens.

De dia, às 11 horas, fez-se-lhe o enterro e, junto à sua cova, pronunciei palavras cheias de bem sincera dor. Ainda mais tirei, e conservo no meu álbum, a paisagem dessa margem direita do Taboco com a vista do cercadinho e da cruz que deviam proteger-lhe por longo tempo os restos.

Por baixo deste desenho escrevi a seguinte quadrinha que poderia servir-lhe de epitáfio, resumindo essa vida melancólica e atribulada:

> *O digno coração que possuíste*
> *A três nobres paixões todo votaste:*
> *À mulher, à ciência, à pátria enfim,*
> *Em cujo sacro altar tu te imolaste!*

Encarniçou-se, porém, ainda a sorte sobre os despojos do pobre Chichorro. Pouco tempo depois da passagem das forças, um boiadeiro achou o local do Taboco próprio para uma parada de gado e derrubou a cruz e o cercadinho, fazendo grande curral de reses, ali mesmo, de modo que desapareceram, totalmente, quaisquer vestígios do ponto em que foi enterrado aquele mísero, não decerto merecedor de tamanhas cruezas e tão insistente perseguição, até além túmulo.

E aqui, fique lavrado o protesto contra a sorte, caso ela também, no seu capricho ou no cumprimento de impenetrável justiça, não o destrua e o torne írrito, nulo e pueril.

Joaquim José Pinto Chichorro da Gama, filho legítimo de Joaquim José Pinto Chichorro da Gama, nasceu, diz a sua fé de Ofício, na Bahia a 8 de março de 1830. Assentou praça voluntária a 25 de fevereiro de 1856 e foi elogiado em ordem do dia por ter cedido ao Estado o prêmio concedido aos voluntários.

Reconhecido primeiro cadete, matriculou-se na Escola Militar onde obteve sempre distintas aprovações, sobretudo em matemáticas. Alferes aluno a 2 de dezembro de 1857, foi promovido a segundo-tenente de engenheiros a 14 de março de 1858. Foi estudar na Escola de Aplicação da Praia Vermelha e a 2 de dezembro de 1860 promovido primeiro-tenente no seu corpo. Já bacharel em matemáticas e ciências físicas, interrompeu os estudos de engenharia civil por ter de seguir para a província do Paraíba na qualidade de diretor das obras militares. Passou-se daí para a Bahia e voltou, em meados de 1864, ao Rio de Janeiro, para concorrer a um dos lugares vagos de lente na Escola Militar. Por ocasião da guerra com o Paraguai, teve ordens de se reunir à Comissão de Engenheiros que seguia para Mato Grosso e partiu da Corte a 1º de abril de 1865. Por ordem do dia da Repartição do Ajudante-General, de 16 de novembro de 1866, se fez público que faleceu a 26 de julho daquele ano, na província de Mato Grosso.

Chichorro da Gama era magro em extremo. Completamente calvo, tinha fronte espaçosa, olhos vivos, feições encovadas e barbas escorridas. Com um fundo de notável instrução, sabendo bem línguas (dizem que fora professor de latim na primeira mocidade), não desperdiçava momento algum para aumentá-lo. Estudava em todos os acampamentos e não dava demão aos seus livros de matemáticas e engenharia nos transes mais penosos e terríveis.

XLIII

ENTRETANTO a mortalidade pela *perneira* continuava avultada, e como os médicos haviam, afinal, chegado à conclusão que a mudança de ares se tornava o único meio para atalhar a marcha de tão singular moléstia, a cada momento partiam para o Rio de Janeiro oficiais gravemente atacados.

As pobres praças de pré é que concorriam pesadamente com o tributo das modestas e desconhecidas existências para povoar e encher o cemitério.

Do Taboco retirou-se o Capitolino Peregrino Severiano da Cunha, nosso companheiro de Comissão.

Bem doente e a contragosto, resistindo até ao último momento, partiu o simpático auditor de guerra, o Nico, como lhe chamávamos, Antônio Gonçalves de Carvalho. Neste o *beribéri* tomou a forma simplesmente paralítica sem edemacia alguma, pelo contrário a secar de dia em dia, de modo que parecia um boneco de engonço.

Se a tal moléstia fazia cada vez mais progressos, as condições de nutrição no Taboco muito haviam melhorado. Diariamente chegavam grandes carregamentos e tropas de animais, vindos de Goiás, e entre nós reinava já tal ou qual abundância. Preços moderados e impostos por uma tabela (a coisa única boa que determinou o Carvalho) imperavam no mercado não malprovido e onde começaram a aparecer gêneros completamente novos naquelas paragens, conservas e vinhos finos. Como goiabada figurava um doce de *fruta de lobo* ralada, que não era de todo desagradável ao paladar, assemelhando-se ao de banana com ressaibos, entretanto, enjoativos.

De outro lado a chegada de excelentes peças de fardamento permitiu que todos os batalhões, deixando os imundos farrapos que vestiam, de novo formassem com garbo e ação militares. As bandas de música receberam então uniforme até de luxo.

Antes de sair do Taboco, o Coronel Carvalho, que se mostrara desde o começo do comando prevenido contra nós, extinguiu a Comissão de Engenheiros, apoiando-se na oferta que, em Campinas, havíamos feito para exercermos, cumulativamente, com as nossas funções, outros cargos junto às forças.

Como se retirara também para o Rio de Janeiro o Tenente João da Rocha Fragoso, o companheiro de Chichorro da Gama, na terrível exploração dos pantanais ao redor do Rio Negro, foram nomeados: Cantuária, comandante do corpo de artilharia, com a graduação de major em comissão, Lago, assistente do deputado do ajudante-general (Tenente-Coronel Miranda Reis), Catão Roxo, assistente do quartel mestre-general (Tenente-Coronel Juvêncio Cabral de Meneses), eu, secretário do corpo de artilharia, e Barbosa, encarregado de escrever a história da expedição, coisa para que não tinha, entre parênteses, jeito algum.

Deu-se, afinal, ordem de levantar acampamento e no dia 5 de setembro deixamos para sempre o Taboco em direção à vila de Miranda.

Íamos furiosos; eu, mais do que nenhum dos meus companheiros, porquanto me via forçado à vida de oficial arregimentado e em posição subalterna! Foi período bem cruel.

Muitos centos de vida custou a obstinada, ou melhor, criminosa permanência na vila de Miranda, onde chegamos a 17 de setembro.

E ali ficou a infeliz coluna, sujeita à devastação do *beribéri*, até ao mês de janeiro, porquanto a epidemia encontrava nas péssimas condições do local, já de si pestífero, à beira de rio, sujo e lamacento, ótimos elementos de progressão e violência.

Mais de quatrocentas vítimas foram o resultado do comando intolerável, de chefe que não tinha em vista senão aproveitar os proventos da posição e passar os dias de governo mais cômoda e agradavelmente que pudesse, sem se importar absolutamente com a desgraça e os sofrimentos da gente colocada, por irrisão e crueldade da sorte, sob a sua direção.

Rodeado de bajuladores que se curvavam aos seus caprichos e lhe faziam roda constante, teimava em manter as forças naquele foco pestilencial, contra os protestos da comissão médica que várias vezes energicamente se pronunciou pela saída imediata da coluna desse mortífero local. A nada atendia, já para dar certa cor de exequibilidade aos mistificadores planos de descida do Rio Miranda e surpresa de Corumbá, já por se achar ali pessoalmente bem e sem receio da enfermidade que grassava e ia cada vez mais em aumento.

Por cima, chasqueava: "Bem se via que todos nós éramos uns fracalhões, minados pela infecção sifilítica. Tudo não passava de caso muito lógico. Caquéticos, esses organismos depauperados não resistiam ao clima. Por que é que ele, mais velho do que esses moços débeis, perdidos de lazeira e a caírem em pedaços, não tinha a tal perneira?" E mostrava com orgulho as panturrilhas nervosas e magras.

E por aí ia, aplaudido estrondosamente por quantos o cercavam, alguns dos quais, entretanto, logo pagavam, pois, de repente, viam-se atacados do mal e à pressa tinham que sair de Miranda, aterrados e arrependidos.

Era o recurso único e dele usaram largamente os médicos, retirando-se os Drs. Cabuçu, Nobre, Serafim, o farmacêutico Tobias, que faleceu em viagem, e outros oficiais. Não poucos, porém, não tinham tempo para a precipitada fuga. De manhã estavam bons e, à noite, depois de pavorosas sufocações, eram levados ao cemitério; casos quase fulminantes e assombrosos.

Assim foi o do bom e simpático Padre Molina, cuja morte causou sentimento geral.

Na véspera conversara comigo amavelmente, dando-me até a receita de um prato saboroso, que dizia chamar-se *carne sem água*, e, mal passadas umas quinze horas, vieram participar-me que estava entrando em agonia.

Corri a vê-lo e achei-o com horrível dispnéia nos últimos transes, a expirar! Também não tive mão em mim e, apesar do receio que me inspirava a má vontade do Carvalho a meu respeito, num discursozinho que pronunciei junto à sepultura, despedindo-me daquele meigo e honesto sacerdote, atirei bem diretas alusões ao mau chefe, que dava de barato a segurança e a vida dos comandados, incorrendo na censura de todos e na vingança dos céus.

As palavras agradaram, e um sussurro de aplauso as acolheu, não obstante o sagrado local em que eram proferidas, pois claramente se referiam à nossa desgraçada situação, ao abuso do poder que nos oprimia e ao peso do capricho que nos ia matando um a um.

Coincidiu este incidente com uma troca de ditos desagradáveis que tive com o comandante do corpo em que servia e dela resultou o corte completo das nossas relações, de maneira que os dias para mim se passavam à espera, como solução de tão penosa crise, da *perneira* para poder também sair e voltar ao Rio de Janeiro.

Que semanas, que meses! O meu consolo único, o meu refúgio era dormir; mas, assim mesmo já nos incomodavam bastante o calor e as chuvas das tardes, porquanto estávamos em começos de dezembro.

XLIV

EM MEADOS daquele mês comecei a ter acessos de febre e mais triste ainda me tornei, vendo que as doses do sulfato de quinino, que meu pai regularmente me enviava dentro das suas cartas, não os cortavam.

Tomei então resolução de executar um plano que só tinha cabimento nesses tempos da minha bela e valente mocidade e que, há muito, me girava na mente.

Pus, num daqueles dias, o talim à cintura e fui resolutamente ter com o coronel. "Estou doente de sezões", disse-lhe apresentando o atestado do médico, "e venho pedir a V. Excia. oito a dez dias de licença para ir tratar-me fora do acampamento".

O homem, ainda mais prevenido contra mim por me atribuir (aliás sem razão) a autoria de umas correspondências publicadas no *Jornal do Comércio* do Rio de Janeiro, mediu-me de alto a baixo e, mordicando a ponta dos fios de barba, como era costume seu, respondeu-me com sorriso sarcástico: "Dez dias? E se eu, neste prazo, tiver decidido embarcar para Corumbá? (Note-se que ainda não havia no porto uma só canoa e só se falava mui vagamente numas barcaças ocultas no Salobra). Pretende o senhor não acompanhar os companheiros e deixar-se ficar entre as índias, como já esteve tanto tempo?"

Nada respondi. Depois de curto silêncio, despediu-me com estas palavras: "Pode retirar-se, dou-lhe só cinco dias, fora o de hoje e da apresentação". E voltou-me as costas.

Como o meu projeto era ir aos Morros a fim de tornar a ver, por pouco que fosse, a saudosa e inesquecida Antônia, saí do quartel-general desesperado, o que foi causa de violento acesso.

"Daqui ao Aquidauana", ruminava enquanto tiritava com o frio da febre, "são dez léguas. De lá aos Morros, outras dez. Poderei vencer essa distância em dois dias indo e dois voltando; ficam-me ainda vinte e quatro horas para descansar".

Aquilo que parecia gerado no ardor da febre realizei sem hesitação. Que não fará o homem tendo por alvo dos seus esforços uma mulher ardentemente desejada? Quanto é verdadeiro o episódio de Ero e Leandro!... Não o reproduzi quase?

Na madrugada seguinte (lembro-me bem, foi a 12 de dezembro) sem nada dizer aos companheiros, parti com o meu camarada, meu excelente companheiro de trabalhos e campanhas, Floriano Alves dos Santos, montados, eu no célebre Paissandu, ele também num bom animal de sela, creio que pertencente ao Lago.

As primeiras léguas foram fáceis de vencer; almoçamos com enorme apetite de saboroso farnel e junto a fresca e ensombrada linfa. O restante da viagem tornou-se mais penoso, tendo me voltado a febre e dando-me o ardor do sol formidável dor de cabeça.

Afinal, não sei ainda como, alcancei um ranchozinho junto ao Rio Aquidauana e aí, sem querer comer, tomei, sem resolução, de pancada, trinta e oito grãos de sulfato de quinino.

Senti como que um estouro de bomba dentro da cabeça, fiquei totalmente surdo e caí logo em transpiração abundante e sono profundo em cima de um couro seco.

Quando, às primeiras horas do dia, o Floriano me veio acordar, senti-me bom, perfeitamente bom, alegre, fresco, bem-disposto, e com voracidade me atirei ao feijão e arroz frios, cozidos de véspera e guardados na mesma panela.

Este dia de viagem foi esplêndido e, ainda com sol um tanto alto, cheguei aos Morros, tendo subido a serra do lado do acampamento do Chico Dias, onde, me haviam dito, se achava a Antônia com a família. Infelizmente já havia descido para a planície e morava perto do antigo abarracamento dos Buritis, naturalmente por influência do Tenente Lili. Senti cruel aperto de coração, dor fina e lancinante, mas não me achei mais com forças para viajar.

Apeei-me pois no rancho do Arruda Botelho, genro do Chico Dias, comi como um alarve, pratos e pratos de um picadinho de carne de vento, com quiabos, que me pareceu ao paladar ambrosia, e ferrei em sono de chumbo até à manhã seguinte.

Muito cedo e bem-orientado, desci a serra e cheguei ao rancho da gente da Antônia. Achei-a só e nada vi suspeito, o que reunido ao acolhimento afetuoso e sincero não só dela, como de toda a família, velho e velha, Runetti e irmãozinhos, largamente me compensou da viagem e de todas as fadigas.

Ao lado do rancho comum, num palheiro baixo, onde se balouçava uma rede de tiras de couro cru, junto a limpidíssimo regato que deslizava ao sopé de magníficos *buritis* e a contemplar ora a estremecida Antônia, ora o céu anilado ou então os inúmeros pares de araras vermelhas e azuis que pousavam nas palmas, passei um dos dias mais cheios e venturosos da minha vida!

Antônia mostrava-se exultante de alegria e me fazia mil carinhos, expressando de modo engraçado, nos muitos solecismos em português, as saudades que por mim curtira.

— Só falando em *chané* é que posso contar tudo — dizia a cada momento.

Como me empanturrara de milho verde assado nas brasas, deixei de comer o horroroso guisado de tripas que Runetti, para me obsequiar, fora preparar com todo o carinho, a modo lá dos seus. Mas que banho esplêndido tomei! Como se me afigurava a última palavra da felicidade viver ali sempre, sempre! Antônia!...

Na manhã seguinte, o sol já de fora, acordou-me o Floriano com toda a inflexibilidade. Nosso adeus foi breve e sem lágrimas, porquanto eu resolvera mandar buscá-la para Miranda.

Era, porém, a última vez que iria vê-la; e bom foi supor o contrário para arredar da despedida suprema a dor imensa de tão duro momento. Assim repentina e meiga ilusão atenua grandes angústias ao homem no seu peregrinar pela vida.

— Até breve! — afirmei montando a cavalo e convicto de que realizaria, sem dúvida possível, a doce promessa.

— Não se esqueça, tenente, não se esqueça! — gritou ela muitas vezes e com as mãos me fazia muitos sinais de amizade e afeição, até quando as voltas do caminho permitiram.

Não me olvidei, certamente, jamais, dessa graciosa criatura, e nisso cumpri a palavra; mas nunca mais lhe pus os olhos em cima. Sei, porém, que não foi de todo infeliz. Casou-se com um alferes e teve dois filhos. Enviuvando, tornou a casar, creio que com um oficial também. Vive hoje em Corumbá ou Cuiabá e deve ter quarenta e dois anos, o que significa que há de estar velha e feia *mêmê*, pois as índias cedo, muito cedo, perdem todos os encantos e regalias da mocidade.

Pobrezinha da Antônia! Em mim deixou indestrutível lembrança de frescor, graça e elegância, sentimento que jamais as filhas da civilização, com todo o realce do luxo e da arte, poderão destruir nem desprestigiar!

No dia marcado pelo Carvalho, apresentei-me ao quartel-general.

— Donde veio o senhor?— perguntou-me.

— De perto — respondi-lhe laconicamente; mas ele desconfiava que eu fora até os Morros, embora duvidasse de semelhante proeza. E com o eterno e estereotipado sorriso irônico acrescentou:

— Podia ter-se demorado sem inconveniente muito mais dias.

Quase desatei a chorar!... Propositais ou não, estas palavras constituíram para mim motivo de muito desespero por não poucos dias.

XLV

Quanta intriga, porém, medrava naquela triste e arruinada vila de Miranda, entre montões de escombros, devastada pelo incêndio, abandonada três ou quatro vezes e reocupada outras tantas!

Ah! que tempos, que tempos! E as vítimas da *perneira* continuavam a encher o cemitério e não víamos solução a tão dolorosa situação, embora já se rosnasse que havia chegado a Cuiabá notícia dos desmandos do Carvalho, de lá devendo vir o seu sucessor, Coronel Carlos de Morais Camisão.

— Impossível — asseverava o *Poaia*. — Este Camisão é um medroso de conta, poltrão como ninguém! Conheço-o muito. Foi quem abandonou Corumbá e por isto mereceu ser já cantado em verso.

E a todos mostrava um soneto, aliás não malfeito, em que se profligava, duramente, o procedimento de Camisão, do Coronel Oliveira (comandante das armas) e outros chefes que não haviam dado boa cópia de si, quando o inimigo subira o Rio Paraguai em janeiro de 1865 e fora até quase Cuiabá.

Intimamente, porém, não deixava Carvalho de estar inquieto com a possibilidade que ia tomando vulto. Que figura teria que fazer, forçado a entregar o comando das forças a um sucessor, por causas bem conhecidas e justas? Isto o preocupava muito e notava-se-lhe sensível mudança nos modos e ditos.

De novo falou na urgência de mandar buscar as canoas e igarités ocultas na foz do Salobro; mas ele próprio bem sabia da inexequibilidade dos planos com que engodara o governo central, mas não pudera enganar o sábio e ilustre Barão de Melgaço (Leverger), presidente da província e conhecedor exatíssimo de tudo quanto se referia a Mato Grosso.

Estávamos então em fins de dezembro, e o calor, positivamente insuportável, e as contínuas inundações do Rio Miranda, que invadiam mais de um quilômetro em subida e chegavam até à vila, contribuíram para agravar a ação do *beribéri* e aumentar, ou a imediata partida de oficiais e praças, ou a mortalidade.

Já falei na insuficiência científica da nossa comissão médica, abundante em pessoal, mas desfalcada de elementos aproveitáveis e que servissem regularmente, sobretudo no caso em que nos víamos, a braços com moléstia de todo desconhecida.

Nem sequer buscavam nos livros alguns esclarecimentos, a menor luz que os guiasse em tão apertada conjuntura, obrigados a confessar que nada podiam fazer por ignorância radical do mal a combater.

Quem lhes proporcionou os primeiros meios de elucidação na obscura matéria fui eu, a quem coubera a iniciativa da consulta à obra do grande clínico Graves, de Dublin, tendo achado no Capítulo I do volume II, pormenorizadamente descrita, a moléstia que nos assoberbava. Não tardou a circular que eu descobrira o que era a tal *perneira*. Aliás, de desanimados, tratavam esses médicos de se safar das forças e do pestilento Miranda, licenciando-se uns aos outros e partindo para o Rio de Janeiro, à formiga.

Nos últimos dias de dezembro, o Carvalho, que andava sorumbático e apreensivo de ver chegar inopinadamente o sucessor, que lhe fora anunciado já de Cuiabá, mostrou-se agitado, nervoso e sem a habitual propensão à risota e à malícia.

— Sinto-me não sei como — dizia a cada momento. — Que diabo! Há de ser bonito que a tal moléstia, de que esses patetas têm tanto medo e morrem como cupins do Natal em torno de uma vela, queira engraçar-se comigo! Não faltava mais nada! Estou resolvido a não ficar enterrado neste *cafundó*. A culpa é toda de vocês, foram tolamente remexer os lodos dos pantanais e pestearam os ares... Eu que nunca estive doente, nem sequer de uma dor de cabeça... E por cima o poltrão do Camisão, que pode surdir por aí... Os meus inimigos de Cuiabá não descansam. Que miseráveis! Estivessem cá alguns e lhes cortava a cara com um bom chicote... Que infame expedição esta!... Nada se pode fazer de útil e nem de sensato. Não tem nada! Meios de transporte, canoas...

E acusando a infeliz coluna, mártir de que se constituíra um dos piores e mais culpados algozes, juntando a ação perniciosa e calculada às violências e brutalidades inconscientes da natureza, lamentava a impotência em que se vira de realizar os tais planos de ataque e tomada de Corumbá, contando, ou fingindo contar, com mil facilidades.

— Quanta glória eu teria dado a estes toleirões!... Afinal, os tirava desses lodaçais em que estão há tanto tempo patinhando e atolando-se e prestaria enorme serviço ao Brasil todo e, particularmente, a Mato Grosso.

Julgue o leitor que indignação me salteava, quando ouvia de boca bajuladora e desleal a repetição de todos aqueles desconchavados conceitos.

Tocava dezembro aos derradeiros dias e numa bela (com efeito, *bela*) manhã, verificou o Carvalho que amanhecera com os pés e as pernas muito inchados, presos e dormentes, além de dolorosos formigamentos nas mãos.

Não há dúvida! Estava também com a célebre *perneira*, de que tanto chasqueara!

Foi-lhe o terror imenso. Convocou os cinco médicos da junta sanitária; mas não se deu por satisfeito; quis ouvir-me, porquanto era corrente nas forças que eu conhecia, por leitura, um pouco mais da singular epidemia do que os nossos hesitantes facultativos.

Compareci ao quartel-general e tive o gostinho especial de pregar ao *Poaia* formidável susto.

— V. Excia. — disse-lhe com toda a gravidade — está no segundo período da moléstia; cuja feição, neste caso, é grave, bem grave, pois apresenta-se com repentina e notável edemacia. Não sente já alguma sufocação?

— Homem, com efeito!

E o desgraçado tomava haustos de respiração bastante cômicos.

— E quantos períodos tem esta maldita *perneira*?

— Três.

—Três?! com a breca! Então não espero mais nada. Amanhã *boto*-me daqui para fora, sem querer saber de mais nada. Vocês se arranjem como puderem. Eu nunca deveria ter vindo tomar conta de semelhantes forças sem energia, sem saúde, sem nada, uma súcia de caranguejos metidos no brejo a fazer uma leguazinha por dia... Eu... acostumado a devorar distâncias!... Não ouviu falar nas minhas viagens ao Rio de Janeiro? É boa; não fui talhado para isto. O Camisão que os suporte; vou-me embora.

E, com efeito, na manhã seguinte, atropeladamente deixou a vila de Miranda, saindo com a sua tropilha e alguns soldados, como camaradas, e tomando certos desvios, para não se encontrar com o Coronel Camisão, que vinha vindo, seguiu a marchas forçadas para Cuiabá.

Foi isto a 31 de dezembro de 1866.

Na manhã de 1º de janeiro de 1867 chegava a Miranda o Coronel Carlos de Morais Camisão e tomava conta do comando das forças.

XLVI

Boa foi a impressão que em todos causou o novo Comandante Camisão. Ficamos logo convencidos de quanto era homem sério e digno. Acabara o regime de abusos e irregularidades do seu antecessor.

Cuidou, sem mais tardança, de dar conveniente organização tática à coluna, muito desfalcada de pessoal. Juntou o todo numa brigada única, restabeleceu, com grande alegria minha, a Comissão de Engenheiros e ordenou a imediata partida para Nioaque, como meio único e indiscutível de pôr paradeiro à epidemia reinante.

Entretanto, com as modificações determinadas, ficou suprimido o cargo de ajudante-general, e o Tenente-Coronel José de Miranda da Silva Reis pôde partir para o Rio de Janeiro, como era, desde muito, o seu desejo ardente.

Não há dúvida que este homem se portou para conosco, seus companheiros da Comissão de Engenheiros, sempre bem, mostrando elevação de caráter e coerência de sentimentos. Durante a expedição gozou de grande prestígio e de toda a nossa estima. Vimo-lo partir para o Rio de Janeiro com sincero desgosto e acompanhamo-lo ao botafora até grande distância, trocando na despedida sentidas lágrimas.

Reinava em Miranda alegre animação, sabida por todos a retirada imediata daquele foco de infecção palustre, cuja maléfica energia se ativava com as inundações do rio, a invadir cada vez mais as terras circunvizinhas.

Nisto recebemos, eu e Catão, ordem de nos adiantarmos, a fim de irmos preparar em Nioaque galpões para acomodação da enfermaria e depósito de víveres, além de estudarmos o melhor local para o futuro acampamento. Aprontamo-nos com toda a alacridade, ainda que a comissão não deixasse de ser arriscada, pois nos íamos aproximando dos postos da fronteira no Rio Apa e sabíamos que os paraguaios rondavam ainda parte do território, que a custo iam evacuando.

Nada, porém, podia parecer-me mais agradável do que aquela viagem, feita com o companheiro que me merecia predileção especial e depois do cruel constrangimento da vida arregimentada que eu passara no corpo de artilharia, de relações, ainda por cima, cortadas com o comandante.

Que aprazível e divertida digressão foi, na verdade, esta ida a Nioaque! Que pousos lindos, que paisagens amenas, que pontos de vistas formosos, encantadores!

Forquilha, encontro dos Rios Miranda e Nioaque, Enagaxigo, Baeta, Areias, Lajeado são nomes de lugares de parada ou de dormida ainda gratos à minha lembrança.

Tudo se me afigurava lindo, adorável, quanto possível pitoresco, até o friozinho que sentíamos a subir terrenos altos e pedregosos, cheios de pedrinhas roladas, algumas muito alvas e rutilantes aos raios do sol. O frio após os terríveis calores do Taboco e de Miranda!

Levava Catão ótimo camarada, chamado Carneiro Leão e filho de Minas, tal qual o famoso estadista Marquês do Paraná, por cima bom cozinheiro, sempre risonho e procurando dar-nos apetitosos guisados. Certo dia, encontrou uns pés de pimenta e uma plantação abandonada de quingombôs e nos regalou um verdadeiro banquete, em que decerto, se houve lacunas, não faltou o apetite.

Acompanhados de pequena turma de soldados e de dez a quinze índios terenas rapidamente chegamos a Nioaque, onde tratamos logo de dar cumprimento às ordens que trazíamos e queríamos desempenhar à risca e com toda a celeridade.

À noite, nos fechávamos numa das casas do povoado, dormindo sonos de bem-aventurados.

Que perigo, entretanto!

Verificamos, depois, que, diariamente, vinha numerosa ronda paraguaia até bem pequena distância. Se tivesse desconfiado da bela presa que lhe ficava tão por perto, ter-nos-ia colhido com a maior facilidade, dispersos e descuidados como andávamos sempre, quer de dia, quer à noite. De que depende o futuro do homem, Santo Deus?!

Que divertidos dias ali passamos, metidos nos bosques, laranjais e goiabais, onde nos fartávamos dos saborosos frutos! Que cara engraçada a do Catão, quando mordido no beiço superior por um marimbondo *caboclo*, numa dessas colheitas! Com um lábio enorme e que lhe tomava quase toda a cara, chegou o coitado a ter febre violenta, o que bastante me inquietou.

Uma semana depois de nossa chegada a Nioaque, apareceu-nos a coluna, que tomou posição no ângulo formado pelo encontro do Ribeirão Orumbeva com o Rio Nioaque, ambos de puríssimas águas correntes, ficando o acampamento com a frente voltada para o Sul, isto é, para o lado da fronteira paraguaia. Muito interessante e pitoresca é a localidade e dela dei ligeira descrição nas primeiras páginas da *Retirada da Laguna*.

Que bela perspectiva se desfruta do alto da torrezinha da mais que modesta matriz! São campos e campos pouco dobrados, salpicados aqui, ali, de restingas e capões de mato e que ganham, com o cair da tarde, muito realce pelos tons roxos, róseos e amarelados, que lhes infundem os reflexos da luz crepuscular.

E, quando por ele se alongavam os nossos olhares, que emoção nos produzia sabermos que por ali era o caminho do inimigo!... Que influência tem a guerra nos sentimentos humanos, ainda os mais alheios e desviados das cenas de luta e sangue!

Todo o tempo de estada em Nioaque foi bem agradável e depressa passou sem desgostos nem preocupações. Impossível clima mais saudável e ameno, ainda no rigor da estação calmosa. As tardes e noites bastante frescas descansam dos ardores do sol durante o dia.

Junte-se a tais condições reparadoras a abundância de víveres; e não é de admirar que, um mês depois da chegada a tão simpática localidade, a coluna expedicionária se sentisse outra, bem diferente do que fora no Rio Negro, Taboco e em Miranda, todos eles de odienta memória e que tantos padecimentos e perdas lhe haviam infligido.

Ativamente se ocupava o Coronel Camisão com a instrução das forças, cujos exercícios freqüentes, ora de batalhões destacados, ora de toda a brigada, em pessoa comandava e fiscalizava, mostrando-se bem-entendido em artilharia. Falava, sem mistério, de marchar para a fronteira a tomar posição se não ofensiva, pelo menos de observação inquietante para as tropas paraguaias existentes na linha do Apa.

De gênio concentrado e impassível, vivia abatido ao peso da acusação de covarde e bem conhecia a campanha de descrédito em que o antecessor no comando se havia tão gostosa e insistentemente empenhado.

Desde o princípio nos inspirou simpatia e estima. Deu logo toda a importância à Comissão de Engenheiros, conversando, a miúdo, e com a intimidade de que era capaz, com cada um de nós, mas guardando sempre, com demasiado zelo, até, a diferença da hierarquia.

Tanto mais estranhávamos por isto as familiaridades que consentia a um ajudante-de-ordens, alferes de cavalaria, de bem duvidosa moralidade, tipo intrigante, crítico mordaz, tanto quanto podia, e que de si deu má cópia, sobretudo em dias de fogo e combate. Grande ufania lhe provinha da barba sedosa e comprida que lhe cerrava o rosto, não de todo antipático. Faleceu há muito tempo.

Coisa que muito nos agradava era o coronel comandante muito dar ouvidos ao Lago. Por causa disto, me chamava freqüentes vezes para consultar em variados assuntos, crescendo nesta convivência a confiança de que me julgava credor.

As prevenções, contudo, semeadas e aumentadas pelo gênio frio e displicente do Camisão, sempre irresoluto e a vacilar se devia ou não marchar para a frente, não eram de natureza a lhe conciliar popularidade e prestígio. A tanto, porém, não chegavam as suas aspirações, contentando-se que lhe obedecessem e o respeitassem; mas, coisa curiosa! a cada momento ficava como que surpreso que assim acontecesse.

Não tinha fibra de chefe e só uma vez o vi assumir francamente esta posição. Ah! se tivesse sido o Lago!

XLVII

Depois de dois meses de reconfortante estada em Nioaque, restabelecidos todos dos males passados, sem mais nos lembrarmos da terrível *perneira*, cuja última vítima, trazida quase moribunda de Miranda, fora o Capitão Lomba, resolveu o coronel adiantar-se, mais um pouco, para os lados do Apa e ir ocupar, a meio caminho, o antigo local da colônia de Miranda.

E esta determinação veio romper hábitos que se nos iam tornando bem doces, após tantas penúrias e deficiência de todo o bem-estar, assim a irregularidade na correspondência da família, primando, nisso mais que ninguém, extremosa esposa ou adorado filho, meu bom pai, cujas cartas eram admiráveis de conselhos a respeito de tudo, de mil notícias e expansões, sem nunca esquecer as gramas de excelente sulfato de quinino em papel-paquete.

Quanto senti ter perdido todos esses preciosos documentos que, apesar da intimidade, dariam livro bem-interessante e digno de leitura! Raros tenho conhecido, e conheço, que soubessem e tenham sabido escrever cartas como ele — era a sua especialidade literária.

Fez-se a marcha de Nioaque para Miranda com muita regularidade. No primeiro pouso tivemos um alegrão e a boa disposição de espírito veio dar mais encantos ao local, já de si formoso, quase na confluência dos Rios Miranda e dos Velhos.

Chegara ao acampamento o correio do Rio de Janeiro, e os jornais traziam extensa relação de condecoraçõezinhas que o governo havia distribuído às forças de Mato Grosso. Tocara-me o Hábito da Rosa. Constou-me, depois, que o meu nome não fora indicado e sim enxertado pelo Ministro Paranaguá, em atenção a meu pai.

Em todo o caso, senti prazer enorme e naquela tetéiazinha vi a recompensa completa dos meus sacrifícios e tormentos...

Como andam errados os republicanos acabando com esses estímulos tão poderosos, com elementos tão valentes de impulsão e incitamentos a grandes coisas!... Querem fazer da consciência o meio único de compensação a trabalhos e canseiras sobre-humanos, e o resultado é que daí não sai muito resultado. Raros os virtuosos que se contentem com isso.

O Imperador era legítimo republicano — do que tenho plena certeza; — mas ele mesmo tornou-se prova e exemplo de que a virtude não deve contar com o reconhecimento, o respeito e a admiração dos homens. Foi novo Aristides...

Na nossa raça latina, principalmente, são pouco aceitáveis as repúblicas, porque este regime se funda na virtude e difícil é fazê-la praticar, ainda com o sistema de Robespierre, que a queria a todo o transe impor a poder do terror.

O exemplo atual da França, próspera e grande após o período já longo, de vinte e dois anos de república, nada significa, porque ela bem sabe e compreende que, se tivesse andado e se andar mal, havia e há de ser esmagada pela Alemanha e desapareceria ou desaparecerá de entre as nações.

Eis a idéia de Robespierre posta em ação na mais ampla esfera, o *terror* a produzir virtudes e a consolidar instituições. Demais a França sinceramente não é república, nada mais que monarquia disfarçada. E assim mesmo nela que sintomas graves e deletérios têm surgido, como no caso da *affaire* Wilson, o genro de Grevy, e das atitudes do General Boulanger!... Quanto ao Chile, outro modelo que se nos propõe, nada mais é do que ferrenha oligarquia, o regime feroz, o domínio intransigente de certo número de famílias aristocráticas, que nem de leve consentem na intervenção da burguesia (*ciuticos*) e do pobre povo (*los rotos*).

Sim, os Estados Unidos constituem verdadeira república; mas a raça é outra, são os anglo-saxões, povos de fibra e tendências diversas da nossa. Também só assim e por terem incluído em si, por imigração pasmosa, as mais valentes forças das nações européias, resistem a mil causas de decomposição, à frente das quais caminha infrene a corrupção pecuniária.

Na ânsia dos homens se distinguirem, a todo o transe, uns dos outros, diferenciarem-se, alcançarem-se condecorações, honrarias, títulos, tomarão como objeto de todas as aspirações o dinheiro. E então cumpre alcançá-lo, de qualquer modo e por todos os processos, lícitos ou ilícitos, honestos ou indecorosos. Ter dinheiro, ser rico, apresentar-se milionário, eis a vertigem a que ninguém resiste!

Vale, porém, a pena, fundar repúblicas com semelhante programa? Não será mais decente e menos pernicioso contentar a ambição humana com uma tetéia, um título, um tratamento qualquer, do que antepor às vistas deslumbradas um saco de dólares ou uma burra cheia de libras esterlinas? Uma das grandes razões da boa organização da França foi, sem dúvida alguma, a conservação da Legião de Honra, por cujo conseguimento tudo fará o francês, muito embora o número dos felizes suba, se não me engano, a mais de cinqüenta mil.

O certo é que eu, com o meu Habitozinho da Rosa, no meio do sertão de Mato Grosso, naquelas remotas paragens, entre Nioaque e a colônia de Miranda, sentia-me feliz como um nababo e todo orgulhoso de haver tanto merecido.

Bem me recordo do quanto enrubesci, ao receber os parabéns do Camisão! Parecia ter subido na sociedade brasileira muitos e elevados degraus. Futilidade de sentimentos? Bem desculpável, aliás, na minha idade, pois um mês antes completara 23 anos; mas, além disto, havia outra coisa, pois no Lago e outros companheiros atuavam os mesmos estímulos.

Quanto a Miranda Reis, cujo nome figurava na relação, condecorado com o Oficialato da Rosa, e já então no Rio de Janeiro em vésperas de seguir para o Paraguai, imaginávamos o seu grau de ufania, com a índole que lhe conhecíamos, sob as aparências do desprendimento das honrarias e chamadas grandezas humanas.

XLVIII

No dia 25 de fevereiro, havíamos saído de Nioaque; a 26 estávamos no Canindé; a 27 no Desbarrancado, onde debandara, nos últimos dias de dezembro de 1864, o corpo de cavalaria do Tenente-Coronel Dias. Demorando-nos ali dois dias, 28 de fevereiro e 1º de março.

A dois chegamos ao Rio Feio e, com demora de mais um dia, ocupamos o local onde existira a colônia de Miranda, a doze léguas, S. S. O. de Nioaque. Vide a este respeito a história da *Retirada da Laguna*, em cujos domínios estamos entrados.

Não reproduzirei portanto tudo quanto lá deixei contado e com tamanha felicidade que este livro tem sido por toda a parte benevolamente acolhido, merecendo traduções em várias línguas — privilégio, decerto, importante, pois, como muito bem diz Madame de Staël, "a versão só por si é meia imortalidade alcançada".

Obterei a outra metade e conseguirá a minha obra a sanção e o apreço da posteridade? Não sei de todo; mas este é o meu ardente desejo... Prossigamos.

Uma vez naquele ponto de Miranda e a doze léguas do Apa e do forte paraguaio de Bela Vista, começaram a aparecer indícios da aproximação do inimigo, principalmente pelas enormes queimadas que faziam do lado do Sul e com as quais diariamente nos enfumaçavam a atmosfera.

— Os paraguaios — dizia-nos o guia Lopes — estão dando sinal da nossa chegada.

E acrescentava, rindo-se melancolicamente: "Não estão contentes; preferiam o tempo em que avançavam e os brasileiros recuavam e fugiam. Ah! *perros*! Que terão feito da minha desgraçada família, minha mulher, meus filhos?!

Fora se tornando nosso amigo e comensal esse José Francisco Lopes, de quem tanto falo no meu livro e a quem dei a figura merecida de legítimo herói e nosso salvador. Comia conosco e dormia no meu rancho de palha. Vagamente o acusavam de haver concorrido para a morte de um parente próximo. Ignoro que grau de verdade havia nisso; mas uma vez não deixou de causar-me espécie ser por ele, alta noite, acordado para lamentar-se das terríveis insônias que sofria. "Um dia destes", acrescentou pausadamente, "hei de lhe contar, Doutor, a minha vida e abrir-lhe este coração de pobre pecador". Respondi-lhe que o ouviria com muito interesse e leal amizade; mas nunca mais José Francisco Lopes aludiu à sua promessa.

Passavam-se, porém, os dias em Miranda com bastante animação, ainda que pairasse no ar um não sei que incomodativo e angustioso, cuja origem estava toda na atitude e nos modos do Coronel Camisão.

Bem provido o acampamento de víveres, vivia a lamentar a falta de gado, que, na realidade, escasseava a cada momento, tendo sido já consumida parte das reses que Lopes fora tirar da sua antiga fazenda do Jardim e quantas de Nioaque mandara o Intendente Lima e Silva.

— Se não fosse essa contínua iminência de fome — dizia a todos o comandante — marcharia já para o Apa, ocupava o forte de Bela Vista e ali observaria os acontecimentos. Dava uma lição aos paraguaios e também aos miseráveis de Cuiabá, que tanto me caluniaram e tentaram de todo tirar-me força moral e prestígio! Posso, porém — continuava inquieto e denunciando terríveis hesitações —, assumir responsabilidade do que há de sobrevir de imprudente e malpensada resolução? Que será dessa coluna, que já tanto sofreu, em país inimigo, sem alimento certo e tão longe do centro de provisões, que é Nioaque?

E nesta dolorosa alternativa não sabia que caminho seguir. Só se mostrava menos sombrio quando lhe falavam na impossibilidade de tomar-se qualquer resolução agressiva, pelo menos enquanto não chegassem notícias mais frescas em data do teatro da guerra, no Sul do Paraguai, e neste sentido falava-lhe eu sempre.

O Lago, porém, era todo de opinião contrária a asseverar, sem dado algum positivo mas com a habitual teimosia, que, àquela hora (em dias de março de 1867!) as forças aliadas deviam estar entrando em Assunção na perseguição de Solano López fugitivo! E isto só se verificou ano e meio depois! E ao ouvir todos aqueles sucessos fantasiados pelo valente oficial, ávido de glórias por mais arriscadas e problemáticas fossem, recaía o pobre Camisão nas eternas perplexidades.

Nessa colônia de Miranda, deram-se três incidentes importantes, em que de perto andei metido.

Privou-me o primeiro do precioso auxílio do meu excelente camarada Floriano Alves dos Santos, que me servia, desde a saída de Campinas, com extrema dedicação e de quem jamais tivera o menor motivo de queixa e desgosto.

Uma ocasião, avisou-me às dez da noite que estava perdendo muito sangue pelo nariz desde umas duas horas atrás. Recomendei-lhe que se deitasse com a cabeça pouco alta e procurasse conciliar o sono. Do meu lado dei o exemplo, dormindo sem demora.

De madrugada, porém, acordei com uns gemidos fracos e angustiosos e, correndo para a barraquinha do Floriano, achei-o pálido como um cadáver, o chão todo ensopado de sangue, que lhe corria pelo rosto, camisa e cama aos borbotões. Era formidável *epistaxis*!

Mandei a toda pressa chamar o Dr. Quintana e tudo se experimentou e aplicou-se para estancar tão grande hemorragia, tudo debalde, tampões, percloreto de ferro, posições forçadas; em vão!... O sangue brotava cada vez mais violento. Afinal, foi o pulso desaparecendo, as forças caindo e o meu infeliz camarada pareceu exalar o último suspiro. Exatamente quando íamos marchar para a frente e os seus serviços se tornavam mais precisos e valiosos!

Como é da natureza humana, esta consideração, de feição toda egoística, agravava-me o desespero. Enfim, não havia mais senão amortalhá-lo, pelo que mandei vesti-lo com toda a decência e, como prova da afeição que me merecera, coloquei-lhe sobre o rosto finíssimo lenço de cambraia bordada que minha mãe me dera, ao partir do Rio de Janeiro.

Ó surpresa! Pareceu-me que o sutil tecido se mexia e tinha movimentos embora mui lentos e pouco sensíveis. Chamei gente, fiz vir de novo o médico e não houve mais dúvida possível. O Floriano ainda respirava e por bem pouco correra riscos de ser enterrado vivo! Pode haver mais horrível contingência?

Muitas e muitas horas dormiu o meu camarada. Quando acordou, os coágulos de sangue se haviam formado e por tal modo fortalecido, que já impediam qualquer hemorragia. Mas que palidez, que fraqueza, que aspecto de moribundo, que faces chupadas até aos ossos, esquálidas e de sinistro palor! Metia medo.

Já se vê que não podia mais continuar a servir-me. Foi para o hospital ambulante, depois de inúmeras recomendações minhas e, bem-provido de dinheiro, fi-lo transportar, em carreta, para Nioaque. Levou muitos meses a se restabelecer; deixei-o em Mato Grosso, mas tornei a encontrá-lo no Paraguai passados dois anos e de novo o tomei.

Apresentou-se-me, espontaneamente, para as funções de camarada, um tal Jatobá, negro possante, corpulento, caminhador incansável e soldado do 21 de infantaria. Com efeito, não deu má cópia de si; mas, certamente não tinha os desvelos, a presteza e as habilitações do meu Floriano. Comigo voltou esse Jatobá de Mato Grosso e, chegados ao Rio de Janeiro, arranjei-lhe a baixa de praça de pré.

Outro incidente, ocorrido na colônia de Miranda e que pôs em alarma todo o acampamento, foi a repentina aparição de uma patrulha paraguaia à margem de lá, esquerda, do Rio Miranda. As nossas sentinelas da frente fizeram fogo e num instante nos pusemos todos a cavalo, enquanto os batalhões entravam em forma, ao som das cometas, dos clarins e tambores.

Nós, da Comissão de Engenheiros, Lago e Cantuária à frente, atiramo-nos a galope e passando a corrente, que dava bom vau, fomos, pelos campos afora, correndo atrás dos cavaleiros inimigos, cujas blusas vermelhas avistávamos lá ao longe, todos eles em disparada. Ah! que ânsia de chegarmos perto, fazer fogo com o revólver e atravessar aqueles corpos com a espada! Como a guerra é terrível, estúpida e perverte todos os sentimentos eqüitativos, razoáveis e convenientes aos interesses justos e recíprocos dos homens!

Senti, de repente, o meu animal correr com menos rapidez e pu-lo a trote, gritando contra os paraguaios e invectivando-os, certo, porém, de que se fizessem viravolta e sobre mim viessem com os pesados alfanjes (que muitos tinham essa arma recurvada) me mandariam com toda a facilidade desta para a melhor.

Eis, porém, que, ao passar por matagal raso, precipita-se sobre mim enorme cão ali oculto e, de um pulo, me morde violentamente acima da barriga da perna esquerda, rasgando-me a calça e fazendo correr sangue!

Procurei dar-lhe um golpe de espada, mas não consegui, pois o meu agressor pusera-se a correr como um gamo na direção dos donos e desaparecera logo.

Aí, parei; e súbito terror me assaltou. Estaria aquele cão danado? Desta mordedura não poderia sobrevir a hidrofobia? Que impressão iria sentir ao passar, dali a pouco, pelas águas do Miranda? Embainhei tristemente a arma e voltei a tratar-me do singular ferimento que me fazia sofrer e tingia de vermelho a calça do lado esquerdo.

Sem novidade transpus o Miranda e, como viera devagar, achei já o acampamento cheio da notícia de que havia sido gravemente ferido pelos paraguaios. Reduzi as coisas às verdadeiras proporções, rindo-me do ocorrido, mas no íntimo passei muitos dias e, mais que isto, semanas seguidas, sobremaneira inquieto e sobressaltado, até que a gravidade dos sucessos viesse tirar-me o espírito desta preocupação bastante pueril.

O terceiro incidente foi o célebre conselho de guerra a 23 de março formado pela Comissão de Engenheiros por ordem do Coronel Camisão para que deliberássemos sobre a possibilidade de movimento agressivo até a fronteira paraguaia e além dela, conselho de que trato com minudência na *Retirada da Laguna*.

Como oficial mais moderno, coube-me, em primeiro lugar, a palavra e lealmente expus todas as razões que contrariavam semelhante passo, cujas conseqüências nem sequer podiam ser calculadas, a menos que não se tornasse logo o objetivo de irremediável desastre e destruição, proporcionando-se assim ao inimigo ocasião de fáceis triunfos e glórias. Era verdadeiro salto nas trevas.

Abundaram Catão e Barbosa nas mesmas idéias; mas Cantuária, vivamente apoiado por Lago, começou a refutá-las, apoiando-se na hipótese meramente fortuita de que a guerra devia já estar tocando ao fim.

— Mas — objetou Juvêncio, que se mostrava muito atento a tudo — se não estiver? Devemos usar de prudência, não para nós, mas por causa dos outros.

— Ora — observou Lago com ironia —, atrás da prudência costuma acocorar-se o medo!

Foi bastante para que o resultado daquela conferência se tornasse totalmente outro de que todos esperávamos, nós, o Coronel Camisão e em geral a oficialidade.

Trocaram-se palavras quase ásperas e retirei logo tudo quanto dissera.

— Não se há de fazer figura à minha custa — protestou Catão com engraçada energia.

— Nem à minha — concordou Barbosa, endireitando todo nervoso o pescoço.

Até Juvêncio exclamou, exaltado: — Oficie, Sr. Taunay, hoje mesmo ao Sr. Coronel Camisão, que toda a Comissão acha possível e conveniente que sem demora marchem as forças para o Apa. Nem há mais a razão de falta de gado, pois aí vem entrando muitas reses trazidas pelo Lopes.

Assim, digo na história da *Retirada da Laguna*, encerrou-se este conselho no qual estava fixa a atenção de todos os oficiais e cuja decisão a todos surpreendeu; mas a ninguém tanto como ao próprio comandante, pois se via arrastado pelo obstáculo que supusera levantar entre si e os perigos do primeiro projeto.

E como traço do caráter desse chefe com justiça acrescento:

"O sentimento da dignidade pessoal, poderoso desde que nele se despertava, preservou-o no entanto de dar outras mostras da sua impressão, além das inopinadas e involuntárias; empenhou-se daí em diante a fazer bem o que não podia deixar de ser feito"[25].

---

25) *A retirada da Laguna* — tradução de Salvador de Mendonça — p. 43, 1984.

XLIX

Desde então, precipitaram-se os acontecimentos e, com a chegada do filho de Lopes e outros brasileiros fugidos do território paraguaio[26] a 11 de abril, apressou-se a marcha para o Apa. Ah! que dia aquele! Quantas emoções!

Nas vésperas de deixarmos a colônia de Miranda, tive, não sei por que, a mais violenta dor de cabeça que se possa imaginar. Começou às três da tarde e foi subindo, subindo a tal ponto de intensidade que fiquei quase desacordado e fora de mim. Parecia que o crânio ia estourar, com as fontes a latejar e mil pontadas, ora de agudíssimos ferrões, ora de acúleos rombudos, ora então pancadas surdas ou estrondosas me traspassavam os miolos ou então os contundiam e esmigalhavam. Creio que se não tivesse também inopinadamente pegado do sono, enlouquecia daquela feita. No dia seguinte, não sentia daquelas terríveis horas de sofrimento senão a penosa recordação; estava fresco e bem-disposto e, ao almoço, comi com grande apetite, companheiro de rancho, desde a saída de Miranda, de Catão Roxo e portanto no gozo dos quitutes de Carneiro Leão, nosso cozinheiro comum.

A 14 de abril de 1867 encetamos a marcha em busca do inimigo; e aos soldados causou má impressão partirmos exatamente nos dias da Semana Santa.

Nem sei como Camisão, religioso como era, não esperou por mais uma semana. Estava, porém, isto no seu caráter, de natureza apática e morosa, mas dado a precipitações uma vez impelido a fazer qualquer coisa grave e importante. Restava-lhe como que o receio íntimo de nada mais tentar, passado aquele momento de maior estímulo e instigação, e recaindo nos hábitos de ponderação e retraimento.

— Gosto de andar depressa, uma vez disposto a caminhar — disse-nos. — Já foi muito não ter partido ontem, treze.

Visivelmente não estava satisfeito e constrangidamente assumia a responsabilidade da aventura, que requeria a despreocupação de espírito audioso e leviano para ser levada com galhardia.

---

26) *A retirada da Laguna* — pp. 48, 49 e seguintes.

Faltavam-lhe todas as qualidades indispensáveis à temeridade que se ia praticar, alegria comunicativa, popularidade entre os comandados e rapidez de planos, tudo isto antinômico à sua índole e precedentes militares.

Não duvido nada que tivéssemos colhido excelentes e gloriosos resultados com rapidíssima marcha até à fronteira, assalto imediato aos fortes paraguaios e volta apressada a Nioaque, onde tomássemos posição defensiva; mas, assim como íamos, caminhávamos para desastres certos, levando à frente triste e resignado chefe que se constituíra vítima por pundonorosa obrigação.

Não quero, porém, rememorar nestas páginas o que já contei; mas deixarei aqui saliente que naquela minha obra busquei, no mais possível, diluir as cores das terríveis e lúgubres cenas ali contadas, evitando a pecha de exagerado.

Procurei ser verdadeiro, não insistindo em episódios demasiado cruéis; poderia hoje reproduzi-los com todas as circunstâncias que os rodearam, mas não me agrada esse trabalho de repetição e *démarquage*, como dizem os franceses, e neste livro de *Memórias*, o prazer do espírito é o meu grande incitamento.

Na Machorra, antes de chegarmos ao Apa, nos fartamos de canas, batatas e abóboras. E o nosso Carneiro Leão nos proporcionou bem-adubados quitutes baianos que primavam pela variedade dos ingredientes e pelo apimentado.

Ocupamos, afinal, o forte, ou antes, a paliçada de Bela Vista, transpondo o Rio Apa. Estávamos em território paraguaio, invadindo a casa alheia. Verdade é que conosco haviam feito o mesmo. Bastava de imprudência, nas condições em que estávamos, mas o destino, à maneira dos paraguaios, que fugiam sempre, atraindo-nos para mais adiante, nos empurrava além!

E lá fomos; mas aí já com o coração apertado e presciente das desgraças que íamos, nós mesmos, suscitar.

Com efeito aquelas campinas ridentes, formosas e dilatadas eram tão grandes para aquela colunazinha que nelas se mexia como em minúsculo xadrez, sem encosto algum, sem apoio, isolada totalmente no meio de sertões imensos!

Que temeridade! Fora só desculpável se marchássemos deliberadamente. Mas qual! o sentimento do formidável azar ao encontro de que marchávamos como que por mera provocação a todos dominava, incutindo no espírito geral a maior tristeza e inquietação.

E o espelho mais evidente e claro era o pobre Coronel Camisão, sempre de binóculo em punho, a contemplar, como que esquecido, e paradas as forças, sob sol ardente, solidões que nada lhe podiam dizer de tão chatas e abandonadas eram!

— Que é que este homem leva a assuntar?[27] — perguntavam os soldados. E ninguém, sem exceção do mesmo observador, poderia dar explicação cabal dessas intermináveis e impacientantes paradas, que nos dias da retirada, então, nos faziam perder tempo precioso e por vezes irreparável, como, por exemplo, na passagem do Rio Prata.

Havíamos, no dia 21 de abril, tomado conta do forte de Bela Vista e a nossa coluna mudara de denominação.

De *Forças em operações no Sul de Mato Grosso* passaram a chamar-se *Forças em operações no Norte do Paraguai*, pomposo título de que pôde, *hélas!*, gozar bem pouco tempo!

Nove dias decorreram em tranqüilidade e na maior abundância de hortaliças, legumes, féculas, canas, embora vigiados nós sempre por força de cavalaria inimiga ao longe, bem ao longe. Quase não a víamos. No dia 30 de abril ordem para marcharmos. Pouso, no Apa-mi, a uma légua de Bela Vista.

A 1º de maio, após duas léguas, chegamos afinal à Laguna, à invernada de uma fazenda do ditador Solano López, onde o guia e os filhos anunciavam enorme quantidade de gado, a preocupação justa e constante do Coronel Camisão. Qual gado!

Verdade é que no dia 1º, o batalhão nº 21, comandado por José Tomás Gonçalves, embora a pé, conseguira arrebanhar umas cinqüenta reses bem gordas e apetecíveis.

A 4, chegada ao nosso acampamento do Miguel Arcângelo Saraco, que nos trouxe alento com os seus quatro carros de bois bem-sortidos de mantimentos. Vale deveras a pena ler na *Retirada da Laguna* quanto se refere a este homem, naquele tempo talvez com 35 anos, mais ou menos, de idade (pp. 92-93 — edição portuguesa, tradução de Salvador de Mendonça — 1874 — e adiante 215 e 216).

Começara a vender-nos gêneros de Goiás, vindo com um simples burrico, depois comprou um carro de bois e, alargando as operações, mais dois ou três. Já se sabe, vendia, como os mais, aliás, por preços desapropositados, mas dele gostávamos pelo gênio alegre e folgazão e por cantar bonitas melodias italianas.

A notícia de que chegara à Laguna nos deu um dia de alegria e muito nos rimos com as histórias do medo que nos contou então. Durante as semanas da retirada, ficando senhor do mercado, chegou a vender maços de cigarros por cinco mil réis. Nem se estranhe, pois os soldados compravam uns aos outros o direito de tirar uma fumaça por um mil réis, tal o desespero!

---

27) Observar, procurar ver, estudar, tomar assunto.

Como nunca fumei, não me fazia nenhuma falta semelhante gênero; mas os oficiais viviam desesperados e não recuavam diante dos preços do Saraco. Após engraçadas peripécias que deixei narradas no meu livro, retirou-se para o Rio de Janeiro.

Uma vez voltava eu, às onze horas da noite, em direção à casa e um homem me interpelou. Era Saraco! Partia no dia seguinte para a Itália e parecia no auge da exultação. Falava com entusiasmo do heroísmo brasileiro que tanto se patenteara na horrorosa retirada, cujos pormenores prometia contar a todos na terra natal.

Declarou-me que se considerava rico, pois levava mais de vinte contos, ganhos nas forças de Mato Grosso em menos de onze meses! Passados talvez uns cinco anos, reapareceu-me no Rio de Janeiro.

Voltava triste, abatido. Quisera fazer figura, especulara em vinhos e azeites, jogara e tudo perdera, tudo! Implorava a minha proteção e, com efeito, por vezes o empreguei em várias colônias do Espírito Santo e de Santa Catarina. Ultimamente apresentou-se-me de novo, mas com certos modos singulares e risíveis a querer campar de herói da Laguna, que nos salvara, chegando ao acampamento com os seus quatro carros de bois e queixando-se de que eu o havia tratado injustamente na história.

— Dizer que figurei — exclamava com certa entonação irritada — num incidente de ópera-bufa! Se pelo menos fosse ópera cômica!

Mais surpreso fiquei ao ver, dias depois num *a pedido* do *Jornal do Comércio*, uma correspondência, naturalmente feita por ele próprio, em que se anunciava a chegada ao Rio de Janeiro do *célebre* Miguel Arcângelo Saraco, o salvador das forças de Mato Grosso pela coragem e os bois e mantimentos que trouxera, atravessando as linhas do inimigo. Provável é que hoje o pobre homem esteja sinceramente convencido de que tudo dele dependeu. Singularidades da natureza humana! Encontrou-se comigo e não me tirou mais o chapéu...

A 5 de maio ocorreu a pavorosa tormenta, que descrevi nos *Céus e terras do Brasil*. Que horror! Supusemos todos chegado o nosso último dia, exterminados pela cólera e pelo fogo de Deus! Que ar abafado, que feição sinistra de toda a natureza horas antes, que nuvens plúmbeas parecendo querer descer a rastejar quase no chão, que lufadas de vento abrasador, como que saído de bocas de forno, que escuridão e que calor! Numa espera que durou muitas horas sentia-se a natureza tomada de ansiedade, inquieta, ofegante ante aquela ameaça. Intervaladas baforadas sopravam com o ruge-ruge seco das folhas mortas arrebatadas em turbilhão...

Afinal larga risca de fogo correu de extremo a outro do horizonte, e todas as previsões do cataclismo ficaram aquém da realidade. Os raios caíam uns após outros dentro do acampamento, atraídos pelas peças da artilharia e de cada vez os contra-choques nos atiravam no chão, isso no meio de chuva mais que torrencial, diluviana, e ventania furiosa, que torcia possantes árvores e as arremessava como gravetos a enormes distâncias!

"Tudo voou pelos ares.

"Instantes após, os córregos, que cortavam o acampamento e nada mais eram senão ressecados valos, intumesciam, rugiam furiosos e, não podendo mais dar vazão às águas, transbordavam, inundando os campos e levando em vertiginosa carreira volumosas pedras e pujantes troncos.

"Para aumentar o horror daquela noite interminável, as nossas guardas avançadas, vendo ou cuidando ver à luz dos relâmpagos que, parecia, se despedaçavam uns de encontro aos outros, desfazendo-se em faíscas, vendo ou cuidando ver os inimigos avançarem, abriram contínuo fogo, de modo que a fuzilaria dos homens preenchia os raros intervalos em que não se ouvia o estrondear ensurdecedor dos céus...

"E assim se esperou a madrugada.

"E quando luziu o dia toda aquela natureza malferida, revolta, esmagada, aniquilada, estava como que atônita de presenciar o final de semelhante convulsão.

"Também dali a horas foram os empolados córregos a pouco e pouco diminuindo de volume e, em borbotões cada vez mais fracos, depositavam nas escarvadas margens placas esbranquiçadas de densa espuma, com o rugido surdo de grandes cóleras que a custo se acalmam e extinguem."

L

No dia 5 de maio renovação do temporal, mas sem comparação muito menos violento e extraordinário.

A 6, determinado já o Coronel Camisão a recuar, pelo menos até ao Apa, mas querendo dar aos paraguaios prova de que não fugia de encontros e combates, efetuou-se o planejado ataque ao acampamento paraguaio, distante do nosso mais de uma légua. Dele foram encarregados José Tomás Gonçalves e Pedro José Rufino, ambos oficiais destemidos, aquele, porém, mais moço e mais popular entre os soldados.

Esta operação, embora limitada em seus efeitos, surtiu muito bom resultado, levantando o moral das praças e incutindo-lhes o sentimento da superioridade sobre os paraguaios.

"O diminuto número de perdas que tivemos de lamentar contraposto às experimentadas pelos inimigos, a sua inferioridade na peleja em comparação conosco demonstrada pelos próprios fatos, tinham acalmado o coronel e restituído o seu espírito a um sentimento mais justo. — Esses selvagens — dizia —, que assassinaram tanta gente e assolaram as nossas terras quando indefesas não mais blasonarão que os temermos. Sabem que podemos fazê-los expiar dentro do próprio território todo o mal que nos fizeram. Vamos aguardar na fronteira algumas probabilidades de nos abastecermos e gozar de repouso que me não poderão exprobar." (*A retirada da Laguna*, pp. 97 e 98.)

Muito irritava a Camisão o apelido indecoroso que lhe haviam dado os paraguaios, chamando-o general *carpa xoto* por alusão à sua grande e reluzente calva. Foi o filho do Lopes, nosso guia, que no-lo explicou depois de não pouca vacilação; mas tantas vezes se repetiam aquelas duas palavras nos escritos e bilhetinhos, que o inimigo nos deixava, já presos às árvores por espinhos, já fincados no chão em hastezinhas, que o próprio interessado exigiu a explicação.

Eram sempre enfáticos aqueles escritos e falavam no *leon del Paraguay que rugirá fiero y sangriento contra qualquier inimigo*, repetindo frase como que obrigada: "Infeliz o general que vem a buscar *su tumba*". E o certo é que o nosso chefe parecia bem impressionado por este lúgubre prognóstico. Às vezes era a letra boa, cuidada, caligráfica até, com ortografia correta, outras não, e abundavam os erros. Uma vez achamos gravados num pedaço de couro pelado a seguinte inscrição: "Dizem que os brasileiros vão às festas da Conceptión. *Nosotros los esperamos com bayonetas y laton*".

A 8 de maio de 1867, às seis horas da manhã, prontos todos para a marcha, encetamos a retirada, perdendo nada menos de uma hora na transposição de um dos córregos, ainda bastante cheio.

Às 7 horas, cercados pelos paraguaios, começava o combate não pouco mortífero, para ambos os lados, de *Baiendê*[28], que deixei minuciosamente descrito no meu livro.

Rompendo o cerco, caminhamos o dia inteiro debaixo de fuzilaria e fogo de artilharia até ao córrego do Apa-mi, onde chegamos já com o sol posto e prostradíssimos de cansaço, embora satisfeitos com o valor dos nossos soldados e a boa proteção que devíamos esperar do jogo da nossa bateria La Hitte, comandadas as quatro peças por João Tomás da Cantuária, João Batista Marques da Cruz, Napoleão Augusto Muniz Freire e Cesário de Almeida Nobre de Gusmão.

Destes companheiros, dois já morreram. Vivem Napoleão e Cantuária; este general-de-brigada, aquele coronel.

Neste dia verifiquei quanto a preocupação de um combate tira de todo o sentimento das horas.

Ao começar o *entrevero* entre cavaleiros paraguaios apoiados por artilharia e a nossa gente fiz ver a Catão que mal se achava o sol acima do horizonte. Horas depois, que me pareceram, contudo, rapidíssimos instantes, apesar de mil peripécias, novamente chamei a atenção do companheiro para o astro, ainda visível.

— Vê, Catão, quanto o sol está baixo. Temos que aturar por muito tempo este inferno! Hão de ser quando muito oito da manhã.

— Qual! — respondeu o interpelado —, são seis da tarde! Onde é que você está com o juízo?

Não quis dar-lhe crédito, até que me mostrasse o relógio.

Nessa noite, o terrível alarma, causado pela disparada, felizmente contida, da nossa boiada. Com cores bem vivas está contado o caso na *Retirada da Laguna*.

---

28) Foi o Sr. José Artur Montenegro, morador na cidade do Rio Grande e que está escrevendo minuciosa história da *Guerra do Paraguai*, quem me comunicou ser este o nome dado por participações oficiais paraguaias ao principal encontro do dia 8 de maio, que todo foi ininterrompida sucessão de choques e tiroteios.

A 9 de maio, desde os primeiros raios da aurora, continuação da marcha, aliás uma légua pequena, feita até ao Apa no meio de tiroteio e fraca canhonada.

Quase ao chegarmos a Bela Vista, o Barbosa (José Eduardo), que andava na frente, sempre, além até da guarda de exploração, numa espécie de bravura inconsciente, voltou de repente e, encostando o cavalo que montava ao meu, disse-me: "Daqui a pouco, teremos *turumbamba* feio!"

— Por quê? — perguntei.

—Venha ver; do alto daquele outeiro, enxerga-se força de infantaria bem numerosa, talvez dois batalhões, formada perto de Bela Vista, à nossa espera.

— Ó diabo — exclamei, nada satisfeito e depressa subi ao alto da colina em questão. A princípio pareceu-me ver a tal infantaria anunciada, mas a absoluta imobilidade deu-me a conhecer que o espantalho era simplesmente a paliçada do forte.

Rimo-nos do equívoco e, sem inconveniente algum, nem *turumbamba*, ocupamos de novo Bela Vista, cedo ainda e por dia esplêndido, quente demais para que não sobreviesse trovoada.

Diante de nós o Apa rolava sobre grandes lajes as límpidas águas e dava cômodo vau. Cumpria aproveitar tão boas condições e sem demora transpô-lo; mas ainda aí as irresoluções do Coronel Camisão nos fizeram perder precioso dia, irreparáveis vinte e quatro horas, que poderiam ter sido bem aproveitadas para alcançarmos talvez a Machorra.

— Não tenho pressa alguma — dizia-nos o comandante —, isto não é fugida, porém, sim, retirada. Quem diz que não seja até conveniente ficarmos aqui, bem fortificados, mandando eu vir todas as nossas repartições de Nioaque? Até agora, as coisas vão marchando bem. Os caluniadores de Cuiabá não levaram o cinismo ao ponto de assoalhar que não tivemos ainda o batismo de sangue.

E por aí foi, sem querer atender às minhas razões.

Dali a pouco a chegada do Tenente Vítor Batista, a imprudente missão que lhe foi cometida de voltar logo, em pleno dia, à colônia de Miranda com o filho de Lopes e os irmãos Ferreira, o cerco feito pelos paraguaios a estes quatro homens e a reaparição de um deles todo ferido dos espinhos que tivera de arrostar num matagal fechado, onde achara refúgio e salvação.

O desgraçado Vítor Batista fora enforcado num galho de árvore, nu em pêlo, e os algozes, cortando-lhe o membro viril, lho haviam posto entre os dentes, à guisa de charuto!...

Com estas dolorosas impressões findou o dia 10 de maio; e a pesada trovoada que, sem demora, intumesceu as águas do Apa, mais sombrias fez as nossas apreensões.

No dia 11 de maio transpusemos o rio com dificuldade mas sem resistência. E, por esplêndida manhã, começamos a marchar. Então, aos raios de rutilante sol, despediam-se os nossos olhos das ruínas de Bela Vista e do morro da Margarida, tão pitoresco nas formas, tão elegante, que eu teria, ainda hoje, prazer em revê-lo.

Às onze horas o grave e mortífero encontro e a carga de cavalaria, que poderia ter sido o último dia de todos nós.

Dão-lhe os paraguaios o nome de combate de *Nhandipá*[29] e, pela quantidade de vítimas naquele simples quarto de hora — que tanto durou —, calcule-se a intensidade do ataque.

Do nosso lado tivemos dezenove mortos e vinte e nove feridos. Quanto ao inimigo, uma cruz, alterosa e de madeira de lei, com pomposa inscrição, conforme nos narrou o Coronel Isidoro (Fernandes?), que em 1870 percorreu estes lugares todos, dando execução ao plano de cercar por aquele lado a Solano López, fugitivo, essa cruz atesta que aí morreram em *acción de guerra* 120 *bravos*! Como todas as forças que se empenharam nesse terrível embate subiam a pouco mais de três mil homens, temos, pois, a pavorosa proporção de quase 20% na mortalidade em tão curto prazo.

Que terrível uma carga de cavalaria!

Eu, dentro do quadrado do batalhão 20, todo ele de filhos de Goiás, fracos e depauperados, não tinha nenhuma confiança em sua proteção, embora comandado por valente oficial, o Capitão do Exército, Major em Comissão, Ferreira de Paiva[30].

Entretanto, portou-se muito bem e despejou firmes, compassadas e nutridas descargas, que de todo impediram qualquer choque. Quanto a mim, não me cansava de gritar, já que não podia fazer mais nada no sentido do *serva me ipsum*: "Cavalaria nunca pôde contra infantaria!"

E ao som do Hino Nacional que estrugia dentro dos quadrados, dava entusiásticos vivas ao Imperador e ao Brasil!

Debaixo das patas dos cavalos, atirados em louca disparada, o chão tremia, com baque surdo e temeroso. Deveras parecia um pesadelo ver aquela nuvem de homens vermelhos, fazendo luzir ao sol as grandes e pesadas espadas.

Um negro então, à frente de todos, com uma arma curva que manejava com extrema leveza, vinha soltando berros horríveis: *"Mata, mata!"*, e afigurava-se-me já sentir o fio daquele alfanje no meu pobre pescoço.

---

29) Informação do Sr. José Artur Montenegro.
30) Reformou-se e há poucos anos faleceu, talvez em 1885, na cidade de Canavieiras, Bahia. Correspondia-se, de longe em longe, comigo.

Também, dali a instantes, foi com sincero prazer que o vi hirto, de olhos esbugalhados aos céus e a boca escancarada, estirado no meio do campo.

— Que bichão! — exclamou um dos nossos soldados, contemplando-o também. Era, com efeito, homem de estatura colossal e, ao vê-lo morto, fiz a observação da raposa de Lessing, junto ao carvalho por terra: "Não o supunha tão grande!..."

LI

Desse dia 11 de maio começam as grandes desgraças da retirada da Laguna, Não quero nelas insistir, narradas como já foram em conjunto.

O grande culpado foi, em suma, Pereira do Lago, que prestou demasiados ouvidos ao guia Lopes, ansioso por ver se poderia libertar a família retida presa em Conceptión.

Tal foi, entretanto, a energia e sangue-frio que este oficial desenvolveu nas mais temerosas circunstâncias, tal a sobranceria com que respondia às acusações, tais os serviços extraordinários que sempre e sempre prestou, não tomando um momento de sossego e não se escusando a canseira alguma, tais as qualidades militares que de contínuo patenteou, que muito lhe deve ser desculpado.

Simples capitão, assumiu nas mais tremendas conjunturas, e nos mais arriscados passos, proporções de verdadeiro general. Não há dúvida possível, foi o salvador das forças de Mato Grosso pelo poder de resistência, teimosia e decisão.

Servindo-se do nome de Camisão, que oscilava entre arreganhos de mando e radicais desfalecimentos, era o verdadeiro comandante-chefe.

E o mesmo aconteceu com José Tomás Gonçalves, valentíssimo, decerto, mas incapaz de direção superior.

Quanto a mim, muito servi para as ordens do dia, proclamações, partes oficiais e tudo quanto se referia à ordem moral e intelectual. Tenho consciência de que fiz o possível, a tal ponto que Marques da Cruz costumava dizer, em rasgo humorístico: "Qual, a tal retirada da Laguna nunca se deu. Tudo saiu da cachola do Taunay!"

Se tanto exalto o proceder de Lago, e não presto assim senão homenagem à verdade, o mesmo não posso dizer a respeito de outro e grande entusiasta da marcha para o Apa e além.

Apenas começaram os desastres, perdeu de todo a alacridade e a coragem e para pouco prestou nas ocasiões mais sérias. Mostrava funda tristeza, andava sorumbático. Decerto, nada fez por desculpar o arreganho no conselho de guerra e nos planos de invasão.

Uma vez, junto ao Rio Prata, confluente do Miranda, quando as nossas desgraças já bem se haviam agravado, assisti a discussão muito violenta entre Enéias Galvão e o Coronel Camisão, que aí deu mostras de altivez e resolução de que não o supunha certamente capaz.

— Então, Sr. comandante — perguntou-lhe este —, que me diz do que nos vai sucedendo?

— Digo — respondeu o outro com modo sombrio —, como dizem todos, oficiais e soldados, que V. Excia. tem sido culpado de muita coisa pela fraqueza e sobretudo irresolução, quando fora necessário decidida segurança de vistas e presteza de movimentos.

— Ah! — observou Camisão descorando muito —, o Sr. quereria que fôssemos fugindo, em verdadeira debandada? Não é comigo, apesar de eu saber que muita gente assim deseja.

— Concordo — replicou o Enéias empalidecendo por seu turno — que retirar não é fugir; mas, numa retirada, feita sobretudo nas condições da nossa, sem mais víveres e fora das estradas conhecidas, no meio de imensos sertões em que não há a esperar socorro de ninguém, não se devem desperdiçar ocasiões, que depois nunca mais se renovam.

— Mas quando é que perdi ocasiões dessas? Aponte-as, aponte-as, se é capaz!

— Apelo para o Sr. Taunay — disse Enéias. — Ele que diga se, a cada momento, para assim dizer, a coluna não pára sem se saber por quê? Ainda ontem não estivemos estacados, a pé firme, umas quatro horas para lá do rio, por ordem de V. Excia.? Fazendo o quê? Não se trocou um só tiro. Não se perdeu um dia inteiro junto ao Apa para passá-lo a transbordar, quando poderíamos tê-lo transposto quase seco? Se os paraguaios tivessem sabido aproveitar os erros de V. Excia., há muito estávamos perdidos.

— Já que o Sr. apela para o Sr. Taunay — contestou Camisão —, dir-lhe-ei que é pessoa de caráter que sabe fazer-me justiça. Sempre me fala a verdade. Nunca me empurrou para a aventura em que estou metido; mas também jamais mostrou desânimos vergonhosos.

— V. Excia. não pode referir-se a mim!...

— Cale-se — bradou o coronel fulo de raiva e com voz trêmula e rouca —, cale-se e fique sabendo que, apenas chegarmos a lugar conveniente, mandarei sujeitá-lo a conselho de guerra... Desde já se prepare para ele... É preciso saber respeitar os seus superiores... e numa ocasião destas!... Cumpram o seu dever, que saberei cumprir o meu!

Enéias Galvão inclinou-se sem dizer mais palavra e afastou-se.

Já se sabe, a ameaça ficou nisso, por mil razões.

Encontrei, mais tarde no Rio de Janeiro, o Galvão. Creio que, como eu, terminada a retirada, voltou do Canuto, porto do Rio Aquidauana.

Estava abatido e bastante irritado, pois o governo lhe cassara a comissão de tenente-coronel e o reduzira às divisas de simples tenente do exército.

Pouco depois, aliás, era promovido a capitão, seguindo para o Sul, onde foi logo comandar batalhão com a graduação de major. Ferido, bastante seriamente, na ponte de Itororó, se não me engano, ou na batalha de Avaí, voltou ao Rio de Janeiro a tratar-se. Fez também a campanha da Cordilheira, de 1869 a 1870.

Um dos que concorreram nas forças de Mato Grosso, com entusiasmos fora de propósito e para a marcha ao Apa, foi o Major Pagador Cândido Pires de Vasconcelos. E impossível era encontrar-se tipo mais antinômico com as tendências valentonas e bélicas que lhe agitava a alma nem mais deslocados instintos.

Parecia um ferrabrás a empurrar o pobre Camisão para todas as imprudências imagináveis, ansioso por se achar em combates e experimentar as sensações do batismo de sangue, no qual não se portou mal, dando, por vezes, provas de coragem. O seu lugar, porém, não era ali; nada tinha que fazer nas peripécias da retirada, quando deveria estar bem longe, em Nioaque, ou no Canuto, guardando a caixa militar.

Outro batalhador feroz, contra a índole da sua classe, foi um sacerdote — o Padre Carmo, de Minas Gerais. Era dos que mais opinavam por avançarmos sempre, furando, se para tanto era preciso, o Paraguai todo até Assunção.

Adoeceu na colônia de Miranda e não pôde, com extremo pesar, acompanhar as forças, quando seguiram para o Apa. Uma vez restabelecido e sabendo que vínhamos de volta, não se conteve e, em vez de recuar para Nioaque, decidiu, pelo contrário, vir ao nosso encontro.

E, acompanhado por simples camarada, que o seguia tremendo de medo, atirou-se pela estrada afora, armado de bom clavinote e com revólveres à cintura.

Dois dias viajou sem novidade. No terceiro avistou um troço de cavalaria.

— Fujamos, Sr. padre, são os paraguaios!

— Razão para não fugir!

E, em distância conveniente, começou sozinho a fazer fogo até que, cercado e ferido, foi aprisionado e muito espancado. Tempos depois faleceu, em Conceptión, para onde o levaram como prisioneiro de guerra. Era terrível, o Padre Carmo! Que juízo devemos dele fazer? De simples insensato ou ingênuo herói?

Era eu dos raros oficiais que ainda tinham animal para montar, nas marchas estava quase sempre, ou do lado do guia Lopes ou de Catão Roxo, contentando-me, em movimentos críticos, com dizer a este: *"Les affaires sont noires!"*

Preocupava-me incessantemente a possibilidade de cair vivo às mãos dos paraguaios e ser remetido para Assunção, onde então era certa a minha morte no meio de atrozes tormentos. Nessa medonha perspectiva conversávamos a miúdo, estando todos nós de acordo — *antes acabarmos logo ali, de uma vez*!

LII

DESCREVI na *Retirada da Laguna*, livro cuja leitura deve ir acompanhando esta parte das minhas *Memórias*, todos os horrores da *cólera-morbo*. Começou a lavrar entre nós com pouca intensidade, entrando na coluna, para assim dizer, com pés de lã; mas depois foram os seus estragos cruéis, enormes.

Nem sei mesmo como deixou algum de nós vivo e não deu cabo de toda a infeliz expedição.

Imparcial era pois, os seus golpes e insistência nos paraguaios foram igualmente bem fundos e dolorosos. Aliás, haviam sido eles os transmissores dessa tremenda peste que então dizimava Humaitá e os acampamentos dos aliados.

Escapei do cólera por modo bem singular e graças a boa inspiração de momento, expediente que me acudiu de súbito à idéia e executei sem mais vacilação.

Boa inspiração?

Decerto. A vida ainda tinha que me proporcionar bem bons trechos, que deveras compensaram largamente não pequenas contrariedades e até grandes aborrecimentos, conforme irei contando com mais método, à medida que as datas se forem tornando mais frescas e recentes.

Havíamos já abandonado os coléricos[31]. Exatamente na véspera. Indo falar com o Coronel Camisão, encontrei-o em companhia de Juvêncio, sentados num coxo, a comerem tristemente uma carne viciada mas com muita pimenta do reino. O aspecto era mau; entretanto o cheiro acre não deixava de agradar ao olfato.

---

31) Este dia horroroso foi a 24 de maio de 1867. Mereceu semelhante resolução crítica severa de alguns escritores, nomeadamente de Cuvillier Fleury, prestigioso membro da Academia Francesa. Mas era preciso estar lá, rodeado de todas aquelas tremendas contingências para decidir. A responsabilidade aliás que o mal-aventurado Camisão assumiu, inteira e sem querer reparti-la com ninguém, matou-o, tão pesada era, decerto. Se se deu, portanto, culpa, ou até crime, foi expiado do modo mais completo e com a maior nobreza e altivez de consciência. Todos nós, os comandados, teríamos infalivelmente morrido de peste, se não tivesse sido tomada aquela deliberação crudelíssima, porém, única no caso de nos salvar. Quem não assistiu àquela cena pavorosa, não pode imaginar o que foi. — *A retirada da Laguna* (tradução de Salvador de Mendonça), pp. 176 e seguintes.

— O meu camarada — explicou-me o coronel —, achou não sei que temperos no fundo de uma bruaca e preparou-nos isto. O Sr. quer provar?

Não me fiz de rogado com a fome que me torturava o estômago e aceitei um pedacinho de carne com arroz, cujo gosto a princípio me soube bem. Depois, porém, ao retirar-me, senti-me enjoado e logo me acudiu sinistro pensamento: "Estou com o *cólera*!" E com alguma ansiedade pus-me a caminhar depressa.

Foi quando, ao avistar uma flor de capim que pendia de comprida haste, puxei-a e com ela esfreguei violentamente a garganta até provocar grande vômito, que logo me aliviou.

Bebi um caneco d'água fresca, que ainda me fez lançar; mas então já experimentava como que a posse de vida nova e segura, a consciência de ter escapado de iminente perigo.

Horas depois, Camisão, Juvêncio, o camarada daquele e o desasado cozinheiro, todos quantos haviam comido da tal carne, tão picantemente adubada, estavam mortalmente atacados de *cólera-morbo*!...

O nosso chefe Juvêncio Manuel Cabral de Meneses foi salteado pela enfermidade de modo sensivelmente fraco, mas não houve como tratá-lo por falta de medicamentos e cuidados de regime.

Bem me recordo da noite em que sentiu a invasão do mal. Dormíamos juntos num couro estendido. De repente, acordou-me: "Taunay", disse sacudindo-me com violência, "estou com a *cólera*, não há dúvida!"

— Deixe-se de medos — respondi-lhe —, aborrecido por ser interrompido no meu repouso de chumbo.

E tornei a pegar no sono.

— Taunay — repetia o pobre do desgraçado —, veja se me arranja algum remediozinho com o Gesteira!

E não foi senão muito a custo que me pôde despertar.

— Deveras o Sr. está doente ou é cisma?

Grandes vômitos foram a resposta.

Levantei-me e, ao sair da barraca, por noite fria e úmida, ouvi ao lado um tiro de espingarda. Era o camarada do Coronel Camisão que acabara de suicidar-se para não suportar mais as dores que lhe torciam pernas e braços.

Ao voltar do Gesteira, com uns papéizinhos de subnitrato de bismuto, achei já o Juvêncio também com cãibras e a vomitar e evacuar.

Dei-lhe o remédio, que o aquietou um pouco e incontinenti me deitei ao seu lado, pegando logo do sono, apesar das lamentações: — Minha mulher, meus filhos, minha Neneca, será possível que não os veja mais? Não, não quero morrer!

E a poder de enérgicas sacudidelas tornou a acordar-me para perguntar: "Você acha que hei de morrer?" E eu, tonto de sono lhe respondia, gaguejando: "Não, decerto; não há perigo, trate de dormir, é no que deve cuidar!"

Que cenas, santo Deus! Só mesmo a imaginação lúgubre e superexcitada de algum tresloucado Edgar Poe, em noite de desvario e alucinação!

De manhã, o mísero estava todo desfigurado, a ponta do nariz fina, puxada para baixo pelos dedos da morte, os olhos encovados com grandes círculos roxos, cianóticos.

A voz era um fiozinho de falsete, a voz característica dos coléricos. Não tinha, entretanto, a sede exagerada, inextinguível, que constitui tão grande sofrimento nesta moléstia.

Toda a sua sofreguidão concentrara-se na ânsia de remédios. "Tudo serve", dizia-nos, a mim e Catão, que o tratávamos tão bem quanto podíamos; "vejam se me arranjam por aí homeopatia. Se vocês não me abandonam com certeza me salvarei!"

De vez em quando lhe apresentávamos aos lábios, gretados pela secura, uma colher de sopa cheia de água simples.

— Homeopatia — dizíamos para lhe sustentar o moral.

— E não é — observava o coitado — que estou me sentido melhor? Na homeopatia o que é preciso é ter fé!

No potreiro do velho Lopes, nosso guia, noite hedionda, indescritível em que os uivos, as ululações, os gritos de morte dos coléricos se erguiam como trágico, pavoroso concerto e se ouviam longe, pareceu Juvêncio melhorar um pouco. Ele mesmo se declarou entrado logo em convalescença e quase ufano nos interpelava:

— Que lhes dizia eu? Nada, quero voltar ao Rio de Janeiro e abraçar os meus!

No pouso seguinte, junto ao Rio Miranda, esta confiança o abandonou e pôs-se a suspeitar que estava perdido. Chamou-me com mistério e entregou-me uma bolsinha que nunca deixava de trazer a tiracolo.

— Taunay — segredou-me muito baixinho —, você entregará isto à minha mulher; é o resultado das economias de todos os dias. São seiscentos mil réis.

Aí ocorreu um episódio em que o mais estrambótico e inesperado cômico se alia a terríveis transes.

Estava ouvindo o que me dizia Juvêncio, deixando à sombra da barraca que tinha as abas levantadas e presas a galhos de árvores, quando nos apareceu... quem? O Sargento Salvador Rodrigues da Silva que, havia muito, eu supunha morto e enterrado, pois nunca mais, desde os princípios da retirada, nele ouvira sequer falar.

Tinha grande lenço sujo amarrado à cabeça e trazia à mão velho caneco de folha-de-flandres. O seu ar era de verdadeiro inspirado e tão esquisito, que não pude conter o riso, apesar da pouca disposição que sentia, em tais momentos, para a jovialidade.

— Que é isto, Salvador? — perguntei-lhe todo surpreso.

— Que é isto? — repetiu. — É que ninguém morre mais desta peste. Descobri o remédio infalível e não há quem deixe de ficar bom. Salvei-me, eu mesmo, e a muitos já tenho salvo, com o favor de Nosso Senhor Jesus Cristo. Só eu é quem sabe o que é isto que nos tem matado tanta gente, cruz, Virgem Santíssima!

— Então que é? — indaguei a rir, porque o seu todo, os modos e palavras eram positivamente irresistíveis.

— Isto – proclamou — é sujeira na tripa mestra e o remédio, a mezinha maravilhosa, ei-la aqui!

E apresentava-me triunfalmente o tal caneco velho.

Nisso o Juvêncio saiu do torpor. Se ouvira falar em remédio!

— Sr. Dr., doente? — bradou o Salvador —, já e já beba-me isto. Nada de dúvida! Um bom trago!...

Era uma infusão muito carregada de tabaco. O pobre a custo bebeu um gole. A isto acompanhou a aplicação de um supositório de fumo enrolado.

Dali a pouco o mísero colérico gritava como um possesso. Era de um grotesco terrífico, misto inexprimível de risível e angustioso, como duvido, jamais, em qualquer tempo, alguém presenciou.

— Está fazendo efeito — declarava com imposição o Salvador. — Assim mesmo é que temos de combater a sujeira do corpo, esta imundície que nos está estragando por dentro com tantas queimadas de pântanos.

Tornaram-se, porém, tão fortes as dores, tanto gritava o infeliz Juvêncio que intimei ao sargento lhe obedecesse.

Daí a pouco, já moribundo, variava o infeliz; mas ainda assim me recomendava a bolsa. "Por precaução", soluçava, "porque tenho... certeza... de ficar bom... chegar ao Rio... e abraçar... os meus... a Neneca!" E soltou o último suspiro! Eram três da tarde!

Que susto raspei por causa daquela bolsinha! Dependurei-a num galho seco junto à barraca, mas atarantado com todos aqueles espetáculos de morte, esqueci-a, de uma vez, tanto assim que, bons quartos de hora depois, fui correndo procurar Lago e Cantuária para tratar-se do enterro de Juvêncio.

Já tinha andado bom trecho de caminho, porquanto o acampamento era extenso, esparramado ao longo da margem esquerda do Rio Miranda, quando de repente me lembrei da bolsa!

— Roubaram-ma — murmurava voltando às carreiras —, não há dúvida. É depósito sagrado e terei de repô-lo inteirinho!

Avistei a árvore, o galho, nada! Ah! que tortura!

Salvou-me, desta feita, o sargento. "Tomei conta da sacola", disse-me, "senão, passavam-lhe a unha!" Tratei logo de depositar esse dinheiro nas mãos do pagador Cândido Pires e, no Rio de Janeiro, entreguei à viúva de Juvêncio o respectivo cheque sobre a Pagadoria das Tropas da Corte.

LIII

A 26 de maio de 1867, havia portanto dezoito dias que, depois de invadirmos o território paraguaio, operávamos movimento retrógrado desde a Invernada da Laguna, a três e meio léguas para o Sul do forte de Bela Vista, no Apa[32].

Graves acontecimentos haviam atropeladamente ocorrido. Já passados os episódios de entusiasmo e vitória; os combates de 6, 8, 9 e 11 de maio.

Arrebatara-nos o inimigo as reses de corte, ficando-nos em seu lugar a fome. Sobre nós estendera o *cólera-morbo* sua rede e levava-nos companheiros aos centos; vivíamos debaixo de incessantes aguaceiros, de tiroteio constante, no meio das labaredas das campinas abrasadas. Cento e trinta moribundos haviam já sido entregues à generosidade da sorte e dos paraguaios, que não lhes pouparam as curtas horas de vida; não tínhamos mais bois de carro que comer, mais pólvora, mais esperanças. Caminhava a mísera coluna, rolando males e desgraças, mas com as quatro bandeiras de seus batalhões eretas e desfraldadas aos ventos do deserto.

A marcha nesse dia era decisiva.

Íamos sair da zona desconhecida e, a todo o transe, urgia alcançar a fazenda do Jardim, onde se achariam laranjas para matar a fome, e talvez gado!

Aliviados do peso dos doentes, nessa mesma manhã abandonados no pouso do Prata, moviam-se os nossos soldados aguilhoados por pungente desespero.

O sol era ardente; os campos abertos e vastos.

Formava a coluna grande quadrado. À frente, ao longe, viam-se grupos de cavaleiros vestidos de encarnado, à retaguarda outros mais compactos. Eram os paraguaios, que, na frase do *Semanário*[33], nos iam pastoreando.

De vez em quando ecoava um tiro isolado, ou então apertava o tiroteio, a que se unia a voz grave de um dos nossos canhões. Quando não, caminhávamos em

---

32) As páginas deste capítulo LIII foram encontradas em avulso no arquivo do A. Resolvemos encartá-las no textos das *Memórias*. (Affonso de E. Taunay, filho do escritor.)
33) Jornal oficial do governo paraguaio.

silêncio, e ouvia-se o vozear dos carreiros a tangerem os poucos e magros bois, ainda a puxarem as nossas peças.

O quadrado brasileiro levava em seu seio a morte e o desalento. Iam as carretas da artilharia atulhadas de moribundos. Num carro manchego estava o Coronel Camisão deitado a fio comprido, com o chapéu sobre os olhos, ao lado do Tenente Sílvio, que, nas vascas da agonia, rolava por cima do corpo de seu chefe; noutras carretas Juvêncio, Vicente Miró, oficiais e praças, mortos ou a morrer, sacudidos por dolorosos solavancos.

De vez em quando caíam por terra soldados até então válidos, e a custo agarravam-se a alguma carreta ou resignadamente ali ficavam à espera dos paraguaios e dos urubus.

À frente dessa força, verdadeiramente fantástica, mais cadáveres ambulantes do que homens, caminhava a cavalo, dela destacado, curvo sobre o selim, um velho.

Era o guia.

Era José Francisco Lopes, que puxava, atrás de si, toda aquela gente por sertões que só Deus e ele conheciam.

Na véspera morrera-lhe o filho mais velho; agora vinha ele, abatido, com os olhos encovados, reconhecendo, em mil sinais familiares à cansada mente, a aproximação da sua casa do Jardim.

Pouco faltava para que sua missão estivesse cumprida: uma légua, se tanto, e o desconhecido do deserto desapareceria para sempre, e as forças pisariam estrada trilhada e segura.

A marcha era lúgubre, tanto mais horrível quanto a beleza das perspectivas, a louçania da natureza fazia contraste com tamanhas desgraças. Tudo sorria ao nosso redor.

Entre nós, só as cores de nossas bandeiras respondiam a esse bafejo de alegria.

Cheguei-me para perto de Lopes.

— Doutor — disse-me —, olhe para ali. Meu gado manso vinha pastar naquele barreiro. Daqui a pouco vocês estão vendo o cercado de meu retiro.

— Nós todos, Sr. Lopes — retorqui-lhe.

O velho tentou sorrir.

— Eu?... Qual! Sinto que minha vez está chegando.

Mal pronunciara estas palavras, os estribos lhe faltaram e com surdo gemido caiu do cavalo abaixo.

Estava com o *cólera*.

Era um companheiro mais para os infelizes que se estorciam de cãibras, em cima das duras tábuas dos cofres da artilharia.

— Sr. doutor — falou, renovando pedido que dias antes me fizera —, olhe que o governo pague à minha família o gado que eu trouxe para vocês... Eu morro descansado...

E, encolhendo-se todo, cobriu a cabeça com um trapo de manta.

Pouco, muito pouco faltava para que se chegasse à estrada; entretanto ninguém sabia mais como dirigir a coluna.

Gabriel Barbosa, genro de Lopes, que já estivera nesses campos, esquecera-se das localidades. Eram-lhe as indicações duvidosas; às vezes mostrava reconhecer o terreno; outras parava e consultava as reminiscências.

Numa ocasião tentou atravessar uma mata e fez parar a coluna.

O velho Lopes levantou a cabeça. Seus olhos empanados cobraram brilho. Fez sinal com a mão a que viessem ouvi-lo.

— Rodeiem o cercado — ordenou —, porque é muito *sujo*. Por trás fica logo à direita o retiro.

O sertanejo acordava do letargo da morte, chamava a si todas as forças, que lhe fugiam, para levar a cabo o desempenho da obrigação.

Cumpriu-se a ordem, e por uma das mais esplêndidas tardes, que jamais vi, chegamos ao retiro de José Francisco Lopes.

Este já não tinha mais fala. Horas depois estava morto[34].

---

34) A promessa feita por mim ao guia da coluna de Mato Grosso não foi esquecida. Lavrei-a em termos positivos, na história da *Retirada da Laguna*, e apelei para o governo brasileiro.
Solveu-se o compromisso que existia entre a Nação e a sombra daquele homem que, na sua esfera, foi verdadeiro herói.
Graças à conscienciosa informação do Major Cândido Pires de Vasconcelos, empregado da fazenda, testemunha e participante da retirada da Laguna, caráter sisudo e bom companheiro, o governo imperial mandou pagar em Cuiabá à viúva e filhos de José Francisco Lopes, não só as reses consumidas pela força brasileira, como os vencimentos que ele deixara de receber.
Este ato de justiça e reconhecimento para com o intrépido e leal sertanista, à primeira vista poderá parecer de pequena monta, mas no entanto entra no número daqueles rasgos singelos que a antigüidade tanto apreciava, porque abalam as fibras íntimas da alma dos que vêem neste transitório mundo alguma coisa mais do que força e matéria, e colocam, acima das contingências do acaso ou das combinações do espírito positivo e da razão fria e calculista, um movimento nobre e generoso do coração.

LIV

QUE TARDE sombria a de 29 de maio de 1867! Ameaçava chuva e à pressa entregamos à terra os cadáveres de Camisão e Juvêncio, cujas ossadas foram, em 1874, reconhecidas, por causa dos botões das fardas de artilharia e engenheiros.

Felizmente pesadíssimo sono, positivamente plúmbeo, nos tolhia corpo e pensamento, mal nos deitávamos no chão, sobre duro e rugoso couro. E não é que o nosso meigo, ingênuo e tão útil Carneiro Leão também lá se foi para outro mundo, após breve agonia em que se declarava, a gaguejar muito, o pobre!, completamente curado?!...

No dia seguinte, acordamos com os raios de sol, de esplêndida manhã, a nos baterem em pleno rosto. Decidimos, Catão e eu, mudar-nos quanto antes para o lado de lá do Rio Miranda, cujas águas revoltas, intumescidas das muitas chuvas, rugiam de encontro às barrentas margens, fazendo perigosos torvelinhos e entontecedores redemoinhos.

Defronte do acampamento, ficava o maravilhoso pomar da fazenda do nosso guia José Francisco Lopes, o *Jardim*, de que tanto e tanto nos falara.

— Deixem estar — dizia-nos a cada instante —, quando vocês chegarem ao meu laranjal, hão de matar a fome de uma vez. Tem fruta à vontade para todos, para um mundo de gente.

E com efeito, era coisa de pasmar aquele formoso e basto agrupamento de grossas árvores, carregadíssimas dos pomos mais sazonados e saborosos, sobretudo uns de casca fina, cujo sumo era verdadeira delícia.

À passagem do rio, tive ainda ocasião de me rir apesar dos quadros mais que sombrios que por toda a parte me cercavam e se desenrolavam, a todo o momento, ante os meus olhos; moribundos, metidos nas matas da margem a clamarem desesperadamente por água, água!, soldados que se atiravam à corrente e se afogavam enrolados por furiosas ondas, enfim cenas estupendas, inacreditáveis, da última desolação. Pouco depois, minutos talvez, de eu chegar à borda, cheia de gente azafamada e ansiosa por alcançar o laranjal fronteiro, um desgraçado capitão se metera numa *pelota* e, abandonado pelos soldados que iam guiando e tocando, se afundara para sempre, dando gritos horríveis[35]!

Quem provocou aquelas bem intempestivas, mas salutares, gargalhadas foi Catão, sempre o Catão!

Teimara, contra os meus conselhos e pedidos, em passar o rio a nado todo despido mas levando debaixo das axilas dos braços enorme salva-vidas de borracha. "Você é um punga", respondia-me; "fique para ver como me saio desta façanha!"

Salvou-se pessimamente e, chegado ao meio do rio, esteve a afogar-se, o que me deu desespero enorme.

Também, na reação nervosa que senti, disparei a rir-me, quando o vi, já fora de perigo, voltar bufando de cansaço, com a cara muito assustada e afinal tomar pé na praia.

E ali ficou, nu em pêlo, com os cabelos grudados ao casco da cabeça e a tapar-lhe os olhos, os braços muito afastados do corpo por causa do salva-vidas e a dar roncos e gemidos. "Safa!", exclamava, "de que escapei, Santo Deus! Que correnteza furiosa!"

Afinal, transpusemos em *pelota* o rio, um de cada vez, pagando dez mil réis aos dois soldados que nos passaram, o da frente levando entre os dentes a corda da improvisada barquinha, o de trás impelindo-a com jeito, e na boa direção, comprida diagonal no sentido da corrente, paga mui razoável em vista dos perigos a superar.

Que impressão, quando me senti no meio da mareta suja, rubra e espumante, sentado naquele simples couro, de bordas e pontas arregaçadas e presas por embiras, a equilibrar-me como podia e encorajando os meus dois homens, que nadavam violentamente.

— Não me deixem como ao capitão! — bradava-lhes. — Vocês perderiam o seu dinheiro!

— Não há perigo — respondiam arfando com alegre ruído. E, de fato, depositaram-me são e salvo na margem de lá e, após breve descanso, foram buscar o Catão, que entrou na *pelota*, armado sempre do salva-vidas. Não queria mais facilitar.

Vestimo-nos à pressa, pois as roupas vieram em terceira viagem de *pelota*, pagamos os dois excelentes *peloteiros* e corremos para o laranjal do nosso bom e velho Lopes, então já debaixo da terra, felizmente, porém, em terra brasileira e da sua propriedade. O dono havia chegado a casa...

---

35) Vide *A retirada da Laguna*.

Que estupendo pomar! Que laranjas deliciosas! E como estava sendo saqueado, ou antes, aproveitado! Os soldados nem se davam ao trabalho de descascá-las. Metiam os dentes, como as iam colhendo, e as devoravam sem a menor demora.

Quanto a mim, comi de assentada nada menos de vinte e oito! Com certeza, imaginava, aí vem o cólera, mas, leve tudo a breca! O Catão tem bem razão: "Morra Marta, porém, farta!" E não me saciava dos saborosos frutos, que o meu camarada ia apanhar em sacos de pronto esvaziados.

Bem nos afirmava o nosso prático. Ali achamos a salvação. Desde a posse desse formoso laranjal, o terrível *cólera-morbo* abrandou, logo e logo, os tremendos golpes e quase repentinamente deixou de viajar conosco, de nos seguir e vitimar!

Que segredo foi este? Que milagre se operara? Só hoje tenho cabal explicação, que decerto jamais pudera suspeitar.

As derradeiras experiências científicas, por ocasião da epidemia de *cólera-morbo* que, nos últimos meses de 1892, entrou na Europa e parecia dever assolá-la, mostraram que o ácido cítrico é dos mais poderosos e fáceis meios de combatê-la, com eficácia e quase certeza de vencê-la.

O *bacillus-virgula*, descoberto pelo célebre Koch, que só pode ser absorvido pela deglutição e nunca pelas vias respiratórias, não resiste à ação anti-séptica de certos ácidos e particularmente daquele, de maneira que fizemos, em 1867, a experiência em grande, verdade é que bem inconscientes, e usamos, num dos mais longínquos e malconhecidos recantos do globo, da valiosa arma terapêutica, vinte e cinco anos antes de ser preconizada pelos maiores sábios e clínicos do mundo civilizado.

No fim do segundo dia da nossa chegada ali, o laranjal cuja abundância parecia inesgotável, já mostrava sensível diferença, tal o apanhar de frutas, que muitos soldados iam vender do outro lado, passando e repassando o rio, à medida que a violência de correnteza se fora atenuando. Decorridos quatro dias então, nem sequer mais folhas restavam ao salvador pomar. Estava depenado, em árvore seca, como se por ele houvesse soprado irresistível furacão, que tudo arrebatasse. Aspecto curioso, atestado irrecusável da nossa fome!...

Aí, fui consultado por um oficial que me vinha propor dúvida bem singular. Sentia-se irresoluto, se podia e devia desertar! Alegava, em tom choroso, que via tudo perdido.

Tinha afinal mulher e filhos e nutria boas esperanças de se salvar, partindo na manhã seguinte com uns índios e mais gente, que, seguindo cordões de mato, prometiam levá-lo além de Nioaque.

— Reconheço — dizia-me — que é passo grave e por isto vim aconselhar-me com o Doutor, pois, apesar de muito moço ainda, sei quanto é sério e incapaz de me comprometer.

Agradeci a confiança e falei-lhe com toda a lealdade e ponderação, dissuadindo-o, facilmente, de tão feio projeto.

O grande argumento, que o impressionou deveras, foi que o maior perigo estava em arredar-se da coluna e dispersar-se pelos matos, batidas como estavam sendo as estradas e dominados os campos por patrulhas paraguaias perfeitamente montadas e conhecedoras de todas as possibilidades.

— Mas o Saraco também vai. O Doutor bem o conhece; é homem finório.

— Pois deixe-o correr à aventura. Está, aliás, em seu pleno direito, não é militar e, como simples paisano e negociante volante, pode perfeitamente buscar salvar-se por todos os meios a seu alcance. Não há ligação de honra entre ele e as quatro bandeiras nacionais, que vamos guardando e procuramos salvar da vergonha e das mãos do inimigo. Deus permita não se arrependa ele de tanta pressa em nos deixar e querer ser mais esperto que nós outros!

Se jamais houve palavras proféticas, foram estas. O oficial atendeu-me e conservou-se quieto no seu batalhão. Partiram pois aqueles índios, o Saraco e mais dois ou três paisanos e nos primeiros dias usaram de toda a prudência; mas, supondo-se já fora do alcance dos paraguaios, facilitaram e foram pilhados por uma ronda que matou a sabre e tiros quase todos, encurralando-os num despenhadeiro, em cuja base corria o Rio Miranda.

Saraco salvou-se, atirando-se resoluto pelo barranco abaixo, ocultou-se no leito da corrente e, depois, andou vagando, sem comer nem beber, dias e dias pelos cerrados perto de Nioaque, até que nos avistou e pôde novamente recolher-se ao seio da coluna. É o incidente de ópera-bufa a que aludi na minha história da *Retirada da Laguna*, dando, a este engraçado e inesperado encontro, qualificativo que tanto magoou depois o pobre Saraco.

LV

No dia 1º de junho, tinha toda a coluna transposto o Rio Miranda, artilharia, bagagens, mulheres, pobres mulheres!, que miséria, que degradação! Andavam aos pontapés, algumas como esfarrapadas, crianças ao colo, esquálidas como cadáveres, a mendigarem rebotalhos de alimento!

À tarde, o clarim do quartel-general deu sinal de marcha, embora ameaçasse o tempo tremenda trovoada. O comandante, já então o Major José Tomás Gonçalves, tomando o conselho de Lago, decidira marchar durante a noite, a fim de alcançar Nioaque o mais depressa possível.

Ah! que noite! Foi episódio de inexcedível fantástico, aquela caminhada por densíssimas trevas, quando não eram relâmpagos de cegar e trovões de ensurdecer. E a cada instante, toques de corneta dos batalhões que se distanciavam demais e pediam aos da frente passo menos rápido.

Andou-se a mais não poder. Só pela madrugada foi que o clarim do comando-chefe deu sinal de parada e descanso.

Aí, aos risonhos clarões de belíssimo alvorecer, deixei-me cair do animal que montava e comecei logo a dormir, metido numa grande poça d'água!

Quando acordei às oito horas da manhã, estava ensopado, com os membros tolhidos e dormentes. Mas que esperançoso despertar!

Íamos chegar a Nioaque e tínhamos todos certeza de que esses dias seriam os últimos da medonha retirada, tanto mais quanto favorável a nós e outra era a disposição do terreno, não mais campos, que tudo facilitava à cavalaria inimiga, porém estrada no meio de cerrados e matas, que a obrigava a estar ou na frente, ou atrás, e nunca dos lados.

Tudo se nos foi, com efeito, simplificando, bem que tivéssemos de suportar ainda alguns trechos bastante cruéis e, entre estes, a explosão da pólvora propositalmente depositada na matriz de Nioaque, estratagema pérfido dos paraguaios do que por milagre Catão escapou.

A caminharmos, porém, para a margem esquerda do Aquidauana, e em direção ao Porto do Canuto, onde, aproveitando as primeiras dobras da Serra de Maracaju, o Coronel Lima e Silva se havia abrigado com a gente e as repartições de Nioaque, éramos outros, e deixei bem-assinalado, na minuciosa narração dos nossos sofrimentos e desastres, e sentimento de orgulho e alegria com que ouvimos, pela última vez, os clarins paraguaios executarem prolongada fanfarra ao se retirarem, abandonando a perseguição da coluna.

Estávamos salvos! Estávamos livres! E por cima, com boas e incontestáveis razões, podíamos nos considerar vencedores, depois de termos resistido a um conjunto de calamidades, como difícil é sequer imaginar! Era já então impossível a perspectiva, que tanto nos aterrara o espírito combalido, de sermos levados às tenebrosas masmorras de Assunção para ali sofremos os últimos suplícios até a morte obscura, inglória!...

Figure-se a exaltação da convalescença em plena agonia! Com que justa altaneria, cada qual considerava os trabalhos vencidos, a salvação conseguida pelo esforço comum!

Ah! foram deveras esplêndidos esses dias, até chegarmos ao Aquidauana! Perto dali daquele Porto do Canuto ficavam os Morros, a minha saudosa pousada de outrora e, no íntimo, me encantava a possibilidade de tornar a ver a querida Antônia.

Certo dia, a 9 ou 10 de junho, paramos mais algum tempo perto de límpido e copioso ribeirão, o Taquaruçu. Aproveitei a folga para buscar livrar-me dos piolhos que me enchiam a cabeça e das odiosas muquiranas que pululavam em mim como em todos, nas roupas mais chegadas ao corpo, camisas de meia, ceroulas e meias.

Quantas vezes o José Tomás Gonçalves não se chegava a mim e, com uma gargalhada grossa e comunicativa, não me dizia vermelho sempre como um pimentão: "Ataque-me um soco no meio das costas, Taunay, uma muquirana está me ferrando formidável dentada!"

Que parasito este! Produto da imundície, muito comum nas prisões e nos ajuntamentos de gente suja, anda agarrado à roupa. Se dá a ferroada é com a boca, ficando presa pelas patinhas traseiras, de maneira que nunca se o agarra, a querer guiar-se pela dor aguda que causa. É preciso proceder a verdadeiras caçadas nas vestes. Um alemão, talvez o único europeu alistado como soldado, nas fileiras da coluna, a este respeito observava gravemente: *"Pulgue branco muito manse, não pule!"*

Como sempre tive os cabelos bastante anelados e, contra o costume em viagem, os deixara, na colônia de Miranda, crescer. O pó da estrada, as cinzas das queimadas, a impossibilidade de penetrá-los, por falta, antes de mais, de pente, de tal modo se me havia emaranhado a cabeleira que formava uma espécie de pasta ou capacete, em que os dedos não podiam mais penetrar.

E que suplício suportar as picadas dos nojentos epizoários, sem poder pelo menos coçar-me! Ah! quanto sofri! A minha ânsia era meter uma boa tesoura naquela rodilha grudada ao crânio.

Só no Taquaruçu foi que um soldado, improvisado em cabeleireiro e manejando péssima tesoura, me descarregou da nojenta massa, cortando-me o cabelo à escovinha, mas com os mais engraçados caminhos de rato. Pouco importava! Senti imenso bem-estar, como que aliviado de arrobas de peso!

Contra as asquerosas muquiranas, mandei ferver água num caldeirão, que o meu camarada Jatobá achou por ali, e mergulhei toda a roupa naquele banho de 45° cuja superfície literalmente pretejou de tanta bicharia. Um horror!

Eu, nu, esperava a terminação da vingadora limpeza e, uma vez enxutas as peças ao radiante sol daquele dia, as vesti com indizível satisfação. Também que reparadora noite passei libertado de toda aquela repugnante e voraz sevandija!

No dia 11 de junho de 1867 chegamos ao Aquidauana.

Estava terminada com honra a retirada da Laguna!

Que prazer o primeiro banho de corpo inteiro tomado naquelas cristalinas águas, após tantas semanas de sujidade e misérias! Que ablução deliciosa e purificadora! Quando hoje me reporto àqueles momentos, como que experimento ainda o gozo infindo que senti, ao entrar em rio tão claro e formoso, rodeado das cenas alegres e pujantes de rejuvenescimento geral!

Pensava arranjar uns quinze dias de licença para ir aos Morros, já se sabe com que fim, quando no dia seguinte logo veio Lago dizer-me: "Você apronte todos os papéis e ofícios relativos à retirada que acabamos de fazer, arranje bonita ordem do dia e prepare-se para partir. É quem vai levar ao Rio de Janeiro as notícias do que nos sucedeu. O José Tomás aprovou muito a indicação que lhe fiz. E está você contente?"

Apertado abraço foi a resposta. Tive inexcedível contentamento! Voltar ao Rio, ver a família, meu pai, minha mãe! Riscou-se-me Antônia de todo da idéia, e tratei de cumprir o que me havia sido ordenado.

À tarde era lida a ordem do dia, que redigi de um jacto, concisa e vibrante. Ei-la:

"A retirada, soldados, que acabais de efetuar, fez-se em boa ordem, ainda que no meio das circunstâncias mais difíceis. Sem cavalaria, contra o inimigo audaz que a possuía formidável, em campos em que o incêndio da macega, continuamente aceso, ameaçava devorar-vos e vos disputava o ar respirável, extenuados pela fome, dizimados pelo *cólera* que vos roubava, em dois dias, o vosso comandante, o seu substituto e ambos os vossos guias, todos esses males, todos esses desastres vós os suportastes numa inversão de estação sem exemplo, debaixo de chuvas torrenciais, no meio de tormentas e através de imensas inundações, em tal desorganização da natureza que ela parecia conspirar contra vós. Soldados, honra à vossa constância, que conservou ao Império os nossos canhões e as nossas bandeiras!"

LVI

O TRABALHO de escrita que tive naquela semana foi extraordinário. Embora ajudado na cópia pelo excelente companheiro, Tenente Amaro Francisco de Moura, tinha que atender a tudo, relatar minuciosamente ao Ministro da Guerra, aos Presidentes de Mato Grosso, Goiás, Minas e São Paulo os fatos ocorridos, oficiar a muitas autoridades, organizar as partes dos comandantes dos corpos, que incessantemente recorriam a mim, em suma, uma lida imensa que me obrigava a escrever o dia inteiro, entrando por horas adiantadas da noite e deixando-me exausto e com a cabeça oca.

Procurei ser sempre verdadeiro ao contar os sucessos e imparcial nos elogios que distribuí. Tudo, tudo ficou entregue a mim, ao meu critério, à minha discrição e tenho consciência de não haver discrepado de uma linha.

Cinco dias de incessante atividade e todas as comunicações ficaram prontas, duplicatas feitas e cópias tiradas.

Despedi-me então do Comandante José Tomás Gonçalves e dos meus camaradas mais chegados. Tive real pungimento de coração, ao reconhecer a indiferença com que me viram partir, companheiros, entretanto, de tantas misérias e tamanhos padecimentos.

Alguns se mostravam arrufados de não terem mais elogios, encômios exagerados, como é péssimo vezo em quaisquer partes oficiais e ordens do dia referentes a feitos de guerra; em outros atuava natural egoísmo, que se apurava naquelas últimas e calamitosas semanas. Contive-me também, do meu lado, e sopitando a comoção que sentia, tratei de mostrar-me superior a ela.

Baixote, gordo, cara vermelha e simpática, muito franco de modos, bom oficial de infantaria, tinha José Tomás Gonçalves condições para ser, como em carreira foi, tão popular entre os soldados, a quem, contudo, não poupava severidades e castigos.

Nos combates mostrou sempre muita decisão e coragem e nos dias mais dolorosos da retirada nunca pôs de lado a habitual alegria, dando, como de costume, gargalhadas enormes que estrondavam longe, concorrendo esta contínua e grossa alacridade para levantar o moral de não poucos de entre nós.

Prestou, pois, em muitos sentidos, relevantíssimos serviços à coluna expedicionária. Enviado ao Paraguai, durante a campanha da *Cordillera*, comandou batalhão e entrou em fogo, com a esperada galhardia, mas não ganhou notoriedade.

Ficando no Paraguai, por ocasião da ocupação brasileira, um belo dia chicoteou, na estrada pública, um secretário da nossa legação, nunca se soube bem por quê, vergastadas não de todo imerecidas.

Chamado ao Rio de Janeiro por este motivo e, depois de responder a conselho de guerra, andou pelas províncias comandando batalhões, já então coronel.

Mas por toda a parte levou os hábitos de turbulência, que o tornaram malvisto e lhe impediram a promoção ao generalato, a que houvera, sem dúvida, chegado com alguma moderação e prudência, só pelos justos elogios que lhe tecera nas partes oficiais e na minha história da *Retirada da Laguna*. Faleceu afinal em Pernambuco a 28 de abril de 1888. Tinha quase 66 anos completos, pois nascera a 29 de junho de 1822.

Como oficial-de-gabinete do Ministro da Guerra, Conselheiro João José de Oliveira Junqueira, consegui a ordem de se erigir um monumento, modesto embora, à memória de Camisão e Juvêncio Cabral de Meneses, no lugar em que haviam sido sepultados.

A comissão de limites entre o Brasil e o Paraguai deu cumprimento às ordens expedidas, conforme se vê do seguinte documento que aqui deixo transcrito na íntegra:

"Nº 440 — Comissão de limites entre o Brasil e o Paraguai, Assunção, 31 de outubro de 1874 — Ilmo. Exmo. Sr. — O monumento à memória dos beneméritos comandante e imediato das forças brasileiras que operaram no Sul de Mato Grosso, acha-se levantado à margem esquerda do Rio Miranda, junto ao Passo do Jardim, no alto de uma colina e a 16 léguas do passo de Bela Vista, no Apa. — É de mármore e a sua base de pedra e cal. — A lápide, que está assentada em plano inclinado, sobre quatro peças também de mármore, olha para a estrada da retirada das forças, que passa a 50 metros de distância.

"Contém a seguinte inscrição:

À memória dos beneméritos Coronel
CARLOS DE MORAIS CAMISÃO
e Tenente-Coronel
JUVÊNCIO MANUEL CABRAL DE MENESES,
Comandante e imediato das forças em operações

ao Sul desta Província,
falecidos em 29 de maio do 1867,
na memorável retirada das mesmas forças,
o Governo Imperial mandou erigir este monumento
em 1874.

"As sepulturas estavam intactas e não tinham sido abertas, como me informaram; foram reconhecidas pelo sobrinho do falecido prático José Francisco Lopes, Gabriel Lopes[36], que mora atualmente na fazenda do Jardim e acompanhou as forças.

"O monumento está dividido interiormente em dois compartimentos, contendo um os restos do comandante, o outro do imediato. Assinala este compartimento um frasco dentro do qual se acha um castelo de metal dourado, que mandei colocar ao lado dos ossos, como distintivo da corporação a que pertenceu o ilustre finado.

"No outro compartimento mandei colocar uma granada de calibre 4, La Hitte, que aí encontrei, como distintivo da arma do distinto comandante das forças.

"Ao lado do monumento, mandei fazer uma sepultura de pedra e cal e nela foram depositados os restos do destemido prático das forças, José Francisco Lopes, conforme os desejos da sua viúva.

"Entre os dois jazigos fiz construir outro e nele encerrar os ossos que se achavam espalhados de outros bravos ali falecidos.

"Mandei cercar as sepulturas com mourões e levantar no vértice da construção uma grande cruz de madeira de lei.

"Pequeno cemitério assinala, pois, esse remoto lugar, onde sucumbiram tantos valentes defensores da Pátria.

"Deus Guarde a V. Excia. Ilmo. e Exmo. Sr. Conselheiro João José de Oliveira Junqueira, Ministro e Secretário de Estado dos Negócios da Guerra — O Coronel *Rufino Enéias Gustavo Galvão*" (Visconde de Maracaju).

---

36) Gabriel Barbosa é identificado, na página 333, como genro e não sobrinho de Lopes. (Nota do Editor.)

LVII

Parti do acampamento do Canuto, junto à margem esquerda do Rio Aquidauana, às dez horas da manhã de 17 de junho de 1867. Para me servir de companheiro e vaqueano na transposição do despovoado e dilatadíssimo planalto de Camapuã, comigo vinha o tenente do corpo policial de São Paulo, João do Prado Mineiro, e acompanhavam-nos o oficial mecânico Wandervoert, belga de nascimento, que acabara o seu tempo de contrato como contramestre das forjas da artilharia La Hitte e, na terrível retirada, havia dado provas de não pouco valor, e mais três soldados de infantaria, além do meu camarada Jatobá, retinto e lustroso como jacarandá envernizado, beiçudo, metido a gaiato, bom diabo, embora bastante preguiçoso em mexer nos pousos o corpanzil, mas andarilho a valer, sempre alegre em todo caso.

Dois magros cargueiros levavam numas bruacas velhas muito sacudidas, de tão vazias, os parcos mantimentos — carne seca, feijão, arroz, farinha, um pouco de toicinho e mais uma raçãozinha de sal, necessários para alcançarmos a vila de Sant'Ana do Parnaíba, à entrada da região mais efetivamente habitada, uma vez atravessada as vastas solidões interpostas.

Montava eu a minha alta e vistosa besta rosilha, bom animal, ainda que já precisado de descanso, e que me custara quatrocentos mil réis; o João Mineiro, cavalo agreste, mas resistente e menos mau, apanhado não sei onde; o belga, um burrinho manhoso e empacador. Os camaradas seguiam a pé.

Que singulares emoções, as minhas, entre saudosas e terríficas, se não odientas, ao deixar para todo o sempre esses lugares em que tantas e tão longas agruras e dores havia curtido, mas — todos eles — tão vários, formosos e impressionantes. Nunca a preciosa palavra *saudade* teve mais cabimento, círculo tão vasto e de mais encontrada e absurda até complexidade, saudade mesmo daquilo que, por nada neste mundo, eu quisera tornar a ver, experimentar, sentir!...

Sobremaneira notáveis todas as paisagens daquele mal-conhecido recanto de Mato Grosso, especialmente quando se caminha ao longo do Aquidauana, rio bem pouco fundo aí, cristalino a mais não poder, já precípite e espumante de encontro a cabeços de rochas, já a deslizar mansamente por sobre leito de finíssima areia. Corre entre margens relvosas e floridas, em que se alteiam flexuosos taquaruçus e elegantíssimos coqueirais, a lhe formarem admirável moldura, cercado de mataria animada por um sem-número de aves, tão pitoresco, enfim, tão cheio de encantos e magia, que os descobridores portugueses lhe deram o sugestivo apelido de Mondego[37], poético preito à longínqua pátria e à beleza dos peregrinos sítios, a suscitar, ainda hoje, mil sentidas recordações:

> *As filhas do Mondego a morte escura*
> *Longo tempo chorando memoraram,*
> *E por memória eterna em fonte pura*
> *As lágrimas choradas transformaram.*
> *O nome lhe puseram que inda dura*
> *Dos amores de Inês que ali passaram.*
> *Vede que fresca fonte rega as flores,*
> *Que lágrimas são a água e o nome amores!*

E avultam os primores e amavios, à medida que o rio se vai estreitando e ao chegar-se mais perto das cabeceiras, na junção de dezenas e dezenas de borbulhantes córregos que, a todo o instante, cortam o caminho, cada qual mais claro e buliçoso, a derramar no ambiente deliciosa fresquidão, que chega a vencer a calidez da temperatura nas horas de maior abafamento.

A Serra de Maracaju mostra, também desse lado, as curiosíssimas reentrâncias e saliências, que tanto me haviam impressionado das bandas do aldeamento dos índios terenas da Piranhinha, coisa, não raro, de causar legítimo pasmo, arcos naturais de extraordinária regularidade geométrica, já destacados fora do todo, já metidos para dentro; letras, inscrições, traços, gregas, como que lavrados pela mão do homem, algum misterioso e ciclópeo artista; colunas a meio partidas, pórticos inacabados ou então rasgões monumentais, quer singelos quer ornamentados de delicadíssimos recortes e rendilhados — enfim, essas formas tão caprichosas e variadas, peculiares a maciços de rocha estratificada friável e de velho grés *(old redsandstone)* que, dia a dia, se vai desagregando; ora alcantilados castelos semelhando morada de gigantes, ora altivas torres, minazes baluartes coroados de ameias, obras de colossal defesa, ora, enfim, mimosas, pontilhadas e aéreas construções,

---

37) Ao meu erudito e laborioso amigo General Melo Rego cabe ter deslindado, sem mais dúvida possível, se Mondego era o Aquidauana ou o Miranda, aquele plácido e claro, este revolto e barrento, quase sempre.

como se por ali houvesse, em tempos fabulosos, perpassado o gênio fantasioso, criador, sutil, de algum arquiteto árabe.

Trechos há de incomparável caracterização e originalidade, nos diversos planos e quebradas, principalmente quando o sol, batendo de chapa nos pincaros e panos desnudados de vegetação e de um colorido vermelho carregado, põe candentes clarões e chispas de fogo na parte iluminada, ao passo que, por contraste, imprime sombras espessas, duras, de inexcedível negrume, em tudo quanto não receba luz fúlgida e direta.

E que mataria fechada, compacta, luxuriante por sobre aquelas dobras todas suspensas às vezes no ar, a aproveitar terra nas falhas e sinuosidades da pedra, pondo festivos festões à montanha toda correndo pelas sucessivas declividades e paralelos contrafortes da serra, a figurar botaréus, caso não seja esta cortada a pique, desde bem lá em cima no tope até à base, em que serpeia a estrada, a subir e a descer, aberta pelos priscos sertanejos sem dúvida no rasto de alguma besta-fera de vulto!

Que poder de rememoração o meu! Ainda hoje tenho presente aos olhos tudo aquilo que, parece, ficou estereotipado na minha retina. Ao escrever estas linhas como que vejo ainda o *Morro Azul*, essa elegante atalaia do Aquidauana, espécie de cesto de gávea que de todos lados se avista, bem-separada do conjunto das cordilheiras, dando à paisagem toda uma acentuação especial.

De tanto interesse teria sido contemplar de perto, examinar, ver todos aqueles aspectos da serra com pausa e vagar, tirando de muitos pontos cuidadosos desenhos ou, quando não, os contornos e perfis mais grandiosos e pitorescamente originais nas suas linhas; mas era-me pouco o tempo para caminhar, caminhar!

Tudo passava ante o meu olhar embelezado rápida e fugazmente como que num colossal caleidoscópio, e cada perspectiva nova, cada singularidade inesperada mais me aumentava o pesar de não poder parar por um pouco, pelo menos.

À noite, depois de muitos aguaceiros, cortados de violenta soalheira, que nos enxugava no corpo as roupas ensopadas (e que tristes roupas!), alcancei o pouso literalmente estrompado de fadiga, com os membros moídos, desacostumado, desde muitos meses e até anos, de viagens um tanto mais espaçadas, obrigados, como havíamos sido, nas vagarosas marchas da expedição, a seguir o passo da infantaria e a morosa translação de artilharia puxada a bois.

Foi, também, com sincero terror que, da boca de uns negociantes e tropeiros ali parados, ouvi avaliar em mais de trezentas léguas, por uns, quatrocentas até por outros, a distância entre aquele ponto chamado *Dois Irmãos* e a cidade de Santos, então ardente objetivo meu, o ponto em que devia tomar passagem para o Rio de Janeiro.

Meu Deus, pensava eu, se tanto, tanto me custaram as quatro léguas de hoje, como poderei dar conta dessa interminável caminhada?

E, no sono, aqueles números, trezentos e quatrocentos, chegaram a tomar visos de angustioso pesadelo. Com o correr, entretanto, dos dias e a prática do viajar escoteiro, tudo se me foi simplificando e por fim engolia dez e doze léguas, de sol a sol, sem aborrecimento, sem cansaço.

Nas minhas proezas, ainda assim ficava longe daquele soldado de dragões, que, segundo consta dos anais do Senado da Câmara de Cuiabá, fez a pé em quatro dias a travessia entre Vila Bela e aquela cidade, nada menos de cem léguas medidas, a fim de anunciar a vinda do Capitão-General e Governador João Carlos Augusto de Oeynhausen Gravenburg, depois Marquês de Aracati.

LVIII

NAQUELE primeiro pouso dos *Dois Irmãos* pediu-me para agregar-se a mim e aproveitar a minha companhia e, mais que esta, a nossa comitiva de soldados, um negociante de fisionomia simpática e meia-idade, chamado Gouveia.

Voltava das forças expedicionárias com destino à cidade natal, Goiás, e não fazia mistério que, tendo vendido gêneros com muita vantagem no acampamento do Canuto, levava consigo nas canastrinhas o lucro líquido de mais de vinte contos de réis. E naquele tempo não era pouco comum essa confiança na honorabilidade alheia, ao jornadear-se largos espaços quase inabitados por gente fixa, sendo em extremo raros, quase desconhecidos os assaltos e mortes com o fim de roubar.

Em geral violências e assassinatos neles se davam por dívidas de jogo e questões de mulheres. Aí sim, com facilidade e depressa "nasciam as cruzes à beira do caminho", conforme o prolóquio popular.

— Livre-se dessas duas pragas, meu Taunay — aconselhava-me de contínuo o bom João Faustino —, e não tenha o menor receio de cortar e furar o interior todo, por mais bravio e *sujo* que seja. Quanto mais deserto, melhor!

Com a agregação do Gouveia e dos seus dois camaradas, constituía-se a nossa caravanazinha de nove pessoas. João Mineiro, pela sua experiência de homem viajado, tomara logo a direção das coisas, calculando os víveres, distribuindo as rações diárias, marcando os pontos de parada e determinando, pela qualidade e abundância da aguada, as marchas mais ou menos alongadas. E a sua tendência habitual era para encurtá-las, o que em extremo me impacientava, na ânsia que sentia de chegar mais depressa possível.

Quisera ter asas para poder voar por sobre a imensidade do vastíssimo Brasil! Também, por causa disto, entre nós dois se reproduziram alguns choques e discussões um tanto azedas, com injustiça, reconheço eu, da minha parte, guardando ele a maior deferência para com a minha qualidade e os meus títulos de engenheiro e *doutor*, quando era, entretanto, meu superior hierárquico, isto é, tenente, ao passo que ainda me cingia os pulsos da blusa militar o modesto e fino galão de simples alferes ou segundo-tenente.

Possuía João Mineiro interessante e valiosa prenda — tocava rabeca com muita expressão e segurança de arco, de maneira que, em não poucos acampamentos, na viagem principalmente de São Paulo para Uberaba, nos dera, por noites de plácido luar, deliciosas tocatas, executando com muita afinação e por modo bem impressivo trechos da *Lucia de Lammermoor*, *Norma*, *Traviata* e outras óperas italianas.

E que aperto de coração, que indizível melancolia, quase angústia, experimentava eu então, nos primeiros anos da mocidade, de todo inexperiente das coisas da vida e já tão distante dos extremosos pais, atirado aos azares da mais aventurosa das expedições, que devia terminar em pavorosos desastres!

Quantas dolorosas reminiscências de tudo que eu deixara no Rio de Janeiro, meus queridos amigos de infância, Azevedo Castro e Tomás Alves, meu piano, meus hábitos, ao escutar enleado aquelas doces e plangentes melodias, minhas conhecidas desde criança, acordando em serenas noitadas os ecos da intérmina solidão!

O nosso comandante, Coronel Manuel Pedro Drago, doido por música italiana, muito apreciava o João Mineiro e costumava chamá-lo à sua barraca, onde o retinha largas horas, deliciado pelo flébil violino.

Afigura-se-me ainda às vezes, ao contemplar a lua em noites calmas, ouvir os tons daquela singela, desacompanhada e mágica rabequinha! Tudo, entretanto, já tão longe, tão longe!...

Separei-me de João Mineiro na cidade de São Paulo, há mais de vinte e cinco anos. Não tornei a vê-lo. Guardo, porém, das suas feições atraentes, mas frias e ensombradas de certa tristura, dos modos reservados e respeitosos, da convivência discreta e afetuosa, sem expansões, porém, nem intimidades, boa e grata recordação.

Ignoro se ainda pertence ao mundo dos vivos.

Ao alvorecer de radiosa madrugada, saí dos *Dois Irmãos*, confortado por um belo sono de mais de oito horas a fio, apesar das ferozes pulgas do rancho, a que se abrigaram também, tocados pelo frio, os cães dos tropeiros, e muito embora as preocupações da demarcada longitude ainda a percorrermos.

A estas não tardou a juntar-se outra causa de aborrecimento e, mais que isto, de bem séria inquietação.

Foi o caso, que nos alcançou na estrada, pouco depois de deixarmos o pouso, uma praça de cavalaria, vindo montada em burro e à toda pressa, do acampamento do Canuto, para nos fazer entrega de uma carta do Comandante José Tomás Gonçalves, com ordem de regresso igualmente pronto.

Dizia-nos essa carta que no entroncamento do caminho de Camapuã, por nós seguido, com o que levava à antiga colônia de Dourados, na região do Apa, não era improvável a presença de algum troço de paraguaios, pois lá haviam estado, em 1865, bons conhecedores desses lugares, nos quais tinham até mantido, perto da bifurcação das estradas, uma guarda de observação, por não pouco tempo.

Recomendava-nos, por isto, a maior cautela e vigilância ao vararmos aquele passo e adjacências.

Se jamais houve aviso intempestivo foi, sem contestação, este, porquanto só serviu para nos alvoroçar o espírito e entregá-lo, bem dispensavelmente, a um sem-número de desagradáveis dúvidas e cogitações. Que fazer? Recuar, voltar? Avançar ao Deus dará?

E a possibilidade de cairmos, como estonteados passarinhos em armadilha, nas mãos de inimigo feroz, inexorável, ainda mais exacerbado pelo mau êxito das suas muitas investidas no correr da longa retirada da Laguna?

Que medidas de precaução podíamos, aliás, tomar? Que meios de proteção e resistência arranjar e reunir, salteados por gente resoluta em zona tão deserta e abandonada? Nem sequer nos agregavam mais aquele soldado, cuja volta imediata era especificadamente exigida.

Então, que decidirmos? A nosso favor havia, de fato, a distância intercalada, a extensão das terras; mas esta consideração era de pequeno peso para nós, que sabíamos quanto os paraguaios são afeitos a espaçadas marchas, sobretudo em campos de boa pastaria; como aqueles, onde com pouco os animais refazem as forças perdidas.

Era-nos, porém, lícito, sem suscitar censuras e até risota dos companheiros, virar rédeas, retroceder, dando vulto e realidade a simples conjetura e esbarrando de longe contra mera probabilidade? A farda militar obriga o homem, em emergências aleatórias e na pior das hipóteses, a contar sempre com o favor da sorte. De lema lhe deve servir o incitamento que abre tão larga margem ao acaso *audaces fortuna juvat*, bem-compenetrado da sentença complementar *timidosque repellit*.

E, naquela situação, a audácia a desenvolver era mínima e ficava em plano bem inferior, contraposta à responsabilidade e ao vexame da timidez, em que pudéssemos vir a incorrer.

Agitávamos, a caminhar, tudo isso no meio de grande perplexidade.

Opinava o João Mineiro, e aliás com toda a razão, que o alvitre mais sensato era nos desviarmos da estrada, a fim de se proceder, em dois outros dias de parada, a prévio e tranqüilizador reconhecimento dos sítios indicados, assim melhor de acordo com os desejos e quase instruções do nosso chefe. Ponderava quanto inútil ia ser, no caso de se confirmarem os receios do Major José Tomás, o nosso sacrifício, caindo, ainda mais, a correspondência de que éramos portadores em poder dos paraguaios e, desse modo, privando o governo do conhecimento das coisas de Mato Grosso por muitos meses, além da desolação das famílias, a começar pela minha.

Nem de propósito, conhecia excelente ponto de pousada, arredado do caminho umas duas léguas, o rancho do Mota, onde encontraríamos milho em abundância para as nossas cavalgaduras, dando-lhes justo resfôlego, antes de nos atirarmos às fadigas do sertão bruto em que mais precisas nos deviam ser a boa disposição e celeridade.

De opinião contrária era eu; que se avançasse, que tudo não passava de simples suspeita, vagas apreensões, senão de todo insubsistentes, pelo menos bem pouco fundamentadas. Apoiava-me, no estropiado português cheio de inflexões flamengas, o Wandervoert. Gouveia nada dizia, pois ia sorumbático, enregelado e de antemão todo trêmulo, tanto mais que o frio entrara deveras, cáustico, mordicante, por vezes áspero, e nos fazia já bastante sofrer, açoitado por ventozinho fino, displicente, agudo, nas cercanias do vasto e desabrigado chapadão.

— Em todo o caso — condescendi —, vamos até ao Mota.

E, despachando com uma resposta a lápis o soldado de cavalaria, deixamos a estrada direita e tomamos atalhozinho ensombrado em direção à vivenda que nos devia hospedar aquela noite, porquanto não tínhamos mais que duas horas de sol.

Aquietou-nos não pouco esse Mota, mal fomos chegando e sujeitando-lhe os motivos da nossa hesitação. "Quais paraguaios!", exclamou ele com vivacidade; "há ano e meio, não há dúvida, estiveram por ali, fazendo mate, mas não se demoraram. Andavam muito assarapantados com medo dos índios. Certamente não hão de voltar, não se me dá de apostar. Se os senhores quiserem, amanhã irei sozinho na minha mulinha *vadear* o passo".

Que tipo, esse tal Mota! um dos mais estrambóticos e fora do comum que jamais encontrei nas minhas jornadas pelo interior. Velho, mas forte e musculoso, com olhinhos muito vivos, abrigados por enormes e hirsutas sobrancelhas, vivia sozinho com um meninote branco de ar aparvalhado pelo excesso de trabalho e existência solitária, acolhido por misericórdia, naturalmente um pobre coitado fugido aos maus tratos de alguma tropa de carreiros ou tocadores de boiada.

Plantavam eles duas grandes roças de milho e feijão de que tiravam fartas colheitas. "Mas o senhor", perguntei-lhe, "não tem receio dos bugres?" "Qual!", respondeu-me filosoficamente, "que poderiam fazer-me de pior? Matar-me, não é? Estamos neste mundo para morrer. Que me faz seja amanhã ou depois, deste ou daquele modo? Muito mais me *anarquizam* os macacos e papagaios do que eles que, até agora, louvado seja, não me têm vexado, inda que há muito tempo andem me rondando por perto o rancho".

Era este homem — imaginem o quê? não, não é possível imaginar-se —, era demandista de corpo e alma. Não devia, porventura, causar-me a mais inesperada das surpresas encontrar semelhante especialidade em tão ínvias e mal-exploradas funduras?

Todo o dinheirinho que apurava, lidando no solo como um mouro e levando a enormes distâncias num cargueiro manco os gêneros que dele tirava, era para sustentar renhido e complicado pleito sobre terras, iniciado contra um irmão mais velho, e continuado, por falecimento deste, com os sobrinhos, isto a centenas e centenas de léguas, em Piuí, na província de Minas Gerais. Impossível também saber-se mais na ponta da língua os trâmites judiciários em todos os seus ambages, meandros, segredos e chicanas, conhecer mais a fundo qualquer questão do foro, desde as primeiras tortuosidades, manhas e manobras do oficial de justiça e do rábula até aos solenes acórdãos dos tribunais superiores. Daquela em que estava, há tantos lustres, empenhado — por capricho, berrava, e para quebrar a castanha na boca dos cabeçudos! —, falava com inexcedível calor e tal volubilidade, que me pôs positivamente tonto.

Dava conta, incidente por incidente, das menores inquirições, provas e contraprovas, arestos, agravos, embargos, apelações, e enumerava o nome por extenso de todos os juízes que haviam funcionado nas diversas instâncias, bem como dos membros das relações em que tinham ido parar os bojudos autos, chegados então, pelo que supunha, ao Supremo Tribunal de Justiça.

— O doutor — disse-me afinal com persuasivo entono e ameigando a voz — bem me poderia ajudar o seu bocadinho, já que vai ao Rio de Janeiro. Olhe, tome umas notas, não custa nada. Vá ter com os ministros conselheiros; mostre-lhes a boa causa; fale em meu favor!

Ri-me desta cabala em pleno sertão; mas declinei de qualquer compromisso em tão emaranhado litígio, cujo histórico me havia feito cabecear de sono.

Cada qual com o seu duende; o Mota todo entregue à diuturna demanda que o absorvia, nós aos nossos possíveis paraguaios, lá na frente.

Resolvemos, afinal, deixar passar esse dia e partir à tardezinha, calculando a marcha de modo a irmos cortar os sítios suspeitos em trecho adiantado da noite.

Lá por volta das quatro horas despedimo-nos, pois, do nosso hospedeiro, que ainda conosco gracejou, ao pormos pé no estribo: "Se os tais *amigos* lhes derem um *vu*, tratem de vir tomar respiração aqui, nesta tapera".

E, já distantes, o ouvi gritar:

— Fale, doutor, na Corte... Não se esqueça do velho Mota!

353

LIX

Era noite fechada, quando começamos a pisar o tal chapadão de Camapuã, que, sempre em planura, se estende por dezenas de léguas em todos os sentidos, para os lados do Sul até aos campos da Vacaria e do Brilhante. Limpáramos em regra os revólveres e espingardas, cuidadosamente carregados de novo, uma ou duas destas do armamento de espoleta, as outras ainda do antigo sistema, de capsoleta e pederneira, bem escovadas então.

Não foi, por tudo isto, sem alguma emoção que deixamos para trás as últimas moitas de arvoredo e os derradeiros, destacados e tão elegantes *buritis*, cujos estípites mais se adelgaçavam na névoa arroxeada do crepúsculo vespertino, e entramos no planalto, não de todo trevoso, mas num lusco-fusco puxando mais para o escuro do que para o claro.

Levava eu as comunicações oficiais dentro de um saco de pano branco, amarrado a uma alça do selim. A combinação era cada um de nós procurar salvar-se como pudesse, caso atacados por grupo avultado de inimigos, ou oferecermos resistência, se os assaltantes fossem em pequeno número, de dez a doze homens.

E que friagem naquela chata campina, varrida por sibilante sopro! Gouveia, mal-abrigado por um poncho de pala de algodãozinho, tremia como varas verdes e batia nervosamente os queixos. "Muito frio, Sr. doutor", confirmou a custo e, invertendo, já se sabe sem a mínima intenção, o célebre dito de Bailly, ingenuamente acrescentou: "Mais medo ainda do que frio".

Aí pratiquei, muito espontaneamente, verdadeiro ato de São Martinho, ampliando-o até. Vendo que o desventurado companheiro, mau grado os reiterados apelos ao comprido cornimboque de aguardente que trazia a tiracolo e enchera no pouso dos Dois Irmãos, a custo podia agüentar-se em cima do animal, tais calafrios que o sacudiam, tirei o meu poncho de baeta e caridosamente lho passei, por me sentir muito mais quente e de posse de mais calma e confiança em mim e nos meus destinos, enfim mais sangue-frio, e a palavra é bem curiosa aplicada àquele momento.

Caminhávamos em silêncio, tendo feito seguir adiante como exploradores dois dos nossos soldados, a fim de observarem se na frente lobrigavam qualquer novidade, alguma coisa insólita. Nada se ouvia senão o bater lento dos cascos dos animais no chão, o passo estugado e firme dos camaradas e o tinir surdo da minha espada e da do João Mineiro; às vezes, também o tremelicar nervoso das mandíbulas do assombrado Gouveia.

De repente estacamos.

Percebíamos ao longe, mas distintamente, o latir de cães.

— Serão os paraguaios? — indaguei.

— Não senhor — retrucou depois de certa pausa um dos soldados —, são lobos do campo.

E a marcha noturna recomeçou.

Mais um pouco e detivemo-nos, atônitos, deslumbrados!

Luz vivíssima e inopinada iluminara tudo à grande distância. Era a lua cheia, enorme e rubescente globo, que se erguera de um jacto, como se em ligeiro e subitâneo pulo houvesse saltado para cima do horizonte, despejando do seio uma onda imensa de fremente claridade.

Fora o espetáculo, conforme se dá no meio do oceano, digno de admiração, se não estivéssemos tão ocupados com a tal junção das estradas.

Alcançamo-la afinal e bem-assinalada, não só por um arbusto falquejado de um lado, como pelo encontro de dois largos caminhos, que ali formavam ângulo bastante agudo.

Com alma nova prosseguimos, depois de curta parada, dispostos já então a acampar em qualquer rasgão de terra, como por ali os há, com algumas árvores no fundo e portanto água. Quase duas horas da madrugada e ainda andávamos.

Eis senão quando voltaram os nossos dois exploradores a nos avisarem que, na próxima quebrada, haviam avistado grandes fogueiras!

Não restava mais dúvida; era chegado o momento!

— Agora — disse com firmeza João Mineiro —, resolução, e para frente! A certa distância descarregaremos as armas e toca a avançar!

Assim se fez; e mil vezes atroador e repetido por estranhos e pavorosos ecos foi o estrondo dos revólveres e espingardas disparados a um tempo no alto do rasgão e repercutido longe, longe, na vastidão da planura e àquelas horas da noite.

Corremos, então, resolutamente aos fogaréus, soltando gritos descompassados, brados ferozes e uivos agudos, e encontramos o lugar abandonado por gente que, tomada de terror, fugira mais que depressa!

O caso da lebre e das rãs. Enfim por ali havia quem se arreceasse de nós — já era alguma coisa. Também não pouco acharmos tão belas e vivas fogueiras com paus secos e gravetos ao lado para alimentá-las fartamente, regalado conforto contra as tremuras que nos fuzilavam pelo corpo, quer por causa de tantas e tão emocionantes peripécias, quer pelo rigor da temperatura, cada vez mais acentuado.

O Gouveia, que se portara aliás muito melhor do que fora de supor-se, acompanhando o turbilhão da investida, quase que se metia dentro do fogo para dar algum calor aos membros entanguidos.

— Nunca pensei poder dar berros daqueles — dizia ele depois engraçadamente e querendo fazer valer a parte que tivera nessa original proeza de vozeria.

Quem lá estava? Jamais soubemos — mais que provavelmente desertores das nossas forças que seguiam caminho de Goiás, aliás simples conjetura.

Passamos o resto da noite em alarma, com os animais arreados, mas sem freio, à soga. Assim mesmo, pude dormir algum tanto.

Mal apontou, porém, a primeira hora do dia, embora varados de fome, demo-nos pressa em deixar aquele pouso, que se chamava, segundo me informaram, *Capão dos Buritis*; e, ali mesmo haviam os paraguaios, em 1865, agarrado uma família brasileira, que se arranchara para descansar.

Com sentimento bem vivo de alívio fizemos a viagem deste dia e, como a sorte, após os transes passados, parecia querer favorecer-nos, tudo nos correu às mil maravilhas até ao Brejão, e estas maravilhas consistiam em tempo firme, sol não muito forte, bons pousos, de águas correntes, animais sempre à mão, sem necessidade de campeação, o que é importantíssimo.

No dia 25 de junho chegamos às ruínas de Camapuã, nome prestigioso em todos aqueles sertões. "Nem há", diz Aires do Casal (não sei com que razão), "sítio tão azado e vantajoso para uma cidade populosa". Era ali o varadouro do movimento fluvial, que durante quase cem anos se fez ativamente, de um lado, pelos rios Tietê, Paraná, Pardo e Sanguessuga, de outro, pelos Camapuã, Coxim, Taquari, Paraguai, São Lourenço e Cuiabá.

Era ali que se transportavam, por terra, sobre grossos rolos e puxados por numerosas juntas de bois, as grandes e pesadas canoas que serviam à navegação e formavam, quando reunidas, o que se chamava uma *monção*.

Depois, sobretudo, que a importância de Vila Bela (mais tarde cidade de Mato Grosso) foi decrescendo, ao passo que a de vila de Cuiabá aumentava, e portanto era e ficava quase completamente abandonada a linha do Amazonas, Madeira, Mamoré e Guaporé, tão seguida no tempo dos primeiros governadores e capitães-generais, o varadouro de Camapuã tornou-se em extremo freqüentado.

Formou-se ali fazenda do Estado costeada por numerosa escravatura e dirigida por administradores que se tornaram verdadeiros potentados e de cujas festas, mais orgias do que outra qualquer coisa, se falava longe, repercutidos os ecos, centenas de léguas além.

Houve um, particularmente, chamado Arruda Botelho, notabilizado pelo fausto de que se rodeou e pelos abusos praticados. Também deixou incalculável número de filhos naturais de todas as cores e raças, pelo que é este nome de família muito espalhado em todo o Sul de Mato Grosso.

Bastante valiosas foram as obras empreendidas aí para facilitar a varação das canoas. Cortes de alturas notáveis nas colinas e morros, ainda hoje firmes e bem sólidos, atestam quanto trabalho e suor ao desgraçado negro cativo custou tudo aquilo, parecendo os desaterros e aterros feitos com cuidado especial como que preparados para custosa estrada de ferro.

Pobres escravos, desconhecidos mártires! Quantas centenas de milhares, se não milhões, foram engolidos pelo sertão, sacrificados à ambição, à ganância, ao desregramento de bárbaros senhores naqueles tempos da opressão e do obscurantismo colonial? Se eu mesmo cheguei a presenciar cenas inacreditáveis, hoje, e entretanto bem perto de nós, pois findaram há pouco mais de anos, em 1888!

Ouvi dizer ou li, não sei onde agora, que os portugueses e brasileiros introduziram no Brasil graças ao negro e hediondo tráfico nada menos de dez milhões de filhos da África! Quando se deu a lei de 13 de maio ainda havia setecentos e cinquenta mil escravos: mas a 28 de setembro de 1871 eram eles em número superior a um milhão.

LX

Camapuã é cercado de montanhas ou antes fortes colinas arredondadas, donde lhe vem o nome[38]. O seu aspecto é simpático, principalmente à luz do brilhante dia em que o vimos, e que fazia menos tristes as ruínas de que só se compõe. Diante de longa praça alheia-se o frontispício de uma igreja não pequena, em cujo interior cresciam enormes figueiras e elevados cedros. E o contraste daquela como que floresta encerrada em quadra de grandes muralhas, ainda brancas, causava não pequena impressão.

Ao lado, vasta casa de sobrado e casebres, aqui e ali, esses de todo caídos, davam prova da vida e do movimento que ali houvera, além de formosos laranjais e pomares a resistirem a invasão do mato e ainda com frutos, como que atraindo o homem, cujo auxílio em vão esperavam[39].

Arrendada a fazenda por uma companhia ou associação formada por três amigos, desunidos só pela morte, manteve-se o povoado mais ou menos florescente até ao ano de 1830, em que a navegação fluvial, já pela morosidade, já pela freqüência de maleitas, começou a ser desprezada. Foi então substituída pelas viagens terrestres, que chegaram a ser feitas de São Paulo, ou de Ouro Preto a Cuiabá, em menos de 30 dias, na média, pois houve algumas positivamente extraordinárias de rapidez.

Com o falecimento do último administrador, também um Arruda Botelho, e cessando a varação, ficou o local entregue só a negros e a mulatos, livres ou libertados de fato, por não haver mais quem os reclamasse como bens semoventes. Parece, com efeito, que não se apresentou, caso raro nos anais da cobiça humana!, parente algum para pretender e arrecadar ainda bem valiosa herança.

Com o abandono tornou-se Camapuã lugar tão flagelado de sezões e febres palustres, que aqueles mesmos indolentes e fatalistas pretos e mulatos o deixaram, indo congregar-se, a pouco mais de légua e meia dali, num ponto

---

38) *Cama*, seios ou mamas, *puã*, redondas.
39) *Viagem de Regresso*, publicada em 1869 na Revista Trimestral do Instituto Histórico e Geográfico Brasileiro (tomo XXXII, parte segunda, p. 16).

chamado Corredor, um tanto mais salubre, local aliás mais aprazível e pitoresco do que o outro, num descampado e não abafado, entre outeiros abaulados e em cordão.

Nos casebres do Corredor vi cadeiras antigas de espaldar, camas e cômodas com obras de talha e ferragens que fariam as delícias do mais exigente colecionador de antiqualhas e curiosidades.

Na habitação de uma espécie de *mandingueiro* que exercia funções de improvisado padre, e rezava ladainhas, celebrava umas espécies de missa e ajudava a bem morrer quem precisasse dos seus múltiplos serviços de caráter comicamente sacerdotal, havia grande oratório de jacarandá esculpido e largo altar de incontestável valor artístico. E ali se via entre o Crucifixo e imagens, não de todo más, de santos e santas, um mundo de bugigangas e símbolos do mais grosseiro fetichismo.

Eram os restos da antiga opulência de Camapuã, que nunca mais voltará. E não é decerto pungente esta idéia do irremediável nas mínimas coisas? Por isso se torna tão consoladora a contínua renovação da Natureza, embora ali também tudo seja aparente na fingida imutabilidade. Tudo se modifica, substitui-se, transforma-se. Até a rocha mais dura não é a mesma hoje qual era ontem e será amanhã. Bem verdadeiras as idéias do grande Herbert Spencer! O cenário que nos cerca está continuamente mudando.

Passado Camapuã, ainda mais belo se mostra aquele sertão, se possível é. Que formoso o Ribeirão Claro, cujas águas alvíssimas rolam por sobre leito de deslumbrante areia, entre fileiras dos mais elegantes *buritis*! E, cinco léguas além, o Rio Verde, que parece esmeralda líquida de maior pureza e transparência! Que prazer, que delícias prolongado banho nessa linfa tão convidativa e singularmente colorida, à sombra de frondosas árvores e por dia cálido!

Esses nomes me lembravam a zona entre o Coxim e o Rio Negro e a cruel exploração do ano passado, em fevereiro de 1866. "As circunstâncias haviam completamente mudado, mil acontecimentos imprevistos se tinham produzido, ora agradáveis episódios, ora dificultosíssimas conjunturas. Naquele tempo viajava eu sob o peso de sinistras previsões, falto de víveres, nas vésperas das dores da fome com pequena escolta e um companheiro, em região ingrata e áspera. Íamos à procura do desconhecido, sondando o terreno, interrogando sinais sem caminho, sem guia, sem esperanças!"

Já então tínhamos deixado o negociante Gouveia, pois no Brejão, um pouso antes do Ribeirão Claro, ficara à espera dos animais fugidos. Fez tudo para reter-me, mas resisti, não só aos seus pedidos instantes, como ao decidido apoio que lhe deu o João Mineiro.

— Como hei de — ponderava ele — viajar este sertão todo com mais de vinte contos que trago comigo?

— Assim — respondi-lhe eu — seríamos forçados a escoltá-lo até à cidade de Goiás, e outra é a nossa obrigação.

Enfim, para lhe dar algum conforto, prometi não apressar demasiado a minha marcha, para que pudesse ainda alcançar-nos, o que não conseguiu realizar. Depois, tive notícia positiva de que chegara a Goiás sem novidade alguma, não lhe merecendo os dois camaradas que levava e sabiam da existência da grossa quantia senão confiança plena e os maiores elogios. Assim, pois, nenhum inconveniente resultou da minha energia senão o amuo, por alguns dias, do João do Prado Mineiro.

Bem diverso era o móvel que atuava no espírito de um ou outro de nós dois. Ele, amante em extremo das viagens pelos sertões, bem quisera fazê-la render, caminhando pausadamente e apreciando, a gosto, a independência daquela vida à solta, descuidosa, contemplativa, tão do gosto das naturezas melancólicas e retraídas como a sua.

A minha ansiedade, pelo contrário, era voar, vencer o espaço, devorar léguas e alcançar o almejado Rio de Janeiro, onde pudesse, no seio da família e da sociedade fluminense, fartar as saudades de casa e da civilização. Um, para assim dizer, puxava constantemente para trás; outro se esforçava em sentido inverso e, graças à minha atitude resoluta, João Mineiro não teve remédio senão ceder e fazer-me a vontade.

Por fim, caminhávamos, como já deixei dito, dez e até doze léguas por dia e era de ver-se a galhardia com que a pé nos acompanhavam o Jatobá e o outro camarada, chegando aos pousos com pouca diferença de nós dois, que íamos montados, verdade é que em cavalgaduras estafadas e quase imprestáveis.

No dia 30 de junho estávamos no vasto rancho do Sr. José Pereira, bom mineiro que nos acolheu otimamente e era o primeiro morador que encontrávamos à saída do sertão *bruto* de Camapuã e à entrada do de Sant'Ana do Paranaíba, um pouco mais habitado.

Acordando indisposto, bem tarde, saí do pouso, chegando, nesse dia 1º de junho, à margem do Rio Sucuriú, afluente volumoso do Pardo que leva as águas ao Paraná.

Aí vi o anãozinho, mudo, mas um tanto gracioso, sobretudo ágil nos movimentos, que me serviu de tipo ao *Tico* do meu romance *Inocência*.

Passou-nos numa canoa com muito jeito, buscando conversar e tornar-se amável por meio de frenética e engraçada gesticulação. Dei-lhe uma molhadurazinha e pôs-se a pular como um cabritinho satisfeito da vida, fazendo-nos muitos acenos de agradecimento e adeuses com o chapéu de palha furado, que não esqueci de indicar naquele livro.

LXI

Nossa pousada, no dia seguinte, devia ser a fazenda do Coletor, assim chamada por ter pertencido a um exator da fazenda nacional. Mas tais haviam sido a sua prevaricação e o desvio dos dinheiros públicos que fora levado preso a Cuiabá e ali condenado, sendo-lhe os bens confiscados. Lá chegamos por formosa tarde e já de longe admirávamos o extenso laranjal carregado de áureas frutas. À pressa, porém, fomos para diante, tangidos pelo mais lúgubre dos espetáculos.

Dois soldados estavam ainda fechando uma cova, onde com mais outras pessoas, boiadeiros e camaradas, acabavam de enterrar um alferes, vindo de Goiás, com destino às forças de Mato Grosso. O infeliz, ao alcançar o pouso, tivera a desgraça de entrar pelo laranjal adentro e acocorar-se em cima de umas folhas secas debaixo das quais estava enrodilhada uma cascavel! Mordido violentamente não durou senão minutos, saindo-lhe logo o sangue aos borbotões pelos olhos, orelhas, nariz, boca e até cantos das unhas!

Abundam enormemente no interior do Brasil as cobras venenosas cascavéis, jararacuçus, urutus ou cobras de cruz, por causa desse sinal na cabeça, branco em fundo preto, jararacas, surucucus e outras. Numa ocasião, chegada a coluna a um pouso (bem me lembro; chamava-se Tamboril), em pequena área, e em poucos minutos, mataram os soldados nada menos de dezessete cascavéis muito grossas e velhas, isto é, cheias do mais violento veneno, verdadeiras máquinas de morte instantânea.

Felizmente todos esses ofídios brasileiros, sobretudo cascavéis, são de índole mansa, pouco agressiva e de movimentos morosos. Nem de longe causam os estragos que nas Índias fazem os trigonocéfalos e outros temidos congêneres.

Dizem que lá morrem anualmente mais de trinta mil pessoas picadas de cobras. Em todo o Brasil, no mesmo prazo de tempo, não sucumbirão — talvez cem, e este número ainda me parece exagerado; e entretanto o veneno que estas serpentes contêm nas glândulas de secreção é de grande violência. Certa vez, matamos enorme jararacuçu que, por sinal, me ia mordendo num banho. Espremi-lhe a cabeça e, fazendo correr a peçonha pelas presas, enchi um tubozinho de remédio homeopático com um líquido cristalino quanto possível e, poucos minutos depois, se tinha todo volatizado, deixando o vidrinho seco, como se acabasse de ser cuidadosamente enxugado.

Noutra ocasião, o meu camarada, levantando o couro em que eu passara a noite inteira, dormindo como um bem-aventurado, achou embaixo numa covazinha do terreno enorme jararaca preguiçosa que, se me tivesse picado, ter-me-ia dado imediata morte. Não tratara, porém, de fazer mal a ninguém, contentando-se com procurar boa e quente pousada. Pagou bem caro as belas horas que desfrutou acalentada pelo calor do meu corpo, pois sem hesitação a matamos.

Como é singular e singelo o aparelho secretor do veneno, aquela glândula sobre a qual repousa um dente curvo e móvel, furado por um canalículo, ou simplesmente riscado de um regozinho! Cada pêlo da urtiga urente apresenta idêntica disposição, o que mostra bem a admirável concatenação de vistas de toda a natureza, no desenvolvimento gradual das leis divinas que emanaram do Supremo Criador!...

Bem achada a denominação científica *crotalus horridus*.

Com efeito, causa horror contemplar um desses nojentos bichos, com grandes malhas amarelas em fundo escuro-pardacento, muito mais notáveis pela grossura do que pelo tamanho, pois não crescem muito mais de metro. É crença que se lhes pode contar os anos de vida pelo número de chocalhos na cascavel; mas parece que isto não é exato, sendo certo que tal número raramente excede de onze, quando, entretanto, estes animais têm longuíssima duração.

Uma vez acostumado o ouvido do homem ao barulho estrídulo e ao chiar deste chocalho, agitado em frenesi quando a cobra está enfurecida, com facilidade e à distância se o percebe perfeitamente.

Contaram-me que o melhor meio de matá-la é atirar-lhe em cima o menor torrão de barro ou pedrinha que esteja à mão. Ela logo se enrosca sobre si mesma, fazendo uma rodinha e espera largo tempo que lhe dêem boa e mortífera pancada.

Tudo quanto Chateaubriand conta a respeito de cascavéis, ou como diziam mais propriamente os primeiros cronistas do Brasil, cobras de cascavel, é fruto da inflamada e poética imaginação. Difícil é encontrar réptil tão preparado para o mais cruel e truculento ataque e entretanto mais pacato e retraído. A questão é não lhe pisarem em cima ou demasiado perto se colocarem a alcance dos terríficos colchetes mandibulares, como o desgraçado alferes que ficou enterrado no formoso pomar do Coletor.

É o caso do

> *Cet animal est très méchant!...*
> *Quand on l'attaque, il se défend.*

Daquele infausto pouso do Coletor fomos à fazenda do Vau, a mais importante propriedade naquelas cem ou duzentas léguas em torno, não pela extensão das terras, pois, no sertão, qualquer morador de mísero ranchinho proclama-se logo senhor e dono de enormes extensões, verdadeiros reinos, não por isto, mas pelos produtos que dá e gado que possui e mais ou menos costeia.

A dona não nos acolheu mal, em sua vasta e feia habitação, casa de sobrado, mas com pé direito e segundo pavimento ambos muito baixos e acaçapados.

Era desconsolada viúva, muito anêmica, desgrenhada e parecendo sucumbida ao peso de intensos desgostos. Que curioso poder estudar essa misteriosa existência, analisar o que se passara naquele coração de mulher, quais as causas dos dissabores e angústias, curtidos em silêncio, embora estampados no rosto descarnado e macilento!

Tinha filhos já crescidos e o mais velho, que não contava mais de dezoito anos, devia em breve casar-se com uma prima, naturalmente tão entanguida, caquética e desamorável como o noivo. Daí quem sabe? Não foi de um desencontro desses que tirei o assunto do meu romance *Inocência*, cuja heroína, pela beleza e elegância, devia encontrar alguns pousos além deste do Vau.

Aliás, nesse sertão, próximo já da vila de Sant'Ana do Paranaíba, colhi os tipos mais salientes daquele livro, escrito uns bons cinco anos depois de lá ter transitado.

Assim na casa do senhor Manuel Coelho achei o eterno doente das solidões, a se queixar sempre da falta de médicos, a agarrar-se a quanto curandeiro aviste e encontre, dele aceitando as mezinhas mais enjoativas e complicadas. Organismos gastos por maleitas que duram dez, vinte e mais anos e que afinal os depauperam de modo insanável, levando-os a última miséria fisiológica. Era esse bom coitado pai de filhas, cuja beleza merecia ser falada, o que constituía motivo de não pequena inquietação ao cioso chefe de família, ainda que se mostrasse menos arisco e desconfiado do que no geral costumam ser no interior.

Concorreu pois para a fisionomia do pai de Inocência, Pereira, enxertado nesse caráter o de outros de mais acentuado zelo.

Este Coelho era, em todo caso, um resumo de todas as moléstias do sertão, *espinhela caída*, *mal de engasgue*, *feridas bravas*, *afrontação* e sobretudo *empalamado*, que nada mais é do que o período último da *hipoemia intertropical*, vulgarmente conhecida por *opilação*.

Muito comum em todo o Brasil, há uns vinte ou trinta anos atrás, principalmente entre a escravatura das fazendas, quando os senhores julgavam de boa economia sustentar parcamente os seus instrumentos de trabalho, vai entre nós desaparecendo mui particularmente no litoral, bem como as erisipelas e anasarcas, tão freqüentes, outrora, no Rio de Janeiro, e que se vão sumindo à medida que se enxugue o solo por meio da canalização e da drenagem.

O mal principal de Coelho, pois, de todos quantos sofrera, por largos anos, se constituíra o coroamento, era esse de *empalamado*. "Um curandeiro", disse-me, "que passou por aqui e que por sinal me comeu bom cobre, aconselhou-me remédio certo, mas violento — leite de jaracatiá tirado pela manhã e bebido perto da árvore."

Ora, o tal leite daquela espécie de mamoeiro da floresta *(carica dodecaphylla)* é sobremaneira cáustico e urente, tanto que para se comerem os frutos, não de todo desagradáveis, torna-se indispensável mergulhá-los n'água, a fim de abrandar a ação violenta daquele *látex*. Dissuadi-o, pois, de semelhante medicamento.

— Não faça tal — observei-lhe —, o Sr. ficaria todo queimado por dentro.

Chegado, porém, ao Rio de Janeiro, verifiquei que tinha dado ao desgraçado *empalamado* péssimo conselho, porquanto o leite de jaracatiá, meio terapêutico empregado no sertão, e ali tido por infalível, constituiu-se o específico aceito pela ciência.

Parece que extermina de todo os *ancilóstomos duodenais* que caracterizam esta enfermidade. Quem, muitos anos depois, me explicou tudo isto, miudamente, foi o Dr. Teixeira da Rocha (Barão de Maceió), meu colega na Câmara dos Deputados na legislatura de 1872 a 1875.

Pretendia haver sido o primeiro, no Brasil, a reconhecer, ao microscópio, aqueles terríveis parasitas (cuja existência fora descoberta pelo sábio alemão Griessinger, de Berlim), receitando com muito bom resultado o leite de jaracatiá. Eis o caso em que o alvitre de um curandeiro do interior, ignorante e charlatão, tinha muito mais cabimento do que o aviso de um homem não de todo falho de ilustração.

A nossa flora medicinal é tão rica, possui tantos segredos, tão grande número de elementos medicamentosos ainda muito malconhecidos ou totalmente ignorados!

O bom e ilustre Martius prestou valioso serviço abrindo larga senda de observação e meditação aos estudiosos; mas não sei entre nós quem lhe tenha seguido as pisadas.

Raro o médico brasileiro que se dedique a estas pesquisas e tenha tirado vantagens dos remédios que proporcionem os símplices desta terra.

Todas as descobertas hão sido feitas na Europa. Tínhamos os dois Silvas, mas estes procediam com empirismo e não abriram horizontes novos e um tanto vastos à ciência. Nos casos de febre amarela, como se deu com minha sogra,

Baronesa de Vassouras, perdiam tempo precioso, fazendo verdadeiras experiências com ervas de quintais. E, decerto, os terríficos micróbios daquela infecção não se demoravam na ação mortífera como os *ancilóstomos duodenais* da *hipoemia*.

Depois do rancho do Manuel Coelho torna-se a estrada em extremo areenta e de incômodo trânsito. Há, contudo, trechos muito bonitos, que parecem aléias de enorme parque inglês, acamada a areia e ensombrada por elegantes e formosas árvores.

Em vivenda, bem à beira do caminho, morada de um tal João Garcia, parente próximo da dona da fazenda do Vau, vi o tipo de que me lembrei, quando descrevi a heroína de *Inocência*. Vinha com muita fome, o apetite das viagens enxertado à minha costumeira disposição de comer, quando avistei bonita casinha, caiada de fresco e com janelas de postigos verdes.

Encostando-me a cavalo à do meio, que estava escancarada, nem de propósito vi, defronte de mim, do lado de dentro, um homem de idade sentado a uma mesa e a dar conta de prato que me pareceu delicioso. Com efeito, recendia bem.

— Então — perguntei cumprimentando afavelmente —, não se convida um viajante, que vem varado de fome?

— Com todo o prazer — respondeu-me o dono da casa, com o mais convidativo sorriso —, é só *desapear*[40], entrar sem-cerimônia alguma e botar-se logo a *manducar*.

Foi o que fiz incontinenti, atirando-me ao tal prato, gostoso refogado de carne de porco com cebolas, que achei excelente e repeti abundantemente, misturando-o com ervas à mineira e farinha de milho. Acalmado o primeiro ímpeto da voracidade, o homem, olhando-me de certo modo, entre admirado e irônico, interpelou-me: "Como é que o patrício não teve escrúpulo de parar aqui e sentar-se à minha mesa?"

— Não decerto — afirmei —, e por que teria?

Houve certa pausa.

— É — replicou-me afinal a custo o meu desconhecido anfitrião —, que isto aqui é... casa de morfético!

Recebi, decerto, abalo desagradável, mas não dei a percebê-lo. Demais não havia como recuar.

— Ora — disse-lhe —, são histórias.

E o modo por que vagamente dei a entender que não receava o contágio, tão temido em todo o sertão, agradou muito ao pobre morfético.

— Neste caso aceita uma xícara da café?

— Boa dúvida! Esteja bem quente, é o principal.

---

40) *Desapear* por *apear*. Entretanto dizem também em Mato Grosso *cascar* em lugar de *descascar*.

Gritou ele para dentro: — Ó Jacinta, traga duas xícaras!

Dali a pouco penetrava na saleta uma moça, na primeira flor dos anos, e tão formosa, tão resplandecente de beleza, que fiquei pasmado, enleado positivamente de boca aberta.

Afigurava-se-me que um ente sobrenatural havia feito sua aparição e lembrei-me da frase tão exata e expressiva do grande Goethe, quando descreve a impressão que causara a entrada de Dorotéia numa sala: "parecia que aquele ambiente acanhado se tornava imenso, e transformava-se num espaço enorme!"

Tão clara a minha admiração que o velho pôs-se a rir:

— Então acha bonita a minha neta?

— Com efeito! — foi só o que pude responder a esta pergunta, tão singular, tão rara e digna de reparo naquelas distantes paragens.

E com olhos embelezados, segui todos os gestos daquela excepcional sertaneja, que não se mostrava lá muito acanhada.

Os seus encantos revestiam aquele quartinho de chão batido e paredes nuas de indizível e estupendo prestígio!...

— Daqui a três semanas — declarou-me o avô —, casa-se com um primo. Mas o Sr. quer ver desgraça? A pobrezinha da inocente já está com o mal!...

E, levantando-lhe um maço de esplêndidos cabelos, mostrou-me o lóbulo da orelha direita tumefacto e roxeado!

Toda essa radiosa e extraordinária formosura estava condenada a ser pasto da repugnante lepra!

A esta hora, passados tantos anos, que será feito da infeliz Jacinta, cujo desabrochar da vida se rodeara de tanta magia?! Ó poder da beleza! No momento em que escrevo este nome, reproduzo em imaginação aquela fisionomia doce, suave, sedutora, aquela cútis acetinada e alva, os olhos aveludados, grandes, cintilantes, o nariz de inexcedível correção quer de frente, quer de perfil, os lábios purpurinos a deixarem entrever dentes deslumbrantes!... Que admirável conjunto, minutos apenas contemplado e entretanto para sempre fixado na memória!

Jacinta Garcia deu, pois, nascimento moral a *Inocência*. Não levei, porém, a exatidão e maldade a ponto de também desta fazer desgraçada morfética. Não! fora demais! Do avô tirei o tipo do desconsolado leproso, repelido do rancho de Pereira, o Mineiro, e conservei-lhe no romance o nome verídico.

Num pouso adiante, no José Roberto, encontrei um curandeiro que se intitulava doutor ou cirurgião, à vontade, e serviu-me para a figura do apaixonado Cirino de Campos, atenuando os modos insolentes, antipáticos daquele modelo, com quem entabulei, por curiosidade, conversação.

Era homem pretensioso, quase grosseiro e supinamente ignorante, que viajava com um mundo de drogas para impingi-las, a torto e a direito, aos incautos.

Entre não poucas inverdades que nos contou, uma sobretudo muito me afligiu, asseverando que o *cólera-morbo* estava grassando no Rio de Janeiro e fazendo ali muitos estragos.

Eu que sabia dos horrores dessa epidemia, ia encontrá-la de novo naquela cidade! Que teria acontecido aos meus, à minha família! Verifiquei, a atormentar-me, quanto mal fazem conversas inúteis com gente indiscreta e atoleimada. Com razão diz o provérbio português: *"A palavras loucas, orelhas moucas"*.

Mas só em Sant'Ana do Paranaíba foi que tirei a limpo que não existia doença alguma no Rio de Janeiro e que o tal curandeiro para lá transportara a epidemia que dizimava então o exército aliado nos campos do Paraguai, do Passo da Pátria até Humaitá. Disto sabia eu, pois escapara milagrosamente do contágio que nos havia levado o inimigo a perseguir-nos.

LXII

No dia 7 de julho entrávamos na vila de Sant'Ana do Paranaíba, paupérrima e sezonática localidade, de que dei descrição na *Viagem de Regresso* e em *Inocência*, não esquecendo, em ambos estes livros, de me referir ao nosso bom e loquaz hospedeiro, Major Martim Francisco de Melo Taques, o *tutu* daquelas redondezas, morador na casa única de sobrado e grade de ferro da povoação. Já era!...

Deu-nos, decerto, bom jantar e excelentes camas, em vez das duras gibas e rugas do habitual couro estendido por terra; mas quantas mentiras e grossas petas nos pregou com as suas histórias da Guerra dos *Farrapos* no Rio Grande do Sul, em que tomara parte, e aventuras de caçada, onde renovara positivas façanhas do Barão de Münchausen! E era de vê-lo, baixote, avermelhado, barrigudinho, entesar-se de todo, com ar de importância e de quem se tinha em conta de legítimo herói.

Contou-nos, entre outros feitos, que certa vez fora caçar sozinho e, como corria risco de encontrar até onças, levara excelente espingarda de dois canos, tendo, porém, dispensado os cães que habitualmente o acompanhavam.

Ia de botas e, como se esquecera de tirar as esporas, meteu-se no mato fechado com aqueles bem dispensáveis, aí, instrumentos de estímulo, mas não teve tempo de arrepender-se pois lhe prestaram assinalado serviço.

Mal penetrara na floresta, deparara-se-lhe, numa bifurcação dos galhos de possante árvore, enorme onça, que se pusera a fitá-lo serenamente, embora com os movimentos nervosos de cauda denunciasse que semelhante contemplação não lhe estava nada agradando. Era o tiro excelente e não podia falhar. A questão cifrava-se em meter, sem vacilar, uma boa bala num dos olhos da fera. Assim pois estava cuidadosamente firmando a pontaria, quando ouviu singular tinir da espora ao passo que sentia como que chicotadas em ambas as botas, vergastadas fortes.

Que seria? Inclinou a cabeça sem perder de vista o bichão e, com bem-justificado espanto, viu que grossa cobra cascavel estava-lhe mordendo a espora e dando com a cauda pancadas pelas pernas. O momento tornava-se bem sério.

Mas nem um segundo perdeu o valente caçador o sangue-frio. Levantou o pé e ao mesmo tempo disparou a arma. Assim esmagando a cabeça da serpente, enquanto alvejava certeira bala no crânio do felino, assistiu, conforme proclamava triunfalmente, "à agonia dos dois monstros!"

Teria o clássico barão inventado coisa melhor?

Ah! tudo quanto ele fazia era diferente, totalmente diverso dos outros, tudo! Levava a escravatura só pelo exemplo, estimulando-lhe os brios. Em certa ocasião, repreendera um crioulo por não dar conta da tarefa que lhe fora marcada, encher uma carroça de cana cortada. "Não é possível", observara humildemente o incriminado, "dar conta desta tamina. O sol mata a gente!" Nada respondera o major. Na madrugada seguinte, porém, misturara-se com os trabalhadores e, apesar de protestos e rogativas, pusera-se a trabalhar como um negro, cortando freneticamente canas e enchendo não só um carro, porém, sim, dois e meio, muito embora o ardor do sol fosse, com efeito, de rachar.

Também, o crioulo chorava como um perdido, dando-se por mais castigado do que se recebesse uma surra da mão de desapiedado feitor.

A lição aproveitara por modo maravilhoso. Dali em diante fora um trabalhador modelo, capaz de verdadeiros prodígios! Ah! também, o esforço que o major empregara o pusera de cama muitos dias, chegando a sua vida a perigar. Imaginem só!...

Estávamos a cair de sono, e o homem a desenrolar as suas histórias, sentado ali aos pés da cama que mandara preparar para mim. Perdi muita coisa interessante, porque já estava na região dos sonhos e o meu hospedeiro continuava a falar, falar!... Bom guarda nacional dos *farrapos*, Deus te perdoe as maçadas que me pregaste em troco, aliás, da franca e generosa hospitalidade!

Na madrugada seguinte, já estava ele de pé e a nos acordar para a missa das cinco horas, que o vigário Fleury celebrava em ação de graças pela salvação da coluna expedicionária.

Belíssimas intenções, sem dúvida, mas executadas tão cedo! Entretanto não havia como recalcitrar e, vestindo-nos à pressa, fomos pelas ruas da pobre vila, coberta então de espesso e frio nevoeiro, até à matriz, onde já estavam umas mulheres velhas com a capa mineira, tão característica nas povoações do interior.

Foi, apesar de tudo, bem comovido e contrito que ouvi aquela missa e a Deus fervorosamente agradeci poder estar assistindo a esta singelíssima cerimônia, em caminho para o Rio de Janeiro e em vésperas de abraçar meus idolatrados pai e mãe!...

No dia 9 de julho, transpúnhamos o belo e solene Paranaíba e pisávamos a ponta aguda do chamado Triângulo Mineiro, onde bem se nota a diferença de costumes no retraimento e silêncio com que se pratica a hospitalidade.

Não raro, mal chegávamos a uma casa de bom aspecto, a única pessoa que nos aparecia era alguma velha escrava, que, sem dizer palavra, estendia uma toalha sobre a mesa e logo nos trazia os pratos com que se obsequiam os hóspedes, um pouco de lombo de porco, um bom prato de feijão-cavalo, outro de arroz e couve à mineira.

Nada de sobremesa. Agradecíamos, dávamos uns cobres a quem nos servira e íamo-nos embora, a dormir nalgum rancho aberto aos quatro ventos, o que era bem penoso, pois já começava a fazer bastante frio.

Não me recordo exatamente em que ponto, mas por ali, no território de Minas Gerais, sucedeu-me caso que poderia ter tido conseqüências desagradáveis.

Tendo-me adiantado, como de costume, dos companheiros, cheguei, já com o crepúsculo, a uma casinha de não má aparência, toda fechada.

Abrindo uma porteira e dando volta a todas as dependências, verifiquei que não havia pessoa alguma.

Sentei-me, então, no limiar de uma das portas e pus-me a esperar. Eis que, após alguma demora, talvez uns vinte minutos, vi sair de matagal fronteiro uma mocinha acompanhada de uma preta, que trazia à cabeça volumosa trouxa de roupa.

Levantei-me e fui-lhes ao encontro, mas, apenas me avistaram, começaram a dar agudos gritos de terror e afinal fugiram para dentro do mato, atirando a preta, ao chão, a carga. Meia hora, se não mais, passou-se sem novidade, ficando eu perplexo do que devia fazer, quando comecei a ouvir, na direção em que se haviam sumido as mulheres, alvoroço de numerosa gente e clamores.

E, à frente de um grupo de pretos e camaradas, apareceu um homem de meia-idade correndo quase para mim com uma foice levantada e a bradar:

— É este o canalha? É este?

Apesar do inopinado da cena, não perdi o sangue-frio — e, em vez de recuar ou mostrar qualquer receio, atirei-me para frente.

— Que é isto? — perguntei com voz resoluta. — Querem matar-me?

O homem parou como que vexado.

— Por que é que o senhor desrespeitou minha filha?

— Está maluco. Eu? Sou oficial do Exército; o senhor é quem me desrespeita e posso prendê-lo já e já.

Nisto vinha chegando a mocinha:

— Eu corri de medo, o Sr. não me disse nada.

— Então por que é que vocês foram assustam-me na roça? — ralhou o pai. — Imaginei o que não era verdade, e fiquei todo fora de mim.

Nisto vinham chegando João Mineiro e os meus camaradas.

Aproveitei o ensejo e declarei:

— Eu vinha pousar na sua casa, mas vou adiante, já que desejava assassinar-me por tolices que imaginou, sem mais nem menos.

O homem desfez-se em mil desculpas, pondo-se quase de joelhos para que me agasalhasse ao seu teto.

Afinal, depois de narrar o caso ao João Mineiro, aceitei e não tive de que me arrepender, pois o caso me valeu ótima ceia e camas excepcionalmente boas.

À noite, foi o dono, em pessoa, que veio lavar-me os pés, num alguidar de pau, e, enquanto mos enxugava carinhosamente, apesar dos meus protestos, disse-me mais uma vez:

— O Sr. há de perdoar-me; sou mineiro do tempo do *rojão* e muito agarrado às idéias que mamei com o leite de minha mãe e vi praticadas por toda a minha boa e santa gente. Mulher é bicho tão perigoso, que leva de repente os homens mais seguros de juízo às maiores desgraças. A menina me chegou toda fora de si e esbaforida, e o diabo da negra pôs-se a bater língua como um demônio que é.

Assegurei-lhe que me considerava de todo desagravado, e não tinha senão que louvar o esplêndido gasalhado que me dera depois do equívoco em que laborara. Escusado é dizer que este representante do carrancismo de passadas épocas me serviu para o tipo do pai da gentil e sacrificada *Inocência*.

No dia 12 de julho alcancei a freguesia de São Francisco de Sales, a povoação mais ocidental de toda a província de Minas Gerais e fundada em 1837.

Construída na encosta de um morro, consta, ou melhor, constava, então, de umas trinta ou quarenta casas de bem medíocre aparência.

Foi por ali perto que, pela última vez, vi pés do belíssimo buriti, o encanto do sertão, um dos mais formosos adornos das paisagens do interior.

Difícil, se não impossível, é ver-se coisa mais elegante, harmoniosa no todo, esbelta, airosa ao mesmo tempo que solene e melancólica do que esta monocotiledônea, cuja abundância, em certas zonas, se torna positivamente estupenda.

O auaçu ou baguaçu é, decerto, mais alteroso e cheio de majestade, com as palmas inteiras, eretas como que gigantesco espanador e de original colocação prateada na parte de baixo. Mas, além de muito menos freqüente, só dá e se expande bem em zona bastante limitada.

O buriti não. De certo ponto da província de São Paulo, para lá de Franca, em diante, por toda a parte vêem-se os leques das donairosas palmeiras balancear, à menor brisa, os flexíveis folíolos em que se abrem, já solitários, já em compactos grupos, já espaçados com a regularidade de intercolúnios. Quase sempre dão indício d'água e por isto mais simpáticas se tornam aos olhos do viajante, como utilíssimo sinal, quando não lhe sirvam para embelezamento da alma nos arroubos artísticos.

Diferencia-se bem do carandá, com quem tem bastantes pontos de similitude: 1º) porque os folíolos destes são duros e terminados por uma espécie de acúleo ou ferrão; 2º) por dar em terreno úmido, quando o outro afeiçoa exatamente os locais secos, arenosos e, embora inundados periodicamente, de fácil esgotamento de águas.

Também que diferença ao ouvido o sussurrar do vento num carandazal ou num buritizal! Neste há um murmúrio suave, doce, misterioso de abanicos em mãos de espanholas; naquele o farfalhar áspero, seco, por vezes tempestuoso de vaquetas que se agitam e entrechocam.

Constitui o buriti uma das minhas maiores saudades do sertão.

Mal entrava eu na povoação de São Francisco de Sales, subindo encosta bastante íngreme, quando a besta em que vinha montado e fora comprada pouco depois da perda do Paissandu por trezentos mil réis, empacou, resolvida a não ir mais adiante.

E o pobre do solípede tinha razão; estava exausto de força, a caminhar desde as funduras da fronteira do Apa até ali, quase todos os dias e pessimamente alimentado. Tirei então, à falta de outro recurso, a espada e pus-me a bater com o chato da folha na magra anca do recalcitrante bicho, que andava um pouco, para logo depois parar com o ar mais infeliz que dar-se pode.

Ao enfrentarmos a primeira casa do povoado, eu e a minha *abombada* cavalgadura, um velho interpelou-me alegremente:

— Não vá mais longe — disse-me ele —, *desapeie*, que a sua montaria está caindo de podre. Entre nesta casa sem-cerimônia e pouse aqui.

Foi na verdade o que fiz e, quando os companheiros chegaram, já me acharam a conversar, animadamente, com quem nos oferecia tão franca e risonha hospitalidade, e, de fato, desempenhou-se, em regra, dos deveres que espontaneamente chamara a si.

No dia seguinte, com franqueza e lealdade, propôs-me uma barganha.

— A sua besta — declarou-me ele — é bom e valente animal, mas precisa, por força, de descanso, de uns meses de folga e liberdade nalgum pasto de capim gordura. Então ficará coisa de patente. No estado em que se acha não vale nada. Se o Sr. quiser trocá-la por este cavalinho, que é pequenino, muito feio, mas excelente de cômodo e de ferro, positivamente, faremos ambos bom negócio. Para o fim que tem, isto é, viajar, viajar até chegar, não se arrependerá um só dia. Eu, do meu lado, daqui a poucos meses, terei um animal que há de valer dez vezes mais do que o que lhe proponho.

Montei o tal cavalinho, que se chamava Pinhão e tão baixo que os meus pés quase arrastavam no chão, e tanto me agradei da andadura e do ar meigo e inteligente dos seus olhos numa cabeça desproporcionada, que não hesitei na troca.

E, de fato, não tive desse dia em diante senão motivos de me dar por bem pago, por tal modo que não foi sem pesar que, em São Paulo, me desfiz do meu pobre e desajeitado Pinhão, por cima horrivelmente genuvalgo, pelo que lhe haviam nascido nas juntas duas grandes calosidades.

Mas que bela marcha, e sempre tão pronto para caminhadas intermináveis, tão brioso levando a vida com tamanho desapego das comodidades e sempre satisfeito! Era modesto paquiderme, bem filósofo no contínuo desejo de agradar a todos, agradar a todo o transe! Pagaram-me por ele a importante soma de sete mil réis!...

Pobre Pinhão! Sem dúvida tanto abusaram de ti e da tua complacente índole, tanto se desforraram em ti daquela elevada soma de sete mil réis, que um belo dia arrebentaste de fadiga e lazeira!

Quando passei por São Francisco de Sales, estava a localidade toda alvoroçada por insólito fato.

Uma semana antes, lá havia chegado um italiano, de realejo às costas, e este acontecimento tinha dado lugar a dançados e festanças nas vendas ou bodegas e também nas casas de família.

Todos queriam ouvir o realejo e ver dançar os bonecos. O italiano exultava e moía a sua música com entusiasmo proporcional aos ganhos. Uma noite, porém, ladrões o haviam embriagado e, roubando-lhe o instrumento, arrombado num matagal próximo, dele tinham desentranhado a grossa quantia de vinte contos de réis!

Pelo menos era o que assegurava em gritos e clamores o mísero dono.

— Eu não comia, não bebia — disse-me em lágrimas —, para juntar o meu rico *denaro! Tuto perdutto, perdutto, Dio Santo! Che fare? Che fare?*

E prometia um conto de réis a quem lhe entregasse os dezenove restantes, jurando *per la Madona* e *il Santo Bambino* que desistiria de qualquer queixa à polícia... Polícia em São Francisco de Sales!

E o seu ganha-pão, quem lho restituiria? Como recomeçar a vida, depois de tantos trabalhos, tamanhas caminhadas a pé, dia e noite, por estradas imensas, ao sol, à chuva, carregando tão grande peso, sozinho neste mundo de Cristo! E tudo para dar riqueza a infames ladrões!...

Com que eloqüência falava o mal-aventurado! Também todos lhe davam razão e condoíam-se da sua sorte e irremediável desgraça. E logo ter ocorrido este indigno roubo num povoado como esse de São Francisco de Sales! Tão conhecido pela honradez e inveterados hábitos de sossego e probidade! Era, com efeito, não pequena vergonha!

O meu velho hóspede, antigo oficial da milícia, no tempo de D. Pedro I, acusava o progresso de mais esta falcatrua.

— É o caminho de ferro — explicava — que, pelo que contam, vai alastrar agora, como erva daninha, pela província de São Paulo. Com este diabo chega tudo quanto há de mal nesta vida de miséria. O primeiro passageiro que traz é o *dízimo* (imposto).

Saímos da povoação sem sabermos do resultado das propostas do italiano; mas é bem de crer não tenham sortido resultado algum.

LXIII

No dia seguinte atravessamos o Rio Grande e pisávamos território de São Paulo, lamentando bem não acharmos por perto já algum trecho daquele meio de locomoção contra o qual tanto deblaterava, por ouvir dizer, o bom e atrasado ancião.

Qual! Tínhamos que nos meter em espessa mataria, aliás sumamente pitoresca, soberba e seguida, sem quase interrupção, umas boas cinqüenta léguas. Como é belo ali, já quase perto da confluência com o Paranaíba, o Rio Grande! Que enormes massas d'água a se juntarem e a se desenrolarem com a denominação de Paraná (*mar vasto*, diziam os indígenas!).

Como fora agradável a viagem por essa ensombrada e larga estrada, no meio de árvores colossais, e a ouvir o cantar de inúmeros e formosos voláteis, se os dias nos houvessem sido favoráveis e de claro sol!

Infelizmente, sem cessar, perseguiu-nos inclemente chuva, de modo que nos víamos molhados, desde o começo da jornada, da cabeça aos pés, tornando-se a tormenta, em certos dias, bastante incômoda, quase perigosa, naquela descontínua floresta, em que éramos açoitados por grandes galhos e ameaçados por árvores que de repente ruíam com temeroso fracasso. Apesar de tudo, porém havia muito de adorável naquele jornadear.

Tão feliz me sentia, que vinha, quase sempre, cantando alto trechos de óperas e músicas, minhas velhas conhecidas, o que me valeu não pequeno susto.

Ia sozinho e muito despreocupado, quando, de repente, saiu de dentro da mata um homem que me bradou:

— Faça alto!

— Por quê? — perguntei, refreando o Pinhão. — Quem é o Sr.?

E fiz menção de desembainhar a espada, pois embora à paisana, nunca deixara de viajar com ela, presa ao cinturão.

— O Sr. não é maluco? — perguntou-me quem me embargara o caminho.

— Maluco? Por quê?

— Vem fazendo uma algazarra de assustar *roncadores*[41] e gralhas.

Pus-me a rir e asseverei que nada tinha de louco.

— Louvado seja Deus! — retorquiu o homem. — Fiquei tão assustado que me escondi atrás daquela árvore.

Então contei-lhe quem era e por que estava de tão bom humor.

O sujeito, que parecia excelente pessoa, viu confirmadas todas as minhas asseverações com a chegada do João Mineiro e desenvolveu os maiores esforços para nos levar ao seu rancho, que ficava por perto, arredado da estrada apenas... duas léguas e meia; mas resisti-lhe e continuei a viagem.

Todo o meu desejo era vencer espaço. Também comecei a querer aproveitar a claridade duvidosa do luar tristonho e embaciado, e prolongava então a caminhada até às oito e nove horas da noite.

Numa ocasião, já passado o arraial de São José do Rio Preto, que estava deserto por causa do recrutamento[42], chegamos molhados até aos ossos à porta de um casarão, então hermeticamente fechado, pois havia de ser perto das dez horas da noite, e de noite escuríssima. Bati com força mais de quatro vezes sem resultado.

Afinal, à quinta intimação, uma voz de homem perguntou de dentro:

— Quem é?

— Somos viajantes — respondi — e pedimos pousada.

A porta não se abriu. Tornei a bater, aí com verdadeira imposição. A mesma voz fez-se ouvir.

— Ocupem o rancho, que fica defronte. É para onde vão os *viageiros*.

— Mas o Sr. é o dono da casa? — perguntei. — Abra já, seja ou não seja. Somos oficiais do Exército e eu sou doutor.

Depois de certa demora, abriu-se o postigo superior da porta e apareceu-nos um homem bastante mal-encarado.

— O dono da casa é o Sr. Bernardino de Seixas — disse-nos, levantando uma vela —, e está de cama.

— Se está doente, melhor; eu sou doutor e vou medicá-lo. Abra!

Estava conquistada a praça. E, entrando, fomos sem mais tirando os ponchos que pingavam d'água e deixamos logo no soalho largas poças.

— Que gente é essa? — perguntou uma voz fraca e de velho, ao passo que várias mulheres nos encaravam assombradas.

— O Sr. está de cama naquele quarto — apontou uma mulatinha.

---

41) Bugios, cujos roncos, dizem, imitam o cantochão.
42) Punha-se então em prática o dito que circulava por todo o Brasil: "Deus é grande, mas o mato é maior."

Empurrei a porta indicada e vi diante de mim um homem de bastante idade, todo branco, cabelos e barbas, e deitado em leito de lençóis bem alvos.

— O Sr. Bernardino de Seixas?

— Seu criado.

— Venho de Mato Grosso — expliquei-lhe —, estive com o seu filho no arraial de São José do Rio Preto e chegamos varados de fome. Peço-lhe mandar-nos dar de jantar.

— A esta hora? — gemeu o velho. — Eu me acho tão doente!

— Pois sou médico e prometo aliviá-lo das dores, depois de ter comido.

— Deveras? — exclamou. — Anda às voltas comigo aquele amigo que é cirurgião (o tal sujeito que nos recebera tão mal), mas até agora não me sinto melhor.

— Ah! — observei encarando com desprezo e altivez o curandeiro (aliás, meu colega de ocasião) —, foi o Sr. que se mostrou tão desalmado para conosco?... Tem muita falta de caridade!

Resmungou o interpelado desculpas que eu não quis ouvir. E, enquanto se preparava o jantar, pus-me a examinar o *meu* doente, que estava com violentíssima bronquite e grande retenção de urinas, o que, aliás, além de patente foi-me por ele explicado mui prolixamente. Lembrei-me de lhe administrar qualquer xaropada, mas a tal história de urinas me atrapalhava seriamente.

Não queria, porém, dar o braço a torcer e, quando nos anunciaram, quase à meia-noite, o jantar, eu já fizera beber ao velho Bernardino um bule de infusão de folhas de *velame do campo*, cujas propriedades diuréticas são bem conhecidas, além de lhe mandar dar grande banho morno.

O efeito foi tão pronto que eu mesmo cresci aos próprios olhos. Por aí se faça idéia da alegria e admiração do meu cliente.

— Deus Nosso Senhor — dizia com fervor — o guiou até cá, fora de horas, para me salvar! Louvada seja Maria Santíssima!

Na verdade, foi bem ganho aquele jantar, de que o antipatizado curandeiro participou, apesar dos nossos modos e esgares de indignação e desprezo, todo encolhido no fim da mesa, o que não o impedia de comer, como um alarve, os restos que lhe fomos deixando.

Forte bruto! Acabada a refeição, que constou de duas boas e gordas galinhas, lombo de porco frio, ovos, ervas, farinha e rapadura, voltei a tratar do enfermo, que encontrei já outro e pronto para tomar chumbo derretido dado por minha mão.

Chamei uma das raparigas e perguntei-lhe se sabia fazer xaropada de quingombô. Respondeu-me que nunca ouvira falar em tal, mas troquei o nome da xaropada pelo mais corriqueiro de *lambedor* e, afinal, dei-lhe as minhas instruções. Pronto o *lambedor*, uma colher de sopa bem cheia de hora em hora, mas com imensa regularidade, relógio em punho. Qualquer alteração podia ser perigosa, observei com charlatanismo.

E fui deitar-me, que estava caindo de sono. Era uma hora da madrugada.

Que belo sono! Só acordei no dia seguinte às dez horas da manhã e aumentou-se-me a satisfação quando, da boca do velho, soube que dormira bem-sossegado e sem mais arrancos de tosse, *um tempão*, na sua frase. Também queria por força reter-me; mas depois de bem-almoçado, deixei-lhe a casa, por volta do meio-dia[43].

Íamos, já então, devorando léguas e léguas, eu tão bem-montado no meu feio cavalo zambo, cuja marcha era excelente, positiva rede e ligeiro, sempre, como um raio. Era só empanturrá-lo de milho e depois exigir-lhe confiadamente o máximo do esforço. Estava pronto.

Na cidade de São Bento de Araraquara, a que chegamos a 24 de junho, procurei logo o juiz de direito (Dr. Candido Xavier de Almeida e Sousa) e dele tive franca e amabilíssima hospedagem.

Não se podia fartar de ouvir-me contar episódios da retirada e queria até reter-me uns dias.

— Saberei — dizia com afável sorriso — refazer-lhes todas as forças a poder de pão e mangaritos.

Aludia à voracidade com que havíamos acolhido esses alimentos antes e durante o jantar.

Também havia tanto tempo, tanto, que eu não mais sabia o gosto do pão. Para assim dizer, desde a saída da cidade de São Paulo, nos primeiros dias de abril de 1865, porquanto o pão que nos davam em Uberaba era massa pesada, sem levedura nem sabor algum, daí por diante nem isto. Justificada, portanto, a alegria com que saudávamos e festejávamos o alimento primordial da nutrição na vida civilizada.

E tão longe levei a minha nova iniciação que, em São João do Rio Claro, onde o pão é reputado pelas qualidades de alvura, leveza e gosto, tanto dele comi que afinal tive formidável indigestão, verificando, por penosa experiência, a verdade do aforismo de Hipócrates: *"Omnis saturatio mala, panis autem pessima"*.

Achei muito interessante e simpática essa cidade de São João do Rio Claro, já naquele tempo bastante animada e cheia de esperanças por auspicioso futuro, que soube realizar.

Parece que tomou imenso incremento logo que a ela chegou a estrada de ferro, tornando-se centro de muito movimento e lucro. Dista dezessete léguas bem-

---

[43] Dois meses depois da minha chegada ao Rio de Janeiro tive notícia, pelo *Jornal do Comércio*, que o velho Bernardino de Seixas falecera. Por certo, os medicamentos que lhe fiz engolir naquela célebre noite não concorreram para o funesto resultado.

puxadas de São Bento e dez de São Carlos do Pinhal, simples povoação no nascedouro, quando por lá passamos e presentemente localidade de mais importância e riqueza do que as duas cidades entre as quais se acha.

No dia 28 entrava eu em Campinas, fechando ali o mesmo circuito que acabava de percorrer, mais de seiscentas e sessenta léguas, e léguas de três mil e seiscentas braças, as boas léguas brasileiras com que os geógrafos e viajantes dificilmente se acomodam.

Com que saudades tornei a ver a nossa modesta, bem-modesta Cápua, mas assim mesmo tão fatal ao pobre Drago e a muitos outros companheiros!

Quantos acontecimentos trágicos, quantas fadigas nos teriam sido poupadas sem aquela demora inicial ao principiar a malfadada expedição de Mato Grosso.

Enfim... "o homem se agita e Deus o dirige". Deus ou a sorte ou a fatalidade ou a lógica, tudo menos a Humanidade, como totalmente pretende a escola positivista. Decerto há alguma verdade no belo apotegma: "os mortos guiam os vivos", mas força é reconhecer sua extrema limitação.

Como pode a Humanidade influir em fatos absolutamente inesperados e ocasionais, v. g. a telha que matou Pirro?, enfim, nos mil incidentes inopinados que têm feito ganhar ou perder batalhas, decisivas no destino dos povos?

Aí em Campinas, deixei de viajar a cavalo e tomei os horrorosos *troles* do meu antigo conhecido José Case, com hotel então em Jundiaí, até onde chegava a estrada de ferro dos ingleses e, por isso, a desfrutar regalias excepcionais de atividade comercial e vertiginoso progresso. Mudou-se em breve a estação terminal e com ela se foi todo aquele brilho momentâneo, que não mais voltou.

E à medida que me aproximava de Santos e do mar, mais aumentava a minha impaciência de chegar. Também apenas achei telégrafo, dele usei, dando, concisamente, parte ao Governo da minha presença em Jundiaí e que três dias depois embarcaria com destino ao Rio de Janeiro.

Telegrafei também a meu pai logo e logo, mas infelizmente, como depois soube, este telegrama nunca lhe chegou às mãos.

Separei-me, em Jundiaí, do meu companheiro de viagem Prado Mineiro, a quem dei apertado e último abraço. Ali também me desfiz das duas bestas de carga e, não sem saudades sinceras, do meu cavalinho Pinhão, tudo por trinta e seis mil réis, se não me falha a memória, talvez até menos. Pechincha para quem comprou.

Rapidamente cheguei a São Paulo, de lá saí para Santos e achei-me navegando para o Rio de Janeiro. Tudo me parecia tão mudado, tão novo; tudo quanto passara, vira e sofrera em Mato Grosso se me afigurava tão longe, tão distante, tão afastado já de mim!

LXIV

Na Capital do Império, muito grande era a inquietação a respeito do destino da expedição de Mato Grosso; no seio da minha família, então, enorme, indescritível.

Um tropeiro, chegado de Sant'Ana do Paranaíba, contara que havíamos marchado para o Apa, invadido o Paraguai e sido, quando voltávamos, acossados por forças inimigas. Recebendo elas reforço, fôramos completamente cercados e aniquilados.

Ninguém escapara — era a versão que depressa fora ter à vila do Prata e logo a Uberaba, sendo, em poucos dias, dada à publicidade em todos os jornais do Rio de Janeiro.

Em casa não se vivia mais, num alarma inexcedível. Minha mãe caía em contínuos delíquios, e meu pai ia e vinha de São Cristóvão, na esperança de que o Imperador recebesse alguma notícia mais tranqüilizadora.

Que transes horríveis para a minha pobre família! A idéia de me saberem, na melhor das hipóteses, atirado às imundas masmorras do sanguinário López, não lhes dava um minuto de sossego. Oito dias de verdadeira agonia!

Afinal, um dia, meu pai fora de casa, recebeu um telegrama aberto com algumas palavras explicativas do punho do Imperador. "Acaba", diziam elas, "o Ministro da Guerra de receber o seguinte telegrama datado de Jundiaí: 'Chegou aqui o Tenente Ascagne com muitas notícias da expedição de Mato Grosso, que passou por terríveis inclemências, mas salvou bandeiras e canhões.' O Tenente Ascagne não pode ser outro senão Escragnolle. Parabéns!"

La joie fait peur, diz Mme. de Girardin. Minha mãe, com efeito, quase enlouqueceu de alegria, sobretudo quando novo telegrama, este de São Paulo, não lhe deixou mais dúvidas possíveis sobre a salvação do estremecido filho. O nome ali estava com todas as letras. Despacharam-se a procurar meu pai por toda a parte o bom Tomás e o Gregório. Não o encontraram. Voltava no cúmulo do desânimo e todo lacrimoso e encontrou a casa na auge da exultação.

Terceiro telegrama meu, diretamente de Santos, anunciava que ia embarcar-me e no dia seguinte, 1º de agosto, deveria estar chegando às onze horas da manhã.

Aí se colocou um rasgo de amor paterno que, ainda hoje, decorridos tantos anos, me comove intensamente.

Marcara eu a hora em que o vapor devia entrar. Pois bem, às seis horas, mal clareava o dia, já meu pai estava à minha espera no meio da baía do Rio de Janeiro. "Mas", observavam os remadores do escaler, "para que tanta pressa?" "Não vêem", respondia ele, "que meu filho chega hoje de Mato Grosso e quero ser dos primeiros a avistar o vapor até fora da barra?!"

Ah! que comoção ao vê-lo, meu bom pai, saudando-me com grande lenço de seda vermelha, com que a miúdo enxugava as copiosas lágrimas! Como descrever o que senti, quando o apertei nos braços, e depois minha mãe e todos os meus! Que dia esse 1º de agosto de 1867! À noitinha, fomos a São Cristóvão, vestido eu como estava, com uma blusa suja de morim pardo, já então com as divisas de 1º tenente, pois nos últimos dias de viagem lera nos jornais a notícia da minha promoção.

O Imperador recebeu-me com muito carinho, mandou-nos sentar e ficou entre mim e meu pai, ouvindo atentamente o que lhe pude contar do modo mais conciso possível. "Bem", disse por fim, "lerei com todo o cuidado as partes oficiais. Mas como foram abandonar feridos e doentes? Enfim... Tudo verei. O Sr. pertence agora à sua família. Vá ter com ela!" E despedimo-nos.

No dia seguinte, visita ao Palácio Isabel, mostrando o Conde d'Eu vivo interesse por tudo quanto lhe referi. Certa vez corrigiu uma palavra espanhola que eu dizia errada e invertida, *gadano*. "Deve ser ganado (gado)", emendou.

Durante os primeiros dias após a minha chegada não se ocuparam os jornais senão dos acontecimentos e da retirada de Mato Grosso e, como tudo servia para a oposição, não perderam as folhas adversas ao governo tão belo ensejo para atacarem fortemente o gabinete.

No Senado abriu-se até violento debate em que se distinguiram Teófilo Otoni e o Padre Pompeu. E, como eu publicara no *Jornal do Comércio* um artigo explicando os sucessos em que me achara envolvido, esse último senador a ele se referiu, dizendo que fora escrito com a pena de Plutarco!

Enfim, naquele período, embora curto, fui o herói do dia, *the day's man*.

Fisicamente, a viagem última, que acabara de fazer, fora em extremo útil. Naqueles quarenta e cinco dias, do porto do Canuto a Santos, a travessia do sertão, a cavalo, me robustecera e engordara, dando tempo a que os cabelos, cortados rentes, no fim da retirada, crescessem anelados como sempre os tive, não tanto em menino, como desde o ano de 1859, após singular crise em que caíam aos punhados.

Os traços da fisionomia, um tanto efeminados, haviam-se, com os trabalhos e as fadigas de Mato Grosso, virilizado de maneira que o meu todo, o meu tipo chamava a atenção, donde assomos sinceros de vaidade positivamente mulheril, quando ouvia elogios à queima-roupa.

— Que guapo oficial! Que rapagão!

E gostava de passear à tarde, bem-apertado na minha farda de tenente de artilharia, a fim de colher estas espontâneas homenagens ao meu porte, à minha elegância, ufano por ter escapado incólume às balas dos paraguaios, que poderiam ter-me aleijado de qualquer dos membros, ou afeado o rosto com alguma cicatriz honrosa, decerto, mas contrária às regras da plástica.

E aqui confesso à puridade. Muitas vezes no meio das balas, corria-me rápida pelo pensamento esta idéia: "Meu Deus, e se um desses inconscientes pelouros me levar o braço, como poderei mais tocar piano?... E se me deformar a cara! Prefiro a morte!" Era positivamente soldado de Pompeu, daqueles cavaleiros romanos contra os quais César aconselhava aos seus: "apontem para a cara".

Nem por isto, porém, deixei jamais de cumprir, e bem, o meu dever diante do inimigo; estou, porém, contando lealmente a minha vida, os estímulos que me dominaram, bons ou maus, sérios ou fúteis, e não me era lícito omitir esta feição íntima que teve em mim não pequena influência nas relações mundanas.

LXV

Nos primeiros quinze dias de estada na Corte saíram, se não me engano, os Decretos não só da Medalha comemorativa da retirada da Laguna, que depois se fez extensiva às forças que atacaram e tomaram Corumbá, como das condecorações distribuídas pelo Governo à nossa coluna expedicionária.

É aquela medalha oval com o busto do Imperador de um lado, do outro as palavras *Constância e Valor* rodeadas de folhas de louro, suspensa por uma fita azul e amarela.

Tive consulta direta por parte do Ministro Paranaguá, então em excelentes relações com meu pai, se preferia o Oficialato da Rosa ou o Hábito do Cruzeiro, e decidi-me por aquele, parecendo-me a placa mais significativa no peito de um simples tenente.

Acariciava-me mais a vaidade a venera larga, toda faceira, com os bonitos emblemas e a célebre divisa *Amor e Fidelidade*.

Como se sabe, esta ordem foi criada por D. Pedro I, num dos seus muitos ímpetos eróticos. Ao avistar a Imperatriz Amélia, que desembarcara com um lindo vestido de gaze branco, salpicado de rosas meio abertas, veio-lhe incontinenti ao espírito exagerado e cavalheiroso a idéia de constituir mais essa ordem, batizando-a com as qualidades, ou uma das qualidades, de que era menos capaz: *Fidelidade*.

Parece que a filha do Príncipe Eugênio de Beauharnais era positivamente linda, admirável na tez e alvura dos dentes; também o Imperador apaixonou-se ardentemente por ela, mal a encarou, mostrando-se nas cerimônias do casamento sôfrego por possuí-la.

A tal ponto se achava embelezado que respondeu mal à sua querida Dometildes de todos os tempos, a Marquesa de Santos. "Onde me devo colocar na Capela Imperial?", perguntara ela. "Coloque-se onde bem quiser", respondeu-lhe arrebatado, "contanto que não me aborreça!"[44]

---

44) Esta informação do A. é inexata e provém de falsa tradição oral. Estava a Marquesa de Santos desde algum tempo em São Paulo e, como se sabe, não se chamava Dometildes e sim Domitila. Afastara-se do Rio de Janeiro desde que o Marquês de Barbacena partira para a Europa a fim de negociar o segundo casamento do Imperador. Vindo para São Paulo, sua cidade natal, jamais se avistara novamente com o imperial amante. (Cf. Alberto Rangel, *Dom Pedro I e a Marquesa de Santos*.) (Affonso de E. Taunay, filho do escritor.)

Quantas histórias, características e curiosas, contou-me meu pai, já do tempo de D. João VI, já da Corte do primeiro Imperador? Irei narrando-as à medida que a memória mas for ministrando e o ensejo se me oferecer.

Por exemplo, um episódio entre o jovem ardente soberano, todo impetuoso e despótico nos caprichos, e a amante.

Acabara meu pai de subir, em certo dia, a escada principal de São Cristóvão, quando por diante dele passou correndo, e muito agitada, ainda que risonha, a Marquesa de Santos, logo após o Imperador, absolutamente como duas crianças a brincarem.

Na sala imediata, deixou-se a senhora cair numa cadeira desmaiada, ou fingindo-se sem sentidos, quando ia ser agarrada por quem a perseguia. Com este desenlace ficou o Imperador muito aflito e chamou por criados que acudiram logo, vindo também o médico de semana, a cujos cuidados entregou a marquesa.

E sem mais nem menos contou a meu pai o que se dera. Acabando de jantar, pusera-se a palitar os dentes e observara à amante, que viera passar o dia em São Cristóvão[45], que entre dois dentes, por mais perfeitos, limpos e sãos, sempre havia cheiro de comida.

Quis por força que a pobre da rapariga pusesse em prova a asserção. Recusou-se ela, a princípio a rir, depois agastada. "Agora é por teima", disse-lhe D. Pedro e agarrou-lhe os pulsos com certa violência. Ela levantou-se, correu ao redor da mesa e afinal fugiu por uma enfiada de salas, seguida sempre pelo amante, que teimava em sua nada delicada resolução.

— Não acha, Sr. Taunay, que fiz mal? — perguntou verdadeiramente arrependido.

— Acho — replicou meu pai. — Tudo provém do mau hábito de se palitarem os dentes em público, coisa que não se admite em França.

— E com toda a razão — concordou o Imperador —; que quer? Estes costumes portugueses!... Falta-nos muita coisa para sermos civilizados. Pobre marquesa!

E num arranco de demasiada franqueza: "Fui um brutamonte!"

---

45) Morava no palacete que Dom Pedro I mandara preparar para sua residência, e pertenceu depois, largos anos, ao Visconde de Mauá, à Rua presentemente Figueira de Melo, em São Cristóvão. Ainda vi ali bonitos frescos, arabescos e pinturas murais.
O Imperador costumava ali ir com toda a ostentação. Uma vez o camarista Andrade Pinto recusou-se a passar da porta.
— Consinta Vossa Majestade que desobedeça à sua ordem. Não entrarei.
— Pois então — respondeu-lhe Dom Pedro — fica dispensado do meu serviço.
— Agradeço a Vossa Majestade.
No dia seguinte, o Monarca logo cedo mandou chamá-lo.
— Olhe, o dito por não dito, pensei um pouco no nosso caso e acho que o Sr. procedeu muito bem.

D. Pedro I muito contente ficou com a sua Ordem da Rosa, tanto que deu aos condecorados as mesmas regalias que aos do Cruzeiro, a Legião de Honra do Brasil, como costumava dizer.

Pediu a meu pai que a cantasse em *verso*, mas como fizesse igual encomenda ao Padre *(Abbé)* Boiret, pobre e desfrutável eclesiástico francês, que freqüentava São Cristóvão, aquele se exonerou da poética tarefa, deixando o campo livre ao insosso versejador.

Contam que este Boiret dizia maravilhas nos seus sermões hebdomadários. "*Mes fréres* — costumava afirmar do alto da tribuna sagrada —, *je ne suis qu'un imbécile!*" E os ouvintes, finda a prática, proclamavam: "*L'abbé a été aujourd'hui d'une éloquence! Il a dit de grandes vérités*". Foi, durante a regência, nomeado professor adjunto de francês do Imperador menino; mas ninguém o tomava a sério.

Andava o pobre do *Abbé* Boiret muito preocupado com a incumbência e a todos falava nas insônias que ela lhe trazia.

— Não durmo, não como — gemia o coitado do poeta, para corresponder dignamente à confiança de Sua Majestade —; mas tenho esperanças que sairá coisa capaz!

Afinal, terminado o penoso período de gestação, levou a produção a São Cristóvão.

Era uma Ode! Figurava D. Pedro I, alta noite, cogitando qual o modo de honrar, mais do que tanto já fizera, a Virgem Santíssima e de patentear ao mundo a sua adoração e inexcedíveis amor e fé na Mãe de Deus.

— Que prova mais lhe poderei dar? Que sinal de ardente culto.

Revolvia muitos projetos na mente; mas nenhum lhe agradava. De repente batera na testa e, todo abrasado de místico fervor, em arroubo de eloqüência (bem ingênua, força é confessar), exclamava:

Ah! Pour mieux t'honorer, j'imagine une chose,
C'est de te décorer de l'Ordre de la Rose!

Deste final, que coroava dignamente toda a peça, ria-se a valer o Imperador, que fazia, com meu pai, espirituosos comentários, concluindo-os sempre com os dois versos terminais da desastrada ode.

Das ordens brasileiras foi a da Rosa a mais prodigalizada nos dois reinados. Durante a Guerra do Paraguai, espalharam-na então às mancheias, tanto que a denominavam os soldados a *carnaúba*, por causa do dito expressivo de um cearense. "Há tanto povo", disse ele, "com esta tetéia, que até parece *carnaubal* na minha terra." E o qualificativo pegou.

Em todo o caso, o Oficialato já não andava assim tão de rastos, sobretudo no meu posto de oficial subalterno. Era o que me escrevia de França o meu tio Carlos Augusto Taunay com a habitual amabilidade e *verve*: "Na tua idade e nas tuas condições uma placa ao peito, só de príncipe".

Este tio, quanto o estimávamos desde crianças! Acostumados aos confeitos e balas, como que de contínuo nos presenteava, os bolsos cheios de guloseimas e amêndoas!...

Que gênio diferente do irmão Teodoro, Cônsul de França, tipo de filantropia misantrópica se assim se pode dizer, triste, sempre melancólico, sorumbático!

Inteiramente o contrário de Carlos, contente de si e do mundo, alegre e tudo vendo cor-de-rosa, apesar de já bem velho e ter tido existência em extremo agitada.

Também foi com grande desgosto que recebemos, em setembro desse ano de 1867, a notícia do seu falecimento, no castelo de um dos seus amigos, perto de Paris, quando se dispunha a voltar, pela décima ou undécima vez, ao Brasil, para onde viera, em 1816, com os pais e família toda e a colônia francesa contratada pelo Marquês de Marialva para a Academia das Belas-Artes.

Estávamos então no Engenho Novo e para lá nos mudáramos para a melindrosa convalescença do meu irmão moço, Luís Gofredo, de gravíssimo caso de febre tífica que quase o levou ao túmulo.

E desta estada guardo bem agradáveis recordações pela muita vivacidade que pôs às minhas reminiscências de criança. Novamente me deliciara a frescura das noites e o balsâmico ar das manhãs contrapostos ao intenso calor dos dias. Ainda existia de pé a bela casa de vivenda do meu tio-avô, o Almirante Teodoro de Beaurepaire, hoje por terra.

LXVI

Nasceu Carlos Augusto Taunay no ano de 1791, filho mais velho dos meus avós Nicolau Antônio Taunay e Josefina Rondel. Arrastado pelo entusiasmo bélico da época napoleônica, fez-se militar e, como tantos outros jovens desse extraordinário período, buscou logo distinguir-se, arrostando os maiores perigos. Só viam diante dos olhos o bastão de marechal de França!

A morte adejava por sobre milhões de cabeças desvariadas por glória e bordados, pouco importava! Todos queriam morrer como Lassalle, general de divisão aos 36 anos.

Pela conquista da *Legião de Honra* não havia loucura que se não praticasse. Enviado à Espanha, foi Carlos Taunay o segundo a entrar por assalto na cidade de Sagunto e, por este feito, ganhou nada menos de dois postos.

Mas quão penosa a retirada da Espanha para as tropas francesas!

Engraçadamente, escrevia-me de França, quando soube da minha volta de Mato Grosso: "Se eu pudesse suspeitar que você, meu caro sobrinho, teria também que suportar os horrores de uma retirada, ter-lhe-ia dado com antecedência alguns bons conselhos pela experiência que adquiri na Península, por exemplo, não abusar das uvas, por melhores que se lhe oferecessem. Esta fruta pôs-me em grandes apuros e muito me atrapalhou nas marchas forçadas. Também depois eu a considerava perigosa aliada dos espanhóis e sabia resistir às suas pérfidas seduções".

Na grande batalha de Leipzig, que durou três dias, ficou o corpo de exército em que servia, já como major adjunto, aos 24 anos, encostado ao contingente de tropas saxônias que afinal se passaram para os aliados, abrindo formidável rombo por onde entrou, como um bulcão, a cavalaria dos cossacos, lanceando e acutilando tudo quanto encontrava diante de si, infantaria e artilharia.

Meu tio levou de um lanceiro grande golpe no nariz, que quase ficou de todo decepado. Feito prisioneiro por milagre, quando só se tratava de matar, conseguiu, pouco depois, fugir metendo-se por um banhado adentro onde esteve todas as horas da noite com água quase até aos peitos e a perder muito sangue, segurando, o que mais horrível era ainda, o nariz preso à cara tão-somente por umas cartilagens, até que os coágulos se formassem.

Defeituoso para sempre, depois desta terrível aventura de guerra, perdeu todo o entusiasmo pelo grande Napoleão, por causa do modo brusco com que o genial batalhador lhe conferiu, no dia seguinte, a *Legião de Honra*.

Como era natural, estava o Imperador de feroz mau humor, vendo, com a perda da grande batalha, prestes a invasão da França e destruídas as suas melhores combinações pelos caprichos ou cansaço da sorte. Nesses momentos, tão penosos, foi que Carlos Taunay se lhe apresentou todo coberto de sangue.

— Que quer? — perguntou-lhe o terrível capitão com gesto de impaciência.

— Quero a *Legião de Honra* — respondeu ousadamente meu tio.

Napoleão o encarou sombrio e silencioso. De repente destacou de si o habitozinho e disse-lhe. "Pois bem! aí a tem! *Et fichez-moi la paix!*"

E atirou-lhe com tal arrebatamento a cruz que esta chegou a cair no chão! O gênio das batalhas já estava longe; e o malferido oficial ainda contemplava a venera, indeciso se a apanharia ou não.

Nunca lhe perdoou esse movimento de insólita impaciência, que realmente destoava da habitual serenidade tão admirada em Napoleão.

Quando eu lhe perguntava pelas peripécias da batalha, respondia-me invariavelmente:

— Nada vi, metido sempre numa fumaceira horrível. Quando dei acordo de mim, estava às voltas com o hediondo cossaco que me pôs para todo o resto dos dias o pobre nariz de banda. É o que te posso dizer.

Creio que não tomou parte na campanha de França nem esteve em Waterloo. "Não era mais possível aturar aquele homem", dizia dos últimos tempos de Napoleão. "Genial, sem dúvida, ente extraordinário, único, mas custava caro demais à Humanidade. Se tivesse vencido os aliados, a França perecia de inanição; eram afinal meninos que batalhavam. Ninguém agüentava mais, eis a verdade!"

Demitido, ou antes, licenciado em 1815, como tantos outros oficiais dos grandes exércitos de Napoleão, concorreu por um ato de vivacidade mal-interpretado para que meu avô, Nicolau Antônio Taunay, tomasse a resolução de aceitar as propostas do Marquês de Marialva, embaixador de Portugal junto à Corte do Rei Luís XVIII, para vir fundar, com outros artistas franceses, no Rio de Janeiro, uma Academia de Belas-Artes sob os auspícios do Conde da Barca, então ministro do Rei D. João VI.

De espírito melancólico e tímido, este meu avô, que tinha mérito real na pintura histórica e de paisagem e conseguiu, pela assiduidade e consciência, lugar de nota na Escola Francesa, estava então muito abatido com os terríveis desastres da França e considerava irremediavelmente perdida a sua bela pátria.

Sorria-lhe, pois, um tanto ao espírito combalido aquela partida para além Oceano, em busca de outras terras e o distante Brasil.

Vacilava, porém, ante as dificuldades de transporte e de mudança tão radical, quando o escândalo, aliás bem inocente, do filho, Carlos, levantou todas as dúvidas.

Numa cerimônia do Instituto de França, de que fazia parte como um dos membros do tempo da fundação, ia acompanhando, ao sair, o Duque D'Angouleme. De repente o Carlos precipitou-se sobre o príncipe e... de espada desembainhada em punho!

O alarma foi enorme, e imediatamente circulou pela sala, e dali a pouco por todo o Paris, de um ponto ao outro, que um oficial bonapartista tentara assassinar o sobrinho do Rei!...

Nada disto, porém, era verdade. Chegando junto do duque, que parara muito calmo, abateu a espada e, com voz vibrante, reclamou contra a injustiça de não ter ainda o seu respeitável pai, tão ilustre nas Artes e que ornara de tantos trabalhos Versailles e os museus da França, merecido a *Legião de Honra*.

Sorriu o Príncipe, ao ouvir a ardente reclamação, e prometeu fazer justiça, intervindo com a influência pessoal na medida do possível.

O vexame, a confusão, o desespero do velho Taunay foram inexcedíveis.

— Que dirão — gemia inconsolável — desta cena inacreditável? Hão de supor-me cúmplice de tão ridícula comédia!

E tão real lhe foi o desgosto, que decidiu pedir cinco anos de licença ao Instituto de França para sair e conservar-se fora da Europa e, sem demora, aceitou a oferta do embaixador de D. João VI em Paris.

Desta precipitação lhe resultaram grandes perdas de dinheiro, para cima de vinte contos de réis fortes, o que, naquele tempo, representava soma em extremo considerável.

Uma vez no Rio de Janeiro, este mesmo Carlos, com a leviandade que o distinguia, comprou sem prévia audiência dos pais e por oitocentos mil réis o Sítio da Cascatinha da Tijuca e aí meteu a família toda, partindo ele, logo depois, para a França.

E como exatamente fosse tempo de grandes e incessantes chuvas, os infelizes imigrados sofreram mil torturas. Meu avô só fazia exclamar:

— Para que Carlos nos encafuou neste buraco? E dizer-se que estamos no país do Sol. Jamais o avistamos.

Voltara, entretanto, o Carlos da Europa e, por ocasião da Independência, fora incluído no nascente Exército brasileiro com o posto de major e enviado à Bahia sob as ordens do General Labatut, que fazia frente às tropas portuguesas comandadas pelo bem-conhecido Madeira.

Mal haviam começado as operações do sítio da cidade d'O Salvador, meu tio, com a habitual fogosidade e imprudência, criticava os planos e o comando do compatriota, que já se ilustrara, justamente ou não, com os louros da tão preconizada batalha de Pirajá.

Tomou parte, se não a encabeçou, na conspiração que afinal depôs o general, quando, antes dela arrebentar, nas vésperas, foi preso, julgado em conselho de guerra e condenado sumariamente a ser passado pelas armas!... Tornara-se o caso bem apertado.

À espera do fuzilamento escreveu belos e inspirados versos, que meu pai me leu certo dia, e que nunca mais pude achar entre seus velhos papéis.

Nesta valente poesia, repassada de verdadeiro estro, lamentava não a morte, mas sim ser derrubado por vil chumbo disparado pelos soldados do mais nulo e incapaz dos cabos de guerra, quando, entretanto, batalhara sob o mando do maior capitão que jamais existira na Terra!...

Em todo o caso, tão moço como era, não se lhe dava de morrer sem tentar alguns esforços em prol da vida. Pediu, pois, para adiar o momento supremo, confissão, e de Pedro Labatut recebeu a resposta, que depois nos repetia a rir com gosto: *"Confissa ou não confissa, má fussila!"*, o que não era lá muito consolador!

Nisso chegou ao acampamento o Conde de Beaurepaire, que fez ver ao general quanto a execução desse oficial, estimado no Rio de Janeiro e pertencente a família chegada à Corte do Imperador, havia de ser mal-acolhida e causaria penosa impressão no ânimo de D. Pedro I.

E tanto falou, que a ordem foi, não cassada, mas suspensa por alguns dias.

Era quanto bastava. A conspiração tramada chegou a termo e estourou, sendo então Pedro Labatut deposto e preso.

O Major Carlos Taunay estava salvo, com a consciência de ter escapado, arranhando de perto morte bem escusada e inglória.

Nada mais posso dizer sobre a sua carreira militar[46]. Mais tarde pediu reforma do Exército; mas não se conservou inativo. Fundou jornais, *Le Messager du Brésil*

---

46) Continuando a servir nas operações de Guerra da Independência, foi Carlos Taunay enviado a Piauí, onde teve o ensejo de combater com as forças de Fidié. Mais tarde viu-se incumbido de levar portugueses, prisioneiros de guerra, e exilados políticos brasileiros de São Luís a Lisboa. (Affonso de E. Taunay, filho do escritor.)

entre outros, escreveu livros, andou da França para cá e vice-versa e organizou a vida de modo a fruí-la docemente, com toda a regularidade econômica, sabendo contentar-se com o pouco que tinha e mantendo a reputação de perfeito cavalheiro e homem de bem.

Muito espirituoso, de gênio amável e meigo, chegou à velhice e ao fim dos dias estimado quanto possível por um círculo de amigos, que consideravam verdadeira felicidade retê-lo temporadas inteiras, meses e meses, uns após outros, quer aqui, quer na Europa.

De repente anunciava a partida para a França como se fosse rápido passeio: "Vou visitar um bom amigo", dizia e lá ficava anos seguidos.

Que diferença de existência com a do irmão Teodoro!

Ambos na *Sociedade Auxiliadora da Indústria Nacional* prestaram, desde os começos desta velha e utilíssima Associação, bem valiosos serviços, rememorados, aliás, pelo atual presidente, Nicolau Joaquim Moreira, sempre que se lhe oferece ensejo.

Ambos abolicionistas, talvez dos primeiros que tenha tido o Brasil, publicaram muitos e muitos artigos sobre colonização e agricultura, neste ramo mais particularmente Carlos, que, em colaboração com um padre cujo nome agora me escapa, deu à estampa um *Manual do cultivo do algodoeiro*, ainda hoje consultado[47].

O livrinho bem pitoresco e impresso sem nome de autor sobre Petrópolis, espécie de guia para quem não conhece esta bela localidade, é da sua lavra e tem algumas páginas bem interessantes e escritas em bom português, embora, de vez em quando, lá venha forçado galicismo ou frase toda de feição francesa denunciar a pena do estrangeiro.

Traduziu, também, em versos franceses, as *Comédias* de Terêncio, trabalho de longos anos e que lhe preenchia todos os lazeres. Acabou por publicar esta versão em dois volumes e queixava-se amargamente de nunca dela ter tirado vintém que fosse para auxiliar as despesas da impressão.

Aliás, meu pai a tinha em pequena conta, colocando-a, entretanto, muito acima da tradução, estância por estância, da *Jerusalém liberta* de Torquato Tasso, feito por outro irmão, Hipólito Taunay, e que, na realidade, tem versos e trechos positivamente ridículos e indesculpáveis, apesar das dificuldades do modo de trasladação por ele empregado.

Meu pai, Félix Emílio, e meu tio, Teodoro, estes sim eram poetas de raça e tinham sobretudo, no mais alto grau, o sentimento poético, este ainda mais do que aquele.

---

47) Padre Antônio Caetano da Fonseca. (Affonso de E. Taunay.)

Nunca estavam contentes com o verso ou o período mil vezes copiado, reconstituído, recomposto e açacalado.

Sempre o queriam melhor, melhor, ficando ambos largo tempo ou a meditarem silenciosos, um ao lado do outro, ou discutindo com animação e fogo.

Quanto é verdadeira a explicação de Teófilo Gauthier à morte de um dos Goncourt!

— De que morreu Goncourt? — perguntava num dos admiráveis folhetins.
— Da frase, da frase que mata!

Com a pensão de major reformado, a que, depois de proclamado o Império em França por Napoleão III, veio juntar-se o abono, embora bem parco, chamado de Santa Helena, dado aos poucos sobreviventes que haviam servido sob as ordens do grande capitão, soube meu tio levar a vida com muita ordem e decência, sem nenhum dos inconvenientes de exagerada economia.

Era até um dos seus talentos gratificar a hora e a tempo. Parece que se vira em sérias dificuldades para se ver livre de certa mulher que afinal tomara feição de penoso *crampon*.

— As mulheres são o diabo! — dizia então —; infelizmente é impossível passar-se sem elas!

Quanto a nós, seus três sobrinhos, dele muito gostávamos! Nunca vinha jantar em casa que não trouxesse os bolsos cheios de balas e confeitos, que distribuía com engraçada gravidade.

— Sejamos justos! — exclamava então —, tenhamos calma! Meus filhos nada há que valha a imparcialidade e a serenidade nos momentos graves e difíceis! Quanto a Alfredo, deve contentar-se em receber menos que os outros. Deve satisfazer-se com a sua qualidade de herói!

E como eu protestasse:

— Ah! é bem verdade — acrescentava suspirando comicamente —; é preciso ver os heróis de longe, de bem longe!

Era o seu estribilho constante a meu respeito. Estimava-me, aliás, particularmente e falava do meu futuro com jovial entusiasmo.

Pobre *tonton Charles*, repousa há 25 anos no seio da terra!

Uma vez lhe perguntáramos porque deixara de ir ao enterro de um dos seus amigos, não me recordo qual. "Meus filhos", explicou-nos, "só tomei o compromisso de ir ao meu próprio enterro!" Outra vez, alegando, não sei quem, os seus direitos de ir direitinho para o céu, resmoneou: "Por certo que há de ir, mas para o Paraíso das inglesas velhas, lugar mais feio do que nenhum outro!" Fora um nunca acabar contar os conceitos espirituosos, as respostas mordentes, mas nunca mordazes, prontas e divertidas que tinha sempre à ponta da língua.

Numa ocasião, passeando no nosso jardim da Rua da América, um escravo da casa chamado Isidoro, dado à embriaguez, saudou-o familiarmente e em francês: *"Adieu, Charles"*. *"Adieu, mon bon ami"*, respondeu-lhe meu tio. E, contando-nos o ocorrido, aplicou ao caso o célebre verso:

L'amitié d'un grand homme est un bienfait des dieux!

Exatamente como o grande Napoleão e Alexandre da Rússia, acrescentava rindo-se com finura.

Foi no Engenho Novo, como já contei, que recebemos a notícia do falecimento desse bom e estimado parente, cuja morte meu pai sentiu profundamente.

Um mês antes escrevera-lhe ele, dando-se por muito satisfeito pelo tratamento régio que recebera num castelo do seu particular amigo Léon Le Comte, cuja fortuna, bastante importante, fora adquirida no Brasil.

— Aqui estou — dizia em penúltima carta — como *coq en pâte*.

Parece que há muito sofria de diabetes. Apareceu-lhe um antraz nas costas e compreendeu que chegara aos últimos dias de vida. Ainda teve forças para traçar umas linhas de despedida a meu pai. "Contemplo de minha cama", escreveu, "a morte e habituo-me ao rosto desta boa amiga".

Expirou tranqüilamente, conservando, até ao fim, a preciosa e amena jovialidade, que tão útil lhe fora em toda a longa existência.

LXVII

NESSE ano de 1868 dois fatos se salientam particularmente na minha memória, a morte do meu companheiro e amigo de Mato Grosso, o Capitão de Artilharia João Batista Marques da Cruz, e o casamento de minha irmã Adelaide com o então Tenente de Cavalaria Luiz Manuel das Chagas Dória[48], enteado do nosso primo Henrique de Beaurepaire Rohan (Visconde de Beaurepaire Rohan).

Aquele distinto oficial Marques da Cruz foi, de volta de Cuiabá, morrer diante das trincheiras de Humaitá, de um balaço de artilharia, a 6 de julho, e o seu falecimento causou a todo o Exército, e a quantos o conheciam, o mais profundo sentimento. Impossível era ser-se mais meigo e simpático.

Meu colega desde o curso preparatório da Escola Central em 1859, dedicava-me a maior estima, embora os arrebatamentos que mostrava pela amizade do Napoleão Freire e sobretudo pelo Marcos de Azevedo Sousa. Nós lhes chamávamos Castor e Póllux[49].

Por ocasião do enlace de minha irmã, nossa família mudou-se da Rua da América para a do Sabão da Cidade Nova (depois do Visconde de Itaúna), nº 27.

No entanto (1868) davam-se os mais importantes e decisivos acontecimentos no Paraguai, onde a guerra, levada com grande vigor pelo Marquês de Caxias, chegara ao ponto mais intenso, quase resolutivo, travando-se violentas ações, todas favoráveis às armas brasileiras. Estava-se no mês de dezembro, e sucessivas eram as notícias de mortíferos encontros e outras tantas vitórias.

Não há dúvida; nesse crítico e glorioso período, manifestou-se Caxias notável general tático e estratégico.

A estrada aberta no Chaco para contornar, do lado de lá, o Rio Paraguai e inutilizar as formidáveis linhas de Pequisiri e Angustura, foi ousadíssimo cometimento, cuja responsabilidade, no caso de desastre, cairia toda, implacável

---

48) Mais tarde lente na Escola Superior de Guerra. Falecido general reformado a 16 de julho de 1896. Nascera a 25 de agosto de 1835. (Affonso de E. Taunay, filho do escritor.)
49) Deste amigo escreveu o autor destas *Memórias* um esboço biográfico. (Vide *Revista do Instituto Histórico Brasileiro*.)

e pesadíssima sobre o general-em-chefe que o ordenara, embora, conforme se diz, não lhe pertencesse a concepção e a primeira idéia.

Atribuem-na, e com razão, a Tibúrcio, que, em incessantes e arriscadas explorações, costumava com a maior audácia andar sempre pelas matas e alagadiços daquela margem direita, à frente de um grupo de soldados experimentados e à cata de aventuras em que, além da valentia, desenvolvia sangue-frio tanto mais admirável quanto dispensava espectadores e aplausos oficiais. Fazia tudo isto por gosto.

Tibúrcio tinha índole verdadeiramente guerreira. Para diante muito me ocuparei com ele.

Concluiu-se a larga estrada do Chaco com relativa facilidade, pois parece extraordinário que os paraguaios não tivessem por todos os meios impossibilitado aquele plano, cuja importância capital escapou de todo aos olhos de López e dos engenheiros estrangeiros que ainda o cercavam. Supunham-no impossível, irrealizável, ou contavam com as perfídias do rio, sujeito, naquela época do ano, a tomar inopinadamente água e tudo alagar.

A verdade é que, no dia em que, pela extensa picada aberta, quase toda sobre estivas e troncos de palmeiras, passou a última carreta do comércio, terrível inundação a invadiu de tal modo que os navios da esquadra por ela comodamente transitaram, desviando-se do leito do rio.

Por bem pouco, as águas da repentina enchente não pilharam o Exército inteiro e o submergiram irremissivelmente. Repetir-se-ia o bíblico fracasso: "As águas voltaram e cobriram as carroças e cavaleiros de todo o Exército de Faraó, e não escapou dos egípcios nem sequer um".

Imagine-se o que não ia pela alma inquieta e agoniada de Caxias em dias tão angustiosos e o esforço que devia custar-lhe a aparente serenidade.

E que noites as do heróico velho!...

Enfim, desembarcadas as tropas brasileiras na margem esquerda, em que López acumulara os mais sérios e bem-combinados meios de resistência, preparados, porém, contra quem viesse da parte do Sul, mas nunca da do Norte, foi até certo ponto fácil e rápido dar cabo do Exército paraguaio, o qual, contudo, ainda aí se bateu com inexcedível coragem e entusiasmo, aceitando até batalha campal e sem abrigos naturais, em condições numéricas das mais desvantajosas, como, por exemplo, em Avaí.

Na ponte de Itororó, o Marquês de Caxias, em impetuoso rapto de mau humor, bem compreensível em provecto general que deseja aproveitar o tempo na execução de plano decisivo, perdeu inutilmente muita gente. Vendo que Osório se demorava no movimento acordado de cerco (*enveloppant*) por causa dos caminhos encharcados que no seu trajeto encontrou e teve de vencer, e notando desairosa vacilação nas forças que de frente tiroteavam com a guarnição da ponte apoiada em artilharia, deu imperiosa ordem que todo o Exército abalasse, fosse de encontro ao obstáculo e o superasse, custasse o que custasse.

Foi o momento tremendo.

E ele mesmo, desembainhando a espada e saindo da calma que lhe era habitual, começou a dar pranchadas nos soldados que fugiam em debandada e a bradar: "Para frente, para frente!"

Com muita graça narrava-me depois Reinaldo Louzada, meu companheiro de rancho na Campanha da Cordilheira (1869 a 1870) e então ajudante de campo de Caxias, como posteriormente foi do Conde d'Eu.

— Ih! Taunay (ele dizia *Tuné*), quando o velho sacou da bainha o chanfalho, uma espada curva, assim uma espécie de alfanje, pularam lá de dentro lagartixas, cobras, sapos, aranhas, tanto tempo não saía à luz do dia.

Em Itororó, morreu muita gente, perdemos distintíssimos oficiais e um dos mais chorados foi o Coronel Fernando Machado, catarinense, cujo nome, ainda hoje tão popular no Desterro, abre a relação dos heróis que mandei inscrever na coluna comemorativa da Praça do Palácio.

Mereceu a mais severa crítica este ataque de Itororó, que, em várias ocasiões, se constituiu acrimonioso ponto e libelo de acusação a Caxias; mas, repito, é bem desculpável o ímpeto que empurrou o velho capitão a levá-lo por diante. Dadas as circunstâncias que se produziram cumpria a todo o transe transpor a ponte e foi o que se fez.

Meteu-se depois de permeio o espírito de intriga, asseverando-se que Caxias obedecera a instigações de inveja em relação a Osório, a quem buscava sempre cercear a parte de glórias a colher.

Acredito que nada disso houve em tão arriscada e melindrosa emergência. Tinha, aliás, o marquês alma nobilíssima, incapaz de semelhantes misérias. Sabia ser general e identificar-se com o Exército que comandava. É o seu maior elogio.

Mostrou-o bem, dias após, nos célebres e sanguinolentos dias de Lomas Valentinas, em que o fogo, no meio de contínuas enxurradas e pesadíssimos aguaceiros, se tornou medonho. Os paraguaios, encurralados naquelas colinas, defendiam-se como leões, nos arrancos de resistência lacedemônia. Que denodado povo aquele! Que titânica luta sustentou! Sincero bravo nestas páginas íntimas, escritas tanto tempo depois, no silêncio das noites!...

Creio que é de todo desconhecido o rasgo que vou referir, digno de ficar registrado e por certo não inferior ao de Alexandre, quando o grande macedônio, atravessando o deserto da Gedrosia, e sofrendo, como todo o seu Exército, a mais penosa sede, entornou na areia um capacete cheio de cristalina água que, de muito longe, lhe trouxeram para beber.

Estava Caxias todo molhado a cavalo, debaixo de bastas laranjeiras, a cada instante varadas por balas de artilharia. Nisto chegou-se a ele uma ordenança de cavalaria trazendo com cuidado fumegante e odorífera xícara de café. "O Sr. Dr. Bonifácio de Abreu (Barão de Vilas de Barros) manda isto a V. Excia.", disse o cabo: "recomendou-me de não deixar cair um só pingo no chão". Olhou-o o marechal pausadamente. "Eu não quero", replicou afinal: "beba você, camarada".

E, voltando-se para o seu estado-maior, observou com tristeza: "Quando os meus soldados estão morrendo à chuva, nesta saraivada de balas, não posso dar-me nenhuma regalia, por pequena que seja".

Não é um belo trecho? Não merece menção nos anais de afamados capitães? Falta-lhe tão-somente o prestígio dos longos séculos decorridos, a encenação da história e do classismo, a evocação dos tempos idos.

Gozava Caxias de imensa moral no Exército e em todos os comandos que exercera, desde o do corpo de polícia, no Rio de Janeiro.

Dizia-me uma vez o Coronel Manuel Ferrador, um dos mais *arrebentados* e engraçados gaúchos que freqüentavam o nosso rancho, todo ele cheio de franquezas e ditos chistosos e picarescos: "Que esquisitice! Falo com o Conde d'Eu (acentuava bem as vogais, suprimindo o ditongo francês), que é príncipe com todo o desembaraço; pois bem, quando tinha de me entender com o Caxias, sentia dentro de mim umas *tremuras* que não me deixavam quase falar. Que diabo de *velhão*; metia-me cada medo!"

Este Ferrador, de volta do Rio de Janeiro ao teatro da guerra, onde estivera com a marquesa, apresentado por uma carta de recomendação do marido, dando conta da visita, exclamou: "Sim senhor, senhor marquês, gostei de ver sua *muié*. V. Excia. está perfeitamente montado!"

Perguntado pelo Conde d'Eu se era casado e quantos filhos tinha, respondeu: "Tenho *muié*, mas ela é como a de Vossa Alteza, *machorra*". "Que é machorra", indagou o Príncipe com curiosidade. "É égua que não pare", replicou o *cavalariano*. O Conde d'Eu corou como uma *miss* inglesa que tivesse ouvido algum dito ultra *shocking*.

Fora do serviço e nas relações com os seus ajudantes-de-ordens e de campo, no seu círculo mais chegado, era Caxias muito meigo, condescendente e jovial.

Estava sempre pronto a desculpar faltas ligeiras, mas mostrava-se terrível e até implacável em reprimir culpas graves, e a confiança uma vez retirada nunca mais a restituía. Todos sabiam disso.

Na cidade de Caxias, por ocasião das guerras do Maranhão, ocupava ele, então Brigadeiro Luís Alves de Lima e Silva, um sobradinho, em cujo pavimento térreo se alojara um dos seus ajudantes-de-ordens de mais estima, o tenente...

Em certa ocasião, entrou o general subitamente na saleta desse oficial, que despachava às pressas e bem-perturbado um cabo de esquadra, baixote, bem-apessoado.

Reparando com mais cuidado no tal ordenança, viu o general que era uma bonita caboclinha, disfarçada em praça de pré.

— Este cabo — disse com toda a pausa e apreciando a suprema confusão dos dois delinqüentes — parece bem-jeitoso e inteligente. Mande-o promover a furriel com transferência para batalhão bem longe daqui.

E com tom incisivo: "Não o quero encontrar mais nunca, ouviu Sr. tenente?"

Faça-se idéia do enfiado "sim, Sr. general", do conturbado ajudante-de-ordens, que entretanto replicou com espírito e propósito: "As ordens de V. Excia. serão rigorosamente cumpridas".

Na pacificação do Rio Grande do Sul, Caxias, que, segundo me dizia Reinaldo Soares Louzada, levara consigo um mundo de enormes caixões cheios de galões e dragonas de oficiais para distribuí-las entre os "farrapos", portou-se com extraordinário jeito, inexcedível habilidade e verdadeira compreensão do que lhe cumpria fazer.

Ainda a esse respeito não foi prestada a devida justiça a tão relevante serviço histórico.

Possuía esse homem o dom bem raro de saber rodear-se, escolher com felicidade e tino os auxiliares que melhor soubessem ajudá-lo, e então lhes dispensava proteção, às vezes demasiada, prova, aliás, da sua lealdade.

Do maior escrúpulo em matéria de dinheiros públicos, gastava larga e generosamente os quantiosos vencimentos que costumava perceber nas múltiplas comissões, desempenhadas sempre com os mais amplos poderes.

Abria então mesa franca ao seu estado-maior e tinham fama, até no Senado, os charutos que fumava e expansivamente oferecia aos amigos. Dizia-se que custavam mil réis cada um, preço naquele tempo despropositado, hoje em dia, porém, de qualquer *quebra-queixo*.

Sei de fato positivo, que muito honra a memória de Caxias. Comprara uma fazenda em 1850, ou antes, não me lembra em que parte da província do Rio de Janeiro, talvez Porto das Caixas ou Cantagalo, e, ao tomar conta da propriedade adquirida, achou mais sessenta escravos, além do número ajustado. Deu, sem demora, parte ao vendedor, que lhe respondeu com toda a naturalidade: "São escravos da Nação; continue a desfrutar-lhes os serviços". Caxias reuniu incontinenti os pobres negros e, sem a menor hesitação, lhes deu liberdade incondicional. E semelhante resolução, naquela época, em pleno florescimento da escravidão e dos mais terríveis abusos na espécie, tem a mais alta eloqüência e significação.

No correr destas *Memórias*, ainda muitas vezes falarei de Caxias, que me mostrou sempre particular simpatia.

Mas.., que é glória, que vale o renome e de que servem grandes e contínuos serviços prestados sem tréguas, durante a vida inteira, a concidadãos?

Tem aqui lugar incidentezinho, cheio de ensinamentos, da mais fiel autenticidade e que, na ocasião, abriu ensanchas a não poucas reflexões minhas melancólicas e, mais que isso, dolorosas...

Meses depois do falecimento do benemérito Duque, expuseram no salão Moncada um seu retrato de tamanho natural, quase corpo inteiro, e por sinal bem-parecido — creio que obra do pintor Joaquim Fragoso. Em grande gala, fardado e com todas as suas grã-cruzes, placas e medalhas de campanha, via-se no fundo, ao longe, um acampamento em que manobravam grupos de soldados.

Estava eu olhando para o quadro, quando se chegaram duas pessoas trajadas com certa elegância e que não me eram estranhas, tendo-as por vezes encontrado em sociedade sem as conhecer, nem lhes saber o nome e a posição. "Quem é este figurão?", perguntou uma delas para a outra, que abanou negativamente a cabeça. "Talvez um coronel da Guarda Nacional... Ora veja que desfrute, aquele acampamento!... Sem dúvida, algum coitado lá da roça que nunca imaginou o que fosse guerra!..."

E lá se foram os dois, formulada tão estrambótica e inconsciente suposição acerca do homem que mais pelejara pela integridade do Brasil e, em penosas campanhas no estrangeiro, dera à Pátria largos dias de inexcedível fulgor!...

LXVIII

Lembro-me bem da intensa alegria que senti pelas vitórias de dezembro. Deram lugar a esplêndidas festas e iluminações no Rio de Janeiro. Também não me aprazia nada a perspectiva de tornar passar em campanha o que já suportara em Mato Grosso.

Em 1868 apareceu meu primeiro livro.

Começado no Coxim e continuado nos Morros, em Miranda e Nioaque, lera algumas páginas e vários trechos ao bom Dr. Quintana, que me dispensara grandes gabos, incitando-me a imprimir este trabalho, apenas tivesse qualquer ensejo favorável. Ao partirmos da colônia de Miranda para a marcha à fronteira do Apa, meti o original numa das minhas canastras, bem como o *Álbum de vistas*, que meu pai me dera à saída do Rio de Janeiro, encarregando-me de trazê-lo todo cheio de paisagens e dos melhores pontos de vista que fosse encontrando em viagem.

Ao regressarmos a Nioaque, após os horrores da retirada da Laguna, foi das primeiras coisas que vi, junto ao barranco do córrego Urumbeva, aquela minha canastra estripada e ao lado, rotas, espalhadas, sujas de barro, maculadas pelas chuvas, muitas das páginas do meu manuscrito e os desenhos do álbum. Cuidadosamente recolhi o que não estava lá muito estragado e, com efeito, uma vez no Rio de Janeiro, pude recompor quase tudo quanto escrevera, perdendo, entretanto, não pouco do vocabulário da língua *chané*, por mim organizado com particular cautela e zelo. Quanto aos restos do álbum, que meu pai assim mesmo muito apreciou, mandou-se-lhe pôr encadernação luxuosa de marroquim verde, tendo figurado com certa vantagem na *Exposição Geral da Biblioteca Nacional*, em cujo valioso catálogo mereceu várias referências lisonjeiras.

Intitulei o meu livro *Cenas de viagens* e tirei cópia bem limpa, que meu pai levou ao Imperador. Nem este deixou de lê-lo todo, ainda que manuscrito, pois o anotou, fazendo várias correções sobretudo de galicismos e locuções que não lhe pareceram de bom cunho português, no que levava exagerado escrúpulo, fazendo questão de minúcias e repelindo, energicamente, *emoção* em vez de *comoção*, *decepção*, *detalhes*, e outras coisinhas deste jaez.

Foi aquela minha primeira obra impressa na *Tipografia Americana*, sita à Rua dos Ourives, nº 10. Custou-me seiscentos mil réis, o que mais aumentou o meu já antigo aborrecimento contra o A..., então oficial-de-gabinete do Ministro da Guerra Paranaguá. Impediu a publicação oficial do meu trabalho, conforme quase ia obtendo.

Dediquei esta memória descritiva ao Tenente-General Polidoro da Fonseca Quintanilha Jordão, primeiro comandante da Escola Militar da Praia Vermelha[50] e com quem entretinha excelentes relações de amizade.

Conforme já deixei contado, simpatizara comigo, desde os meus primeiros tempos de estudante, e, chegado de Mato Grosso, me chamara para a Escola Militar desde fins de 1867, como professor de história e depois de francês, da classe de preparatorianos.

Das *Cenas de viagens* ocupou-se o jornalismo com a amabilidade vaga e semivexada de quem de um volume oferecido à sua crítica não passou do título, e o atirou a um canto. Exposto à venda em diversos livreiros não vi da tal obra um vintém sequer. Entretanto, dela não existe mais um só exemplar, parecendo-me que a edição se esgotou radicalmente. Mereceria reedição? Chego a pô-lo em dúvida, embora o vocabulário *chané*, pela consciência com que foi organizado, seja digno da atenção dos que se ocupam com assuntos indiáticos.

Já a este tempo tinha eu escrito toda *A retirada da Laguna*, e isto devi exclusivamente à insistência de meu bom e extremoso pai. Mal lhe contara todas aquelas peripécias, tão pungentes e dramáticas, instara para que, aproveitando a memória fresca dos fatos, os fixasse no papel, mas fui adiando o cumprimento formal da promessa que lhe fizera.

Logo de chegada ao Rio de Janeiro, resumi tudo num artigo que o Senador Pompeu, interpelando o governo sobre os fatos de Mato Grosso, achou digno da pena de um Plutarco. Daquilo, porém, ao livro que devia ser escrito, havia um mundo.

E eu me sentia com tão pouca disposição, presa da preguiça brasileira, que inutiliza tantas belas inteligências, da nossa mocidade e dos nossos mais ilustres homens, rebeldes ao uso da pena. Não era, contudo, falta do meu pai causticar-me deveras: "Perdes, Alfredo, maravilhoso ensejo para que te cubras de glória".

Ou então, apelando para outra ordem de idéias igualmente elevadas e sugestivas: "Foges ao dever, meu filho, e ao que deves aos teus camaradas mortos ou de quem jamais falará alguém!"

---

50) A dedicatória traz a data de 12 de outubro de 1857. O volume tinha 157 páginas e um apêndice com mais de 30 páginas.

Afinal, um belo dia, resolvi encetar o trabalho tantas vezes adiado, e sentei-me diante de tiras de papel cortado, resolvido firmemente a enchê-las.

Aí, porém, reconheci grandes lacunas nas reminiscências. Os sucessos não se me apresentavam claros no desenrolar cronológico, confundiam-se as datas, os dias e até os meses. De fatos capitais até, e indispensáveis à narração, não tinha senão lembrança vaga e mal-esboçada, flutuando tudo numa indecisão que logo me tirou o desejo de continuar, tão falto de elementos para fazer coisa que prestasse.

Escrevi a custo duas ou três tiras e parei, desanimado, disposto a concretizar tudo quanto possível e a publicar simples brochura de poucas páginas.

Estava porém triste, aborrecido comigo mesmo, dando razão inteira a meu pai, e assim andei preocupado não poucos dias.

Certa noite, acordei, a horas mortas, perdi de todo o sono e, na vigília, todos os fatos da retirada se me reproduziram, de modo tão claro e tão terrível, que tive violentos calafrios e tremi de emoção e positivo medo.

Não perdi, porém, o momento de súbita inspiração. Acendi a vela, saltei da cama e durante mais de duas horas seguidas, tomei febrilmente notas de toda a minha tétrica história.

E houve trechos em que experimentei os arrepios e o pavor da morte a rememorar por modo tão vivo e inesperado as cenas e os horrores que presenciara e tão depressa me iam fugindo da lembrança.

Dentro daquela semana prontifiquei as duas primeiras partes, que meu pai levou logo a São Cristóvão para que o Imperador as lesse.

E o sincero interesse que Sua Majestade mostrou e as observações que transmitiu demonstrando não lhe ter escapado coisa alguma, muito concorreram para que me desse pressa em concluir o cometimento encetado, no que era estimulado pelas contínuas exortações de meu pai.

Creio que escrevi *A retirada da Laguna* em vinte e poucos dias. Tinha então de 24 para 25 anos.

Quando Marques da Cruz chegou de Mato Grosso e, prestes a partir para a guerra, no Paraguai, levei-lhe o manuscrito da *Retirada da Laguna*, leu-o com muita atenção e observou: "Como é, Taunay, que você se lembrou tão exatamente de tanta coisa, de tão numerosos incidentes?"

Perguntei-lhe se havia achado exageração no que contara, receoso como me sentira de ser hiperbólico na narração dos nossos sofrimentos.

— Não há tal — replicou-me com vivacidade —, em muitos pontos pareceu-me até que você diluiu demais as cores.

E acrescentou: "Enfim, não foi debalde que tanto padecemos; aí fica o que está escrito para atestá-lo, talvez para sempre!"

E, uma vez no Paraguai, João Batista Marques da Cruz por diversas ocasiões se referiu por cartas ao meu trabalho, instando pela imediata publicação. Mandou-me até, de Curupaiti, a contraprova mais brilhante e incontroversa da veracidade da minha narrativa, o número do *Semanário*, publicado em Assunção, a 13 de julho de 1867, em que os paraguaios contavam as peripécias da marcha da nossa coluna, desde o Apa-mi até à margem esquerda do Rio Aquidauana. Anexei-o como a mais preciosa peça justificativa ou documento comprobatório de tudo quanto havíamos sofrido e superado.

Por que razão não dei também o manuscrito a ler ao Azevedo Castro, com quem então mantinha tão estreitas relações, vendo-o e procurando-o muitas vezes ao dia? Não me recordo absolutamente. Aliás, esse ano todo de 1868 se me apresenta à memória por modo bastante apagado, o que me faz crer que passei largos meses despreocupado e sem causa alguma de aborrecimento.

A primeira parte da *Retirada da Laguna* apareceu impressa em francês na tipografia do Laemmert, em bom papel, mas tipo já gasto. Continha a Dedicatória ao Imperador (feita toda por meu pai), um prefácio, uma introdução e quatro capítulos com cinqüenta e quatro páginas de texto. O prefácio traz a data de outubro de 1868.

Já se sabe, o jornalismo não lhe deu a menor importância. Das pessoas a quem ofereci exemplares, o único que me falou com algum calor, mostrando interesse pela publicação das outras partes, foi o Conde d'Eu, a cujas partidas e saraus no Palácio Isabel, à Rua Guanabara, defronte da Rua de Paissandu, éramos, eu e minha irmã, sempre convidados, indo a elas com a minha farda de tenente de artilharia, quando deveria já ter sido promovido a capitão.

Esta dolorosa preterição fora devida à perniciosa influência do desleal e ojerizado A..., que fizera passar, acima de mim e de quantos se achavam em campanha e tinham serviços de guerra (pretextando ter o seu protegido o curso completo da arma), o D.., apelidado Mané Cosme, seu parente e eterno protegido e que ficara todo o tempo a bom recato e de molho no Rio de Janeiro.

Protestamos, eu e os mais lesados, ao Conselho Supremo Militar e, posteriormente, foi-nos mandado contar antigüidade desde a data da promoção geral, 18 de janeiro de 1868; mas, não há dúvida, aquela preterição, nas condições em que se deu, teve muita influência sobre mim e nos destinos da minha carreira militar.

LXIX

TERMINARA porém o ano de 1868 e encetara-se o de 1869. Todas as vistas voltadas ainda estavam para o Paraguai, cuja guerra parecera dever ter chegado ao termo, com as vitórias de dezembro.

O ditador Solano López conseguira porém fugir de Lomas Valentinas e, internando-se, fora continuar nas montanhas a tremenda luta, mostrando-se disposto a combater até à última.

O movimento que todos sentiram no Rio de Janeiro, mais que ninguém o Imperador, foi o de terrível decepção, e pronunciou-se bem sensível e injusto desgosto contra o Marquês de Caxias, que os jornais liberais atacaram com a maior violência, fazendo-o o único responsável da fuga de López e de se não ter ultimado, a 28 de dezembro, a temerosa campanha, por modo definitivo.

Foi quando o general-em-chefe, então em Assunção, julgou poder declarar concluída a guerra e sem grande significação o prolongamento da resistência paraguaia nos montes e bosques.

Cansado e com razão, depois dos mais ingentes esforços feitos em avançada idade, ainda mais impressionado com o falecimento do comensal, mais que amigo, conversador eterno, Dr. Fernando Sebastião Dias da Mota, homem inteligentíssimo e advogado de nota, decidiu o velho marquês sair do Paraguai e descer até Montevidéu e esperar ali novas ordens do Governo.

Deixou o Exército sob o comando do Marechal-de-Campo Guilherme Xavier de Sousa, e a fadiga que o ilustre chefe experimentava repercutia, e via-se bem manifestamente, em toda a tropa. Nem era para menos, após quatro anos de tão árdua campanha feita em país misterioso, desconhecido, cortado de enormes pântanos e sujeito a contínuas e tremendas inundações.

Aquele Dias da Mota, muito conhecido no foro do Rio de Janeiro, orador de fama e bastante eloqüente na tribuna do júri, fora ter ao Paraguai como membro de uma junta de justiça, ou na qualidade de auditor de guerra.

Conquistara, a pouco e pouco, as boas graças de Caxias, que afinal o nomeou oficialmente secretário-geral do comando-em-chefe, na vaga aberta pela retirada do então Tenente-Coronel, ou Coronel, José Baliseu Neves Gonzaga.

Gozava de certa influência, ainda que o admirável bom senso de Caxias — tanto, dizia Paranhos (Rio Branco), que o fazia quase gênio — não lhe deixasse passar certas vazas.

As ordens do dia, redigidas por Dias da Mota, eram por tal forma enfáticas, que desagradaram, por vezes, ao velho marquês. A última, relativa aos sucessos de dezembro, foi até retirada, depois de assinada pelo general-em-chefe e distribuída aos corpos. Numa dessas é que se dizia que "os bordados do General João de Sousa da Fonseca Costa haviam sido perfumados pela pólvora".

Em todo o caso, era excelente conversador, ou, como se diz, bela prosa, e Caxias a ela se acostumara, rindo-se ambos a valer de certo cirurgião-mor de brigada, com muita idade já, furreta como ninguém, parasita habitual das boas mesas do acampamento, metido a fazer versos, na aparência atoleimado, mas grande espertalhão, no meio das habituais pachouchadas.

Esta personagem morreu há pouco tempo, com mais de oitenta anos, sempre forte, rijo e... desfrutável. Era de vê-lo todo derretido ao lado da mulher, gordalhona mestiça, a quem apelidava *pombinha*.

Tantas incidências, porém, inconvenientemente me arredam do assunto principal. A ele voltemos.

Uma vez em Montevidéu, não teve o Marquês de Caxias mão em si e embarcou para o Rio de Janeiro, onde chegou um tanto inesperadamente.

Fez-lhe o governo boa cara e o acolheu com bastantes honras, não assim o Imperador, embora concordando em lhe levantar o título a duque, como recompensa dos muitos serviços prestados e lhe conferir a Grã-Cruz de Pedro I.

Não sei com que fundamento, esperava porém Caxias uma visita do Soberano à sua chácara do Andaraí, e esta jamais a teve.

Parece que D. Pedro II a isto terminantemente se recusou, achando que Caxias se retirara cedo demais de Assunção, deixando a tarefa incompleta. Ocupou-se a atenção pública vivamente com o assunto, no qual o Imperador procedia com teimosia e inabalável coerência.

Costumava invariavelmente receber com cara bastante fechada os que voltavam do Paraguai, e apesar de instado, não fora ver o Visconde de Inhaúma (Joaquim José Inácio), embora chegasse este ao Rio de Janeiro quase moribundo. E, de fato, pouco depois morreu.

No Paraguai, porém, em Assunção e outros pontos ocupados pelas forças brasileiras, ao longo do rio, a desorganização era quase completa, ao passo que o ditador Solano López, ocupando a Cordilheira e o interior, tratava de ajuntar e preparar, como melhor pudesse, os meios de defesa a todo o transe. As suas avançadas e guardas destacadas, meses depois do desastre de dezembro, chegavam ousadamente às vezes até Luque, a pouca distância da capital.

Julgou então Paranhos, ainda não Visconde do Rio Branco, e em missão extraordinária junto às repúblicas do Prata, dever transferir a residência de Buenos Aires para Assunção, o que logo fez. Levava como secretário o 1º oficial da secretaria de estrangeiros Adolfo Paulo de Oliveira Lisboa[51], que o servia com grande dedicação e lealdade.

O momento era bem difícil.

Em geral, no Brasil, inclinava-se a opinião pública e até o gabinete Itaboraí, então no poder, pois subira em julho de 1868, no sentido da possibilidade de um ajuste de paz com o Paraguai, mas para lado totalmente contrário pendia o Imperador, que julgava imprescindível dever estimular-se ativamente nas operações de guerra, até que Solano López se entregasse ou saísse do país por ele tiranizado.

No Exército brasileiro acampado em Assunção e suas cercanias, reinava entretanto não pequena desmoralização, e não poucos oficiais também julgavam chegada a ocasião de se encetarem negociações a bem da completa suspensão de hostilidades e do estabelecimento da paz. "Identificado", ponderavam, "o povo paraguaio tão completamente com o seu chefe, seria necessário dar cabo do último homem para alcançar a pessoa do ditador, o *El Supremo*".

Tinham, decerto, razão; mas este mesmo fanatismo bem indicava que, a não se atingir diretamente o autor de tamanhas desgraças e tantos sacrifícios de vidas e dinheiro, tudo quanto fora feito, de 1865 a 1868, tornar-se-ia de todo o ponto improdutivo com o resfôlego que se pretendia dar ao presidente do Paraguai.

Em futuro, mais ou menos remoto, tudo seria a se recomeçar, tanto mais quanto as extraordinárias crueldades que já cometera Solano López, e se iam apressando, dele faziam personalidade absolutamente fora da lei moral *(out law)*, com quem, decentemente, governo algum civilizado podia tratar, entrando em sinceras combinações.

Depois de bem sensível vacilação, ficou afinal decidido que se prosseguiria a guerra. Correu que o Imperador chegara a falar em abdicação, caso não prevalecesse a sua opinião.

Encontrou, porém, José Maria da Silva Paranhos, Visconde do Rio Branco, as forças brasileiras em muito más condições, morais sobretudo, sob o comando, frouxo e vacilante, do doentíssimo Guilherme Xavier de Sousa, que, aliás, fazia,

---

51) Falecido no Rio de Janeiro a 19 de abril de 1893.

pelo melindroso estado de saúde, o maior sacrifício possível, conservando-se à testa das tropas reunidas.

À chegada do estadista brasileiro a Assunção, foi-lhe oferecido grande banquete pela oficialidade. À hora dos brindes, levantou-se ele e pronunciou eloqüente e entusiástico discurso, aliás muito aplaudido, saudando o Exército, mostrando a conveniência e urgência em levar por diante a guerra em nome da honra e da integridade do Brasil, pois exatamente Solano López, na teimosia dos propósitos de conquista, tencionava querer caminhar para os lados da infeliz província de Mato Grosso, ameaçada de nova e ainda mais cruel invasão do que a de fins de 1864.

Acalmado o estrondo das palmas que acolheram a peroração do Ministro Paranhos, levantou-se então o Major Anfrísio Fialho e, embora em frase difícil e gaguejada, como sempre a teve, pôs-se a bater e contrariar as razões aduzidas e a pregar, abertamente, as vantagens de pronta paz, que pusesse termo à enorme lassidão dos oficiais e praças e às colossais despesas da nação.

Produziu o intempestivo discurso alguma impressão e, em certos trechos, mereceu apoiados e sinais de aprovação, tanto assim que Paranhos, com a sagacidade habitual, julgou de conveniência refutá-lo incontinenti, o que fez com muita felicidade e patriótico arroubo, provocando a mais entusiástica e calorosa ovação.

Anfrísio Fialho não sofreu castigo algum pela insólita atitude assumida. Pelo contrário, de ali em diante mereceu mais condescendência e favores do que até então granjeara, sempre arrebatado, um tanto independente nas maneiras e original no modo de pensar, devorado de ambição, mas também contrariado pela sorte em todos os planos e nas carreiras que tem abraçado, desde que viu que pela das armas não alcançaria os objetivos colimados.

Filho do bem-conhecido e engraçado tabelião Fialho, não deixa de ter merecimento, mas nunca soube bem o que quis.

Eis um caso em que falhou o *audaces fortuna juvat*. Conheci-o desde os tempos da Escola Militar, sempre assim.

O velho Fialho era eterno contador de histórias e anedotas. Algumas vezes tinha chiste real.

É dele o dito, que depois tanto circulou, por ocasião de entrarem em moda e uso geral os fósforos de segurança, que não pegam fogo senão riscados contra a caixa. Passava formosa *cocotte*; e alguém acotovelando maliciosamente o velho notário, muito atirado sempre às mulheres, reflexionou este, todo melancólico: "Qual meu amigo, já não dou fogo!, nem mesmo contra a caixa!"

Tornemos porém ao tal banquete de Assunção. Não seria este o primeiro indício das célebres questões militares que, de sucesso em sucesso, trouxeram como última conseqüência o 15 de novembro de 1889? Sem medo de errar, pode-se afirmar que levaram vinte anos a evoluir e que o primeiro germe veio da Guerra do Paraguai.

Como são as coisas humanas! Ao passo que ali os brasileiros esmagavam uma nacionalidade inteira e palmilhavam todo aquele território de S. a N., de E. a O., de lá traziam os elementos perturbadores que, dois decênios depois, deveriam desencadear tantas desgraças sobre o Brasil. *Sic voluere fata...*

LXX

TRANSMITIDAS ao governo imperial pelo Ministro Paranhos as notícias do estado desorganizado do Exército e da necessidade de, quanto antes, dar-lhe modificação, por medidas prontas e radicais, ficou decidido a nomeação do Príncipe Gastão de Orléans, Conde d'Eu, genro do Imperador, casado com a princesa Imperial desde 15 de outubro de 1864, para comandante-em-chefe das forças em operações na República do Paraguai.

Era marechal do exército honorário e grã-cruz de todas as ordens honoríficas do Brasil, bem como almirante honorário, o Duque de Saxe, casado depois do concunhado, em dezembro de 1864, com a Princesa D. Leopoldina.

Dizem que este príncipe estava destinado à herdeira do trono e o Conde d' Eu à irmã mais nova; mas que esta, com o gênio voluntarioso e arrebatado que tinha, foi logo escolhendo noivo e não quis mais desistir da primeira preferência.

Na publicação *Revue Diplomatique* li, num artigo assinado pelo filho da Condessa do Barral, a educadora das princesas, que houvera alguma coisa neste sentido, não se dando, contudo, explicação do por que fora alterada a combinação primitiva.

Parece, também, que uma carta muito instante do Príncipe de Joinville, tio do Conde d'Eu e cunhado, como se sabe, do Imperador, por ter casado, em 1840, com a Princesa D. Francisca, e manobras da Condessa do Barral, orleanista dos quatro costados, haviam também concorrido para aquela troca.

Ninguém pode dizer se foi para bem ou para mal. O Duque de Saxe tinha, de fato, presença e maneiras muito mais agradáveis e donairosas que o Conde d'Eu, modos mais de príncipe. Mas, na estada aqui, não revelou nenhuma das qualidades de zelo e consciencioso estudo que se manifestaram no outro.

O duque só mostrava gosto e vocação para passar vida folgada e divertida, muito amante de caçadas de várias espécies, apreciador acérrimo da Europa e dos muitos gozos que lá se podem desfrutar à farta, ao passo que o conde, com todos os defeitos que se lhe possam apontar, estremecia viva e sinceramente o Brasil e, acredito bem, ainda hoje o ama com intensidade e desinteresse.

Causou estranheza, e até desgosto, a concessão das mais elevadas patentes do Exército e da Marinha aos dois príncipes, e o mesmo Imperador chegou a desculpar-se de haver condescendido, explicando: "Que fazer? Estas exigências são de lá da Europa, a condição *sine qua non*, e as coisas já estavam muito adiantadas para que se pudesse recuar".

Enfim, o Conde d'Eu justificou o favor excepcional que lhe haviam feito, prestando excelentes serviços no último ano da Guerra do Paraguai. Não assim o Duque de Saxe, que, na qualidade de almirante honorário, passou o tempo a pedir licenças e prorrogações de licença para ir à Europa ou lá ficar. Depois do falecimento da Princesa D. Leopoldina, em Viena e de tifo, no ano de 1871, teve contínuas dúvidas a respeito da dotação, o que provocou repetidos reparos e até acrimoniosas censuras nas Câmaras.

Eu mesmo, em 1883, disse-lhe, da tribuna, algumas coisas desagradáveis, chamando-lhe de almirante de água doce, do que logo bem me arrependi, pois soube que magoara particularmente a boa e santa Imperatriz. "Se até o Taunay põe-se a falar mal", observou, "da Família Imperial, então em quem confiar?"

Acompanharam, o Conde d'Eu e o Duque de Saxe, o Imperador ao Rio Grande do Sul e com ele assistiram à rendição de Uruguaiana. Mas enquanto o primeiro patenteava, em todas as ocasiões, grande interesse pelas coisas do Brasil, observando, perguntando, tudo visitando e tratando de colher minuciosas e exatas informações, o outro não mostrava senão desapego e indiferença. Aliás, quem sabe se não viera da Europa com a idéia de desposar a herdeira do trono e afinal não se achou burlado nos cálculos?

Creio, e assim é de se imaginar, que a nomeação a comandante-em-chefe das forças em operações no Paraguai encheu de exultação e orgulho o coração do Conde d'Eu.

Para quem fizera, no Exército espanhol, a Guerra de Marrocos como oficial subalterno, suponho que tenente, era de deslumbrar ver-se chamado de repente às funções de general, no ponto mais elevado da carreira, e acima dos nossos mais velhos capitães, aos 27 anos de idade, pois nascera a 28 de abril de 1842.

Acredito, igualmente, que essa exultação ultrapassou os devidos limites, abrindo margem, exageradamente larga, às sugestões de inconveniente ambição, como adiante mostrarei.

Estou, porém, chegado a um ponto bem difícil destas *Memórias*, tendo que falar de um príncipe, que reúne alevantadas qualidades de envolta com sensíveis defeitos. Da convivência que com ele tive por mais de ano, não me ficaram certamente agradáveis recordações, mas buscarei ser quanto possível justo, pondo de lado muita coisa que as circunstâncias e o verdor dos anos me levaram a dar significação e alcance que não deviam ter tido.

Tem o Conde d'Eu, em grau apurado, qualidades, algumas muito sólidas, e defeitos.

Qualidades: — Gosto pelo trabalho, amor sincero ao estudo, consciência no saber, espírito inimigo da futilidade e cheio de modéstia, muita ordem na vida econômica, aborrecimento à intriga e aos mexericos, desconfiança de si mesmo, ambição de glória, desejo de servir bem e cumprir o Dever, absoluta simplicidade nos modos e sincero aborrecimento do fausto e luxo, amigo da justiça nos conceitos, pouco propenso a ouvir e aceitar bajulações, esposo exemplar, de fidelidade intangível, escrupulosíssima, excelente pai de família, impossível melhor, exagerado até no amor aos filhos e nos cuidados de que os rodeia incessantemente, crença viva na religião, discrição no falar, nenhum arrebatamento, paciente e nobremente resignado.

Mas, quase antinomicamente, por vezes, e numa curiosa complexidade, os seguintes:

Defeitos: — Coração no comum dos casos seco, modos muito desajeitados, da maior inelegância, tratamento aos outros em extremo variável, quer como general quer como príncipe; ora demasiado familiar e de expansiva amabilidade, ora esquivo e de alto a baixo; surdez que, mais e mais, se vai agravando com os anos, e daí todos os inconvenientes de retraimento, hábitos de apertada economia, e em alguns casos até ridículos, mas singularmente irregulares nas manifestações e sem sistema seguido, ânsia de poder e de mando, mas também sem persistência, nenhuma pertinácia no querer, e muito fácil, pelo contrário, de profundos e insanáveis desânimos, caráter sobremaneira propenso à melancolia, o que lhe tira não pouco valor às qualidades de iniciativa e resolução; carolismo demais acentuado.

Difícil é, sem dúvida, dar uma suma completa e que bem assinale a índole e disposição moral íntima dos homens, mas no correr dos atos que irei narrando com a possível imparcialidade, talvez se veja melhor o que foi o Conde d'Eu, vítima, aliás, entre nós, por bem acanhados intuitos e sentimentos injustos e *nativistas*, de muitas calúnias totalmente infundadas.

Pode se afirmar que, nos vinte e cinco anos que viveu entre nós, de outubro de 1864 a 15 de novembro de 1889, com exceção apenas de um ano da Guerra do Paraguai e da sua campanha da Cordilheira, de 1869 a 1870, não representou senão papel secundário, obscuro e na sombra, sempre cheio de reservas, dominado por invencível retração e tristeza, embora tivesse por vezes feito esforços para combater essas tendências, certamente pouco favoráveis à popularidade, que tentou conquistar, mas debalde.

Nos últimos anos, no final do decênio de 1880, então, não fazia senão ocupar-se com a criação e educação dos três filhos, D. Pedro, príncipe do Grão-Pará; D. Luís e D. Antônio, parecendo viver só e unicamente para isto, absorvido, neste exclusivo mister, e empenhado, por demais, na missão que abraçara.

Via-se-o nos exercícios de ginástica de salão, dirigidos em Petrópolis pelo Professor Stohl, acompanhar, com os gestos esquipáticos e desgraciosos, que lhe foram sempre peculiares, os movimentos dos filhos. Andava pelas ruas daquela cidade de casaca e chapéu alto, seguindo ou guiando um carrinho puxado por carneiros, em que iam os meninos, o que decerto não concorria para o seu prestígio.

Enfim, tudo o que o Conde d'Eu tinha de mau e credor de reparo, poderia ter sido perfeitamente equilibrado pelo que possuía de bom, ficando ainda largo saldo a seu favor, se não houvesse nascido debaixo dessa misteriosa influência que, fatalmente, e por ludíbrio da sorte, tanto mal faz aos homens nos seus destinos, *la guigne*, como dizem os franceses, palavra de que temos exatíssimo correspondente no vocábulo brasileiro, derivado do tupi — o *caiporismo*.

Era e foi sempre esse príncipe *caipora*, não há contestar.

Desde que chegara ao Rio de Janeiro, muito mocinho, desajeitado, desengonçado até no simples cumprimentar, com a sua fardinha de oficial do exército espanhol, causara impressão muito menos favorável que o primo, o Duque de Saxe, que, além de simpática presença, diziam imensamente rico, filho como é da opulenta Princesa Clementina. Parece que, em relação a estes bens, houve também grande exageração. Em todo o caso, daquela princesa grande parte da fortuna tem sido gasta em sustentar na Bulgária o Príncipe Fernando, seu filho predileto.

Acompanhou o Conde d'Eu, em sua vinda ao Brasil, o General Dumas, talvez seu preceptor, orleanista declarado, homem de boas maneiras e espirituoso. Atirou-se com entusiasmo às bananas, que proclamou o primeiro fruto da terra. No dia do casamento do príncipe, tomou então tal fartão que mal pôde assistir às cerimônias da Capela Imperial, sofrendo terrivelmente, apertado na sua farda abotoada. Também, quando depois via a fruta predileta, abstinha-se cuidadosamente de nela tocar, exclamando convicto: *"Bon fruit, excelent, mais... perfide!"*

Nas surpresas das festas nupciais da Princesa Imperial, foi o Rio de Janeiro vítima de bem raro fenômeno meteorológico, logo interpretado como mau agouro; uma chuva de pedras, como ainda não tinha havido notícia, rápida, mas de imensa violência. Carregou para o centro da cidade, ficando Botafogo e os lados da Escola Militar, onde então me achava, quase ilesos, e quebrou inúmeras telhas e sobretudo vidraças.

Inundou-se a nossa casa da Rua da América, por ter vindo abaixo a grande clarabóia que dava luz às escadas internas. Se houvesse durado mais um pouco, as desgraças teriam sido enormes e bem avultadas as perdas de vida. Ao desabar o medonho temporal, vinha o Conselheiro Paranhos (Visconde do Rio Branco) pelo Aterrado, num tílburi, voltando de São Cristóvão. O veículo tombou, e o ilustre passageiro foi alcançado na calva por granizo bastante grosso, que o ia matando.

Em breves dias, repararam-se os estragos, ganhando bom dinheiro os vidraceiros; mas, durante não pouco tempo, os telhados conservaram aspecto de pelados e cheios de pintas. Onde, porém, o prognóstico popular achou campo para se desenvolver, foi na ausência completa de flores para ornar-se a Capela e o Paço no dia da cerimônia conjugal, destruídas todas irremediavelmente como haviam sido pela terrível saraivada.

LXXI

OUTRA COISA que grandemente prejudicou o Conde d'Eu durante a sua estada de vinte e cinco anos entre nós — de coisas pequenas não raro decorrem conseqüências graves — foi o sotaque áspero e desagradável com que fala o português, cheio de *rr* em tom de choro, por vezes demasiado acentuado.

Entretanto, aí mesmo há a prova de quanto era injusta a apreciação desfavorável de que se tornou merecedor em muitos pontos. Ninguém estudou com mais consciência e cuidado a língua do país em que ia viver e procurou apoderar-se de todos os seus idiotismos e locuções elegantes. Tinha zelo constante em aperfeiçoar os conhecimentos na matéria, perguntando com toda a singeleza e modéstia quando esbarrava com qualquer dificuldade ou dúvida e aceitando, sem demora ou teima, a solução ou conselho.

Certa vez, em Piraiú, fui encontrar o príncipe em grande discussão com o secretário do comando, Capitão Jerônimo Francisco Coelho (aliás, educado na Alemanha). Pretendia o conde que se devia dizer — *forças sobre um pé de guerra* — e o outro tenazmente sustentava que era — *forças sob um pé de guerra.*

— Não é possível — bradava positivamente o conde, aliás com toda a razão —, as forças estão em cima de um pé e não por baixo. É absurdo de tal forma!...

— Pois — replicava o Jerônimo Coelho — é assim em português.

Nisto passava eu. "Ah!", exclamou alegremente o príncipe, "eis o Sr. Taunay que vai resolver a questão". "Não é nem *sobre*, nem *sob*", decidi, "porém sim *em forças num pé de guerra.*"

O Conde d'Eu quase bateu palmas. "Perfeitamente, assim concordo", e fez calar o teimoso secretário que se agarrava, embezerrado, à sua opinião. E em não poucas ocasiões vi-me chamado a ser árbitro, em que o príncipe tinha sempre razão, pelo menos no que era de bom senso e simples intuição.

Era este secretário filho do famoso Jerônimo Francisco Coelho, catarinense de nascimento, e uma das personalidades mais notáveis e dos nomes mais citados dentre quantos no Brasil seguiram a carreira das armas. Foi diversas vezes ministro, preencheu comissões importantes e distinguia-se pela facilidade da palavra na tribuna parlamentar. Contam que desconcertava os adversários com muito sangue-frio e espírito. "Admira", exclamava ele, "que V. Excia. ignore o teor do Decreto n.º 3.004 de 24 de junho de 1853!" E tudo era improvisado de momento; tal decreto jamais existira. O efeito, porém, estava produzido. O contrário, pilhado, flagrantemente, em tão formal ignorância, embatucava.

E já que falo em dotes oratórios, salientarei quanto o Conde d'Eu os possui em grau notável. Corre-lhe fácil, fluente, elegante a palavra. Afluem-lhe as comparações felizes, idéias ainda não batidas e comuns, nada de *chapas* e lugares-comuns. E isto com abundância, verdadeira copiosidade, durante muitas horas até!

Infelizmente o terrível sotaque estraga muita coisa bonita e digna de produzir impressão, além de não poucos cacoetes nos gestos e na atitude que afeiam distinto porte e elevada estatura, figura nada desagradável, inteligente, com feições características, cútis muito fina, grande nariz a Henrique IV.

Aliás, parece que o pai, o Duque de Nemours, é o retrato vivo daquele rei tão popular ainda hoje e tão lembrado sempre.

Que mal fez ao Conde d'Eu o *rotacismo*! (o exagerado apoiar nos *rr*). Bastou que indagasse de dois ou três oficiais, a fim de estudar melhor certa reclamação, se haviam assistido ao ataque de Peribebuí e logo circulou no Exército, e pelo Brasil todo, que perguntava antes de tudo: "O *senhorrr* esteve no ataque de *Perrribebuí*?", ao que acrescentavam *perrrigoso* e depois *perrrigosíssimo* (o que é de todo o ponto inexato).

Bastante prejudicou às sólidas qualidades do príncipe o escasso zelo que aos seus educadores mereceram os talentos chamados de salão e de sociedade, aliás tão importantes na sua posição saliente. Saber cumprimentar, dançar, falar com senhoras e ainda mais montar bem a cavalo, vestir-se e cuidar da sua pessoa, em pontos pequenos, decerto, mas que, dadas certas circunstâncias, se tornam como que essenciais.

E citarei, coisa ridícula decerto, mas que não deixava de atrair a atenção, o pouco cuidado que tinha em trazer os cabelos despenteados e arrepiados, com uma mecha rebelde na frente, passando pela cabeça, a cada instante, quando preocupado, a mão a contrapelo.

Não poucas vezes as suas botas de montar deixavam bem que desejar quanto ao polimento e até à limpeza e ele não olhava bastante para tudo isto, exigindo do seu criado de confiança, Larue, mais cuidados no cumprimento de deveres em que este relaxava não pouco.

De minimis, certamente; mas quanto da observância de verdadeiras ninharias, da meticulosa atenção às minúcias do aparato, não tirava o General Conde de Porto Alegre, por exemplo, motivos de imenso prestígio?

Lembro-me bem vivamente da impressão desagradável que nos causou ver, em Buenos Aires, quando lá estivemos uns dias, o príncipe vestido com mal-assente sobrecasaca, cheia de pregas e dobras, não só culpa do alfaiate que a fizera, mas também provenientes da mala em que viera guardada. E do mesmo modo o chapéu alto, a cartola, com bem claros sinais de amassada!

Para que um homem de dotes elevados, alguns eminentes, há de deixar aos tolos e levianos o direito de o criticarem e lhe lançarem até o ridículo? Então, num príncipe, é quase imperdoável. Nunca tanto quanto nessa posição o famoso *noblesse oblige*!

E, neste ponto, era e foi toda a vida admirável, de inexcedível correção, sempre em seu lugar e representando o papel que lhe competia, como testa coroada e princesa, a Imperatriz D. Teresa Cristina Maria, de saudosa memória.

Muito boa impressão a toda a Nação causou o Decreto de 22 de março de 1869, nomeando o Conde d'Eu comandante-em-chefe das forças em operações no Paraguai.

Reanimou-se o espírito público, julgando próxima a terminação daquela guerra, que trazia o Brasil já tão cansado. Haviam contudo melhorado, bastante, as finanças com a direção, prudente e prestigiosa, ainda que cheia de hesitação, do Visconde de Itaboraí, mas a tendência do câmbio, então a 19 e mesmo 20, era toda para a baixa, nunca porém, como no domínio liberal em que descera, verdade é por poucas horas, a 14, o que causara enorme alarma. Nós que hoje o temos a 10 pence e fração...

Dias depois daquela data, recebeu meu pai, do Conde d'Eu, uma carta, cujo original se acha entre os seus papéis e que em toda a minha casa produziu o maior alvoroço. Dizia concisamente mais ou menos: "O seu Alfredo é-me indispensável. Tenho, pois, que o levar comigo; *tra-lo-ei major pelo menos*".

Diante de tão formal promessa e à vista de tão calorosas palavras, não havia vacilar. Prevíamos todos o mais brilhante futuro na minha carreira militar.

Receou minha boa e santa mãe a tristeza e os sobressaltos, depois do que já me acontecera na terrível Campanha de Mato Grosso, mas meu pai escreveu ao Conde d'Eu palavras de reconhecida e fervorosa aquiescência.

Fui dar parte ao General Polidoro, na Escola Militar da Praia Vermelha, do grande acontecimento e lá soube, com muita alegria, que este partia também, e mais Tibúrcio, Rosière e muitos outros. Com prazer contaram-me que o tenente-coronel, de quem eu tinha tanta birra, o fautor da minha preterição ao posto de capitão, debalde havia pedido que o príncipe o levasse — nada conseguira!

Parecia-me, pois, marchar tudo à medida dos meus melhores desejos. Fui ao palácio Isabel e ali o príncipe me entregou uma relação de livros que deveríamos levar, dando-me a entender que o meu lugar havia de ser o de secretário particular. Desde logo apelou para toda a sinceridade de que eu precisava usar nas informações e até conselhos, "porquanto não pouco recorreria ao meu bom senso, lealdade, e outras qualidades que, sabia, me distinguiam".

Requisitaram-se, da Biblioteca Nacional, uns volumes de Azara e de De Ângelis e, da biblioteca particular do Imperador, encaixotaram-se não poucas obras valiosas. Foram restituídas ou não? Ignoro; mas é de crer que sim, pois voltaram do Paraguai algumas ou quase todas nada consultadas. Utilizei-me, contudo, bastante do segundo tomo do valioso trabalho de Azara, hoje bem raro.

Aprontei-me para a partida com a maior alacridade e, encontrando-me, por acaso, com o Luís de Castro, redator-chefe do *Jornal do Comércio* e que sempre me tratou, embora personalidade seca, original e egoísta, com particular meiguice, tomei com ele o compromisso de enviar-lhe para a grande e velha folha o maior número de correspondências que pudesse, tudo grátis, pois o homem nem sequer aludiu a qualquer paga, logo, ou para o futuro.

Que me importava, porém, dinheiro? O meu objetivo era a glória, glória em todos os sentidos, militar, literária!... Pensava, então, poder subir, subir muito alto, tornando-me conhecido em todo o Brasil, assim uma espécie de Mauriti, cujo nome era tão aclamado desde a célebre façanha na passagem pelas baterias de Humaitá, a 18 de fevereiro de 1868.

Era, com efeito, difícil gozar de mais popularidade do que este oficial de marinha, cuja carreira, para diante, não correspondeu a tão estrondoso início. E assim são, no geral, as coisas humanas! Naquele tempo, porém, não se falava senão em Mauriti, e por toda a parte, cidades do litoral e do interior, o aclamavam e davam-lhe brilhantes e seguidas festas.

Prontifiquei-me, dizia eu, com muita animação. Fui comprar as minhas duas maletas de campanha no seleiro, que me vendera, quatro anos antes, as que me haviam servido para Mato Grosso e tantos boléus suportado, até serem estripadas, conforme contei, no caminho de Nioaque, para lá do ribeirão Orumbeva. Armava-se nelas uma caminha volante, que muitos bons serviços me prestou e ainda hoje, 24 anos depois, estão em estado perfeitamente aproveitável. Foi, como se vê, boa compra. Também, com a experiência anterior, adquiri belo par de botas de couro da Rússia do fabricante Méliés, e ainda desta vez não tive ocasião de arrepender-me.

QUARTA PARTE

(1869-1870)

I

No dia 30 de março de 1869, depois de ter abraçado ternamente mãe e irmão, Adelaide e Gofredo, no meio de animosas esperanças do que de lágrimas, fui com meu pai a bordo do *Alice*, vapor em que devia partir o príncipe com o seu luzido estado-maior.

Já lá estavam o Imperador, o Conde d'Eu e muita gente. Levou-se, pois, não pouco tempo nas despedidas e recomendações, dizendo, a cada instante, o Imperador: "que não tinha pressa!" Que diferença da partida para a expedição de Mato Grosso! Agora para mim tudo eram esperanças, sonhos de ambição! E quão pouco se realizaram! Que ano desconsolador, tristonho, desagradável, se me preparava! Enfim, como sempre, cálculos humanos cheios de enganos e decepções!

Levantou, porém, o *Alice* âncora e partimos, saudados pelas salvas das fortalezas. Lá seguia o Conde d'Eu! *Caesarem, fortunamque vehis*!

Ronceiro e velho era o vapor, chegando às vezes a fazer só seis milhas por hora, mas o Comandante Maciel, muito amável e galhofento, e o passadio a bordo excelente, delicado, abundantíssimo, impossível melhor.

Almoços e jantares, verdadeiros banquetes, em que, vencido o enjôo dos primeiros dias, comíamos desabotinadamente, com especialidade Bonifácio de Abreu, Ribeiro de Almeida e, sejamos francos, o autor destas memórias. Nem esqueçamos o príncipe, que embora dispéptico, ou por causa disso, ali e em todo o curso da campanha, sempre se mostrou ótimo garfo.

Íamos a bordo: o Tenente-General Polidoro da Fonseca Quintanilha Jordão, Visconde de Santa Teresa, Brigadeiro João de Sousa da Fonseca Costa, Visconde da Penha, Coronel Dr. Francisco Pinheiro Guimarães, Chefe do Corpo de Saúde Dr. Francisco Bonifácio de Abreu, Barão da Vila da Barra, Tenente-Coronel Antônio Tibúrcio Ferreira de Sousa, Coronel Carlos Eduardo Cabral Deschamps, Major João de Macedo Pimentel, Capitães Benedito de Almeida Torres (mordomo do príncipe), Francisco de Almeida Castro, Rodrigo Augusto da Gama e Costa, José Pereira da Graça Júnior, Geraldino Gomes Pacheco, Tenentes Alfredo de Miranda Pereira da Cunha, José Maria Marinho, 2º Tenente Joaquim de Oliveira Fernandes e eu.

Da Marinha, Capitão de Fragata João Mendes Salgado (Barão de Corumbá) e o cirurgião-mor de divisão, Dr. João Ribeiro de Almeida (Barão de Ribeiro de Almeida).

Desde os primeiros tempos de convivência a bordo, formavam-se, de pronto, os grupos de mais simpatia e acordo de vistas, chegando-me eu a Polidoro, Tibúrcio e outros conhecidos antigos.

Rodeavam a João de Sousa, um tanto arredio já por índole, já por estar representando o elemento Caxias que, logo e logo, se viu, não se achar em cheiro de santidade, Bonifácio de Abreu, Graça Júnior, Alfredo da Cunha e sobretudo Geraldino Pacheco.

Era este o mais completo *factotum*, na qualidade de secretário. Baixinho, com a ponta do nariz sempre rubra, dispunha de memória admirável e tornara-se indispensável ao seu chefe, João de Sousa, cujos pensamentos positivamente adivinhava.

Bastava, às vezes, a indicação mais encontrada que se dar pode: "Ó Sr. Geraldino, qual é o nome todo daquele oficial", perguntava o general, "aquele, aquele... o Procópio? Você sabe de quem quero lembrar-me".

— Ah, sim senhor — respondia logo o outro —, refere-se V. Exa. ao Miguel José da Fonseca!

E lá vinham logo todas as informações, o posto, em que corpo estava, donde fora transferido e um nunca acabar de particularidades. Não era, portanto, de estranhar que semelhante almanaque vivo se tornasse tão precioso.

Passados os primeiros dias de viagem, ficou bem patente a viva simpatia que o Conde d'Eu consagrava ao Pinheiro Guimarães, estabelecendo em favor deste manifesta proeminência.

Notava eu que o tratamento que me dispensava o príncipe não era o que esperava; decerto, amável e risonho, mas guardando as distâncias hierárquicas. Experimentei viva decepção. Quando pensava vir como amigo e conselheiro íntimo, achava-me simples subordinado militar. Reconcentrei-me, nada disse a ninguém e, embora já meio desiludido, acreditei que, para o futuro, melhor conhecidas as minhas qualidades, fosse chamado a funções mais elevadas que não as de simples primeiro-tenente de artilharia.

Em certo ponto da viagem, antes de chegarmos a Montevidéu, chamou-me o Conde d'Eu a uma conferência particular e dela proveio, quero crer, o desencontro que entre nós se produziu e foi sempre irremediavelmente se agravando.

Disse-me, com certa cautela, que logo percebi, que uma das formas de melhor servi-lo, na melindrosa comissão que ia encetar, era tornar-me correspondente de acreditado jornal do Rio de Janeiro, enviando-lhe regularmente correspondências verdadeiras e interessantes, "com o legítimo cunho literário que o Sr. lhes saberá *imprimirrr*".

Muito contente, respondi-lhe que previra essa incumbência, honrosa, difícil, mas muito do meu sabor e tomara compromissos com o *Jornal do Comércio*[1].

Com a resposta se mostrou contrariado o príncipe: "O Sr. adiantou-se demais. Eu o reservava para outra folha". E disse-me o nome: *A Reforma*.

Ponderei-lhe que exatamente para esta não escreveria, pois era de feição toda política, órgão do Partido Liberal, quando eu, embora ainda malconhecido, me pronunciara conservador, desde os primeiros tempos da Escola Militar, votando sempre com o General Polidoro nas eleições da freguesia da Lagoa.

— Ora — objetava o Conde d'Eu —, o Partido Liberal convém-lhe mais, moço como é, com idéias sem dúvida adiantadas, sem se ter ainda manifestado em nenhuma ocasião marcante.

— Aliás — continuou com algumas reticências —, não lhe posso ocultar as minhas simpatias pelo Partido Liberal. Foi ele que fez o meu casamento, estimo os principais chefes, particularmente o Dr. Joaquim Manuel de Macedo, seu amigo e antigo professor do Colégio D. Pedro II, que se mostrou em extremo satisfeito, quando lhe anunciei que pensara no senhor para pôr *A Reforma* em dia com o que fosse sucedendo no Paraguai, sob o meu comando.

— Bem, mas ponderei a Vossa Alteza que o *Jornal do Comércio*, exatamente por ser folha de feição imparcial e ter muito mais circulação, dará maior realce a essas correspondências.

Pareceu o príncipe ficar perplexo. "Pois então o Sr. mandará, para lá o que escrever, mas de vez em quando enviará alguma coisa para *A Reforma*. Assim, concilia-se tudo."

Recusei, e a nossa conferência terminou, deixando em ambos desagradável impressão.

Encontrou o príncipe resistência com que não contava, viu que sem vantagem desvendara algo de seu pensamento de origem política, quando lhe cumpria ser absolutamente imparcial neste delicado assunto e, daí, sensível e maior resfriamento de relações comigo.

Do meu lado previ muita coisa que me havia de acontecer e conheci logo que tomara caminho errado nas minhas esperanças trazidas do Rio de Janeiro, aliás, nada arrependido da resolução que mostrara, assentando bem o meu caráter, ainda que deixando à margem os possíveis momentos de um pouco mais de cortesanismo.

---

1) Foram estas correspondências publicadas em volume, pela Companhia Melhoramentos de São Paulo, em 1929 e sob o título *Cartas de campanha*. (Affonso de E. Taunay, filho do escritor.)

Escrevi, pois, a minha primeira correspondência em Montevidéu, onde chegamos a 5 de abril, depois de sete dias de viagem direta! Mostrei-a ao Conde d'Eu, que a achou excelente.

— Vou mandá-la para *A Reforma* — insistiu risonho —; há de contentar muito os meus amigos de lá.

Resisti, e o príncipe ma entregou logo modificado e um tanto carrancudo.

A 14 desse mês de abril estávamos em Assunção. E que bela, calma, interessante a viagem Paraná acima! Que lindas as paisagens naquele cortar de águas sereno, sem oscilações entre margens às vezes apertadas, outras longe, longe, como afastadas costas do mar. Nas *Três Bocas* então, o rio por tal forma se alarga que parece pleno Oceano. E quantas ilhas, como que suspensas no ar, por ilusão ótica! Uma maravilha toda aquela majestosa cena!

Continuava esplêndido o passadio no *Alice*. O velho Maciel, tomadas novas provisões em Montevidéu, tratava-nos à vela de libra. Comiam todos pantagruelicamente e a bordo reinava grande alegria e cordialidade.

Falou-se em manifestações ao comandante e a elas demos caráter folgazão. Encarregado de escrever a saudação em verso, fiz uma série de quadrinhas, que mereceu grande aceitação de aplausos e risadas, e o primeiro a dar o exemplo foi o príncipe.

Perdi este manuscrito; lembro-me, porém, que as duas primeiras quadras eram as seguintes:

Pai da vida interminável,
Ó divino Maciel,
Tu mereces da cozinha
O boné de bacharel!

Tu dominas temerário
As águas do Paraná...
Manda-nos dar chocolate,
Não nos mates com o teu chá!...

Apareceu também e foi recitado bonito soneto burlesco do Pinheiro Guimarães.

Uma vez em Assunção, assumiu Sua Alteza, o Conde d'Eu, a 16 de abril de 1869, o comando-em-chefe, de que estava interinamente empossado, desde 20 de fevereiro desse ano, o valetudinário Marechal-de-Campo Guilherme Xavier de Sousa. Pouco tempo depois, partiu este e daí a meses, se não me engano, faleceu no Desterro, na terra natal, Santa Catarina.

Que bonita, porém, e variada a subida do Rio Paraguai! Quantas impressões ao passarmos pelos lugares celebrizados por grandes feitos de guerra, sobretudo Humaitá! Vimos de longe as Colinas (Lomas) Valentinas, em que se haviam ferido tantos sanguinolentos combates em dezembro de 1868.

Muito me agradou o aspecto interior de Assunção, cercada de verdejantes outeiros e com alguns edifícios vistosos, o palácio novo de López ainda não concluído então, a catedral e outros; enfim certa feição de verdadeira capital.

Em sua residência (palacete Resquin) hospedou o Conselheiro Silva Paranhos o Conde d'Eu, Polidoro e alguns de nós. Enorme a afluência de mulheres e gente que vinha pedir esmolas ou transporte para Mato Grosso, antigas famílias prisioneiras do tempo da primeira invasão, em dezembro de 1864.

Fui encarregado de arrolar essa gente, dando-lhes passaporte e passe para a viagem gratuita até Corumbá ou Cuiabá, o que foi trabalho não pequeno.

Estava tomando os nomes, quando se me apresentou uma mulher gorda, baixota, quase branca, já velha, acompanhada de um latagão paraguaio, moço e muito moreno. "Seu nome?", perguntei. "Úrsula de tal", foi a resposta, e seu companheiro (não me lembro quem).

— Úrsula? — procedi risonho a indagação e vim a ter certeza de que tinha diante dos olhos aquela a quem o Sargento Salvador Rodrigues da Silva, meu esquipático admirador e protegido, esperava, com tanta ansiedade, em Cuiabá. Ponderei-lhe que Salvador estranharia sem dúvida a companhia que levava e ela contentou-se com dizer: "Por certo, mas devo muitos obséquios a este moço e não posso deixá-lo assim". Enfim, forneci-lhes os papéis e lá se foram.

Meses depois, contaram-me que o Salvador, logo e logo, desempenhara a palavra dada e casara-se com a sua Úrsula. Viveram juntos e muito felizes até 1892, quando morreram ambos, com intervalo de um mês, primeiro ela, depois o marido.

Enfim, Filemon e Baucis!

II

A ORDEM do dia nº 1 do Príncipe Conde d'Eu, datada aos 16 de abril e já de Luque, a 2 léguas e meia de Assunção, dizia o seguinte:

"Nomeado, por decreto imperial de 22 de março próximo passado, comandante-em-chefe de todas as forças brasileiras em operações contra o governo do Paraguai, assumo neste dia tão espinhoso cargo.

"Nas heróicas tropas que se acham reunidas sob o meu comando tem posto o Brasil suas mais caras esperanças.

"Cabe-nos por último esforço conseguir plenamente o fim que pôs à Nação as armas na mão, restituir à nossa querida Pátria a paz e a segurança indispensáveis ao pleno desenvolvimento de sua prosperidade.

"Tendo em mente tão sagrados objetos, cada um de nós cumprirá sempre seu dever.

"Volta hoje o aniversário do dia em que, guiado por um general de inexcedível heroísmo, efetuastes, em presença do inimigo, uma das mais atrevidas operações militares.

"As inúmeras provas de bravura e de resignação que, depois como antes deste dia sempre memorável, têm dado o Exército e a Armada, os Voluntários da Pátria e Guarda Nacional, têm feito brilhar as armas brasileiras de uma glória imorredoura.

"O Deus dos exércitos não há de permitir que seja perdido o fruto de tantos sacrifícios e de tanta perseverança. Ele coroará mais uma vez os nossos esforços e os de nossos leais aliados: um triunfo definitivo firmará em quatro nações os benefícios da paz e da liberdade; e vitoriosos tornaremos a ver o céu ameno da Pátria.

"Camaradas! Pronto me achareis sempre a advogar perante os poderes do Estado os vossos legítimos direitos.

"Obrigado, quando menos o esperava, a vir tomar o lugar dos generais, cuja experiência vos têm conduzido por entre as provanças de uma prolongada guerra, confio que encontrarei em cada um de vós a mais cordial cooperação.

"Ela me habilitará a cumprir com todas as obrigações da árdua comissão que me tem imposto minha entranhável dedicação à grandeza do Brasil.

"Viva a Nação Brasileira!

"Viva Sua Majestade o Imperador!

"Vivam os nossos aliados!

    "Gastão de Orléans

    Comandante-em-Chefe."

Como se acaba de ver, não estava mal lançada em suas linhas gerais esta ordem do dia inicial, mas tinha manifestados galicismos, que poderiam ter sido evitados, se o Conde d'Eu ma tivesse mostrado.

Não o fez, contudo, faltando assim à promessa que fizera de sempre me consultar, sobretudo nas peças e documentos destinados à publicidade. Disto tive sincero desgosto. Também quando o príncipe me perguntou que tal achara a proclamação às tropas, respondi-lhe com toda a sinceridade: "Boa, mas com alguns senões de linguagem, que podiam ter sido evitados".

E tempos depois, tive não pequena satisfação ao ouvir o mesmo Conde d'Eu declarar-me: "Escreveu-me o Imperador quase no mesmo sentido em que o senhor se pronunciou. Achou a ordem do dia boa, mas com bem dispensáveis galicismos. Mandou-me até perguntar se eu não lhe mostrara antes o que escrevera". E com a lealdade que sempre tem, concordou: "De fato, fiz mal em não o ter consultado, antes da publicação".

No dia seguinte (17 de abril) tive outra decepção e esta bem mais séria e que muito me deu que pensar, patenteando-me desde logo que a minha posição junto ao príncipe se tornaria bastante singular e penosa — como de fato se tornou.

Determinava a ordem do dia nº 2 as comissões que deviam preencher os oficiais vindos do Rio de Janeiro no vapor *Alice* e achei-me colocado na comissão de engenheiros, quando esperava nomeação de secretário junto à pessoa do príncipe ou, se não, do comando-em-chefe, lugar que foi mais ou menos ocupado pelo Jerônimo Francisco Coelho, e digo mais ou menos, pois a nomeação rezava *"para servir na secretaria"*.

Estávamos já em Luque.

À noitinha fui ao Quartel-General ter com o Conde d'Eu, que pareceu desculpar-se do destino que me dera, declarando-me que ficava encarregado da redação do *Diário do Exército*, pelo que, todos os dias, àquela hora (7 da tarde), devia ir vê-lo, não só para saber das novidades dignas de serem mencionadas no histórico da campanha, como para conversarmos sobre assuntos de importância.

— Não dispenso — concluiu — toda a sua coadjuvação nas informações ministradas com critério e nas opiniões expedidas com a maior lealdade.

— Mas — repliquei bastante aborrecido — como quer Vossa Alteza que lhe fale?

— Como amigo, como amigo, boa dúvida!

— Pois assim hei de proceder.

E de fato assim procedi sempre, talvez, pelos poucos anos, não raras vezes com certa e dispensável teimosia e espírito pouco condescendente.

Poderia em várias ocasiões ter-me mostrado mais conciliador, menos áspero em relações, cuja cordialidade foi a pouco e pouco desaparecendo no íntimo, ainda que nenhum sintoma dessa feição aparecesse ou transpirasse externamente.

Até o fim dessa Campanha da Cordilheira fui tido como amigo particular do Conde d'Eu e pessoa influente junto dele, o que era e, ao mesmo tempo, não era real. Fui, com efeito, consultado em muitas ocasiões importantes, conforme adiante contarei e cheguei até a fazer prevalecer a minha opinião; mas, sobretudo nestes casos, mostrava-me o príncipe ter ficado particularmente contrariado; e, decerto, não há situação mais difícil e esquerda do que esta.

Concorreram outras causas para agravar ainda mais este estado de coisas.

III

Digamos, porém, quais as forças sob o comando de Sua Alteza.

Aliás, para todos os pormenores desta parte da Guerra do Paraguai, consulte-se o *Diário do Exército*, que escrevi, dia por dia, e mereceu, como livro, grandes aplausos dos entendidos.

Ao lê-lo, exclamou o Duque de Caxias: "Faltou-me um Taunay para contar o que fiz", e ele mesmo verbalmente me referiu estas expressivas palavras, acrescentando: "O Conde d'Eu não apreciou você devidamente". E muitas vezes o velho cabo de guerra me falou nestes termos, acredito com sinceridade.

A esse *Diário* consagrou também Pinheiro Chagas em seu *Resumo da Guerra do Paraguai* os mais elevados gabos.

Preenche, na verdade, não poucas condições para dar justa idéia das operações que sucintamente conta.

Como disse nas breves palavras da prefação: "Falta ainda a indagação do filósofo, o esmerilhar do pensador que vai buscar nas localidades, no cotejar de todas as ordens, na meditação e concatenação dos acontecimentos o julgamento da imparcialidade e o apresenta ornado de estilo que lhe dá vida para sempre luminosa[2]".

Teve o *Diário do Exército* as primeiras folhas impressas num prelo que servia para as publicações oficiais do comando-em-chefe; mas o trabalho era tão malfeito que afinal guardei os manuscritos para a composição geral na Tipografia Nacional do Rio de Janeiro, o que se fez em dois ou três meses, corrigindo eu as provas.

Tirou-se edição demasiado limitada, 500 exemplares, se não me engano, de modo que hoje é muito raro encontrar-se um desses livros.

Cumpria fazer-se segunda edição; descuidei-me no tempo da Monarquia e hoje é quase impossível pensar-se e falar-se sequer nisso.

Rememorar os serviços de um príncipe, do Conde d'Eu!

---

2) *Diário do Exército*, Rio de Janeiro, Tipografia Nacional, 1870.
    Reedição em dois volumes pela Companhia Melhoramentos de São Paulo com os subtítulos: *A Campanha da Cordilheira* e *De Campo Grande a Aquidaban*, em 1926. (Affonso de E. Taunay.)

Entretanto ele os prestou muito bons, valiosos e com grande desinteresse. Pouco importam as rusgas que com ele tive e os motivos de queixa. São incidentes que desaparecem no conjunto daquele ano memorável. Se o relembro é porque estou escrevendo as minhas impressões particulares e íntimas, a história da minha vida, não os sucessos da Guerra do Paraguai.

Em dois corpos de exército, voltando ao assunto de que tratávamos, estavam divididas as forças brasileiras, acampadas em Luque e proximidades, além de forte vanguarda, meia légua adiante, à margem do arroio Juqueri. Em Assunção, 2.748 homens; em Humaitá, 1.588; no Rosário, 2.044, e no Aguapeí, 1.300 — todos brasileiros —, ainda 4.000 argentinos, quase 600 orientais e perto de 500 paraguaios da legião.

Passou o príncipe revista em primeiro lugar ao segundo corpo de exército, que apresentou em forma:

Infantaria	7.183 homens
Cavalaria	862 "
Artilharia	391 "
Batalhão de engenheiros	270 "
Corpos especiais	53 "
Total	8.769 "

Compunha-se o primeiro corpo de exército do seguinte pessoal:

Infantaria	3.905 homens
Cavalaria	1.356 "
Artilharia	489 "
Seção de transporte	248 "
Corpos especiais	28 "
Total	6.024 "

Tinha a vanguarda:

Infantaria	1.626 homens
Cavalaria	1.555 "
Artilharia	92 "
Batalhão de engenheiros	219 "
Seção de transporte	36 "
Corpos especiais	19 "
Total	3.547 "

Reunindo-se todas as tropas de combate chegava-se ao seguinte algarismo:

Infantaria	12.714 homens
Cavalaria	3.773 "
Artilharia (52 bocas de fogo)	970 "
Transporte	284 "
Batalhão de engenheiros	489 "
Corpos especiais	110 "
Total	18.340 "

O grande total das forças brasileiras, no Paraguai, era de 26.020 homens, além de pequenas parcelas no Fecho dos Morros, divisa de Mato Grosso, Cerrito, etc.

Pela ordem do dia nº 2, de 17 de abril, foram nomeados Comandante do primeiro corpo de exército, o Tenente-General Visconde do Herval, do segundo, Tenente-General Polidoro da Fonseca Quintanilha Jordão. Reassumiu o cargo de Chefe do Estado-Maior o Brigadeiro João de Sousa da Fonseca Costa.

Interinamente ficou comandando o primeiro corpo de exército o Brigadeiro João Manuel Mena Barreto. Na vanguarda estava o valente Brigadeiro Vasco Alves Pereira, depois Barão de Sant'Ana do Livramento.

Durante todo o tempo da estada em Luque desenvolveu o Conde d'Eu grande atividade e demonstrou belas qualidades de administrador e organizador, fazendo freqüentes viagens a Assunção, informando-se de tudo, conferenciando com os chefes aliados e o Conselheiro Silva Paranhos e tomando e ordenando providências adequadas em todos os sentidos. Ansiava encetar operações ativas de guerra, em que ganhasse renome, mas via que era indispensável preparar muita coisa que faltava, reerguendo o Exército, oficiais e soldados da desmoralização em que havia caído.

Não perdia, pois, ocasião de falar em público, e o fazia com calor e muito propósito, ainda que com o terrível sotaque a prejudicar-lhe tanto as felizes imagens e o colorido da frase. Mas, não há dúvida alguma, estava de corpo e alma empenhado na ingente tarefa.

A 28 de abril festejou-se, no acampamento de Luque, o seu 27º aniversário natalício, e de certo era, em todo o mundo, invejável a sua posição de general-em-chefe de todas aquelas tropas e com poderes discricionários. Empurravam-no todas as circunstâncias para se tornar popularíssimo nesse Exército, e nisto punha as maiores aspirações, mas infelizmente não foi o que conseguiu. Por quê? Nascera caipora.

Quanto a mim, já naquela estada de Luque bastante me inquietava um fato. Com a minha experiência da Campanha de Mato Grosso, sabia que uma das partes mais penosas, se não a mais difícil, da guerra é o sustento diário, o rancho, na expressão soldadesca e consagrada.

E como não tinha jeito algum para comer sozinho e fiscalizar de perto as despesas da cozinha, conforme fazem muitos oficiais, perguntava a mim mesmo como havia de resolver a dúvida. Vira a mesa do Conde d'Eu constituída, fazendo dela parte não poucos dos que haviam comigo vindo no *Alice*, e não recebera nenhum convite para ser um dos comensais. Esquecimento? Propósito feito? Até hoje ignoro; estou mais porém pela primeira razão, agravando-se para mim as coisas pela altaneira concentração que então mostrei e que talvez devesse, para vantagem própria, ter sido substituído por mais alguma franqueza e jeito.

Por enquanto, porém, em Luque, comia à mesa do General Polidoro, que me convidara instantemente a ser dos seus comensais. "Não posso", disse-me, "dispensar a sua boa companhia." E aceitei pressuroso, tanto mais quanto da parte do Conde d'Eu nem palavra. Acreditava contudo, que, mais para diante, espontaneamente me tiraria ele das dificuldades que poderiam sobrevir.

IV

Foi no dia 22 de maio que as forças brasileiras se abalaram de Luque; na frente, o primeiro corpo de exército, sob o mando do Brigadeiro João Manuel Mena Barreto; horas depois, o segundo.

Acampamos, nós do quartel-general, em Areguá, no dia seguinte em Itaguá. A 25 estávamos em Piraiú. A quase duas léguas para lá ficara o General Polidoro em Taquaral e a uma de Piraiú, junto ao Cerro Peron, o contingente argentino.

Estava eu, portanto, separado do meu bom amigo e protetor e muito, muito sofri naqueles dias, sem ter trazido aprestos de cozinha, servido por camarada madraço e estúpido, e obrigado a mandar comprar conservas de peixe, galinha, peru e ervilhas no comércio, que ia, solitariamente, desesperado e furioso da vida, consumindo com pão, tudo frio e desenxabido.

Por vezes formei tenção de expor ao príncipe as aborrecidas condições em que me via, o que talvez tivesse sido melhor e mais de acordo com a absoluta sinceridade que ele sempre de mim exigia, mas, chegado o momento de nisto falar, por ocasião das nossas conferências diárias, à noitinha, sentia-me tolhido por invencível sentimento de orgulho.

— Melhor é calar — dizia com os meus botões — do que me fazer de intrometido e importuno.

E quando os muitos *habitués* da mesa do Conde d'Eu estranhavam a princípio a minha ausência, tratava de desconversar. Abri-me, contudo, com o General Polidoro, que estranhou vivamente aquela falta de convite por parte do príncipe e aplaudiu muito a reserva em que me mantinha.

Entretanto, não podia aquele sistema de alimentação continuar mais tempo. Apesar do apetite valente que sempre tive, sentia-me enfarado e doente do estômago.

Foi quando contei ao General João de Sousa os ridículos apuros com que lutava e este me chamou, com a maior expansão e toda a sorte de meiguices, para a sua mesa. Aliás, sentia-se, por seu lado, bem infeliz, vendo não só o Conde d'Eu muito inclinado para o Pinheiro Guimarães — que ostensivamente ambicionava o cargo de chefe do estado-maior — como em tudo percebendo um desejo de deprimir o comando anterior do Duque de Caxias.

E nisto havia muito de humano. Dera aquele general, quando em Assunção, a guerra por acabada definitivamente, sem mais combates a ferir e glórias a colher nas *guerrilhas* que porventura restassem, e ao príncipe não podia, decerto, agradar o papel inferior, que, segundo aquela ordem do dia, lhe estava reservado e do qual não havia de passar.

Daí um sentimento de rivalidade latente, de que sofria quem, durante o generalato de Caxias, fora o seu braço direito. A verdade era que ainda havia muito que fazer. Se López não houvesse sido tão bem e energicamente acossado, dando-se-lhe tempo e folga, teria reconquistado o Paraguai todo, recomeçando a luta e tirando enormes recursos da dedicação incondicional e admirável da sua gente.

Em Piraiú continuaram as boas medidas administrativas tomadas pelo príncipe, positivamente incansável e sempre atento ao dever. Acampados os dois corpos de exército defronte de Ascurra, a boca da picada da Serra da Cordilheira, que levava ao interior do país, um em Piraiú, outro no Taquaral, foi plano do Conde d'Eu levar a convicção ao espírito de López que a sua intenção era atacá-lo por ali, buscando segurar o outro pelos cornos, como se diz, ou pelas *aspas*, na frase gaúcha.

E certo é que, graças aos contínuos e repetidos reconhecimentos, até à base da serra, já com brigadas, já com divisões e até corpos de exército inteiros, multiplicando muitas e muitas vezes este estratagema, chegou a capacitar-se o ditador de que um belo dia os brasileiros investiriam de frente à montanha. Também tinham os paraguaios ordem absoluta de não darem, em circunstância alguma, um tiro sequer, rompendo tão-somente fogo quando vissem as tropas assaltantes metidas e entaliscadas nas asperezas da subida da cordilheira.

Nestes incessantes reconhecimentos, às vezes seguidos, um dia após outro, mostrou o príncipe grande habilidade estratégica, paciência de experimentado capitão, indiscutível coragem e notável sangue-frio.

Uma vez, diante da picada de Ascurra, com cuja boca enfrentávamos, convidou-nos, a mim e ao Salgado, para nos aproximarmos o mais que fosse possível.

— Pelo menos — observei — convém que ponhamos as capas dos *bonés*, para ocultarmos quem vai expor-se tanto, e as nossas próprias divisas de oficial. Um tiro de metralha agora lhes podia ser de incalculável proveito.

— Com efeito — concordou o Conde d'Eu —, é precaução bem lembrada.

E tirando do bolso as capinhas brancas tão de uso no Exército todo, o que fazia com que os paraguaios nos chamassem, numa palavra guarani que agora me escapa — *cabeças brancas* —, assim nos adiantamos.

Chegamo-nos, pois, mais e mais e contamos sete ou nove peças de grosso calibre assestadas. Tão perto estávamos, que distingui perfeitamente as feições e barbas dos artilheiros a postos.

Um daqueles canhões que disparasse, então, e estávamos perdidos, o Conde d'Eu e nós dois. Precisava, porém, o comandante-em-chefe patentear, bem claramente, ao seu Exército, que também sabia ser valente e não tinha medo da morte.

Nesse dia voltei para o meu quartinho, ocupado em companhia do bom Jerônimo Coelho, com a convicção de que nascera outra vez, como costuma dizer o povo.

Costumava eu, todas as noites, conforme ficara convencionado, ir, em Piraiú, ter com o príncipe, que me dizia o que convinha mencionar no *Diário do Exército*, os interrogatórios de prisioneiros, as mudanças de corpos, estado sanitário das tropas, etc. Lia também as correspondências destinadas ao *Jornal do Comércio*.

Nos primeiros dias de estada em Piraiú levei-lhe uma descrição poética da Lagoa de Ipacaraí, lindíssima porção d'água que tínhamos costeado desde Areguá e ficava fronteira ao acampamento de Taquaral.

Achou-a o príncipe tão boa, que me disse risonho: "Esta eu a mando para *A Reforma* e há de produzir ótima impressão, pois exatamente a folha tem feição literária". Recusei, porém, de modo incisivo e nunca mais o Conde d'Eu agitou esta possibilidade e falou-me naquele jornal político.

Aliás, em Luque, voltando atrás, achara eu solução à dificuldade de encontrar adequado correspondente. Recusando esta incumbência, indiquei o Anfrísio Fialho, que exatamente publicava com a sua assinatura, nas colunas do órgão do Partido Liberal, violentos artigos contra o comando do Duque de Caxias, censurando acremente as operações de dezembro.

Embora malsatisfeito, aquiesceu Sua Alteza, pelo que foi ter com o Fialho e lhe disse resumidamente que, precisando *A Reforma* de ativo e inteligente missivista durante a campanha que se ia iniciar, lembrara-me eu do seu nome e o apontara ao príncipe, merecendo aprovação.

Ficou sobremaneira contente. — Mas por quê — perguntou — você não se encarrega disso?

— Por ser conservador. Pertenço já ao partido oposto e bem sabe que nesse sentido sempre me pronunciei.

— Lá isto é verdade — concordou ele.

E mais ou menos nestes termos conta esse incidentezinho no seu livro *Quinze anos de existência*, que sinto não ter agora à mão para dele transcrever aqui, *ipsis verbis*, este trecho.

Enviou Fialho não poucas correspondências para *A Reforma*, assinando-as; mas o Conde d'Eu não lhes prestou lá muita atenção, como que desapontado e aborrecido com o obstáculo que eu antepusera aos seus desejos e primeiro pedido. De certo tempo em diante cessaram até de todo aquelas cartas, tanto mais quanto as relações partidárias do príncipe com a gente do Centro no Rio de Janeiro esfriaram sensivelmente; e daqui a pouco direi por que razão.

Já que me refiro a Luque, deixo aqui registrada a sincera alegria que lá tive, encontrando Catão Roxo, meu íntimo da Expedição de Mato Grosso, feito membro da Comissão de Engenheiros. Não me fartava da sua companhia, rindo-me a valer dos seus ditos e gestos.

Ainda me lembro das gargalhadas que dei, ouvindo-o descrever os apuros em que se achou nos terríveis combates de dezembro, molhado da chuva como um pinto e debaixo da formidável saraivada de balas. "O diabo, menino", dizia ele, "o diabo!" E arqueava muito as sobrancelhas, enrugando a testa toda. Bom e egoísta Catão!, quanta amizade ainda hoje por ele tenho, embora para sempre afastados, sem mais até nos escrevermos nem sequer de longe em longe!

Prosseguia, entretanto, o Conde d'Eu nos seus planos habilmente coordenados e mostrava-se incansável nos múltiplos trabalhos do complicado comando supremo. Tinha-se em breve imposto como general-em-chefe e todos previam que daria boa conta da mão, colocando-se à altura dos mais melindrosos acontecimentos. Positivamente infatigável em interrogar e acarear prisioneiros; e se a canseira em tal afã é grande em outros países, no Paraguai mostrava-se pesadíssima pela qualidade de gente que se agarrava, bruta e fanatizada.

Que paciência precisava o príncipe pôr em ação e desenvolver! Fiquem, pelo menos aqui indicados, o mérito e a constância desses serviços obscuros, ingratos e bem penosos, mas de imenso alcance, que jamais preteriu e de que nunca se descuidou.

Saliento, ainda uma vez, quanto desejo me domina de ser perfeitamente justo para com esse homem muito notável sob não poucos pontos de vista. Como militar, excedeu toda a expectativa, por mais favorável e simpática que fosse. Não há, porém, dúvida que procurou, aliás recuando logo, dar à sua posição de comandante-em-chefe certa feição política com os chefes do Partido Liberal no Rio de Janeiro.

Grandes decepções o esperavam em caminho. E uma das maiores foi-lhe proporcionada pela própria *A Reforma*. Apareceu, lá, com efeito, como artigo de fundo, assinado por Silveira Martins, violenta catilinária contra o fato de ir ficar o Visconde do Herval (o lendário Osório então esperado em Piraiú) debaixo das ordens e do comando de um mocinho, que da guerra não conhecia senão a parte de *diletantismo* como a fizera na Campanha de Marrocos, simples ajudante-de-ordens do General Duque de Tetuan.

E por aí ia em frase vibrante e dura, recapitulando todas as queixas contra o favoritismo da sorte e as injustiças em relação a reis e príncipes.

E esse número d'*A Reforma*, que faltava na coleção de jornais mandada regularmente do escritório da redação, veio avulso, enviado pelo gabinete do Ministro da Guerra, Barão (mais tarde Visconde e Marquês) de Muritiba, apontado com um grande traço de lápis vermelho que seguia, largo e imperioso, ao longo do valente libelo acusatório.

No espírito do príncipe foi enorme a impressão causada pelo tal artigo e, sorumbático e displicente todo o dia, não ocultou o aborrecimento, vendo claramente a divergência que se cavava fundo entre o grupo anódino do lado liberal, encabeçado por Joaquim Manuel de Macedo e outros, e o outro dirigido por Silveira Martins e mais ardentes democratas.

V

ESPERAVA-SE, dizia eu, o Visconde do Herval, o tão popular Osório, e, com efeito, chegou a Piraiú no domingo 6 de junho. Recebeu-o o príncipe com grande demonstrações de apreço, indo ao seu encontro e abraçando-o com efusão, na estação.

Em todos causou grande alegria a presença do velho e simpático general, que ainda sofria do grave ferimento recebido no dia 11 de dezembro de 1868, de uma das últimas balas da batalha de Avaí. Tinha o maxilar inferior partido, da ferida saiam-lhe continuadamente esquírolas, não podia nutrir-se senão de líquidos e substâncias moles, impossibilitado da mastigação, e trazia o queixo cinto por um pano preto, amarrado no alto da cabeça.

Gostei muito, mas muito, de Osório, apenas lhe fui apresentado pelo sobrinho, ajudante-de-campo do príncipe, Capitão de Cavalaria Manuel Luís da Rocha Osório, com quem desde logo me havia ligado bastante.

Recordo-me perfeitamente que não pude compreender o que me disse, por gracejo, o general, tal a mescla de português e espanhol agauchado.

— O doutor — observou com a fala grossa, pausada e um tanto cantada que o distinguia — deve ir já a Assunção. Chegou ao porto um *buque*[3] carregado de *patilhas*[4] para quem não as tem. E veja que o Manuel Luís não o *piale*[5].

Todos riram; quanto a mim fiquei *a quo*, sem saber o que responder.

Daí por diante, dei-me bastante com o velho e engraçado general, que tinha, com efeito, muito chiste natural. Convidava-me freqüentemente para o seu rancho e chamava-me "Sr. bacharel". Uma vez fez almoçar uma feijoada monstro, e dela tanto comemos ele, eu e o Dr. Manuel José de Oliveira, comilão de força, que ficamos caídos na relva, empanturrados e a cochilar. Contavam depois com graça que o despenseiro do Osório fizera-lhe ver com

---

3) Navio, barco.
4) Suíças.
5) Laçar o cavalo pelas patas, enganar.

toda a seriedade que mais dois almoços assim, e os víveres se esgotavam de vez.

Sobremaneira chão, atraente e simpático no trato o Herval, mas fino e matreiro como tudo, na tal simplicidade, já espontânea, já estudada. Jeito enorme para inspirar ao redor de si reais afeições e até dedicação que tocava às raias do fanatismo, fazendo-se em extremo querido dos oficiais e soldados.

Dera-se sempre muito, e com toda a lealdade, com Caxias, e, apesar de várias circunstâncias exploradas pelos mexeriqueiros e enredadores de todas as épocas, conservaram-se as boas relações perfeitamente cordiais, ainda que a intriga se empenhasse, com particular afã, em miná-las e destruí-las. Mais tarde, no Senado, os choques de ordem política, as contínuas insuflações e o espírito de competência acabaram por desmanchá-las e cortá-las, creio, porém, que com sentimento de ambos os ilustres homens de guerra.

Aliás, a grande correção de Caxias, em tudo quanto se prendia à subordinação militar, não se dava bem com os modos bonachões, o *laissez aller* e o pouco caso do Osório em muitos pontos desta espécie. Levava os homens por arrebatamento e pelas qualidades pessoais, mais do que pelo prestígio da posição e respeito à lei e aos preceitos regimentais.

Daí a radical diferença com o Duque de Caxias, este muito mais general estratégico, organizador e sobretudo administrador, do que aquele, de maior mérito e realce tático, pela indomável bravura, valentia toda natural, calma, serena, como se, no meio dos maiores perigos que um homem pode correr, estivesse sempre numa sala de baile a cortejar damas.

E já que me veio o *símile* à pena, lembrarei de passagem quanto Osório, ainda velho, era para com as mulheres largo e generoso.

Uma vez — isto vi-o — estávamos a conversar na casa que ele ocupava em Piraiú. Entrou um oficial da pagadoria das tropas e depôs numa mesa os vencimentos do mês que competiam ao general, comandante de corpo de exército em campanha ativa, um montão de libras esterlinas.

Dali a pouco penetrou bonita *china*, que vivia com o Tenente Andrade Neves e cujo nome agora não me acode. Era, porém, a mais chibante rapariga do acampamento e comércio, alta, bem-feita, morena, com olhos negros, vivos, sempre vestida com apuro, a trajar até sedas.

Dela dizia o General X (creio que já de miolo mole): "Esta mulher sustenta um luxo *asinático* (em vez de asiático)". Pois bem, chegou-se a tal *china* e a primeira observação que fez foi: "Ih, Sr. general!, quanto ouro, quanta libra bonita!"

— Olhe, criatura de Deus — observou Osório —, se você quiser, tome do monte uma mão bem cheia.

Não se fez de rogada a mulher e abarcando com os dedos quantas moedas podia, meteu-as no bolso, apanhando rápida e alegre as que lhe haviam caído da ávida garra e rolado no chão.

Contaram-me vários oficiais ocorrência em que o espírito autoritário e de bem-entendida disciplina de Caxias violentamente se chocou com a familiaridade — no caso, exagerada — e menoscabo de fórmulas de Osório, enxertados no premeditado abuso de uma dessas *chinas* de campanha.

Por causa de uma espécie de *formigueiro* na perna, usava Herval, no vasto acampamento de Tuiuti, de uma carruagenzinha leve, espécie de *vitória*, puxada por um animal.

E como a guarda de honra do quartel do comando-em-chefe tinha ordem de, por exceção, fazer a continência ao general, mal assomava a tal vitória, chamava a sentinela às armas e formava-se a guarda para as devidas honras[6].

Uma feita, teve ele a imprudência de emprestar o veículo a espevitada rapariga, que nem de propósito se deu o gostinho de passar pela frente do quartel-general e responder com pitorescos acenos à continência que lhe foi feita!...

Queixou-se amargamente o comandante da guarda do que sucedera, e Caxias com razão ficou seriamente magoado.

Não disse, porém, palavra ao velho amigo, compreendeu o que se passara; mas ordenou que nem para o General Osório a sua guarda chamaria mais às armas.

E teve este o espírito de achar que era muito justo e bem-pensado, sem do seu lado tentar provocar a menor explicação.

---

6) Era popularíssimo no Exército certo toque de corneta a que os soldados, em honra ao heróico general de 24 de maio, atribuíam a letra: "Lá vem, Manuel Luiz!"

VI

VOLTEMOS, porém, a Piraiú; do contrário, não acabariam mais os incidentes. Não quero incorrer na justa censura, que, aliás, nestes volumes escritos, tenho muitas vezes merecido:

Qui ne sût se borner, ne sût jamais écrire.

Iam se tornando, com a chegada de Osório, mais freqüentes os aprestos para entrarmos em operações ativas de guerra, e amiudavam-se as vindas ao nosso acampamento do Conselheiro Paranhos, o qual chegou a correr, com o seu secretário Adolfo Lisboa, não pequenos perigos, no trajeto de Assunção a Piraiú, graças às tentativas ensaiadas pelos paraguaios de fazerem descarrilhar os trens de ferro pelo levantamento de trilhos e corte de esteios de pontes.

No dia 7 de julho, houve importante conferência presidida pelo Conde d'Eu, e a que assistiram o Conselheiro Paranhos, os Generais Visconde do Herval, Polidoro, Emílio Mitre e o Chefe-de-Esquadra Elisiário (Barão de Angra) e nela largamente se discutiu o futuro plano de campanha, achando o príncipe que estavam tomadas todas as providências para favorável êxito.

Deu-se, por ocasião desta conferência, fato bem significativo. Foi chamado para servir de secretário e escrever o protocolo o Coronel Pinheiro Guimarães, ajudante-general, quando o lugar competia ao chefe do Estado-Maior, João de Sousa da Fonseca Costa. Informado de tal, fui ter com aquele general, com quem almoçava e jantava, conforme referi, e encontrei-o cheio de justo ressentimento.

— Confiança não se impõe — disse-me —, mas não posso por mais tempo suportar este estado de coisas. Não estou acostumado a ser desautorado.

E consultando-me: "Que acha devo fazer?"

— Hoje mesmo, à hora da conferência, pedir licença a fim de se retirar para o Rio de Janeiro — respondi-lhe.

— Já pedi isto, por vezes — replicou-me —, mas o príncipe, sem dizer não, também não ma quer conceder.

— Pois acho que o Sr. nem deve esperar a noitinha. Apenas acabar a conferência, cinja a espada e inste de modo decisivo pela imediata retirada.

Com efeito, assim procedeu. Terminada às duas horas a reunião dos generais, foi ao príncipe e momentos depois me dizia todo alegre:

— Meu amigo, estou afinal livre. Hoje mesmo saio daqui; vou dormir no Taquaral com o Polidoro. Vocês que se agüentem. A minha missão está finda. Não foi pouco o que aturei.

Uma hora depois, feitas com muita correção e diplomacia as despedidas, montou a cavalo com os dois ajudantes-de-ordens e campo e deu-se pressa em sair logo e logo de Piraiú. Fui o único oficial da comitiva do príncipe que o acompanhou ao bota-fora e o fiz com certa ostentação.

Nesse dia jantei de novo bem melancolicamente, recaindo nas minhas penosas dúvidas. Como organizar o rancho, sobretudo em vésperas de pesadas marchas?

Aquele Piraiú! Quanto nele sofri moralmente! Nem sei como não houve repercussão no físico, tanto mais quanto o frio era vivíssimo, e me achava malagasalhado.

Nem falei ainda numa grande dor e desgosto que ali experimentei — a desastrosa, horrível morte de meu pobre primo Alexandre d'Escragnolle, dando ela lugar a ato meu de extrema temeridade, em que corri os mais graves perigos.

Foi a 9 de junho, numa fatal quarta-feira.

Tinha ele vindo ver-me, do Taquaral, onde era um dos ajudantes-de-ordens adjuntos do General Polidoro e empregado do Tenente-Coronel Tibúrcio, a quem eu o recomendara vivamente.

Já noitinha, despedira-se de mim, que já por pressentimento, já por ameaçar chuva, procurara retê-lo, convidando-o a só partir de Piraiú no dia seguinte.

Não quis atender-me.

— Não — disse-me —, tenho cavalo ligeiro e depressa chegarei, indo pelo leito da estrada de ferro. O diabo é que os paraguaios costumam mandar rondas por ali e já têm pilhado alguns soldados nossos, e argentinos, desgarrados.

— Razão de mais para você ficar.

— Confio no meu animal, ainda que passarinheiro.

E o mísero lá se foi.

Fui deitar-me com o coração apertado e muito pensei no Alexandre, tanto mais quanto não tardou a cair formidável aguaceiro, que se transmudou, quebrada a violência, em chuvinha miúda e insistente.

À uma hora da madrugada, sou acordado por forte bater na porta.

— Telegrama urgente — bradaram-me de fora.

Pulei da cama e todo assombrado li o que Tibúrcio me mandava dizer do Taquaral: "Alexandre esmagado por trem de ferro, a expirar, deseja vê-lo".

Fiquei por momentos sem saber o que fazer. Tomei então a resolução de partir para o Taquaral naquele instante mesmo, custasse o que custasse.

— Deixe-se disso — opinava Jerônimo Coelho, meu companheiro de quarto —; é loucura rematada. Pode ser morto ou agarrado pelos inimigos; poupe segunda desgraça à sua família.

De todo o ponto justo o que me dizia; mas íntima força violentamente me empurrava para diante, o sentimento do dever impulsionado pela energia da mocidade.

Fui logo ter com o Tenente Alfredo de Miranda, ajudante-de-ordens do General João de Sousa, com quem me dava bastante e contei-lhe o caso. Precisava que me acompanhasse com quatro praças de cavalaria de toda a confiança.

Não era possível mais prontidão e aquiescência. Mandamos selar os cavalos e, revistados os revólveres e espadas, pusemo-nos em marcha, tomando logo a linha dos trilhos, encharcada d'água.

Fazia um luarzinho frouxo, que mal servia para nos mostrar o caminho. Que horas aquelas! Íamos a passo, e o tinir das espadas ecoava tristemente, dois soldados à frente, nós no centro e dois outros fechando a retaguarda. Ninguém dizia palavra, atento ao que desse e viesse.

Não encontramos vivalma, naturalmente porque, depois daquela fortíssima pancada de chuva, parecia impossível que houvesse quem perambulasse por aqueles lugares.

Foi o que nos salvou; do contrário, mais que provável houvéssemos, em linha tão extensa e desguarnecida (quase duas léguas), sido atacados e, ou mortos, ou levados prisioneiros para as brenhas de Ascurra, e entregues a Solano López, hipótese ainda pior.

Atravessamos o acampamento argentino de Cerro Peron e não vimos um só homem acordado e de pé, uma única sentinela. Tudo dormia profundamente e aí observei ao Miranda quão fácil seria aos paraguaios um ataque por surpresa.

Com efeito, diminuta força de uns quinhentos homens bem-montados, aproveitando tamanho descuido, teriam, com intrépida investida, causado os mais terríveis danos a tão malguardada divisão, passando impunemente muita gente a fio da espada.

No Taquaral não havia maior vigilância. Ninguém nos deteve o passo, nenhuma voz nos bradou alto e assim nos apeamos à porta da casa ocupada por Tibúrcio, que nos viu chegar com assombro.

— Que imprudência, Taunay! — foram-lhe as primeiras palavras.

Na sala, entre velas de cera, estava estendido o mal-aventurado Alexandre, já cadáver. Horrível o que sucedera!...

Voltava de Piraiú e já tinha vencido a distância até quase Cerro Peron, quando um trem de ferro, carregado de fardos de alfafa, sem apitar, o alcançou, noite fechada, numa volta, e em ponto apertado por altos taludes de terra.

Procurou o infeliz galgar ligeiro um deles menos abrupto, mas caiu com o cavalo debaixo das rodas da locomotiva, que lhe esmagaram as cochas, matando de súbito o animal. E todos os vagões passaram por cima dos míseros membros presos aos trilhos, ali, por inexprimível misto de ossos triturados, músculos postos a nu e sangue, que saía a jorro.

Sobreveio o temporal, que abafava os angustiados gritos de socorro do desgraçado, isto durante horas e horas. Pode imaginar-se a situação mais horrorosa, agonia mais pungente?

Afinal, à uma hora da madrugada, um oficial argentino acudiu com algumas praças aos brados e por eles guiado, foi ter ao lugar do sinistro. Não pôde reter as lágrimas diante do espetáculo que encontrou.

Transportado em padiola ao Taquaral, pedia Alexandre na maior exaltação que a todo o transe o salvassem.

— Cortem-me ambas as pernas, os dois braços, tudo, contanto que eu viva. Sou moço demais para morrer!

E chamava ardentemente por mim, o Alfredo! o Alfredo! Nada havia, contudo, a fazer. Também, uma hora depois exalava o último suspiro.

Ah! que lúgubre a minha volta! Colocamos o caixão num vagão aberto e puxados por manhosa locomotiva, arranjada por ordem do General Polidoro, fomos enterrá-lo em Piraiú, eu e o bom Alfredo de Miranda, que, além de Tibúrcio, muito me ajudou naquela fúnerea e dolorosa contingência. Fique aqui o testemunho da minha gratidão!...

Achei que em tão angustiosa circunstância podia o Conde d'Eu ter-me manifestado mais algum afetivo interesse. Verdade é que tantas coisas de vulto lhe preocupavam o espírito, em vésperas de acontecimentos que muito de perto interessavam os destinos dinásticos e, a eles intimamente ligados, os pátrios!

VII

No DIA 11 de julho (continuando no ponto em que havíamos deixado a narrativa), um domingo, houve no acampamento de Piraiú brilhante festa militar, a que vieram assistir, de Assunção, Paranhos e o simpático argentino Dr. Rique Perez. Houve missa campal dita pelo capuchinho Frei Fidélis de Avola, benzimento de bandeiras novas e distribuição de medalhas de mérito. O Conde d'Eu pronunciou brilhante alocução e mereceu espontâneas vivas dos que o puderam mais de perto ouvir.

Na parada apresentaram-se debaixo d'armas, prontos para as futuras operações, 10.010 homens, dos quais 6.442 de infantaria, 1.747 de cavalaria, 996 de artilharia e 29 de corpos especiais, deixando de formar a 7ª brigada de cavalaria e 8ª de infantaria. 731 oficiais de cavalaria e infantaria e mais 65 de artilharia achavam-se presentes.

Na terça-feira seguinte, 13, igual parada e idênticas cerimônias no acampamento do Taquaral, indo o príncipe e seu Estado-Maior pela estrada de rodagem, por haver ficado proibido o trânsito pela linha de trilhos, em vista dos desastres que, depois da morte do desgraçado Alexandre d'Escragnolle, se tinham produzido.

Foi a missa campal celebrada pelo capuchinho Frei Gabriel da Barra de Nápoles e formaram em parada 6.960 homens, dos quais 3.870 de infantaria, 2.017 de cavalaria, 323 de artilharia, 133 de pontoneiros e 79 de corpos especiais.

Iam, portanto, entrar em campanha 16.970 homens, e para o seu regular municiamento de boca eram incessantes as providências e ordens dadas pelo príncipe, notavelmente auxiliado pela inteligente ação do Conselheiro Paranhos, em Assunção.

Cometeu, porém, o Conde d'Eu um erro, que depois teve grave repercussão e produziu bem más conseqüências, ainda muitos anos depois. Prevenido contra os fornecedores Lesica e Lanus, firma comercial que aprovisionava o Exército, desde os tempos de Caxias, com muito método e abundância, mas que diziam tirar proveitos fabulosos que poderiam, em seu cerceamento, ser em parte aproveitados pelo tesouro brasileiro, recebeu-os desde o princípio bastante mal, anunciando-lhes formalmente que, findo o contrato, isto em junho ou julho, chamaria concorrência para o fornecimento geral.

Debalde fizeram os homens ver que ninguém poderia com eles competir, organizado como se achava o serviço, com verdadeira flotilha de vapores e navios a navegar os rios, além do movimento, que se interromperia, por certo, do gado em pé a cortar, em marcha para o Paraguai pelas extensas províncias da República Argentina. Apesar das reduções oferecidas nos preços, insistiu o Conde d'Eu em seu propósito, e fez o que prometera.

Aberta a concorrência no dia aprazado, todos quantos haviam contribuído para esta determinação imprudente não se acharam com forças para assumir a extraordinária prebenda, muito embora os enormes lucros que lhes afagavam o espírito. Assim recuaram de qualquer compromisso.

Infelizmente, porém, ocorreu o que Lesica e Lanus haviam prognosticado e, de propósito ou não, quando, aí instados, tornaram a tomar conta do tão ambicionado fornecimento, a parada do movimento dos vapores e do gado produziu as terríveis faltas e conseqüente fome dos acampamentos, no potreiro Capivari e em São Joaquim, que fizeram sofrer, muito e muito, as forças em operações, como adiante contarei.

Quanta coisa não decorre de um erro de administração! Havia o príncipe visado as economias do tesouro público, quando, entretanto, o mal pensado alvitre concorreu para agravar ainda mais as despesas e com a maior inutilidade.

Apertado pela penúria de víveres, na época em que se manifestou, oficiou o Conde d'Eu ao Conselheiro Paranhos, em Assunção, para que providenciasse com a máxima urgência no sentido de fazê-la quanto antes cessar.

Aquele ilustre diplomata ordenou, então, à Casa Mauá que, de Montevidéu, remetesse, logo e logo, um milhão e duzentas mil rações para infantaria e cavalaria, mas a encomenda só pôde ser satisfeita e chegar a Assunção quando recomeçara já, com o primitivo método, o movimento de víveres enviado regularmente por Lesica e Lanus.

Ficaram, pois, aqueles víveres, feijão, arroz, farinha, carne seca e outros mantimentos empilhados à margem do rio, defronte de Assunção! E nem foram só um milhão e duzentas mil rações, porém, sim, o dobro, isto é, dois milhões e quatrocentos mil, porquanto, em Montevidéu, os agentes de Mauá interpretaram a ordem *"para infantaria e cavalaria"* não englobadamente, mas conforme mais lhes convinha. E assim é tudo neste mundo!...

Depois, veremos reaparecer no Rio de Janeiro grave reclamação de Lesica e Lanus motivada por aquela intempestiva interrupção de fornecimento.

No dia 20 de julho fui fincar na sepultura do malsinado Alexandre a grande cruz que mandara para ele falquejar. A muito custo lhe pus uma inscrição com a data do nascimento e morte (1847-1869) e estas palavras: *"Aqui jaz o último dos Escragnolle"*, o que não era exato, porquanto ele deixara em Mato Grosso um filhinho que mandamos buscar em 1872. Foi adotado por meu tio Gastão d'Escragnolle e é hoje casado com a prima, e minha sobrinha, Maria Amélia, filha de minha irmã Adelaide.

Era Alexandre rapazola não pouco estróina, nada propenso aos estudos e todo inclinado à pândega!... Tinha muito espírito natural, como o pai, e estava sendo sobremaneira estimado dos chefes e companheiros, pronto sempre para o serviço, arrojado e corajoso.

Talvez tivesse dado bom militar, caso não viesse tão cruel morte interromper-lhe daquela forma a carreira.

Citavam-se os seus ditos gaiatos e contavam-se casos em que de contínuo figurava. Num baile *sifilítico* (denominação aplicada às partidas dançantes com *chinas* e mulheres do comércio), fora quem com toda a seriedade oferecera: "Minha senhora, não deseja V. Excia. um cálice de licor de Van Swieten ou um pouco de xarope de Cuisinier? Suada como está, há de lhe fazer muito bem."

— Por enquanto não — respondera a dama —; depois aceitarei com muito gosto.

Toda esta alacridade, força, energia e vontade de viver, de súbito se extinguiu e mais que provavelmente nem sequer ficou o menor vestígio onde pararam os restos daquele que em tão alto grau os possuiu. Desapareceram eles para todo sempre, com o cemitério e tudo o mais, sumidos no seio da imensa e misteriosa criação.

Já então, naqueles dias de julho, dera eu solução às minhas dificuldades de alimentação. Fui ter com o Manuel Luís da Rocha Osório, contei-lhe o que estava sofrendo e pedi-lhe com toda a franqueza que me admitisse como companheiro, decidido a tudo, a partilhar do rancho que formavam, ele, o irmão, Tenente João Carlos da Rocha Osório e Reinaldo Soares Louzada, todos três rio-grandenses e ajudantes-de-campo do príncipe, depois de haverem pertencido ao estado-maior de Herval, Caxias e Guilherme de Sousa.

Impossível melhor resposta à minha proposição. Acolheram-me de braços abertos; e nunca, nunca tive o menor, o mais simples motivo de arrependimento, reinando entre nós a maior cordialidade, o mais completo e absoluto acordo de vistas, muito embora as fórmulas, por vezes agrestes, e para mim novas, de que se serviam e dos costumes que os caracterizavam.

Todos mortos hoje! Todos partidos para a eterna viagem! Reinaldo, então, há mais de 23 anos, pois exalou na vila do Rosário o último suspiro, nos meus braços, a 22 de fevereiro de 1870, na madrugada de um dos dias aniversários do meu natalício.

Passados os primeiros tempos de recíproco acanhamento, fiz liga completa com os meus camaradas de rancho, identificando-me de todo com os seus hábitos, neles encontrando sempre companheiros da maior dedicação, incessante desinteresse e a mais apurada delicadeza de sentimentos, quer em espaçados dias e horas de combate e fogo, quer nas marchas mais cansativas e aventurosas, quer em longos e penosos períodos de acampamento e paradas.

Com inapagáveis enternecimento e gratidão, lembro-me da alegria e pressurosidade com que, na tremenda penúria de víveres do potreiro de Capivari e da picada de Pacová, vinham, todos três, trazer-me e comigo partilhar tudo quanto pudessem encontrar, um cacho de bananas, laranjas, abóboras, canas-de-açúcar ou então algumas conservas compradas, a peso de ouro, aos *gringos* e no mercado e já muito vasqueiras e por preços despropositados.

Na terrível e imprudente carga de cavalaria dada em uma rua e praça de Peribebuí, como adiante contarei, mal se havia enchido parte dos fossos de defesa e aberto um trecho da trincheira, carga a que de repente e muito involuntariamente (à puridade confesso) fui levado pelo ímpeto incoercível de meu cavalo, bradou-me uma voz solícita e angustiada: "Aperta bem os joelhos, Taunay, se não estás perdido!"

Era a voz de João Carlos da Rocha Osório!

E assim um sem-número de episódios.

Pude, portanto, bem à larga, estudar o nobre caráter rio-grandense, representado por aqueles três homens, tão diferentes, nos modos e na índole, mas ligados pelo mais apertado laço — o estremecimento imenso ao Rio Grande do Sul.

Reinaldo Soares Louzada, tipo de fina têmpera, o mais velho de nós quatro, talvez com mais de quarenta e quatro anos, despretensioso quanto possível, valente como as armas, amigo da guerra, mas sem nenhuma jatância e sanguinarismo, prudente nos conselhos, altaneiro quando se sentia melindrado, mas entrando facilmente em pronta calma, conciliador sempre, meigo e benévolo para com as culpas dos outros; aliás, sem nenhumas letras, mal sabendo ler e escrever.

Quantas vezes nas nossas continuadas e animadas discussões, em que cada qual levava simpatias e prevenções, sem nunca transpormos os limites da cordialidade, quantas vezes não me disse ele com o seu tom pausado e grave: "Taunay, tu[7] és muito bom, mas tens grande defeito, é não gostares do Silveira Martins!"

---

7) Os rio-grandenses, como se sabe, usam muito mais do *tu* do que os filhos das outras regiões do Brasil, que empregam mais freqüentemente a forma na terceira pessoa — você.

Silveira Martins, o ídolo que tinha sempre presente aos olhos, a personificação do seu adorado Rio Grande do Sul, a primeira das terras.

Manuel Luís da Rocha Osório, este com o curso da arma a que pertencia, e mais alguns estudos, sobrinho predileto do velho Osório e muito ufano, aliás com razão, do parentesco, cheio de nobres ambições que em parte realizou, pois morreu a 28 de março de 1893, general-de-brigada, o mais moço de todos os generais, embora não se mostrasse grande adepto da República e não escondesse as saudades do tempo da Monarquia.

Acabada a Guerra do Paraguai e no seguir da carreira, deu realce a todas as comissões que lhe foram cometidas. Por ocasião do Golpe de Estado de 3 de novembro de 1891, tão ineptamente dado por Deodoro sob a pressão do Lucena, tomou, no Rio Grande do Sul, atitude de resistência decisiva e leal, concorrendo para as demonstrações que lá se produziram e tanto atuaram para o desfecho de 23 de novembro daquele mesmo ano. Foi também dos primeiros a aconselhar a retirada do elemento militar da política do país, embora membro do primeiro Congresso Federal, cargo que, ao que suponho, resignou afinal.

Na Campanha da Cordilheira foi Manuel Luís o constante e metódico diretor do nosso rancho, escrupuloso nas contas, apurando-as sempre com o máximo cuidado e economizando a bem dos companheiros.

Boa figura, ainda que um tanto baixo, corado, com ar resoluto e altivo, tinha propensão à gordura. Veio a falecer do coração.

Morrera o Reinaldo de moléstia intestinal que o fez sofrer muito por mais de um mês. Notei, porém, que a sua agonia foi muito suave, debaixo da ação de um subdelírio, em que me falava de coisas agradáveis e amenas, chegando por vezes a sorrir com expansiva alegria.

João Carlos da Rocha Osório, ainda muito moço naquela época, com 22 anos apenas, arrebatado de gênio, *fuá*[8] lhe chamava Reinaldo, todo ele espontaneidade e fogo, prometendo mundos e fundos, mas volúvel e caprichoso, engraçado e pilhérico, leal como a boa e afiada espada, amigo de dar valentes cutiladas no inimigo, doido por cargas de cavalaria e entusiasta da lança, um tanto peado nos instintos barulhentos pela qualidade de ajudante-de-campo do príncipe, rio-grandense até à medula dos ossos e achando suprema felicidade viver a vida dos campos a cuidar, na paz, de bela e valiosa estância.

Creio que a sorte lhe permitiu realizar, plenamente, esse plano de existência, tão grato às suas esperanças. Viveu tranqüilo e feliz, modificadas, suponho, as

---

8) Mesma significação que *aruá*, cavalo inquieto, indócil, desconfiado (Beaurepaire Rohan — *Dicionário de vocábulos brasileiros*).

impetuosidades de moço pelo correr dos anos. Faleceu de um ataque de cabeça, em Bajé, a 18 de junho de 1893, três meses depois do irmão.

Devia contar 46 anos, se tanto. Nos últimos tempos teve, porém, que presenciar as crudelíssimas convulsões, a nefanda devastação da querida e formosa terra natal. Ah! não era esta a guerra como ele, nas primeiras épocas da juventude, vira e fizera, guerra em que abençoada glória aureolava todos os homens da luta.

E grandes e nobilíssimos triunfos cercavam de luz e fulgores a vitoriosa bandeira imperial, a bandeira da Pátria, levando a liberdade a um povo estrangeiro e republicano!...

VIII

Disposto tudo, na medida do possível, para a próxima campanha, empregados os últimos dias do mês de julho em adequadas providências tomadas com muita calma e minúcia pelo Conde d'Eu, que nada deixava passar sem exame, afinal, no dia 1º de agosto abalou-se em direção a Paraguari o primeiro corpo do exército. Ficava Piraiú bem defendido por fortificações passageiras e com elementos para resistir a qualquer ataque dos paraguaios. Comandava ali o General José Auto da Silva Guimarães (Barão de Jaguarão).

O segundo corpo do Exército moveu-se do Taquaral a 2, trazendo consigo a divisão argentina, acampada no Cerro Peron. Compunha-se de 900 homens perfeitamente disciplinados sob as ordens do Coronel Dom Luís Maria Campos. Ainda nesse dia, o príncipe dirigiu mais um reconhecimento sobre Ascurra, de modo a avigorar a crença, já incutida nos chefes paraguaios, que a sua intenção era atacá-los por ali.

A 3, porém, estávamos já em Paraguari, cidadezinha não de todo feia e onde nos deixou o General Polidoro, já por causa de forte bronquite, já por se lhe ter formado na axila esquerda abcesso que muito o incomodava.

Passou o comando ao Brigadeiro Carlos Resin e voltou para Piraiú, donde regressou a Assunção, muito contristado por não poder tomar parte nas operações encetadas.

— Os velhos não prestam para nada — dizia todo contrito.

O príncipe ativou a partida do primeiro corpo e foi unir-se ao segundo, que esbarrara com forte trincheira numa picada chamada do Sapucaí ou Sapucaia, já conhecida por feito anterior de guerra, toda metida entre matos altos.

Aí ficou bem evidente a diferença no modo de levar as coisas dos generais brasileiros. Osório queria atacar logo de frente, desfazendo nos meios de resistência do inimigo.

— Leva-se tudo — afirmava ele — a cachações num instante.

— Mas para que perder inutilmente gente? — objetava o príncipe.

Mandou, pois, abrir picadas de um lado e doutro, e fazendo por elas entrar duas brigadas, desalojou os paraguaios com a maior facilidade, caindo em nosso poder, sem sacrifício de um só homem, as peças que, colocadas como estavam, nos teriam feito bastante dano.

No dia 6 subíamos a serra pela estrada de Valenzuela, que Solano López, em sua cegueira, havia deixado completamente aberta e livre, obcecado pelo fácil estratagema a que o príncipe dera tão paciente e belamente visos de verdade.

"A Campanha da Cordilheira", diz o *Diário do Exército*, "encontrou no espírito de todos a sua solução."

Uma vez, com efeito, alcançado o planalto, como o tivéramos feito, com tamanha felicidade e facilidade, de que valiam as emboscadas de Pedrosa, Cabañas, Cerro Leon e, sobretudo, o tão decantado desfiladeiro de Ascurra?

Ao passo que atingíamos tão grandes resultados, desfilavam as tropas, alegres e garbosas, por estrada fresca, suave, ensombrada por copadas árvores!

Nunca dera o ditador paraguaio provas de tamanha inépcia, reduzido como estava à guerra de recursos e devendo aproveitar todos os acidentes do terreno para proteger a sua gente, já bem reduzida, e dificultar quanto passo houvesse aos que o perseguiam.

A subida da Cordilheira apresentava-se como o ponto grave de toda a campanha, e eis que López como que tivera empenho de deixá-la absolutamente livre, fácil e até agradável aos brasileiros.

Decerto, nesse dia — 6 de agosto —, a sorte dispensou ao Príncipe Conde d'Eu um dos seus mais graciosos sorrisos. Tudo lhe corria às mil maravilhas.

No dia 7 ocupávamos a bonitinha vila de Valenzuela e ali achamos algumas famílias paraguaias de distinção. Já se iam então apresentando muitas desgraçadas mulheres e crianças reduzidas ao último grau de miséria e abjeção. Em Piraiú tinham vindo a nós milhares e milhares; e nem quero recordar-me das cenas que se passaram, amontoada aquela mísera gente na igreja matriz daquele povoado.

Frei Fidélis contava, com inequívoca indignação, as cenas mais degradantes. Que espetáculo o daqueles verdadeiros cadáveres ambulantes! E assim mesmo achavam quem as protegesse logo e enroupasse! Embora remetidas sem demora para Assunção, em vagões e vagões cheios, não poucas mulheres se puseram a acompanhar, nas marchas, os soldados e homens do comércio.

Aí em Valenzuela deu-se curioso episódio que pude acompanhar desde o princípio *ab ovo* e que aqui incluo para não estar falando só em operações de guerra.

Ao nosso rancho, freqüentado por *cavalarianos* de grande marca, verdadeiros gaúchos rio-grandenses, como Hipólito, Manduca, Cipriano, Amaral Ferrador, Vasco Alves, Coronel Fidélis, este com grande e merecida reputação de emérito degolador, e outros *arrebentados monarcas* da coxilha, costumavam também aparecer Quintino Bocaiúva, Jarbas Muniz Barreto e Fortinho, que pleiteavam diversos contratos de fornecimento.

O primeiro arrendara, em companhia do Ferreirinha, a estrada de ferro entre Assunção e Paraguari, do que tiravam bem magros proventos. Desde aí, pois, conheci Quintino e sempre o vi republicano, força é confessar, empertigado e correto nos gestos e modos.

Dos três eram muito amáveis e bons companheiros Jarbas e Fortinho. Deste, tive, por vezes, provas de verdadeira afetuosidade, mandando-me livros e graciosas lembranças.

Em Valenzuela, apareceu-me, visivelmente transtornado.

— Acabo de ver — explicou-me — uma mulher de beleza positivamente deslumbrante.

E contou-me que era paraguaia, pertencia a boa família e se achava com a mãe e uma irmã. O pai morrera na guerra, um ano antes. E tanto me preconizou a formosura excepcional que, curioso, fui vê-la. Percebia-se, logo, que pertencia à boa sociedade, mas quanto à beleza, havia a meu ver certa exageração. Era uma moça bonita, fresca e de boa compostura. Mas havia Fortinho recebido *le coup de foudre*.

Foi a Assunção, lá ficou cada vez mais apaixonado e efetuou casamento no meio de geral surpresa. E fez muito bem, pois teve boa e leal esposa, com quem sempre viveu perfeitamente e de quem teve não poucos e bonitos filhos.

IX

LEMBRO-ME bem que, ao desembarcarmos no planalto de Valenzuela por dia claro, bonito, fresco, o comandante do segundo corpo de exército, Marechal Vitorino José Carneiro Monteiro, depois Barão de São Borja, que substituíra o General Polidoro, teve com o Coronel Pinheiro Guimarães, ajudante-general do Exército, violenta discussão a propósito não sei de que ordem. Foi muito viva a troca de palavras desagradáveis, diante do príncipe, que procurou, mas não pôde, fazer crer que não as ouvia pela surdez peculiar aos Orléans.

Não alcançamos nesse dia 6 de agosto Valenzuela, apesar de todos os desejos e da bem-acentuada impaciência do Conde d'Eu, e ficamos acampados junto ao arroio Ipocu. Apenas chegamos ao povoado e perto dele, afluíram, em massa, mulheres e crianças, além de muitos patrícios nossos, prisioneiros agarrados nos começos da invasão de Mato Grosso, em fins de dezembro de 1864 e janeiro de 1865.

Irradiando do centro forças e partidos, que iam, de um lado e de outro, tomar conta de alguns pontos e arrebanhar pobres famílias paraguaias, foi o Exército avançando, em direção quase paralela à que seguira de Piraiú para Paraguari, com a diferença que lá era embaixo da serra, pela base, agora em cima, no planalto, lá a S. E., agora a N. O., ligadas as duas linhas pela perpendicular de Paraguari e Ipocu, subindo a cordilheira pela reta E. O. representativa da picada de Valenzuela.

Todo este belo movimento faz em extremo honra às combinações e aos planos militares do Príncipe Conde d'Eu, o qual, burlando as intenções de López, se dirigia então com toda a facilidade para Peribebuí, povoado entrincheirado em que *El Supremo* havia estabelecido o centro do já tão combalido governo.

No dia 9 acampamos a légua e meia daquele ponto e vieram ter conosco muitos índios *chanés* presos na invasão paraguaia de Mato Grosso. Tive o prazer de trocar com eles algumas frases aprendidas nos Morros, os tão saudosos Morros...

A 10 seguimos até ao lindíssimo arroio Iagui-mi, depois fomos ocupar os altos dos outeiros que cercam e totalmente dominam a praça de Peribebuí, cuja perda era infalível, metida num fundo de baixada e no meio de colinas que pareciam só esperar por baterias de artilharia para deixar fulminada a desgraçada e insustentável posição.

Tendo o príncipe cuidado que lhe não caíssem, por qualquer lado, forças inimigas, mandou ocupar as encruzilhadas de estrada e ordenou o assalto da improvisada capital do López para o dia 12, como com efeito se deu. Depois de violento bombardeio, que durou duas horas, de 6:30 às 8:30 da manhã, avançaram as colunas para as trincheiras, que rapidamente se atulharam com fardos de alfafa. Também em breve, apesar de valente defesa, estava tudo em nosso poder. Talvez não durasse o assalto vinte minutos.

Aí se deram vários episódios, que me são de todo o ponto pessoais e portanto acham cabido lugar num livro de *Memórias* da minha vida.

Na qualidade de encarregado do *Diário do Exército*, posição cômoda que não me sujeitava imediatamente a nenhum chefe, andava eu mais ou menos isolado, quase sempre no estado-maior do príncipe, mas muito à vontade a ir de um lado para outro.

Foi quando, por sol resplendente, vi se prepararem as colunas de ataque, no alto dos outeiros vizinhos. O espetáculo era positivamente deslumbrante, a ansiedade geral.

Terminara o bombardeio, de maneira que a fumaça, que se havia acumulado na baixada, como impenetrável e denso véu, de todos os lados subia, adelgaçada cada vez mais, tangida por brisa esperta, quase frígida.

Aí destacou-se, à frente de todos, da outra banda daquela em que me achava, um homem só, montado num grande cavalo branco, cujo pêlo brilhava à luz do dia como se fora um animal todo de prata. Começou a descer o declive com a maior calma e majestade, embora logo se tornasse alvo de nutrida fuzilaria e até tiros de peça.

Perguntei a um soldado de cavalaria que por junto de mim passou:

— Quem é aquele cavaleiro?

— É o General Osório — respondeu-me.

E a estas simples palavras de mim se apoderou tal frêmito de entusiasmo que quisera estar ao seu lado, ante os olhos de todo o Exército Brasileiro.

São atos deste que arrebatam os homens, até os mais frios e céticos e os levam à morte, afrontando extraordinários, quase inacreditáveis perigos.

Em outras circunstâncias e, decerto, aí em cenário mais grandioso, repetia Osório a admirável façanha da passagem do Paraná, no Passo da Pátria, ele à frente de todos, sempre ele, jogando a vida com a maior serenidade, ou antes com a maior simplicidade, como se fora o mais obscuro e insignificante soldado, cuja perda pouco importaria ao Exército e à Pátria!

Acredito bem que todos, todos sem exceção, experimentaram aquele imenso choque elétrico, que nos faz fuzilar pela espinha dorsal o frio das grandes emoções.

Correu com efeito logo a emparelhar com o herói o General João Manuel Mena Barreto; mas, minutos depois, vi tombar aquele belo e bravo guerreiro, atravessada como lhe foi a bexiga por duas balas de fuzil.

Caiu do cavalo nos braços de valente *china*, que o acompanhava sempre, até no meio dos mais rijos combates, o que de certo não era nada regular mas tem grandeza.

Nesse tempo avançavam as colunas de assalto.

Adiantei-me também com certo ímpeto e achei-me junto à divisão argentina, que marchava com passo garboso em direção ao lado N. E. da praça.

Comandava-a o bizarro Coronel Dom Luís Maria Campos, baixinho, bem-feito de corpo, cheio de energia e vontade de aparecer, além de finamente espirituoso, conforme dias antes tivera eu ocasião de apreciar.

Perguntara-lhe um brigadeiro nosso, já meio apatetado pela idade: "A sua divisão, Sr. coronel, tem cavalaria?"

— Sim, senhor — respondera o argentino abatendo a espada —, o regimento correntino.

— Tome cuidado — replicara o outro, tolamente —, os tais correntinos fogem como gamos por qualquer coisa; não prestam para nada.

Fiquei enfiado de semelhante inconveniência.

— Como assim? — perguntara o coronel enrubescendo muito. — Quando foi que V. Excia. viu isto?

— Em Ituzaingo — respondera desazadamente o nosso general —; disparavam que era um gosto.

— Ah! sim — concordara o outro todo desfeito num sorriso malicioso —, *picavam* o inimigo desbaratado. Agora compreendo porque V. Excia. deles conservou tão desagradável lembrança.

Bien tapé!

Achei-me, pois, junto a essa coluna e não muito distante da trincheira inimiga sem saber bem como.

Aí começaram a fuzilar seguidas e mortíferas as balas, todos a pé, eu a cavalo! *Pim, pim, pri, pri,* e soldados a caírem, uns feridos, outros mortos, em proporção bem séria.

Continuava, contudo, a divisão a marchar com passo firme e acelerado.

"Que diabo!", pensei então, "como sair desta rascada? Não posso decentemente voltar rédeas ao cavalo e raspar-me sem mais nem menos."

Aí dirigi-me ao Comandante Campos e, em voz alta: "Coronel", disse-lhe, "vou comunicar ao príncipe que a coluna argentina será das primeiras a entrar na praça. Vivam os aliados!"

Correspondido o meu viva com muito entusiasmo, dei de esporas ao animal!

Fui, com efeito, levar o recado ao Conde d'Eu e teve influência direta na prova de distinção que recebeu, no fim do dia, o Coronel Campos, chamado por mim à barraca do príncipe para receber a *Medalha de bravura*[9].

O condecorado não cabia em si de contente e radiante me agradeceu o que por ele fizera. "Um dos mais bravos oficiais do Exército Brasileiro, o Sr. Taunay", exclamava apertando-me com efusão as mãos. "Hei de escrever tudo isto para Buenos Aires."

Fiquei contudo, muito tempo, em dúvida sobre a justiça de semelhante apreciação e a correção daquela minha legítima furtadela de corpo.

Neste ano de 1893, ao ler as *Memórias do General Barão Marbot* tive, porém, não pequena satisfação, achando um conselho do Marechal Lannes ao seu jovem e brilhante ajudante-de-ordens, expresso mais ou menos nos seguintes termos: "É sempre lícito a um militar brioso procurar desviar-se de perigo iminente, e sobretudo inútil, *par un trait d'esprit*". Fora exatamente o meu caso.

Estou certo que houvera levado alguma bala mortal, se por mais tempo me tivesse conservado ali, alvo saliente, a cavalo como estava, quando o próprio Campos ia a pé. A divisão argentina teve 21 mortos e 97 feridos no grande total de 313 homens do segundo corpo de exército, proporção pesada e significativa.

No primeiro corpo tivemos, mortos: 2 capitães, 1 alferes e 12 soldados, total 15; feridos: 2 capitães, 3 tenentes, 3 alferes e 127 praças, total 140; contusos: 24, grande total 179 homens, além do General João Manuel Mena Barreto, morto.

No segundo corpo de exército, houve as seguintes baixas: mortos, 21, dos quais 1 major, 2 tenentes; feridos, 227, dos quais 2 coronéis, 1 tenente-coronel, 2 majores, 7 capitães, 6 tenentes, 15 alferes, contusos, 50.

Somando tudo, tiveram os aliados:

Mortos	7 oficiais	45 praças	52
Feridos	46 "	324 "	370
Contusos	15 "	61 "	76
Soma	68 "	430 "	498 fora de combate

---

9) Pretenderam depois que o Coronel Campos só recebeu essa medalha em 1894. Materialmente talvez; mas o príncipe à minha vista declarou que lha conferia.

As perdas do inimigo foram totais. Ficou ele todo, ou morto ou prisioneiro. Perto de 700 cadáveres contados, entre os quais os do Tenente-Coronel Caballero, comandante da praça, o Major López, 300 e tantos feridos e 800 prisioneiros sãos formavam o efetivo da guarnição. 19 canhões, um de calibre 32, dois de 24, 15 de outros, um morteiro de 12 polegadas, 13 bandeiras e bastante munição de guerra caíram em nosso poder.

Oh! a guerra, sobretudo a Guerra do Paraguai! Quanta criança de dez anos, e menos ainda, morta quer de bala, quer lanceada junto às trincheiras que percorri a cavalo, contendo a custo as lágrimas!

E naqueles rostos infantis uma expressão estereotipada ou de muita calma ou então de terror e agonia, que cortava o coração. Esta mais freqüente, como se os pobres coitadinhos houvessem expirado, compreendendo bem o horror da morte, quando toda a natureza lhes sorria em torno!...

Faziam-se prisioneiros, no momento em que eu passava; e, entre parênteses, ainda se matava, bem inutilmente aliás. Salvei um dos desgraçados, que iam ser degolados, e ele se agarrou a mim, não me deixando mais, por sinal que, alta noite, por tê-lo feito dormir num couro no mesmo quarto que ocupei, raspei não pequeno susto.

Nesse assalto de Peribebuí, tomei, bem contra a vontade, parte na mais singular e malpensada carga de cavalaria que imaginar-se pode. Deu-se o caso do seguinte modo: apenas se atulharam vários pontos do fosso e se arrasaram trechos das trincheiras, os paraguaios correram em direção a uma praça bastante vasta, onde se agruparam enoveladamente.

Houve um grito: "Carregue a cavalaria", e por diante de mim passou, como um turbilhão, um regimento inteiro a galope. O meu cavalo tomou o freio nos dentes e eis-me envolvido naquela onda oscilante, numa disparada horrível por uma rua espaçosa que ia desembocar naquele largo.

Foi quando ouvi a voz de João Carlos da Rocha Osório, que me bradava: "Aperta os joelhos, Taunay, se não estás perdido!"

E eu apertava com frenesi os joelhos, compenetrado do tremendo perigo de cair do selim e ser esmagado pelas patas dos cavalos, que vinham atrás.

O momento foi medonho. Aí chegávamos à praça, onde a mais nutrida fuzilaria de repente nos acolheu. Também todos voltaram rédeas e, a saltar por cima da gente e animais que tombavam aqui e acolá, dali a momentos estávamos de novo junto à trincheira — tudo em segundos, num ápice!

"Naturalmente", pensava eu, "estou ferido; é impossível que de tanta bala que me zuniu pelos ouvidos, nenhuma me tenha alcançado".

Achei-me, porém, perfeitamente incólume e não pude deixar de soltar sincero suspiro de alívio.

Pus-me até a rir, vendo um oficial perto de mim, empunhando belicosamente o revólver, mas com a capa por cima, tendo-o assim sacado do talim.

À noite, verifiquei que de um lado e outro dos joelhos tinha duas manchas roxas, tão à risca seguira a amistosa e salvadora recomendação do meu bom companheiro de rancho, João Carlos.

X

TOMADO Peribebuí e abafada qualquer resistência, houve o seu saquezinho, apesar dos esforços para reprimi-lo. Os soldados, porém, entravam nas casas e saíam com muitos objetos, que iam tomando violentamente ou apanhando pelo chão.

Das moradas ocupadas antes pelo ditador López e por Madame Lynch tiraram não pequena quantidade de prata amoedada, peças espanholas do valor de dois mil réis, das chamadas *colunares*, por terem as armas de Castela e Aragão gravadas entre duas colunas. Depois víamos muito desse dinheiro girar no comércio.

Não poucos soldados, quando penetrei na morada da Lynch, passaram por perto de mim, levando em panos e mantas grande porção dessa prata, quanta podiam carregar.

Eu, avisado pelo Tibúrcio, ia em procura de anunciado piano. Havia tanto tempo que estava privado desta distração! Achei, com efeito, o desejado instrumento, bastante bom e afinado até, e pus-me logo a tocar embora triste espetáculo ao lado me ficasse, o cadáver de infeliz paraguaio, morto, durante o bombardeio da manhã, por uma granada que furara o teto da casa e lhe arrebentara bem em cima.

O desgraçado estava sem cabeça. Não foi senão depois de bastante tempo que pude fazer remover dali aquela fúnebre[10], *diletante*, tocando, com grande ardor, talvez mais de duas horas seguidamente.

Assim festejei a tomada de Peribebuí.

No quintal daquela habitação, onde havia trastes de luxo moderno e objetos bastante curiosos, de antigas idades jesuíticas, restos de grandezas passadas, a custo e à última hora trazidas de Assunção, encontrou Tibúrcio um depósito de vinhos de excelente qualidade, sobretudo caixas de "champanhe", de indiscutível e legítima procedência, e das melhores marcas. Nunca o bebemos tão saboroso e perfumado, força é confessar — infelizmente bem pequena era a quantidade.

---

10) Aqui falta provavelmente uma linha. (Nota do Organizador.)

Tratava-se em regra a imperiosa e inteligente mulher que teve tão vasta e tão perniciosa influência sobre o espírito de Solano López. E tanto concorreu para a desgraça, as loucuras e horrorosos desmandos do amante e para as calamidades do valente e mal-aventurado povo paraguaio. Bem curiosa deve ser a história ainda tão imperfeitamente conhecida dessa Madame Lynch.

Vamos, porém, ao caso do meu prisioneiro, o qual, conforme já disse, me seguiu todo o dia como a sombra. Era latagão forte, espadaúdo, uma espécie de gigante, imberbe, porém, e de fisionomia simpática. Pretendi fazê-lo dormir num couro junto do meu camarada, no alpendre da casa que tomei para passar a noite, mas ele implorou, com tanto fervor, a graça de ficar dentro do quarto, sob a minha proteção imediata e da chave que trancava a porta, que afinal condescendi.

Prostrado de cansaço pelas muitas emoções e vaivéns do dia, peguei logo em profundo sono. Eis, porém, que, alta noite, acordei sob a pressão de medonho pesadelo. O meu paraguaio tirara a chave da porta e estava-me perseguindo, armado de enorme faca, com a qual já me ferira duas vezes pelas costas.

Pulei assombrado da cama e corri para o lado da tal porta. Busquei a chave e não a encontrei. Haviam-me tirado! Então o sonho se fazia realidade? Fiz violento esforço sobre mim e só assim pude verificar que, errando de direção no escuro, viera ter à janela, devendo a porta ficar fronteira.

Para lá me dirigi a passo lento e cauteloso e com verdadeiro alívio pus a mão na chave e virei-a, abrindo o batente bem largo, inundando logo o quarto de luz por haver no pátio uma fogueira.

O pobre do paraguaio dormia como um beato e, quando o acordei com algum arrebatamento, pareceu aterrado. Fi-lo levantar incontinenti e levar o seu couro para debaixo do alpendre. Quanto a mim, tornei a fechar-me com real satisfação.

Em Peribebuí apanhei, entre vários livros que pertenciam a Francisco Solano López, o segundo volume de um *Dom Quixote*, do imortal Cervantes, edição de luxo, em espanhol, ornada de boas gravuras. Procurei, com afã, o primeiro volume e não o encontrei no meio dos livros que lá havia, atirados a um canto.

Durante toda a campanha muito li e reli o meu *Dom Quixote*, sentindo cada vez mais aumentada a admiração que, desde menino, consagro àquele livro, incontestavelmente uma das obras-primas do engenho humano. Abençoado Miguel Cervantes de Saavedra!, quantos momentos de despreocupação me deste, assim como os tens dado a milhares, senão milhões de entes neste mundo! E que mais querer do que trechos de distração no contínuo assalto de desgostos e tristezas desta vida?! Dizem, e o li não sei onde, que *Dom Quixote* é o livro que tem maior número de edições e traduções, vertido em quase todas as línguas e até dialetos do globo. Não duvido; bem o merece!

Esteve muitos anos em meu poder esse exemplar apanhado em Peribebuí; depois, não sei que fim levou. Procurei-o e não o encontrei mais na minha livraria, o que muito senti.

No dia seguinte ao da tomada da praça, 13 de agosto, fez-se, às 9 horas da manhã, o enterro do General João Manuel Mena Barreto. Como estava belo aquele homem, aquele herói, na placidez de morto, o perfil admirável, as bastas e sedosas barbas negras, com um fio ou outro branco, os cabelos em desalinho! Era esplêndido tipo de guerreiro e fique aqui esta homenagem à sua figura heróica e tão elegante quanto marcial. Quanto soluçava a *china* que o adorava! Causava dó a angústia daquela mulher, dignificada por tão cruel padecimento.

Avançou o Exército, depois, em direção a Caacupê, porquanto o Conde d'Eu queria aproveitar mais possível os momentos, a fim de ver se conseguia aprisionar Solano López, em fuga para o Norte. Via-se-o agitado, impaciente, de mau humor, interrogando febrilmente os muitos prisioneiros que iam sendo agarrados, buscando apressar todos os aprestos e esbarrando com as mil dificuldades da *impedimenta*.

Esse dia, ou resto de dia, 13, e o 14, foram perdidos, mas a 15 ocupávamos Caacupê, a rudimentar fábrica de fundição do ditador. Lá se achava, também, o hospital, se tal nome merecia o mais imundo acervo, ou melhor, montão de doentes e feridos na máxima miséria, em absoluto abandono, foco de pestilencial infecção, embora dirigido pelo médico italiano Paroddi, um dos mais fecundos redatores do bajulatório periódico *Estrela*, cujo último número estava sendo impresso numa tipografia volante, com a data de 12.

Nessa folha se comparava Solano López a Jesus Cristo, colocando-o mesmo acima do fundador da religião toda de paz, cordura, compaixão e meiguice!

Todas as notícias que iam chegando eram do maior interesse. Tomara o ditador a direção dos Hervais com 6.000 homens, 24 bocas de fogo, 2.000 reses, muitas famílias, deixando ao General Caballero a obrigação de cobrir-lhe a retaguarda e deter-nos o mais possível o passo, para o que lhe dera o comando de uma coluna de 5.000 homens, os melhores e mais aguerridos soldados que lhe haviam ficado de tantos desastres.

E o terreno lhe ajudava os planos, todo cortado de matos fechados, com picadas pouco espaçosas e contrárias ao rápido movimento das tropas que o deviam perseguir.

Ao saber de tudo isto, quis o príncipe acelerar a marcha, a ver se logo alcançava, pelo menos, essa retaguarda, mas foi de todo o ponto impossível, pelo cansaço, sobretudo, da cavalaria, empregada em contínuas explorações para todos os lados, a fim de impedir qualquer surpresa por parte dos paraguaios, que das muitas localidades do alto da Cordilheira tinham ordem de convergir para o grosso das tropas comandadas por Caballero.

E quando se davam esses deslocamentos, inúmeras famílias, no maior grau de magreza e fome, vinham acolher-se à proteção das armas brasileiras, o que agravava, cada vez mais, o peso da nossa imensa bagagem. Mandou o Conde d'Eu organizar, sem demora, grandes comboios para levá-las logo a Assunção; mas todas as ordens e providências tomam sempre muito tempo.

Via-se, por isto, o general-em-chefe agitado, frenético, passeando com passo nervoso, por diante da sua barraca. "Haja o que houver", decidiu, "amanhã marcharemos!"

XI

Aí EM Caacupê foi que se retirou o General Osório. Os sofrimentos da ferida do maxilar inferior se haviam exasperado e lhe aconselhavam obrigatório repouso, em lugar de tantas caminhadas sob ardente sol.

Para mim foi muito sentida esta partida, pois adquirira excelentes relações com esta notável personalidade, cheia de brilhantes qualidades militares.

Ninguém tinha mais jeito para granjear a estima dos oficiais e soldados e deles saber obter tudo quanto quisesse nos momentos mais difíceis e arriscados; ninguém mais simpático e atraente, sempre e sempre.

Nunca de mau humor e de cara fechada, a menos que não entrasse em cóleras medonhas; e então tudo tremia diante dele e dos seus ímpetos que levavam à morte o Exército inteiro.

E quanto espírito natural! Que engraçadas reflexões, que *piadas* (no termo familiar) impagáveis, a par de conceitos valentes, sintéticos, assinalados por muito bom senso e propriedade.

Tão precioso no conselho, como no campo de batalha, se é que aí não se tornava superior a todos. Era general eminentemente tático, de posse de admirável sangue-frio no meio dos maiores perigos.

— Se uma bomba arrebentar na ponta do nariz de Osório — dizia-me o Reinaldo, seu entusiasta fanático —, ele nem sequer espirra.

Ganhou a grande batalha de 24 de maio a poder de bravura pessoal, levada ao último extremo, infundindo em todas as forças que nesse dia decisivo comandava a centelha que no indomável peito ardia.

Não se distinguia, entretanto, pelas concepções estratégicas e como que fazia pouco em planos estudados no silêncio e na meditação de gabinete. Deixava tudo, ou quase tudo, à indicação do momento. Diante da picada de Sapucaí, tomada com tamanha facilidade e perda de tão poucos homens, como contei, vi Osório instar com o Conde d'Eu para levar ataque direto à trincheira que nos tomava a passagem.

— É um instante — afirmava —, Vossa Alteza verá.

— Mas — reflexionava o Príncipe — é o que se chama atacar o touro pelas aspas!

— Qual touro — replicou Osório —, isto não passa de vaca velha.

Bem andou o Conde d'Eu resistindo às facilidades do impetuoso cabo-de-guerra que, decerto, ia ser o primeiro a se arriscar, lá isto não padecia contestação, mas houvera talvez sacrificado de 100 a 200 homens.

Tinha Osório muita finura, o espírito arguto, malicioso e inclinado em extremo à política, diremos até à diplomacia.

Era um finório de marca; e nas discussões, por fim sobremaneira azedas que se suscitaram em torno dele e de Caxias, acerca de certas operações de guerra, como, por exemplo, o reconhecimento de Humaitá e a ponte de Itororó, procurou sempre não sair das meias palavras, das afirmações dubitativas e de sentido bastante sibilino.

Creio, entretanto, bem firmemente, que fazia violência a si próprio, não correndo com espontaneidade em socorro e defesa do velho chefe que, no fundo, estimava sinceramente e a quem votava admiração. Acima dele, porém, ficavam as conveniências do partido político, a que sempre pertencera e servira com o maior esforço e dedicação.

Rememoremos, porém, alguns ditos chistosos e picantes de Osório, que os tinha muitos, a cada momento, da maior naturalidade, iluminando por vezes juízos concretos e de grande profundeza.

Ao acaso das reminiscências, lá vão alguns de menor importância, mas engraçados.

A uma rapariga que se lhe apresentou grávida, a pedir não sei que favor para o soldado com quem vivia, certa vez que estávamos, eu, ele e o seu médico de particular confiança, Dr. Manuel José de Oliveira, tomando café, sentados à porta da sua barraca, observou: "Mas, filha, para que traz você ainda a patrona para diante? Há muito que acabou o fogo em que andou metida."

Noutra ocasião, encontrei-o deitado na rede, com um livro na mão.

— Você, Sr. bacharel, tem obrigação de saber tudo. Venha pôr em português esta *english* de uma figa.

Comecei, com efeito, a leitura, traduzindo, confesso, com dificuldade, o trecho apontado.

Osório pegou logo no sono e retirei-me sem fazer barulho.

No dia seguinte, encontrando-se comigo, interpelou-me, alegremente:

— Assim é que você fez o que lhe pedi, *seu* vadio?

— Mas V. Excia. pôs-se logo a roncar — repliquei-lhe.

— É verdade! Só por isto quero bem àquele livro. Sonhei toda a noite que sabia muitíssimo mais inglês do que você!

Uma feita, convidou-me para almoçar.

— Teremos o Oliveira — avisou. — É verdadeiro duelo entre vocês dois. Feijoada enorme que poderei, cá do meu lado, chupar sem ter que mastigar.

Com efeito, o pratarrazio estava excelente e comemos a valer.

Muito mais do que nós dois o médico, o qual, acabado o almoço, deitou-se a fio comprido em cima do gramado, de mãos postas sobre o ventre, e deixou-se ir a profundo sono.

Ficou o general de olhinhos pequenos e todo sonolento e fui-me embora, um tanto pesado, sou levado a concordar.

Dias depois, chamou-me Osório e, abaixando a voz, disse-me com ar muito sério e engraçadamente misterioso:

— Você sabe, amigo, o meu despenseiro declarou-me que naquele almoço da feijoada lá se foram os víveres de quinze dias? Estou agora apertado deveras e obrigado, por causa de vocês dois, a jejuar. É bem duro isto na minha idade!

Noutra ocasião estávamos na sua barraca de general, os dois sobrinhos, Manuel Luís e João Carlos, aquele Dr. Oliveira e eu, conversando animadamente.

Entrou um empregado da pagadoria das tropas e derramou em cima da mesa de campanha bom e alto monte de ouro, vencimentos de dois meses atrasados.

Ali chegou uma bonita rapariga, amásia do Tenente Andrade Neves e talvez, também, protegida do velho Osório, muito dado, toda a vida, ao belo sexo.

— Quanto ouro! — exclamou ela, arregalando os olhos.

— Pois filha — disse-lhe o general —, leva-o todo se quiseres.

— Oh! isto não.

Vencendo, porém, o escrúpulo, acrescentou: "Está bem, tomarei só um punhadinho."

E abarcando, com a mão direita, o maior número de libras esterlinas que pôde, embolsou a soma.

— Sua mão esquerda vai ficar com inveja da direita — observou Osório. — Anda, faça o mesmo com ela!

Obedeceu a *chinota*, sem hesitação.

— Diabo do ouro! — reflexionou o generoso velho, compassivamente. — É o visgo desses pobres e estonteados passarinhos.

A respeito desta petulante e bem-vistosa rapariga é que o general..., conhecido pelas contínuas *batatadas* na conversação, embora não fosse, de todo, simples toleirão, dizia:

— Aquela *china* sustenta um luxo *asinático*.

Asiático, queria o bom do homem dizer. Inúmeras neste gosto — os soldados possuíram-se de um terror *pândego*, uma das melhores, ou, então, casa *aritmeticamente* fechada.

Outras talvez não passem de simples anedotas, forjadas de propósito para lhe serem atribuídas, como que a um "Cônego Filipe", militar.

Por exemplo, contava-se que, certa vez, fizera com ar pesaroso a seguinte observação, ao contemplar enormes rolos de fio telegráfico deixados numa estação pelos paraguaios:

— Que pena, não?! Não nos poderemos servir de tudo isto!

— Mas por quê, general?

— Ora que palerma! Não passariam senão palavras em guarani.

XII

O SUBSTITUTO do ilustre Osório no comando do segundo corpo do exército foi o Brigadeiro José Luís Mena Barreto, que passou a cumular estas funções com as de chefe do Estado-Maior General.

Tinha este Mena Barreto muita bravura, além da competência nas armas. Estava no sangue. Já bastante velho, talvez com mais de 60 anos, nesse mesmo dia 16 de agosto, dirigia com muito acerto, calma e proveito a batalha de Campo Grande, como bom general tático, digno de confiança, atendendo, a tempo e hora, a todas as peripécias da ação, longa e bastante renhida.

Do seguinte modo se travou aquela batalha.

Às 6 horas e um quarto da manhã começamos a marchar, encontrando de um lado e doutro da picada, um tanto estreita em que se metera o Exército, inúmeras mulheres e crianças, no mais completo, ou antes, pavoroso estado de miséria, magreza e nudez. Todos nos saudavam com indiferença ou melancólica alegria, como que desenganadas de poderem ver o termo das imensas desgraças que, havia cinco anos, as acabrunhavam.

Achava eu muita graça na invariável resposta que davam à pergunta: "Como vão?" *"Sin novidad, señores!"*, elas, pobrezinhas! que tinham vivido, e ainda viviam, no meio das maiores e mais horrorosas novidades da terra!

Afirmavam todas que o Exército do General Caballero, em retirada para a vila de Caraguataí, não podia estar longe.

Ouvimos, com efeito, troar artilharia mais ou menos às 7 horas, e o Brigadeiro Vasco Alves Pereira, depois Barão de Sant'Ana do Livramento, mandou anunciar que a vanguarda estava já trocando tiros com grande força inimiga formada em linha de batalha.

Acelerou-se o movimento, depois de arriadas as mochilas, e todos os batalhões caminharam, a marche-marche, perto de um quarto de légua.

Tomara o Príncipe Conde d'Eu a frente e, galopando por todo o trecho restante da picada, chegou com o seu Estado-Maior ao campo onde se estendia extensa força paraguaia.

Logo que vi aquela disposição, surpreendeu-me que o inimigo tivesse de boa mente abandonado a boca da picada, onde poderia ter-nos dado muito trabalho. Por que, pelo menos, com a artilharia de que dispunha, não a fulminava desde logo, impedindo, assim, que as tropas brasileiras por ela fossem desembocando e se desenrolando em sucessivas colunas?

Não sei. O General Caballero, que comandava essa retaguarda, composta de 5 a 6.000 homens, era, sem dúvida, valente e dava aos seus soldados bons exemplos de intrepidez; mas entendia pouco da arte da guerra, como, aliás, todos os chefes que rodearam Solano López, com exceção talvez (e isto é ainda bastante duvidoso) do General Diaz, morto depois da defesa de Curupaiti e considerado o chefe mais prestigioso e de mais futuro de todo o Paraguai.

Certo é que a linha paraguaia deixou-nos, a gosto, sair da picada — erro palmar — e ir tomando posição paralela, como mostra o desenho junto[11].

Sustentava tiroteio pouco vigoroso, apoiado espaçadamente pela artilharia e que não nos causou mal algum, fazendo-lhe, contudo, perder tempo precioso e positivamente irreparável.

Era o lugar larga planície, mais que isto, vasta e muito própria para o uso da cavalaria, que teria logo envolvido e destroçado o flanco esquerdo paraguaio. Mas dessa arma não havia, no começo da ação, número suficiente, estando a brigada Hipólito metida na picada, à retaguarda de toda a coluna.

O inimigo encostava a ala direita a uma restinga de mato contínuo e a esquerda a brejozinhos e capõezinhos isolados, posição insustentável, uma vez que deixava franco o escoadouro por onde as colunas brasileiras podiam desenvolver-se pelo campo afora.

Quando apareceram os primeiros batalhões de infantaria, a brigada Vasco Alves tiroteava à esquerda. Respondiam-lhe tiros de artilharia de pequeno calibre.

A 3ª divisão, sob o comando do Coronel Herculano Sancho da Silva Pedra, que desembocou logo no largo quase toda, compunha-se de três brigadas, a 1ª, formada dos batalhões 2º, 4º e 7º; a 2ª, do 1º, 8º e 46º; a 3ª, do 10º, 16º e 27º, comandadas pelos Coronéis Valporto, Francisco Lourenço de Araújo (Barão de Sergy Voluntário da Pátria) e Manuel Deodoro da Fonseca (A. B. e C.).

Esta não seguiu em frente, mas encontrando picada espaçosa à esquerda, por ela se meteu, levando consigo uma bateria do 2º regimento de artilharia, movimento que deu excelentes resultados, horas depois.

---

11) O desenho mencionado não está reproduzido nesta edição em razão de sua pouca nitidez. (Nota do Editor.)

De quem a iniciativa? Talvez do próprio Deodoro, que se distinguia pela intrepidez e o gosto de andar sempre sobre si.

Às 8 e meia horas da manhã empenhou-se fogo vivo de infantaria e, logo após, de artilharia, aquele encetado pelo 2º e o 7º, que com as suas linhas de atiradores bem-adestrados abriram visíveis claros na frente inimiga. Pareceu esta querer recuar. Aí renovou o Conde d'Eu a ordem da brigada Hipólito avançar a todo o galope, abrindo-lhe passagem as tropas e bagagens entaliscadas na picada, que deviam enfileirar-se ao longo dos matos laterais.

Avivando-se, cada vez mais, o fogo da nossa 6ª brigada com as bocas de fogo do 2º regimento e os foguetes a congrève do 1º batalhão de artilharia, foram as linhas contrárias cedendo campo, embora sem quebra da formatura, pelo que se abalançou o General Caballero a um movimento de retrogradação e rebatimento. Sempre difícil, foi, força é reconhecer, bem-executado, deixando assaz patente a disciplina ainda existente no Exército que comandava.

Procurou estabelecer posição perpendicular à primitiva linha, para avançar, encostadas as tropas, todas, à restinga do mato seguido, até ao arroio Juqueri, a buscar o passo para transpô-lo ou aí a fazer-se forte[12].

Para isto, calou a artilharia da esquerda, reforçou a da direita, negou pouco a pouco aquele flanco e, sustentando fogo nutrido durante três horas a fio, foi, sem precipitação, desfilando pela costa da brenha, enquanto mandava passar, para lá da corrente d'água, um tanto funda e rápida, a artilharia mais pesada e muitas carretas e bagagens.

Compreende-se bem quanto essa mutação tática bem-concebida e executada em regra se tornava prejudicial aos batalhões brasileiros, que tinham então de percorrer arco de círculo abrangente, muitíssimo mais desenvolvido e grandemente dificultado pelos inúmeros brejozinhos e grupos de matagais que salpicam todo aquele vasto campo.[13]

Mais de uma légua tinha sido vencida para efetuarmos o movimento abarcante, tomando também por objetivo o passo do arroio Juqueri, que se tornou, pois, a verdadeira chave da batalha, porquanto os paraguaios já lá estavam levantando às pressas trincheiras quer com os grandes carros da bagagem, quer de fortificação passageira, no que eram positivamente insignes.

Ia à frente da coluna Caballero quase tocando o alvo tão desejado, isto é, o barranco esquerdo do ribeirão, quando, afinal, saiu ao largo a brigada Manuel Deodoro, que caminhara, a perder fôlego, dentro do mato denso, ouvindo todo

---

12) Ilustração omitida, por falta de nitidez. (Nota do Editor.)
13) Ilustração omitida, por falta de nitidez. (Nota do Editor.)

o estrondo da peleja empenhada, mas dela segregada por obstáculo quase insuperável, tão suja era essa cortina, além da picada se ter tornado estreita trilha, que obrigava o desfilar vagaroso da tropa.

Com toda a audácia, porém, aproveitou o coronel uma aberta, reuniu a sua gente e caiu no campo. O 1º batalhão que vinha à frente, sem olhar ao número do inimigo que ia chegando e podia oferecer-lhe resistência, sem se importar com o fogo rápido e mortífero de duas peças, atirou-se de baioneta calada em cima dele e tomou-lhe valorosamente a artilharia, isto a pouca distância do ribeirão.

Era então meio-dia e no arroio se travara violenta luta, ajudando a forte correnteza das águas a oposição que muitos batalhões paraguaios, já do lado de lá, apresentavam, apoiando o fogo da bateria de oito bocas de fogo, formada pouco antes e já encostada a parapeitos de terra.

Que medonho atropelo de gente, cadáveres, carretas, bois e até de mulheres e crianças, a soltarem gritos lancinantes que se faziam ouvir no meio do mais violento fogo de fuzilaria e troar da artilharia! O grosso ribeirão subira de nível e ameaçadores borbotões uniam em torno dos repentinos obstáculos a voz colérica a tantos outros sons de guerra, angústia e agonia.

Foi a primeira tentativa nossa de transposição do arroio repelida com vantagem não pequena para os paraguaios. O Coronel Pedra atirou-se ao rio, para dar o exemplo aos seus, caiu de cavalo e levou no pescoço um lançaço. Salvou-o providencialmente a gravata de grosso couro que o cingia.

Aproximara-se desse disputado passo, com a maior valentia e sempre com as cores rosadas da tez, o príncipe, e aí corremos, ele e o Estado-Maior, que o cercava, poucos aliás, grande perigo, pois o despejar de balas de fuzilaria e artilharia era contínuo, além das cargas de metralha que varriam tudo diante de si, com o crocitante e pavoroso chocalhar de imensa rede de aço, a se abrir no espaço.

O General José Luís Mena Barreto, a galope, de um lado para outro, e sempre galhardo, voou ao encontro do Conde d'Eu e pediu-lhe que não se expusesse tanto. "Não há necessidade disto", disse, com toda a singeleza, "está a batalha ganha. Se precisássemos de grande exemplo por parte do príncipe e do general-em-chefe, eu não impediria por certo Vossa Alteza de o dar a bem da vitória de nossas armas."

Aí o Conde d'Eu ordenou que não se tentasse mais a passagem, antes de estabelecida a bateria de artilharia, que vinha chegando, comandada pelo valente Capitão Bezerra Cavalcanti.

Colocada em frente à contrária, abriu, sem demora, terrível e muito proveitoso fogo juncando com os tiros de metralha e "schrappnels" a margem direita de cadáveres inimigos. Enorme foi a carnificina, do lado de lá, tanto que a peças paraguaias tiveram de calar-se, atirando sempre uma ou outra com pontaria demasiado alta, o que, por certo, nos salvou de bem grande mortandade.

Entre parênteses, aludi, linhas acima, ao reduzido Estado-Maior do príncipe. Fora determinação sua, expressa. No começo da ação, esse luzido grupo chamava naturalmente sobre si as balas de artilharia, pelo que o Conde d'Eu mandou se dispersasse.

Durante todo o dia ficamos ao lado do general-em-chefe, o Coronel Rufino Galvão (mais tarde Visconde de Maracaju), Reinaldo Soares Louzada, Manuel Luís da Rocha Osório, o irmão João Carlos, o Capitão de Voluntários Almeida Castro, eu e talvez mais dois ou três de cuja presença não me lembro bem. O piquete de cavalaria, comandado pelo Capitão Carlos Maria da Silva Teles, acompanhava todos os movimentos do príncipe.

Quando chegamos à zona das balas de fuzilaria, ouvi um soldado desse piquete reflexionar: "Olé, aqui está pipocando feio". Nisso veio uma bala rasa de artilharia, que passou bem perto do Conde d'Eu, fazendo este involuntário gesto de surpresa: "Esta o *surdão* ouviu", disse mais baixo aquele mesmo soldado, ao que o comandante gritou com voz severa: "Silêncio!"

Continuara, porém, a batalha.

Era uma hora e três quartos da tarde, quando distintamente ouvimos canhoneio forte e seguido à retaguarda dos paraguaios, enchendo a estes de desânimo e a nós de alegria, resultado dos belos planos do Conde d'Eu, tão solícito sempre em indagar dos caminhos e em conhecer a topografia dos lugares em que operava. E, como general, e bom general, tão amigo dos movimentos bem combinados de colunas convergentes para os pontos estratégicos nas zonas de ação.

Nisto chegava também, a todo o dar de rédeas, a esperada brigada de cavalaria do Coronel Hipólito. Transpôs logo, com verdadeira fúria, o Juqueri à direita, além do flanco da pequena coluna de tropa oriental que nos acompanhara, e deu mortífera carga sobre os batalhões paraguaios, que buscavam, com grande empenho, reformar-se do lado de lá.

Parece-me ainda estar vendo como as lanças se abaixavam, fulgurantes, vertiginosas, atirando alto ao ar, como que simples novelos de algodão, os corpos que iam ferindo e que, no geral, caíam agachados, acocorados e, mais que isto, enrolados sobre si mesmos.

Não poucos infantes buscavam defender-se com a espingarda, mas era resistência momentânea; alguns atiravam fora a arma e, ocultando o rosto entre os braços, abaixavam a cabeça e esticavam o pescoço à espera do golpe das pesadas espadas, apressados em dar tudo por acabado e buscando na morte a pronta solução a tantas desgraças e tão seguidos sofrimentos.

Depois da carga da brigada Hipólito e amortecido o fogo da bateria paraguaia, foi o passo varado pelos nossos, que assaltaram à baioneta as oito peças. Tomaram-nas, após não pequena luta, corpo a corpo, e as foram atirando à água, cujo volume ainda mais cresceu nesse ponto, atravancado de grande número de cadáveres, carros, carretas e bois mortos.

Foi quando o Conde d'Eu por seu turno transpôs o ribeirão e, apenas do outro lado, correu gravíssimo perigo.

Um batalhão paraguaio, reformado à borda do mato, de lá saiu com terrível fúria e caiu sobre um corpo de infantaria atrás de cuja linha singela então nos achávamos.

Este não resistiu ao ímpeto inimigo e debandou, deixando-nos absolutamente sem proteção. Vi-me perdido. O Conde d'Eu sacou da espada, no que todos o imitamos e pusemos os cavalos a galope, indo ao encontro da carga. Aí, porém, outro batalhão nosso, em desapoderada marche-marche, pôde a tempo repelir o ataque, encurralar os paraguaios, de novo, junto à beira do mato, onde o fuzilou com a maior energia.

Isto é que constitui o episódio do quadro de Pedro Américo, intitulado *Batalha de Campo Grande*, inverossímil, sem dúvida, nas posições forçadas, impossíveis até dos cavalos representados, mas onde o risco foi, na realidade, muito grande para os que lá figuram.

O príncipe montava bonito cavalo rosilho, animal porém muito manso, dócil e calmo, no meio do fogo e que nunca se lembraria de empinar-se todo, tomando visos de verdadeiro repuxo, como imaginou o pintor. O Capitão de Voluntários Almeida Castro pegou, decerto, no freio do animal, para embargar o passo ao Conde d'Eu; mas, se bem me lembro, estava então a pé e não cavalgava o fogosíssimo e agauchado bucéfalo desenhado no grande painel, pertencente hoje à Escola Militar da Praia Vermelha[14].

Enfim, exagerações de artista. Nem lá havia frade algum, pois Frei Fidélis de Avola se achava, neste momento, no Estado-Maior do General Vitorino, Barão de São Borja.

Daquele segundo corpo de exército eram os tiros que ouvíamos a cada vez mais próximos a nos anunciarem o final da vitória, após dia tão longo e cansativo, o triunfo da última das batalhas de toda a Guerra do Paraguai. Depois dela, com

---

14) Ignoro se ainda lá se acha ou se foi destruído pelo vendaval republicano. Ali estou com cara espantada, coisa que nunca tive em ocasiões de perigo, gabo-me disso. (Figura hoje [1947] no Museu Imperial de Petrópolis. [Affonso de E. Taunay, filho do escritor.])

efeito, não se deram senão combates parciais e tiroteios, cada vez menos renhidos até ao último de Aquidabanigui, em que foi morto Solano López.

Assim se haviam passado as coisas.

Conforme as ordens e instruções dadas pelo Conde d'Eu e escritas com toda a minuciosidade, depois do mais apurado estudo das localidades todas e das estradas que as ligavam, e após proveitosa meditação e cotejo de todas as informações colhidas em contínuos e bem-penosos interrogatórios, trabalho sobremaneira fatigante, mas de que não pode de todo prescindir precavido general, levantara o Marechal Vitorino acampamento de junto ao arroio Itá às 2 horas da tarde do dia 15 de agosto. Às 5 desse dia saiu de Peribebuí, ocupando, às 10 da noite, Barreiro Grande. Depois de mandar descansar por algumas horas a divisão de cavalaria, sob o mando do General Câmara, fê-la seguir, às 2 horas da madrugada, em direção à vila de Caraguataí, ponto indicado de junção dos dois corpos de exército.

Às 7 horas da manhã de 16 esta força, encontrando a estrada tomada por forte coluna inimiga, assestou a artilharia da ala do 1º regimento e começou nutrido fogo, sustentado, até às 10 horas, quando chegou o grosso do corpo de exército.

Dividiu-se este em duas grandes frações. A primeira, comandada por Vitorino, ficou entestando com os paraguaios por aquele lado, e a outra, incontinenti, marchou no sentido em que se ouvia, distintamente, o seguido e violento canhoneio de formal batalha travada.

Pouco andou e esbarrou com 2.000 homens e oito bocas de fogo fortemente apoiados num obstáculo natural, uma das voltas do arroio Juqueri, acima do ponto em que combatiam, tão renhidamente, os batalhões do primeiro corpo de exército em Campo Grande.

Dirigiu o primeiro ataque o Brigadeiro Resin, chefe dessa fração do segundo corpo de exército, mas, velho como se achava, foi, apesar das instigações contínuas do Tibúrcio, pouco enérgico, pelo que perdemos inutilmente gente e tempo.

Andou, pois, Vitorino muito bem nesta emergência, tirando-lhe o comando e entregando a coluna de assalto, composta do primeiro corpo de cavalaria e dos batalhões 9º, 13º e 40º de infantaria, ao Brigadeiro Correia da Câmara, que, de roldão, levou a resistência por diante de si e dispersou em todas as direções a força entrincheirada.

Era quando vinha chegando do lado do Sul a brigada Hipólito e dava a terrível carga, fazendo aí junção com a divisão Câmara.

Eram 3 horas da tarde e ficara limpa de inimigos uma extensão de mais de duas léguas, em que se havia pelejado desde as primeiras horas do dia.

Eis o que foi a batalha de Campo Grande ou Nhuguaçu, e que, mais ou menos do mesmo modo, descrevi no *Diário do Exército*, bem frescas aí as impressões recebidas pessoal e imediatamente.

XIII

PELO QUE deixei contado, vê-se bem que belo serviço prestou o segundo corpo de exército. Verdade é que Vitorino tinha ao seu lado e como auxiliar, no cargo de ajudante-general, o prestimosíssimo Coronel Antônio Tibúrcio Ferreira de Sousa, e o ouvia em tudo.

Não duvido — já o afirmei até — que deste partisse o conselho ou a idéia, posta incontinenti em prática e depois submetida à já sabida aprovação, de tirar, logo e logo, o comando das mãos do velho Resin.

Era Tibúrcio nome popularíssimo no Exército, homem de resoluções prontas e muito felizes, dotado de brilhantíssimas qualidades militares, entre as quais sobressaía indiscutível bravura, com a melhor das feições que pode tomar a serenidade nos momentos mais arriscados e decisivos.

Tinha a paixão das armas e sentia-se a gosto, no seu elemento, quando em pleno conflito, a dirigir o fogo da artilharia ou a levar batalhões ao combate e assalto.

Muito estimado entre os soldados, que o sabiam sempre pronto a arrostar os maiores perigos e dar exemplo aos mais corajosos e destemidos, a todos inspirava confiança e medo; confiança por nunca perder a cabeça e o sangue-frio, nos lances mais terríveis, medo porque ninguém mais que ele sabia incutir disciplina à força que comandasse.

— Quem vai ao fogo com o comandante Tibúrcio — diziam os soldados —, deve deixar de olhar para os *coronéis reformados*, que chamam com tão bons modos a gente para um bom encostozinho. Está, então, perdido de uma vez!

(Coronéis reformados eram os troncos de árvores ou grossos tocos que por acaso podiam servir de abrigo aos homens empenhados no tiroteio.)

A falar em Tibúrcio, encheria páginas e páginas. Ficará para outra vez.

Os resultados imediatos da batalha de Campo Grande foram muito brilhantes. Talvez para cima de 2.000 mortos atestavam de um lado a tenacidade dos paraguaios, apesar do armamento inferior, quase rudimentar, que então lhes restava, de outro a superioridade dos meios de ataque de que dispúnhamos e o nosso valente lidar; 1.300 prisioneiros, entre os quais o Tenente-Coronel Oviedo, Major Godói e muitos oficiais; quarenta e duas carretas; vinte e três bocas de fogo; várias bandeiras; muitas espingardas de pederneira e tipo desusado, antigo e até desconhecido, tão primitivo era. Havia de tudo, arcabuzes de mecha, trabucos e outros espécimes que só se vêem em museus arqueológicos!

Nas carretas muita munição de artilharia se tomou para mais de novecentos mil cartuchos de infantaria, quinhentas lanças, muitas armas.

O nosso prejuízo foi de 411 baixas.

O primeiro corpo de exército teve 30 mortos, 249 feridos, 30 contusos e 17 extraviados; o segundo, 15 mortos e 90 feridos. Dando os extraviados como mortos, teremos o total de 62, perda mínima em relação à dos paraguaios que, visivelmente, foi enorme por causa da péssima qualidade do armamento a que estavam reduzidos e da má pontaria de gente quase toda recrutada de fresco. Ainda assim, bateram-se como leões, para honra desse nobre e desgraçado povo!

Terminara a resistência e produziam-se detonações contínuas à nossa retaguarda, como muitas ouvira eu, alarmando-me não pouco semelhante fato. Por vezes, acreditei na terrível possibilidade de ataque pelas costas. Aquietou-me, porém, a informação de que eram cunhetes de balas, deixados no campo pelos corpos, à medida que avançavam. Explodiam por causa do incêndio da macega ateado, no princípio da ação, pelos paraguaios, para ocultarem o seu movimento tático até ao arroio Juqueri.

"Este incêndio", relatei no *Diário do Exército*, "alimentado pela macega alta e ressequida lavrara todo o dia, de modo que muitos desgraçados feridos foram queimados, subindo espesso fumo aos céus de envolta com a fumaça dos canhões."

Só nestas palavras de cunho bem oficial, que quadros dos horrores da guerra! Aqueles mal-aventurados, caídos no cumprimento do áspero dever, vendo o incêndio vir ao encontro dos pobres corpos exangues ou com os membros quebrados, cercá-los de todos os lados, empolgá-los, abafá-los em rolos de espesso fumo, sufocá-los, já martirizados por medonha sede, ou então queimá-los aos poucos em vida!

Quantas dores inenarráveis, desconhecidas até chegar o apaziguamento da morte, o *nirvana*, nesses tremendos e derradeiros transes, tão suspirado como fecho de todas as dores físicas e morais.

Vi — ninguém mo contou — um paraguaiozinho gritar para um companheiro ferido também, mas de pé: "Amigo, mate-me por favor!" E o outro, acudindo à cruel imploração, desfechou-lhe um tiro à queima-roupa.

Às 4 horas da tarde, o Príncipe Conde d'Eu saiu daquele passo do arroio Juqueri, que lhe ia sendo fatal, transpôs adiante o Peribebuí e, caminhando ainda perto de uma légua por belíssima tarde, chegou, ao cair da noite, ao acampamento do General Câmara (Visconde de Pelotas).

Este acampamento, no lugar chamado Pindoti, ficava situado na encosta de morro encimado por denso matagal. Ali se estabeleceu uma bateria paraguaia de dois canhõezinhos apoiados em um batalhão que Tibúrcio, à nossa chegada, foi tomar, o que efetuou com muita felicidade e facilidade.

Lembro-me que quis acompanhá-lo e de tal me dissuadiu. "Deixe-se disso, Taunay", aconselhou-me; "não se exponha senão quando for dever expor-se. No mais, não proporcione a uma bala tonta acabar com muito estudo e cortar o belo futuro que o espera e a que você tem direito".

Cumpre-me, ao referir com a maior exatidão estas palavras, acrescentar que Tibúrcio se mostrara amigo meu decidido, conservando, desde 1863 até à sua morte, comigo, as mais estreitas e afetuosas relações.

Às 8 horas da noite, pude, afinal, descer de cavalo. Atirei-me em cima de um couro, ligal de uma carga de cangalha, e ferrei no sono. Acordaram-me o Reinaldo e o João Carlos por volta de meia-noite, para comer um pouco de churrasco, o que fiz quase sem sentir o que mastigava e tornei logo a dormir, que o cansaço era demais.

Quando acordei no dia seguinte, uns raios oblíquos de sol me batiam no rosto. Vi, então, que perto de mim estavam estendidos não poucos cadáveres de paraguaios. Pouco importava; estes não me fariam mal algum.

Já então me servia como camarada o meu fiel soldado da tão penosa Campanha de Mato Grosso, Floriano Antônio Alves ou Floriano Antônio dos Santos.

Vindo por água, com o batalhão 21, de Cuiabá, estava em Assunção, quando por lá passei. Procurou-me e entrou logo no meu serviço, dando-me um alegrão a sua presença, que me reportava sempre aos terríveis, mas assim mesmo saudosos tempos do Coxim, Morros, Miranda e Nioaque.

Era, aliás, excelente camarada, comodista decerto, mas sobremaneira entendido na especialidade em lidar com animais de cangalhas, preparar pouso, armar barraca etc.

E o que era mais, estimava-me deveras, do que me deu não poucas provas. Carregava a minha *guaiaca*[15] cheia de libras esterlinas e nunca me faltou uma única peça de ouro. Basta este simples fato, para deixar bem claro o grau de confiança que me merecia.

---

15) Cinto de camurça ou couro macio em que se guarda dinheiro, junto ao corpo.

No dia 17 de agosto não se marchou.

Nesse dia chegou a coluna de 7.000 homens, que ficara guarnecendo Piraju na baixada da serra. Subira a cordilheira pela picada de Altos e precisara tomar uma trincheira em que tivemos 62 mortos e feridos, sem dúvida pelo péssimo sistema de se atacarem os obstáculos de frente e não os contornando, como se fizera na de Sapucaí com tamanho êxito e tão pequenas perdas.

XIV

DE CAMPO GRANDE partiam três estradas, que se uniam em o Caraguataí, o povoado mais próximo.

Determinou o Conde d'Eu que o General Emílio Mitre, chegado na véspera com a sua gente argentina, tomasse pela da direita, ao passo que o nosso primeiro corpo de exército marcharia pela da esquerda, devendo o segundo, sob o mando do Marechal-de-Campo Vitorino, caminhar pela do centro, muito mais curta que as outras, depois de ter investido a bateria que lhe embargava o passo a que fechava a picada chamada de *Canguijuru* (boca da mata) e dela se apoderado, varrendo aquele empecilho.

O príncipe e o seu Estado-Maior seguiram com o primeiro corpo de exército.

Era o caminho largo e dava extensa volta para o ocidente. Como o sol se tornasse incomodativo, depois de algum tempo de cansativa marcha por lugares encharcados, foi o Conde d'Eu descansar numa casinha encostada a pitoresco outeiro, coberto de basto laranjal, lugar tão fresco e agradável, que nos estendemos pela relva, conversando animadamente sobre os fatos da véspera.

Quanto a mim, tirei o talim, a que estavam suspensos a espada e o revólver em seu coldre, e pus num gancho de árvore, para ficar mais folgado, podendo de tão simples ato ter-me provindo a morte mais inglória, escusada e desconhecida.

Depois de algum descanso, deu-se sinal de montar-se a cavalo e partimos todos.

Caminhávamos quase meia légua, quando, de repente, João Carlos me perguntou admirado: "Taunay, que fim levou a sua espada?"

Lembrei-me, então, que a havia deixado ficar no cabide natural de que a dependurara. "Não é que ficou no pouso em que estivemos descansando?" respondi, "mas vou buscá-la".

Quis acompanhar-me, ponderando que havia muito inimigo escondido pelos matos; mas, vendo eu numerosa gente nossa pela estrada, bagageiros e camaradas, recusei-lhe os bons ofícios e, a trote largo, voltei rédeas.

Arrependi-me, mal entrei no campo em que se erguia a tal casinha rodeada de frondoso laranjal. Só um ou outro tropeiro, só uma ou outra carreta vinha vindo. Tudo deserto quase, na ardente cintilação de implacável sol.

Não havia recuar. Esporeei o animal e subi a encosta a galope. Ao dar a volta da choupana esbarrei atônito. Deitados como estivéramos havia pouco, notei não pequeno número de paraguaios.

Passou-me pela mente a idéia da morte; mas felizmente não perdi o sangue-frio.

Com gesto imperativo, mostrando a espada, disse para um dos paraguaios, em péssimo espanhol, mas sem tremer a voz: "Amigo, me dê *Usted* aquilo". E o homem levantou-se e executou, com sorriso até amável, a ordem.

— *"Muchas gracias!"* — agradeci e, amarrando o talim à cintura, voltei costas com toda a serenidade.

E não querendo dar mostras de terror, desci a rampa devagar, embora fosse comigo mesmo dizendo: "Estou perdido! Vão varar-me de balas!"

Só na várzea pus o animal de novo a galope e, sempre a galope, alcancei o Estado-Maior do príncipe.

Contei o episódio aos companheiros e, nessa noite, valeu-me ele descarga terrível de nervos. Acordando, de repente, comecei a tremer de medo, sim, positivamente de medo, e por tal modo que a minha camasinha de vento era violentamente sacudida.

No dia seguinte, apresentaram-se muitos oficiais e soldados paraguaios e um grupo deles, para fazer valer o sincero desejo de paz, contou que deixara escapar, sem mal algum, um oficial brasileiro a quem poderia ter fuzilado sem que ninguém o pudesse acusar de semelhante execução.

Fora eu!

Nesse dia acampou-se num ponto de má aguada, chamado Tubichati, tornando-se a estrada cada vez mais penosa pelos muitos atoleiros.

A 19 seguimos de manhã cedo e, passando por trincheira abandonada de fresco com perto de três léguas de marcha, formou-se acampamento no lugar chamado Alfonso.

Aí recebeu o príncipe notícia de que o segundo corpo de exército destroçara radicalmente o inimigo fortificado em Caguijuru, tomando-lhe doze bocas de fogo, uma bandeira, muitas lanças e numeroso armamento. Morreram o Tenente-Coronel Vernal, o major-coronel e talvez mais 50 ou 60 oficiais paraguaios, além de 200 praças, fazendo-se 400 prisioneiros. Dos 2.000 homens que guarneciam a picada, o resto debandou pelos matos e foi-se depois apresentando.

Poderia eu ir contando, com todas as minúcias, o seguimento dessa Campanha da Cordilheira, os episódios de guerra que terminou com a morte do tirano López, no Aquidabanigui, em Cerro Corá. Mas ir-me-ia alongando demasiado a encher volumes e volumes destas *Memó*rias, quando tanto ainda tenho que relatar! Falta-me tempo, disposição de corpo e de espírito, a lutar com bem penosas nevralgias de fundo diabético.

Assaltaram-me em meados de 1893 e, desde então, não me deixaram mais, fazendo-se sentir com intensidade maior ou menor. São ferroadas, como que ferozes agulhadas de ferro em brasa, errantes, a correrem de um ponto do corpo para outro, espécies de pontas de fogo saltitantes a morder-me a carne, pungindo-a, felizmente, só por dois ou três segundos.

Mais tempo e fora suplício inaturável. Exacerbam-se essas impressões à noite e com o calor da cama. Valem-me, então, as canecas de água bem fria, que atiro, de pé numa grande banheira, ora pelo corpo todo, ora pelas pernas e pés, conseguindo aí sono mais ou menos tranqüilo, por umas duas horas, ou três e, às vezes, quatro, espécie de banho Kneipp, pois, voltando ao leito, cubro-me bem, obtendo pronta e salutar reação. Durmo, então, sossegado e sem sonhos.

Voltemos, porém, aos sucessos da campanha.

Era evidente que Solano López pretendia não desistir da luta e havia de aproveitar todas as dificuldades naturais do tão malconhecido Paraguai para prolongar, quanto possível, a luta de emboscadas e guerrilhas, levando as forças que poderiam ir em sua perseguição ao cansaço extremo. Caminhara para o Norte, seguido de uns restos do numeroso Exército de outrora, tão disciplinado ou, antes, cheio de fanatismo, e que pusera com tanta confiança e ostentação em armas, afrontando a um tempo o Brasil e a República Argentina.

Dos 60 ou 70.000 que congregara no princípio das operações a que dirigiu sempre com a maior inépcia, força é convir, quantos homens lhe restavam na apressada fuga? Talvez nem sequer 1.500, mal-armados e possuídos do mais absoluto desânimo, avassalados, porém, pelo terror ao jugo do ditador, que se tornara cada vez mais pesado e cruel.

Parece que Francisco Solano López vivia, então, em estado de contínua embriaguez, o que pode, até certo ponto, explicar-lhe os planos insensatos e desatinos, não recuando diante de atrocidade alguma.

Levava, já aí, presas as duas irmãs e a própria mãe e tencionava entregá-las a um tribunal *ad hoc*, com poderes para determinar até a pena de morte contra estas infelizes!

Era voz geral que a amásia, a célebre aventureira Madame Lynch, mulher divorciada do sábio Quatrefages, concorria para tornar ainda mais tenebroso e irritado o gênio do déspota; mas é de crer-se que, por fim, esta mesma mulher vivesse sob a ação de contínuo terror.

O certo é que a tática, aliás, natural de fugir sempre, buscando os lugares mais ínvios, punha o tirano fora do alcance das nossas armas, imprimindo, desde então, à campanha a feição que o Duque de Caxias, depois das grandes vitórias de dezembro de 1868, lhe dera, declarando que não queria para si o papel de capitão do mato, a andar pelas selvas e bosques a perseguir fugidos.

Não duvido nada que este dito, tão espalhado e notório, concorresse muito particularmente para que o Conde d'Eu se mostrasse, a princípio, tomado de impaciência e, depois, sobremodo abatido e desanimado ao ver Solano López internar-se, cada vez mais, pelas brenhas da zona setentrional do Paraguai.

Em Caacupê foi que se mostrou essa tendência do príncipe à irritabilidade, transformada logo depois em melancolia e acessos de apatia quase completa, que o seu médico, Dr. Ribeiro de Almeida, combatia quanto podia. De tão vertiginosamente ativo que era, desde a chegada ao Paraguai até à batalha de Campo Grande, vimo-lo mudado em displicente e caprichoso, falando de contínuo na necessidade de regressar ao Rio de Janeiro, incorrendo, portanto, na mesma falta que tantas censuras haviam valido ao Duque de Caxias.

Chegou mesmo a tocar nisto em despachos ao Governo, que repeliu semelhante idéia com energia.

No mesmo sentido, lhe escreveu de Assunção o Visconde do Rio Branco e, quero crer, a princesa imperial, por instigação manifesta do Imperador.

Com a esposa correspondia-se quase diariamente o Conde d'Eu, rabiscando a lápis num caderno, cujas folhas ia à medida arrancando, às vezes bruscamente. Entregava-me essas folhas para que as pusesse dentro dos envelopes sobrescritados.

Far-se-me-á a justiça de crer que jamais deitei olhar indiscreto nessa correspondência, embora tivesse ensejo de lê-la com todo o vagar e segurança.

Quanto, porém, se mostrava desalentado o príncipe! "Não tenho mais nada que fazer aqui!", repetia a cada instante.

De vez em quando, porém, reagia contra essa deprimente disposição de espírito e falava com animação em prosseguir teimosamente no encalço de López.

— Tornaremos a ver os campos da Laguna, Sr. Taunay, e saudaremos o Morro da Margarida.

— Mostra-me isto — repliquei-lhe — que Vossa Alteza leu com atenção a minha *A retirada da Laguna*.

E com efeito, além de possuir excelente memória, faz o príncipe tudo o que tem de fazer com muito interesse e força de consciência. O que sabe, sabe em regra e aprofundadamente, só pelo gosto, não de brilhar e aparentar ciência, mas de conhecer deveras as coisas.

Foi sempre orgulhoso, sincero, muito metido consigo, sacrificando pouco a estímulos vaidosos, ao invés do Imperador, que tinha em conta primeira o juízo dos outros a seu respeito, e sobretudo o dos sábios da Europa, embora ingênuo e honesto nessa vaidade e sabendo muita coisa realmente.

Prossigamos, porém.

A 19 de agosto de 1869 entrou o Conde d'Eu, à frente das tropas brasileiras, em Caraguataí, povoado onde estivera na véspera Francisco Solano López.

Vê-se que, por bem pouco, deixara este de cair em nosso poder, o que se atribuía, em geral, à demora havida em Caacupê, por causa do General Câmara.

Estava o príncipe furioso e não procurava ocultar o intenso mau humor. Ambicioso de tudo e, nesse conjunto, de glória também, que final de campanha se tivesse deitado a mão ao tirano do Paraguai!

Seguira este em direção ao Norte, Sant'Ana ou Santo Estanislau dos Hervais, com uma força, ainda, de 4 a 5.000 homens e vinte e duas bocas de fogo.

Ordenara o incêndio, no Rio Iagui, dos vapores *Apa*, *Anhambaí*, *Guaíra*, *Iporá*, *Paraná* e *Pirabebe*, ali encalhados, rebotalhos da brilhante esquadra fluvial que recebera o primeiro golpe mortal em Riachuelo, a 11 de junho de 1865.

O General Câmara (Visconde de Pelotas), da margem daquela corrente, a que chegara, às pressas, assistiu a este abrasamento e aí perdeu umas praças por causa da explosão de um dos vasos, que servia de depósito a muita pólvora e munições de guerra.

XV

Em Caraguataí começamos a sentir escassez de víveres pela teima do príncipe em não ter querido, meses antes, prorrogar o contrato de fornecimento do Exército por Lesica e Lanus, sem abrir concorrência. Afinal, continuaram estes a fornecer, mas a parada havida na remessa de gêneros e forragens das províncias platinas para Assunção produzia já as danosas conseqüências e a fome foi-se acentuando desde os dias de São Joaquim até o ponto culminante, no potreiro Capivari.

Contra aqueles homens trouxera o príncipe grandes prevenções de Montevidéu e Buenos Aires, por ocasião da sua passagem por aquelas cidades. Não faltou quem lhe insinuasse, ou afirmasse até, que Lesica e Lanus haviam sido direta, e quase escandalosamente protegidos até por Caxias. Tendo ganho somas fabulosas, forneciam mal e eram dados à prática de toda sorte de abusos. O prazo do contrato estava a terminar e muitos capitalistas argentinos e brasileiros diziam-se prontos para entrar em licitação, apresentando propostas muito mais moderadas e favoráveis ao tesouro nacional.

Afinal, quando a firma Lesica e Lanus propôs prorrogação do contrato, a resposta foi que esperassem a concorrência prestes a abrir-se.

Assustados, eles próprios, com a possibilidade de não se verem de novo aceitos, fizeram logo parar a subida de vapores e a marcha das partidas de gado.

Para assumir a responsabilidade de todo este enorme fornecimento, tornava-se, entretanto, precisa verdadeira flotilha de embarcações, além de um exército de empregados de toda a espécie. Chegado, porém, o dia da licitação, ninguém se apresentou a concorrer com os dois, que já dispunham daqueles variados e numerosos elementos de ação, reunidos e organizados durante mais de três anos de experiência de tão complicado serviço e, na verdade, correndo mais ou menos regularmente, senão de todo bem.

Mui cruelmente se arrependeu o príncipe de haver dado ouvidos aos tais informantes, desafetos ou possíveis rivais de Lesica e Lanus, quando viu os efeitos desastrosos, na interrupção de fornecimento. Tanto custava este a se encarreirar e pôr em sucessivo andamento! Fora complicando com a progressão das forças brasileiras na marcha, cada vez mais distante das margens do Rio Paraguai pela internação em terras da República invadida.

E a fome, o sofrimento e a miséria dos soldados e oficiais não foram as conseqüências únicas da tão desastrada resolução. A eles se juntaram não pequenos prejuízos para o tesouro brasileiro, por circunstância paralela à ordem de providências precipitadas, então tomadas, para se ativar, por qualquer modo, a vinda de munições de boca e de forragens.

Não me lembro bem de que ponto escreveu o príncipe, no auge da aflição, ao conselheiro Silva Paranhos, que visse meios de remeter, quanto antes, novecentas mil rações para infantaria e cavalaria.[16]

O nosso ministro em Assunção, sem saber como acudir ao angustioso pedido, transmitiu-o, com a possível rapidez, à Casa Mauá, em Buenos Aires, e esta tratou de logo despachar vapores abarrotados de um milhão e oitocentas mil rações, pois assim interpretou a encomenda, desdobrando-a para as duas armas, infantaria e cavalaria.

Havia, porém, tudo isto demandado tempo e, quando o fornecimento Mauá chegou a Assunção, já Lesica e Lanus, apressando o movimento geral, haviam podido obviar às primeiras necessidades da tropa em Capivari, de maneira que aquele enorme suprimento se tornara perfeitamente dispensável, inútil. E que despesas não seriam precisas para, por conta do nosso governo, transportá-lo até ao acampamento brasileiro?

Ficou, portanto, tudo aquilo atirado à margem esquerda do Rio Paraguai, no Porto de Assunção, onde os sacos de arroz, milho, feijão, café, açúcar e mantas de carne seca formavam verdadeiras e altíssimas trincheiras.

À quelque chose, diz o provérbio francês, *malheur est bon*.

Com efeito, daí por diante a população pobre da capital paraguaia, que já havia tão atrozmente padecido, teve fornecimento amplo e variado, de graça, descendo todos os gêneros alimentícios, no mercado, a preço vil.

Foi um tempo de fartura para toda aquela desgraçadíssima gente. Era então o Brasil muito rico e podia bem pagar o sustento de uma população inteira.

Desse sentimento de força, opulência e grandeza experimentávamos a impressão vendo, com desvanecimento patriótico, aqueles rios todos sulcados por um sem-número de vasos e navios de todos os gêneros, hasteando a gloriosa bandeira da nossa Pátria e tratando de derrocar os últimos obstáculos antepostos pela tenacidade, na realidade estupenda, de López, ao nosso triunfo completo.

Terminada a Guerra do Paraguai, tornou-se o Brasil, que havia desvendado tão poderosos recursos, a primeira nação da América do Sul e colocou-se à testa da hegemonia deste continente.

---

16) No capítulo VII, o A. afirma que essa encomenda fora remetida de Montevidéu. (Nota do Editor.)

E hoje, após seis anos de República, que sentimento em nós impera, ao enxergarmos de todos os lados tantas causas de desalento e vexame, sobretudo nessas contínuas e temerosas lutas civis, que nos tiram tanto prestígio e tanto nos enfraquecem?!

Deste mal enorme, destes embates fratricidas nos havia livrado a Monarquia, chegando muitos de boa-fé a acreditar que era este bem devido, meramente, à índole dos brasileiros e não à instituição, e estou certo que tal presunção bastante concorreu para que vissem sem repugnância, e até com aplauso, a progressão da idéia republicana.

— Ora — diziam —, a crueldade está na massa do sangue. É inata no espanhol e jamais achará guarida no Brasil. Disto temos plena certeza.

— É preciso não conhecer o instinto suave, bonachão do nosso povo para supor que aqui se hão de produzir cenas de degolação, fuzilamento e barbaria, como as que envergonham de contínuo as repúblicas hispano-americanas.

— Tudo será possível por cá, menos isso!

Que dolorosíssima experiência não temos feito do muito que erraram quantos não viam, nos horizontes da Pátria, essas nuvens rubras, a obumbrarem longas tradições de paz, cordialidade e mansuetude!

Quanto devem estar intimamente pungidos aqueles propagandistas da República, se eram leais em tal crença e dela tiravam argumento em favor do regime que supunham indispensável à felicidade e à grandeza do Brasil?!

Quantas vidas não têm sido violentamente ceifadas pela exacerbação das paixões mais arrebatadas, mais torpes, menos dignas, em todas as zonas deste mal-aventurado país?!

No Norte, enfim, mata-se menos; mas que horrores no Paraná, Santa Catarina, minha pacata Santa Catarina, e sobretudo no Rio Grande do Sul!

Que holocausto sangrento à memória de meigo e filantrópico Dom Pedro II! Há tantos anos que o Brasil vive em contínuas convulsões e a retrogradar sempre, tornando bem irrisória a pesadona divisa comtista que fez flutuar a todos os ventos dos quadrantes — *Ordem e progresso!*

Verdade é que Augusto Comte nunca imaginou possível a aplicação prática das suas idéias, chamadas positivistas, por meio de elemento que odiava — o militarismo.

Deste híbrido conúbio resultou o regime disparatado que nos tem regido.

Quão curiosa, também, essa implantação do comtismo no Brasil, a tentativa de aqui fazê-lo medrar no rigorismo acanhado e antiestético, quando na própria França teve sempre tão pequeno número de adeptos; hoje em dia, cada vez mais rarefeito! Por que será?!

XVI

O QUE deu tanta ponderação à marcha do Império, nos quarenta e nove anos do reinado de D. Pedro II, foi a serenidade do Monarca, colocado, já pela Lei, já pelo esforço próprio e constante, acima das paixões e do jogo dos interesses.

É isto que incute tanto realce aos políticos do regime passado, quando tudo, entretanto, ou quase tudo dependeu do Imperador.

É mais que certo que as célebres palavras de Eusébio de Queirós, convidado a tornar a ser ministro, não foram devidas senão ao despeito de não ter podido ele, aliás respeitável e cheio de serviços, pôr a seu jeito, pela compressão, o Partido Liberal, a que votava entranhada ojeriza, sentimentos, aliás, dos políticos de ambos os credos, uns para com os outros.

Tal o caso daqueles dois eleitores conservadores que conversavam sobre certa cena sangrenta por ocasião de disputada eleição em Pernambuco.

— Não lhe digo nada — contava um deles —, aí a tropa fez fogo e pôs no chão nada menos de sete liberais.

— Que horror — exclamou o outro compungido; e abaixando a voz: — Mas que boa descarga, compadre!

Eram esses ímpetos extremados e violentos que o Imperador buscava de contínuo conter, modificar, reprimir, aplacar.

Punha nisto o maior empenho. E procurando, ao mesmo tempo, orientar-se, na direção das coisas públicas, pela expressão da verdade nas eleições, não raro colocava os ministros em apuros, eles que tinham de contentar os amigos e cabos eleitorais.

Força é convir, havia ainda muita falta de educação política. O que os partidos tentavam era eternizar-se no governo, encurralando, para assim dizer, o Poder Moderador, obrigando-o, de cada vez, a verdadeiros Golpes de Estado, a fim de não deixar morrer à míngua um dos lados constitucionais, um dos dois grandes grupos em que se dividira a Nação.

E como o Partido Liberal era muito mais exagerado e violento nas reações que fazia e mais desabusado nos modos de procurar deter o poder, por isto mais freqüentemente se via o Imperador levado a apeá-lo da direção do país.

Apregoavam os liberais pomposos programas a realizar, dando-lhes feição quase de todo republicana, falavam à saciedade e a grandes golpes de retórica nas idéias e reformas, que conseguiu *resumendae libertati tempus*.

Mas, de fato, uma vez em condições de realizá-las, procrastinavam aquelas necessidades morais que haviam proclamado urgentes, imprescindíveis, e ocupavam-se quase exclusivamente em politicagem, já todos unidos a quererem oprimir e aniquilar de vez os conservadores, já divididos logo a se digladiarem uns contra os outros, em frações de Partido e nas mais estéreis lutas intestinas ou nos mais escandalosos debates pelos jornais e nas Câmaras.

Destes péssimos vezos dos dois partidos resultaram as constantes acusações ao Imperador, apresentado, por elas, no ardor da paixão ao povo, à Nação, como impune, impenitente e constante transgressor das leis e da Constituição. Quase todas as Câmaras eram de composição viciosa e, entretanto, clamava-se, a cada dissolução, que o Imperador não sabia respeitar a vontade da Nação!

Assim, tanto uns quanto outros, conservadores e liberais, quando em oposição, profligavam rudemente o Monarca, nele vendo o esteio e ponto de partida de todos os abusos, para, uma vez no poder, o apresentarem, nos discursos de defesa, como o tipo mais perfeito do príncipe constitucional!

Certo é que, na longuíssima vida de soberano, teve que despender soma fabulosa de longanimidade e paciência, atamancando, quanto lhe estava nas forças, péssimos governos. Quero por isto crer verdadeiro o grito que lhe irrompeu do peito, como explosão, ao saber que o haviam deposto do trono. "Já estou cansado de sustentar maus governos!"

Ah! Sim, bem maus governos, forjicados pela politicagem no afã de arredar aqueles que tinham mérito real, substituindo-os pelos medíocres e insignificantes, se não nulos!

Muitos, muitos, dezenas de ministros, quer de um lado, quer de outro, valiam tanto quanto os secretários de estado que tem tido a República.

Era o Imperador quem lhes dava certa compostura, tal ou qual grau de suportabilidade aos olhos da Nação e, pela atmosfera de absoluta honradez e desinteresse que formara em torno de si, os revestiu do prestígio da honorabilidade.

Citarei curioso caso e poderia citar muitos de igual quilate; mas este é característico, mostrando não quero dizer corrupção, como em outros sucedera, mas perfeita e quase inconsciente leviandade.

Certo dia, disse-me um ministro muito espontaneamente:

— Quer você ganhar de repente bom dinheiro?

— Como assim? — perguntei espantado.

— Compre ações de Carris do Jardim Botânico; estão cotadas a 120$000 e hoje levo a São Cristóvão o decreto prorrogando o prazo de usufruto do privilégio a quarenta anos. As ações dobrarão logo pés com cabeça!

E mudou de conversa. Fiquei meio abalado; mas, nessa época, muito pouco se me dava o movimento de bolsa.

Dias depois, porém, por curiosidade vi que as tais ações em vez da falada ascensão caíam a 100$000, a 90$000, a 85$000! Interpelei o homem.

— Ora — disse-me com ar sonolento —, o Imperador fez observações que me puseram perplexo. Ponderou-me que a Companhia, tendo ainda diante de si certo número de anos, parecia feio e pouco fundado fazer-lhe, sem concorrência favorável aos interesses do público, semelhante e tão estrondoso favor. Podia ser interpretado como proteção escandalosa e patota. Todos os colegas — concluiu — foram desta opinião e enfiei mais que depressa o decreto na pasta!

XVII

QUANTO, porém, me tenho desviado do assunto de que tratava! Referia-me aos inconvenientes, e bem sérios, da intempestiva concorrência pública aberta pelo Príncipe Conde d'Eu em relação aos fornecimentos Lesica e Lanus, por ocasião da terminação do contrato que tinham.

Em 1872, apresentaram-se estes no Rio de Janeiro, reclamando do Governo Imperial, e por causa daquele ato, a fortíssima indenização de três mil e seiscentos contos de réis.

Sempre corretíssimo como servidor do estado, o Visconde (mais tarde Marquês) de Muritiba, que também tinha, contudo, queixas, e não pequenas, do Conde d'Eu, conforme adiante veremos, não esteve pelos autos e pediu vista dos papéis, com grande desgosto dos reclamantes e seus advogados, porquanto lhes era bem-conhecida a inflexibilidade do caráter e a consciência com que costumava estudar as questões sujeitas à sua apreciação de integérrimo magistrado.

Bem razão de aborrecimento tinham desta interferência.

O visconde, com efeito, em incisivo parecer, mostrou que ao Conde d'Eu assistia completo o direito de mandar abrir concorrência em hasta pública, ao terminar o prazo do fornecimento contratado, a fim de melhor se acautelarem os interesses da Fazenda Pública e com o simples intuito de obter condições a ela mais favoráveis, tanto assim que dessa nova concorrência haviam resultado preços bastante mais razoáveis por parte dos mesmos Lesica e Lanus, na proposta por eles apresentada.

Fez depois considerações muito justas sobre o valor dos prejuízos alegados, diminuindo enormemente, em vista mesmo do *Diário do Exército*, citado freqüentemente pelos representantes, e pelas obrigações dos mesmos para com o Exército, não só o número de cabeças de gado que diziam ter perdido nas invernadas, pela repentina parada, como também as demoras de vapores nos portos, interrompido, como havia sido por iniciativa dos fornecedores, todo o movimento fluvial pelos Rios Paraná e Paraguai acima.

Concluiu, achando que, *por simples eqüidade*, poderia o governo mandar dar a Lesica e Lanus indenização que, pelos seus cálculos, não devia passar de 380:000$000.

Imagine-se o fundo desapontamento de quantos se empenhavam nesta campanha! Restava ao gabinete 7 de Março colocar-se, em última instância, do lado da maioria da seção do Conselho de Estado ou, então, encostar-se ao parecer da minoria.

Passavam-se os dias e as semanas. Afinal, numa bela manhã, o Visconde do Rio Branco, que continuava a dar-me provas da mais absoluta confiança; mandou-me chamar à sua casa — à Rua então do Conde, nº 51 — e com o belo sorriso de simpatia, com que sempre me acolhia. "Mandei-o chamar", disse-me, "por causa daquela questão Lesica e Lanus. Atormentam-me de todos os lados, pedindo-me solução pronta, pelo menos. Assim, pois, tudo entrego ao Senhor. Estude os papéis com o maior cuidado. Faça resumo claro e conciso da reclamação e opine, como melhor entender, conforme julgar em sua consciência. O extrato será lido em despacho Imperial, e o gabinete resolverá logo esse negócio. Veja a grande parte de responsabilidade que nele lhe toca, coisa da mais completa confiança na sua competência e honorabilidade, pois tudo vai agora depender desse novo laudo."

Retirei-me inquieto do papel honroso decerto, mas bem grave, que me fora distribuído. O lado mais difícil não era o trabalho, embora grande e que me obrigava a grande contenção de espírito e cautela na leitura dos muitos documentos que tive de examinar e cotejar, porém sim responder às solicitações contínuas dos inúmeros empenhos que logo me saltearam e saber ladeá-los com supostas evasivas.

Afinal, numa manhã, fui procurado diretamente por Lesica, o sócio de Lanus e, diziam, o seu próximo genro, pois devia contrair núpcias com a filha deste, ambos então no Rio de Janeiro, ela com o *chic* peculiar às argentinas de tom e sobretudo dotada de umas orelhazinhas lindas, espécie de conchinhas nacaradas, como raras se vêem. Fazia-lhe eu certa corte, mas acauteladamente, para não me deixar escorregar pela declividade perigosa de alguma paixãozinha intempestiva.

Creio bem que lhe houvera sentido os efeitos, se não fora o receio que me inspirava o laudo dos papéis a meu cargo.

Foi Lesica, sem ambages, ao motivo da matutina visita à casa do ministro. "Sei", disse-me, "que a reclamação minha e de Lanus está hoje exclusivamente entregue a você e venho pedir-lhe com toda a lealdade não nos detenha por mais tempo no Rio de Janeiro, pois sérios interesses nossos estão perigando no Rio da Prata."

Quis tirar de mim o caráter de juiz definitivo, mas o homem mostrava-se informado de tudo, referindo-se com certa minudência à entrevista com Rio Branco.

Afinal mui rapidamente e como que de passagem proferiu estas palavras que, no momento, não me produziram grande impressão, como depois a meditar nelas, e ouvi a sorrir sem constrangimento algum: "Se eu não soubesse, Taunay, que *Usted es un caballero muy distinguido y caracterisado* (ficou-me gravada na memória esta adjetivação), lhe diria: tome cem, duzentos contos e até trezentos e acabemos depressa esta pendência, que nos incomoda tanto."

— Felizmente — repliquei-lhe sem demora —, *Usted* me faz justiça, o que muito lhe agradeço. Asseguro-lhe que prontamente concluirei nestes dois ou três dias, dentro da semana, no mais tardar, a minha parte de trabalho.

Aí levantou-se Lesica com ar de quem diz de si para si: "Com este toleirão não há mais nada a fazer-se." E lá se foi um tanto enfiado.

Cumpri o que prometera, lavrando parecer mais lacônico possível e mostrando, indiscutivelmente, quanta razão apoiava o laudo do Visconde de Muritiba. E com que poder de argumentos o havia firmado!

Uma semana depois, aparecia o despacho final: "Como parece à minoria da seção do Conselho de Estado."

Ficaram os reclamantes furiosos e retiraram-se incontinenti do Rio de Janeiro.

Que fim, porém, teve essa reclamação Lesica e Lanus, reduzida por Muritiba a termos razoáveis? Retiraram-se os dois do Rio, prometendo não tocar jamais na ninharia que lhes era oferecida.

De Buenos Aires intentaram processo ao Governo Imperial, nomearam advogado, recorreram a arbitramento e afinal viram confirmada a sentença pelo juiz desempatador, que foi, se não me engano, o Senador Fernandes da Cunha, sempre severo no corretíssimo modo de proceder.

Neste entrementes, deram-se graves desordens intestinas na República Argentina e nelas empenharam Lesica e Lanus em favor do General Bartolomeu Mitre fortes somas que totalmente perderam com o fracasso da revolução. Vendo-se, afinal, sobremaneira apertados de dinheiro, mandaram cobrar no Rio de Janeiro aquela "ninharia" de trezentos e oitenta contos de réis, a que tão desdenhosamente haviam repelido.

XVIII

Aos que porventura quiserem conhecer exatamente os movimentos das forças sob o comando do Conde d'Eu, nessa campanha chamada da Cordilheira, e, decerto, hão de ser bem raros, aconselho a leitura do *Diário do Exército*, livro por mim feito, dia a dia, aliás como obrigação do cargo para que fora nomeado, e impresso, a princípio por partes, num prelo volante, e depois, definitivamente, e em volume, na Tipografia Nacional, em 1870.

Há nele bastante que ler, embora seja sério e rechupado, conforme convém, aliás, ao seu caráter, antes de tudo, oficial.

Falta-lhe, porém, como fiz ver, nas palavrinhas de *Prefação*, datadas de Piraiú, a 15 de junho de 1869, além de outros requisitos, o estilo que dá às obras da história "vida para sempre luminosa".

Muita pena dele fosse tirada edição tão limitada, talvez quinhentos exemplares unicamente, tendo se tornado assim de bem difícil aquisição e até simples consulta.

Apesar da feição de coisa não acabada, em regra, mereceu grandes gabos de Pinheiro Chagas no opúsculo que aquele operosíssimo escritor português publicou como trabalho de vulgarização acerca da *Guerra do Paraguai*.

Encontrando-me, em fins do ano de 1870 na Rua do Ouvidor, esquina da Direita, desde essa época crismada em Rua 1º de Março, para comemorar o tão suspirado final da longa e cansativa Guerra do Paraguai, encontrando-me, dizia, com o Duque de Caxias, este espontaneamente veio a mim. "Li de uma assentada", disse-me sem preâmbulo, "o seu *Diário do Exército*. Até nisto, o Conde d'Eu foi feliz. Faltou-me quem soubesse descrever, como o Sr., o que fez o Exército sob o meu comando".

Fiquei todo cheio com semelhante elogio, partido de pessoa tão elevada e competente, mas aquelas palavras amáveis e, estou certo, sinceras, avivaram os desgostos que tive do Conde d'Eu nesse ano de campanha e dos tempos da nossa convivência quase íntima de 28 de março de 1869 a 28 de abril de 1870.

Foram treze meses bem, bem penosos para mim! Nem sequer soube ele dar-me o posto de major em comissão, o que muito me teria adiantado na carreira militar.

Entretanto, em carta a meu pai, que ainda possuo entre os meus papéis, falando-lhe da necessidade em levar-me para o teatro da guerra, fazia-lhe a promessa de lho restituir-me com os galões, pelo menos, de major.

Nunca mais se lembrou disto e, por vezes, as nossas relações, por não me ter prestado aos seus planos de arranjar correspondente para um jornal político, tornaram-se sobremaneira tensas.

Com que desespero, por exemplo, li a parte da batalha de Campo Grande que me dera, para escoimá-la dos galicismos e vícios de linguagem, verificando que do meu nome não fizera a mais insignificante e passageira menção!

Ao entregar-lhe o manuscrito (e força é confessar, poucas correções tive que fazer, por estar excelentemente redigido), não me sofreu a paciência e manifestei-lhe a minha surpresa e o meu dissabor, quando via os serviços de Salgado, Pinheiro Guimarães e outros, encarecidos por modo entusiástico.

— Que dirão de mim, no Rio de Janeiro? — observei. — Entretanto, não saí do lado de Vossa Alteza, um só instante, sequer, durante todo o tempo da ação.

— É exato — respondeu-me com ar um tanto impacientado —, mas como o Sr. pertence à Comissão de Engenheiros de que é chefe o Coronel Rufino Galvão, a este, que também esteve sempre conosco, competia elogiá-lo. E já o fez — acrescentou, em parte que será publicada nos jornais do Rio de Janeiro, pois vai junta à minha comunicação ao Governo.

Vi, como vulgarmente se diz, que daquele mato não sairia nunca mais coelho e resignei-me, embora dificilmente, caídas, desde aí, por terra, baqueadas, as grandes esperanças com que viera do Rio e depositara nessa campanha feita sob as vistas imediatas e como companheiro d'armas do Príncipe Consorte da herdeira do Trono do Brasil! Quantos planos de pronto se dissiparam!

Já naquele tempo, isto é, nos dias seguintes aos da batalha de Campo Grande (agosto de 1869), tinha, contudo, motivos de sobra de me supor alheado das boas graças do Conde d'Eu.

Quando cheguei a Assunção, fui hospedar-me no palacete do Conselheiro Silva Paranhos, e lá partilhava do seu ótimo tratamento. Depois o General Polidoro da Fonseca Quintanilha Jordão, que se conservou sempre meu amigo sincero, chamou-me para a sua mesa.

Ao nos separarmos no Taquaral fiz-lhe ver quanto me era aborrecido ter, daí em diante, de me ocupar com a pensão do rancho.

— Deixe-se disso — observou-me o bom Polidoro —; é impossível que o príncipe se descuide de o chamar para comensal de todos os dias. Fique livre dessa preocupação que, concordo, não é pequena em campanha até que se acerte com um camarada que entenda um pouco de lidar com panelas.

Deu-se tal esquecimento, se com efeito assim foi e como timbrei em não me fazer lembrado, sofri e não pouco, já por não ter preparo algum para organizar o meu rancho, já por me haver tocado para camarada legítimo palerma, madraço e avelhacado, quando não refinado tratante.

Quantas saudades tive, então, do meu tão dedicado e engenhoso Floriano Alves, da expedição de Mato Grosso! Que falta dele senti naquela apertada conjuntura!

Foi quando o General João de Sousa da Fonseca Costa, depois Barão e Visconde da Penha, sabendo pelo seu ajudante-de-ordens, Miranda, dos meus singulares e, até certo ponto, engraçados apertos, veio ter comigo e fidalgamente instou para que me sentasse à sua mesa em Piraiú.

Partido ele, achei-me novamente no ar, até que, resolutamente, fui entender-me com o grupo rio-grandense dos ajudantes de campo do príncipe, que arranchava junto, Capitães Reinaldo Soares Louzada e Manuel Luís da Rocha Osório e o irmão deste, Tenente João Carlos da Rocha Osório, ambos sobrinhos do popularíssimo general.

Desde então me vi livre de embaraços por este lado, pois me cifrava a dar ao nosso rancheiro, o Manuel Luís, a minha quota mensal que variava entre sete a oito libras esterlinas e chegou, num período de melhores refeições, a doze, por termos excelente cozinheiro — um galé de Fernando de Noronha!, assassino de muitas mortes!

Quantas vezes, porém, não tive que tragar péssimos almoços e detestáveis jantares, ou então, estrambóticos petiscos rio-grandenses!

Uma feita, o Reinaldo, em Curuguati, gabou-se em entusiásticos termos um prato excepcional, com que pretendia obsequiar-me. "Você verá, Taunay; é de se lamber os dedos muitos dias. Vá afiando o apetite e cuidado com o *fuá!*" (Assim chamava o João Carlos, excelente rapaz, coração de ouro, mas todo arrebatado como um cavalo espantadiço, a que os rio-grandenses dão aquele apelido imitativo dos bufos que solta por qualquer causazinha de espanto). Esperei com certa impaciência a iguaria anunciada, mas qual o meu espanto e repugnância, vendo um dos nossos camaradas trazer numa folha-de-flandres uma cabeça inteira de boi, assada com couro, cornos, olhos, dentes, língua, todo perfeitamente *au naturel!*

A estes incidentes fiquei sujeito, proporcionando-me contínuo contato com vários dos mais *arrebentados* gaúchos, Manduca Cipriano, Manuel Ferrador, Hipólito, Fidélis (degolador-mor) e outros, que assiduamente nos freqüentavam o rancho.

Deles ouvi histórias bem pitorescas, algumas muito engraçadas e características.

De um e da própria boca a narração do seu primeiro encontro com o Conde d'Eu.

— Aí — contou-nos —, Sua Arteza me preguntou: "Então, Sr. *coroné*, o *sinhô* é casado?" "Sim, *sinhô*." "E quantos *fios tem*?" "Nenhum, minha *muié* é como a de Vossa *Arteza*, machorra!" "Que é machorra?", perguntou o moço, abrindo uns *oiões*. Como ele não sabia, fui-lhe ensinando: "Machorra é égua que não pare!"

Foi este mesmo Manuel Ferrador que, de volta ao Rio de Janeiro, onde fora com recomendações do Marquês de Caxias, lhe dissera em entusiástico cumprimento: "Sim, senhor marechal, estive com a Sra. Marquesa. V. Excia. deve se *gabá*; está bem-montado, pode *viajá* certeiro; nada *de a pé*!"

No potreiro Capivari, quando a fome se generalizou por falta absoluta de víveres, estava eu lendo os dois volumes de Xenofonte que levara e, num trecho da *Cyropedia*, admirei a sagacidade de observação do grego e a toleima de uma nota do tradutor, que lhe vertera a prosa.

Mais ou menos dizia aquela passagem: "Em geral, aprecia-se tomar parte nas refeições dos príncipes, não só pela honra que disto advém, como porque nelas as iguarias são abundantes e mais bem-preparadas." Ao que reflexionava em nota o tradutor: "Parece incrível que um homem da esfera de Xenofonte diga semelhante puerilidade, indigna positivamente de alto espírito."

Vi bem que o anotador não sofrera em sua vida fome. Quando muito comera pão que o Diabo amassou, o que é sempre alguma coisa. Prossigamos, porém.

Da cidade de Caraguataí (poder-se-á chamar cidade aquelas duas pequenas praças cercadas de casas?) seguiu o príncipe para a margem do Rio Manduvirá a formar acampamento no Porto Gonzalez e depois no de Arecutacuá, feio e lodacento, onde chegamos a 9 de setembro de 1869.

Deste porto foi embarcado, no vapor *Guaicuru*, de passeio a Assunção. Fui também e muito apreciei aquela diversão, que me fez bem ao espírito abatido e preso de desenganos. Animei-me, com efeito, um tanto com as distrações que nos proporcionaram os festejos oficiais, uns, populares, *sortijas* (jogo de argolinhas) e corridas de cavalos, outros de melhor tom, tertúlias e bailes.

O *Te Deum* na catedral, que é bem vasta, foi abominavelmente cantado, ainda por cima produção do Coronel Hermes da Fonseca, que tinha fumaças de musicista e até de compositor.

Houve trechos engraçados de disparatados acordes e tremendas desafinações, apesar do furor marcial com que ele regia os novéis e indisciplinados executantes.

Lembro-me bem que fiquei confortavelmente alojado no palácio ocupado pelo Conselheiro Paranhos, enquanto o príncipe ia visitar todos os lugares do começo da campanha: Luque, Areguá, Taquaral e Piraiú.

Daí foi ao acampamento de Ascurra e por aquela picada subiu a Cordilheira, alcançou Caacupê, percorreu com vagar a área da batalha de Campo Grande (*Nhuguaçu* em guarani), indo conferenciar com o Marechal Vitorino, acampado ainda em Caraguataí, à frente do segundo corpo de exército. A 16 de setembro, estava de volta a Assunção, às 7 horas da noite, completadas quarenta léguas de viagem redonda, das quais a metade a cavalo! Parecia estrompado, força é convir.

Extraordinária a atividade do Conde d'Eu! Ora assim, ora sob a ação de acessos de melancolia e dolorosa inércia! Também tão desigual de gênio, hoje muito amável, prazenteiro, conversador; no dia seguinte, quando não horas depois, calado, altivo, retraído! Para tudo isto muito concorre aquele terrível mal de família — a surdez — que o torna desconfiado, o entristece e com a idade deve ir cada vez mais se agravando.

Acabado o período, definitivamente concluso desde Campo Grande, dos grandes movimentos de guerra, entregue o final da campanha aos azares de perseguição feita por guerrilhas, que não lhe competia comandar nem dirigir, ao Conde d'Eu se afigurou que nada mais tinha que fazer naquela terra paraguaia tão devastada e melancólica.

E a nostalgia do Brasil, as saudades da esposa, pois vivera todo o tempo, no Paraguai, em redoma de vidro, as lembranças do seu retiro no Palácio Isabel, rodeado dos livros queridos e que tão boa companhia lhe faziam, com insistência e dolorosamente o pungiram.

Sentia que a sua iniciativa e força de trabalho, por mais que quisesse alargá-las, eram improfícuas, nulas, para um resultado que dependia de tempo, teimosia e acaso feliz, como na verdade se realizou.

Estou bem certo, repito, que se não se arriscasse a incorrer na censura tão acremente feita a Caxias, teria de Assunção partido para o Brasil, dispensando licença do Governo e do Imperador. Não lhe era, porém, mais dado assim proceder.

XIX

DE ASSUNÇÃO voltou o príncipe para Arecutacuá e lá chegado, ordenou se mudasse o acampamento do primeiro corpo de exército para a vila do Rosário, mais ao Norte, fazendo dela base de operações para a invasão dos Hervais.

No dia 20 de setembro chegávamos àquela pequena povoação, a cem braças da margem do Rio Cuarepoti, nome guarani bem pouco perfumado, já que Lamartine, ao discutir a célebre e dissilábica resposta de Cambronne em Waterloo, diz que os vocábulos têm também cheiro.

Em breve, a vilazinha tornou-se centro de grande animação comercial. O mercado mostrava-se provido de tudo, até sedas, leques e objetos de alto preço. As *chinas,* segundo a observação feita em Assunção pelo general X..., podiam aí sustentar luxo *asinático*.

No Rosário tivemos a visita do Conselheiro Paranhos, cujos serviços no Paraguai foram imensos. Substituiu, com efeito, a atividade do Conde d'Eu quanto esta afrouxou e serviu de centro, para assim dizer, a todos os movimentos divergentes em procura de López.

Momentos houve em que as suas relações com o príncipe se tornaram bastante difíceis, tensas e até espinhosas, mas ele, com o jeito natural, a finura diplomática, as maneiras afáveis e sempre respeitosas para com o esposo da Princesa Imperial, tudo soube aplainar e sanar, ficando, em todas as ocasiões, do melhor partido.

Depois daquela visita decidiu o comando-em-chefe deslocar o Quartel-General para mais perto da zona setentrional que o ditador parecera ter escolhido para refúgio e internar-se, pelo menos, até Curuguati.

Com este objetivo saímos da vila do Rosário a 8 de outubro, levantando o corpo de exército acampamento pouco depois das 5 horas da manhã.

XX

JÁ ENTÃO tínhamos entre nós o General Osório, chegado de Assunção a 26 de setembro. Com muito prazer abracei este prestigioso velho que me demonstrava, já o disse, particular simpatia.

Parecia o Conde d'Eu consagrar-lhe verdadeira estima. Sabia, aliás, que Herval fazia justiça aos seus talentos militares. Com a sua presença, como comandado, reprovava o artigo de sensação que Silveira Martins havia publicado na *Reforma*, estranhando acremente ver-se um general da estatura do Osório e que galgara, passo a passo, toda a escala hierárquica do Exército Brasileiro sujeito às ordens e à direção de simples tenente do Estado-Maior do Duque de Tetuan na Campanha de Marrocos, elevado, por mero acidente de um casamento imperial, à eminência de marechal e comandante-em-chefe de todas as forças nacionais, no Paraguai.

Fez época este artigo, exatamente quando o Partido Liberal empenhava todos os esforços para transformar o príncipe em partidário seu, decidido e declarado, usando da influência e da posição deste para subir ao poder e assim vingar-se do que lhe fizera Caxias em 1868. E o Conde d'Eu, se não deu, de todo, as mãos ao plano, não poucas vezes mostrou que ele não lhe desagradava nas linhas gerais.

No dia 13 alcançamos Santo Estanislau, a que o povo chama por contração Santani ou também Santami, povoaçãozinha rodeada de colinas com belo riacho de excelente água ao sopé.

Aí nos recebeu, como comandante do nono batalhão de infantaria, quem depois se tornou tão célebre na história do Brasil e então Tenente-Coronel de Artilharia Floriano Vieira Peixoto.

Este nome que acorda penosas reminiscências evoca-me também não poucas recordações dos meus tempos da Escola Militar da Praia Vermelha, onde fui companheiro do depois tão falado *marechal de ferro*, como o apelidavam os partidários sobre quem imperou sem peias e da forma que bem entendeu.

Sem ter tido com ele intimidade, conheci-o, contudo, bastante na mocidade, sempre misterioso e retraído, buscando fazer vida à parte de nós, muito pouco zeloso no trajar, dormindo raramente na Escola e de cara, senão amarrada, pelo menos fechada, em que perpassava enigmático sorriso, entre irônico e bonacheirão.

Já naquela época padecia do fígado, causa afinal da sua morte, a 29 de junho de 1895, o que bem se evidenciava na cor macilenta, um tanto esverdinhada. Quanto me lembro do seu olhar velado, esquivo, impenetrável, sob pálpebras empapuçadas!

Nós o chamávamos *mitrado*, para significar o jeito que tinha de se furtar às exigências dos deveres escolares sem dar muito nas vistas, como que de todo alheio a planos de futuro e ainda menos à instigação da ambição.

Aliás, desde esse tempo, inimigo da ostentação e da popularidade, fazendo pouco no juízo alheio. Ainda assim, jamais me passou pela idéia, nem pela imaginação de qualquer dos seus companheiros da Escola, que pudesse chegar a ser o que foi e enchesse a cena social com a sua pessoa, provocando as mais encontradas opiniões a seu respeito e suscitando um mundo de reflexões ao pensador.

Ficou um tipo histórico, que a posteridade há de contemplar com curiosidade e atenção.

Não soube aquilatar o valor da clemência, virtude que a Humanidade, no contemplar de todas as qualidades e defeitos, coloca acima de tudo, em quem tem o ensejo de praticá-la e perde e repele tão favorável ocasião.

A 13 em Santani, dizíamos; quatro dias depois, no potreiro Capivari, o célebre acampamento em que vi renovadas as dolorosas cenas de miséria e fome, tão minhas conhecidas na expedição de Mato Grosso.

Aí se carnearam, no dia 18, as últimas vinte e três reses que restavam! E as notícias do segundo corpo de exército em São Joaquim e Caraguataí eram ainda mais desoladoras!

O Conde d'Eu debatia-se com vigor e, estimulado pelas apertadas circunstâncias, despachava ajudantes-de-ordens para todos os lados, providenciando quanto podia.

Vi-o, por vezes, dar bolachas e pão aos soldados que montavam guarda nos quatro cantos da sua grande barraca de campanha! Foram dias para todos nós de terrível angústia. E que calor, que temperatura de fogo!

Demorado banho no arroio Cururu-coró, à entrada desse potreiro[17] Capivari, ia sendo causa de minha morte. Dele saí ardendo em febre, pois as águas rolavam sujas de barro e detritos de folhas mortas, engrossadas pelo aguaceiro da véspera, habitual ou quase infalível nessa quadra de chuvas e enchentes. Chamado o Dr.

---

17) Assim se chamam pequenos descampados cercados mais ou menos regularmente de mato. Há alguns lindos.

Ribeiro de Almeida, que sempre foi bom camarada meu, e dos mais hábeis médicos que tenho conhecido, receitou-me três gramas de sulfato de quinino em três papéis, receoso de uma perniciosa.

Mandei preparar boa porção de café e, fiado no que tanto me ensinara meu pai em nunca ter medo do quinino, fiz das três porções uma só e, metendo-a no café, engoli tudo de um trago!

Que horror o que senti dois ou três minutos depois! Parecia que dentro da cabeça fizera explosão uma bomba, que me pôs totalmente surdo, ao passo que dos olhos me saíam como que compridas chamas e o organismo todo era sacudido por violentíssimos vômitos, enfim, um envenenamento quinínico, que talvez me tivesse salvo.

Dissipado, com efeito, este rápido e tremendo temporal, caí em sono profundo, que durou muitas horas. Quando acordei, estava sem febre, fresco, com a cabeça leve, desembaraçada, mas muito fraco, levando mais de uma semana nos vaivéns de melindrosa convalescença, em que sentia a maior displicência de viver.

Nem uma vez sequer mandou o Conde d'Eu saber que fim tinha levado quem costumava, contudo, todos os dias, das 6 às 7 da tarde, ir à sua presença saber o que devia ser registrado no *Diário do Exército*.

Cumpre, como atenuante a tão grande falta de atenção, convir que as pungentes preocupações, na questão do fornecimento das tropas sob o seu mando, não lhe proporcionavam dias calmos e de rosas.

Só nos rodeavam, a todos, cenas bem cruéis, agravadas as coisas pelos roubos às barracas feitos por soldados, sobretudo argentinos. Entretanto, nesse acampamento não escasseavam castigos exemplares todos os dias e até fuzilamentos, cujos ecos sinistros ouvíamos sem cessar.

Certa noite de belo luar, acordei de repente com a impressão de grande sombra estampada no pano da minha barraca, nada mais, nada menos, um ladrão que a ela se chegara cautelosamente.

Tudo quanto eu possuía, era, porém, todas as tardes amarrado debaixo da minha cama de campanha armada nas canastras, na previsão de algum assalto de gatuno, de maneira que me deixei ficar quieto, deitado como estava.

Vi a sombra agachar-se e desaparecer. Era o patife que se cosera com o chão para enfiar o braço por entre as alças da barraca e, assim estirado, poder fazer semicírculo interno, procurando agarrar qualquer coisa que lhe caísse sob a mão. Foi-lhe a primeira tentativa baldada, pelas precauções tomadas em vista dos muitos furtos já havidos. À segunda, já me achava armado de grossa régua de pau que, nem de propósito, pedira na véspera emprestada para riscar um mapa e ficara caída junto de uma das canastras.

Assim pois, levantando um pouco o corpo, quando a mão do meliante tornou a passar por diante de mim, apliquei-lhe, com gosto, tão violenta pancada, que ele soltou grande grito, acordando todo o nosso arranchamento. Imediatamente tiros, alarma, perseguição, mas o homem correra como um gamo, quiçá algum desgraçado impelido pelo desespero da fome!

Perto do nosso abarracamento ocorreu outra cena de latrocínio, mas esta terminada em sangüinolenta tragédia. Um dos ajudantes de campo do General Osório, tenente da Guarda Nacional do Rio Grande do Sul, Tito de tal, moço de máscula beleza, com ondeante e bastas barbas negras, possuía soberbo cavalo de que cuidava com estremecimento de verdadeiro amigo.

Assustado com a matança que os soldados argentinos faziam alta noite nos animais, para lhes cortarem a cabeça, que comiam com avidez, quase que não dormia mais, passando largas horas em assídua vigília.

Certa madrugada, rompendo já o dia, supôs poder com segurança ir tomar algum repouso. Mal porém dormira uns quartos de hora, foi despertado por grande alarido junto à barraca. Cercado de gente, jazia prostrado no chão o tão zelado cavalo, e sem cabeça!

Ficou o pobre Tito como doido, e não descansou enquanto o General Osório não foi ao acampamento argentino exigir castigo de exemplar severidade para com os criminosos. Averiguadas rapidamente as coisas, o chefe argentino mandou formar um dos seus batalhões e declarou que o ia quintar, caso não fossem denunciados os culpados. O primeiro número cinco sobre quem caiu a sorte, vendo iminente a morte, deu-se pressa em apontá-los. Eram dois pobres coitados, incontinenti fuzilados sem mais processo!

Parecia, em regra, vingado o Tenente Tito; mas não parou aí o tremendo holocausto a tão chorado quadrúpede. Nessa mesma noite, suicidou-se o inconsolável dono, fazendo saltar os miolos com um tiro de revólver!

Longa, bem longa foi a nossa parada no potreiro Capivari, pois bastante tempo decorreu até que se regularizasse o serviço do fornecimento. Afinal, sucedeu a fartura à fome e o Conde d'Eu pôde ordenar a prossecução da marcha para diante, muito embora as notícias sobre os movimentos de Solano López em fuga o dessem cada vez mais longe, para as bandas do Norte, perto da fronteira do Brasil. Corria até que pretendia tomar rumo da Bolívia, transpondo, em qualquer ponto, o grande Rio Paraguai.

Só a 2 de dezembro levantamos acampamento metendo-nos de novo em picadas abertas em mataria elevada, em que é positivamente intolerável a quantidade de moscas, mutucas e outros insetos sugadores do sangue dos animais de carga e tiro.

Quanto me afligia ver, à beira dessas umbrosas e úmidas estradas, pobres burros e bestas caídos, por terra, exaustos de forças e condenados à morte, cobertos de uma nuvem daqueles terríveis inimigos, cujas ferroadas tanto os deviam fazer sofrer, agravando-lhes a agonia.

Outra praga sobremaneira os perseguia, e esta bem singular, nos efeitos desastrosos. Provinha de lindíssimas borboletas, as chamadas 88, por parecerem ter este número escrito na página externa das asas rajadas de caprichosos desenhos preto-branco. Não se imagina, porém, o mundo daqueles gentis lepidópteros, na aparência bem inocentes, mas de fato em extremo perniciosos, em toda aquela parte do Paraguai. Amontoavam-se nos cantos dos olhos e nas ventas dos animais, buscando qualquer umidade corpórea e, em breve, tal irritação provocavam nos pontos de teimoso pouso, que não tardavam a produzir abundante corrimento, a princípio de aguadilha e, logo após, copiosíssimo pus! Um horror!

Que desespero das nossas desventuradas cavalgaduras para se defenderem das hostes imensas, flageladoras e sempre, mais e mais, engrossadas e ferozes dos minúsculos inimigos! Que contínuo e fadigoso dar de cabeça! Impossibilitadas de pastar, emagreciam à vista de olhos e com pouco ficavam de todo cegas!

Uma vez no chão, cercadas de milhares de assaltantes, cada órbita tornava-se medonha e nojenta fonte de purulentos rios, que atraíam ainda maior porção das tão terríveis borboletas. Teríamos, com certeza, perdido todos os nossos animais de montaria e carga, se não se houvesse tomado adequada providência, munindo-os de uma testeira de palha de milho cortada em fios finos, que lhes servia de anteparo aos olhos, sem impedir a vista. Aliás, dentro em breve, desapareceu esta medonha praga particular só a certa e limitada época do ano.

XXI

A 12 de dezembro, num domingo, chegamos ao povoado de Curuguati, vencidas umas vinte e oito a vinte e nove léguas do Rosário até lá.

Fora Curuguati tomado, pouco tempo antes, pelo Coronel Fidélis, que lá degolou, sem encontrar resistência, não pouca gente, conforme corria à boca pequena. Que isto estava bem nos seus hábitos e gostos, nas suas cordas, como se diz, não havia dúvida alguma.

Aliás, acabou também mal, agarrado num dos contínuos movimentos sediciosos do Estado Oriental em 1871 ou 72, estaqueado e morto após prolongado martírio.

Tinha, por certo, que pagar numerosas culpas praticadas no Paraguai, em relação às tendências sanguinárias de toda aquela gente meio brasileira, meio espanhola e que vivia e vive à espreita de qualquer pendência armada para poder satisfazê-las na indústria da guerra de surpresas e emboscadas, que tanto lhes agrada.

Que bonita aquela povoaçãozinha de Curuguati, tão sem pretensão e agreste, já bem no fundo do Paraguai! Que lindo gramado, fino, denso, a revestir o dorso da colina em que se ergue!

"A situação da vila de Curuguati", diz o *Diário do Exército*, "também chamada Isidoro Labrador, é muito pitoresca, pois assenta em um como que planalto tapetado de verdejante e finíssima relva, cujo aspecto descampado e alegre contrasta, agradavelmente, com as sombrias matas que cobrem toda aquela zona. Nas quebradas das terras serpeia um ribeirão correntoso e por todos os lados brotam rebentões de limpidíssima água. O pasto para os animais é, além disto, excelente.

"Há várias casas vastas, cobertas de telha e rebocadas. Uma delas traz à porta as armas da República, contendo uma grande sala, onde outrora se davam bailes e cujas paredes mostravam ainda visivelmente inscrições em honra e louvor a López. A igreja matriz é espaçosa, construída com grande solidez e obra dos jesuítas. Como sempre, as imagens de santos são grosseiríssimas, trabalhos primitivos e sem arte, de artistas do país, completamente bisonhos, ridiculamente ingênuos nos ensaios de escultura."

Tinha Curuguati elemento primordial de agrado para mim, a bondade da água, o que sempre apreciei em extremo, sendo grande bebedor d'água. Chego por vezes a crer, pela contínua sede que sempre senti, a *polidipsia* como cientificamente se diz, que desde muito moço sofria já de diabetes, pois é este fenômeno uma das mais incômodas manifestações daquela moléstia.

Quantas vezes, creio já tê-lo dito, os meus colegas da Comissão de Engenheiros, na viagem para Mato Grosso, não paravam junto a puríssimas correntes de água ou perto de apetitosas fontes de clara linfa, para me verem entornar avidamente alentado cornimboque e até dois sem tomar fôlego!

Conservo ainda em memória o nome de certos lugares em que tive particular gozo ao saciar a sede, assim, por exemplo, no pouso da Babilônia, ou então no ribeirão Verde, entre Coxim e Rio Negro!

Quando avistava bonito trecho de água buliçosa e bem transparente, imaginava o prazer que teria se pudesse tragar toda aquela massa líquida, fazendo-a passar rápida e refrigerante pelo corpo todo! Ora isto não é natural.

Em meados de 1877, ao ocorrer a inauguração do caminho de ferro que ligou o Rio de Janeiro a São Paulo, de Cachoeira até esta cidade, não houve água, gelados, refrescos, chopes, limonadas, bebidas frias ou quentes que me saciassem. Tinha de contínuo a boca seca, sugosa e mesmo ao ingerir grandes porções de líquido conservava a impressão de sede implacável, inextinguível, sempre sede. Compreendi que estava doente, muito embora alheio de todo à idéia de diabetes, moléstia que, naquele tempo, incutia ainda não pequeno terror[18].

---

18) Aqui finda o manuscrito coordenado das *Memórias do Visconde de Taunay*. As páginas que seguem, relativas ao término da Guerra do Paraguai e regresso do A. ao Rio de Janeiro, são a reprodução de notas avulsas, destinadas a serem desenvolvidas pelo memorialista para a continuação do seu texto. (Affonso de E. Taunay, filho do escritor.)

ANEXO

I

Às 11 da manhã chegou o príncipe. Encarregara-se o bravo Tenente-Coronel rio-grandense Antônio José de Moura da tarefa de recolher os infelizes *destinados* de López, então a vaguear pelas matas, tendo como guias os caiuás.

Achavam-se à margem inóspita do Iguatemi, numa espécie de campo de concentração denominado do Espadim. Numerosos eram esses desventurados. No dia 14 de dezembro vimos chegar ao nosso acampamento oitenta e tantas mulheres e crianças, escapas ao terrível desterro.

Entre elas, gente das melhores famílias do Paraguai! As senhoras Cespedes, Ordapilleta, Bedoia, Aramburu, Gil e Davalos, todas vestidas de modo a demonstrar a antiga situação social de que as arrancara a implacável fatalidade, pelo órgão da obstinação selvática do monstruoso ditador.

Ainda conservavam, algumas destas míseras, jóias, por vezes de valor, últimos vestígios da opulência desaparecida às mãos de López. Os caiuás, revelando conhecerem o valor dos adereços e adornos, haviam mostrado a maior avidez em lhos arrebatar.

Por preços inauditos vendiam-lhes os mais singulares alimentos: sapos e rãs, por dois e três patacões, cãezinhos a cinqüenta e afinal burros magros e feridos a mil! Para as guiarem ao nosso acampamento tinham-lhes exigido quantias avultadas. Entre estes *destinados* vimos infelizes brasileiros, uma família rio-grandense de São Borja, por nome Soares, um rapazinho e um molecote aprisionados em Corumbá.

Foram as pobres paraguaias tratadas por nós com grande humanidade; deu-se-lhes carne, ordenando o príncipe que as acomodassem numa casa. Algumas estavam a morrer de fraqueza; socorremo-las com caldos de extrato de carne e bolachas.

Por quanta miséria tinham passado tantas pessoas, outrora habituadas à mais farta vida, se não mesmo à opulência! Que ano lhes deparara este milésimo de

1869! Dolorosíssima experiência para as pobres vítimas da tirania daquele a quem chamavam *El Supremo* e a quem outrora haviam dado as mais extraordinárias demonstrações de adulação entusiasta certamente sinceras, na sua coação aliás patriótica, de todas as medidas do sanguinário ditador.

Reinava no Espadim indescritível miséria, de que morrera muita gente e muita estava a morrer. O que lá havia em matéria de víveres, dizia-se, eram poucas laranjas azedas.

Procurara o Tenente-Coronel Moura com afinco salvar, entre estas desgraçadas, uma irmã com duas filhas. Era uma brasileira que se casara com certo português, estabelecido em Vila Rica, desde o tempo de Carlos López. Morrera-lhe o marido e tivera de abandonar a morada por ordem do ditador, sendo, após longas marchas, atirada no degredo de Iú e afinal no de Iguatemi.

Poucos dias mais tarde soubemos de um ajudante-de-ordens de General Resquin que viera entregar-se, quando era terrível a miséria no exército de López. Havia uma rês para 600 praças!

Entre nós reinava novamente grande fartura de carne verde, fazendo-se a distribuição de rações com toda a regularidade.

Em fins de dezembro continuávamos em Curuguati, tendo partido o Coronel Moura com uma força de cavalaria para atingir o tão falado passo Espadim, no Iguatemi, onde se dizia estarem centenas de *destinados*, entre os quais sua gente.

Pouco depois voltava o bravo oficial. Achara mais de 1.000 mulheres e crianças no estado de mais absoluta miséria. Tivera a infelicidade de não mais encontrar a irmã, falecida, após atrozes sofrimentos, alguns dias antes. Salvara contudo as duas sobrinhas, já mocinhas.

A 29 de dezembro entrava no nosso acampamento a sinistra coluna dos escapos aos horrores do Espadim, nada menos de 350 *destinados*, termo singular com que se designavam as pessoas sentenciadas por López a degredo perpétuo e conseqüente execução por causa dos supostos crimes de seus parentes, já fuzilados.

Assim se exprime o *Diário do Exército* a respeito do lúgubre episódio:

"O espetáculo que oferecia a singular procissão dessas mulheres que haviam resistido às mais apuradas necessidades e que enfim atingiam o dia ardentemente desejado de sua libertação, era comovente e ao mesmo tempo altamente curioso. Aí se viam representantes de nomes familiares em todas as peças oficiais do Paraguai e conseguintemente sobremaneira bajulatórias a López e ofensivas ao Brasil, caminhando a pé, quase nuas, carregando na cabeça o que havia a custo escapado do naufrágio de suas fortunas. A mãe do Bispo Palácios com sua filha Carmelita, célebre pelos desmandos nos saques das povoações de Mato Grosso, as senhoras Decoud, Haedo, Aquino, Bedoia, Barrios, irmã do general, a mulher do infeliz

Cônsul português Leite Pereira, a francesa Duprat com sua filha Mme. Lassere, muitas mulheres escravas e criadas, crianças etc., foram apresentar-se a Sua Alteza, que ordenou distribuição de alimentos e fê-las acomodar, umas em casas, outras ao redor da igreja, no vasto alpendre que a circunda".

Daí em diante, diariamente, apareciam-nos dezenas e dezenas de míseros *destinados*.

Era mau o estado sanitário das localidades em torno de Curuguati, talvez devido ao número extraordinário de cadáveres que pejavam os caminhos, desde Panadero até Itamaran. Numerosas praças e oficiais recolheram-se aos nossos hospitais.

Arrojada e penosa fora a tarefa do valente Moura: precisara vencer as dificuldades da subida da Serra de Maracaju para atingir o chapadão, onde corre o Iguatemi. Durante mais de uma légua lutara com os obstáculos da mata entrançada e afinal, logo atingido o planalto, encontrara pobres mulheres semimortas de fome; estacadas baldas de forças. Fugiam aos horrores de Espadim e havia seis dias que tinham conseguido escapar à vigilância dos algozes.

II

Prosseguindo na marcha, entrou Moura na estrada do Panadero, onde horrível espetáculo se lhe deparou: nele jaziam cadáveres numerosos de mulheres, homens, crianças e velhos, que dias antes haviam sido degolados.

Alta noite, atingiram os nossos três miseráveis ranchos, onde, em torno de fogueiras, se acocoravam famílias, mulheres e crianças. O abalo sofrido por tão experimentada gente foi imenso, algumas mulheres desatavam em ruidoso pranto, fugiam outras espavoridas e como desnorteadas; a maioria aclamava, abraçava os libertadores.

Já era madrugada quando, afinal, puderam os brasileiros chegar ao lôbrego local em que já haviam perecido centenas de infelizes, depois de indescritível martírio.

A notícia da próxima chegada dos nossos já circulara, trazida por um índio caiuá, mas as desgraçadas mulheres, afeitas a tanta desventura, sem um raio de esperança em melhores dias, acreditaram mais num embuste para melhor perdê-las, como tanto estava nas praxes de López. E disto se convenceram vendo à boca da noite chegarem dois espiões, seus compatriotas.

À uma hora da madrugada atingiram o Espadim duas das mulheres salvas pelos nossos que às companheiras vinham trazer a boa nova da avançada brasileira. Desvairadas puseram-se a gritar, anunciando o grande fato. Presas, iam ser degoladas quando, na palhoça onde sofriam tratos, entraram subitamente os nossos que, incontinenti, mataram os espiões.

A alegria que demonstraram as *destinadas* foi indescritível. Mulheres, com fachos acesos, corriam de um lado para outro, dando gritos descompassados; muitas caíram em delíquio; outras expiraram de emoção, e por todos os pontos erguiam-se preces e cânticos de grupos que, ajoelhados, agradeciam a Deus a providencial salvação.

Mil e duzentas eram estas desventuradas! Grande trabalho teve o Coronel Moura em lhes encaminhar a caravana. Tal a precipitação em fugir àqueles horríveis lugares que, ao transporem o Espadim, atropeladamente, numa ponte improvisada, várias se afogaram nas águas correntosas deste rio.

Divididas em diversos grupos, pôs-se a caminhar aquela teoria esquálida de humanos fantasmas. De fraqueza e desânimo deixou-se metade estendida pelas longas léguas a vencer até atingir as nossas linhas.

Entre as libertas estava a mãe do Bispo Palácios, fuzilado, como se sabe, pelo tresvariado amo, a quem sempre dedicara a mais subserviente e indecorosa sujeição.

A 7 de janeiro de 1870 voltava o Conde d'Eu à vila do Rosário, cuja situação lhe parecia — e o era — mais propícia ao aceleramento e terminação das operações da guerra. Ao romper d'alva deixamos Curuguati.

Penosa marcha sob céu límpido e um sol terrível, em que homens e animais arfavam. Caminhamos talvez seis léguas e passamos a noite à boca da picada de Pacová, num péssimo pouso. Ali ficamos um dia, dia de pavoroso calor, terminado por violentíssimo temporal à tarde.

A 9 transpusemos mais cinco e meia léguas, sob fortíssimas e repetidas bátegas de chuva por vezes diluvial! E, a 10, percorridas outras cinco léguas, fomos descansar em Santani. Deixando Santani passamos por Itacurabi, onde Floriano Peixoto se achava destacado. Afinal a 13, pelas 8h30 da manhã, atingíamos a vila do Rosário, onde nos esperava o Marechal Vitorino rodeado de numeroso Estado-Maior.

Grande a animação na vila. Construíam-se muitas palhoças, algumas bem-feitas e espaçosas. Eram as ruas alinhadas e nelas se notavam muitos barracões de ativo comércio.

Visitou-nos o acampamento, a 16, o Visconde do Rio Branco, acompanhado do chefe de divisão Lomba, e esta visita serviu de pretexto para que se fizesse grande grupo fotográfico, em que figuram o Conde d'Eu, ele, Paranhos, eu, Salgado (Barão de Corumbá), Ribeiro de Almeida etc.

Nesta época coube-me contestar um ofício do Visconde do Rio Branco, que capeava outro do Ministro dos Negócios Estrangeiros, motivado por uma nota dirigida pelo ministro francês, em que se pediam informações sobre a sorte de numerosos súditos franceses, como os Anglade (pai e filho), Marc Penabert, Narcisse Lasserre, Cyprien Duprat e seu filho Aristides etc. Ao acampamento do Rosário haviam vindo ter Madame Duprat e sua filha Madame Lasserre, viúvas, a primeira de Cyprien Duprat, a segunda de Narcisse Lasserre, ambas resgatadas do desterro de Espadim, para lá da Serra de Maracaju.

Madame Lasserre, moça de 25 anos, restabelecera-se dos padecimentos. A mãe, porém, apesar da grande robustez de constituição, sofria das moléstias oriundas das privações e trabalhos a que fora sujeita.

Informavam que os franceses, acima nomeados, haviam sido, como os mais estrangeiros, incluídos por López na imaginária conspiração de cuja existência todos naturalmente ignoravam e que não era mais do que pretexto para as execuções que se fizeram em São Fernando e Lomas Valentinas. Narcisse Lasserre, preso a 6 de julho de 1868, Leopoldo Anglade na noite de 13, Cipriano Duprat e Marcos Penabert a 14, Aristides Duprat a 16, haviam sido fuzilados nos dias 9, 22, 3, 23 de agosto daquele ano.

Essas declarações confirmou-as o *Diário* do General Resquin, publicado na obra — *Papeles del Tirano del Paraguai* —, impressa por ordem do governo argentino sobre documentos apanhados em Lomas Valentinas, no assalto de 27 de dezembro de 1868.

Madame Lasserre, como se sabe, escreveu interessantíssima notícia de todos os seus sofrimentos durante a guerra e, com energia de estilo que merece especial menção, deu preciosas informações sobre muitos pontos da sangrenta história do governo de López e sobre o procedimento ignominioso de vários representantes de nações estrangeiras.

Ao nosso governo remeteu o príncipe cópia da exposição que esta senhora fez não só das crueldades de que foi, em companhia de seus compatriotas, vítima por parte de López, como das relações que com aquele tirano, e Madame Lynch, teve o Cônsul francês Sr. de Cuverville, tornando-se esse documento digno de toda a publicidade não só pelo interesse que inspira como pela elucidação de muitos fatos importantes, como seja, por exemplo, o de haverem sido, em dezembro de 1868, as casas de Assunção saqueadas por ordem de López, cujos agentes se serviam de chaves falsas ou arrombavam as fechaduras.

De todos os lados nos chegavam notícias e pormenores do descalabro do lopismo.

Abandonara o tirano o Panadero, onde, segundo os passados, fora enorme o número de execuções, daí sobrevindo perigosa epidemia, devida aos cadáveres insepultos.

Diziam os desertores que naquele lugar se via muita gente morta a formar grupos horrorosos com as lanças ainda fincadas nos corpos. Soubemos que não havia muito fizera o ditador morrer à míngua o seu irmão Venâncio, após o haver mandado surrar do modo mais cruel.

O General Câmara e Joca Tavares (mais tarde Barão de Itaqui) iam vencendo todas as resistências. Pelotas operava em torno de Concepción, não só vigiando a fronteira mato-grossense, como procurando impedir a passagem de López para a margem direita do Paraguai.

III

CHEGAVAM-NOS continuamente notícias da situação cada vez mais angustiosa em que as nossas colunas punham os últimos destroços do Exército de López.

Tivemos a visita de Frei Fidélis, agora nomeado, pelo Internúncio enviado por Pio IX ao Brasil, vigário forâneo da diocese da República. Deixáramos o bom missionário em Curuguati e com prazer acolhemos todos a notícia da distinção conferida pelo Papa ao virtuoso e incansável capelão.

Não era Frei Fidélis homem instruído, como geralmente sucede aos padres de sua Ordem, recrutados quase sempre para pregar às massas populares, mas tinha grande coragem e sangue-frio e ar eminentemente caridoso e abnegado. Digno de grande respeito distinguia-se pelo espírito cristão e sacerdotal, quer no campo de ação, quer na prática da dedicação hospitalar. E como ele se apontavam diversos...

Quanto haveria a contar dos capelães militares na campanha? Quanta historieta, quanta anedota gaiata, brejeira, inventada no lazer dos acampamentos e apimentada pela intromissão da presença destes bons eclesiásticos!

Uma das que mais me fizeram rir foi a que ouvi do Catão Roxo, logo que cheguei ao Paraguai, e rir sobretudo porque conhecia perfeitamente as personagens a que ela se referia, entre os quais um capelão muito colérico, arrebatado e soldadescamente "desbocado".

Com ele embirrava muito o X..., indivíduo aliás antipático como raros, implicante, escarninho, malévolo, fútil e, segundo muitos, perigosamente intrigante. Poucas pessoas conheci de tão desagradável contato quanto este oficial, a quem, aliás, todos nós consagrávamos a mais acentuada ojeriza. E a mais justificada... força é convir.

Vamos, porém, ao caso do nosso capelão... Pregava certo domingo um daqueles sermões "eloqüentes", cuja autoria com certeza gostosamente subscreveria o famoso Cônego Filipe, porque estava dentro dos moldes do seu estilo sacro-oratório.

Para maior gáudio dos rapazes que piscavam os olhos uns para os outros, começara o bom do frei... o seu sermão por legítima bernardice: "Reinava em França Dom Manuel III..."

Finda a missa, incorporara-se o padre à grande roda, pondo-se a discutir sobre a homilia edificante e sobretudo *rigorosamente histórica* que acabava de proferir, quando apareceu o tal oficial implicante que, aliás, vivia a atormentá-lo com os contínuos remoques insolentes. "Padre, como é isto? Se em França nunca houve D. Manuel I, como é que o senhor descobriu este D. Manuel III?"

Apesar de já a ira lhe subir às faces, mal disposto como estava pelas contínuas provocações e grosserias do interpelador, ainda contemporizou o frade: "Ora esta! Pouco importa a questão do nome do rei, o que vale é a filosofia, a essência do caso! Se não era D. Manuel, seria D. Antônio ou D. José..."

— Também nunca os houve em França — redargüiu ainda, num tom melífluo e perverso, o pouco amável reparador.

Aí perdeu o bom do capelão a estribeiras e, dando largas ao insopitável caráter, respondeu-lhe com uma veemência de palavras, cujos termos soldadescos preciso parafrasear:

— Olhe, quer saber de uma coisa? Se não era D. Manuel, D. Antônio ou D. José, seria ou D... vá plantar batatas ou D... vá para o diabo que o carregue!

Contava Catão que o enérgico encerramento do incidente tal explosão de gargalhadas e demonstrações de aplauso ao valente clérigo trouxera, que o chasqueador, aturdido, se retirara desnorteado e confundido. Boa lição!

Quando, creio que em 1890, li *Le Colonel Ramollot*, de Charles Leroy, impagável *charge* contra o oficial de tarimba, do velho soldado que ao assentar praça "encontrava na mochila o bastão de Marechal de França", como dizia a expressão tão antiga quanto popular no Exército francês, acudiram-me logo à memória as histórias dos vários Ramollots, a quem conheci em campanha, quer em Mato Grosso, quer no Paraguai, mas sobretudo aí.

Quantos desses nossos velhos *grognards* mal sabiam ler e escrever e quanta calinada desferiam a todo o propósito... Quanto também nós outros, da *rapaziada da escola*, vivíamos a repetir... e a inventar... inocentes pilhérias postas "no lombo" dos veneráveis soldados da Independência e dos veteranos do Prata?

A principal vítima das gaiatices do Exército era, creio, velho brigadeiro, tão conhecido pela bravura como pela ignorância.

Dele se contava que, ditando ao secretário a parte relativa a um combate, dissera: "Não se esqueça de escrever que o inimigo fugiu tomado de terror *pândego*!"

Outra vez, como voltasse de longo e penoso reconhecimento, exclamava a cada momento: "Ah! estou estrompado: tenho os pés *intransitáveis*."

A conversa deste brigadeiro era uma série de contínuas *batatadas*, como se dizia então no Exército, embora não fosse absolutamente um toleirão.

De uma *china*, formosa rapariga por quem certo oficial rio-grandense fazia grandes sacrifícios, referia: "Aquela chinota sustenta um luxo *asinático*", asiático, queria exprimir o bom do homem. Casa *aritmeticamente* fechada, casa de *genealogias* verdes eram coisas que lhe atribuíam entre muitas e muitas outras calinadas de alto viso.

Por exemplo, relatavam que uma vez fizera com ar pesaroso a seguinte observação, ao contemplar enormes rolos de fio telegráfico, deixados numa estação pelos paraguaios: — Que pena não nos poder servir tudo isto? — Mas, por quê, General? — Ora e que palerma! não passariam senão palavras em guarani!

Dele, ou de outro, se relatava ainda que um dia de forte trovoada fizera um ordenança varrer às pressas o assoalho da sala juncado de pontas de cigarros. E como indagassem os presentes, surpresos da necessidade de tal medida, redargüira vivamente:

— Então os senhores não conhecem o poder das pontas em eletricidade?

IV

LIVRE como se achava o curso do Paraguai, determinara o Conde d'Eu que o Coronel Hermes Ernesto da Fonseca, com uma brigada, ocupasse Corumbá, fizesse vigiar por patrulhas volantes, espias e índios cadiuéus ambas as margens do grande rio, guardar as embocaduras do Miranda e do Taquari e por meio de cruzeiros observar a margem esquerda do Paraguai, desde a confluência do Miranda até o Apa, em cujas cabeceiras se dizia encontrar então o acossado ditador. Devia Hermes aliás em tudo ouvir o presidente de Mato Grosso, então e pela terceira vez, creio, o ilustre e benemérito Augusto Leverger, Barão de Melgaço, cujos conhecimentos topográficos da província tão notáveis eram.

Dentre os depoimentos interessantes pelo Quartel-General recolhidos nesta ocasião figura o do alferes de marinha Angel Benites. Era moço de aspecto vivaz e inteligente, falando com desembaraço e abundância de palavras e mostrando-se perfeitamente ao par de todas as circunstâncias relativas aos recursos de que ainda dispunha o tirano. Com ele desertaram um capitão, Ramon Vera, e ainda outro, este ajudante-de-ordens de López, Elias Lujan.

Com vivas cores pintavam a progressiva dissolução das forças do tirano, confirmando as crueldades já sabidas, às quais se adicionavam outras, cada vez mais estupendas.

Fora Benites empregado do comissariado do Exército e relatou que, achando-se López em Itanaran, ordenara um balanço em todas as carretas de dinheiro; ainda dispunha de dez mil patacões de prata e algumas centenas de onças, sem contar grande soma em papel-moeda, que afinal abandonou, sendo o ouro e a prata, daí em diante, levados em cargueiros.

Relatou-nos o alferes paraguaio que assistira em Ascurra à entrega de vinte e oito mil patacões em prata e seiscentas onças de ouro, feita pelo Ministro Camiños ao plenipotenciário norte-americano, MacMahon, então em vésperas de se retirar do Paraguai, onde agira do modo menos diplomático, quase provocando sua atitude inconveniente a ação do nosso ministério de estrangeiros junto ao governo do General Grant.

Informou, ainda, que mais vinte mil patacões haviam sido enviados, por ordem de López, a um tal Gregório Benitez, em França. Eram *migalhas* que, por meio de amigos, ia o tirano acautelando, na Europa, no caso de se ver compelido a abandonar o governo da infeliz e heróica nação que aniquilara. Em Ascurra, ao começar a campanha da Cordilheira, contava o Alferes Benites, ainda o acompanhavam uns 12 ou 14.000 homens, sem contar as forças do Norte. Em Panadero, após Peribebuí e Campo Grande, mal dispunha de uns 3.000 e oito bocas de fogo.

Onde quer que passasse fazia López os seus infelizes súditos trocar o seu numerário de prata pela moeda que emitira, verdadeiro papel sujo.

Assim, segundo conta Tompson, creio, fizera a Lynch com as belas libras de ouro encontradas nas algibeiras dos nossos e dos argentinos, mortos no desastre de Curupaiti, pelos soldados do feroz amásio.

Continuávamos no Rosário, chegando notícias do acossamento contínuo, e cada vez mais cerrado, que as diversas colunas do General Câmara faziam ao déspota.

A 22, dia do meu aniversário natalício, falecia nos meus braços, como aliás o relatei, o bom, o excelente Reinaldo Soares Louzada, de quem sempre guardei a mais grata memória. Belo coração, belo caráter!

López acossado junto ao Apa, em Cerro Corá, tinha perto de si, na Bela Vista e na Laguna, exatamente no lugar de onde começara a nossa retirada de 1867, as forças do General Câmara.

No dia 4 de março embarcamos, pela manhã, no vapor *Conde d'Eu* com destino à vila de Concepción, que o príncipe desejava visitar. Pouco depois de meio-dia chegou-nos a notícia inesperada da morte de López! Estava acabada a terrível campanha de cinco anos!

No *Diário do Exército* assim se noticiou o grande acontecimento:

"Navegava o vapor rio acima, quando, às 12h30 do dia, passou pelo vapor de fornecimento *Davison*, que vinha descendo com bandeira americana à popa e brasileira à proa e que apitou, virou de bordo e marchou nas águas do *Conde d'Eu*, denunciando ser portador de grandes notícias.

"Na realidade de bordo dele saltou o Capitão de Cavalaria Pedro Rodrigues, que foi recebido entre gritos e vivas, por isso que haviam todos compreendido, e logo sabido, que a guerra se achava terminada por ter sido López alcançado e morto, fato que achou sua confirmação no ofício do General Câmara lido por Sua Alteza, em voz comovida, entre frenéticas ovações.

"Este ofício, escrito às pressas, a lápis, e dirigido com data de 1º do corrente ao Marechal Vitorino, anunciava que, debaixo das vistas do mesmo General

Câmara, acabara de sucumbir o tirano do Paraguai, o qual, intimado várias vezes, recusara entregar-se. O General Resquin fora feito prisioneiro.

"Depois das primeiras explosões de contentamento, Sua Alteza, respondendo aos brindes que num *luncheon* improvisado foram feitos a Sua Majestade o Imperador e à sua pessoa, ergueu um viva, estrondosamente acompanhado, em honra do General Câmara.

"No *Davison* o intendente Deschamps desceu a fim de ir a Assunção pôr imediato termo a todos os contratos de cavalos e mulas, e o *Conde d'Eu* seguiu a uma hora e meia rio acima, chegando às 6 horas da tarde à barranca da Concepción.

"Sua Alteza, ao som das salvas e vivas partidos da canhoneira *Mearim*, aí ancorada, saltou em terra, sendo recebido pelo Coronel Antônio Augusto de Barros Vasconcelos, que o esperava rodeado de toda a oficialidade e de grande quantidade de povo, cuja alegria era manifesta."

Causou-nos o aspecto de Concepción muito boa impressão. Bonita a vila, bastante espaçosa, regularmente construída em um campo perfeitamente plano. Cortavam-se suas ruas em ângulo reto e várias casas havia com boas e elegantes fachadas.

Pareciam aqueles paraguaios sinceramente satisfeitos com a morte do tirano que lhes arruinara a pátria e por quem, na mal-entendida dedicação, cegueira patriótica e invencível sentimento de obediência, se tinham deixado ferreamente governar e levar à morte. À noite reuniram-se as melhores famílias da vila e organizou-se um baile, a que assistiu o Conde d'Eu. Continuaram no dia seguinte as demonstrações de alegria. Iluminou-se toda a cidade e o chefe político, Capitão Carissimo, inimigo figadal de López, que lhe mandara degolar a família, ofereceu-nos, a nós do Estado-Maior do príncipe, um baile, onde muito se dançou.

No domingo 6 regressamos ao Rosário; a nossa chegada na vila provocou verdadeiro delírio na oficialidade e soldadesca, havendo iluminação geral no acampamento e passeata dos batalhões com músicas à frente.

Insípidos correram o resto do mês de março e a primeira quinzena de abril. A 16 embarcávamos em Assunção no *Galgo*, com destino ao Rio de Janeiro. A 20 estávamos em Buenos Aires, onde ocorreu ridículo incidente com um dos nossos companheiros de bordo. Quis saltar com um de nós: esquivança geral. Foi caso engraçado, pois o homem levou formidável trote dos garotos. Ia de dignitaria da Rosa a tiracolo, espada à cinta e guarda-chuva na mão!

A 23 estávamos em Montevidéu, onde se deu curiosa cena. Foi a bordo uma comissão de senhoras pedir ao príncipe para que interviesse a favor dos prisioneiros políticos, há muito detidos, alguns. Deu-se uma entrevista do Conde d'Eu com o Presidente Battle, mas nada se conseguiu.

Verifiquei quanto haviam os progressos de Montevidéu sido grandes. Fomos hospedados pelo capitalista Cândido Gomes, personagem simpático e um tanto original. Deu-nos animado e engraçado almoço.

A 29 ancorávamos no Rio de Janeiro.

QUINTA PARTE

Notas esparsas

I

AO ENTRAR PARA O PARLAMENTO

(1872)

DEIXEI já narrado, com toda a minúcia e sinceridade[1], o modo por que fui apresentado candidato a um dos lugares da representação nacional pela província de Goiás.

Quem, antes de ninguém, me deu notícia do resultado desta eleição foi, no teatro Lírico, o Conselheiro Francisco Otaviano, cuja família eu fora cumprimentar em seu camarote, no primeiro entreato.

Representava-se, nessa noite de 14 de outubro de 1872, a zarzuela *O Tesouro Escondido*, de Barbieri, se não me engano, já então no D. Pedro II e não mais, por definitivamente fechado, no feio edifício chamado o *Provisório* ou, mais popularmente, *Barracão*, a um lado da Praça da Aclamação, antigo Campo de Sant'Ana, erguendo-se, em desgracioso esconso, quase fronteiro à embocadura da Rua dos Ciganos, depois crismada da Constituição, e no meio das muitas imundícies daquele vastíssimo e inculto logradouro público, transformado de dia em lavanderia gratuita, aberta a um sem-número de mulheres de todas as cores e classes, sobretudo pretas escravas, e coalhado de roupas a secar ao sol e ao ar, de noite, em local de despejos de toda a sorte.

Só tiveram fim esses hábitos arraigados da população fluminense, que tanto depunham contra o estado de civilização do Rio de Janeiro, quando, em 1873, começaram os trabalhos iniciais do ajardinamento, segundo os planos e sob a direção do Dr. Glaziou, que fez daquela área, graças à bela iniciativa e energia do Ministro João Alfredo, um dos mais espaçados e formosos parques do mundo inteiro.

A sala do *Provisório*, escura de si, e ainda por cima forrada de papel vermelho, sombrio, possuía, prestemos-lhe essa última homenagem, por mero acaso, aliás,

---

1) Ignoro onde e quando o fez o A. tal narrativa. Em seu arquivo não se encontra uma única linha a tal respeito. (Affonso de E. Taunay, filho do escritor.)

condições acústicas de primeira ordem, como raras as conseguem cuidadosos arquitetos, firmados em cálculos científicos. E fora ilustrada por quase ininterrompida série e plêiade de celebridades artísticas, desde a Candiani até a Charton, Lagrua, Tamberlick, Mirate e outros de fama universal, além de dançarinas como a Baderna, que, durante algum tempo, pôs o Rio de Janeiro todo de cabeça à banda pela beleza, juvenilidade e elegância.

— Dou-lhe sinceros parabéns — disse-me o amável e tão popular político —; mostraram-me há pouco, no *Jornal do Comércio*, as notícias chegadas de Goiás. Você tem obrigação de brilhar. Trabalhe seriamente e justifique a confiança do Rio Branco, cuja lembrança aplaudo sem reserva.

Embora nutrisse absoluta certeza do bom êxito da minha candidatura desde que fora lembrada, e com tranqüilidade esperasse por essas primeiras notícias, senti-me naquele instante singularmente abalado, a um tempo cheio de mim, mas também receoso de não poder vir a corresponder ao que se esperava dos meus recursos e aptidões em arena definitiva, isto por efeito da minha índole e disposição habitual, em extremo avassalado, como sempre fui, à instigação da vaidade e muitíssimo pouco ao influxo do orgulho.

Em todo o caso, ficara enfim radicalmente frustrada a valente e prestigiosa competência levantada em favor do Dr. Cândido Guanabara para ser por ele preenchida essa cadeira que eu ia, sem dúvida mais possível, ocupar — Guanabara, advogado de nota, orador fluente e aplaudido. Porventura, porém, não serviria este nome de constante e desfavorável termo de comparação para comigo, que não tinha tirocínio algum das lutas e embates tribunícios?

A não ser, com efeito, na bem modesta cadeira de professor de preparatórios, francês, geografia e história nos externatos Aquino e Guimarães, em alguns colégios e na Escola Militar da Praia Vermelha, e aí com a autoridade de mestre que falava a discípulos e meninos, jamais erguera eu a voz perante qualquer auditório numeroso, e ainda menos em assembléias solenes. Que seria, pois, de mim? Que serviços poderia prestar na defesa do Gabinete 7 de Março, tão violenta e apertadamente atacado e que ia enfrentar vigorosa e ilustrada oposição, já conservadora, já liberal?

Achei-me, pois, mais propenso então ao sobressalto e à dúvida, para dizer acentuado vexame, do que à alegria por ter dado na minha carreira tão largo e avantajado passo, julgando, com a exageração própria da mocidade, íntima e danosamente travada a responsabilidade de Rio Branco à minha inexperiência ou, melhor, insuficiência.

Por tudo isto ouvia, em extremo distraído, quase inquieto, o correr da representação teatral e, nos intervalos, ao receber pelos corredores os muitos cumprimentos de pessoas conhecidas ou não, porquanto, nesse tempo, a posição de deputado era sobremaneira brilhante e invejada (que dizer então a de senador, quase *lords* ingleses?), como que neles queria lobrigar certa intenção irônica, quiçá de chacota, na contraposição da gravidade dos encargos que me tocavam e a minha fraqueza — o que não passava de simples obsessão.

Lembro-me bem que aí, também, não sei por que, me causticava, com insistência, um dito, aliás inocente, do velho Araújo Góis, semanas antes no enterro não me recordo agora de que político, correligionário nosso. O filho, Inocêncio, resguardava-lhe a cabeça descoberta com chapéu de sol. Rio Branco, que segurava uma das alças do caixão, pediu-me lhe fizesse o mesmo. "Proteja-me a calva, Sr. Taunay", disse-me, "se não quer que volte para casa com os miolos fritos". "Imite o *filhote*", observou risonho o outro, "o exemplo e os carinhos do *filho*."

E todo esse trabalho íntimo, de grande intensidade psicológica, que denunciava um movimento de consciência louvável, mas incômodo e conturbador, levou-me a sair do teatro antes de findo o espetáculo e a passar o restante da noite quase em claro.

Nesta disposição de espírito foi que, na manhã seguinte, 15 de outubro, muito cedo, li, com a vista enevoada pela emoção, a seguinte notícia da *Gazetilha* do *Jornal do Comércio*: "Colégio de Catalão (província de Goiás), conselheiro João Cardoso de Meneses e Sousa, 38 votos; Dr. Alfredo Escragnolle Taunay, 38 votos".

E com um sorrisozinho amarelo, achei graça, embora um tanto amarga, na ferretoada que o amigo Joaquim Serra, meu companheiro diário da Rua do Ouvidor, me dava entre outros boatos da *Reforma*: "Chegam notícias frescas de Goiás; os povos de lá andam entusiasmados com o Sr. Escragnolle Taunay; mas pedem instantemente ao Sr. do Rio Branco que mande traduzir este nome em português".

Voltou-me afinal a calma e mais justa apreciação das coisas.

Havia, pensava eu, de fazer como outros, tantos outros deputados, caso não me fosse dado distinguir-me logo, destacar-me da mediana comum, atingir de chofre posição saliente. Esforçar-me-ia na imprensa, em que prestara já ao gabinete bem bons serviços, tinha disto convicção, batalhando denodadamente na questão do ventre livre, sob o pseudônimo de muitos romanos, *Horácio Cocles*, *Manlio Torquato*, *Caio Graccho* e outros, ou então *Visurus*, *Cormontaigne*, *Vidal de Negreiros* e, em 1870, *Hudibras*.

Com este então, despertara interesse especial e bastante curiosidade, a analisar humoristicamente as conferências republicanas de Quintino Bocaiúva, no Teatro

São Luís, e as palestras radicais do Senador Silveira da Mota, no Fênix. Com que prazer, entre parênteses, lá do meu cantinho, obscuro e desconhecido, ouvia da boca dos oradores referências bastante azedas a estes artigos, atribuindo-os a penas conceituadas!

Buscaria, continuava eu, cumprir, séria e restritamente, os meus deveres parlamentares, primando pela assiduidade, estudando as ordens do dia e os pareceres das comissões, indo às sessões da Câmara bem certo do como deveria votar, não arredando pé antes da conclusão dos trabalhos diários, o que sempre fiz, enfim desempenhando como convinha o meu grave e novo papel na sociedade política, além de zelar com particular e grato afã os interesses da benévola e dócil circunscrição eleitoral, que me constituíra seu advogado e representante.

Não me havia de arriscar aos perigos da tribuna senão para tratar, o mais resumidamente possível, de assuntos militares que conhecia bem e em que me sentia seguro, neles dando opinião com toda a singeleza, sem pretensões a retórica e só com o fim de ser prático e útil; fugiria prudentemente das matérias que não fossem da minha alçada e especialidade, observando atento o modo de proceder dos outros e as fórmulas habituais que tanto ajudam o parlamentar, sobretudo novel e desejoso de se iniciar nas praxes do debate.

De muito proveito me foram os conselhos do simpático Otaviano, nas adoráveis palestras que freqüentemente tínhamos — morava então à Rua dos Barbonos, hoje Evaristo da Veiga, uma bela casa de dois andares —, ele na sua fealdade tão atraente, nariz comprido, abrupto, lábio um tanto belfo, testa e o perfil todo fugidios, como que rapidíssimos traços de engraçado desenhista, crânio pontudo e por trás achatado *en coup de vent*, a falar baixinho e com a boca quase encostada ao ouvido da pessoa com quem conversava, isto sem o menor inconveniente, pois impossível era ter-se hálito mais puro, positivamente como o de uma criança, fresco, sutil, perfumado.

— Não queira, Taunay — dizia-me — ganhar depressa nome; vá aos poucos. Uma investida brusca da tribuna parlamentar é sempre arriscada; a impressão que ela inspira mesmo aos que estão habituados a falar em público é sempre violenta; demais, um desastre, que dê um tanto na vista, costuma ser irremediável fracasso.

Da primeira vez que me ergui naquele recinto, pareceu-me que o chão se levantava e vinha para cima de mim como ondas enormes. Com os olhos turvos, tudo a girar vertiginosamente em torno, pasmado da minha audácia, balbuciei meia dúzia de palavras, umas baboseiras, e senti-me banhado em copioso suor frio, vacilante se me afundara para sempre no conceito de todo o País ou se alcançara brilhante vitória. Felizmente, tratava-se de uma questão de ordem, a que ninguém prestara atenção.

— Olhe, comece por aí, estude bem o regimento da Casa e discuta qualquer ponto que lhe pareça transgressão de disposição ou praxe parlamentar; se se achar com algum sangue-frio, finja indignação, levante a voz, faça calar o zunzum das conversas: isto produz logo bom efeito e dá certo gás à oratória dos calouros.

— Sobretudo nada de discurso decorado. No momento decisivo tudo se lhe riscaria da memória. Talvez sirva esse expediente para os padres, acostumados aos sermões. Não queira fazer estréia de estrondo, deixe isto para os bacharéis já com prática das assembléias provinciais e dos júris; mas também não adie muito essa estréia para impedir um acanhamento que se tornaria invencível, o que depois haveria de influir em toda a sua vida pública. Apesar de tantos anos de existência agitada, eu, por vezes chefe da oposição na Câmara, não é, ainda hoje, sem esforço, que reprimo esse retraimento e, de cada vez que peço a palavra, sinto as mãos frias.

E aí me contava Francisco Otaviano um sem-número de casos e anedotas, políticas ou não, com aquela graça, clareza e finura que o fazia admirável *causeur*, palestrador do mais apurado quilate, rápido, incisivo, dotado, ainda por cima, de felicíssima memória, que lhe ministrava, no momento preciso, as datas certas, os nomes por inteiro, os incidentes mais miúdos. Nisso era inexcedível, superior a todos os políticos que mais de perto conheci; um encanto ouvi-lo, em dias de bom humor, na intimidade, horas e horas.

Que pena não ter deixado escrito, por pouco que fosse, o que sabia tão bem e narrava com tanto espírito, tamanho aticismo e tão extraordinária sutilidade, ora nas linhas gerais, nos delineamentos amplos, sintético à maneira de Sales Torres Homem, inclinado de contínuo à solenidade e ênfase, ora minucioso, mordente e sarcástico como o Visconde de Niterói, cuja frase arrebatada, áspera, tinha, contudo, muito chiste, ou então bonachão e fingidamente ingênuo como o velho Osório, Marquês do Herval.

Não recuava diante de uma palavra um tanto chula, desabusada ou mais que picaresca, ao invés de Rio Branco, que fugia cauteloso do menor termo equívoco, corriqueiro ou menos delicado, mas fazia com tal propósito e tão adequadamente que parecia impossível buscar qualquer outro rodeio.

Possuía o dom parisiense de tudo dizer, tudo exprimir e até acentuar com pasmosa leveza. Num casamento, elogiando alguém os dotes físicos e sobretudo o ar de candura da noiva, disse-nos, rapidamente: "Sim, mas Deus permita não aprecie um dia, demasiado, o que tanto lhe vai repugnar!"

Muita pena, repito, não nos tenha Francisco Otaviano deixado umas simples páginas íntimas sobre a sua vida, quando não memórias desenvolvidas, conforme fazem os estadistas da Europa, já como proveitoso ensinamento aos que venham depois, já como justificativa perante a posteridade de fatos sujeitos, na ocasião, a controvérsias e reparos, já enfim, pelo simples gosto de reviverem no seu passado, apreciando os sucessos e os homens de um ponto de vista pessoal, subjetivo e na paz do gabinete, acalmados todos os sentimentos conturbadores.

Fora uma delícia conhecer-se o que lhe havia ficado de tantas e tão várias impressões e peripécias, ele que andou imiscuído em todos os mistérios do jornalismo, nas maiores questões da existência brasileira e muito girou na vasta e aberta cena pública e da governança ou, então, nos bastidores e por trás dos reposteiros.

Faz-me este pesar retrospectivo lembrar, por contraposição, o desapontamento que o General Abreu Lima, o *general das massas*, como era chamado, proporcionou aos amigos e admiradores em Pernambuco. Aludira, freqüentíssimas vezes, às Memórias que estava escrevendo e que dariam explanação ampla, e de todos ignorada, a sucessos da maior transcendência, além de opiniões francas, sem rebuço, sobre o caráter e valor dos nossos homens mais conhecidos, quer da Província, quer de todo o Império.

Falecido, procuraram-se, com ansiedade, os tais manuscritos; mas, revolvidos todos os escaninhos e gavetas, não se encontrou mais do que um cadernozinho fino e quase em branco de princípio a fim. Verdade é, tinha primeira página, em grandes letras, o pomposo título de *Memórias do General Abreu Lima*, que se cifravam, em suma, numas ligeiras notas lançadas a esmo, de caráter familiar e quase exclusivamente bisbilhoteiro; por exemplo: *Dia tanto de tal mês*: "Comprei um pau de sabão inglês por 1$200. Onde vamos parar com semelhante carestia? Quando criarão juízo os nossos governos?" *Dia seguinte*: "Fui tomar banho no Rio Capiberibe, mas saí logo e muito aborrecido, pois os filhos do meu mano João estiveram a sujar as águas acima, embora eu os repreendesse severamente. São muito canalhas os filhos do meu mano João!"

A que propósito, porém, intercalei este episodiozinho?

Estava falando do saudoso Francisco Otaviano.

Os seus conselhos, que tão bem respondiam às minhas hesitações e aos meus receios, voltaram-me todos à lembrança na missa do Espírito Santo, que, para encetar em regra os meus novos deveres de deputado, julguei de rigorosa obrigação ir ouvir, conforme estatuía a antiga Constituição do Brasil.

Na manhã de 21 de dezembro de 1872 enverguei, pois, para me achar na Capela Imperial às 10 horas em ponto, a minha vistosa farda, em grande gala, de capitão de 1º Regimento de Artilharia, 3ª bateria, corpo a que então pertencia, e meti-me no *coupé* puxado por cavalos brancos que mandara alugar, bem me recordo, pela quantia, um tanto elevada para a época, de cinqüenta mil réis, com ajuste de, uma vez de volta à casa de meus pais, com quem morava, Rua Visconde de Itaúna (antiga Sabão, da Cidade Nova), nº 27, vir buscar-me, perto de uma hora da tarde, para a cerimônia da abertura do parlamento no Paço do Senado, como então se dizia.

À porta da capela muita gente ávida de ver uniformes, fardas bordadas, grã-cruzes e condecorações ou representantes da nação, cujos nomes iam sendo apontados e repetidos alto, de boca em boca, à medida que dos seus respectivos carros desciam deputados e senadores.

Quando me apeei ouvi distintamente dizer: "É o deputado novo de Goiás, o Ta-u-nay". Apoiava em todas as letras, desfazendo os ditongos franceses do meu nome. "Sim, senhor", acudiu outro, "é, pelo menos, um rapagão!"

E esta homenagem espontânea ao meu físico, que já me distinguia dos companheiros, acariciou docemente o meu amor-próprio, fez-me corar de prazer e circular-me o sangue nas veias, rápido, alegre e tumultuoso!

Quanto a vida se me apresentava boa, ampla, cheia de seduções e de prestígio!

No templo, bem poucos os que lá deveriam estar. Ia já caindo em quase completo desuso assistir-se àquela comovedora e significativa cerimônia, cujos intuitos são tão elevados. Por menos religioso que seja o homem, por mais confiança que deposite nos recursos próprios, no que vale, no que há de, pretende e pode fazer, não há mal algum, ao iniciar-se sério cometimento, proporcionar ao espírito um momento de sincera concentração, pensar um pouco no que se vai empreender e como dar corpo e realidade às muitas idéias e aspirações que se possam sentir dentro de si para vantagem própria e sobretudo em benefício dos outros.

Impossível ser-se mais prático e livre de quaisquer peias do que nos Estados Unidos; entretanto, lá, essa preparação aos trabalhos parlamentares, a homenagem ao Ser supremo e misterioso, reúne crentes e descrentes como símbolo de tributo moral indeclinável. A vontade mais bem-experimentada retempera-se ao influxo de um pensamento superior à triste contingência material, que a cada momento nos envolve, sitia e constringe.

Só os levianos, os enfatuados, os medíocres e céticos de plano feito por comodismo intelectual é que se revoltam contra esta necessidade, esta ânsia de apoio, que nobilita e engrandece, jamais amesquinha e degrada.

No momento de iminente perigo, perdidas as esperanças, cresce, aumenta o anelo de auxílio e amparo por parte de uma entidade desconhecida e além das nossas misérias. Nem é o temor, como quer Lucrécio, o principal e ainda menos único fator desse surto íntimo e dignificador.

Quantas vezes, na terrível retirada da Laguna, não recitei com fervor e delas tirei consolo e firmeza as palavras de uma prece que compusera logo em princípio dos horrores daquela marcha de 35 dias, desde Bela Vista até ao Aquidauana! "Dai-me, Senhor," diziam elas, "coragem e força para que possa mostrar-me digno de haver sido criado à vossa imagem!"

Pedia eu, porventura, a salvação, a vida? Não, por certo; pedia unicamente para que me fosse dado dominar quaisquer desfalecimentos, sopitar a fraqueza, o medo, em suma o amor exagerado à existência que me levasse a praticar atos menos nobres contra os princípios de honra e altivez próprios de um homem, de um soldado!...

Não era, aliás, a morte a pior das hipóteses. E ficar abandonado, atirado no meio do campo, naquelas imensas solidões, malferido ou a braço com a cólera?! E cair prisioneiro e vivo nas mãos do terrível e implacável inimigo, horrorosa conjetura que, por vezes, agitamos em angústias e trágicas confabulações?

Já dentro da Capela Imperial, alguém me deteve. Era o velho Herculano, sempre correto nos modos e no trajar, cabelos soltos e ondeados, sobre rosto negro, retinto, cor de azeviche, nariz fino de abexim, dentes alvíssimos, o Herculano, muito chegado ao Rio Branco e aos mais influentes vultos da época, conservador firme de todos os tempos e pessoa de grandes e apreciáveis qualidades. Ninguém sabia ser mais polido do que ele, nem melhor amigo.

Conhecia-me da casa do General reformado Manuel Pedro Drago, que freqüentávamos assiduamente.

— Parabéns — disse-me com as suas maneiras fidalgas —, o senhor começa por onde os outros acabam.

Todos os assentos do cabido estavam ocupados; e a cerimônia principiou lenta e solene com a caracterização impressionante, positivamente sublime, de todo o ritual católico.

Causou-me, desde logo, espécie a beleza da música executada, embora com sensíveis senões, por numerosa orquestra. Quem a regia era o avelhentado, alto e guedelhudo Arcângelo Fiorito, metido na sua farda verde, bem-desbotada, de criado de galão branco e mestre compositor de música honorário da Imperial Câmara.

Pobre Fiorito, sempre entusiasta da divina Arte e do oficialismo, apesar da idade, das decepções e dos minguados honorários, com os seus modos e feição de romântico de 1830, a compor, deploravelmente fecundo, música vulgar, flácida, anêmica, sem musculatura nem vida possível.

Quantas cantatas e marchas! Quantos hinos *Te Deum* e *Libera-me*! Um mundo! Em certa ocasião eu lhe encarecia com grandes gabos Beethoven e o maestro abanava a cabeça com ar superior e condescendente. Afinal, exclamou: *"Bene, bene... mà troppo germanico... troppo!"* — sentença, no seu entender, irrevogável.

Não eram os cantores da Capela, por certo, notáveis. Algumas vozes de homens, que faziam lembrar os castrados trazidos de Lisboa por D. João VI para executarem nas festas de igreja as partes de *alti*, davam, de vez em quando, verdadeiros guinchos ridiculamente agudos.

Quão formosa, porém, e tocante aquela composição sacra, na sua singela dedução, sem artifícios nem filigranas, mas sempre majestosa!

Quanto aquelas harmonias, a um tempo serenas e severas, se casavam bem com o que me ia naquele momento pela alma! Repassava eu, em mente, toda a minha vida de até então, como que chegado a um ponto de parada, de onde tinha começo uma evolução nova e de ordem diferente. E intimamente não me reconhecia preparado para ela, mais inclinado à depreciação própria do que à confiança, nesse decisivo empurrão que me dera benévolo destino representado pelo Visconde do Rio Branco.

Quem sabe, porém? Talvez pudesse realizar a bela e orgulhosa divisa dos Escragnolle: "*Longe fert levis aura* — Longe me leva ligeira brisa".

E no meio destas cogitações, a levantar-me, a sentar-me, a ajoelhar-me, conforme as exigências do ritual, fui seguindo com interesse crescente a música que enchia com acentos inspirados, mas um tanto desigual no todo, o bojo da Capela Imperial. "Será de algum clássico", indagava comigo mesmo, ainda incerto na forma definitiva; "Händel ou Haydn em seu primeiro modo? Parece também tanto com Mozart!"

Finda a missa e prestado o nosso juramento sobre os Evangelhos nas mãos do oficiante, indaguei de vários cônegos qual o autor daquela partitura. Ninguém me pôde responder.

Tomei então o corredor escuríssimo e úmido lateral ao corpo da igreja e busquei a escada do coro. Embaixo encontrei alguém que acabara de descer. Era homem já velho, com a cara de vermelho descorado e muito raspada, grandes óculos de aros de prata, cabelo à escovinha, pesadão no todo, de casaca, calças brancas e sapatos de entrada baixa ornados de fivelas à antiga, uma figura de aquarela velha do século XVIII, numa palavra, o Bento das Mercês, com quem tanto me dei depois.

— Por que — indagou meio carrancudo — me pergunta o senhor o nome desse autor?

— Por ter gostado muito da música.

— Pois não sabe que é do grande José Maurício Nunes Garcia?

Abanei a cabeça.

— Eis aí!... E é deputado!...

Confessei a minha ignorância radical.

— Mas... esta missa já está impressa? Acha-se à venda?

— Impressa? — repetiu o Bento levantando a voz. — Fique também sabendo que até hoje... ouviu?, até hoje não existe uma só música do nosso José Maurício impressa..., uma única! É assim que o Brasil cuida das suas glórias. E trabalhe a gente e se mate por este país! Escrever obras-primas para serem apreciadas só pelos cupins e as traças!...

E, sem se despedir de mim, seguiu adiante, arrastando os pés.

Foi a primeira vez que ouvi falar em José Maurício Nunes Garcia.

II

DISPUTANDO ELEIÇÕES
I

A PRIMEIRA aplicação da lei de 9 de janeiro de 1881, da eleição direta, em fins daquele ano, presidida por homem incontestavelmente íntegro e sincero como foi José Antônio Saraiva, constituiu belíssima prova de que, também no Brasil, o povo, cercado das regalias que lhe são devidas e de que atualmente está despojado, sabe manifestar a sua opinião e o seu voto tão completamente e a bem dos grandes interesses nacionais, como em qualquer país adiantado da Europa.

Lutaram então os candidatos e lutaram valentemente no terreno da propaganda política e da cabala decente, percorrendo ponto por ponto e duas e três vezes os seus distritos, entendendo-se diretamente com aqueles de quem dependiam, fazendo conferências e *meetings*, expondo as suas idéias e cercados de amigos e correligionários empenhados na grande campanha, outros tantos focos de irradiação das opiniões emitidas e dos intuitos do pretendente, que viajava como um general rodeado de numeroso Estado-Maior.

Conforme quase sempre acontece nesses pleitos, houve suas tentativas de fraude, mas limitadas e sem graves inconvenientes, cerceadas logo pela vigilância da fiscalização, que foi ajudada pelo influxo moralizador do governo central e exercida por sagazes representantes dos partidos litigantes.

Deram-se também, por isto, atos de verdadeira dedicação, que deixaram bem patentes a lealdade e o encarniçamento da luta.

No distrito por que saí vencedor, nessa ocasião, batalhando em oposição à situação no poder, à última hora se apresentou no colégio eleitoral, a dar o seu voto, um adversário, com quem, por certo, ninguém contara — um paralítico de muitos anos e que se fizera transportar até lá em padiola. Dias depois morria do esforço que empregara para poder cumprir o belo dever.

Em compensação também, levamos, só pela força da persuasão, à urna um velho mais que octogenário, espécie de misantropo que, de longos decênios atrás, se arredara absolutamente da sociedade e do mundo.

Quantos incidentes engraçados, jocosos, cômicos!

A dar rédeas à lembrança, fora um nunca acabar querer agora referi-los.

Seja-me, porém, lícito contar aqui ligeiros episódios, que não desagradarão ao leitor, repondo-o em épocas de animação e alegria, bem, bem diversas do atual trecho de existência nacional[2], sorumbático, melancólico, cheio para todos de tristezas e apreensões, a caminharmos para o imprevisto, negros os horizontes, ameaçados os destinos da pátria pelos fantasmas de ferrenha ditadura ou pavorosa anarquia.

Volvamos, pois, os olhos para o passado e falemos em coisas menos conturbadoras e penosas.

Por vezes acontecia que chefes de família, filiados a um dos credos, liberal ou conservador, viam as simpatias e opiniões contrariadas pelos seus e na própria casa. Procuravam então, jeitosamente, amestrados cabalistas, tirar proveito desse desencontro e não raro conseguiam, pelo menos, arredá-los da votação, o que já era favor assinalado.

Havia, contudo, eleitores recalcitrantes ao mais cuidadoso cerco.

Um destes resistira valorosamente a todas as rogativas e aos argumentos dos parentes mais chegados e queridos.

— Estejam descansados — segredou na véspera da eleição uma das irmãs —, o mano não há de votar.

E achando, nem de propósito, o título de eleitor em cima da secretária junto a uma resma de papel almaço, vinda pouco antes da loja, insinuou-o dentro dela.

Imagine-se quanto não foi procurado este título! Entrou a casa toda em dobadoura, e o interessado, bem certo do sítio em que o pusera, um sem-número de vezes removeu a tal resma de papel, sem lhe passar pela idéia folheá-la, tal o ar de integridade e... inocência. Correu ao colégio, explicou o que lhe acontecera, mas não foi atendido; voltou à casa e por fim não pôde votar...

Outro caso tem mais sainete e originalidade.

Após longa viagem de muitas léguas debaixo de pesados aguaceiros, a subir e descer morros pedregosos e escorregadios, chegara eu estrompado e com as botas cobertas de lama em local distante, à vivenda de certo eleitor importante, pois dispunha de dez votos.

Mostrava-se este exatamente descontente com ambos os partidos pleiteantes, desiludidos da política, pelo que dizia e blasonava e falava em abstenção, em ficar

---

2) 1897.

de parte, ele e os amigos, e mais isto e mais aquilo. Todos, porém, sabiam que não faria senão o que a mulher lhe indicasse — casa de Gonçalo em que a mulher cantava mais que o galo.

Era um domingo e nas estiadas de chuva brilhava o sol vivo e cáustico.

Bastante gente na vivenda do tal eleitor, Bittencourt chamava-se; uns recostados às janelas da parte de fora, outros dentro, ouvindo um italiano que tocava sanfona.

Depois dos primeiros cumprimentos e à espera do almoço já anunciado, de repente dirigiu-se a dona da casa ao candidato seu visitante:

— Doutor — disse-me —, o Senhor há de por força saber a polca, uma dança nova lá da Corte... Por que não a ensina à minha filha?

Imagine-se como não fiquei. Aleguei o cansaço, sentir-me resfriado, estar de esporas e botas sujas, mas não houve desculpa que servisse, e como a senha era, a todo o transe, conquistar as boas graças de pessoa tão influente, lá fui, varado ainda mais de fome, tirar uma das mocinhas presentes e que me parecera ter sido indicada.

E ei-lo no meio da sala, ao som da sanfona do italiano, a mostrar os passos da polca, um, dois, um, dois, pé direito para adiante, pé esquerdo para trás, a princípio só, como modelo, depois com o par, que não era nada desajeitado e depressa aprendeu o balancear e a cadência da tal *dança nova* da Corte.

Após razoáveis voltas, foi a mocinha sentar-se, toda satisfeita e ancha de si.

— Muito bem, muito bem — aplaudiu com o mais amável dos sorrisos a senhora do Bittencourt —, mas o doutor não dançou com minha filha, mas sim com minha sobrinha.

— Pronto, pronto! — exclamei todo atarantado, mestre improvisado e pretendente às simpatias de toda a casa —, recomece a música.

Aí produziu-se incidente.

— Eu não vou dançar com o Sr. doutor — declarou peremptoriamente a outra moça, rubra de despeito.

— Por quê? — perguntaram solícitos.

— Porque não sirvo para resto!...

Interveio a mãe:

— Menina, não diga destas coisas. Não se mostre tão malcriada.

— Não vou, não vou, não vou!

E saiu correndo da sala.

Explicava a boa senhora:

— É muito geniosa esta minha filha. Só eu é que posso com ela.

Dali a pouco voltava a tal geniosa e com altivez mostrava os pés sem meias, metidos em chinelinhas.

— Fui tirar as botinas..., não hei de dançar.

Sorria eu, meio amarelo e enfiado, mas cobrei ânimo, quando, ao seguir para o almoço, a mulher do Bittencourt me chamou de parte e disse-me com gravidade:

— Tenho gostado do senhor... Fique descansado, meu marido há de votar no seu nome e levará consigo os nossos amigos todos.

Também à mesa, o homem, no meio de muitos engasgues e pigarros, declarou, todo solene, que o hóspede podia contar com o valioso auxílio de onze votos certos.

À noite, expus, de pé, e por trás de uma cadeira, à maneira de tribuna, o meu programa político, que certamente interessou e agradou muito menos do que a lição de polca.

E a recalcitrante mocinha decidiu-se a aprender por seu turno a dança polaca, de modo que tudo acabou do melhor modo possível. *All well, that ends well*, diz Shakespeare.

E como esta, quantas outras aventuras que percorriam toda a escala da jovialidade, do gracioso ao supino ridículo, ou então as gradações da aflição, desde a simples contrariedade até a intensa angústia!?

Valerá, porém, a pena rememorá-las? Não estarei abusando da paciência do leitor, desejoso de ler assunto mais sério?

Tudo isto, porém, tem a vantagem de dar idéia exata da feição de um pleito eleitoral. Quantas coisas graves, gravíssimas, superexcitados todos os fermentos de violentas paixões, em campo e em jogo a ambição, o orgulho, o amor-próprio, mil cálculos feitos de longa data, as combinações mais bem travadas, até mesmo os mais sérios interesses gerais, não esbarram de encontro a fatos mínimos, insignificantes, senão grotescos, que transmudam a vitória certa, infalível, em desastrosa e insanável derrota?

Muito sangue-frio, muita ponderação tem de conservar, no meio de um sem-número de ímpetos e solicitações, um candidato para não se deixar arrastar a compromissos irrealizáveis e que lhe ferem até a dignidade.

— Declare por escrito — intimou-me uma feita certo vigário — que na Câmara jamais tocará na questão do casamento civil. Sem isso, não lhe darei o voto meu e os dos que me acompanham.

Como era natural, repeli a imposição — donde perda daqueles votos.

— Dê-me a sua palavra de honra — exigia terminantemente outra influência — que, uma vez eleito, fará sair das minhas terras as dez famílias de colonos que lá foram colocadas.

— O ato, porém, não partiu do Governo? Não mandou ele medir os lotes distribuídos a essa pobre gente?

— É fato, mas os engenheiros exorbitaram...

— Então peça indenização...

— Não quero... Esses *carcamanos* hão de ser expulsos... Veja bem, doutor, o seu adversário me prometeu tudo...

— Pois bem... ele que faça!

E o colégio, que era tradicionalmente conservador e onde todos esperavam quase unanimidade, se cindiu em dois, dezesseis ou dezessete votos perdidos, aumentando no dobro as ensanchas do contrário!...

Mas, dirão, tudo isto é um tanto contraproducente. Melhor então é que se não façam eleições...

Pelo menos haja franqueza, cortando-se uma fonte de grandes e sempre renovados abusos, sobretudo de ordem moral!

Não.., melhor é que as haja, apesar de tudo. A pouco e pouco, bem chegando o ensinamento do tempo e afinal emerge o sentimento do dever e do direito, esse indispensável apoio e ministro da verdadeira e fecunda liberdade.

Do contrário, não se sai do apertado e deprimente círculo que Augusto Comte e a sua escola positivista buscaram traçar em torno da humanidade — um pequeno número de escolhidos adventícios e privilegiados a guiar, como simples rebanhos de carneiros, milhões e milhões de seres que têm de abdicar as maiores e melhores regalias que receberam de Deus — a independência do pensamento e a altivez da consciência.

II

No tempo do Império, o eleitorado não se arrepelava com as opiniões adiantadas que um candidato conservador pregasse em seu programa, ou com as idéias atrasadas que um liberal às claras manifestasse e de que até fizesse praça. Não queria, porém, e levava logo a mal, que um e outro condescendessem no terreno político e administrativo em relação ao adversário; o que era, decerto, um mal e não pequeno, pois conservava indefinidamente deslocados os homens do seu círculo natural e lógico, impedindo-lhes procurarem o equilíbrio em que por fim se haviam de achar mais a gosto.

Se houve exceções àquela regra, foram restritas e na questão social da abolição — isto mesmo em limitadas zonas eleitorais e dadas certas circunstâncias. Assim, no Rio de Janeiro, Martinho Campos, presidente da província, coadjuvou francamente a política conservadora de Paulino de Sousa, e Joaquim Nabuco, com a maior nobreza e sobranceria, hipotecou os esforços e eloqüência ao gabinete João Alfredo. Em sentido oposto, vimos Zacarias, movido, por interesses meramente partidários, quase individuais, ligar-se, verdade é desacompanhado dos correligionários, à oposição do Senado e votar contra a aspiração que ele próprio fora dos primeiros a suscitar.

Daquela intransigência, de caráter enfezado e exclusivista, resultavam graves conseqüências, pois imprimiam feição pessoal a certos princípios gerais, cuja propaganda se tornava assim sobremaneira difícil, penosa e longa.

Mais do que ninguém com ela sofreu ininterruptamente o Imperador, já no empenho em impulsionar o país no caminho do progresso e a esbarrar a cada passo com impedimentos antepostos pela politicagem e suas mil exigências e suscetibilidades, já no sincero desejo de acompanhar a corrente da opinião popular patenteada por eleições sinceras.

Cada qual buscava, por todos os meios, agarrar-se ao poder, agindo de modo a, quando menos, parecer ter consigo o apoio da nação.

Daí também aqueles tremendos desabafos e ferinas alusões tão citados e oriundos de quase todos os chefes de partido, mas sempre em época de oposição e no que então se chamava o ostracismo. Fervilhavam as acusações a D. Pedro II, que estava no papel de Poder Moderador, atento aos sofrimentos e à compressão do partido decaído, reais e duros nas vastas circunscrições do interior, porquanto nos grandes centros de população e cidades policiadas havia, sem demora, o apelo a São Cristóvão.

Por isto igualmente muitos ainda hoje não perdoaram a Saraiva a isenção que tantos lugares tirou aos liberais na primeira aplicação de lei de eleição direta — o seu maior título de glória, entretanto.

Nem faz muito tempo, acremente censurava um escritor abolicionista o Imperador por ter buscado impedir violências a bem da composição de uma Câmara toda à feição do Ministério Dantas, exatamente no momento crítico em que o Monarca precisava ter, se não certeza, pelo menos indícios de como pensava a nação em assunto tão grave.

Daquela intransigência, que não existe nos países de boa constituição parlamentar representativa, se originava sensível quebra de prestígio para aqueles que *viravam casaca*, conforme a velha expressão inglesa. Foi a increpação que pesou de contínuo sobre a personalidade tão alevantada de Rio Branco e o achou fraco na réplica, ele que para tudo tinha recursos de tribuna.

Nem atenuava lá muito a circunstância de ser a passagem de um partido para outro operada em tempos de adversidade. Buscava-se logo explicação no mero interesse pessoal, no estudo da atmosfera política e hábil previdência de uma mudança radical de situação.

Nem havia ideal longamente colimado, programa de idéias assentado que servisse de escudo seguro e abroquelasse quem incorria logo na severíssima e infalível incriminação de ambicioso vulgar a afundar-se na vala comum das mediocridades guindadas pelo favoritismo e a ocasião.

Debalde tentara Paraná a *conciliação*.

Violento como havia sido, mas conhecedor dos seus defeitos e, antes do mais, estadista, procurara fazer obra que lhe sobrevivesse, formando escola e deixando discípulos imbuídos da patriótica intuição.

Com a sua morte, a 3 de setembro de 1856, que tanto abalo, justo é rememorarmos, causou ao espírito público, todo o edifício a custo erguido se aluiu, enchendo o espaço em torno só de ruínas e escombros, mais e mais acirrados as malquerenças e rancores partidários.

E a seguir esta ordem de idéias vem a pêlo tornar conhecido um fato a mim relativo, atuando então em meu espírito, com todo o império, as considerações que acabei de expender e ligeiramente esboçar.

Era a 6 de junho de 1889, e não se falava senão do ministério, de que tinha de ser presidente do conselho o Visconde de Ouro Preto.

Com ele me encontrei na barca de Petrópolis e, colegas como éramos do Senado, começamos a conversar amistosamente.

— Então, organiza gabinete?

— Creio, ou antes é certo...

E depois de alguma pausa:

— A propósito, por que é que o senhor não entraria nele?

Fiz um gesto de surpresa.

— Sim, não há motivos de admiração... Vamos apresentar ao parlamento não poucas das idéias progressistas, pelas quais há tanto tempo se tem batido, e fazer tudo por consegui-las. Declare com verdade ao país o móvel que o levou a querer ajudar-nos e não colherá senão aplausos da parte sensata da nação, desejosa de caminhar para adiante pondo de lado a esterilidade da politicagem, que já tanto a tem prejudicado. Preciso de um nome simpático ao Exército, e o fato do senhor não pertencer mais às fileiras, depois de ter prestado bons serviços sob as armas, é circunstância favorável no momento presente, em que as muitas e crescentes dificuldades mais devem excitar o patriotismo de todos nós.

— Não — repliquei com gravidade depois de algumas frases de gracejo —; mas que faria eu do eleitorado de Santa Catarina, a quem sou tão ligado e a quem tanto devo? Ele não me regateou uma só das minhas opiniões e só me impôs um dever, implícito, já se sabe — fazer oposição aos seus adversários, os liberais. Como abandoná-los agora? A simples possibilidade me conturba a consciência.

— Estou em extremo honrado com a sua lembrança tão espontânea e inesperada; mas não me é lícito entrar para um gabinete ministerial, sobretudo como este seu que precisa de muito prestígio, fraco ante os meus próprios olhos.

— Conheço bem e sei que os chefes do partido, a que me filiei desde mocinho, em mim nunca viram, com exceção do grande Paranhos, nem jamais hão de ver, senão um espírito irrequieto e um propagandista perigoso até; mas que fazer? *J'y suis, j'y reste*, a lutar contra a maré, mas batendo energicamente o pé, como fiz com Cotegipe, a quem me queria dar passaportes... Atribuirão logo a minha presença no seu ministério a mil razões deprimentes, nunca ao desejo sincero de fazer vingar os ideais por que tenho combatido desde 1872, na Câmara e no Senado... Eu me havia de tornar a bigorna em que todos malhassem...

Após longas considerações recíprocas, ainda no momento de tomar lugar no seu vagão especial, o ilustre estadista perguntou sorrindo amavelmente:

— Então, sim?

— Não — tornei-lhe dizendo-lhe adeus.

E, nas condições da política brasileira, que aliás poucos meses depois ia ser tão violentamente subvertida, tinha e tive toda a razão.

III

Lembro-me, como se hoje fora, da impressão fortíssima recebida quando pela primeira vez entrei na baía de São Francisco do Sul. Que panorama admirável! É um porto de incomparável beleza e nada mais atraente à vista do que a cidade, com o casario branco e a matriz coberta por uma cúpula de azulejos, a destacar-se de um fundo lindíssimo de jacatirões e quaresmas, cobertos de flores alvas, cor-de-rosa, vermelho-avinhadas, como as vi então.

Durante as minhas viagens de cabalista infatigável, a disputar voto por voto, em 1880 e 1884, a vitória aos contendores liberais, apoiados pelo prestígio do seu partido, dominante do poder, tive o ensejo de realizar algumas das mais lindas viagens de minha vida e de ver panoramas marítimos estupendos, inesquecíveis.

De um, então, guardo a mais violenta impressão, o da ponta de Itapocoró, junto à velha armação para a pesca da baleia, de que há restos ainda.

Tentei descrevê-lo nos meus *Céus e terras do Brasil*, mas quando releio as minhas páginas e comparo o que disse ao que vi, vem-me o sentimento da pequenez humana ante a grandeza divina. Que painel aquele!

Quanta magnificência, serenidade e amplidão naqueles aspectos do Oceano bravio, a açoitar os penhascos da Ponta Negra e da Vigia? E que contraste entre esta fúria das vagas e a moleza com que elas vêm morrer na curva infindável de uma praia protegida pelos dois promontórios, mar sereno, diáfano, esmeraldino, tão manso!

Como o vi, cheio da luz de um dos mais admiráveis sóis que me foi jamais dado contemplar! E a moldura daquela praia! No primeiro plano colinas verdes, coroadas de palmeiras, nos últimos as montanhas aniladas de Itapocu e Jaraguá. Que panorama!

Mas, como dizia, os episódios das minhas agitadas campanhas eleitorais quando candidato conservador contra o partido dominante, pelo primeiro distrito de Santa Catarina, levaram-me a ver muita coisa bela do litoral catarinense.

E se o fiz, manda-me a gratidão que o diga, devo-o ao querido e inolvidável amigo Manuel Moreira da Silva, homem cuja dedicação jamais poderei exprimir à altura dos serviços que me prestou.

Foi Moreira, o meu inexcedível grande cabo eleitoral das três grandes campanhas de 1881, 1884 e 1886, homem de pequena instrução mas de larga inteligência natural, habilíssimo no perscrutar os sentimentos do meio em que vivia e admiravelmente conhecia. Já a seu respeito escrevendo, relatei as peripécias que acompanharam a minha entrada para o Senado do Império, tracei-lhe perfil que me parece fiel e porque sobretudo me agrada como homenagem a este amigo incomparável, a quem imenso devo.

Há de o paciente e amável leitor surpreender-se das contínuas digressões enxertadas a esta despretensiosa série de reminiscências. Mas é como diz o provérbio: "uma mão lava a outra". Voltando-me para o passado longínquo que me foi tão risonho e cheio de esperanças realizadas, distraio-me das tristezas do momento presente e das apreensões graves do futuro, num período em que a situação geral do país tão carregada está e tornou-se prenhe de ameaças de dias da mais funda e justificada tristeza.

Se me veio à mente falar em Manuel Moreira da Silva foi por lhe associar o nome amigo a algumas das mais admiráveis excursões marítimas que jamais fiz, quando, voto por voto, disputava a vitória aos meus adversários de 1881 e 1884, numa intensa campanha eleitoral que, se me custou imensa fadiga, fez-me conhecer belos tipos de amigos, envolveu-me em muitos episódios pitorescos e dá-me o ensejo de muita rememoração agradável.

Em 1886 ocupava eu a presidência do Paraná e era ao mesmo tempo candidato à deputação geral pelo primeiro distrito de Santa Catarina. Estávamos na vigência de situação conservadora e eu dispunha de excelentes elementos de triunfo, mas o meu contendor Conselheiro Francisco Antunes Maciel, antigo ministro de Estado, ministro do Império, do Gabinete Lafaiete, de 24 de maio de 1883, pessoa distinta com bons dotes oratórios, figura de relevo do Partido Liberal rio-grandense, dava-me muito trabalho. Havendo desposado uma senhora viúva, possuidora de grande fortuna, gastava a mancheias em Santa Catarina, para me tomar a cadeira, e no Rio Grande do Sul, em que pretendia fazer-se eleger pelo segundo distrito, contrapondo a influência à do distinto candidato conservador, Dr. Francisco da Silva Tavares, pertencente a uma das mais ilustres famílias da província, filho do fidelíssimo chefe legalista da Guerra dos Farrapos, o Visconde do Cerro Alegre e irmão do General Joca Tavares, Barão de Itaqui, o tão conhecido chefe da revolução federalista de 1893, com ótimos serviços de Guerra no Paraguai. E não fosse pela influência da família, numerosa, rica, contando grandes estancieiros, como o Barão de Santa Tecla, por si já era o Dr. Francisco da Silva Tavares um competidor temível, sobremodo popular, influente, muito embora acontecesse no Rio Grande do Sul o que se dava na Província do Rio com os liberais. Havia uma minoria muito pequena de conservadores em relação à grande massa de liberais, desproporção esta que permitira, na penúltima situação conservadora, a existência, numa Câmara quase unânime, de uma bancada numerosa, liberal, onde figuravam elementos de alto valor como Silveira Martins, o Conde de Porto Alegre e Florêncio de Abreu.

À larga espalhara o Conselheiro Maciel dinheiro pelos chefes liberais de Santa Catarina, com resultados contraproducentes aliás. Nunca fora político na província, e este expediente, de gastar a valer para levar os conservadores de vencida, causou entre as pessoas refletidas desagradável impressão.

Mas devo dizer que não deixou de me sobressaltar vivamente. Seria realmente terrível que me derrotasse, eu, conservador, amparado pela situação dominante, dispondo de prestígio afanosamente obtido em duas campanhas eleitorais trabalhosíssimas. Na primeira, em oposição e em segundo escrutínio, levara de vencida o candidato liberal, alcançando 648 votos contra 627 obtidos pelo meu contendor, Dr. Pitanga. Em 1884, a 10 de dezembro, perdera, é verdade, a eleição, mas por 21 votos apenas, pois tivera o meu vencedor Dr. Duarte Paranhos Schutel 687 votos e eu 666.

Mas, como dizia, constou-me, e aos bons amigos de Santa Catarina, que o meu adversário espalhava grossas quantias para alcançar sufrágios. Não me é dado, porém, afirmar da veracidade destes boatos, mas falou-se muito na província de diversos casos, entre os quais um se tornou sobremodo comentado, a velhacaria atribuída a três cabos eleitorais do Conselheiro Maciel, que em vez de empregarem os quinze contos de réis recebidos do candidato rio-grandense, para a campanha em prol de sua eleição, os repartiram irmãmente entre si, deixando outras influências, *in albis*, o que certamente as desapontou de modo singular.

Uma derrota em janeiro de 1886 seria de funestas conseqüências, quiçá irremediável desastre para a minha carreira política. Assim, quanto momento desagradável de sobressalto e ansiedade tive de curtir no gabinete presidencial do modestíssimo palácio de Curitiba!

Fosse vencido, com que satisfação não celebrariam os liberais do Paraná este fracasso do presidente conservador?! Bem injustos, aliás, em seu desforço, pois primeiro presidente da província, na situação vencedora, a 20 de agosto de 1885, com o Gabinete Cotegipe, a consciência jamais me exprobrou um único ato, por pequeno que fosse, de perseguição sequer, de malquerença ao partido apeado do poder.

E nem sempre me foi fácil sopitar as instigações rancorosas dos chefes conservadores provinciais, sequiosos de desforra, após sete anos de ostracismo do poder.

Apenas desembarcado em Paranaguá, nem sequer empossado da Presidência da Província ainda, já me vira às voltas com um dos mais influentes chefes conservadores, que me apresentara interessantíssimo plano de *reforma da instrução primária provincial*.

Era apenas uma completa contradança de professores públicos. Simples troca de lugares, ditada pelos rancores partidários. A professora A. seria transferida da Lapa para o ermo que era Assunguí, B. de Paranaguá para Guarapuava, no alto sertão, C. de Curitiba para algum lugarejo como Guaraquessava, e assim por diante.

Explicava o autor deste pomposo "projeto de reforma" que o marido da primeira, liberal energúmeno, precisava de severo castigo; ao da segunda, chimango atrevidíssimo, devia-se-lhe "quebrar a castanha" e "mostrar-lhe que o trunfo agora era paus", e assim por diante.

Também sem o menor circunlóquio fui logo declarando ao meu correligionário rancoroso: a ninguém removeria por questões de partidarismo, frase que o escandalizou, provocando murmurações contra o meu *loyalism* conservador, por parte de diversos chefes de prestígio e diretores do partido *cascudo*.

Era o que faltava se eu consagrasse o meu tempo a examinar estas questiúnculas! *J'avais bien d'autres chats à fouetter*!, ao assumir a presidência do Paraná!, onde a consciência me diz que procurei servir, bem ou mal, os pósteros me julgarão, a causa do Brasil e da civilização.

Foi com verdadeiro desvanecimento e legítima sensação de amor-próprio reconhecido que do infelicíssimo amigo Ildefonso Pereira Correia, o malogrado e hoje célebre Barão do Cerro Azul, ouvi, em público, as afirmações de que na presidência do Paraná agira eu: "como o semeador do Evangelho, atirando ao vento idéias e mais idéias, caíssem ou não na rocha estéril ou na terra fecunda". Pobre Ildefonso Correia!, tão inteligente e bom!, vilmente assassinado nos horrores da hedionda chacina do quilômetro 65! Paz à sua memória honesta de patriota e cidadão exemplar!

Nem sempre me foi possível manter-me sem dificuldades nesta linha de respeito aos adversários destituídos do poder. Tive-as sérias, até com um dos meus melhores amigos, o sempre saudoso Manuel Eufrásio Correia, um dos homens a quem mais quis. Era inteligência de primeira água, possuía dotes tribunícios elevadíssimos e caráter sem jaça. Vi-o com a maior mágoa desaparecer a 4 de fevereiro de 1888, quando, com verdadeira elevação, presidia a província de Pernambuco.

Mas era filho do Paraná, chefe da maior e mais justa influência, sofrera longo período de ostracismo, valentemente, batendo-se pela causa conservadora, com uma dedicação sem-par, sem desfalecimentos, enérgico, animado, confiante. Deputado de 1872 a 1878 e tendo perdido a cadeira com a queda da situação, não lograra a vitória no primeiro pleito da eleição direta, em 1881, mas nem por isto se abatera.

Às voltas com as mil e uma intrigas da politicagem provinciana, furiosa, exasperada, cheia das mais sórdidas mesquinhezas, conseguira afinal, em 1884, vencer o partido dominante, fazendo-se eleger deputado geral pelo primeiro distrito da província, em primeiro escrutínio, por 540 votos num total de 1.054 votantes.

Durante os últimos anos sofrera muitas picuinhas das presidências liberais e se, generoso como era, não sabia guardar rancores, nem perseguir adversários vencidos, tinha de atender a chefetes do seu partido que não compartilhavam destes sentimentos elevados. E assim me trazia suas queixas e ecos de desforço, pondo-me por vezes em verdadeiros apuros, pois acima de tudo lhe prezava a amizade leal, forte, antiga de vinte anos.

Quanta mesquinhez pratica a ira partidária e politiqueira! É inacreditável como os ditames de partidarismo estreito e tolo sobrepujam as considerações de interesse geral!

Ainda no Paraná, certa vez, tive o ensejo de o comprovar. Numa das muitas viagens que pela província empreendi, para ajuizar das estradas, conhecer as diversas localidades e entrar em relações com as personalidades mais distintas das diversas zonas, fossem conservadoras ou não, característico e curioso caso sucedeu-me.

Soube da queda de uma ponte, dando acesso à fazenda importante de prestigioso liberal, e ouvi que este se gabara de só a ver reconstruída quando o "partido" subisse de novo ao poder, pois nada podia esperar de *cascudos*.

Mandei chamá-lo e anunciei-lhe que lhe faria reconstruir a ponte, logo. Era homem secarrão, mas atencioso. Pareceu duvidar da realização da promessa do chefe atual dos cascudos da província. Despediu-se polido, mas um tanto impertinente. Ordenei que lhe fizessem a ponte logo e tempos depois veio ver-me todo efusivo e, até certo ponto, enfiado agradecer-me o favor. Notei que positivamente estava assombrado do que se lhe fizera.

Estes modos de proceder influíram muito para que o órgão liberal da província, o *Dezenove de Dezembro*, que por dever de ofício me atacava, usasse sempre de comedimento, vendo que pelo menos eu procurava servir com consciência o cargo confiado pela Coroa, não me poupando a fadigas, por vezes bem penosas, a fim de conhecer as necessidades da província.

Mas se era esta a feição da luta partidária! O ataque perene, desabrido, a ignorância do salutar princípio do *hodie mihi*! Havia bem pouco tinham os liberais exercido o poder com bastante pouco caso dos direitos dos adversários, daí o sentimento de desforra, tão humano que os vencidos de ontem e dominadores de hoje queriam a cada passo fazer prevalecer.

Voltemos, porém, ao caso de minha eleição pelo primeiro distrito de Santa Catarina, que devia realizar-se a 15 de janeiro de 1886. Qual seria o seu resultado? Tinha eu as melhores esperanças, mas não me considerava eleito pela certa. Longe disto!

Manuel Moreira da Silva, o meu valente braço direito, habilmente se aproveitava dos menores incidentes, queixas, desenganos e projetos de vingança, enquanto eu me ralava de impaciência e inquietação na minha presidência do Paraná.

IV

No PLEITO de janeiro de 1886 desenvolveu a costumeira atividade, e muito; graças a ele obtive assinalado triunfo sobre o poderoso adversário que ao mesmo tempo perdia a eleição pelo quarto distrito do Rio Grande do Sul. E pior, perdeu os dois pleitos em primeiro escrutínio, pois o Chico Tavares também obteve bela vitória sufragado por 1.143 votos num eleitorado de 2.112.

Num total de 1.383 votantes consegui 748 sufrágios quando me teriam bastado 692 para me assegurar a vitória em primeiro escrutínio. Alcançara o Conselheiro Maciel 557 votos, que lhe custaram, segundo se disse na época, dezenas de contos de réis.

Neste mesmo dia tivera eu a grande satisfação de ver vitorioso, em primeiro escrutínio, pelo primeiro distrito do Paraná, o meu querido amigo Manuel Eufrásio Correia, vencedor por muitos votos do Dr. Generoso Marques, liberal. E nem se diga que houvera pressão por parte da presidência da província.

No segundo distrito foi o candidato conservador, o simpático engenheiro Dr. Francisco Terêsio Porto, vencido, também em primeiro escrutínio, pelo competidor liberal Conselheiro Manuel Alves de Araújo.

E ainda na eleição provincial, naquele mesmo dia 15 de janeiro ou imediato, haviam sido eleitos, em primeiro escrutínio, quatro liberais e cinco conservadores pelo primeiro distrito. No segundo distrito, em primeiro escrutínio, só foram eleitos três conservadores, chegando a obter um lugar na Assembléia o republicano Vicente Machado, hoje o "dono" do Paraná a governar o infeliz Estado, há pouco tão experimentado pelos horrores da guerra civil e as crueldades da repressão legalista, como legítima feitoria sua.

Enfim estava eleito!

Antes de voltar à Câmara ocorrera o falecimento de meu nobre e distintíssimo amigo, o Barão da Laguna, a 16 de fevereiro de 1886. E os meus correligionários catarinenses, ainda em muitos colégios instigados pelo zelo, a afeição, a dedicação extraordinária do bom Moreira, haveriam de dar-me esplêndida votação no pleito de 14 de junho desse mesmo ano de 1886.

Nele me apresentei candidato a um lugar na lista tríplice de onde o Monarca deveria escolher um substituto para a vaga, no Senado, do dedicadíssimo servidor do País, que fora o Barão de Laguna, tipo de caráter impoluto, que tanto honrara a Marinha brasileira, sobretudo como inspetor do Arsenal da Marinha numa época dificílima da vida nacional, como a do período indeciso da Guerra do Paraguai.

Ainda não se lhe fez talvez inteira justiça, que os serviços por este homem prestado ao Brasil foram relevantes.

Tinha muito espírito natural; inclinado a certa brejeirice e grande vivacidade. Não era certamente dado às letras, mas à falta de instrução supriam a inteligência vivaz, a ponderação e a prudência. Entre os chefes do partido conservador, a que pertencia, gozava do mais merecido prestígio, pois bem lhe conheciam a lealdade e o critério. Consultavam-no e ouviam-no com atenção.

Diziam os faladores e adversários políticos que nascera em Portugal, mas esta intrigazinha ridícula, a que dava certos visos de verdade o aspecto físico do "Chefe Lamego", como tanto era conhecido na classe que sempre e tanto honrara, fundava-se numa inverdade. Nascera na Laguna, realmente, e tinha a aparência de homem de forte e perfeita saúde, possante, massudo, claro, rosado excelente tez, nariz adunco, olhos claros muito vivos.

Tinha sotaque português, o que não era de admirar, pois na costa de Santa Catarina, povoado por descendentes de colonos açorianos, muito se fala cantado e "agalegado".

Nas minhas viagens pelo litoral a cada passo ouvia eu referências ao "vento súli", e nem era o *v* bem explícito; nele havia como que uma transição para o *b*; às vezes qualquer coisa como *bvento*, no gênero daquele som intermédio do *r* e do *l*, que tanto me divertia entre os caipiras de São Paulo, ao pronunciarem *arlma*, *carlgueiro*, *senhórl*, ou melhor *nhórl* etc.

E um ou outro destes praianos, com característicos atávicos mais fortes, pronunciava *bvento suli*. Cantando, raros eram então os que não falavam.

Foi o próprio Barão de Laguna quem, escrevendo-me poucas semanas antes de falecer, ao relatar-me quanto sentia a iminência da morte, dizia-me com uma coragem de estóico e a singeleza da alma bem-formada que não viveria muito tempo e que como bom *barriga verde* desejava imenso que eu ocupasse a sua cadeira no Senado do Império.

Correspondeu o eleitorado de Santa Catarina aos desejos dos últimos dias do venerando e ilustre almirante.

Apesar das manobras da Câmara Municipal de Desterro, toda ela liberal, no sentido de deslocar a terceira candidatura conservadora, o meu dedicado amigo

Nicolau Malburg, alemão nato, brasileiro naturalizado, negociante em Itajaí, e chefe de merecida e larga influência na zona colonial da província, para dar o terceiro lugar ao Conselheiro João Silveira de Sousa, liberal. Apesar de suas manobras, confessou esta Junta parcial, apuradora, que eu obtivera, em toda a província, 1.358 votos, cabendo o segundo lugar ao Coronel João Ribeiro da Silva, chefe conservador, prestigioso, do segundo distrito, com 1.235 votos.

A 6 de setembro de 1886 escolhia-me o Sr. D. Pedro II senador pela província de Santa Catarina. Tinha eu atingido o vértice de minha carreira política parlamentar...

Isto graças aos bons e dedicadíssimos amigos da bela província que me honraram com o seu amparo e simpatia. Nos distritos coloniais como Itajaí, Blumenau, Joinville, Gaspar, os alemães, quase em peso e com o maior desinteresse, me distinguiram sempre com os seus sufrágios.

Pôde o meu bom Maneca Moreira ver cumprida a sua profecia. Levar-me-ia ao Senado! Pouco depois, desaparecia do mundo, exatamente quando fazia dois anos de minha escolha pelo Imperador para o Senado! Eis por que sempre que me recordo daquelas admiráveis paisagens marítimas de Santa Catarina, estas reminiscências tão gratas se me empanam de tristeza. Não posso rememorá-las sem ver aquela fisionomia leal, aberta, inteligente, animada, desse amigo extraordinário, aqueles olhos fuzilantes que, a 6 de setembro de 1888, para todo o sempre se cerraram...

V

CREIO que foi no Itapocu que escrevi o começo dos versos em que pretendia decantar a campanha eleitoral desse ano de 1884, que eu supunha, como todos supunham, ganha por mais de 100 votos, quando, entretanto, terminou pela vitória do Schutel, devido à defecção do Agostinho Flores no Colégio do Gaspar (Itajaí). Se não me falha a memória, perdi por 18 ou 20 votos. Acabo de achar a seguinte nota, que aqui deixo transcrita:

ELEIÇÕES DE 1881 E 1884

	Taunay	Pitanga	Taunay	Schutel
Capital	154	176	140	190
Trindade	16	16	16	17
Lagoa	16	16	12	18
Canasvieiras	17	17	10	12
Ribeirão	9	9	14	13
Santo Antônio	10	10	14	22
Rio Vermelho	11	11	8	6
São João Batista	14	14	13	19
Porto Belo	15	15	21	24
Tijucas	52	52	54	48
Camboriú	17	17	31	16
Itajaí	53	53	54	35
Penha	21	21	21	13
Blumenau	10	10	16	7
Brusque	5	5	7	10
Barra Velha	6	6	19	26
Parati	40	40	29	22
São Francisco	39	39	34	53
Saí	5	5	6	7
Gaspar	25	25	17	15
Joinville	71	71	90	48
S. Miguel	42	42	40	66
Totais	648	648	666	687

Que dias terríveis 1 e 2 de dezembro de 1884! Que dias penosos, longos, intermináveis até que pude embarcar para o Rio no vapor *Rio Grande* a 7 daquele mês!

Em Paranaguá embarcou triunfante o Manoel Eufrásio. Com ele vinha o Thadeu, que nos fez bem boa companhia.

Em Santos li com legítimo prazer o belo e generoso trecho da crônica que Ferreira de Araújo consagrou à minha derrota.

Lembro-me bem! Eis os versos a que aludi e que deixo aqui transcritos como mera curiosidade e reminiscência dos tempos alegres que não voltam mais nunca, jamais, nunca, jamais:

Da célebre campanha eleitoral
Que no ano da graça oitenta e quatro
Em reboliço pôs o povo todo
Do belo litoral catarinense
Eu canto as peripécias e façanhas
Se a tanto me ajudar engenho e arte.

Do José Brito eu canto a macieza,
O savoir faire, *a elegância inata.*
Do Lydio Livramento o comodismo,
Do Trompowsky a contínua distração,
Os olhos azulados do Hackradt,
Do Moreira a suprema direção.

Esforçados heróis por toda a parte
Ou de dia, ou de noite, à toda hora.
Molhados pelas chuvas como pintos
Ou sofrendo sem queixa ardentes sóis,
Valentes cabalavam o eleitorado
Com penas de pavão[3] *armados todos.*

Oh! quanta valentia demonstraram
Debaixo dessa ação estimulante!
Batalhavam, conquistavam, derrotavam
E, cumprindo o dever que a pátria impõe,

---

3) Alusão a uma anedota que circulava na Câmara dos Deputados e em que figurava o Ratisbona.

*Com seus roncos medonhos abalavam
As casas em que se iam hospedar.*

*Que valente apetite! Quantos brindes!
Quanta história engraçada, que pilhérias!
Ao Taunay respondia o José Brito
E no Itapocu, qual tigre ingente,
Urrava sem cessar o João Samy
Aterrando o Mingote em sua toca!*

*Qual vítima pacata e inocente,
Com tímidos gemidos abafados,
O Lydio Livramento se queixava
Dos trancos e pinotes do cavalo
E zeloso lavava com cachaça
As carnes anafadas e moídas.*

*Alegrias, porém, soube fruir
Ao receber do Júlio as ovações,
Foguetes, flores, vivas e discursos,
Pão-de-ló, bolachinhas e mães bentas,
Com que o esperavam em Barra Velha
O Trompowsky e mais manifestantes.*

*O Taunay candidato d'alta popa
Ia à frente de todos, sempre ovante
E fazendo valor a imigração,
Meetingando nos matos e choupanas.
Tomava para si os bons cavalos
E comia por três ou mais ainda.*

III

A MINHA ESCOLHA SENATORIAL
I

SER SENADOR do Império constituía o supremo anelo dos homens do antigo regime. E com razão porquanto a vitaliciedade daquela culminante posição oferecia a máxima garantia a todos os azares e vaivéns da existência política, de que era o coroamento e a última recompensa.

A navegar por mares revoltos, inçados de surpresas e perigos, sujeitos ao embate e à repentinidade dos vendavais, quem podia, com efeito, deixar de ambicionar, cheio de esperançosa impaciência, o porto livre de tempestades, calmo e sereno, abrigado de todos os contratempos pela natureza e pelos cuidados da previdência humana?

Daí também não pequenos inconvenientes a emergirem de situação tão segura e a nascerem na mente e nos hábitos daqueles que conseguiram, em boa hora, pelos seus méritos e triunfos, ou guiados por feliz estrela, acolher-se a esse tranqüilo e dignificador remanso.

De entre eles o maior mal provinha, sem dúvida, do sentimento dessa mesma seguridade e do influxo do orgulho mesclado por fim de apatia, que os tornava demasiado superiores ao resto dos simples mortais e daí, apesar de divergências mais aparentes do que reais, absoluta união entre si, a formarem poderosa oligarquia de talentos, autoritarismo e — sejamos francos — interesses comuns.

— Discutamos, mas sem azedumes nem rompimentos insanáveis — proclamou por vezes o Barão de Cotegipe. — Lembremo-nos de que devemos viver juntos e nos aturarmos reciprocamente até aos últimos dias da vida.

— Só há um poder a que tenho de curvar a cabeça — exclamou uma feita outro senador: — é a morte!

E, *vanitas vanitatum*!, dizia isto pouco tempo antes do 15 de novembro de 1889, que devia fazê-lo ruir de tão alto, subvertendo, como medonho terremoto, edifícios ainda mais alterosos do que o pedestal a que se guindara tamanha confiança na estabilidade das coisas deste mundo...

Também, quantos rancores fundos e não mais esquecidos, quantos desabafos, não só de vaidade ferida no âmago, como de cálculos contrariados e planos perdidos, quanta tristeza sem mais lenitivo possível, quanta irritação insistente e dolorosa, quando a escolha do Imperador vinha derrubar, pela base, todas as combinações longamente feitas e inutilizar os muitos esforços empenhados e as mais penosas campanhas eleitorais vencidas!

Lá fugia para longe, lá se adiava largo tempo, indefinido e indefinível, a posse do objetivo ardentemente colimado!

Os que conservavam algum sangue-frio e seguiam com tenacidade a carreira política apelavam para melhor ensejo na conquista da suspirada cadeira; mas quantos não desanimavam, de vez, enxergando na decepção colhida só motivos de ordem pessoal, quando estes não vinham absolutamente ao caso e nenhuma influência podiam ter exercido!

Acima de todas as considerações, buscou sempre D. Pedro II na constituição do Senado, que considerava uma das suas mais graves e melindrosas funções majestáticas, sobrepor a conveniência dos grandes interesses da Pátria e os ditames da justiça para com os bons servidores do Estado.

— O senador — disse ele em certa ocasião — deve sem dúvida representar a sua província, mas ao mesmo tempo o Brasil.

E com estas palavras mostrava muito dos intuitos que haviam atuado no seu espírito ao deixar de escolher uma influência de Minas Gerais, que não poucas vezes figurara na lista tríplice e, como entidade particular, lhe era, aliás, simpático.

Estudem-se bem as indicações da Coroa, nesse longo reinado de cinqüenta anos, e nelas se achará impresso o cunho da honestidade de intenções e da pausada ponderação, com que, em tão momentoso assunto, de contínuo procedeu D. Pedro II.

Se, no fim, buscava conciliar, para evitar conflitos amargos e mal-interpretados, as conveniências partidárias dos gabinetes ministeriais com a sua opinião de estadista e o conhecimento exato que tinha dos homens públicos, jamais abriu completamente mão da interferência que a lei orgânica da nação lhe outorgara sem limitação alguma.

Vários desenganos em relação à escolha senatorial lhe valeram afastamentos irremediáveis e oposições violentas. No momento, não citarei mais que dois, que ficaram históricos, uns logo após outro: os de Saldanha Marinho e José de Alencar.

Entretanto, a exclusão desta possante mentalidade nada mais havia sido do que a moralização de atos de mera politicagem que tão de frente tinha ferido o outro político!

E quanto não custaria intimamente ao Imperador alhear de si as simpatias e o apoio de um homem como José de Alencar, cujo valor, mas também cuja irritabilidade e melindres tivera tempo e ocasião de conhecer e estudar bem a fundo!

Perdidos já para a sua pessoa e para as instituições monárquicas a popularidade, a energia e os recursos de Saldanha Marinho, não duvidou, contudo, ato contínuo, sacrificar outro valiosíssimo auxiliar, porque entendeu, na meditação e na análise dos fatos, que nisto ia o seu rigoroso dever de juiz e chefe de Estado.

E hoje, decorridos muitos decênios e juntos copiosos elementos de apreciação e imparcialidade, não há senão reconhecer que, mais uma vez, D. Pedro II teve razão.

E quanto penosa a obrigação de absoluto e inquebrável silêncio no meio das inúmeras acusações que, só neste terreno, o assaltaram!...

Foi sempre o caráter vitalício do Senado um dos maiores argumentos produzidos contra o que estatuíra a Constituição de 25 de março de 1825.

Pretendia-se que a renovação se tornava demasiado lenta, ficando não poucos lugares preenchidos por entidades que nada mais representavam no cenário público, mortas e desaparecidas gerações inteiras de eleitores, desde os tempos da designação popular e escolha imperial.

O certo é que a morte, única a abrir vagas na corporação senatorial, se, com efeito, repetia os golpes — e anos houve em que o tributo foi bem-pesado — neles se mostrava em extremo caprichosa.

Não poucos senadores fruíram na verdade as regalias daquela estabilidade política longos e longos decênios.

Por curiosidade lembrarei alguns nomes. Será trabalho adiantado a futuros pesquisadores e monografistas.

Creio que o homem que mais tempo se conservou senador do Império foi o Barão de Sousa Queirós, Francisco Antônio de Sousa Queirós. Escolhido em 1848, a República em 1889 ainda o encontrou vivo, tendo só falecido uns dois anos, talvez, depois dela proclamada.

Esteve o Visconde de Suassuna (Francisco de Paula Cavalcanti de Albuquerque) quarenta anos no Senado, de 1839 a 1879.

A 22 de fevereiro de 1896 morreu um senador que atravessou, também, longo estádio, o venerando Marquês de Muritiba (Manuel Vieira Tosta). Fora nomeado em 1851 e esteve, portanto, no Senado nada menos de trinta e oito anos.

Dos mais antigos colhidos pelo temporal de 1889, eram: José Inácio Silveira da Mota, eleito em 1855 pela província de Goiás; o Visconde de Sinimbu (João Lins Vieira Cansanção de Sinimbu) em 1857 por Alagoas, e o Barão de Maroím (João Gomes de Melo) em 1861 por Sergipe.

Entrados no decênio de 1860 a 70, figuravam ainda, desde 1865, o Visconde de São Luís do Maranhão (Antônio Marcelino Nunes Gonçalves); o Marquês de Paranaguá (João Lustosa da Cunha Paranaguá); 1867, o Conselheiro José Antônio Saraiva; 1869, o Barão de Mamanguape (Flávio Clementino da Silva Freire) e o Visconde do Bom Conselho (José Bento da Cunha Figueiredo).

Representando o decênio de 1870 a 80, havia dezenove senadores.

Os mais pertenciam à década de 1880 até quase 1890, pois a radical subversão política se deu em fins de 1889, deixando por isto de ser reconhecidos três senadores eleitos e já nomeados pela Coroa, Antônio Pinto Nogueira Acioli (Ceará), Carlos Peixoto de Melo (Minas Gerais) e Eduardo de Andrade Pinto (Rio de Janeiro).

II

Ao COMEÇAR o ano de 1886, completavam-se três meses que eu me achava na província do Paraná, à testa da administração pública, como presidente daquela formosa circunscrição territorial, uma das mais belas de todo o Brasil.

Não podia queixar-me.

Entrara, como se diz, com o pé direito e de todos os lados não recebia senão provas e manifestações de apreço e simpatia. A mesma folha da oposição, o *Dezenove de Dezembro* (data da Constituição do Paraná como província separada de São Paulo), se me atacava, era com algum comedimento, vendo o meu empenho sincero em buscar contentar a todos e bem servir o alto cargo que preenchia.

Verdade é que não me poupava à fadiga, em contínuas viagens, para ajuizar das estradas e caminhos, conhecer as localidades, pôr-me em contato com os seus homens e estudar *de visu* as questões que lhes eram atinentes.

Nem há melhor sistema de administrar. Mais vale um olhar, uma impressão repentina e segura dos fatos, do que os mais minuciosos e bem-elaborados relatórios e exposições.

Não me dava por satisfeito com as simples obrigações administrativas. Fazendo por toda a parte conferências, organizando nos menores centros sociedades de imigração, ia eu, na bela frase do malogrado Barão de Cerro Azul (Ildefonso Pereira Correia, a inocente vítima do quilômetro 65): "Como semeador do Evangelho, atirando ao vento idéias e mais idéias, caíssem ou não na rocha estéril ou na terra fecunda!"

No meio destes trabalhos todos, afanosos mas cheios de animação e alegria, pois tão repetidas excursões eram acolhidas pela população com aplausos e até entusiasmo, uma coisa me inquietava e trazia-me sobressaltado o espírito.

Qual seria o resultado das eleições gerais marcadas para 15 de janeiro de 1886?

Apresentara-me eu candidato por Santa Catarina a reivindicar a minha cadeira de deputado geral, de que havia sido, nos comícios de 1884, deslocado pelo Dr. Duarte Paranhos Schutel, representante do Partido Liberal após o renhido pleito de 1º de dezembro de 1884, perdido por mim em virtude de circunstâncias mínimas, quando eu e meus amigos tínhamos a mais absoluta confiança na vitória.

Segurança demais, porquanto, à última hora, o meu grande cabo de guerra, o inexcedível e inolvidável amigo Manuel Moreira da Silva, dera de mão a cinco ou seis votos que se lhe tinham vindo oferecer mediante insignificante favor ou até simples promessa.

Não quisera, aliás, como sempre fiz, transigir com imposições, já de um vigário, o Padre Cruz, de Tijucas, a respeito do casamento civil, já do Coronel Flores, influência no Gaspar (Itajaí), o qual, a todo transe, queria expulsar, de terras pretendidas suas, uns pobres colonos italianos ali colocados pelos agrimensores do Governo.

— Peça antes indenização — propusera eu, tentando meios conciliatórios.

— Não quero — respondia teimosamente —; antes abrir mão dos meus direitos. Veja, porém, o Dr. que o seu adversário promete tudo quanto desejo.

— Faça então como entender. Este compromisso não o tomo.

E o colégio do Gaspar, que dava aos conservadores 36 votos, ao passo que os liberais só conseguiam 3, cindiu-se e nele tão-somente alcancei 16 ou 17 cédulas a favor.

E, castigo ou não, o Coronel Flores, como era de prever, nada conseguiu, quanto aos planos de vingança e, um ano mais ou menos depois, morreu, senão de desgosto, pelo menos muito impressionado com o triste papel que na emergência representara.

Em todo caso vencera Paranhos Schutel.

Os meses, entretanto, que esteve na Câmara, como deputado geral, não lhe correram nada suaves.

Achei, com efeito, um meio de, fora do Parlamento, trazê-lo em contínua e desagradável agitação.

Fui ter com Rodrigo Silva e combinamos na apresentação diária, à hora do expediente, de um pedido de informações sobre coisas e ocorrências de Santa Catarina.

E assim se fez com admirável regularidade e sistematização.

Pelo regimento da Casa, bastava que alguém pedisse a palavra sobre o requerimento oferecido à mesa e à aprovação da Câmara, para que ficasse indefinidamente adiado.

Como, porém, Paranhos Schutel — inteligente, decerto, e médico de tino, mas, em extremo, amigo dos seus cômodos e do *far niente* — nunca primou pela atividade, e costumava chegar tarde às sessões, muitos daqueles importunos requerimentos eram postos em votação e endereçados ao Governo, com grande desgosto e desmoralização do deputado, que lhes deveria ter embargado o passo.

E o caso se tornou tão engraçadamente insistente, que os mesmos colegas liberais do representante de Santa Catarina tomavam bons regabofes. Dizia-se que Paranhos Schutel por fim entrava pelo recinto da Câmara todo esbaforido e a gritar ainda nos corredores: "Peço a palavra!"

Talvez gracejo; mas, força é convir: o meu triunfador de 1884 não deixou de si luminoso rasto no Parlamento.

III

PARA DISPUTAR a eleição de 1886, julgaram os liberais de Santa Catarina de bom aviso pôr de lado quem, entretanto, me derrotara, ano e meio antes, com relativo estrondo. Verdade é que este triunfo fora devido a grandes esforços e, até, sacrifícios de todo o partido, e quem o alcançara nos comícios populares não pudera, ou não soubera, na Câmara, como já disse, justificá-los e fazê-los valer.

Cumpro um dever de lealdade, declarando que o presidente de então, Dr. José Lustosa da Cunha Paranaguá, se portara, durante este pleito de 1884, com a maior isenção de ânimo, justiça que logo lhe prestei, contra os hábitos da politicagem, no manifesto à Província, ao explicar, sem rancor nem indiscrições as causas que haviam concorrido para o fracasso da minha candidatura.

Lembremos, porém, de passagem, alguns dados numéricos. Estão-me tão presentes à memória, que os incluo neste ponto.

Na primeira aplicação da lei de eleição direta, em 1881, consegui vir representar o primeiro distrito da província, obtendo, em segundo escrutínio e no total de 1.283 eleitores, 648 votos.

Na segunda eleição, de 1884, o meu competidor, em 1.553 eleitores, fora sufragado com 688 cédulas a favor contra 668, que me haviam sido dadas.

Dissolvida, porém, a Câmara em outubro de 1885 e operada a mudança de situação política com a ascensão dos conservadores ao poder, o que, sem dúvida, para os contrários, apeados dele, agravava as dificuldades da próxima eleição, não dispunha Paranhos Schutel de prestígio bastante para suscitar valentes simpatias, reais dedicações nem assíduo trabalho, que se impunham indispensáveis.

Foi, pois, sem a menor vacilação o seu nome arredado da cena pelos correligionários, que trataram de arranjar candidato mais idôneo e a quem sorrisse qualquer possibilidade de vitória.

A escolha não foi, contudo, feliz, porquanto patenteou à evidência dois fatos: primeiro, que os chefes da cabala tinham tenção de se retrair da luta; segundo, que pretendiam fazer entrar em linha de batalha um elemento, não, decerto e infelizmente, novo, mas que desejavam então tornar preponderante e decisivo — o dinheiro.

O meu impertérrito cabalista era o único que me alentava as esperanças. Aliás, escrevia pouco, mas passava-me telegramas, que não acabavam mais. Um deles, bem me recordo, custou mais de cento e oitenta mil réis, pois a linha do Governo não lhe merecia confiança e só se servia do telégrafo inglês, submarino.

Em contínuas viagens, incansável, indiferente às intempéries, fazia prodígios de atividade, atento a todos os sintomas de esmorecimento ou calculada frouxidão nos meus eleitores e acudindo ao caso com admirável energia e argumentos de toda sorte, de que não eram excluídas ameaças de desforço pessoal.

Que esplêndido tipo de abnegação o desse velho e hercúleo marujo na robustíssima constituição corpórea, fisionomia de poucos amigos, olhos apertados mas vivos, perfurantes, sempre inquietos e suspeitosos, cara larga, nariz pequeno, arrebitado, espírito inclinado à violência e à teima, coração, porém, de imensa ternura e bondade, fogosamente pronto para defender os fracos, as crianças e os desprotegidos da sorte e correr em seu socorro!

Pouco dado às letras, por certo, mas quanto bom senso, quando, tendo mão em si — o seu maior e constante esforço — não se deixava cegar pela paixão, pelas prevenções ou pelo capricho! Aí não havia como fazê-lo recuar um passo, uma linha; preferia perder tudo, afeições, trabalho de longos anos, todos os cálculos e combinações, até a minha amizade, o seu bem supremo.

Sereno nas maiores dificuldades, crises e perigos, tornava-se terrível nos momentos de exaltação e furor, deixando bem à mostra a sua natureza indomável nos ímpetos, de que ele próprio falava com receio.

Conhecia eu, bem, o imenso valor desse homem, a sua grande elevação moral, e nele depositava a mais absoluta e incondicional confiança, o que não poucos ciúmes e zelos suscitou, por vezes, em outras pessoas preponderantes do partido conservador, também bons e leais companheiros de propaganda política e cabala.

Manuel Moreira foi, porém, de 1880 em diante, a alma, o centro de todo o movimento eleitoral de Santa Catarina, que, em quatro disputadíssimos comícios, duas vezes me levou à Câmara dos Deputados e, por fim, me deu uma cadeira no Senado.

E ele era capaz de esforços que para outros se tornavam de todo o ponto impossíveis, tanto mais quanto lhes faltavam a organização de ferro e a excepcional musculatura, que o caracterizava.

Uma feita, viajava ele sozinho, como tinha por costume, de Canasvieiras, na ponta da ilha de Santa Catarina, para o Desterro. O cavalo afrouxou. Era de noite e chovia; mas, como no dia seguinte deviam constituir-se as mesas eleitorais na Capital, atirou-se, debaixo de copiosos aguaceiros, a vir a pé e venceu, com passo ligeiro, as nove léguas intermédias, carregando, por cima à cabeça, o selim e mais arreios do animal *abombado*, que deixou ficar, por ali, à solta.

Proclamaram por isto, oficialmente, pretendente do Partido Liberal à cadeira parlamentar pelo primeiro distrito de Santa Catarina um político que até então não tivera com a província o mínimo ponto de contato — o Conselheiro Francisco Antunes Maciel, pessoa distinta, com belos dotes oratórios e figura importante, como ministro do Império, do Gabinete Lafaiette, de 24 de maio de 1883. Se, porém, conhecia simplesmente o Desterro, era por algumas horas e de mera passagem nas suas viagens habituais do Rio Grande do Sul à Corte.

Apresentava-se ele, ainda mais, simultaneamente, pelo segundo distrito da terra natal (Pelotas) a enfrentar o candidato conservador, Dr. Francisco da Silva Tavares, ali muito popular e influente, o que tudo parecia às claras denunciar confiança exagerada na grande fortuna que possuía e na resolução de gastar a valer para levar a todos de vencida.

Este expediente de momento, e tão extensivo, não causou boa impressão em Santa Catarina; mas força é confessar, grandemente nos conturbou, tornou-se o nosso pesadelo, a mim e aos meus amigos, até que pudéssemos verificar que esse mesmo meio de triunfo, proclamado seguro, infalível, se voltaria contra aqueles que o deviam empregar.

Constou-me — não poderei, contudo, afirmar — que se fez larga derrama de grossas quantias, acendendo, porém, cobiças, que não houve como poder contentar.

Assim, no Norte da província, mandados para um colégio, um simples colégio, nada menos de quinze contos de réis, três dos mandões de lá os repartiram entre si, irmãmente, deixando outras influências, já de apetite aguçado, a ver navios. O tal triunvirato, espalhando belas promessas, pedia, contudo, nova e maior soma, a fim de iniciar-se, aí, em regra, o grande e definitivo trabalho eleitoral.

Por este modo, não havia cabedais que chegassem. Só os daqueles grandes *lords* ingleses que, em históricas eleições, despendiam dezenas e dezenas de milhares de libras esterlinas para fazerem vingar a candidatura dos seus recomendados e protegidos.

Manuel Moreira da Silva, o meu valente braço direito, nas grandes campanhas de Santa Catarina, habilmente se aproveitava dos menores incidentes, queixas, desenganos e projetos de vingança, enquanto eu me ralava de impaciência e inquietação, na minha presidência do Paraná. Momentos houve, e muitos! em que me supus, sem remissão, perdido, derrotado! O que seria então da minha carreira, confirmado o fracasso do ano anterior, arredado, talvez para sempre, da Câmara, enfraquecida cada vez mais a minha força moral perante o meu círculo e aos olhos dos chefes do Rio de Janeiro! E, como sempre acontece em ocasiões destas, choviam as cartas e telegramas desanimadores, propositalmente ou não terrificantes.

IV

O EPISÓDIO que deixei contado lembra-me dois verdadeiros feitos em que Manuel Moreira me envolveu, batendo-me o pé, levando-me à valentona e vencendo a pouca vontade que lhe opus, antes de iniciá-los.

Será tudo isto, esta saudosa vista de olhos pelo passado, uma homenagem ao amigo excepcional que tive a dor de perder a 6 de setembro de 1888, vítima de horrível desastre — a explosão de uma mina de pólvora e dinamite que ele ainda estava carregando para descobrir, nas imediações de Porto Belo, uma nascente de petróleo! Se, pelo menos, tivesse morrido logo! Mas não, com a sua organização de ferro, suportou seis dias de indizível martírio, o corpo todo queimado, o rosto uma só chaga! Meu pobre Moreira!

Antes, porém, pudera realizar a sua aspiração suprema, tantas, tantas vezes repetida: "Hei de levá-lo ao Senado, Dr.!"

Vamos, porém, às tais façanhas; dir-me-ão os leitores se os fatos realizados não são dignos de pomposa amplificação.

Voltávamos, na primeira eleição de 1881, a cavalo da excursão por todo o Norte da província, tendo visitado São Francisco, Joinville, São Bento, Itapocu, Barra Velha, Itapocoroí, Itajaí, Camboriú, além de Gaspar e Blumenau, tudo com mil voltas e mil paradas, ora a fazer conferências populares, ora em solicitações pessoais de casa em casa de eleitor — enfim uma canseira enorme!

Vinha eu, sobretudo, de entre os mais companheiros de cabala, positivamente estrompado e ansioso pela viagem marítima que devíamos fazer de Itajaí ao Desterro, em manhoso vaporzinho da carreira entre a Capital e São Francisco, de quinze em quinze dias, com escala pelo porto intermédio.

Terrível decepção nos esperava porém. Por manobra eleitoral, os adversários, lançando mão não me lembro mais de que pretexto, haviam apressado de vinte e quatro horas a partida do tal vaporzinho.

Que fazermos em tão penosa contingência, quando os dias estavam contados e nos apertavam com urgência?

Ficarmos à espera? — Impossível! Encetarmos a longa e penosa travessia terrestre de Itajaí a São Miguel e dali ao Desterro por péssimos caminhos e contínuas morrarias com os animais exaustos de fadiga? Outra impossibilidade.

Manoel Moreira, para quem se voltavam todos os olhares e todas as interrogações, estava de cara amarrada, sombrio e a cada instante saía da sala do mal hotelzinho em que nos achávamos e nela entrava agitado, frenético, mas silencioso.

Numa dessas passadas apareceu-nos radiante de alegria.

— Está tudo arranjado — exclamou: — amanhã ou depois, quando muito, chegaremos todos ao Desterro. Que boa peça pregada aos liberais!

— Mas como Moreira? — Indaguei surpreso.

— Nada mais simples... Acabo de alugar boa baleeira e vamos abrir a vela ao vento... Por desgraça é sudoeste... mas havemos de bordejar com jeito.

Houve um só grito de impugnação, quase terror.

— Como, sair à barra do Itajaí, navegar dias inteiros pelo mar alto?

— E que tem isto? Olhem, está até ameaçando temporal!, eu os aviso. Mas quem quer os fins, quer os meios. Fiquem em terra os medrosos, que daqui a pouco parto eu, ah!, isto é certo: eu não fico em Itajaí...

Que fazer-se com um homem desses?

Não houve remédio, e dali a pouco eu, o Coronel Domingos Costa, sempre engraçado e galhofeiro, o Capitão Amorim Caldas e Moreira, ao leme, como intrépido piloto, demandávamos a remos, com enorme risco, a barra do Rio Itajaí, os céus plúmbeos, ameaçadores, negros!...

Estivemos, ao transpô-la, quase a naufragar, todos nós de botas e esporas, mas a baleeira era valente, os quatro remadores peritos e destemidos, guiados pela voz segura e animadora do hábil timoneiro e afinal ganhamos o largo, o pleno Oceano.

Que ondas, que vagalhões! A cada momento parecia que íamos ser tragados pelo elemento em fúria. Entretanto, gracejávamos, ainda que já molhados até os ossos, enquanto Moreira, Maneca Diabo, seu apelido de longa data, assoviava ao leme.

Em certo trecho, nos calamos. Complicara-se a situação. Temerosa nuvem pairava como que sobre as nossas cabeças.

— Então, sr. Moreira, há perigo? — perguntei.

— Boa dúvida — confirmou ele: — mas que importa? Ninguém tem de ficar nesta terra para semente.

Mal dissera estas *consoladoras* palavras, arrebentou a nuvem num tremendo aguaceiro, que alagou a mísera baleeira; não podia, contudo, ensopar-nos mais do que já estávamos.

Íamos à vela, bordejando longa e morosamente, com vento rijo, contrário.

— De nada serve — disse por fim Moreira — estarmos a dar destas guinadas. Hoje não faremos nada. Mais vale tocar para a enseada de Camboriú.

Foi o que se fez, não sem custo, até alcançar-se o suspirado abrigo, defendido contra os furores do sudoeste por simples e prolongado promontório — disposição peculiar a outros pontos da costa de Santa Catarina — enseada do Brito, Garopaba, Imbetiba etc.

Também que alegria quando ali chegamos, deitando a poita em formoso recôncavo de mar sereno e hospitaleiro.

E como lá estava um iate carregado de arroz socado, metemo-nos até ao pescoço dentro do alvo cereal, enxugando assim em poucos minutos as roupas varadas d'água.

Que comemos naquela noite? Sardinhas de lata com umas roscas duras como calhaus, que Moreira — sempre o Moreira — fora buscar em terra e comprar numa vendinha, nem de propósito, de eleitor nosso, que lhe hipotecou o voto.

O certo é que dormi como um bem-aventurado!

De madrugada, mal luzia a primeira barra do dia, acordou-nos a voz triunfante do nosso piloto.

— Vento nordeste! — exclamou. — Às 6 horas estaremos desembarcando no Desterro. Ah! que boa peça pregamos aos liberais!

E, com efeito, lá fomos, tangidos por favônio sopro, cortando, com rapidez de flecha, a superfície lisa dos mares acalmados.

Moreira, todo contente e ancho, apontava-me os menores cabos e pontas e ilhas e rochedos, que tudo aquilo conhecia como a palma da leal e rugosa mão.

— Repare nos Ganchos —, disse-me em certo trecho: — ali temos eleitores, fique sabendo. Vamos agora dar costas à ilha do Arvoredo, onde está o farol, e entrar no canal... Não há mais dúvida possível.

E repetia consigo mesmo:

— Que bela peça preparamos aos Srs. liberais!

Com efeito, pouco antes da hora por ele indicada, saltávamos na Praia de Rita-Maria, por querermos guardar mistério sobre a nossa volta.

Não houve, porém, como e, com pasmo de todos, soube-se logo no Desterro da chegada dos intrépidos navegantes e valentes lidadores.

Fora *Maneca Diabo* quem tudo fizera!

V

NA OUTRA proeza a que me forçou Manuel Moreira, não corri, por certo, tamanho risco, mas não foram pequenos os incômodos suportados.

Em certo dia, à noite, anunciou-me peremptoriamente:

— Vamos amanhã aos Ganchos.

Olhei-o estupefato.

— Aos Ganchos?

— Sim, àquela ponta que lhe mostrei, ao virmos de Itajaí. Há ali quinze eleitores do colégio de São Miguel, e é preciso fazê-los ir votar.

— Você, porém, não veio anteontem de lá?

— Por isto mesmo. Os homens não se querem incomodar, sem que o Dr. vá lá fazer uma *falação*, além de outro acordo...

— É uma loucura...

— Qual! Há outras bem piores. Amanhã teremos vento sul para nos tocar até lá e, mais que provavelmente, vento nordeste depois de amanhã, senão fresco, pelo menos banzeiro.

Fez-se o que ele determinara e eis-nos na madrugada seguinte, partidos do Desterro e viajando pelo canal, correndo para o Norte. E foi o que fizemos o dia inteirinho, pois só chegamos aos Ganchos às 6 horas da tarde.

Leváramos foguetes e fomos os próprios que festejamos um tanto ruidosamente a nossa chegada e presença.

À praia, alguma gente, quanta havia no desolado agrupamento de casinholas e ranchos, morada de pobres e acaipirados pescadores.

Antes de jantar, restos da nossa matalotagem com mais uma grande pescada cozida na água e sal, e que estava excelente, fiz a tal *falação*, conferência a que me referi, como de rigor, à grande naturalização e a outros assuntos que o auditório acolheu perfeitamente indiferente a tudo. Os argumentos de Moreira os impressionavam muitíssimo mais.

No fim, houve, entretanto, suas palmas.

E fui dormir estrompadíssimo, embora toda a viagem não me tivesse mexido de cima de uma esteira.

Às 4 horas da manhã seguinte, acorda-me Moreira.

— Não lhe disse? — exclamou; — temos algum nordeste, que lá pelas onze horas há de refrescar. Deus ajuda a quem trabalha.

E pouco depois das 6 da tarde, desembarcávamos no Desterro.

Os eleitores dos Ganchos foram, com efeito, votar em São Miguel.

Quanto se me representa aos olhos esse formoso e variado panorama que se desdobrava de um e de outro lado do canal! E Moreira ia me apontando o que nele havia mais saliente. "Olhe a Ponta Grossa, a velha fortaleza, o cabo de Canasvieiras, a ilha de São Francisco; olhe, ali deságua o Biguaçu, aquilo é o morro da Cambirela...", e mais isto e mais aquilo, num enumerar sem fim.

Que céu, porém, tão límpido, translúcido no seu azul intenso! Que mar tão verde e achamalotado!

Passamos por tal modo perto de uma das ilhas Ratones, que me chamaram as vistas, embelezando-as, uns soberbos lírios, agarrados às rochas. Parou-se para colhermos muitos pés de cebolas, que depois cheguei a cultivar no meu jardim do Rio de Janeiro. Degeneraram, porém. Lá eram soberbos, vermelhos rajados de negro e por isto chamados *mantos do diabo*!

Apesar de todas as canseiras, que belos dias, que impressões para todo o sempre! Ah! o passado, nas condições sobretudo do Brasil hodierno[4], tem tamanho prestígio para quem viu este belo País outro e bem diferente. Com que segurança se encarava então o futuro! Lembra-me isto as palavras de Talleyrand a uns moços que lhe gabavam o prazer da vida: "Vocês nem imaginam quantos encantos tinha a existência de outrora. São coisas que não voltam mais e, em longos séculos, pertencem a certos períodos da existência comum. Felizes os que puderam morrer dentro deles; felizes em parte aqueles que conheceram algo dessas épocas excepcionais e afortunadas!"

O mesmo diremos de não poucos decênios do fecundo e grandioso reinado de D. Pedro II.

---

4) 1897.

VI

Nos COMEÇOS de janeiro de 1886, recebi uma carta do meu bom e velho amigo Barão de Laguna (Jesuíno Lamego Costa), que me causou sincera emoção.

Gostei sempre muito daquele excelente e leal marinheiro e por vezes me demonstrou ele que do seu lado me consagrava verdadeira estima.

Era o Barão da Laguna filho da cidade daquele nome, ao Sul da província de Santa Catarina, muito embora dissessem os mexeriqueiros e adversários políticos que nascera em Portugal. Para isso concorriam, já o seu aspecto físico possante, massudo, rosto corado, nariz adunco, olhos vivos, já o seu sotaque fortemente acentuado. Convém, porém, observar que esse modo de falar cantado e agalegado é geral aos filhos de Santa Catarina, descendentes de uma grande colônia açoriana.

Prestou o Barão de Laguna os melhores serviços à Marinha nacional, classe que sempre honrou. Entrara para o Senado em 1872, reformando-se como almirante. Distinguia-o muito o espírito natural, inclinado à brejeirice, e tinha grande vivacidade. Embora pouco dado a letras, gozava de real influência entre os chefes do Partido Conservador, que sempre serviu com a maior lealdade, mas sem exageros, em relação aos contrários; muito ponderado e prudente, quando consultado e ouvido.

Destaco da carta, a que acima me referi e que tenho diante dos olhos, os seguintes tópicos: "Sinto-me desanimado e bastante doente. Prevejo que não durarei muito tempo. Eu quisera bem ter a certeza de que você, Taunay, fosse o meu sucessor na cadeira do Senado. Amo muito a minha Província e considero você *barriga verde*. Cuidado com os ambiciosos de sempre. Ficam assanhados os tais senhores, sobretudo quando se trata do Senado. Não se deixe *bigodear* por ninguém." Depois de tratar de outras coisas, insistia na probabilidade da sua morte próxima. "Aflige-me bem", dizia ele, "a idéia de que qualquer *adventício* possa vir tomar conta desta cadeira, alegando zelo fingido pela Província que tanto amo. Defenda-a; defenda interesses que são seus também."

Respondi, gracejando sobre as suas melancólicas previsões, mas não tive resposta dessa carta.

No dia 16 de fevereiro daquele ano de 1886 recebi, à tarde, telegrama de que falecera na sua casa, à Rua Haddock Lobo, o meu estremecido amigo.

Telegrafei a notícia ao Moreira e mandei-lhe depois cópia das recomendações do Laguna.

"Com a sua costumada perspicácia e conhecimento das coisas, providencie", pedia-lhe eu, "de modo que na lista tríplice não figurem os tais meros ambiciosos a que aludiu o nosso velho e bom companheiro."

Sem que eu soubesse quais poderiam ser essas providências, cumpriu o meu grande cabo de guerra as instruções do modo mais completo e original.

Atirando-se, sem demora, à viagem pelo Norte da Província, propôs aos colégios eleitorais, e deles prontamente conseguiu, o seguinte acordo: os dois distritos aceitariam e levariam às urnas em comum o meu nome, preenchendo a lista tríplice com mais dois candidatos, um apresentado pelo Norte, outro pelo Sul. E assim se decidiu, lavrando-se atas em que se tomaram compromissos para sufragar os nomes de:

1º — Alfredo d'Escragnolle Taunay;
2º — Nicolau Malburg (pelo distrito do Norte);
3º — Coronel João da Silva Ribeiro (pelo distrito do Sul).

Mereceu este acordo pronta sanção por parte da zona meridional, percorrida também em toda a extensão por Moreira, sendo os documentos oficiais imediatamente publicados nos *a pedido* do *Jornal do Comércio*.

A manobra foi muito bem-pensada e posta em execução com tanta energia quanta habilidade — poderoso obstáculo contra as pretensões, que logo se levantaram, conforme previra Laguna, e eram bem naturais, senão legítimas.

Todas elas esbarraram de encontro ao escudo anteposto. Nas rodas políticas já se começara a falar na escolha quase certa dos Srs. Pinto Lima ou Teodoro Machado, por haverem sido ministros e candidatos prováveis à vaga do velho almirante, aquele com a circunstância mais de representar então na Câmara dos Deputados o segundo distrito de Santa Catarina, embora dela não conhecesse uma só polegada de terra.

— Ora, o Taunay é tão moço — diziam: — bem pode esperar!

VII

APENAS cheguei, em começos de maio de 1886, do Paraná, para tomar assento na Câmara dos Deputados, na qualidade de representante do primeiro distrito de Santa Catarina, eleito, como havia sido a 15 de janeiro, fui, uma tarde, com minha mulher, ao Paço de São Cristóvão, apresentar os nossos cumprimentos a SS. MM. o Imperador e a Imperatriz.

Havia, nesse dia, muito pouca gente na comprida e clássica varanda de madeira, que dava para um pátio ornado, no centro, de bonito e copioso repuxo, e onde o soberano a todos recebia com tamanha lhaneza e afabilidade.

Mal nos avistou, adiantou-se ao nosso encontro e, antes de qualquer palavra minha de saudação, apertando-me a mão, foi logo perguntando:

— Então, como vai a sua eleição senatorial?

Causou-me espécie e certa perturbação esta indagação tão inesperada, quanto positiva, mas respondi sem vacilar:

— A eleição far-se-á em junho próximo, e tenho quase certeza de que ocuparei o primeiro lugar da lista tríplice que tem de ser presente a Vossa Majestade.

— Ah, bem...

E com expressão risonha, repassada, aliás, da muita bondade que costumava dispensar-me, dando-me por vezes, em momentos mais expansivos, provas de absoluta confiança na minha discrição e sisudez de caráter, acrescentou, voltando-se para minha mulher:

— Mas sinceramente seu marido não tem, quando muito, mais que ar de simples deputado provincial e já é candidato à senatoria!

Fiquei um tanto tolhido, mas repliquei apressado:

— A lei, senhor, não fala do ar, não cura do aspecto físico e de aparências enganadoras e sim da idade. Essa a tenho, além da que determina a Constituição do Império.

Sorriu-se o Monarca.

— Já sei.., já sei... Lembro-me, perfeitamente, que seu pai veio de propósito a São Cristóvão anunciar-me o seu nascimento e foi, deixe-me dizer-lhe, em janeiro ou fevereiro de 1843.

— 22 de fevereiro desse ano — confirmei. — Muito me lisonjeia que a memória de Vossa Majestade tenha retido tão insignificante fato.

Aí mudou ele o rumo de conversação:

— E como achou o Paraná?

Externei, e bem sinceramente, as belas impressões que de lá trouxera e mostrei-me entusiasta daquela formosa região, cheia de encantos naturais e povoada de gente tão simpática e amável, que me acolhera por modo excepcional, tornando-me o período presidencial um dos mais saudosos trechos da minha existência.

Com verdadeiro calor, talvez juvenil demais, falei dos campos gerais, esmaltados de flores, com os seus esbeltos e melancólicos pinheiros, ora em grupos, ora isolados, curiosos acidentes de terreno, lindos capões e espaçadas perspectivas.

— Tem razão..., impressionaram-me também bastante.

E usou de justíssima comparação:

— Aquilo tudo, porém, é extensa mesa de pedra, coberta por fino e bonito tapete verde.

— E lá ecoam ainda — continuei — as palavras de Vossa Majestade, que tamanho abalo produziram no Paraná: "Os russos tinham razão!"

— Ah! pudesse eu dizer sempre as verdades! As coisas andariam melhor. Pobres colonos, como não haviam de desanimar? Enfim, adeus; conversaremos depois, com mais vagar.

Aproximava-se, porém, o dia da eleição senatorial, que devia ser a 6 de junho e até ao último instante corria com insistência nos círculos políticos que, um tanto encobertas, havia certas candidaturas bafejadas pelo favor oficial, embora me alentasse a convicção, muito justificada, de que, em todo esse negócio e pleito, o Presidente do Conselho de Ministros se portaria com a máxima lealdade. E, de fato, o ilustre estadista Barão de Cotegipe procedeu então para comigo de maneira mais digna e correta, e não tenho que prestar à sua memória senão as sinceras homenagens de respeito e gratidão.

Se mais tarde nos desaviemos no Senado, e de modo bastante grave, rompendo eu em oposição violenta, foi por incidente em que houve precipitação de parte a parte explorada por *agulhas ferrugentas*, conforme a expressão de que usou, no momento do nosso embate, aquele eminente brasileiro, o que deixarei contado com toda a minudência e verdade.

A propósito das tais competências, a que acima aludi, um deputado liberal, A. de Siqueira, respondendo, da tribuna, a um aparte meu, talvez algum tanto cáustico, me avisara da iminência do pretendido perigo:

— Esteja antes V. Excia. atento ao *machado* que o ameaça!

Desassossegado, fui então ter com um amigo da Casa, também amigo meu, o ilustre Visconde do Bom Retiro, Luís Pedreira do Couto Ferraz, então já impossibilitado de andar, pelos progressos do reumatismo gotoso, de que veio a falecer. Todos se recordam, ainda hoje, de quanto esse homem, laborioso em extremo, erudito e excelente conselheiro, merecia do Sr. D. Pedro II.

Datavam as estreitas relações que tinha com a minha família das primeiras épocas do povoamento do Engenho Novo, onde meu tio-avô Vice-Almirante Teodoro de Beaurepaire, a Condessa de Belmonte, os Couto Ferraz, Jobim e outros possuíam extensas chácaras, quase fazendolas.

A esse Engenho Novo se ligam tantas e tão alegres reminiscências da minha primeira infância!...

Acolheu-me Bom Retiro, na sua espaçosa cadeira de paralítico, com a habitual meiguice e afetuosidade.

— Não tenha receio — aquietou-me ele —, senão de um nome pelo lado conservador: o do Major Francisco Carlos da Luz. Esse sim, é catarinense, homem de reais serviços, e o Imperador muito o aprecia, como profissional, em que deveras se tem distinguido...

— Este, porém, não entra na chapa. O eleitorado o pôs de lado. O meu receio é que algum antigo ministro possa vir a suplantar-me.

E mostrei-lhe, então, a carta do Barão de Laguna.

Encarou logo o estadista o caso com a natural superioridade e sobre ele discorreu com aquela fluência de palavra, que o tornava orador de nota e principalmente um conversador excepcional, *hors ligne*.

— Por parte dos liberais, nada há que temer. Ainda que fure a chapa alguém naquelas condições...

— Sim — concordei —, há o Conselheiro João Silveira de Sousa; é filho do Desterro e político antigo, por vezes deputado e já foi ministro. Sou o primeiro a reconhecer que tem qualidades que o recomendam à senatoria.

— Perfeitamente, também o conheço; mas o Imperador não há de, logo na primeira escolha senatorial que se vai dar, desprestigiar a situação conservadora, chamada, há pouco, ao poder. Não é, por certo, o caso do Inhomirim, em 1868.

Aí referi ao velho amigo as palavras que o Monarca me dirigira na visita a São Cristóvão, buscando saber qual a significação que poderia ter.

Fez Bom Retiro tal movimento de surpresa, que experimentou dolorosa repercussão no sensível e combalido organismo.

Com um gesto de quase pasmo e simultâneo gemido, inquiriu:

— Deveras, o Imperador lhe disse isto? Pois, então, meu caro Taunay, esteja descansado. Trate de ganhar a eleição e pode dormir a sono solto. Não tenha mais receio algum; os votos do nosso bom e saudoso Laguna hão de ser realizados.

Contou-me aí que era hábito antigo de D. Pedro II.

Por ocasião da primeira eleição pela província do Rio de Janeiro, conversando com Eusébio de Queirós, este lhe perguntara: "O Imperador nada lhe disse sobre as probabilidades da sua entrada na lista tríplice? Pois é mau sinal."

— Com efeito — continuou Bom Retiro —, não fui então o escolhido. Abrindo-se porém logo depois, nem de propósito, outra vaga no Senado, criei alma nova, ao ouvir, dessa feita, a promissora interrogação. Assim fizera Sua Majestade com Eusébio, Muritiba, Paranhos e outros muitos homens públicos, a que dedicava apreço. Repito: prepare-se para entrar no Senado e receber o meu abraço de colega... você, um menino que vi de fraldinhas!...

Imagine-se a minha exultação! Tamanha foi que na longa e cansativa viagem desde o portão da chácara do Bom Retiro até a Rua do Ouvidor, no *bond* de Vila Isabel, por dia bastante acalorado, comecei a agitar comigo mesmo se, de fato, me havia sido feita aquela fatídica pergunta que tanto alcance tinha.

E a dúvida foi nascendo, avigorando-se, crescendo, crescendo a ponto de, no fim, se me afigurar que tudo não passava de fagueiro sonho, simples sugestão infundida pela intensidade das impressões a atuarem sobre o meu espírito em instante tão grave da carreira política.

Tal vulto tomou essa legítima e penosa obsessão que não pude ter mão em mim e segui sem demora para as Laranjeiras, onde morava.

E sôfrego perguntei a minha mulher:

— Quais foram as primeiras palavras do Imperador, quando se chegou a nós?

— Como vai a sua eleição senatorial? — confirmou ela.

Ah! que alegria!

No dia seguinte, julguei dever voltar ao Visconde do Bom Retiro e, narrando-lhe o que sucedera, fi-lo rir com gosto.

— Conheço bem todas estas peripécias e transes — observou o velho estadista.

— São ocasiões únicas na vida do político.

VIII

Na Câmara dos Deputados me mantinha eu recolhido a discreto silêncio, embora por vezes me custasse não pouco esse calculado retraimento.

Em certa ocasião, não tive, porém, mão de mim.

Foi quando li, no relatório do Ministério da Agricultura, que, na verba *terras públicas e colonização*, se fechava o ano financeiro com um saldo de nada menos de 800:000$000! Subi à tribuna e fiz não poucas observações e animadas censuras contra semelhante economia que redundava em grave prejuízo para o País todo, tanto quando sempre se havia alegado falta de crédito aos constantes e bem-fundamentados pedidos meus do Paraná, a fim de que fossem devidamente ajudados os meus esforços na criação de núcleos imigrantistas e no estabelecimento da pequena propriedade.

Como sucedia ao tratar de imigração, acalorei-me e expressei-me com fogoso desgosto acerca das resistências que de contínua encontrara naquela presidência em tão momentoso assunto, ainda que o meu bom e saudoso amigo Manuel Eufrásio Correia, tão cedo arrebatado pela morte, me estivesse passando bilhetinhos de aviso: "Cuidado com a senatoria!", "Nada de muitas franquezas" e outros deste teor.

Enfim, breve ia eu ficar livre das pesadas dependências políticas. Verdade é que a elas nunca sacrifiquei o direito de dizer o que pensava e de votar como entendia melhor; para prova, o apoio ao Gabinete Dantas na questão dos escravos sexagenários, o que depois bastante me prejudicou, suscitando desconfianças e certa divergência no eleitorado conservador de Santa Catarina.

Precisava, porém, das imunidades do Senado para falar a gosto, sem mais peias possíveis, nem ressalvas, dando expansão a tudo quanto me ia pela mente nessa matéria de imigração, em que tanto trabalhei, mas onde força é confessar, e sou o primeiro a reconhecer, tão pouco pude conseguir.

A 14 de junho desse ano de 1886, efetuou-se a eleição senatorial na província de Santa Catarina, conforme fora determinado pelo Presidente Dr. Francisco José da Rocha, cujas relações com o meu bom Manuel Moreira da

Silva, a princípio amistosas e estreitas quanto possível, já não se mantinham tão boas e cordiais.

O primeiro resultado, logo sabido, de 18 colégios não foi no todo o que prevíramos — Escragnolle Taunay, 815 votos; Coronel João da Silva Ribeiro, 706; Conselheiro João Silveira de Sousa, 677; Conselheiro Manuel da Silva Mafra, 545; Nicolau Malburg, 527; Conselheiro Diogo Duarte Silva, 441.

Quebrara, então, o Partido Liberal lanças em favor do Conselheiro Silveira de Sousa para, sem dúvida, compensar este velho e honrado político da exclusão por ele sofrida em 1881, 1884 e 1886, todas as três vezes com acentuada injustiça em relação a outras candidaturas menos bem-amparadas pela opinião geral da província e dos principais correligionários de outras localidades, que não simplesmente a capital.

Nesse pleito, pusera todo o empenho em que, pelo menos, fosse a lista tríplice *furada*, pois — espalhavam os cabalistas, não sei por que balelas — assim ficaria em sérias dificuldades o Poder Moderador.

Quando, a 16 de junho, o *Jornal do Comércio* publicou, antes dos meus telegramas, aquele resultado, ao falar eu com aborrecimento ao Barão de Cotegipe no corte da votação que deveria ter tido Malburg, disse-me ele com o habitual chiste e sorrindo com finura:

— Até nisso você é feliz.

— Por quê?

— Porque eu, no caso do Imperador, escolheria o tal *Marlborough*. Dava assim prova de que a sua eterna propaganda havia frutificado.

Ao que respondi com bem leal sinceridade:

— Pois deveras também fora para mim grato triunfo fazer entrar no Senado um alemão naturalizado, digno por certo de lá estar pela sisudez e ponderação...

E o estadista replicou-me com engraçado gesto e irônica risadinha:

— Já sei... já sei, como diz o Imperador.

Era Nicolau Malburg, residente de longos anos na cidade de Itajaí, poderosa influência nos grandes centros de imigração da província de Santa Catarina e pessoa credora de toda a estima e respeito.

Homem então dos seus 50 anos, aportara, uns dois decênios atrás, ao Brasil, sem um real no bolso. Começando corajosamente a vida como professor de primeiras letras, geografia, história e matemáticas elementares, alcançara depois abrir escola.

Em seguida comerciante, distinguira-se sempre pela escrupulosa probidade, formara família e, cauteloso e feliz nos seus negócios, conseguira afinal fortuna superior talvez a quatrocentos contos de réis, quando o conheci em 1867.

Homem de excelente conselho, difícil era encontrar-se quem, nas mais sérias emergências da vida, dispusesse de mais calma e pausa. Ainda me lembra a comovedora e quase terrífica serenidade com que, em 1887, meses antes da sua morte, me disse:

— Estou irremediavelmente perdido, mas não tenho que me queixar da sorte. Ela sempre me protegeu. Vou cada vez pior da antiga hematoquilúria; tenho no nariz um pólipo que já me vai atacando os olhos e por cima um câncer na base da língua...

E, de fato, faleceu deste tremendo mal, no Rio de Janeiro, sem querer perto de si ninguém da família, a quem muito estremecia, e suportando sozinho e com admirável estoicismo as dores mais atrozes. Deu todas as providências para que lhe embalsamassem o corpo e o transportassem para Itajaí, ajustando os preços, como se tratasse de outrem, de simples cliente, de quem recebera essa encomenda.

— Quero — dizia com unção — dormir no seio de minha verdadeira Pátria.

Não, por certo, não era homem vulgar Nicolau Malburg...

A segunda notícia da votação de mais colégios do segundo distrito fizera, porém, subir esse nome na lista apurada: Taunay, 1.108; Ribeiro, 972; Silveira de Sousa, 869; Malburg, 797; Mafra, 727; e Diogo, 596.

A terceira, compreendendo, então, os colégios de Lages e serra acima, confirmou todos os nossos cálculos e esperanças:

Taunay	1.358 votos
Ribeiro	1.235 "
Malburg	1.022 "
Silveira de Sousa	976 "
Mafra	904 "
Diogo Silva	729 "

Podia a Câmara Municipal do Desterro ter, segundo marcava a lei, sem demora apurado a votação toda; mas, composta de liberais, julgou dever esgotar o prazo de dois meses, de maneira que só depois de 16 de agosto chegou ao Rio de Janeiro a lista tríplice, definitivamente constituída.

Dela haviam, com razão ou sem ela, não é mais caso de discussão, deslocado o nome de Malburg, substituindo-o pelo do Conselheiro Silveira de Sousa, motivo pelo qual supunham alguns que devia perigar a minha escolha.

Para este resultado trabalhou com alguma atividade e mais brilho de frase do que argumentação de valor a imprensa partidária, contrapondo à qualidade bairrista do candidato liberal, genuíno *barriga verde*, a minha inferioridade de simples *naturalizado* em Santa Catarina.

Julgou, por tudo isto, o nobre Barão de Cotegipe, de prudência e bom alvitre tomar prévias precauções, e comunicou-me verbalmente que não apresentaria a lista ao Imperador sem reunir antes o Ministério.

— Não acredito — explicou-me — que o Homem de São Cristóvão escolha o Silveira. Fora desfeita positiva à situação conservadora, que mal começa a governar. Tudo, porém, é possível. Preciso, por isso, saber se os colegas do Gabinete concordam com a crise ministerial, que estou disposto a fazer naquela hipótese, que, repito, não me parece crível. Agora, meu caro, se ele indicar o coronel agüente-se; nunca o conheci mais gordo, há de até ser menos bonito que você, mas é conservador e nada poderíamos objetar...

E acrescentou sempre mordaz:

— Só o que sinto é que não haja o *Marlborough...* para lhe passar a perna e pôr água na fervura da tal *grande naturalização* com que você nos matraqueia os ouvidos... Que pena!... teria, deveras, muito espírito...

Passou-se, pois, uma semana.

Na seguinte, houve o acordo ministerial de que me fora dado aviso e, no sábado, 28 de agosto, foi, no despacho imperial, presente a lista tríplice ao chefe do Poder Executivo.

Segundo me contaram o Conselheiro Belisário e o Barão de Mamoré, o Imperador decidiu logo sem a menor hesitação.

— Escolho o primeiro. Conhece bem a província, que representou em oposição, pleiteando várias eleições bastante renhidas. Tenho confiança de que será senador digno do lugar.

No dia imediato, domingo, encontrei-me com o Monarca na escola da Glória, sita à Praça Duque de Caxias, antigo Largo do Machado, antes do concerto clássico que lá se dava e, meio confuso e apressado, disse:

— Tenho que ir a São Cristóvão agradecer a grande distinção de que fui julgado merecedor.

— Nada tem que me agradecer — replicou o Soberano. — Agora pode o Sr. desenvolver todo o seu programa de idéias, que é muito útil ao País. Trabalhe ainda mais do que tem feito. Aumentou a sua responsabilidade por ter maior esfera de ação, livre, como fica, de qualquer pressão eleitoral. Dispenso a sua ida oficial a São Cristóvão; o que quero é vê-lo na estacada, ativo sempre e, sobretudo, coerente como tem sido...

Imagine-se o prazer com que nesse dia ouvi as formosas composições dos grandes clássicos Beethoven, Mozart, Haydn e Bach, executadas por amestradíssimo quarteto de instrumentos de corda.

Por parte do ilustre presidente do Conselho de Ministros mereci também particular e delicada prova de apreço — um jantar de família a que assistiu o velho amigo da casa, o Coronel Deschamps.

— Saudemos, minhas filhas — disse no fim o Barão de Cotegipe a essas duas distintíssimas senhoras —, o novo e jovem senador; só lhe acho um defeito... mocidade demais. Tem a idade da lei, mas não parece. Enfim, Deus permita não me aborreça um dia com os seus entusiasmos juvenis...

— Farei o possível – retruquei — para que tal não suceda...

Infelizmente era ele quem tinha razão. Aborreci-o depois bastante; mas também pretendeu levar-me à valentona, mais como rapazote que fizera jus a severa reprimenda por exaltadas teses e perigosas utopias, do que como colega do Senado vitalício e com iguais regalias de tribuna.

— A sua energia de réplica — disse-me depois o bom Almirante De Lamare — salvou-o de completa desmoralização.

A essas idéias e teorias dispensava, contudo, a opinião pública não pequeno aplauso e favor, e disso tive manifestação excepcional, pois quando, a 6 de setembro de 1886, transpus o limiar do recinto do Senado para ir prestar juramento, das galerias, apinhadas de gente, atiraram sobre mim — bem grata reminiscência, pois ignoro de que mãos partiram — densa nuvem de mimosas flores e rosas desfolhadas.

Nota curiosa:

Ao pôr o presidente, então, do Senado, Conde de Baependi, em debate a validade da minha eleição, contra a qual não havia protesto de mesa alguma, pediu a palavra Martinho Campos e durante mais de meia hora esteve a falar e remoer sobre a conveniência da escolha do Conselheiro Silveira de Sousa. Foi o único que votou contra mim.

Procedendo-se, porém, a constituição da comissão que devia introduzir-me, o primeiro nome que saiu da urna, no meio de geral risada, foi o de Martinho Álvares da Silva Campos, completando-a o Visconde de Paranaguá e o Conselheiro Henrique de Ávila.

Ainda aí o destino me dava um ar da sua graça..., depois..., enfim! Tive, porém, forças para fazer frente ao infortúnio, reconcentrar-me e sobretudo não aderir à nova ordem de coisas, fato de que não posso tirar glória, porquanto, nunca me passou pela mente tal possibilidade, nem sequer por leve instigação íntima, nos momentos de maior esmorecimento e angústia.

Fiquei sendo o que era e sempre fui, profundo admirador da monarquia que o Sr. D. Pedro II fundara no Brasil e por cinqüenta anos sustentara, fazendo deste País um Império único no mundo — muita grandeza moral, esperanças imensas, emolduradas por natureza inexcedivelmente bela!...

GLOSSÁRIO

O objetivo deste vocabulário é elucidar o significado de certas palavras usadas nas *Memórias*, sobretudo as que são hoje pouco usuais e que, por essa razão, soarão obscuras.

Abalançar-se = arrojar-se; atrever-se
Abarracar = armar barracas; recolher-se em barracas
Abombado = cansado; arquejante
Abroquelar = cobrir com broquel; guardar-se; defender-se
Açacalado = polido; luzente
Acaçapado = encolhido
Achamalotado = semelhante ao chamalote (fazenda de pêlo ou de lã, algumas vezes misturada com seda); ondeado
Achega = adição; ajuda; auxílio
Acoitar = acolher; pôr a salvo
Ajoujar = unir; prender; carregar; oprimir
Alarve = selvagem; bruto; parvo
Albuminúria = doença dos rins
Alcázar = taberna; casa de diversões
Aluir = abalar; derrubar; oscilar; cair
Ambages = caminhos intrincados; circunlóquios de palavras confusas, ambíguas, equívocas
Amidonado = polvilhado
Anafado = bem nutrido; gordo
Anasarca = edema generalizado
Anexim = dito; adágio; estribilho
Angusto = estreito; apertado
Anspeçada = nome que se dava antigamente ao primeiro grau da hierarquia militar
Antraz = afecção furunculosa, muito extensa, quase sempre acompanhada de febre

Anúria = supressão da secreção urinária
Anúrico = relativo a anúria
Apara = raspas; rasuras; limalhas
Apatacado = rico, endinheirado
Apostemar = estragar; corromper; infetar
Aprestos = aparelhos; utensílios
À Puridade = em segredo, em particular
Armão = peça do trem dianteiro de uma viatura; jogo dianteiro tanto dos reparos das bocas de fogo como dos carros de munições, ou de qualquer outra viatura do parque de artilharia
Arrastar = atrair; levar atrás de si; impelir
Arrastamento = ato e efeito de arrastar
Arreganho = audácia; desassombro
Arrepelar = puxar; arrancar; arrepender-se de alguma coisa
Arrufado = agastado; encrespado
Assarapantar = espantar; pasmar; atrapalhar
Assestar = apontar boca de fogo; pôr na direção de
Atamancar = fazer com precipitação e mal
Aticismo = elegância; pureza
Bando = proclamação
Banzeiro = melancólico; triste; nostálgico
Báratro = abismo; voragem
Beldroega = lorpa; boçal
Belfo = que tem os beiços grossos e areganhados; que fala como se tivesse a boca cheia
Bens semoventes = os constituídos por animais selvagens, domesticados ou domésticos
Bernardice = asneira; tolice
Bispar = furtar; lobrigar; dirigir como bispo
Boléu = queda; trambolhão; queda do animal laçado
Botaréu = contraforte ou pilastra de reforço que sustenta arcos ou paredes
Bulcão = nevoeiro denso e negro que precede uma tempestade; trevas
Cabala = conluio ou maquinações secretas de indivíduos associados
Cabalista = pessoa dada a concluios
Caipora = pessoa que tem azar; infeliz
Caiporismo = azar; sucessão de malogros
Cair no goto de = cair no gosto de
Capear = encobrir; ocultar; disfarçar; enganar

Carapetão = grande mentira
Catadura = disposição de ânimo; aspecto
Catilinária = acusação enérgica e eloqüente; repreensão forte
Caturrar = discutir; questionar (sobre coisas insignificantes)
Cavaquear = conversar amigável e despretensiosamente; irritar-se
Cega-rega = pessoa que fala muito, repetindo a mesma coisa e no mesmo tom
Cerebrino = singular; extravagante; cerebral
Chalaça = pilhéria; frase satírica
Chanfalho = espada velha e que não corta
Chasquear = zombar; escarnecer; ridicularizar
Chasqueador = escarnecedor
Chibante = valentão; brigão
Chimango = membro do partido moderado; tenaz de arame, para pegar brasas dos fogões
Chufa = gracejo; zombaria
Cianose = coloração azul, lívida ou escura da pele
Cianótico = que padece de cianose
Cinca = erro; perda
Cincada = ação de cincar (errar)
Cobreira = dinheirama; muito cobre
Coco de catarro = fruto da palmeira bocaiúva
Cocotte = cortesã
Colimar = visar a; observar por um instrumento
Concussão = abalo; choque; comoção violenta
Côngrua = remuneração que se dá a curas ou páracos por meio de contribuição
Corixa = canal por onde as águas de lagoas e brejos escoam para rios vizinhos
Cornimboque = ponta de corno, para conter rapé; taroque
Correição = devassa; correção; fileira de formigas em trabalho
Covanca = terreno cercado de morros
Cunhete = caixote de madeira em que se acondicionam balas, pólvora...
Debicar = tirar um bocadinho de uma coisa para comer; comer pouco; escarnecer; zombar
Deblaterar = declarar; gritar
De envolta = de tropel; confusamente
Denodado = destemido; ousado
Desamorável = áspero; rude
Desasada = que não tem asas ou as tem quebradas; derreado
Desbriado = desavergonhado; sem brio

Descalçadeira = descompustura; instrumento para ajudar a descalçar os sapatos
Descomponenda = descompostura; repressão acerba
Desconchavado = disparatado
Despenhar = lançar num lugar profundo; fazer cair num precipício moral; correr precipitadamente; invadir
Despotismo = governo tirânico; vontade imperiosa; grande quantidade
Ditério = dito satírico; mexerico
Dobadoura = aparelho que serve para dobar (enrolar em novelos; dar voltas)
Doesto = injúria; insulto; descompostura
Eiva = falha; mácula moral; defeito físico
Embiocado = disfarçado; escondido; recôndito
Encafuar = ocultar; esconder na parte menos acessível
Encambulhada = cambada; réstia
Encômio = elogio; louvor
Encravação = logro; engano; laço
Enfarruscar = sujar de carvão ou fuligem
Engazopar = iludir; mentir
Engorgitar = devorar; engolir rapidamente
Enredadela = enredo; intriga
Ensanchas = liberdade; tecido que se deixa a mais num vestido
Entaliscado = entalado
Entanguido = acanhado; encolhido; enfezado
Entono = altivez; majestade; orgulho
Escanchado = separado; aberto
Escarvado = cavado
Esconso = escondido; oculto; parcial
Esparrela = armadilha de caçar; engano; logro
Espinhal = mato de espinheiros; pertencente à espinha dorsal
Esquipático = extravagante; singular; estrambótico
Esquírola = fragmento de osso
Estentórica = voz forte; quem a tem
Estivado = apurado; esticado; cheio; repleto; despachado na alfândega; o que está carregado e equilibrado por igual
Estomagar-se = ofender-se; irritar-se; escandalizar-se
Estrepe = espinho; pua; pessoa incômoda, de maus costumes
Estrompado = estragado; fatigado
Facécia = chiste; ato galante
Factotum = confidente; indivíduo encarregado dos negócios de outrem

Falripas = cabelo curto e ralo
Falua = embarcação de velas
Farpela = roupa de gente pobre; espécie de gancho agudo
Fautor = que ou o que ajuda, auxília ou promove alguma coisa
Favônio = zéfiro, vento do poente; vento brando, suave
Febrífugo = que cura a febre
Ferrabrás = valentão; fanfarrão
Ferretoada = picada de inseto com ferrão; censura; alusão picante
Forjicar = inventar; forjar mal; arranjar defeituosamente
Fuão = fulano
Furriel = graduação militar, superior a cabo e inferior a sargento
Gaforina = topete; cabeleira em desalinho
Ganjento = presunçoso; vaidoso
Gasnete = goela; garganta
Gázeo = verde esbranquiçado; azul claro
Gilvaz = golpe no rosto; cicatriz no rosto
Gravame = ato de molestar; vexame; imposto pesado; ônus; ofensa
Guedelhudo = cabeludo; peludo
Gulosina = gulodice
Hematoquilúria = presença de sangue e quilo na urina
Igarité = canoa grande; espécie de chata
Impertérrito = impávido; destemido
Infrene = sem freio, desenfreado; descomedido
Intemerato = puro; não violado
Intercolúnio = espaço ou vão entre duas colunas consecutivas
Invernada = pastagens cercadas de obstáculos naturais ou artificiais, onde se encerram animais de criação
Ínvio = impraticável
Írrito = anulado; que fica sem efeito
Jacá = cesto feito de taquara ou cipó
Julata = pano preso por volta muito apertada logo abaixo dos seios e que desce até os tornozelos
Lambão = glutão; comilão; bruto; palerma
Latagão = homem de grande estatura
Ligal = couro de bovídeos, com que se resguardam das chuvas as cargas dos animais
Longanimidade = disposição de ânimo para suportar com serenidade e resignação as contrariedades, insultos, vexames e ofensas

Loqüela = fala; linguagem; loquacidade
Luzido = vistoso; brilhante; pomposo
Madraço = ocioso; inerte; desleixado
Malacafento = adoentado
Mal-amanhado = desajeitado; mal vestido
Manauê = espécie de bolo, feito de fubá de milho, mel etc.
Mangarito = planta cujos tubérculos são muito saborosos
Mangrulho = posto militar de observação improvisado em sítio elevado; estaca mergulhada em água pouco profunda
Marche-marche = o passo militar mais rápido; azáfama
Mareta = onda pequena; onda do rio
Maritorore = mulher feia; virago
Mezinha = remédio caseiro; qualquer remédio
Minaz = ameaçador
Muscar = desaparecer, sumir
Nédio = lustroso; gordo
Niza = espécie de casaco curto
Novel = novo; novato
Obumbrar = assombrar; anuviar; velar; disfarçar
Opíparo = aparatoso; suntuoso; pomposo
Ovante = triunfante; vitorioso; alegre
Pachouchada = asneira no falar; frase obscena
Pagadoria = repartição pública, casa ou lugar onde se fazem os pagamentos
Papel-paquete = papel muito fino
Passadio = alimento; comida habitual
Passarinhar = espantar-se; assustar-se (o cavalo)
Passarinheiro = cavalo dado a passarinhar
Patacoada = jactância ridícula; bazófia
Pelouro = bala de meta
Piscatório = relativo à pesca ou ao pescador
Pisco = que pisca os olhos
Pitecóide = que diz respeito ao piteco (nome desusado do orangotango)
Poita = corpo pesado; monte de dejetos
Polidipsia = sede exagerada
Por em hasta pública = vender em leilão ou a quem dá mais
Prebenda = rendimento eclesiástico; qualquer cargo muito rendoso e pouco trabalhoso; tarefa ingrata, difícil
Profligar = destruir; arruinar; derrotar

Prolóquio = máxima; adágio; sentença
Punga = ruim, que não tem préstimo; mole; tolo
Puridade = segredo; pureza
Quebra-queixo = charuto ordinário
Quilúria = alteração mórbida, caracterizada pelo aparecimento da gordura misturada com a urina
Quingombô = quiabo
Quintar = tirar de cada cinco um; tirar a quinta parte de; tirar de cada cinco homens um para castigá-lo
Rebenque = pequeno chicote
Rechupado = muito magro
Remoque = dito picante que disfarçadamente encerra uma intenção repreensiva, ofensiva ou maliciosa
Rifão = dito popular e conceituoso (geralmente rimado); adágio
Rodaque = espécie de colete
Ronceiro = pachorrento; demorado; vagaroso
Sainete = coisa que suaviza a má impressão de outra; graça, gosto
Secarrão = muito seco
Sem tir-te nem guar-te = sem cerimônia; sem aviso; com toda a desfaçatez
Sestro = esquerdo; sinistro; agourento; mania, cacoete; sina, destino
Sicofanta = delator; caluniador; patife
Símplices = as drogas que entram na composição dos remédios; os elementos que entram na composição dos corpos
Simpliciter = designa uma aprovação não plena
Soalheira = grande ardor do sol; calma; calor
Solípede = animal mamífero que tem um só casco, como o cavalo
Sopitar = adormecer ou fazer adormecer; debilitar; enlanguecer; embalar com promessas
Surriada = descarga de artilharia ou espingarda; apupo; troça
Taful = luxuoso; festivo; janota; peralta; sabedor do seu ofício
Talim = correia a tiracolo da qual pende a espada
Tamina = vaso de medir a ração diária de farinha que se distribuía aos escravos; quantidade de água que cada pessoa podia tirar das fontes públicas durante as secas
Tapuio = índio bravio; mestiço de índio
Tarimbeiro = soldado; oficial sem estudos; pessoa grosseira
Teoria = grupo de pessoas formando fila, procissão
Tirotear = fazer tiroteio; dirigir tiroteiro

Toleima = tolice; inépcia
Tramontana = o vento do Norte; a estrela polar; o rumo do Norte; atarantar-se
Tremedal = terreno alagadiço; terra ensopada; brejo; lameiro
Tropicar = tropeçar a miúdo; trotar
Tunda = grande quantidade de pancadas; sova; surra
Vaqueta = couro de boi ou vaca curtido
Vasca = convulsão; ânsia extrema
Vasqueiro = que causa ânsias; torto; vesgo; raro; escasso
Venatório = próprio da caça; relativo à caça
Venera = insígnia ou medalha; condecoração
Viso = aspecto; aparência; semelhança; sinal; indício; lembrança; reminiscência; modo de ver; opinião
Zambro = que tem as pernas tortas; cambaio

CRONOLOGIA DA VIDA E DA OBRA

1843 — Nasce no Rio de Janeiro, a 22 de fevereiro.
1855 — É matriculado no Colégio D. Pedro II, na quinta série.
1859 — Matricula-se no curso de ciências físicas e matemáticas da Escola Militar.
1860 — Assenta praça no Exército, como soldado do 4º batalhão de artilharia a pé.
1864 — Matricula-se no curso de engenharia militar da Praia Vermelha; é promovido a segundo-tenente de artilharia; eclode a Guerra do Paraguai, opondo esta república aos três países que assinaram o tratado da Tríplice Aliança: Argentina, Brasil e Uruguai.
1865 — Incorpora-se, como engenheiro militar, ao corpo de exército que parte de São Paulo com a missão de repelir os paraguaios do Sul da província de Mato Grosso.
1867 — A coluna expedicionária chega ao teatro da guerra, após haver percorrido 2.200 quilômetros; invade o Norte do Paraguai, em perseguição ao inimigo; por falta de armamentos e víveres, o comandante-em-chefe da expedição inicia a célebre retirada que Taunay depois descreverá em *A retirada da Laguna*; ele é promovido a primeiro-tenente.
1868 — Publica *Cenas de viagens* e os cinco primeiros capítulos de *A retirada da Laguna*, em francês; é promovido a capitão do Exécito.
1869 — Parte novamente para a guerra, como secretário do Estado-Maior do Conde d'Eu, recém-nomeado comandante-em-chefe das forças brasileiras em operação no Paraguai.
1870 — Terminada a guerra, regressa ao Rio de Janeiro e publica *Diário do Exército*, descrevendo a ocupação do Paraguai e a morte de seu presidente, Francisco Solano López.
1871 — Publica o romance *A mocidade de Trajano* e a primeira versão integral (ainda seria reelaborada) de *A retirada da Laguna*; é nomeado professor da Escola Militar, ocupando a cadeira de mineralogia e geologia.
1872 — É eleito deputado por Goiás; publica aquele que será considerado seu melhor romance: *Inocência*.

1873 — Publica o romance *Lágrimas do coração*.

1874 — Casa-se com Cristina Teixeira Leite, filha dos Barões de Vassouras, uma das mais antigas e importantes famílias fluminenses; publica *Histórias brasileiras*, contos; aparece a primeira tradução para o português de *A retirada da Laguna*, assinada por Salvador de Mendonça.

1875 — É nomeado presidente da província de Santa Catarina, permanecendo no cargo até 1877.

1878 — Retira-se da política quando cai o Partido Conservador; publica *Narativas militares*, contos; viaja para a Europa.

1879 — É publicada em Paris a versão definitiva de *A retirada da Laguna*.

1880 — Retorna ao Brasil; escreve para jornais fluminenses, defendendo, entre outras causas, a imigração européia e o casamernto civil.

1881 — Elege-se deputado por Santa Catarina; vota com os liberais pela libertação dos escravos.

1882 — Publica *Céus e terras do Brasil*, relatos de viagem.

1885 — Pede demissão do serviço do Exército, no posto de major; com a volta ao poder do Partido Conservador, é nomeado presidente da província do Paraná, assentando nesta região do país, então despovoada, milhares de colonos europeus.

1886 — É reeleito deputado por Santa Catarina e, logo depois, é escolhido senador desta província, após apresentação de lista tríplice dos candidatos mais votados ao Imperador D. Pedro II; publica *Amélia Smith*, drama em quatro atos.

1889 — É agraciado pela Coroa com o título de visconde; com a revolução de 15 de novembro, retira-se da vida política, repudiando a instalação da República dos Estados Unidos do Brasil; devido à crise financeira que se segue, perde a situação de homem abastado.

1890 — Inicia a redação das *Memórias*, obra que só será publicada cinqüenta anos após a morte do autor.

1894 — Publica o romance *O encilhamento*.

1899 — Diabético, falece a 25 de janeiro, no Rio de Janeiro; aparece seu último romance, *No declínio*.

OUTROS TÍTULOS
NESTA EDITORA

AMÉRICA - Clássicos do conto norte-americano
*Nathaniel Hawthorne, Edgard Alan Paul, Herman Melville, Mark Twain,
Ambrose Bierce, Henry James, Hamlin Garland, Edith Wharton,
Stephen Crane, Jack London, Sherwood Anderson*

COMO É
Samuel Beckett

O CORAÇÃO DAS TREVAS *SEGUIDO DE* O CÚMPLICE SECRETO
Joseph Conrad

ENSAIOS DE FILOSOFIA ILUSTRADA
Rubens Rodrigues Torres Filho

O ENTEADO
Juan José Saer

AS FERAS
Roberto Arlt

JARDIM DE CAMALEÕES
Claudio Daniel (org.)

MINDSCAPES
Laura Riding

A RECEITA DE MARIO TATINI
Teresa Cristófani Barreto

ROBINSON CRUSOE
Daniel Defoe

SONHOS
Franz Kafka

O TERROR *SEGUIDO DE* ORNAMENTOS DE JADE
Arthur Machen

Este livro terminou
de ser impresso no dia
20 de dezembro de 2004
nas oficinas da
Associação Palas Athena,
em São PauloP, São Paulo.